战略管理案例
——模块化撰写理论及应用

Strategic Management Cases
—Modular Writting Theories and Applications

郭焱　著

内 容 简 介

20世纪60年代以来，特别是随着经济全球化时代的到来，战略管理越来越成为企业进行宏观环境分析、行业环境分析以及整合与分配内部资源、提高核心能力与核心竞争力的有力工具。全书由本书相关概念、战略管理模块化理论、战略管理案例模块化撰写流程和评估标准，以及战略管理模块化案例四章组成。

本书通俗易懂、实用、可操作性强，对于国家、产业、企业、技术、市场、产品以及各地区、各产业园区和职能管理部门的各类战略制定具有重要的指导意义。本书可以成为政府、企业、各类咨询公司相关的管理与研究人员以及高等院校工商管理、财务管理、国际贸易等专业的高年级学生和研究生等必备的参考书籍。

图书在版编目(CIP)数据

战略管理案例：模块化撰写理论与应用/郭焱著. —天津：天津大学出版社，2014.1

ISBN 978-7-5618-4902-6

Ⅰ.①战… Ⅱ.①郭… Ⅲ.①企业管理－战略管理－案例 Ⅳ.①F272

中国版本图书馆CIP数据核字(2014)第014958号

出版发行 天津大学出版社
出 版 人 杨欢
地　　址 天津市卫津路92号天津大学内(邮编:300072)
电　　话 发行部:022-27403647
网　　址 publish.tju.edu.cn
印　　刷 河间市新诚印刷有限公司
经　　销 全国各地新华书店
开　　本 185mm×260mm
印　　张 29.25
字　　数 736千
版　　次 2014年3月第1版
印　　次 2014年3月第1次
定　　价 59.00元

作者简介

郭焱,工商管理学博士,产业经济学博士后,天津大学管理与经济学部副教授,硕士生导师,博士生与博士后联合导师。兼任天津大学中国汽车战略发展研究中心常务主任。主要研究方向:产业(企业)发展战略规划、企业国际化经营与管理、战略联盟与兼并收购、企业技术经济及管理等。社会兼职有:教育部科研基金和科技奖励评审专家,教育部学位与研究生教育专家,天津市政府采购评审专家,天津市商务决策咨询专家,天津市国民经济信息化专家委员会专家,中国汽车工业协会政策研究专家,《国际航空时报》特约评论专家,《中国汽车产经报道》特约专栏专家,《中国汽车报》专论与访谈专家。在《管理科学学报》以及《中国汽车报》等杂志与报纸上发表论文100余篇。出版《跨国公司管理理论与案例分析》等论著6本。完成国家级、省部级以及企业课题40余项。撰写的案例“联想:借船出海——机会还是陷阱?”以及“《中国好声音》:耳尖上的中国”分别在全国工商管理硕士教育指导委员会举办的第二届和第四届百篇优秀管理案例评选中荣获优秀案例奖项,有4篇案例被正式收录到中国管理案例共享中心案例库。

前　　言

战略兴起于20世纪60年代，而战略管理作为跨国公司的经营重点则兴起于20世纪80年代。随着21世纪的到来，全面战略管理时代已经来临，它具有如下特征：(1)经济全球化与全球经济一体化催生的全球化的竞争与合作已成为战略管理的主旋律；(2)国际政治经济等外部环境的复杂多变，要求组织有更高的掌控国际化经营风险的能力；(3)随着互联网时代知识的爆炸、技术的日新月异、大数据时代的到来，战略洞察力、快速的市场反应能力以及更快速的创新发展潜力成为企业生存的必要条件。世界500强企业都是成功地运用战略管理的典范，值得我们学习和研究。本书的战略管理过程包括战略制定（战略分析与战略选择）、战略实施、战略控制以及战略评估四阶段。本书的模块化是指将复杂系统按照某种规则进行单元模块的分解与组合的过程。战略管理模块化是指将战略管理过程系统按照某种规则进行单元模块的分解与组合的过程。

本书首次将模块化理论运用于战略管理中，构建了战略管理模块化理论，并将其运用于战略管理案例的撰写中，可以有效地提高对战略管理案例的撰写效率，为深入理解和学习战略管理理论奠定一定的基础。

本书主要由天津大学管理与经济学部、天津大学中国汽车战略发展研究中心的老师和研究生合力完成。本书由郭焱负责统一构思、策划，孙悦、庞海燕、刘焱、杨跃虎、杨鸿泽协助完成，孙悦协助统稿。

本书由四章组成：第1章为本书相关概念，第2章为战略管理模块化理论，第3章为战略管理案例模块化撰写流程和评估标准以及第4章为战略管理模块化案例。

本书是在参考众多国内外学者撰写的论文和著作以及国内学者管理学教学成果的基础上完成的，在此谨向所有被引用文献和案例的作者、单位表示深深的感谢。

作　者

2013年6月于天津大学

目　录

第1章 本书相关概念

1 战略管理

1.1 战略管理概念

20 世纪 60 年代,战略兴起;20 世纪 80 年代,跨国公司已将经营重点放在战略管理上。关于公司战略概念较系统地阐述的是著名的 5P 模型(Mintzberg,et al,1987),它从五个角度解读战略的含义:第一,从公司未来发展的角度,战略表现为一种计划(Plan);第二,从公司过去发展历程的角度,战略则表现为一种行动模式(Pattern);第三,从产业层次的角度,战略表现为一种定位(Position),即在特殊的市场提供特殊的产品或服务的决策;第四,从公司层次的角度,战略则表现为一种观念(Perspective),即愿景和方向;第五,从市场层次的角度,战略也表现为公司在竞争中采用的一种计谋(Ploy)。表 1-1 列举了不同学者从不同角度阐述的战略的概念。

表 1-1 战略的定义

学者	对战略的定义或内容的认识	年份
William F. Glueck	公司战略涉及三个问题:我们的业务是什么?我们的公司应该是什么?为什么?Glueck 认为:战略是决定组织将要干什么以及如何干的问题	1954
William F. Glueck	考虑到外部竞争环境,战略由使命、目标的设定和达成目标的行动方案等构成。因此,追求战略和环境的一致性成为战略管理的核心理念	1955
Alfred D. Chandler	战略是决定公司的基本长期目标以及为实现这些目标采取的行动和分配资源。详细、全面地分析了环境、战略和组织结构之间的互动关联	1962
H. Igor Ansoff	战略是为了适应外部环境,对目前从事和将来要从事的经营活动而进行的战略决策	1965
Kenneth R. Andrews	首次提出公司战略的概念。战略形成应该是一个有意识的、缜密的(Deliberated)思维过程,它提出了将战略结构分为制定(Strategy Formulation)与实施(Strategy Implementation)两大环节的基本观点,建立著名的 SWOT(Strengths, Weaknesses, Opportunities, Threats)分析矩阵	1971
H. Igor Ansoff	Ansoff 在《战略管理思想》一文中正式提出"战略管理"的概念	1972
大前研一	经营战略就是如何实现竞争优势。制定战略的唯一目的就是使公司尽可能有效地比竞争对手占有持久的优势。战略是这样一种方式,通过这种方式,一个公司在运用自己的有关实力来更好地满足顾客需求的同时,将尽力使自身有效地区别于竞争对手。战略 3C 包括公司(Corporation)、顾客(Customer)、竞争者(Competitor)	1975
H. Igor Ansoff	出版的《战略管理》一书系统地提出了战略管理模式。提出了八大要素:外部环境、战略预算、战略动力、管理能力、权力、权力结构、战略领导、战略行为	1979

续表

学者	对战略的定义或内容的认识	年份
George Steiner	战略是反击竞争者实际和潜在行动的方法。战略由高层管理者完成,对组织极端重要	1979
Kenneth R. Andrews	公司总体战略是一种决策模式,这种模式把公司的目的、方针、政策和经营活动有机地结合起来,使公司形成自己的特殊战略属性和竞争优势	1980
James B. Quinn	将组织的主要目标、政策和行动序列整合为和谐整体的方式或计划。战略是一种模式或计划,它将一个组织的主要目的、政策与活动按照一定的顺序结合成一个紧密的整体。通过战略可以使公司、组织根据自己的优势和劣势,针对预期的环境变化以及竞争对手的行为动向而合理地配置自己的资源	1980
William F. Glueck	一个统一的、总和的和整合的计划,用以确保公司基本目标的达成	1980
Michael Porter	战略就是创造一个唯一的、有价值的、涉及不同系列经营活动的地位	1980
Henry Mintzberg	公司战略可以通过五种规范的定义来加以阐明,即5P:计划(Plan)、计谋或策略(Ploy)、模式(Pattern)、定位(Position)、观念(Perspective)	1987
Michael A. Hitt, R. Duane Ireland, Robert E. Hoskisson	用以开发核心能力和获取竞争优势的一组整合与协调的投入与行动	1996
Fred Nickols	战略是连接政策和策略(Tactics)之间的桥梁。战略和策略均处于最终目标和方法(Means)之间	2000
Donald C. Hambrick, James W. Fredrickson	战略是关于公司如何达成目标的核心的、整体的、外部导向的计划	2001
吴思华	战略涉及三方面:营运范围的界定与调整(为社会创造价值)、核心资源的创造与累积(不断创造竞争优势)以及事业网络的建构与强化(与伙伴建立关系,取得生存资源和正当性)	2002
Gerry Johnson, Kevan Scholes	战略是一个组织长期发展方向和范围,它是通过在不断变化的环境中调整资源配置来取得竞争优势的行动计划	2004
John A. Pearce Ⅱ, Richard B. Robinson	战略管理是指为制订和实施那些旨在实现公司目标的计划而做出的决策和行动的集合。战略管理涉及对公司与战略相关的决策和活动的计划、指挥、组织和控制。战略就是大规模的、面向未来的计划,在与竞争环境的相互作用中实现公司的目标	2004
Mason A. Carpenter, Wm. Gerard Sanders	战略管理是公司对战略制定和实施的管理过程	2009

结合表1-1,我们认为战略管理就是公司为实现战略目标,制定战略决策、实施战略方案、控制和评估战略绩效的动态管理过程。

1.2 战略管理特征

战略管理具有如下五个特征。

1.战略管理具有全局性

公司的战略管理是以公司的全局为对象,根据公司总体发展的需要而制定的。它所管理的是公司的总体活动,所追求的是公司的总体效果。虽然这种管理也包括公司的局部活动,但是这些局部活动是作为总体活动的有机组成在战略管理中出现的。具体地说,战略管理不是强调公司某一事业部门或某一职能部门的重要性,而是通过制定公司的使命、目标和战略来协调公司各部门自身的表现。这样也就使战略管理具有综合性和系统性的特点。

2. 战略管理的主体是公司的高层管理人员

由于战略决策涉及一个公司活动的各个方面,虽然它也需要公司上、下层管理者和全体员工的参与和支持,但公司的最高层管理人员介入战略决策是非常重要的。这不仅是由于他们能够统观公司全局,了解公司的全面情况,而且更重要的是他们具有对战略实施所需资源进行分配的权力。

3. 战略管理涉及公司大量资源的配置问题

公司的资源,包括人力资源、实体财产和资金,或者在公司内部进行调整,或者从公司外部来筹集。在任何一种情况下,战略决策都需要在相当长的一段时间内致力于一系列的活动,而实施这些活动需要有大量的资源作为保证。因此,这就需要为保证战略目标的实现,对公司的资源进行统筹规划,合理配置。

4. 战略管理从时间上来说具有长远性

战略管理中的战略决策是对公司未来较长时期(五年以上)内,就公司如何生存和发展等进行统筹规划。虽然这种决策以公司外部环境和内部条件的当前情况为出发点,并且对公司当前的生产经营活动有指导、限制作用,但是这一切是为了更长远的发展,是长期发展的起步。从这一点上来说,战略管理也是面向未来的管理,战略决策要以经理人员所期望或预测将要发生的情况为基础。在迅速变化和竞争性的环境中,公司要取得成功必须对未来的变化采取预防与响应性的态势,这就需要公司做出长期性的战略计划。

5. 战略管理需要考虑公司外部环境中的诸多因素

现今的公司都存在于一个开放的系统中,它们影响着这些因素,但更通常地是受这些不能由公司自身控制的因素所影响。因此在未来的竞争环境中,公司要使自己占据有利地位并取得竞争优势,就必须考虑与其相关的因素,这包括竞争者、顾客、资金供给者、政府等外部因素,以使公司的行为适应不断变化的外部力量,能够继续生存下去。

1.3 战略管理分类

1. 按实施战略的主体分类

从实施战略主体的角度来看,公司战略包括三个层次:

(1)公司层战略或集团战略,是指拥有多个子公司的母公司的战略,该战略的主要目标是通过建立和经营行业组合实现投资收益的最大化;

(2)经营层战略或竞争性战略,是指单一行业、产品、市场、公司,或者集团下属的子公司所采用的战略,该战略的目的是通过一个具体的行业、一个产品或市场来实现利润和市场占有率的最大化;

(3)职能层战略或策略,主要是指公司内部各个非实体组织,包括职能部门或者生产单位的战略,该战略的主要目的是提高工作的有效性和效率。

2. 按战略实施的时间长短分类

从战略实施的时间长短来看,公司战略可以划分成为以下三种类型:

(1)短期战略,一般是指时间跨度在一年以内的战略,有时也可以称为战略计划;

(2)中期战略,一般是指时间跨度在一年以上,五年以内的战略;

(3)长期战略,一般是指时间跨度在五年以上,十年之内的战略。

一般来说,公司规模越大,所需要制定战略的时间跨度就越大。

3. 按公司战略的功能分类

从公司战略功能的角度来看，公司战略大概可以划分为如下三种。

1）稳定型战略

稳定型战略是指在公司的内外环境约束下，公司准备在战略规划期使公司的资源分配和经营状况基本保持在目前状态和水平上的战略。

2）发展型战略

发展型战略是指通过新建、并购或战略联盟等方式扩大产销规模，提高市场地位的战略。发展型战略具体又分为如下三种形式。

（1）集中型发展战略。即集中资源提高一种产品的市场地位，公司 90% 以上的销售收入来自一个业务单位。它是指以高于以往的增长速度增加一个公司目前的产品或服务的销售额、利润额和市场份额，又称为集中生产单一产品或服务的战略。

（2）一体化发展战略。它是指公司通过资产纽带或契约方式，与其业务输入端或输出端的公司联合，或与相同业务（或互补业务）的公司联合，从而达到降低交易费用及其他成本、实现经济化目的的战略。

（3）多元化发展战略。它是指一个公司同时在两个或更多个行业从事经营活动，以期达到战略目标的一种战略。又称为多样化战略、多角化战略或多种经营战略。

3）收缩型战略

收缩型战略是指公司从目前的战略经营领域和基础水平收缩和撤退，且偏离战略起点较大的一种战略。它是一种消极的发展战略，一般只是短期实行。具体有四种基本形式：

（1）抽资转向战略，指减少某一经营领域内的投资，并把节约下来的资金投入其他更需要资金的领域中的战略；

（2）调整性战略，指公司为扭转不良的财务状况而采取的收缩生产经营规模的战略，比如裁减员工；

（3）放弃战略，是指将公司的一个或几个主要部门转让、出卖或停止经营的战略，比如，摩托罗拉为了竞争手机业务，就放弃了半导体业务；

（4）清算战略，是指公司由于无力清偿债务而停止营业进行清理的战略。

其中，清算战略是所有战略抉择中最为痛苦的一种，通常是当所有其他战略都失败时才会启用。在确实毫无希望的情况下，尽早地制定清算战略，尽可能回收公司资产，也是一种明智的选择。

4. 按竞争分类

从竞争角度出发，可以将战略分为如下四种。

1）防御型战略

防御型战略适用于市场领导者。所谓市场领导者，是指被顾客认知的领导者，而不是自己认为的领导者。例如，IBM 的广告通常都对竞争绝口不提，专门宣传计算机的价值所在，而且是所有类型的计算机，不只是自己公司生产的类型。

2）进攻型战略

进攻型战略适合处于市场第二、第三位的公司，首要的原则是避开领导者的强势，从其存在的弱点攻入，并倾注全力于此一点。例如，百事可乐针对可口可乐的“真东西”发起进攻，找到其配方中的弱点，提出“百事新一代”战略。

3)侧翼型战略

侧翼型战略模适用于避开主战场的小公司或新公司。选择侧翼型战略,意味着进入一个没有竞争的领域,创造出战略奇效。例如,迈克尔·戴尔在开办自己的小型电脑公司时知道不能和既有的大公司争夺店铺渠道,于是决定打破常规,在行业中发动了侧翼战,进行电脑直销。戴尔在五年内就打造了一个价值8亿美元的公司,现在则成长为电脑业最成功的公司之一。

4)游击型战略

游击型战略通常适合小公司,其首要原则是找一块"小到足以守得住"的细分市场,在小池塘中做大鱼。其次,无论多么成功,都要切忌"自大",免得自找麻烦。最后,必须准备随时撤退。当出现任何不利苗头时,小公司应该主动回避以待东山再起,因为自己太小,承受不了损失。

1.4 战略管理过程

战略管理过程(Strategic Management Process)包括战略制定、战略实施、战略控制和战略评估四个阶段,它是以保证组织实现其长期战略发展目标为目的的多功能决策的过程(见图1-1)。从管理者评估组织目前的愿景、使命、目标和战略现状时,战略管理过程就开始了。然后,管理者研究组织的内部和外部环境,以确定可能需要改变的战略因素。根据组织内部的资源与能力或外部环境,管理者需要对组织的愿景、使命、目标与战略进行调整,并且在公司层、业务层或职能层面上制定新的战略。之后是进行战略实施、控制与评估,以确保组织绩效目标的实现。

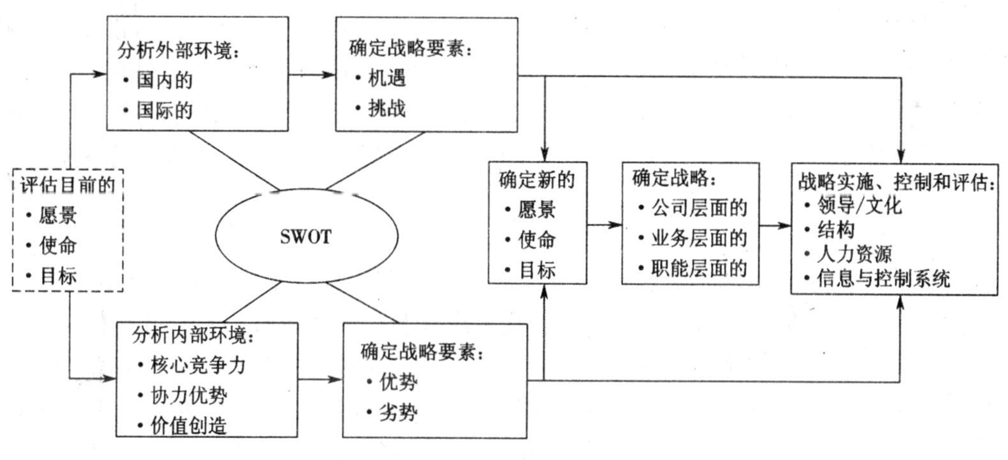

图1-1 战略管理过程

1.战略制定

战略制定由战略分析和战略选择两部分组成,包括确定公司任务,分析公司的外部的机遇与挑战和公司内部的优势与劣势,建立长期目标,制定可供选择的战略,选择最终的战略。战略制定过程所要决定的主要问题有:公司进入何种新产业?放弃何种产业?如何配置资源?是否进入新的地域?是否扩大市场范围?是否扩大经营或进行多元化经营?是否进行兼并收购或建立合资公司?如何防止被敌意接管?由于没有任何公司拥有无限的资源,战略制定者必须确定在可选择的战略中,哪一种能够使公司获得最大收益。战略决策将使公司在相当长的时期内与特定的产品、市场、资源和技术相联系。

2. 战略实施

在战略实施过程中,要求公司确立年度目标、制定政策、激励雇员和配置资源,各个职能部门制定具体的战术,以使制定的战略能够贯彻执行。在实施过程中,战术运用活动包括培育支持战略实施的公司文化,建立有效的组织结构,制定预算,建立和使用信息系统,制定各种行动、方案和具体计划措施。战术运用往往被称为战略管理的行动阶段,意味着动员雇员和管理者将已制定的战略付诸行动。已经制定的战略无论多么好,但如未能实施,便不会有任何实际作用。战术运用活动受公司中的所有雇员及管理者的素质和行为的直接影响,往往被视为战略管理过程中难度最大的阶段,因此,在该阶段人力资源的开发和利用是关键环节。战略制定与战略实施在安排力量时机、目标、过程、能力以及协调人数方面有所区别,见表1-2。

表1-2 战略制定与战略实施的特征区别

战略管理阶段	安排力量时机	目标	过程	能力	协调人数
战略制定	行动之前安排力量	重效果	思维过程	良好的知觉和分析能力	少数人协调
战略实施	行动中控制力量	重效率	行动过程	特别的激励和领导才能	多数人协调

3. 战略控制

战略控制主要是指在企业经营战略的实施过程中,检查企业为达到目标所进行的各项活动的进展情况,评价实施企业战略后的企业绩效,把它与既定的战略目标和绩效标准相比较,发现战略差距,分析产生偏差的原因,纠正偏差,使企业战略的实施更好地与企业当前所处的内外环境、企业目标协调一致,使企业战略得以实现。战略实施的控制与战略实施的评估既有区别又有联系,要进行战略实施的控制就必须进行战略实施的评估。战略控制着重于战略实施的过程,战略评价着重于战略实施的结果。

3. 战略评估

战略评估是战略管理的最后阶段。由于外部及内部因素处于不断变化之中,所有战略都将面临不断地调整与修改的情况,所以管理者需要及时地了解哪一特定的战略管理阶段出了问题,而战略评估便是获得这一信息的主要方法。战略评估活动包括:重新审视外部与内部因素,度量企业绩效,采取纠正措施。战略评估是必要的,因为今天的成功并不能保证明天的成功,成功总是和新的、不同的问题并存,自满的公司必然失败。

参考文献

[1] 李垣,陈浩然,谢恩. 战略管理研究现状与未来我国研究重要领域[J]. 管理工程学报,2007(01):1-5.

[2] 蓝海林. 公司战略管理:"静态模式"与"动态模式"[J]. 南开管理评论,2007,10(05):31-35,60.

[3] 耿弘. 公司战略管理理论的演变及新发展[J]. 外国经济与管理,1999(06):14-16.

[4] 汪涛,万健坚. 西方战略管理理论的发展历程、演进规律及未来趋势[J]. 外国经济与管理,2002,24(03):7-12.

[5] 武常岐. 中国战略管理学研究的发展述评[J]. 南开管理评论,2010,13(06):25-40.

[6] 张兴菊. 论战略管理理论的演变[D]. 济南:山东大学,2010.
[7] 梁月. 基于平衡计分卡的公司战略管理[D]. 北京:对外经济贸易大学,2006.
[8] 张旭,易学东,刘海潮,等. 战略管理[M]. 北京:清华大学出版社,2010.
[9] MINTZBERG H. The fall and rise of strategic planning [J]. Harvard Business Review, 1994, 72(1): 107-114.
[10] BARNETT W P, BURGELMAN R A. Evolutionary perspectives on strategy [J]. Strategic Management Journal, 1996, 17(7): 5-19.
[11] HIEL W Z. Differentiation versus low cost or differentiation and low cost: a contingency framework[J]. Academy of Management Review, 1988, 13(3): 401-412.
[12] 刘益,李垣. 公司竞争优势形成的综合分析模型[J]. 管理工程学报,1998,12(4):39-42.
[13] PRAHALAD C K, HAMEL G. The core competence of the corporation [J]. Harvard Business Review, 1990, 11(3): 79-91.
[14] TEECE D J, PISANO G, SHUEN A. Dynamic capabilities and strategic management [J]. Strategic Management Journal, 1997, 18(7): 509-533.
[15] NAHAPIET J, GHOSHAL S. Social capital, intellectual capital, and the organizational advantage[J]. Academy of Management Review, 1998,23(2): 242-266.

2 模块化

2.1 模块化概念

模块(Module)及模块化(Modularity)的概念最初来源于产品生产领域,20 世纪 50 年代,欧美一些国家正式提出所谓的“模块化设计”概念,Starr 于 1965 年在《哈佛商业评论》上提出了一个全新的概念——模块化生产(Modular Production)。他指出,为满足用户对于产品种类最大化的需求,公司要发展模块化生产的能力和与之相匹配的管理能力。此后,模块的定义几经变化,内容逐步充实扩大,涵盖范围也越来越广。国内外学者在不同的维度下提出了模块的定义,主要观点见表 1-3。

表 1-3 不同维度下的模块定义

提出者	定义	核心维度
Starr(1965)	模块是可以单独进行设计和制造的部件,而这些部件又可以多种方式进行组合	产品实体角度
Henderson, Clark(1990)	组成产品的物理实体,表达了一个核心设计概念,表现出一定的设计功能	产品实体角度
童时中(1994,1995)	模块是经典型化、优化并具有通用意义的“标准”构成单元;是可组合成系统的、具有某种确定功能和接口结构的、典型的通用独立单元	标准化
朱辉(1997)	组成系统(产品)的通用单元,具有独立功能、标准接口和互换件	通用性
Takizawa(2000)	将模块化过程视为一个复杂的系统分解为近似自治的子系统的过程,模块间主要通过标准接口进行沟通,模块具有可重用性	系统性
青木昌彦(2003)	模块是指半自律性的子系统,它可以通过和其他同样的子系统按照一定的规则相互联系而构成更加复杂的系统	系统性
Pil, Cohen(2006)	在生产系统中,模块是为完成产品设计功能的组件或组件群,具有与其他功能模块不同的特有功能	产品实体角度

模块化提供了一种思想，借助这种思想，可以将其应用于许多领域的研究。表1-4是学者们对模块化概念的不同理解。

表1-4　关于模块化概念的不同观点

概念提出者	模块化概念
Starr(1965)	模块化是设计、制造模块，使它们能够以最多的方式组合
朱辉(1997)	模块化是指由一些经专家确认的具有独立功能的通用单元组合成事或物的过程，属于标准化策略，是标准化发展的一种崭新的形式
Baldwin，Clark(1997)	模块化是利用更小的子系统来建造一个复杂的产品或程序，并作为整体发挥功能，而子系统可以各自分开设计
童时中(1998)	模块化是一种思维工具，它通过对模块化对象的特征、规律的科学分析，采用归纳和演绎、分析和综合、抽象和具体等逻辑方法以及系统思维方法，来优化模块化对象体系的结构，并运用标准化方法，使各对象的构成要素规范化、有序化，达到提高系统综合运行效率的目的
Schilling(2001)	模块化是个一般系统概念。它是描述系统组成部分可以分离和重新组合程度的连续统一体，它涉及组成部分间耦合的紧密程度以及规范系统组成部分之间能否混合与匹配的系统架构规则的程度
陈向东、严宏、刘莹(2002)	模块化是具有某种独立功能的、具有接口结构的、专用或通用的单元的体系化过程
青木昌彦(2003)	模块化是指半自律性的子系统，通过和其他同样的子系统按照一定规则相互联系而构成的更加复杂的系统的过程
Langlois(2004)	模块化是管理复杂性的一套一般规则，通过把复杂系统分解成离散的各个部分，彼此之间在标准的结构中，通过标准接口进行相互联系。模块化是一套体系结构、界面和标准的组合
胡晓鹏(2004)	模块化是与分工经济相联系的经济现象，是经济系统演进的结构性表现，是依据功能原则对专业化分工做出的整合
朱瑞博(2004)	模块化是把一个复杂的系统或过程根据联系规则分解为能够独立设计的半自律性子系统的过程(即模块的分解)，或者是按照某种联系规则将可进行独立设计的子系统(模块)统一起来，构成更加复杂的系统的过程(即模块的集中或模块的整合)
Gershenson，Prasad(2004)	模块化使产品组件中包含最多的关系；更为普遍的模块化定义，除了考虑模块的功能方面，还从模块的生命周期方面进行考虑
孙晓峰(2005)	模块化就是在劳动分工和知识分工的基础上，通过模块分解和模块集中的过程把复杂系统分解为相互独立的组成部分，再通过即插即用的接口把各独立的部分联结为一个完整的系统
Pil，Cohen(2006)	模块化能够改善企业对不同消费者需求的适应能力，使特定的创新类型实现得更为容易，但也导致更多的模仿，破坏了企业在市场上的持续表现

尹建华、王兆华(2008)提出模块化是一种基于产品体系的发展战略，它将复杂产品的产业链按照一定的“块”进行调整和分割，按模块组织生产和供应，制造商保留产品研发、产品设计的技术控制，将高度模块化的生产过程外包给供应商。模块化的战略框架如图1-2所示。

童时中(2011)指出模块化是标准化原理在应用上的发展，它为稳健(低风险)、高效的创新提供了一条捷径。模块化既浅显易懂，又深奥莫测；既是一个技术问题，又是一个管理问题。

从图1-2可以看出，模块化从最初作为一种产品设计方法，逐步向系统研究方法论角度

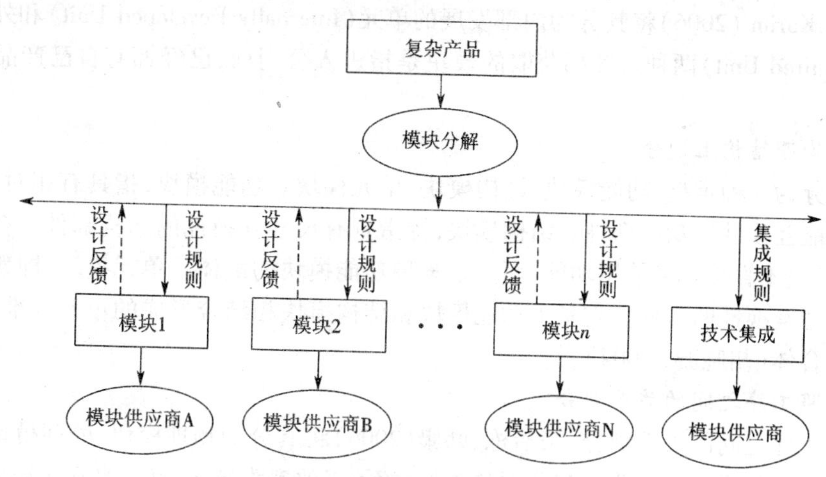

图 1-2 模块化的战略框架

转变,模块化战略的实施过程由模块集成商和模块供应商合作完成。模块集成商具有制定模块化设计规则,并通过对不同供应商的产品模块进行集成来制造最终的复杂产品的能力。模块供应商则是指制造模块的公司,它具有独特的核心能力、良好的协同能力,致力于研发或生产某类模块化单元,是相关产业链中不可或缺的环节。模块集成商和模块供应商的合作,实现了垂直整合和水平整合的一体化,具有自组织特征。

2.2 模块化特征

理解模块必须抓住模块的如下主要特征。

1. 模块的可变性

模块本身对下级系统的不确定性有很强的适应能力,它可以通过添加、拆分、整合、转化等"模块化的操作"应对子模块的各种临时的改变。比如一个模块失去市场价值或出现更新的技术可以取代它,那么就可以通过转化、更新或替代的模块操作迅速使系统恢复有效性和最佳状态。另外,为了应对市场的变化,可以通过合并模块、拆分模块等方式使整个生产链条符合市场的要求。

2. 模块的延展性

延展性是指模块可以通过扩充子模块的方法来完善甚至改变模块的功能,电脑行业中的外部设备和由电脑衍生的数字产品就是如此。模块也可以从上级模块中独立出来,成为一个单独的产业,开辟广阔的市场。现在,越来越多的电脑数字产品几乎都形成了单独的模块,专门从事生产这些产品的商家已经形成规模。子模块的可变性和延展性使整个系统更加富有弹性,更容易适应现代市场瞬息万变的需求形势。

3. 模块的层次性

模块可以包含子模块,因为模块的功能是整个系统功能的组成部分,所以子模块的功能应该是母模块的基本功能,所以能否称为模块是由观察角度和定义范围而决定的。同样,模块层次越多管理难度越大,当模块层次划分过多时,就与非模块化的产品结构没有什么差异了。站在不同的角度,模块的划分也会不同。

2.3 模块化分类

由于分类标准不同,研究的视角各异,模块及模块系统被划分为多种类型。从部件单位来源划分，Karim（2006）将其分为内部发展的单元（Internally Developed Unit）和外部获取的单元（Acquired Unit）两种。外部获取的模块是指进入公司前，已经拥有自己产品和商业系统的单元。

1. 从物理结构上划分

模块分为三种类型：功能模块、结构模块、单元模块。功能模块，指具有相对独立功能，并具有功能互换性的功能部件。结构模块，特指具有尺寸互换性的结构部件。在很多情况下，结构模块不直接具备使用功能，而只是某种功能模块的载体。单元模块，即兼具功能互换性和尺寸互换性的部件。它是由功能模块和结构模块相结合形成的单元标准化部件，是二者的综合体（胡晓鹏，2004）。

2. 按照工序之间的关系划分

按照工序之间的关系划分，张治栋、韩康（2006）将其分为物理模块、处理模块和价值模块。物理模块体现工序专业化与公司的内部联系，以效率为导向，其意义在于协调生产内部关系。处理模块体现工序集中化与生产柔性，将工序本身"分解"为可快速切换的"工序树"，并进行公司内"集中"管理。其联系以技术为媒介，以技术标准化为基础，具有削弱物理性而增强抽象性、缩小互补性而增大独立性以及降低依赖性而提高独立性等特点。价值模块体现工序自由重组与抽象独立的联系，为适应价值链分析要求，形成超越工序本身及相关工序的独立价值模块。

3. 按照产品周期的不同阶段划分

模块化可以按照产品周期的不同阶段分为设计的模块化（Modularity in Design）、生产的模块化（Modularity in Production）和使用的模块化（Modularity in Use）（Sako，2003），或者划分为产品体系或产品设计的模块化、生产的模块化、组织形式的模块化（Modularity in Organization）（Miguel，2005）。设计的模块化是指对产品及其部件的设计边界的定义，以使设计特征和任务在模块间相互独立；生产的模块化是对制造和装配的定义，通过分部装配、预制配件、模块测试以及将一些活动转交给供应商以降低复杂性；组织形式的模块化是指在公司内和公司间采用或利用的适应模块生产的组织过程、治理结构和契约程序（Miguel，2005）。我们认为，设计的模块化是生产的模块化的前提，生产的模块化是组织形式的模块化的前提，而组织的模块化又会影响到产业竞争格局。

4. 按照研究视角划分

按研究视角划分，模块化可分为产品层面、公司层面和网络层面的模块化，三者之间的关系如图 1-3 所示。

1）产品层面的模块化研究视角

在产品层面，研究对象为具有复杂性、可分性特点的产品，研究焦点集中于如何通过有效的产品模块化设计达到降低成本、提高生产效率和质量，进而提升公司竞争力的目的。产品模块化是模块化理论应用最为广泛的领域。Henderson 和 Clark（1990）研究了产品技术架构与部件创新之间的关系。Kusiak 和 Huang（1996）结合计算机硬件模块化设计，提出基于模糊神经网络的电子产品模块化架构理论，开创了模块化理论复杂化研究的开端。Lapp 和 Golay（1997）在核电站的模块化设计和制造中引入成本惩罚指数，建立了一套独特的模块化设计理论，通过应用不仅提高了质量，而且大幅度节省成本。Huang 和 Kusiak（1998，2002）提出模块化产品和系统设计的通用理论，其特点是引入部件的相关性矩阵，通过一定规则的

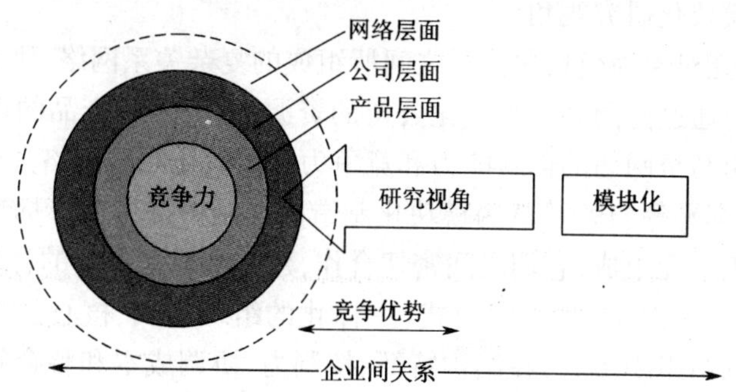

图1-3 产品层面、公司层面和网络层面模块化之间关系

变换,最终得出产品模块化的最佳方案,该理论尤其适合新产品或产品模块的集成化开发。而Gershenson和Prasad(1999)等把产品生命周期引入产品模块化理论,并在前人的基础上开发了一套模块化相关性测量和模块化设计的方法论。类似的研究还有产品大规模生产与产品架构的模块化设计(Jiao Jianxin和Tseng,1999;Salhieh和Kamrani,1999)、产品模块化架构在并行工程中的应用(Tsai和Wang,1999)、基于模块化产品的敏捷制造系统(Chan和Zhang,2001)等。

2)公司层面的模块化研究视角

在公司层面,研究对象为实施模块化战略的公司,研究焦点集中于公司模块化战略的实施及其对公司绩效的影响。Dess和Rasheed(1995)把产品模块化理论引入管理领域,根据产品模块的重要性,选择性地将非关键的模块外包给其他公司或个人,形成资源综合体。随后,Sanchez(1996)从公司战略和竞争优势角度分析了模块化对产品和组织架构的影响,认为公司能否在产品竞争中获胜取决于产品、组织和知识架构的有效管理。Schilling等(2000)从管理理论的角度提出了模块系统通用理论,为模块化管理的理论研究做了探索性尝试,也标志着模块化管理基础性研究的开始。Salvador等(2002)认为,产品市场规模和需求的动态变化将直接影响公司模块化战略。此外,学者们还结合家电行业就市场环境、产品模块化对公司绩效的影响进行了实证分析,结果表明市场环境的变化与模块化产品架构有着强相关性(Worren Moore,2002)。Baldwin和Clark等(2002)的研究显示,由于研究开发的高度不确定性,让几个单位(小公司)对于个别模块的革新同时展开竞争,虽然出现资源的重复投入,但在整体上对社会来说是有效的。Magnusson和Lindström(2003)从创新的角度对架构创新与模块创新进行了研究,认为模块创新是一种新技术的革命性创新,而架构创新则是对产品模块配置的改变。

国内在该领域的研究则是近几年的事情,目前,国内学术界在公司模块化管理领域的主要研究集中于模块化的概念界定(李海舰,2004)、模块化的理论诠释(昝廷全,2003;罗珉,2005;朱瑞博,2003;芮明杰,2004;胡晓鹏,2005;李晓华,2005;钟庭军,2005)、模块创新(陈向东,2002)、模块化与公司价值网络(苟昂,2005;余东华,2005;胡晓鹏,2005)等方面。

上述研究表明,国内外学术界在公司模块化管理领域已经建立了初步的理论架构,可以较为合理地解释组织发展的现状和组织的变迁。尽管如此,公司模块化管理理论的系统性研究才刚刚开始,尚未形成一套系统的理论分析架构,还需进一步深入系统研究。

3)网络层面的模块化研究视角

在网络层面,研究对象为模块化公司之间所组成的复杂关系网络,研究焦点集中于大型垂直一体化公司如何通过协同利用模块化公司的资源,完成复杂产品的设计、生产和整合,进而提升模块化公司乃至网络的创新能力和竞争力。模块化制造网络是经济学界和管理学界新兴的研究热点,李平等(1999)认为模块化制造网络是由许多从事标准零部件制造或软件设计的模块化加工单元组成,它们之间密切合作,建立起相互依存的合作关系。雷如桥等(2004)分析了基于模块化的三种组织模式(一体化的组织模式、核心公司协调下的组织模式和模块集群化的网络组织模式)在结构特征、控制力、协调成本和整合效率等方面的区别与联系。陈向东(2004)根据模块的分解难易程度,划分出非降解类型的模块结构和可降解的模块结构。不具备或具有较弱的模块功能和加工技术过程的独立性模块,称为非降解类型的模块。可降解的模块生产类型突出模块功能和加工过程的独立性,表现为模块内部的加工技术集成形式和集成过程并不影响或很少影响其他模块内部的作用效果以及系统组合的效果。Sturgeon(2002,2004)介绍了美国电子产业兴起的一种产业组织模式——模块化制造网络,并对比分析了模块化制造网络和其他的关系型网络模式在特点、绩效等方面的差异,认为模块化制造网络是价值链的模块化,通过交换规范化信息(Codified Information)建立连接,进而形成面向全球价值链的制造网络;Gangnes 和 Assche(2004)分析了产品模块化对组织生产运作的作用,进而研究了公司模块化经营的基本要素。尽管国内外学术界在模块化制造网络领域的研究尚处于起步阶段,但这些研究为我们了解模块化制造网络的成因、特点以及与其他组织形式的区别等奠定了基础。余东华(2010)提出模块化价值网络是公司按照模块化分工方式,在价值模块和价值链整合的基础上形成的并具有协同创造价值的中间性组织,其构成要素可以分为公司内部网络、核心网络和外围网络三个层次。

不论模块的定义如何变化,用何种标准对模块进行衡量区分,模块这一概念始终没有脱离分解与组合这一逻辑关系。系统分解为模块,模块组合成系统,Simon(1962)提出的简化复杂系统思想始终发挥着它的作用。

模块是可以进行单独设计、制造与组合的部件,具有标准性、通用性、系统性的特点。模块是由每个单元模块组成的,每个单元模块由功能模块和结构模块构成。功能模块是功能可以互换的专用单元模块;而结构模块是尺寸可以互换的通用单元模块。模块的独立性可以检验,每个单元模块的设计特征和任务,在模块间相互独立,一个单元模块对应一项任务。模块的系统集成(整合、组合)也可以检验,主要回答如下问题:单元模块与系统整体架构匹配吗？单元模块间协调和匹配吗？每个单元模块的分离与集成(整合、组合)程度如何？

模块化最初是指对模块的设计、制造以及组合。本书的模块化是指将复杂系统按照某种规则进行单元模块的分解与集成(整合、组合)的过程。战略管理模块化是指将战略管理系统按照某种规则进行单元模块的分解与集成(整合、组合)的过程。

参考文献

[1] 徐宏玲. 模块化组织形成及运行机理研究[D]. 成都:西南财经大学,2006.

[2] 尹建华,王兆华. 模块化理论的国内外研究述评[J]. 科研管理,2008(03):187-191.

[3] 余东华. 价值组织形态演进与模块化价值网络的形成[J]. 经济问题探索,2010(3):90-94.

[4] BALDWIN C Y, CLARK K B. Managing in an age of modularity[J]. Harvard Business Review,1997,75(5):84-93.

[5] KARIM S. Modularity in organizational structure: the reconfiguration of internally developed and acquired business units[J]. Strategic Management Journal, 2006, 27(9):799-823.

[6] 青木昌彦,安藤晴彦.模块时代:新产业结构的本质[M].上海:上海远东出版社,2003.

[7] HENDERSON R M, CLARK K B. Architectural innovation: the reconfiguration of existing product technologies and the failure of established firms[J]. Administrative Science Quarterly,1990,35:9-30.

[8] SCHILLING M A, STEENSMA H K. The use of modular organizational forms: an industry-level analysis[J]. Academy of Management Journal, 2001,44(6):1149-1168.

[9] HELFAT C E, EISENHARDT K M. Inter-temporal economies of scope, organizational modularity, and the dynamics of diversification[J]. Strategic Management Journal, 2004,25(13):1217-1232.

[10] LANGLOIS R N. Modularity in technology and organization[J]. Journal of Economic Behavior & Organization, 2004,49(1):19-37.

[11] PIL F K, COHEN S K. Modularity: implications for imitation, innovation, and sustained advantage[J]. Academy of Management Review, 2006,31(4):995-1011.

3 案例研究

3.1 案例研究概念

从历史上看,早在数百年前,案例研究方法就在医学领域和法学领域得到了广泛的应用。医师们依赖于案例研究方法来诊断病症;律师们将判例法视为法律研究的基本方法,英美法系国家的律师们将判例视为法律的渊源,大陆法系国家的律师们则从大量的判例中找寻有力的支持性论据。

20世纪以来,案例研究方法逐步在经济学(主要是新制度经济学)和管理学领域(包括私人公司组织管理领域和公共机构行政管理领域)得到了快速发展。作为一门实践导向的学科,管理学,尤其是公司管理学为案例研究这样一种经验性、贴近现实的研究方法提供了发展和繁荣的沃土。

1908年,哈佛商学院率先将案例研究方法引入公司管理教学。随后的50年时间里,哈佛商学院充当了在公司管理领域普及、应用案例教学法的旗手的角色。20世纪中后期,案例研究方法在管理学领域中的发展之迅速、涉及面之广和研究进展之深,极为引人注目。今天,无论是在战略管理或组织管理领域,还是在管理会计、市场营销管理、生产作业管理、信息技术管理领域,都可以看到丰硕的案例研究成果。由于案例研究一般通过解剖典型案例,详细描述事物案例现象,分析其背景原因并从中发现客观事实进而探求事物的一般规律性。因此,案例研究被认为是各国工商管理学科开展学术研究的最重要的方法之一。

从理论意义上来说,案例研究和理论两者具有相辅相成的关系:任何一项好的案例研究都必须依托于坚实的理论基础,反过来说,案例研究也一直是管理理论创建及检验的重要研究方法之一。一个好的案例研究,对发展理论有着极其重要的意义。其作用具体表现在以下三个方面。

第一,提出并分析新的研究问题,进而对构建新的理论框架,或者是对发展新理论所必需的研究方法、程序有所贡献。因为在案例研究过程中,研究者可能会以更开放的心态看待研究中获得的大量材料与数据以及案例材料与现有文献的矛盾等,从而更有可能产生新理论。

第二,拓展现有理论体系的解释力范围,解决现有理论尚不能够予以合理解释的理论问题。

第三,通过证实或证伪已有的理论假设,或者是,证实或证伪已有的案例研究(包括在已有的理论贡献型案例研究的基础上做对比研究或进一步的深入研究),来强化或修正已有理论中的相关数据、经验知识以及不同变量之间的逻辑关系。

从现实意义上来说,案例研究结论可能更具有现实有效性。这是由于案例结论直接来自经验证据,因此,更有可能是对现实的客观反映。为此,凯瑟琳·M.艾森哈特(Kathleen M. Eisenhardt,1989)总结道:在研究的初始阶段,当我们对所研究问题知之甚少或试图从一个全新角度切入时,案例研究将非常有用。

此外,案例研究作为一种教学方法,有助于提高人们的判断力、沟通能力、独立分析能力和创造性地解决问题的能力。通过对案例的研究,我们可以对相关管理问题的理论及实践进行深入的研究分析、挖掘发现,从中找出带有规律性、普遍性的成分,这是应用性学科最快捷、准确的研究手段及方法之一。

“案例”源于英语“Case”一词,在汉语中通常被译作“个案”、“个例”、“事例”等,在中国内地一般称为“案例”,在中国香港、中国台湾则多称作“个案”。最初启用“案例”一词,是医学界对医案及个别病例的统称。案例可以以故事的形式出现,但必须是真实的故事,是事实的集合,包括真实的公司或组织、真实的参与者、真实的事件和情感;而且,一个案例必须要在某一个领域内具有代表性。管理案例的英语原词为Business Case,在这里我们将管理案例定义为:“对某一特定管理情景的客观书面的描述或介绍。”其中描述或介绍的对象往往是一个组织中的人员行动、事件、背景与环境,通过对事实、对话的描述及数据与图表等形式表达出来。它真实地提供了所需要决策的各类管理问题、实际存在的复杂管理冲突、各种相关事实和背景资料,再现管理者或管理组织所面临的实际管理情景和决策环境。

长期以来不同领域的研究者们对案例研究持有不尽相同的认识。对案例研究的重视可以追溯到哈佛商学院所代表的案例学派和早期的经验学派。美国管理学者Koontz于1961年在其著名管理论文《管理理论丛林》中就划分出了案例学派。Koontz在其论文《管理理论丛林再论》中,再次肯定案例学派的地位及其在理解管理问题、探求基本规律、提出或论证管理原则的重要作用。

Schramm(1971)认为,案例研究的本质也即各类案例研究的核心意图,在于展现做出一个或一系列决策的过程:为什么做出这一决策?决策是怎样执行的?其结果如何?Robert K. Yin(1984)认为:案例研究是一种经验主义的探究,它研究现实生活背景中的暂时现象;在这样一种研究情景中,现象本身与其背景之间的界限不明显,研究者只能大量运用事例证据展开研究。

3.2 案例研究特征

Yin, Stake等学者在探索案例研究的概念,确立案例研究分析框架的基础上,开始逐步探索案例研究的性质和特征,达成的共识可以概括为两点。

第一,案例研究是一种经验性的研究,而不是一种纯理论性的研究。案例研究不同于社会科学领域的其他研究方法,案例研究的意义在于回答“为什么”和“怎么样”的问题,而不是回答“应该是什么”的问题,不同研究方法的特征见表1-5。

表1-5 不同研究方法的特征

研究方法	研究问题的类型	是否需要对研究过程进行控制	研究焦点是否集中在当前问题
实验法	怎么样?为什么?	是	是
调查法	什么人?什么事?在哪里?有多少?	否	是
档案分析法	什么人?什么事?在哪里?有多少?	否	是/否
历史分析法	怎么样?为什么?	否	否
案例研究法	怎么样?为什么?	否	是

第二,案例研究的研究对象是现实社会经济现象中的事例证据。Stake(1995)将案例研究界定为“理解特定情况或特定条件下(单一事件中的)行为的过程”。在这样一个研究过程中,人们可以将研究重点放在捕捉社会经济现象的片断的真实细节上,而无须预先严格设定或梳理清楚其中蕴藏的为数众多的变量之间的复杂关系。不过,由于案例研究往往只是被用作分析社会经济现象的一个片断,即一个相对狭小的研究领域的某一局部性的问题,因此,案例研究往往被认为不具有普适性,即外部效度比较差,这一点在案例研究的优缺点上有具体阐述。

最后,案例研究对整体性的要求。案例研究的研究对象是社会经济现象中不同变量之间的相互关系,这决定了案例研究应该是一个整体性的体系,也许它的各个部分并不运转得那么良好,也许它的目的是非理性的,但它始终成为一个(整体性的)体系(Stake, 1995)。要通过案例(单一事例或有限事例)来得出归纳性的结论或预测未来时,研究者必须对这一事件所涉及的各部分的互相依赖关系及这些关系发生的方式进行深入的研究(Sturman, 1994)。也只有在保证案例研究整体性这一前提下,案例研究的结论——案例本身作为一个完全的、被准确界定的个体样本所揭示出来的规律及相关研究结论,才有可能被推广应用到更广泛的、具有相似性的群体中。

3.3 案例研究分类

根据不同的划分标准,可以区分出不同的案例研究类型。服务于不同案例研究类型的方法是不同的,有一些案例研究方法只适用于特定的案例研究类型,也有一些案例研究可以同时综合应用多种类型的案例。

1. 从研究内容的角度

根据研究内容的不同,案例研究可以被区分为五种类型(Scapens,1990;Hussey J. 和 Hussey R. ,1997),即探索型(Exploratory)、描述型(Descriptive)、例证型(Illustrative)、实验型(Experimental)和解释型(Explanatory)的案例研究。

探索型案例研究往往会超越已有的理论体系,运用新的视角、假设、观点和方法来解析社会经济现象,这类研究以为新理论的形成做铺垫为己任,其特点是缺乏系统的理论体系的支撑,相关研究成果非常不完善。在已有理论框架下,当研究者希望对公司实践活动做出详尽的描述时,可以采用描述型案例研究方法。当研究者希望阐述公司组织的创造性实践活动或公司实践的新趋势时，可以采用例证型案例研究方法。当研究者希望检验一个公司中新实践、新流程、新技术的执行情况并评价其收益时，可以采用实验型案例研究方法。解释型案例研究则适用于运用已有的理论假设来理解和解释现实中公司实践活动的研究任务。

同样根据研究内容的不同进行分类，也可以将案例研究区分为探索型、描述型、解释型和评价型四种类型。有学者（Bassey，1999）形象地描述了这四种不同类型的案例研究，其中，探索型案例研究侧重于提出假设，其任务是寻找（新）理论；描述型案例研究侧重于描述事例，其任务是讲故事（Story-Telling）或画图画（Picture-Drawing）；解释型案例研究侧重于理论检验（Theory-Testing）；而评价型案例研究侧重于就特定事例做出判断。还有一些学者将案例研究区分为三种类型，即探索型、描述型和解释型。也有学者将解释型称为“分析型”（Analytical）。另有学者将探索型和描述型之外的案例研究统称为方法组合型（Combined Methodology）案例研究。

可以看到，无论是在三类型分类法，还是在四类型分类法中，人们对探索型和描述型这两种类型的案例研究的内涵基本没有争议，这两种类型分别对应着超出现有理论框架解释范围和完全在现有理论框架解释范围之内的案例研究，而分歧主要集中于那些立足于现有理论框架但又尝试有所突破与发展的案例研究活动的分类及其属性上。

2. 从研究数量的角度

案例研究一般是通过选择一个或几个案例来说明问题。根据实际研究中运用案例数量的不同，案例研究可以分为单一案例（Single Case）研究和多案例（Multiple Cases）研究。

单一案例研究主要用于证实或证伪已有理论假设的某一个方面的问题，它也可以用于分析一个极端的、独特的和典型的管理情景和环境。通常，单一案例研究不适用于系统构建新的理论框架。偏好单一案例研究方法的学者认为，单一案例研究能够深入、深度地揭示案例所对应的经济现象的背景，以保证案例研究的可信度。在设计和实施单一案例研究时的一个重要步骤是界定分析单位（或案例本身）。在开始案例研究之前，必须对分析单位进行细致的界定，并充分听取各方的建议，以确保选择的案例与准备研究的问题具有内部关联性。

在多案例研究中，研究者首先要将每一个案例及其主题作为独立的整体进行深入的分析，这被称为案例内分析（Within-Case Analysis）。依托于同一研究主旨，在彼此独立的案例内分析的基础上，研究者将对所有案例进行归纳、总结，并得出抽象的、精辟的研究结论，这一分析被称为跨案例分析（Cross-Case Analysis）。前者是把每一个案例看成独立的整体，进行全面的分析，后者是在前者的基础上对所有的案例进行统一的抽象和归纳，进而得出更精辟的描述和更有力的解释。以凯瑟琳·M. 艾森哈特（Kathleen M. Eisenhardt）为代表的学者偏好于多案例研究方法，其观点是，多案例研究能够更好、更全面地反映案例背景的不同方面，尤其是在多个案例同时指向同一结论的时候，案例研究的有效性将显著提高。同时她也认为，单一案例研究与多案例研究之间的相似性远比其差异性要重要得多。对二者来说，“讲好故事”是具有重要意义的一步，但是好的理论，从根本上来说还是源于严谨的研究方法和多案例对比的分析逻辑。这一点，无论是对经典的案例研究，还是对于现在的多案例研究，都是非常明显的。

3. 从研究目的的角度

根据研究的目的的不同,案例研究可以分为教学型案例和研究型案例。

教学型案例的目的是让案例使用者(学生)通过案例分析,理解或掌握管理学科的知识点,理论联系实际,掌握分析问题、解决问题的方法。教学型案例一般把复杂事实如实再现给学生,有的教学型案例甚至把学生带到多重矛盾之中,以培养学生透过复杂现象把握事物本质的能力。因此,教学型案例需要具备六个特点:

(1)真实性(有相对的原型,名称可替代,敏感信息可适当修改,进行适当的虚拟);

(2)生动性(描述场景、冲突、图、表、原话,语言生动);

(3)问题性(案例由许多小问题组成);

(4)典型性(案例要具有代表性,包括案例事件的代表性国家(发展中国家或发达国家)、市场区域(国内或国际市场)、地区(北京、上海、天津等)等);

(5)启发性(案例开发后能实现对学习者有比较大的启发的目的);

(6)客观性(案例尽量还原事情的原来面貌)。

教学型案例的资料收集可以基于通过调研访谈等取得的第一手资料,也可以基于通过新闻报道、互联网取得的二手资料。在课堂中,为了激发学生的学习兴趣,教学案例中要适当增加一定的故事情节。比如,在叙述案例时,可以通过虚构的管理情景,模拟不同人物的对话,穿插进行背景叙述,将真实的公司活动以一种故事的形式展现给学生。但是需要注意的是,教学案例又不仅仅是在"讲故事",而是要通过故事的叙述形式,使用新鲜的题材将课程需要掌握的知识要点传达给学生。

研究型案例一般透过复杂现象,按公司成长的发展轨迹或事物发展的主脉理顺其因果关系,用深入浅出的语言撰写案例、暗示研究结论。研究型案例的目的是为了验证理论命题或发现公司实践活动中新的客观事实、新思想,其中案例展开时应该有其内在的逻辑性、因果性。

相对于教学型案例来说,研究型案例的资料来源一定要具有系统性、严谨性、准确性、真实并有证据(比如录音、内部资料或观察现象)。好的研究案例一定是基于直接观察、系统访谈、公司内部资料等第一手资料做成。对调研中的一些模糊的信息,除访谈相关人员外,还应向其他相关人员求证。对工商管理的研究者来说,第一手资料如科学工作者在实验室观察到的实验数据一样重要,要不断地求证其真实性与可靠性。

研究型案例与教学型案例的具体区别见表1-6。

表1-6 研究型案例与教学型案例的具体区别

类别	研究型案例	教学型案例
目的	研究	教学
重点	注重理论	注重实践
对象	一个或多个公司	单一公司(特例,如公共事件)
分析与结论	注重分析	只描述事实不做任何判断或假设
写作手法	理论明确、清晰,与学术论文类似	故事性、可读性强

参考文献

[1] 马新建,李庆华.工商管理案例教学与学习指南[M].北京:石油工业出版社,2003.

[2] BROWN L G. The importance of field-researched: decision-focused cases [C]. Philadelphia: Academy of Management Annual Conference,2007.

[3] GHOSHAL S. Bad management theories are destroying good management practices[J]. Academy of Management Learning and Education, 2005,4(1):75-91.

[4] EISENHARDT K M. Building theories from case study research[J]. The Academy of Management Review, 1989, 14(4):532-550.

[5] HARRISON J S, FREEMAN R E. Social responsibility and performance: empirical evidence and theoretical evidence[J]. Academy of Management Journal, 1999,42(5):479-485.

[6] STAKE R E. Case studies//DENZIN N K, LINCOLN Y S. Handbook of qualitative research. 2nd ed. Thousand Oaks, CA: Sage Publications,2000: 435 -454.

[7] YIN R K. Case study research: design and methods[M]. Newbury Park, CA: Sage Publications,1984.

[8] STAKE R E. The art of case study research[M]. Thousand Oaks, CA: Sage Publications,1995.

[9] 孙海法.领导策略与团队管理[M].广州:中山大学出版社,2003:81-92.

[10] MEREDITH J. Building operations management theory through case and field research [J]. Journal of Operation Management,1998,16:441-454.

[11] BASSEY M. Case study research in education settings[M]. Buckingham and Philadelphia: Open University Press,1999.

[12] SCAPENS R W. Research management accounting practice: the role of case study methods[J]. British Accounting Review, 1990,22(3):259-281.

[13] HUSSEY J, HUSSEY R. Business research[M]. Basingstoke: Macmillan Press,1997.

[14] 王德中.企业战略管理[M].成都:西南财经大学出版社,2009.

[15] KOONTZ H. The management theory jungle[J]. Academy of Management Journal, 1961,4(3):174-188.

[16] 清华大学中国工商管理案例库编写组.中国工商管理案例集[M].北京:高等教育出版社,2002.

[17] 李茁新,陆强.中国管理学案例研究:综述与评估科研管理[J],2009,31(5):35-44.

[18] STURMAN A. Case study methods[J].//KEEVES J P. Educational research, methodology and measurement: an international handbook. Oxford: Pergamon,1994.

[19] 余菁.案例研究与案例研究方法[J].经济管理,2004,20:24-29.

[20] 殷.案例研究方法的应用[M].周海涛,等,译.重庆:重庆大学出版社, 2009.

[21] 项保华,张建东.案例研究方法和战略管理研究[J].自然辩证法通讯,2005,27(5):62-66.

[22] 王青梅,赵革.国内外案例研究教学法研究综述[J].宁波大学学报:教育科学版,2009,3(31):8-11.

[23] 苏敬勤,孙源远.商业案例、教学案例和案例研究的关系[J].管理案例研究与评论,2010,3(3):255-258.

[24] 欧阳桃花.试论工商管理学科的案例研究方法[J].南开经济评论,2004,2(7):100-105.

[25] 波特.竞争战略[M].陈小悦,译.北京:华夏出版社,2005.

[26] 希特,爱尔兰,霍斯克森.战略管理:竞争与全球化(概念)[M].吕巍,等,译.9版.北京:机械工业出版社,2012.

[27] 希特,霍斯克森,爱尔兰,等.战略管理:赢得竞争优势[M].2版.北京:机械工业出版社,2009.

[28] 黄旭.战略管理思维与要径[M].北京:机械工业出版社,2007.

[29] 卡彭特,桑德斯. 战略管理动态观点[M]. 王迎军,韩炜,肖为群,等,译. 北京:机械工业出版社,2009.

[30] 皮尔斯,鲁滨逊. 战略管理:制定、实施和控制[M]. 王丹,高玉环,史剑新,等,译. 8版. 北京:中国人民大学出版社,2005.

[31] 和金生,张保银. 战略管理[M]. 天津:天津大学出版社,2012.

[32] 希尔,琼斯. 战略管理[M]. 孙忠,译. 北京:中国市场出版社,2008.

[33] 郭焱,杨鸿泽. 战略规划模块化撰写理论与案例[M]. 天津:天津大学出版社,2012.

[34] 郭焱,陈丽然,杨鸿泽,等. 公司战略分析、预测与评价模型与案例[M]. 天津:天津大学出版社,2012.

4 战略管理案例模块化结构框图

战略管理案例的模块化撰写是指将战略管理案例按照某种规则对单元模块进行分解与集成(整合、组合)的写作过程。战略管理案例模块由战略制定(战略分析与战略选择)、战略实施、战略评估和控制模块组成,具体可以分解为六个独立的单元模块:模块1外部环境分析模块,模块2内部环境分析模块,模块3愿景、使命和目标模块,模块4战略选择模块,模块5战略实施模块以及模块6战略评估控制模块(如图1-4所示)。

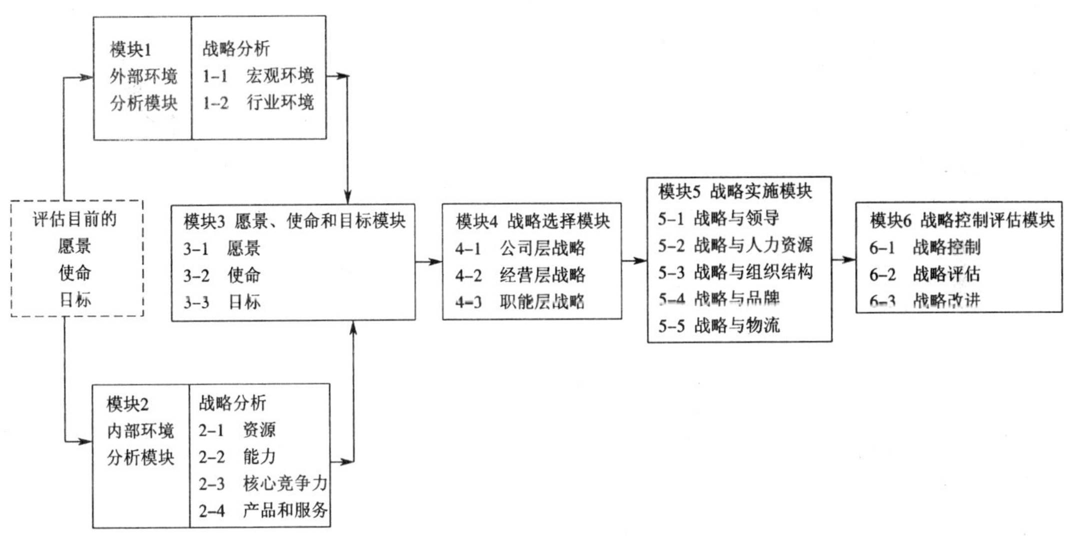

图1-4 战略管理系统模块结构图

由图1-4可知,每个单元模块又由若干个子模块构成,如:模块1外部环境分析模块,由1-1宏观环境模块、1-2行业环境模块组成;模块2内部环境分析模块,由2-1资源模块、2-2能力模块、2-3核心竞争力模块和2-4产品和服务模块组成;模块3愿景、使命和目标模块,由3-1愿景模块、3-2使命模块和3-3目标模块组成;模块4战略选择模块由4-1公司层战略模块、4-2经营层战略模块、4-3职能层战略模块组成;模块5战略实施模块,由5-1战略与领导模块、5-2战略与人力资源模块、5-3战略与组织结构模块、5-4战略与品牌模块、5-5战略与物流模块组成;模块6战略控制评估模块,由6-1战略控制模块、6-2战略评估模块和6-3战略改进模块组成。其中6-1战略控制模块又由事前控制、事中控制和事后控制模块组成。

本章是全书的概念部分，主要介绍了战略管理、模块化、案例研究的概念、特征以及分类，还介绍了战略管理过程和战略管理案例模块化结构框图。本章将战略管理案例划分为六大模块，每个大模块还可以按照撰写要求进行细分。这些模块的划分，为下面的战略管理案例模块化理论的介绍以及模块化撰写流程和评估标准的提出提供依据。

第2章　战略管理模块化理论

1　外部环境分析模块

1.1　宏观环境模块

1.1.1　概念

2004年，Gregory G. Dess提出宏观环境是对所有公司的经营管理活动都会产生影响的环境。Manson A. Carpenter和Wm. Gerard Sanders(2009)认为宏观环境是指公司所面对的更大范围的政治性、经济性、社会性、技术性、自然环境以及法律等方面的议题。2010年，张旭、易学东提出宏观环境分析的重点是识别和评价超出某一公司控制能力的外部环境发展趋势与事件，例如加剧的国际竞争、人才流动的“马太效应”等。

在公司外部环境分析中我们要注意以下三个显著的特征：

第一，外部环境是动态变化的、具有概率的可能性事件，所以我们要以权变的眼光来看待它；

第二，外部环境的变化是客观存在的，并不受单个公司的控制；

第三，外部环境对不同的产业和不同的公司的作用和影响是不同的。

1.1.2　宏观环境因素

John A. Pearce Ⅱ和Richard B. Robinson Jr.(2005)提出宏观环境因素通常指单个公司经营环境以外的各种因素，其中包括：经济因素、社会因素、政治因素、技术因素、生态因素。宏观因素只是给公司提供机会、威胁与约束，但是不会单独作用于某个公司。例如，当经济发展缓慢、建筑行业发展速度迅速下降时，一个单独的承包商就很可能遭受商业上的损失，而这个承包商刺激本地建筑行业活动的努力并不能扭转建筑行业整体下滑的局面。

Manson A. Carpenter和Wm. Gerard Sanders(2009)认为宏观环境因素主要包括政治、经济、社会文化、技术、自然环境以及法律环境。

张旭、易学东认为宏观环境一般可以分为六大部分：经济环境、政治法律环境、社会文化环境、技术因素、人口因素以及全球化趋势。

芭贝特·本苏桑、克雷格·弗莱舍(2012)认为宏观环境分析着眼于社会(Society)、技术(Technology)、经济(Economy)、生态(Ecology)和政治(Politics)/法律等五方面，因为这些因素影响着行业和公司的竞争力。这些因素往往被认为超出了单个公司的直接影响范畴。

综合前人研究的结果，我们将宏观环境因素细分为九部分，即：政治、经济、社会文化、技术、生态环境、法律、人口、全球化趋势和道德因素。

1. 政治因素

政治因素的方向性和稳定性都是管理者在进行战略决策时考虑的主要因素。政治因素界定了一家公司运作范围内的法律和政策尺度。政治环境能够对公司经营、消费者信心以及消费者与公司的开支产生重要的影响，政治因素对于它们所影响的公司具有限制性的或有利的影响。

2. 经济因素

经济因素关心的是公司所处的整体经济的性质和方向。因为消费模式是受不同市场区间影响的,每家公司都必须考虑所在行业的市场区间的发展趋势。管理者需考虑会对自身战略的成功产生短期和长期影响的宏观经济因素。通货膨胀率、利率、关税、本地和国外经济的增长以及汇率等因素都非常关键。

3. 社会文化因素

社会和文化对公司经营的影响因地区不同而不同。根据公司经营事业的类型,当地语言、主流宗教信仰、休闲时间、人口的年龄和寿命因素都可能很关键。当地的社会文化特征,诸如对消费、环保以及男女社会地位的态度等方面也与本土有所不同。根据本土市场的经验得出对外地社会文化规范的假定,是进入新市场早期失败的普遍原因。

4. 技术因素

宏观环境中的第四种因素是技术因素。为了避免过失和促进创新,公司必须注意可能会对其所在行业产生影响的技术变化。创造性的技术适应可能会促成新产品的开发或生产,改进现有产品或制造技术以及营销手段。技术因素与公司所面临的威胁和机会有关。

技术上的突破能够对一个公司的环境产生一种巨大的影响。它可以创造复杂的新市场和产品,或者大大缩短制造设备的预期寿命。技术预测有助于保护和提高处于不断增长的行业中的公司的获利能力。它提醒战略管理者既要迎接挑战又要争取大有可为的机会。近年来,尤其值得注意的是对技术的最终应用领域进行预测。例如,出于对环境问题的日益关注,公司必须仔细研究技术进步对诸如生态与公共安全等生活质量因素的可能影响。

5. 生态环境因素

“生态”这个词是指人类和其他生物与空气、土壤以及赖以生存的水之间的关系。我们赖以维持生命的生态系统所受到的威胁主要是由人类在工业社会的活动所引起的,通常称为污染。尤其需要引起重视的是全球温室效应,栖息地和生态多样化的减少以及空气、水和土壤的污染。

长期以来环境一直是影响公司战略的一个因素,这主要是基于获取原材料的观点。但随着公司在各自的环境中留下了废弃物、污染等痕迹,环境因素渐渐被看成是公司经营的直接或间接成本。

6. 法律因素

法律因素反映的是与地区和组织相关的法令和条例。法律因素包括法律的规则是否完善以及法律法规调整的难易程度与迅捷程度。此外,法律因素还应包括服从法规的成本。

7. 人口因素

人口因素是宏观环境中最容易理解并且最易于数量化的因素。人口环境趋势和所有一般环境因素一样,对不同的产业影响不同。公司除了分析国内人口因素之外,还应在全球的基础上分析人口因素。人口因素主要包括人口的总数、年龄结构、性别结构、家庭结构、社会结构以及民族结构。

8. 全球化趋势因素

全球化经营也就是战略制定、实施和评价活动在世界范围内实行一体化的过程。战略决策基于的是它对公司全球盈利能力的影响,而不只是对国内经营或在其他某国的经营的影响。全球化战略力求以最低的成本和最高的价值满足全球用户的需求。

9. 道德因素

最新的宏观环境影响因素中又加入了道德因素，道德因素的重要性逐渐被人们认识并研究。

表2-1是宏观环境影响因素的具体内容以及重要变量。

表2-1　宏观环境影响因素内容

影响因素	具体内容(重要变量)	
政治	公司和政府之间的关系 产业政策 政府换届 政府其他法规 特种关税 政府采购规模和政策 财政与货币政策	外交状况 政府财政支出 政府预算 政府管制 专利数量 进出口限制
经济	GDP的变化发展趋势 通货膨胀程度及趋势 居民可支配收入水平 能源供给成本 市场需求状况 可支配收入水平 消费模式 劳动生产率水平 地区之间收入和消费习惯差别 劳动力及资本输出 居民的消费倾向 货币市场模式 就业状况 价格变动	利率水平 失业率 汇率水平 市场机制的完善程度 经济形态 利率规模经济 政府预算赤字 股票市场趋势 财政政策 贷款的难易程度 通货膨胀率 国民生产总值变化趋势 汇率、税率 货币政策
社会文化	民族特征 价值观念 教育水平 收入分布 公司或行业等特殊利益集团 对退休的态度 对经商的态度 生活方式 购买习惯	文化传统 宗教信仰 风俗习惯 消费结构和水平 对政府的信任程度 社会责任感 对售后服务的态度 收入差距 对休闲的态度
技术	社会科技水平 国家科技体制 国家对科技开发的投资和支持重点 该领域技术发展动态 研究开发费用总额	社会科技力量 国家科技政策 科技立法 专利及其保护情况 技术转移和技术商品化速度
生态环境	对环境污染的态度	

续表

影响因素	具体内容(重要变量)	
法律	公司法 商标法 反不正当竞争法 产品质量法 环境保护法 税法的修改 劳动保护法的修改	广告法 经济合同法 消费者权益保护法 外商投资公司法 专利法 专利法的修改 公司法的修改
人口	人口总数 性别结构 家庭结构 民族结构	年龄结构 教育结构 社会结构 人口流动性
全球化趋势	信息引领经济发展 私人资本成为国际资本流动主力 高素质人才无国界流动 发展中国家改革和开放相互兼容	技术表现为独立的商品形态 国际经济体系面临重组 各国之间的依赖性增强
道德	公众道德观念	

1.1.3 分析工具

1. PEST 分析

PEST 分析是宏观环境分析常用的方法,其中四个字母分别代表四个部分:政治(Political)、经济(Economical)、社会文化(Social-cultural)、技术(Technological)。在分析公司所处的宏观环境的时候,通常是通过这四个方面的因素来分析公司所面临的状况。PEST 分析的目的是分析哪些环境影响在过去对组织是很重要的,并且考虑这些影响在未来对组织和它的竞争者重要性的变化程度。PEST 分析的主要作用在于以下几个方面。

(1)在分析和考虑不同的影响时可以参考 PEST 分析。现实中对于公司来说外部的信息太繁杂,有些信息对于公司来说影响比较小,可以忽略。利用这种方法可以从大量的信息中提取有限并且有效的信息,使公司的决策者能够快速做出有效的战略决策。

(2)找出少量的关键环境影响。例如,西方工业化国家的医疗服务在医务护理方面面临着短期的压力,但能否长远地提供这种护理能力,则完全取决于管理怎样与至少三个关键因素的“交点”保持一致。①人口统计方面,尤其与适龄人口数有关,适龄人口增加的同时也增加了对医务护理的需求。②技术的快速发展延长了人们的寿命,也提高了人们对护理的期望,当然这需要大量的资金。③当联系到与公众基金有关的政府政策时要考虑不确定的经济环境的影响。关键是设计组织战略时,必须考虑这些关键影响因素。其危险是当管理者面临着日常问题的压力时往往不考虑这些因素,那么战略就变成了短期对策而不是长期发展的思考。

(3)PEST 分析对确认长期变化的驱动力也有一定的辅助作用。例如,对许多正在不断全球化的市场,确认导致全球化发展的动力是很重要的,这些动力包括技术的飞速发展导致的技术生命周期的缩短。因此,公司就需要在使用类似的技术时取得更大的规模经济。世界范围内各国顾客对诸如收音机、电视机等娱乐商品具有相似或相同的口味。因此,通过全球化营销和制造来获得最大的经济性,就可以实现规模经济、减少浪费。多国顾客和竞争者的增加使竞争趋势逐渐转向全球化市场,这给公司降低成本造成了全面的压力。全球化发展的另一个动力是在全球范围内寻找和购买原材料、能源和发展为全球性公司服务的技术技能等。

(4)PEST分析可以帮助检测组织的外部影响的不同作用。这些外部影响要么是历史性的,要么是将来的。这种方法建立在确认关键趋势或关键影响要素的基础上,即检测这些外部影响对不同的组织(也许是竞争者)的影响和作用的程度有多大。图2-1是这种分析方法的一个简单的模型,该分析基于对市场全球化的趋势的探讨。这是对复杂性分析的一个简化了的方法,但能够说明对关键趋势或关键影响要素的确认是如何进一步用来检测对组织的不同影响作用的。

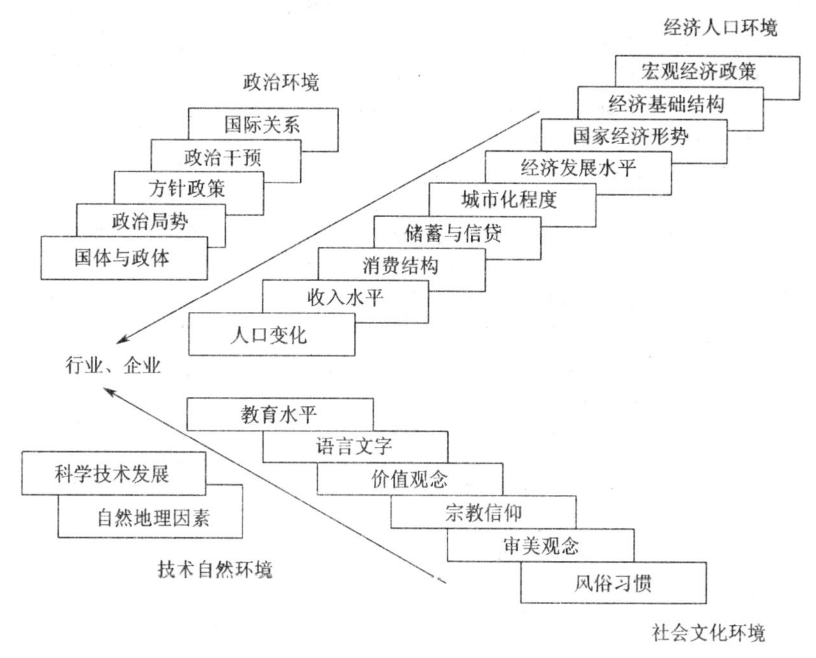

图2-1 PEST分析

2. PESTEL分析

2009年,Manson A. Carpenter和Wm. Gerard Sanders为了分析宏观环境,引入PESTEL分析并且提出全球化的决定因素及其结果。

PESTEL分析是一种简单却很重要的工具,通过它可以对公司外部环境有一个全面的了解。PESTEL是公司所处的政治、经济、社会文化、技术、自然环境以及法律环境的缩写。它提供了一组对公司有潜在影响的、概括性的环境因素清单。它可以帮助管理者更好地理解公司所面临的机会和威胁,帮助他们建立公司未来经营形态的愿景并思考如何在竞争中盈利。它也是了解市场的增长或衰退的良好工具,主要关注点在于宏观环境因素对未来的影响。

公司需要了解宏观环境,才能保证公司战略与影响公司经营形态的外部变化力量保持一致。相较于为了生存而适应环境或抵制环境变化,公司主动利用环境变化更容易获得成功。深入了解PESTEL还有助于避免管理者做出由于不可控制的外部原因而注定会失败的战略选择，也是进入新国家或区域的很好的起点。

PESTEL 分析包括三个步骤：首先，需要深入考虑与所在的特定环境相关的每一个 PESTEL 因素；其次，要对用于 PESTEL 各因素分析的信息进行确认并归类；最后，分析这些信息并且得出结论。表 2-2 展示了 PESTEL 分析框架。它包括六部分，每一部分代表了 PESTEL 的一个主题。表中还包括了范例式的问题或者提示，对这些问题的解答将有助于对宏观环境中机会和威胁的性质进行判断。该表格并没有涵盖所有问题，只是宏观环境分析中应该关注的典型议题的样本。

表 2-2 PESTEL 分析框架

影响因素	具体内容
政治	政治环境是否稳定 有哪些外贸条例 当地的税收政策如何，对经营事业有多大的影响 有哪些社会福利政策 政府有没有加入类似欧盟、北美自由贸易区、东盟等贸易协定
经济	当前及预期的利率能达到什么水平 通货膨胀水平如何，未来的预期怎样，这种预期对公司所在的市场有什么影响 当地的就业率是多少，变化情况如何 人均国民生产总值的长期前景如何 关键市场间的汇率情况如何以及它将怎样影响公司的生产和分销
社会文化	当地的生活方式有怎样的趋势 现在的人口结构是什么样的以及变化趋势如何 当地的教育和收入水平及其分布情况如何 当地的主流宗教信仰是什么，对消费者的态度和选择有什么样的影响 当地的消费水平如何，人们的消费特征怎样 哪些未出台的法规会对公司的社会政策产生影响 人们对工作与休闲持什么态度
技术	政府和产业中的研究基金资助水平如何，是否在发生变化 政府和产业在技术层面的兴趣是什么以及对技术的关注程度如何 技术的成熟度如何 当地的知识产权问题处于什么样的状态 邻近产业中潜在的破坏性技术是否会悄悄侵入这一产业
自然环境	当地的环境问题都有哪些 将要出台的生态政策和环境议题会不会涉及公司所在的产业 某些国际组织（如绿色和平组织、地球优先组织、善待动物组织）的活动将如何影响公司的经营事业 当地是否有环保法规 关于废弃物处理和能源消耗有什么样的规定
法律环境	有关垄断和私有产权的条例有哪些 知识产权是否受到法律的保护 有没有与消费者相关的法律法规 关于雇佣、健康与安全以及生产安全的相关法律的情况如何

3. STEEP 分析

芭贝特·本苏桑、克雷格·弗莱舍（2012）认为大环境可以划分为几大部分。一种有效的划分就是 STEEP 分类方案（其主要变量见表 2-3），此类方案还有 PEST、PESTLE、

STEEPLED等。重要的不是选择哪个方案，而是意识到在作全面分析时不能忽视的一些主要方面。

表2-3 战略管理的定义

社会环境	技术环境	生态环境	经济环境	政治/法律环境
意识形态特点	拥有的专利权	空气和水的质量	GDP增长	政党的政策
联盟组织的类型	研究预算	回收能力	外汇储备	管理机构的能动性
社会各阶层的收入差距	一个地区大学的数量	动力源	通胀率	财产保护法的出台
经济和社会各阶层的人口比例	技术变化的速度	产品生命周期的变化阶段	收入分配水平的范围	影响政治决策的能力
社会各阶层的价值体系	技术群的出现	污染程度	利率	选举率及趋势
公民的文化背景	进程的速度或产品的改进	原材料的可替代性	小企业的借贷水平	权力机构与决策机构的性质
出生率和死亡率	带宽容量	环境管理的水平	国际收支平衡	公众舆论

表2-3显示的是几个关键变量，它们都出现在图2-2确定的每个STEEP要素下。STEEP各部分并不相互排斥，各部分之间的界线是可以改变的。问题、事件或利益相关者实际上一次可以经历几个阶段。环境条件影响整个决策管理过程。组织不是在真空中经营，而有效决策管理的关键是能让做出的决定使所采取的行动与环境协调。在某种程度上，组织的内部条件尤其是它的优劣势、资源和实力将决定行动的成败。同时，行动在很大程度上往往受制于外部因素。在某种程度上，公司可以改变环境，使之有利于自己，或者采取措施使自己受到的损害小于竞争者。

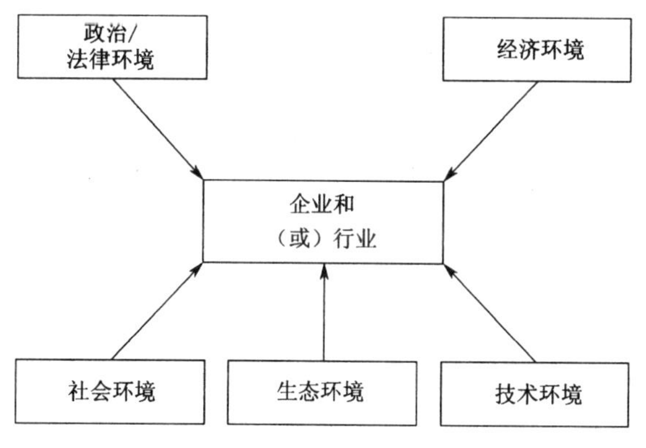

图2-2 STEEP的要素

4. 外部因素评价矩阵（EFE）

到目前为止，并没有宏观环境分析的结构化方法。在进行分析时，重点考虑哪些方面的环境因素，如何评价这些环境因素的重要性和影响力，具有相当大的个人随意性。外部因素评价矩阵（External Factor Evaluation Matrix，EFE矩阵）可帮助战略制定者归纳和评价经济、社会、文化、人口、环境、政治、政府、法律、技术及竞争等方面的信息。建立EFE矩阵分为如下五个步骤。

(1)列出在外部分析过程中确认的外部因素。因素总数在10~20个。因素包括影响公司和所在产业的各种机会与威胁。首先列出机会,然后列出威胁,列举要尽量具体,可能的话应采用百分比、比率和对比数字。

(2)赋予每个因素以权重,其数值由0.0(不重要)到1.0(非常重要)。权重标志着该因素对于公司在产业中取得成功的影响的相对重要性。机会往往比威胁得到更高的权重,但当威胁因素特别严重时也可得到高权重。确定恰当权重的方法包括对成功的竞争者和不成功的竞争者进行比较以及通过集体讨论而达成共识。所有因素的权重总和必须等于1。

(3)按照公司现行战略对各关键因素的有效反应程度对关键因素进行评分,范围为1~4分,"4"代表反应很好,"3"代表反应超过平均水平,"2"代表反应为平均水平,而"1"则代表反应很差。评分反映了公司战略的有效性,因此它是以公司为基准的,而步骤2中的权重则是以产业为基准的。需要注意的是,威胁和机会都可被评为1,2,3或4分。

(4)用每个因素的权重乘以它的评分,即得到每个因素的加权分数。

(5)将所有因素的加权分数相加,以得到公司的总加权分数。

无论EFE矩阵所包含的关键机会与威胁数量有多少,一个公司所能得到的总加权分数(Total Weighted Score)最高为4.0,最低为1.0,平均总加权分数为2.5。总加权分数为4.0,说明公司在整个产业中对现有机会与威胁做出了最出色的反应。换言之,公司的战略有效地利用了现有机会并将外部威胁的潜在不利影响降至最小。而总加权分数为1.0,则说明公司的战略不能利用外部机会或回避外部威胁。

外部因素评价矩阵有助于我们评价外部环境因素的有利、不利影响及其程度,不失为一种有效的辅助分析工具。不过,该方法也存在局限:①列出哪些,不列出哪些因素,带有相当大的主观性;②各因素权重和评分的确定取决于个人或集体主观判断,而且对结果影响很大;③不能辨识出关键环境因素,而有时关键因素的确定比总体评价结果更有意义。所以,虽然该方法的评价结果是量化的,但我们只能将其作为一种参考而非完全客观的依据。

5. 竞争态势矩阵(CPM)

1)竞争态势矩阵的分析步骤

竞争态势矩阵(Competitive Profile Matrix,CPM)用于确认公司的主要竞争者及其相对于该公司的竞争地位,主要竞争者的特定优势和劣势。建立竞争态势矩阵分为以下步骤(如图2-3所示)。

(1)由公司战略决策者识别外部环境中的关键战略因素。这些因素都是与公司成功密切相关的。一般应有5~15个关键战略要素。包括市场份额、产品质量、价格、广告与促销效益、顾客忠诚度、财务状况、研究开发能力、公司总体形象等。

(2)赋予每个因素一定的权重,以表明该因素对于公司经营成败的相对重要性。权重的数值由0.0(不重要)到1.0(非常重要),并使各因素权重值之和为1。

(3)筛选出关键竞争对手,对产业中各竞争者在每个战略要素上所表现的力量相对强弱进行评价,范围为1~5。其中:"1"表示最弱,"2"表示较弱,"3"表示相同,"4"表示较强,"5"表示最强。

(4)将各战略要素的评价值与权重相乘,得出各竞争者在相应因素上相对力量强弱的加权评价值。

(5)加总得到公司的总加权分,在总体上判断公司的竞争力。

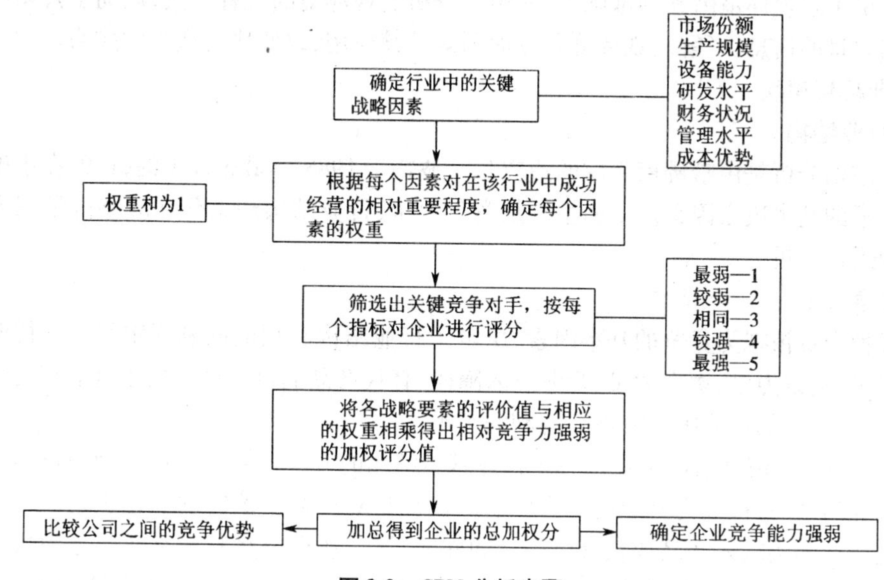

图2-3　CPM分析步骤

需要说明的是,在竞争态势矩阵中得到高分的公司不一定就强于分数较低的公司。尽管是定量分析,但仍然包含了定性的成分,比如变量的选择、权重的确定、公司的评分都是战略制定者主观的看法,数字只反映了公司的相对优势。我们应该通过数字对信息进行有实际意义的吸收和评价,以便帮助我们进行决策。

2)CPM与EFE的区别

CPM中的关键因素更为笼统,它们不包括具体的或实际的数据,而且可能集中于内部问题,用于确认公司的主要竞争者及其相对于该公司的战略地位;CPM中的因素不像EFE中的那样划分为机会与威胁两类,CPM中的因素包括内部和外部两方面的问题;CPM与EFE中权重和总加权分数含义相同,但是在CPM中,竞争公司的评分和总加权分数可以与被分析公司的相应指标相比较,这一比较分析可提供重要的内部战略信息。CPM与EFE的具体区别见表2-4。

表2-4　CPM与EFE的具体区别

	涉及对象	关键因素层次	关键因素类别
CPM	公司自身和竞争对手	宏观,笼统	外部/内部
EFE	公司自身	微观,具体	机会/威胁

1.1.4　小结

在这一节中,首先介绍了宏观环境的含义。宏观环境,顾名思义,包括那些在广阔的社会环境中影响到一个产业或公司的各种因素,它是从大的范围着眼,处于公司面临的各种环境的最外围。

然后,将不同学者对于宏观环境的因素的理解列举了出来,尽管不同的学者对此有不同的视角,我们可以总结出基本范畴为:政治、经济、社会文化、技术、生态环境、法律、人口、全球化趋势和道德因素。

在界定了宏观环境因素的基础上，介绍了分析宏观环境的五种工具，以助于公司收集相应种类和数量的信息，了解宏观环境各方面因素及其应用，以便执行适当的战略。

1.2 行业环境模块

1.2.1 行业结构

行业结构分析是由哈佛商学院的迈克尔·波特于1985年最先提出的，目的在于确定行业利润水平的基本决定因素。下面主要从竞争力量、行业结构动态化和战略群组三方面对行业结构进行分析。

1. 竞争力量

有五种力量被视为竞争的基本因素，决定了行业结构和相应的利润水平——行业现有竞争者水平、买方力量、卖方力量、行业进入障碍、替代产品的可得性。由于这五种力量的相对大小不同，不同的行业中会有不等的利润水平。

图2-4中所示模型给出了决定一个行业基本结构的五种力量。由这五种力量是由迈克尔·波特提出来的，被称为行业的五力模型。横轴是对产业价值链的简化表述。一个产业要从其他产业购买输入产品或获得供应。同样的，该产业还要将其产品或服务销售给来自其他产业的顾客，但也有可能是零售商。在与供应商和买家的谈判中，交易双方的议价力并不总是均等的。五力模型使我们注意到那些能够系统地改变议价力，使之有利于供应商、产业内的公司或购买方的因素；同时它也使我们注意到，新进入者的潜在进入（与之相反，高退出障碍的威胁）以及来自其他产业或细分市场可能的替代产品的威胁，两者都会对产业内的在位公司形成威胁。

将这五种力量视为用以争夺产业收益最大份额的对抗力量，有时是非常有益的。回顾一下，当一个产业处于完全竞争状态时，产业中的公司将会取得正常收益以补偿其所有的投入，包括资金成本。然而实际上，不同的产业间的平均收益水平有着相当大的差异。导致产业收益差异的一个关键原因在于，不同产业的这五种力量大小存在差异。

1）行业现有竞争者

公司能够在产业中以多种方式展开竞争。在分析产业的竞争强度时，需要提出的几个关键问题包括：谁是竞争者，这些公司如何竞争，哪些公司被认为是竞争对手。因为理解竞争对抗的性质非常重要，所以我们将竞争对手分析作为单独一节，从而以更详尽的方式对竞争对手未来的行动做出预测。

2）进入者威胁

新进入者是新进入一个行业或很有可能即将进入一个行业的公司，是潜在的竞争对手。新进入者会带来新的生产能力，瓜分现有公司的市场份额，减少市场集中度，从而加剧行业竞争，降低行业利润。进入壁垒是结构性的进入障碍，由行业结构特征所决定。波特提到过进入壁垒是一家公司进入一个行业领域必须克服的壁垒，这些壁垒可以是有形的，也可能是无形的。有形的壁垒包括资本要求、技术知识、资源和进入这一行业的法规。无形壁垒包括公司的信誉、消费者对商标的忠诚度和行业内部成功的管理需要的管理方法。常见的进入壁垒有七种。

（1）规模经济。规模经济是指某种产品的单位生产成本随着产量的增加而下降的现象。随着每个时期生产产品的绝对数量的增加，单位产品成本下降。这迫使进入者必须以

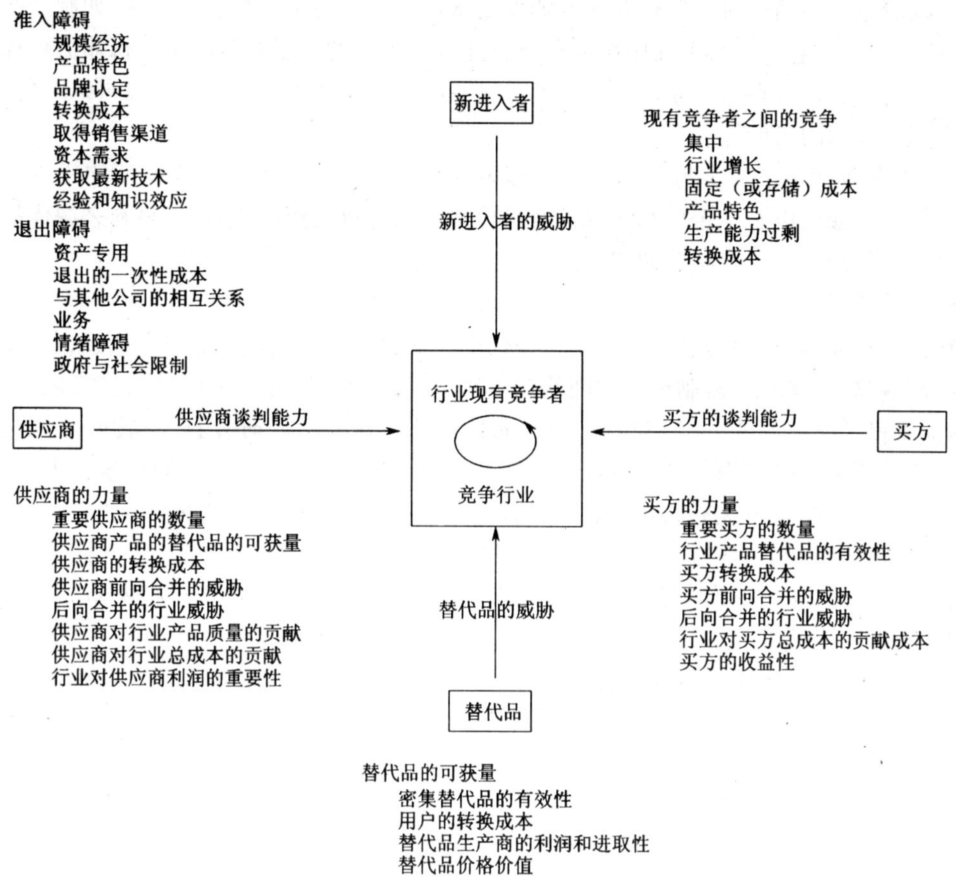

图2-4　波特五力模型

大规模生产，承受现有公司猛烈反击的风险，或者是接受小规模进入导致的成本劣势。两者都不是可取的选择，从而阻止新的进入。规模经济来源于技术性和非技术性因素。技术性因素可以是更高水平的机械化和自动化，也可以是更新的厂房和设备。非技术性因素包括生产功能和流程方面更好的管理协调、与供应商的长期合同协议以及雇员专业化水平的提高。规模经济决定着行业中竞争的激烈程度。拥有规模经济可以制定比竞争同行们更低的价格，也可以在短期和长期降低产品价格为准备进入这一行业的公司设置障碍。

(2)产品差异。这一变量是指在消费者眼中这一行业中公司提供的产品和服务的差异化程度。当目前的竞争者拥有强大的品牌认知和顾客忠诚时，差异化成为进入的壁垒，迫使进入者花费大量资金用于克服当前的顾客忠诚。真实、显而易见的差异会加剧现有公司之间的竞争，另一方面，成功的差异化对于一些要进入这一行业的公司构成了竞争劣势。

(3)资源要求。竞争需要大量的资源形成了进入壁垒，特别是当风险很大或主要用于不可回收的广告或研究与开发时。

(4)转换成本。由一个供应商转向另一个供应商时，购买者需要支付的一次性成本，也形成了壁垒。

(5)进入分销渠道。新进入者必须获得分销渠道，这也是壁垒。

(6)政府管制。政府能够限制甚至封锁对某一产业的进入，如铁路运输、航空、电信、电力等。政府也能够通过对一些行业标准的设定来限制公司对某一行业的进入，如制药产业、造纸行业、钢铁行业等。目前在中国的医药行业有一系列的法规对药品生产行业进行规范，如《药品生产监督管理办法》、GMP认证等。这些规章制度极大降低了一些公司向医药行业进行多元化经营的可能性。

(7)与规模无关的成本劣势。已立足公司具有一些潜在进入者无法比拟的成本优势，无论它们大小如何以及是否已获得规模经济优势。如专有的产品技术、原材料来源优势、地点优势、政府补贴、学习或经验曲线等。

3)替代产品威胁

在很多产业，公司会与其他产业生产替代产品的公司展开直接的竞争。例如，塑料盒制造商与玻璃盒、纸盒和铝盒制造商之间的竞争等。替代产品的存在为产品的价格设定了上限，从而限制了一个产业的潜在收益，当产品价格超过这一上限时，用户将转向替代产品。当替代产品价格下降或用户改用替代产品使成本下降时，替代产品带来的竞争压力将会增大。衡量替代产品竞争优势的最好尺度是替代产品进入市场后所得到的市场份额以及竞争公司增加生产能力和加强市场渗透的计划。波特指出，识别替代产品是一项非同寻常的工作，有时候需要分析与该产业看上去似乎无关的行业。例如，令证券经纪人感到威胁的替代品包括不动产、保险业、货币市场基金以及其他个人资本投资方式。尤其需要注意的替代品是：①具有改善产品性价比从而有排挤原产业产品趋势的替代品；②由盈利性很高的产业生产的替代品。如果环境发生了变化，引起产品价格下跌或其性能的变化，那么替代品将会脱颖而出。

4)供方议价能力

供应商议价能力会影响产业的竞争程度，当存在大量的供应商，好的替代原材料少，或者改用其他原材料的转换成本很高时更是如此。供应商和作为购买者的生产商之间可以以合理的价格、更好的产品质量、开拓新的服务项目、及时供货及降低库存成本等方式而互相帮助，这能使双方同时受益，并提高各有关方面的长期盈利。为获得供应商的所有权和控制供应商，公司可能会采用后向一体化的战略。当供应商不可靠，供货成本太高，或不能持续、一贯地满足公司需求时，采用这一战略尤为有效。在特定产业中的竞争公司普遍采用后向一体化战略的情况下，公司在与供应商进行谈判时通常处于更有利的地位。具备下述特点的供应商在竞争中将更有优势：①供应商产业由几个公司支配，且其集中化的程度比买方产业高；②供应商在向某产业销售中不必与替代产品竞争；③该产业并非供方集团的主要客户；④供应商的产品是买方业务的主要投入品；⑤供应商的产品已经差异化或已建立起转换成本；⑥供应商表现出前向整合的现实威胁。

5)买方议价能力

买方的产业竞争手段是压低价格、要求较高的产品质量或索取更多的服务项目，并且从竞争者彼此对立的状态中获利，所有这些都是以产业利润作为代价的。产业的主要买方集团每一成员的上述能力的强弱取决于众多市场情况的特征，同时取决于这种购买对于买主整个业务的相对重要性。如果出现如下情况，某一买方集团就是强有力的：①相对于卖方的销售量而言，购买是大批量和集中进行的；②买方从产业中购买的产品占其成本或购买数额的相当大一部分；③从产业中购买标准的或差异性产品；④买方转换成本低；⑤买方盈利低；⑥买方采取后向整合的现实威胁；⑦产品对买方产品的质量及服务无重大影响；⑧购买者掌握充分的信息。

我们所描述的五种力量构成了迈克尔·波特所提出的产业结构模型。当这些力量很强大时,产业的收益水平就会缩减。最近,有一些研究认为,五力模型所描绘的公司之间的竞争并不总是一种零和博弈。有时候,这些公司会联合在一起共同创造价值而不是去瓜分市场。互补公司就是提供互补性产品而不是参与产品和服务竞争的公司。

经过对五种行业力量的分析,公司应该能够对该行业的吸引力做出判断,看是否有机会获得足够甚至超常的投资回报。一般来说,竞争力量越强,行业中的公司能够获得的回报就会越低。典型的吸引力不高的行业具有低的进入障碍,供应商和买方有强的讨价还价能力,来自替代品的竞争很强,而且行业内竞争对手之间的竞争程度很高。这些行业特征使得公司很难在其中获得战略竞争力和超额回报。相反,有吸引力的行业通常具有高的进入障碍,供应商和买方没有什么讨价还价能力,替代品的竞争很弱,竞争对手之间的竞争程度不高等特征。

以造船业的五力分析为例,近年来,我国船舶工业发展迅速,但是,我国造船工业发展总体上是粗放型的,存在着产业组织结构、产品结构不合理的现象。图2-5是造船行业结构的五力分析框架。

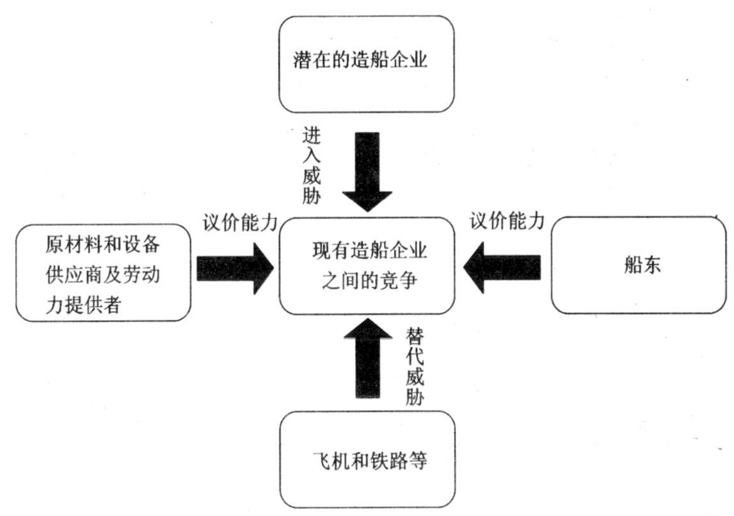

图2-5　造船行业结构的五力分析框架

2. 行业结构动态化

如果一个给定的因素,如某公司或某些公司的竞争行为,改变了五种力量中的任何一个,对于产业结构的某些结论就需要进行修正。专注于外部环境动态性的一种方法,就是不再以概览的方式进行产业分析,而是用“小说”的方式展示出产业结构正在怎样变化或可能变化成什么样。到目前为止我们所描述的五种力量中,任何一种力量都有可能发生重大改变,而且一旦某种力量发生变化,产业结构以及各方力量的均衡将有可能被颠覆。值得注意的是,有一些产业仅仅是因为变化速度太快而导致产业具有动态性。在这一点上,我们不妨看一看那些几乎每天都在推出新产品的市场,如手机、激光打印机以及数码相机市场。

表2-5列出变化的一些竞争因素及其对产业结构和产业收益水平的影响。例如进入障碍,有可能因为技术变革而削弱或瓦解。在一个产业的早期阶段,可能会有许多公司为了抢

占有利地位而不择手段,随着产业走向成熟,其中许多公司可能会退出此领域或被其他公司收购。当产业变得更加动荡时,替代品和互补品因素可能会变得更加重要。最终当产业成熟后,购买方对产品的特点和成本变得十分了解。

表 2-5 行业结构动态化

竞争因素	对产业结构和产业收益水平的影响
同业竞争强度	(1)产业成长增强→对抗强度减小,价格压力降低 (2)产业的全球化→随着国外新企业进入市场,规模经济压力促使企业走向合并以及市场逐渐由少数大企业所控制,因而导致对抗强度增加 (3)固定成本与可变成本之间的混合文化→向高固定成本的转化导致保持销售水平的压力增大并且导致价格竞争的可能性变大
新进入者的威胁	(1)为了有效地竞争而减少必需的规模→新进入者的进入难度较低,有效的竞争导致对抗强度增加 (2)顾客的异质性增强→一些细分市场的顾客需求难以满足从而使进入障碍提高,企业对于其主要市场的保护力度会增加 (3) 顾客集中度增加→新进入者威胁降低,导致价格竞争的压力变小
供应商的议价能力	(1)供应商产业的集中度提高→供应商力量增强,原位产业收益水平下降的可能性增加 (2)一些关键供应商的前向一体化→可选择的供应商数量减少,导致原位产业的力量降低 (3)能够满足基本需求的投入资源替代品出现→供应商力量被削弱,原位产业的收益水平增强
购买方的议价能力	(1)购买方所在产业的分散程度升高→随着潜在买家的增多,购买方力量被削弱,而相对于原位产业的企业规模来讲购买方企业规模减小 (2)购买方信息处理能力的提高→比较能力的提高使得购买方力量增强 (3)新分销渠道出现→在位企业有了更多的选择导致购买方力量被削弱
替代品的威胁	(1)新的替代品出现→购买方的选择增加导致保持产品高价的能力被削弱 (2)替代品相对性价比降低→替代品威胁减弱,维持低价水平的压力减小
互补品的作用	(1)新的互补品出现→原位产业的需求增加,而价格压力减小 (2)互补品产业的进入障碍提高→互补品制造商优势增大,从互补关系中获取收益的能力增强 (3)互补品产业的进入障碍降低→互补品制造优势减小,导致能够提供互补品的可能企业数量增加以及对原位产业量的需求增加

3. 战略群组

在同一产业内没有两家公司是完全相同的,也没有两家公司是完全不同的,产业内部的公司某个方面上存在着某种程度的相似性。许多产业内存在着公司竞争行为比较相似的公司群组,这些群组构成了产业的次结构。1972 年,美国学者汉特(M. Hunt)在其博士论文中首次使用了战略群组(Strategic Group)的概念,对产业的次结构进行研究,用以解释一个产业内部为何还存在着明显的收益差别。这种分析由于能够很好地解释公司的战略行为和经营业绩为什么会有显著差别,逐渐发展成为一种重要的战略分析工具。

1)概念

汉特在描述 20 世纪 60 年代行业集中度高、竞争激烈的美国家用电器行业的绩效差异时,率先提出了“战略群组”这一概念。他用三个关键的战略变量(垂直一体化程度、产品多元化程度、产品多元化的差异程度)将该行业的公司划分为四个不同的“战略群组”,并将战略群组定义为行业内的一组在成本结构、垂直一体化程度、产品多元化程度、正式组织、控制系统、管理者的奖惩制度以及对未来可能的产出的预计等方面都高度相似的公司。

战略群组这一概念真正得到理论界的重视得益于1980年波特(Porter)和凯夫斯(Caves)的研究。波特从战略管理理论角度将战略群组这一概念引入产业结构分析中,他认为,战略群组是以移动壁垒为边界的一种行业结构要素,并将其定义为行业内在专业化程度、品牌、产品质量、技术领先性等战略维度上追求相似性的一组公司。随着研究的不断深入,战略群组的概念呈现多元化,如1985年,哈里根(Rudie Harrigan)提出战略群组是由以不同方式争夺同一类型顾客的公司所构成,在一个理想的行业中,一个战略群组的公司为同一个需求利基(Niche) 和细分市场服务;1987年,哈滕(Hatten)则提出战略群组是一群有着相似资源并追求相似战略的组织;1990年,奥斯特(Oster)将战略群组定义为行业内一组具有相似的资产和在关键决策维度上采取相似战略的公司的集合,等等。卡彭特(Manson A. Carpenter)和桑德斯(Wm. Gerard Sanders)于2009年提出产业中可区分出的公司群被称为战略群组。它是产业中由战略、资源与能力相似的,并且彼此之间形成比与同业其他公司更为激烈竞争的公司组成的群组。当一组公司具有相似的战略、资源与能力,而与其他群组不同时,两个群组的公司会面对不同的机会和威胁,即使它们处在同一产业。认识它们所面对的机会和威胁的差异的一种方法,就是考察产业中的五种力量对于不同群组的不同影响。虽然战略群组这一概念尚无统一的定义,但却具有统一的概念标准——行业内具有资源与战略双重相似性的一组公司(Cool 和 Schendel 提出于1987)。

经过三十多年的发展,战略群组的研究内容和边界得到了极大拓展,资源基础理论、演化经济学、制度经济学、认知理论等也被应用到战略群组的研究中来,为战略群组理论的发展提供了大量的理论和实证支持,取得了丰富的成果,并不断推动战略群组研究向前发展,成为战略管理领域的主流之一。

2)战略群组分析图

战略群组分析图是一种非常有用的方法,它将一个产业的竞争以作图方式表现出来,用于了解产业如何变化或今后的趋势会怎样影响它(如图2-6所示)。战略群组分析图可以在二维平面上用两个维度来构建。构建该分析图首先要识别的是最能够清楚地区分公司的标准。公司规模或者地理范围以及任何能将隶属于不同战略群组的公司进行区分的关键因素都可以成为标准。最好的标准通常是那些用以进行市场细分的因素。鉴于识别直接的竞争对手的目的,细分的维度应该能够区分出内部竞争最为激烈的战略群组。波特认为可以采用如下指标:产品的差异化程度、品牌知名度、产品质量、成本状况、服务质量、价格、财务杠杆、所使用的分销渠道、纵向一体化的程度、产品的质量、技术领先程度、研究开发能力、子公司与母公司的关系、与本国政府及东道主政府之间的关系等。为了清楚地识别不同的战略群组,通常选择两项具有代表性的指标来绘制二维图,指标并不限于以上几个,重要的是选取的指标要能够有效地描述公司处境的总体轮廓。在构建战略群组分析图时,必须选择少量战略变量作为画图的指标。波特给出了几个参考原则。

(1)作图时选择的最佳战略变量应该能够对产业移动壁垒起决定作用。如软饮料产业的关键壁垒在于品牌的知名度和分销渠道,因此它们就可选用为战略集团分析图的维度。

(2)被选定的两个变量不能具有很强的相关性。例如,如果一切实行产品差异化的公司也都具有宽产品系列,则不应当将这两个变量都作为指标,而应把反映产业中战略组合多样化程度的变量选为划分指标。

(3)变量不一定是连续或单调的,但是被选定的变量应该能体现各公司所定位的竞争目的之间有较大的差异。例如图 2-6 中选用“专业化程度”和“纵向整合程度”两个指标就很好地区分了某一行业中各个公司的不同特征。

(4)如果比较合适的竞争变量大于两个,则可以绘制多张战略群组图,从不同的角度来反映行业中的竞争者地位的相互关系。利用战略方向的各种组合,帮助分析家认识最关键的竞争问题。必须认识到,画图只是帮助分析竞争关系的一个工具,并不一定存在某个唯一正确的方法。

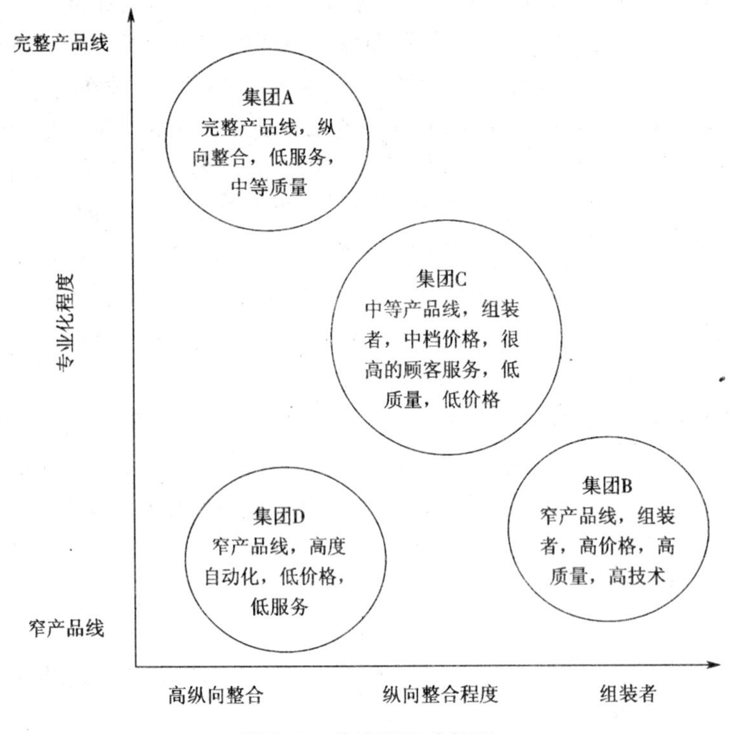

图 2-6 战略群组分析图

产业的战略群组分析图形成之后,可依据分析图进行一系列的分析。

(1)判别移动壁垒。保护每一群组免受其他集团攻击的移动壁垒可被判别出来。例如,图中“纵向整合程度”和“专业化程度”就是两个比较重要的行业壁垒,它们降低了行业中某一公司向另外一个战略集团移动的可能性。这一工作对于预见各集团的风险以及公司间地位的变化很有意义。

(2)确定边际群组。通过上面的分析图可以看出哪些集团地位薄弱,或处于边际状态。这些集团是退出或企图移到其他集团的候选者。

(3)标明战略活动的方向。标明公司战略活动的方向以及从全产业角度看的战略变化是战略群组分布图的一项非常重要的应用。其中最简单的方法就是从每个战略集团中画出一些箭头表示这些集团(或集团内的公司)在战略空间中可能的运动方向。对所有集团作同样的标绘也许会显示出公司的战略移动是相互散开的。这意味着产业竞争可以稳定下来,特别是当所服务的目标细分市场分散程度增加时。反之,如果其运动方向显出战略定位是会聚的,则竞争将会十分激烈。

(4)分析趋势。通过战略群组分析图我们可以看出每个产业的发展趋势。可以判别战略集团的未来趋势:是否降低了某些集团的生存能力,是否会使某些集团的屏障升高,是否会使集团在某些方向上相互避开的能力下降。

(5)预测反应。战略群组分析图能够用来预测产业对某一事件的反应。由于它们战略上的相似性,集团中的公司对于干扰或趋势会产生一致的反应行动。

1.2.2 行业行为

1. 定价行为

1)定价的概念

定价,是市场营销学里面最重要的组成部分之一,主要研究商品和服务的价格制定和变更的策略,以求得最佳营销效果和收益。

2)定价目标

(1)利润导向的定价目标。

利润导向的定价目标包括利润最大化目标、预期利润目标和适当利润目标。利润最大化目标指以最大利润为定价目标,最大利润指的是公司期望获取最大限度的销售利润。

预期利润目标是指以预期的利润作为定价目标,就是公司把某项产品或投资的预期利润水平,规定为销售额或投资额的一定百分比,即销售利润率或投资利润率。预期的销售利润率或投资利润率一般要高于银行存贷款利率。以目标利润作为定价目标的公司,应具备以下两个条件:①该公司具有较强的实力,竞争力比较强,在行业中处于领导者地位;②采用这种定价目标的多为新产品、独家产品以及低价高质量的标准化产品。

适当利润目标是在激烈的市场竞争中,公司为了保全自己,减少市场风险,或者限于实力不足,把取得适当利润作为定价目标。适当的利润目标一方面可以使公司避免不必要的竞争,另一方面,由于价格适中,顾客愿意接受,可使公司获得长期的利润。

(2)销量导向的定价目标。

在销量导向的定价目标中,扩大市场占有率或增加销售量是公司常用的定价目标。

①扩大市场占有率。作为定价目标,市场占有率与利润有很强的相关性,从长期来看,较高的市场占有率必然带来较高的利润。一个公司在一定时期的盈利水平高,可能是由于过去拥有较高的市场占有率的结果,如果市场占有率下降,盈利水平也会随之下降。

②增加销售量(销售额)。大量的销售既可形成强大的声势,提高公司在市场的知名度,又可有效地降低成本。对于需求价格弹性较大的产品,降低价格而导致的损失,可以由销售量的增加而得到补偿。

(3)竞争导向的定价目标。

生产同类产品的公司,关注竞争对手的定价政策和价格策略是十分自然的。公司往往着眼于在竞争激烈的市场上应付和避免价格竞争,大多数公司对其竞争对手的价格很敏感,在定价以前,一般要广泛搜集资料,把本公司产品的质量、特点和成本与竞争对手的产品进行权衡比较,然后再制定产品价格。以对产品价格有决定影响的竞争对手或市场领导者的价格为基础,采取高于、等于或低于竞争对手的价格出售本公司的产品。

(4)生存导向的定价目标。

如果公司产品销路不畅,大量积压,甚至濒临倒闭,则需要把维持生存作为公司的基本定价目标,此时,生存比利润更为重要。

(5)维护公司形象的定价目标。

公司形象是公司的无形财产,为维持公司形象,定价目标首先要考虑价格水平是否与目标顾客的需求相等,是否有利于公司整体策略的实施。

(6)保持良好的销售渠道的定价目标。

为了使营销渠道畅通无阻,公司必须研究价格对中间商的影响,充分考虑中间商的利益,促使中间商有较大的积极性去推销产品。

3)影响因素

(1)价格的构成。

价格的构成,是指组成产品价格的各个要素及其在价格中的结构。从市场营销角度来看,产品价格的具体构成为:价格 = 生产成本 + 流通费用 + 税金 + 利润。

(2)影响产品定价的因素。

影响公司产品定价的外部因素包括:社会劳动生产率、市场的供求关系、社会经济状况、顾客需求、竞争者行为、市场结构、政府干预,具体内容见表2-6。

表2-6 影响定价的外部因素

外部因素	内容
社会劳动生产率	指单位时间内创造出的产品数量。它的变化会引起单位产品价值的变化,作为产品价值的货币表现的价格也要发生变化
市场的供求关系	供求关系决定着价格背离或趋向价值的方向、程度和力度
社会经济状况	一般来说,经济高速发展,人们收入增长较快,易出现总需求膨胀,引起物价总水平上涨;而经济调整时期,经济发展速度放慢,人们收入增长减缓,易出现有效需求不足,引起物价总水平基本稳定
顾客需求	顾客需求对产品定价的影响,通过需求强度、需求层次反映出来。需求强度是指顾客想获取某种商品的程度。不同的需求层次对定价也有影响,对于能满足较高需求层次的商品,价格可定得高一些,反之,则应低一些,这样才能满足不同层次顾客的需求
竞争者行为	价格是竞争者关注的焦点和竞争的主要手段,定价是一种挑战性行为,任何一次价格制定与调整都会引起竞争者的关注,并导致竞争者采取相应对策
市场结构	根据市场的竞争程度,市场结构可分为四种不同的市场类型,即:完全竞争市场、完全垄断市场、垄断竞争市场和寡头垄断市场。不同类型的市场有不同的运行机制和特点,对公司行为具有不同的约束力,因而在定价方面表现出显著的差异性
政府干预	为了维护国家与顾客利益,维护正常的市场秩序,每个国家都制定有关的经济法规,约束公司的定价行为。这种约束反映在定价的种类、价格水平和定价的产品品种等方面

影响公司产品定价的内部因素有产品成本、产品特征、销售渠道与促销宣传、公司的整体营销战略与策略,见表2-7。

表2-7 影响定价的内部因素

内部因素	内容
产品成本	产品在生产与流通过程中要耗费一定数量的物化劳动和活劳动并构成产品的成本。产品成本是影响产品价格的主要因素。在市场竞争中,产品成本低的公司,对价格制定拥有较大的灵活性,在市场竞争中将占据有利地位,能获得较好的经济效益;反之,在市场竞争中就会处于被动地位
产品特征	产品特征好,该产品就有可能成为名牌产品、时尚产品、高档产品,就会对顾客产生极大的吸引力,公司定价的自由度较大
销售渠道与促销宣传	销售费用与促销费用的高低,直接影响着产品的价格
公司的整体营销战略与策略	价格策略作为市场营销决策体系的重要组成部分,既要服从于市场营销战略目标的实现,又要配合其他诸如产品策略、销售渠道策略等各项决策的制定与实施

4)定价方法

定价方法,是公司为了在目标市场上实现定价目标,而给产品制定的一个基本价格或浮动范围的方法。虽然影响产品价格的因素很多,但是公司在制定价格时主要考虑产品的成本、市场需求和竞争情况。产品成本规定了价格的最低基数,而竞争者价格和替代品价格则提供了公司在制定其价格时必须考虑的参照系。在实际定价过程中公司往往侧重于对价格产生重要影响的一个或几个因素来选定定价方法。定价方法通常有成本导向定价、需求导向定价、竞争导向定价三类。

(1)成本导向定价。

成本导向定价是以成本为中心,是一种按卖方意图定价的方法。其基本思路是:在定价时,首先考虑收回公司在生产经营中投入的全部成本,然后加上一定的利润。成本导向定价主要由成本加成定价法、目标利润定价法和销售加成定价法三种方法构成。

①成本加成定价法。这是一种最简单的定价方法,就是在单位产品成本的基础上,加上一定比例的预期利润作为产品的售价。售价与成本之间的差额即为利润。这里所指的成本,包含了税金。由于利润的多少是按成本的一定比例计算的,习惯上将这种比例称为“几成”,因此这种方法被称为成本加成定价法。它的计算公式为

单位产品价格 = 单位产品成本 ×(1 + 加成率)

加成率 =(售价 - 进价)÷进货成本 ×100%

这种方法的优点是计算方便,因为确定成本要比确定需求容易得多,定价时着眼于成本,公司可以简化定价工作,也不必经常依据需求情况而做调整。在市场环境诸因素基本稳定的情况下,采用这种方法可保证公司获得正常的利润,从而可以保障公司经营的正常进行。

②目标利润定价法,或投资收益率定价法。它是在成本的基础上,按照目标收益率的高低计算售价的方法,其计算的步骤如下。

首先,确定目标收益率。目标收益率可表现为投资收益率、成本利润率、销售利润率、资金利润率等多种不同的形式。

其次,确定目标利润。由于目标收益率表现形式的多样性,目标利润的计算也不同,其计算公式有

目标利润 = 总投资额 × 目标投资利润率

目标利润 = 总成本 × 目标成本利润率

目标利润 = 销售收入 × 目标销售利润率

目标利润 = 资金平均占用额 × 目标资金利润率

最后,计算售价。其计算公式为

售价 =(总成本 + 目标利润)÷ 预计销售量

目标收益率定价法的优点是可以保证公司既定目标利润的实现。这种方法一般适用于在市场上具有一定影响力的公司,市场占有率较高或具有垄断性质的公司。

③销售加成定价法。这是一种以产品的最后销售为基数,按销售价的一定百分率计算加成率,最后得出产品售价的定价方法。计算公式为

单位产品售价 = 单位产品总成本 ÷(1 - 加成率)

这种定价方法的优点对于销售者来说,容易计算出商品销售的毛利润率;而对于消费者来说,在售价相同的情况下,用这种方法计算出来的加成率较低,更容易接受。

以上几种成本定价方法的共同点是均以产品成本为制定价格的基础,在成本的基础上加一定的利润来定价;所不同的是它们对利润的确定方法。虽然较容易计算,但它们存在共同的缺点,即没有考虑市场需求和市场竞争情况。

(2)需求导向定价。

所谓需求导向定价是指以需求为中心,依据买方对产品价值的理解和需求强度来定价,而非依据卖方的成本定价。其主要方法是理解值定价法和区分需求定价法。

①理解值定价法。理解值也称"感受价值"或"认识价值",是消费者对于商品的一种价值观念,这种价值观念实际上是消费者对商品的质量、用途、款式以及服务质量的评估。理解值定价法的基本指导思想是认为决定商品价格的关键因素是消费者对商品价值的认识水平,而非卖方的成本。其步骤是:第一,确定顾客的认识价值;第二,根据确定的认识价值,决定商品的初始价格;第三,预测商品的销售量;第四,预测目标成本;第五,决策。

②区分需求定价法。区分需求定价法又称差别定价法,是指某一产品可根据不同需求强度、不同购买力、不同购买地点和不同购买时间等因素,采取不同的售价。区分需求定价法的主要形式有:以消费群体的差异为基础的差别定价,以数量差异为基础的差别定价,以产品外观、式样、花色等差异为基础的差别定价,以地域差异或时间差异为基础的差别定价等。

(3)竞争导向定价。

竞争导向定价是公司为了应付市场竞争的需要而采取的特殊定价方法。它是以竞争者的价格为基础,根据竞争双方的力量等情况,制定较竞争者价格低、高或相同的价格,以达到增加利润、扩大销售量或提高市场占有率等目标的定价方法。竞争导向定价有随行就市定价法、追随领导者公司定价法两种。

①随行就市定价法。随行就市定价法就是公司使自己的商品价格跟上同行的平均水平。一般来说,在基于产品成本预测比较困难,竞争对手不确定以及公司希望得到一种公平的报酬和不愿打乱市场现有正常次序的情况下,这种定价方法行之有效。

②追随领导者公司定价法。使用这种定价方法的公司一般拥有较为丰富的后备资料,为了应付或避免竞争,或为了稳定市场以利其长期经营,往往以同行中对市场影响最大的公司的价格为标准,来制定本公司的产品价格。

2. 营销行为

1) 营销概念

营销是关于公司如何发现、创造和交付价值以满足一定目标市场的需求,同时获取利润的学科。营销学用来辨识未被满足的需要,定义、量度目标市场的规模和利润潜力,找到最适合公司进入的细分市场和适合该细分的市场供给品。

2) 营销要点

(1) 市场环境分析。

进行市场环境分析的主要目的是了解产品的潜在市场和销售量以及竞争对手的产品信息。只有掌握了市场需求,才能做到有的放矢,减少失误,从而将风险降到最低。以凉茶为例,凉茶一直以来为南方人所热衷,这其中有气候、饮食上的差异,因此应该将主要的营销力量集中在南方城市,如果进行错误的定位,将力量转移到北方,无论投入多大的人力财力,都不会取得好的营销效果。

(2) 消费心理分析。

只有掌握了消费者因为什么原因、什么目的去购买产品,才能制定出针对性的营销创意。营销大多是以消费者为导向的,根据消费者的需求来制定产品,但仅仅如此是不够的,对消费能力、消费环境进行正确的分析才能使整个营销活动获得成功。脑白金能够畅销数十年,从它间断的广告和广告语中就能看出端倪,“过节不收礼”正是利用了国人在过节时爱送礼的特性,而作为保健品,两个活泼老人的形象在无形中驱使晚辈在过节时选择脑白金,相信如果换成两个年轻人在说广告语,影响力就会下降很多。

(3) 产品优势分析。

这里的产品优势分析包括本品分析和竞品分析。只有做到知己知彼,才能战无不胜。在营销活动中,本品难免会被拿来与其他产品进行对比,如果不了解本品和竞品各自的优势和劣势,就无法打动消费者。在涛涛国际某次营销类课程中就发生过这样的情况,课程中两位学员进行销售情景模拟,其中一位扮演销售人员的学员在整个过程中对本品和竟品都缺乏足够的了解,导致另一位学员只能通过直观的感觉来了解产品特性,最终导致整个销售过程以失败告终。营销的目的也是如此,通过营销手段,让消费者了解到本品的优势,进而产生购买欲望是营销活动中重要的环节。

(4) 营销方式和平台的选择。

营销方式和平台的选择既要根据公司自身情况和战略,同时还要兼顾目标群体的喜好。例如针对全国儿童的产品,就可以根据儿童的特点,在央视的儿童频道以动画短片的形式展现出来,这样不仅符合公司战略,将产品传达给全国儿童,同时能够吸引儿童的目光。对于一些快速消费品,则可以选择和产品切合度较高的方式,例如 SNS 平台中十分流行的争车位、开心农场等游戏,就吸引了很多汽车公司和饮料公司的加入,并且取得了非常好的效果。

营销是一个较复杂的体系,但所有的营销活动都应基于以上四点进行,当明确了以上四点之后,想要做出好的营销创意也不再是难事。

3) 营销策略

(1) 4Ps 营销策略组合。

20 世纪 60 年代,是市场营销学的兴旺发达时期,突出标志是市场态势和公司经营观念的变化,即市场态势完成了卖方市场向买方市场的转变,公司经营观念实现了由传统经营观念向新型经营观念的转变。与此相适应,营销手段也多种多样,且十分复杂。1960 年,美国市场营销专家麦卡锡(E. J. Macarthy)教授在人们营销实践的基础上,提出了著名的 4P 营销策略组合理论,即产品(Product)、定价(Price)、渠道(Place)、促销(Promotion)。"4Ps"是营销策略组合通俗经典的简称,奠定了营销策略组合在市场营销理论中的重要地位,它为公司实现营销目标提供了最优手段,即最佳综合性营销活动,也称整体市场营销。

(2)6Ps 营销策略组合。

20 世纪 80 年代以来,世界经济发展滞缓,市场竞争日益激烈,政治和社会因素对市场营销的影响和制约越来越大。这就是说,一般营销策略组合的 4Ps 不仅要受到公司本身资源及目标的影响,而且更受公司外部不可控因素的影响和制约。一般市场营销理论只看到外部环境对市场营销活动的影响和制约,而忽视了公司经营活动也可以影响外部环境,另一个方面,克服一般营销观念的局限,大市场营销策略应运而生。1986 年,美国著名市场营销学家菲利浦·科特勒教授提出了六大市场营销策略,在原 4P 组合的基础上增加两个 P,即权力(Power)和公共关系(Public Relations),简称 6Ps 战略。

科特勒给大市场营销下的定义为:为了成功地进入特定市场,在策略上必须协调地施用经济心理、政治和公共关系等手段,以取得外国或地方有关方面的合作和支持。此处所指特定的市场,主要是指壁垒森严的封闭型或保护型的市场。贸易保护主义的回潮和政府干预的加强,是国际、国内贸易中大市场营销存在的客观基础。要打入这样的特定市场,除了做出较多的让步外,还必须运用大市场营销策略即 6P 组合。大市场营销概念的要点在于当代营销者日益需要借助政治力量和公共关系技巧去排除产品通往目标市场的各种障碍,取得有关方面的支持与合作,实现公司营销目标。

大市场营销理论与常规的营销理论即"4Ps"相比,有两个明显的特点。首先,它十分注重调和公司与外部各方面的关系,以排除来自人为的(主要是政治方面的)障碍,打通产品的市场通道。这就要求公司在分析满足目标顾客需要的同时,必须研究来自各方面的阻力,制定对策,这在相当程度上依赖于公共关系工作去完成。其次,打破了传统的关于环境因素之间的分界线。也就是突破了市场营销环境是不可控因素的限制,重新认识市场营销环境及其作用,某些环境因素可以通过公司的各种活动施加影响或运用权力疏通关系来加以改变。

(3)11Ps 营销策略组合。

1986 年 6 月,美国著名市场营销学家菲利浦·科特勒教授提出了 11P 营销理念,即在大营销 6P 之外加上探查、分割、优先、定位和人,并将产品、定价、渠道、促销称为"战术 4P",将探查、分割、优先、定位称为"战略 4P"。该理论认为,公司在"战术 4P"和"战略 4P"的支撑下,运用"权力"和"公共关系"这 2P,可以排除通往目标市场的各种障碍。

11P 分别是产品(Product,包括质量、功能、款式、品牌、包装)、价格(Price,合适的定价,在产品不同的生命周期内制定相应的价格)、促销(Promotion,尤其是好的广告)、分销(Place,建立合适的销售渠道)、政府权力(Power,依靠两个国家政府之间的谈判,打开另外一个国家市场的大门,依靠政府人脉,打通各方面的关系)、公共关系(Public Relations,利用新闻宣传媒体的力量,树立对公司有利的形象报道,消除或减缓对公司不利的形象报道)、探查(Probe,即探索,就是市场调研,通过调研了解市场对某种产品的需求状况如何,有什么更具体的要求)、分割(Partition,即市场细分的过程。按影响消费者需求的因素进行分割)、优先(Priorition,即选出目标市场)、定位(Position,即为自己生产的产品赋予一定的特色,在消费者心目中形成一定的印象。或者说就是确立产品竞争优势的过程)、员工(People,"只有发现需求,才能满足需求",这个过程要靠员工实现。因此,公司要想方设法调动员工的积极性。这里的People不单指员工,也指顾客。顾客也是公司营销过程的一部分,比如网上银行,客户参与性就很强)。

3. 合同行为

1)合同的概念

合同,是指合同双方为了各自目的而明确相互间权利义务关系的协议。

在市场经济条件下,商品生产者和经营者之间的商品交易,常以经济合同形式来实现,公司的生产和经营的目标常以经济合同确定,这是市场经济与计划经济的区别之一。所以在一定意义上说,市场经济是一种契约经济。通过合同约束,规范合同双方当事人的行为,使其履行合同,使产销得到衔接,避免盲目的产销活动。

2)合同的形式

合同形式,是指当事人合同的外在表现形式,是合同内容的载体。《中华人民共和国合同法》第二章第十条规定:"当事人订立合同,有书面形式、口头形式和其他形式。法律、行政法规规定采用书面形式的,应当采用书面形式。当事人约定采用书面形式的,应当采用书面形式。"

经济合同的形式是指经济合同当事人之间明确权利义务的表达方式,也是当事人双方意思表示的表现方法。根据经济合同法规定,经济合同的形式主要有口头形式和书面形式两种。

口头形式是指当事人双方用对话方式表达相互之间达成的协议。当事人在使用口头形式时,应注意只能是及时履行的经济合同,才能使用口头形式,否则不宜采用这种形式。

书面形式是指当事人双方用书面方式表达相互之间通过协商一致而达成的协议。根据经济合同法的规定,凡是不能及时履行的经济合同,均应采用书面形式。在签订书面合同时,当事人应注意,除主合同之外,与主合同有关的电报、书信、图表等,也是合同的组成部分,应同主合同一起妥善保管。书面形式便于当事人履行,便于管理和监督,便于举证,是经济合同当事人使用的主要形式。

4. 行业行为分析

目前还没有具体针对行业行为分析的模型,这里主要介绍分析"结构—行为—绩效"的模型——SCP(Structure-Conduct-Performance)模型。SCP模型是由美国哈佛大学产业经济学权威贝恩(Bain)、谢勒(Scherer)等人建立的。该模型提供了一个既能深入具体环节,又有系统逻辑体系的行业结构(Structure)—公司行为(Conduct)—经营绩效(Performance)的产业分析框架。SCP框架的基本含义是,市场结构决定公司在市场中的行为,而公司行为又决定市场运行在各个方面的经济绩效。图2-7是SCP分析模型的过程。

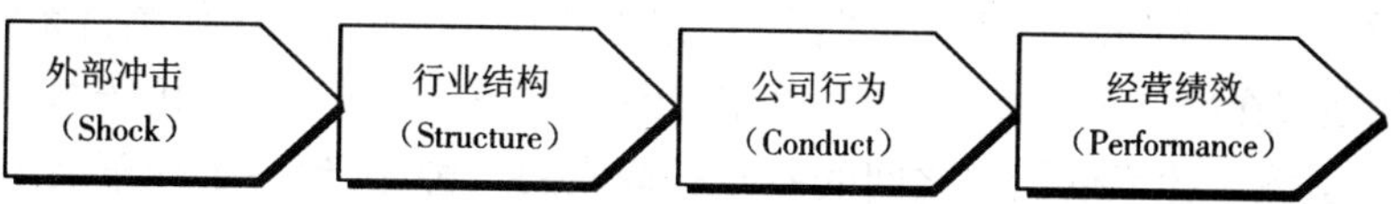

图2-7 SCP分析模型过程

SCP模型从特定行业结构、公司行为和经营绩效三个角度来分析外部冲击的影响。

外部冲击:主要是指公司外部经济环境、政治、技术、文化变迁、消费习惯等因素的变化。

行业结构:主要是指外部各种环境的变化对公司所在行业可能的影响,包括行业竞争的变化、产品需求的变化、细分市场的变化、营销模型的变化等。

公司行为:主要是指公司针对外部的冲击和行业结构的变化,有可能采取的应对措施,包括公司方面对相关业务单元的整合、业务的扩张与收缩、营运方式的转变、管理的变革等一系列变动。

经营绩效:主要是指在外部环境方面发生变化的情况下,公司在经营利润、产品成本、市场份额等方面的变化趋势。

1.2.3 行业绩效

1. 绩效的概念

绩效是组织中个人(群体)特定时间内的可描述的工作行为和可测量的工作结果以及组织结合个人(群体)在过去工作中的素质和能力,指导其改进完善,从而预计该人(群体)在未来特定时间内所能取得的工作成效的总和。

Richard A. Swanson 则认为执行(Perform),在英语中是绩效(Performance)一词的前缀,就是"履行一项义务或要求;按照先前的承诺或期望完成某件事情"(*Merriam-Webster's Collegiate Dictionary*,2003)。绩效并不是系统设计、产能、激励、胜任力或专业技能。对这些以及其他类似的绩效类别,最恰当的界定应该是绩效变量,而非绩效。绩效可以根据本公司的使命、目标和战略来界定,但也并非全都如此。所谓绩效就是一个系统所生产的被认为有价值的以产品或服务形式表现的产出。产品和(或)服务被认为是通过绩效单位来实际完成的。衡量产品和(或)服务的绩效单位的典型生产指标包括数量、时间、质量。如果不首先界定清楚有效的绩效单位,就去贸然追求个人或组织的变革,是不明智的,也是在白白地浪费时间。

2. 绩效的分类

对绩效分类能够帮助那些在复杂的组织环境中工作的人们了解如何具体应用绩效改进理论。绩效可以分为五个层次:理解、操作、排疑解难、改进、创新(如图2-8所示)。这种分类通常被划为两个系统:维持系统和变革系统。

从概念上讲,商业和工业都是开放的运行系统,它们与其他系统相对接,并持续地受到其他系统的影响(Senge,1990,1993)。现实中的组织目标是建立一个封闭的系统,该系统可能是一个短暂的生产和传递产品与服务的系统。这些短暂的、封闭的系统在"理解、操作和排疑解难"的层次上被掌控和维持。这些封闭的系统并不完善,因此,我们对变革层另外设定了两个维度(即改进和创新),以便把公司绩效诊断人员可能面临的各种业绩问题也囊括进来。然而,由于几乎所有组织都对维持系统和变革系统这两种类别存有争议,因而它们常常混淆这两者。结果是无原则地从绩效问题的一个层次跳跃到另一个层次,这必然会导致绩效改进工作的混乱和分裂。根据长期观察,组织往往在一个层面(如维持系统)上提供支持和资源,却期望在另一个层面(如变革系统)上实现绩效改进。这是由于组织没有认识到期望的绩效与其实际投入的资源之间的差异所造成的。譬如,致力于变革系统的一项质量改进活动可能会因为没有维持现存系统所需的工作知识和技能的记录而碰壁。因此,从关注绩效变革转移到如何维持一个系统可能是绩效改进的第一个关键步骤。毫不奇怪,在最

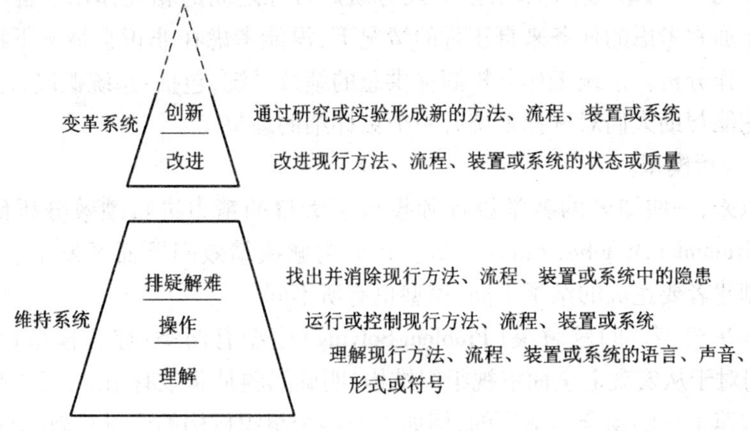

图 2-8 绩效的分类

简单的层面上,组织诊断专家具有按一定规则评价、认可并奖励员工的丰富经验,但这些专家很难胜任变革系统的工作。而那些只接受过简单培训的人无法真正理解自己所操作的系统,只是简单地生搬硬套操作步骤,是很难发现和修正该系统中存在的问题的,更谈不上对该系统进行改进或者创新了。因此,理解绩效问题的一个重要步骤就是根据绩效类别对绩效问题进行层级归类。例如,维持绩效与提升绩效需要完全不同的绩效改进策略。

3. 绩效分析

1)绩效分析概念

绩效分析(Performance Analysis)也称前端分析(Front-End Analysis),就是明确绩效问题(Performance Problem)、确定原因,判断解决该问题应采用教学的还是非教学的方案,即分析进行教学设计的必要性。绩效问题也称人员绩效问题(Human Performance Problem),其中 Problem(问题)这个词来源于希腊语,即现状和理想状态之间的差距或矛盾,而这正是需要现在或者将来要做出行动加以弥补的。理想状态被称为标准,是对事物所期望的状态。而现状与标准之间所存在的不同称为差距(Gap),产生这个差距的缘由就是问题的原因(Cause),差距所产生的结果就是问题的表象(Symptom)。

2)绩效分析方法和模型

(1)绩效分析方法。

进行全面的绩效分析需要运用以下五种方法。①现存数据分析。现存数据分析是对公司的记录数据的文件分析绩效结果,如:销售报表、顾客调查表、安全报表、质量控制文件等。分析数据能使绩效技术从业人员推断出当前真实的绩效状态。②需求分析。Allison Rossett 认为需求评估是从绩效问题的不同方面收集意见与建议,这些方面包括:工人、资金管理者、顾客、管理方法、专家。需求分析寻求什么是应该发生的、发生了什么、原因是什么等的意见与建议。收集的数据通常是主观的,但也可能说明为什么绩效发生了或没发生,需要达到或保持期望绩效必须发生些什么。③知识工作分析。在知识工作分析过程中,分析者将研究若要成功地完成一项特殊的任务或工作,工人必须知道哪些相关的详细信息。分析者收集和分析来自绩效领域、专家所记录的信息。④程序工作分析。程序工作分析针对期望绩效的明显细节。根据人们需要知道些什么及能够做些什么任务,来记录人事、工作地点等专家的意见。“人事”这个术语指工人与绩效目标之间的相互作用。程序工作分析的不足之处在于通常考虑的任务来自正常的情况下,没能考虑在非正常情况下期望绩效的需求。⑤系统工作分析。系统工作分析能提供总的绩效系统,包括:系统概况、过程分析、解决疑难分析。它能帮助人们对选择系统有一个更详细的理解。

(2)绩效分析模型。

若干年以来,一些知名的教学设计师投入了大量的精力进行绩效分析研究,如 Kaufman,Rossett,Rummler,Brache,Swanson 等。他们为解决绩效问题而开发了一些经典模型。由于模型的创建者要达成的结果不同,模型也有所不同。

①问题解决模型。问题解决(Problem-Solving)模型有两类:综合模型(Comprehensive Models),它们对于从宏观上全面审视组织结构,明确问题是非常有用的,对于那些需要对更多信息进行快速审视的场合是适当的,例如涉及整个组织机构的全景式教学设计项目;具体模型(Situation-Specific Models),它们为处理某类型的一般症状提供指导,提示管理者请求教学设计师帮助。对于那些管理层请求解决的直接的操作上的问题是适当的。对组织中重大的绩效问题进行分析时,可能就需要分别使用这两种类型的模型来共同完成分析任务了。

②应用综合模型:吉尔伯特绩效矩阵(Gilbert's Performance Matrix)。称得上应用综合模型典范的恐怕非吉尔伯特绩效矩阵莫属了。吉尔伯特认为该绩效矩阵是一种组织观点、思想的方法,而对思想、观点的组织又是我们在设计一个绩效系统和解决现有系统中的问题时首先要做的事情。之所以称之为矩阵,是因为它允许教学设计师检查六个不同等级的绩效水平。不同等级的绩效水平对应不同的价值系统和优势。每个等级水平包含三个相关的组成部分:Models、Measures、Methods。吉尔伯特使用的术语 Model 意同 Criterion,Ideal,Goal,Expectation,Standard 或者 Objective,因此我们在此译为“范型”。术语 Measure 与 Condition 或者 Actual Result 相似,因此我们译为“现状”。术语 Method 指的是 Solution,我们译为“方法”,指缩小或弥补现状(Measure)与范型(Model)之间差距的途径、方法。

该矩阵被应用于组织环境中时,吉尔伯特建议仅使用矩阵中底层的三个绩效水平:政策级(Policy—Institutional Systems),战略级(Strategy—Job Systems),战术级(Tactics—Task Systems)。吉尔伯特认为这三个层级水平是设计者诸如学校或者一般机构工作任务时需求量最大的。他称这个经过简化修改的矩阵为绩效工程模型(The Performance Engineering Model,PEM)。吉尔伯特简化绩效工程矩阵见表 2-8。

表 2-8 吉尔伯特简化绩效工程矩阵

	组成		
水平	范型(Models)	现状(Measures)	方法(Methods)
政策级(Policy—Institutional Systems)	组织模型 1. 组织的文化目标 2. 主要使命 3. 必备条件和机构划分 4. 惩戒标准	风险分析 1. 绩效现状 2. 改进绩效的潜力 3. 风险 4. 关键角色	改进计划与政策 1. 环境改进计划(数据、工具、激励) 2. 员工素质提高计划(知识、择员、招聘) 3. 管理改进计划(组织、资源、标准)

续表

水平	组成		
	范型(Models)	现状(Measures)	方法(Methods)
战略级(Strategy—Job Systems)	职位模型 1.职位的使命 2.主要职责 3.必备条件和职位划分 4.惩戒标准	职位评估 1.绩效现状 2.改进绩效的潜力 3.关键职责	职位策略 1.数据系统 2.培训设计 3.激励计划 4.人的因素 5.择员系统 6.招聘系统
战术级(Tactics—Task Systems)	任务模型 1.任务职责 2.主要义务 3.必备条件和任务划分 4.惩戒标准	任务分析 1.绩效现状 2.改进绩效的潜力 3.具体缺陷 4.改进计划的成本	手段工具 1.反馈 2.指导 3.培训 4.强化 5.择员

吉尔伯特的追随者卢姆勒对如何应用吉尔伯特简化绩效工程矩阵做了详细的描述。他建议教学设计师的分析工作应该从政策级水平开始,提出关于范型(Models)、现状(Measures)、方法(Methods)方面的若干问题以决定哪个绩效改进计划最有可能得以实施。然后提出关于战略级水平的问题,以明确如何定义和改进职位任务。最后,提出关于战术级水平的问题来决定采取哪些特定的行动以提高员工的工作效率。表2-9中列出了绩效工程矩阵应提出的相关问题。

表2-9 绩效工程矩阵

水平	范型	现状	方法
	应该是什么	现状是什么	如何消除绩效差距
政策(组织、部门、单位级别)	工作应该如何组织 工作应该如何分配 工作应该如何输入组织、单位、职位,并在其中得到处理而输出 如何能够使经济利益最大化	当前形势如何 在理想与现实之间存在哪些差距 在经济上哪些差距最重要	哪些一般的方法可以用于解决这些绩效问题 使用这些方法的成本是多少 哪些绩效改进方法可能获得最大价值
战略(职位水平)	这个职位最重要的工作输出是什么 这个职位应如何构造 每一个工作输出的标准是什么	这个职位的现状如何 职位输出的缺陷是什么 理想与现实间产生差距的重要原因是什么	哪些绩效改进方法可以减小或消除绩效差距?(考虑信息、培训、知晓、动机、奖励系统等)

续表

水平	范型	现状	方法
	应该是什么	现状是什么	如何消除绩效差距
战术（任务水平）	哪些是员工必须知道或做的，以达成预期结果和完成预期的任务 对于该项任务，环境中还需要哪些支持 如何能使合适的人去做合适的事	应使用哪些媒体 进行规划设计的时间表 实施该方案的花费是多少	解决绩效问题需要哪些材料、工具和资源

③应用具体模型：梅杰和珮普绩效分析模型（Mager and Pipe's Performance Analysis Model）。梅杰和珮普模型在他们的经典著作《分析绩效问题》中得到了总结。由于他们经常处理来自经理、部门主管和员工的各种帮助请求，所以该模型对于教学设计师来说是非常有用的。该模型如图 2-9 所示。

该模型的阅读顺序是由上至下的。第一步是收集关于绩效问题的尽可能多的信息，可以提出如下一些问题：问题是什么，最初有多少人明显受到影响，这个问题是什么时间出现的，这个问题的后果是什么，当前情况怎样，你是如何知道这个问题的，谁受到影响了，问题的哪些部分是显而易见的，是否一些区域所遭受的影响要比其他区域严重些，接下来应该发生什么事情，理想与现实间的差距有多大。教学设计师可以通过回答以上问题来描述绩效差距。

接下来就要考虑绩效问题的重要性，这也可以通过提出问题的方法来确定：为什么说这个差距是重要的，解决这个问题需要多少成本（估计培训在薪水、耗费工时、教材准备等方面的花销），如果不采取行动来解决这个问题将会发生什么事情，这个绩效差距在公司减产、材料浪费、耗时、员工跳槽等方面的损失是多少，矫正这个问题的可能获利是多少（从矫正问题的总获益中减去矫正问题的花费）。

通过以上问题的答案对矫正绩效问题后的收益与解决绩效问题的花费进行比较，看孰多孰少。如果前者大于后者，就通过了重要性检验（The Test of Importance）。反之，就要把该问题忽略过去，把精力放在其他重要性检验的绩效问题上。如果某问题通过了重要性检验，就应该进行下一步。

下一步，要考虑绩效差距是否是因为知识、技能或者态度欠缺，或者环境存在缺陷而造成的。可以问这个问题："如果员工以此为生，那么他们能做好吗?"这个问题的答案是至关重要的，它可以为弥补绩效差距选择适当的方法提供指导。如果是由于知识、技能或者态度欠缺，那么还需要再提出另外一系列问题，以确定一个恰当的方案。

在决定最终方案之前，还要对分析进行双重核查，要考虑是否存在解决该绩效问题的更简单的方法。例如，是否可以通过更简单快捷的调换工作岗位的方法，或者为员工提供任务清单（Checklist）、程序手册（Procedure Manual），或者其他工作帮助（Job Aids）等。可能还要考虑在岗培训是不是更加快捷、节省开支。

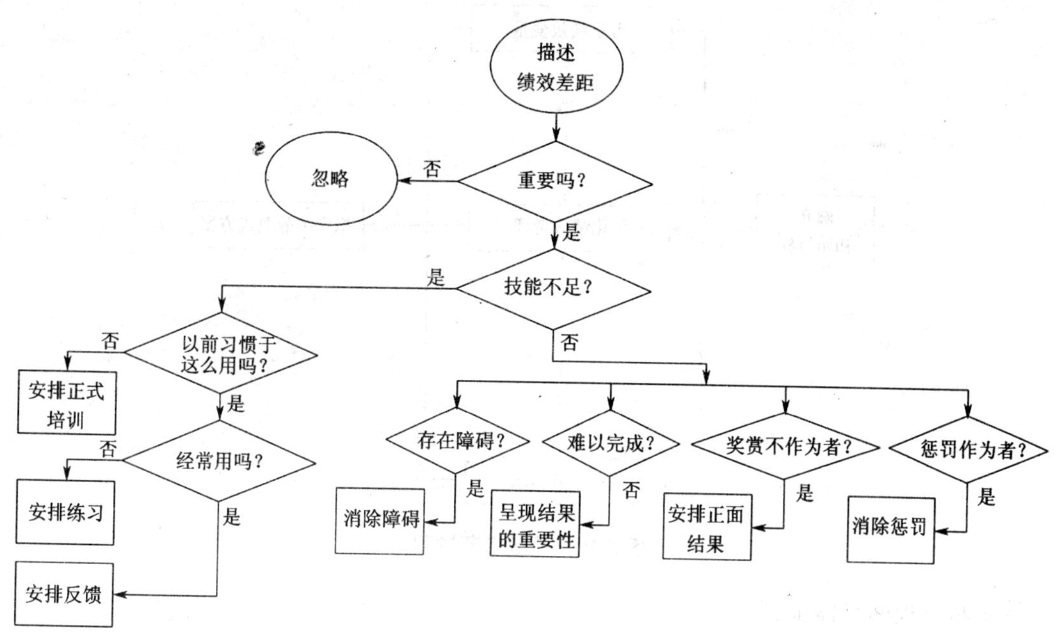

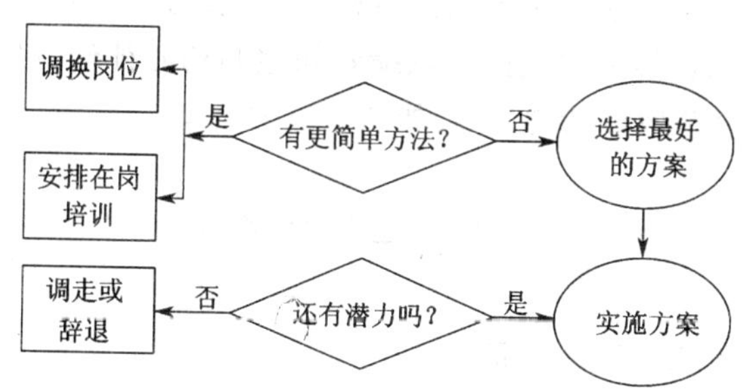

图2-9 梅杰和珮普绩效分析模型

4. 绩效诊断

1)绩效诊断概念

组织的绩效诊断,就是要将没有准确界定的绩效问题和机会转化为准确界定的绩效改进方案。绩效诊断是一项严谨缜密的分析工作,目标是为组织提高绩效提出强有力的解决方案。

绩效诊断可以看作一个界定问题或寻找机会的方法。通过这种方法将形成对组织、流程、团队或个人层面的现实绩效和期望绩效的确认,改进绩效的具体干预措施。

2)绩效诊断过程

绩效诊断过程一般包括五个步骤(如图2-10所示),开始于为绩效改进确立初始目标,结束于具体的绩效改进方案,中间的三个环节相互联系,并无先后顺序之分,这三个环节是:考量绩效变量、细化绩效考评和确定绩效需求。

考量绩效变量、细化绩效考评和确定绩效需求这三个范畴常常根据具体情形同步进行。其最后的综合成果是绩效改进方案,经过组织批准后就可付诸实施。以下内容将详细介绍

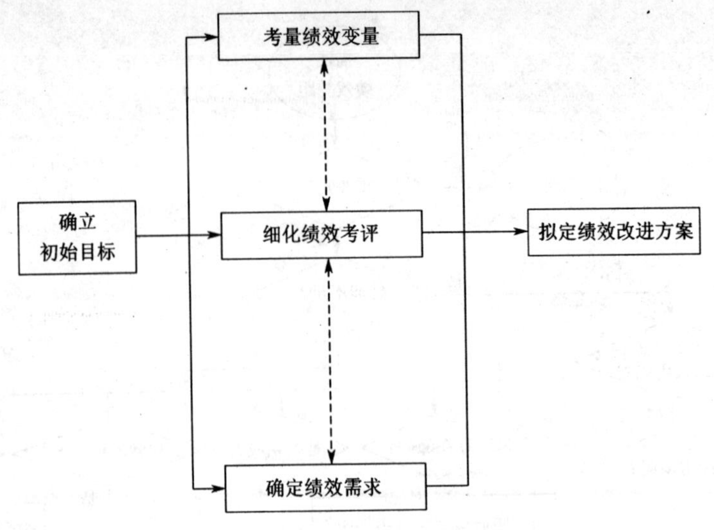

图 2-10 绩效诊断过程

绩效诊断过程的具体步骤。

(1)明确初始目标。

绩效诊断的流程要从明确绩效改进的初始目标开始是有重要意义的。诊断人员可以借助对绩效相关因素的确认来明晰自己的初始意图。这种明晰初始目标的方式,可以引导分析人员从模糊不清和自相矛盾的信息中走出来。其步骤包括确认绩效问题的初始征候,确定绩效问题的类型,确定绩效目标的层面,明确绩效诊断的目标,如图 2-11 所示。

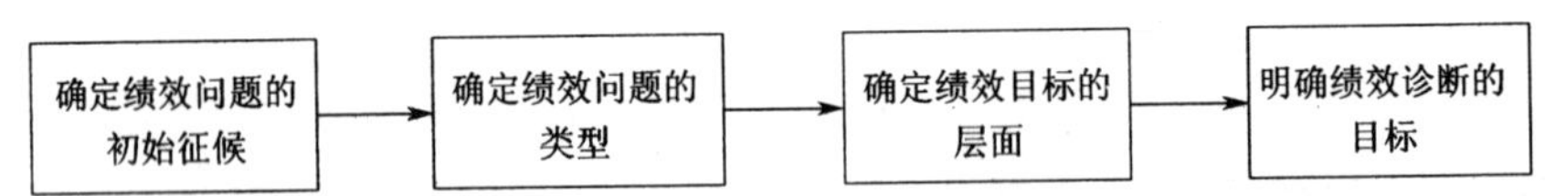

图 2-11 绩效诊断初始目标的步骤

(2)了解绩效变量。

为了对绩效变量做出评估,需要对贯穿四个绩效层面的五个绩效变量作一番考量。图 2-12 提出了三个步骤,可以帮助我们理解这一动态的评估过程。这三个步骤是:扫描绩效变量的现有数据,收集绩效变量的其他数据,具体描述达到期望绩效所需的缺失的或有缺陷的变量。

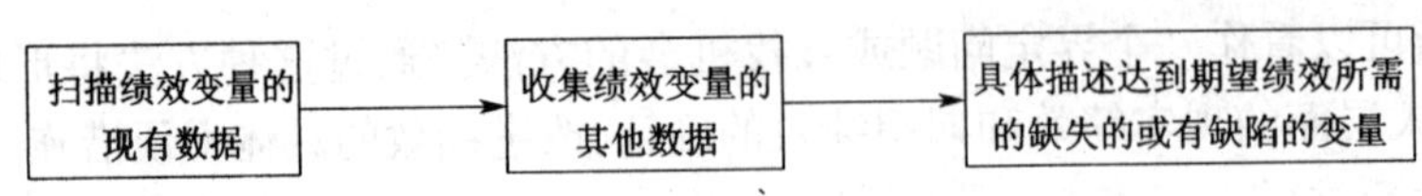

图 2-12 考量绩效变量的步骤

所谓绩效变量,就是一种能从根本上作用于系统绩效的因素。绩效问题通常可能由以下五个绩效变量中的一个或多个引起:使命或目标、系统设计、产能、激励以及专业技能。在这里,第一步就是通过扫描各个绩效变量的现有数据来了解各个绩效变量在所诊断的组织中目前的运作状况。这就要求分析人员运用有关绩效层面、绩效需求以及绩效衡量的所有相关知识,来探寻这些数据与五个绩效变量之间可能的关联。在这个时点,诊断专家很可能已经明确了绩效问题是属于组织、流程、团队、个人中的某一个绩效层面或某几个绩效层面。贯穿四个绩效层面的五个绩效变量,为绩效诊断提供了一个非常有效的框架。

通常,某个绩效层面的效率目标,往往会与在另一个绩效层面上的质量目标发生矛盾。表2-10的绩效诊断矩阵中根据绩效层面和绩效变量所提出的问题,有助于分析人员把重叠的或相抵触的绩效目标整理出来。

表2-10 绩效诊断矩阵

绩效层面 绩效变量	组织层面	流程层面	团队层面	个人层面
使命或目标	该组织的使命或目标与经济、政治及文化方面的社会现实是否相适合	该流程的目标与整个组织及个人的使命或目标是否相吻合	该团队的目标与工作流程及个人的目标是否相协调	该组织员工和专业人士的个人使命或目标与组织目标是否相一致
系统设计	该组织系统是否具备支持期望绩效的结构和政策	该流程是否以系统的工作方式来设计	该团队的工作方式是否有助于合作和提高绩效	个体员工是否清楚可能遇到的阻碍工作绩效的障碍
产能	该组织是否具备完成其使命或目标的领导力、资本及基础设施	该流程是否具备足够的产能(数量、质量、时限)	该团队是否具备快速高效完成绩效目标的综合能力	个体员工是否具备工作所需的智力、体力及情商
激励	该组织的政策、文化及奖惩体系是否支持期望的绩效	该流程是否具备持续运作所需的信息及人力因素	该团队是不是在彼此尊重、相互支持的原则下工作	个体员工是否在任何条件下都愿意工作
专业技能	该组织是否建立并保持了员工遴选和培训制度及其相关资源	专业技能开发的流程是否能满足该流程不断改进不断变化的需求	该团队是否具备团队运作流程的相关技能	个体员工是否具备工作所需的专业知识和技能

这个思维矩阵作为一个相对独立的绩效分析的辅助工具,对组织绩效诊断工作具有巨大的功用。它既可以作为团队诊断工作参考的通用性工具,也可以作为收集数据时用于记录的便利工具(在矩阵中每个小方框中问题下面的空白处记录),还可以借助这种记录形式报告数据分析中的重要发现。

(3)实施绩效考评。

为了具体地评估绩效,我们需要确定从组织、流程、团队及个人四个层面所产生的相应的绩效产出单位。图2-13中的三个步骤可以用来明晰绩效诊断中的绩效考评。

在具体的绩效考评过程中,诊断人员需要牢记绩效层面和绩效单位。

①绩效层面(即组织、流程、团队和个人)观点,包括每个层面的系统产出。

②绩效单位可以参照以下几项指标做进一步的考虑:时间、数量、质量、成本。对所分析的工作场所绩效的最初概念常常是模糊不清的,需要予以明确。比如,原来的感觉可能认为

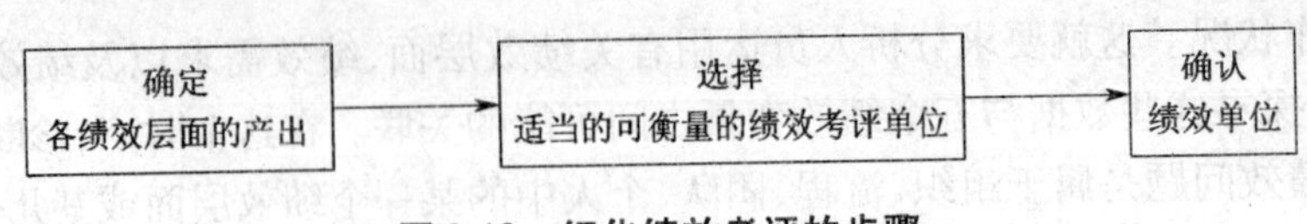

图 2-13 细化绩效考评的步骤

在会议上花的时间太多了。如果确认事实如此,那么适当的绩效评估就会围绕着如何减少会议时间。但进一步的调查揭示出的问题可能是,重要的决策需要通过会议做出,问题的关键是由于糟糕的会议运行方式使决策迟迟难以做出。这时可衡量的绩效产出就转变为公司决策的数量或公司会议的质量。

(4)进行绩效需求分析。

绩效需求分析主要有三个步骤:首先,根据绩效层面和类型进行绩效需求分类;其次,确认绩效层面和类型的划分;最后,根据绩效层面和类型细化绩效需求(如图 2-14 所示)。

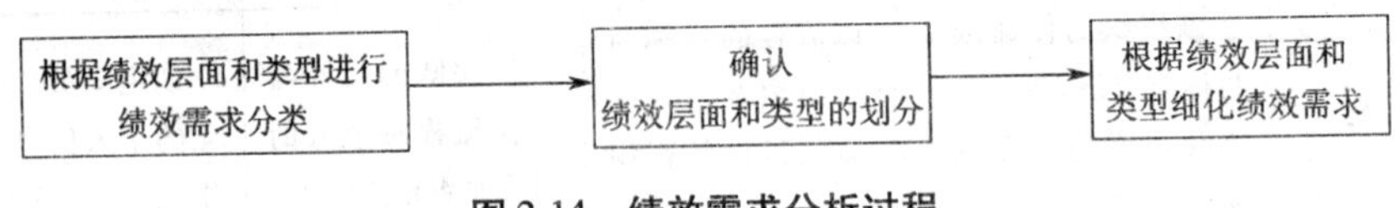

图 2-14 绩效需求分析过程

(5)绩效改进方案。

绩效改进方案主要从采取的策略和绩效管理方法入手。

改进工作绩效的策略主要包括预防性策略与制止性策略、正向激励策略与负向激励策略、组织变革策略与人事调整策略。预防性策略是在作业前明确告诉员工应该如何行为,制止性策略是及时跟踪员工的行为,及时发现问题予以纠正。正向激励策略主要通过鼓励手段,负向激励策略主要通过惩罚手段。组织变革策略与人事调整策略主要是针对考核中反映出的问题,及时对组织结构、作业方式、人员配置等方面进行调整。

绩效管理中的矛盾有:员工自我矛盾,员工一方面希望得到真实评价,另一方面又希望得到表扬;主管自我矛盾,过松无法完成改进目的,过严影响关系;组织目标矛盾,组织目标与个人目标冲突。

以上是绩效诊断的五个步骤,图 2-15 直观地抓取了绩效诊断五个步骤的细节并记录了关键点。该图是对绩效诊断内容的一个完整直观的总结。需要牢记的是,该模型的所有特征不可能在任何时间都同时使用,这样做,既无效率也不实际。

1.2.4 产业生命周期

1. 产业生命周期的概念

产业生命周期的研究始于 20 世纪 60 年代,它是从产品生命周期的研究演变而来的。1966 年美国教授 Raymond Vernon 最先提出了产品生命周期理论,随后在 20 世纪 70 年代 William J. Abernathy 和 James M. Utterback 等以产品的主导设计为主线将产品的发展划分成流动、过渡和确定 三个阶段,进一步发展了产品生命周期理论,并共同提出了 A-U 模型。在此基础上,Michael Gort 和 Steven Klepper(1982)提出产业生命周期的概念,他们在对 46 个产业(窄产业)的每种产品的整个或部分生命的销售、价格和产量时间序列数据进行分析的基础上,按产业中的厂商数目(净进入数)对产品生命周期进行划分,得到引入、大量进入、稳定、大量退出(淘汰)和成熟等五个阶段。他们的研究还提出了对以后产业生命周期研究产生重要影响的四个程式化的事实。再到 20 世纪 90 年代 Steven Klepper 和 Elizabeth

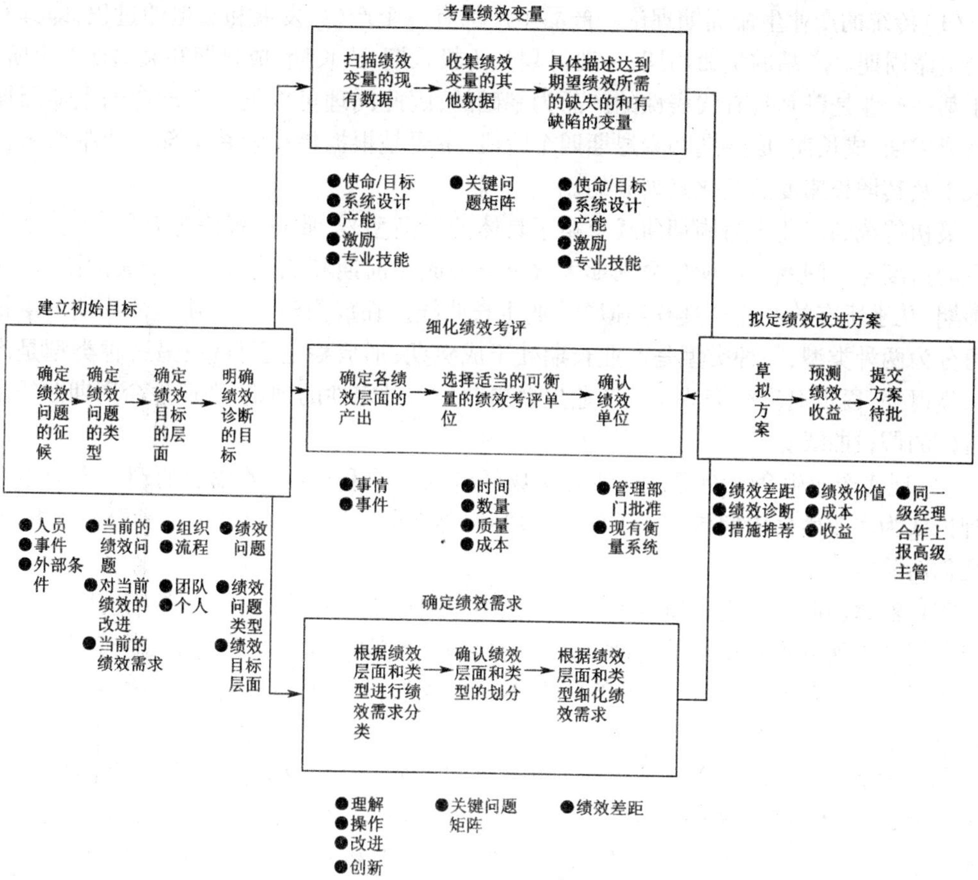

考量绩效变量

扫描绩效变量的现有数据 → 收集绩效变量的其他数据 → 具体描述达到期望绩效所需的缺失的和有缺陷的变量

●使命/目标
●系统设计
●产能
●激励
●专业技能

●关键问题矩阵

●使命/目标
●系统设计
●产能
●激励
●专业技能

建立初始目标

确定绩效问题的征候 → 确定绩效问题的类型 → 确定绩效目标的层面 → 明确绩效诊断的目标

●人员
●事件
●外部条件

●当前的绩效问题
●对当前绩效的改进
●当前的绩效需求

●组织
●流程
●团队
●个人

●绩效问题
●绩效问题类型
●绩效目标层面

细化绩效考评

确定各绩效层面的产出 → 选择适当的可衡量的绩效考评单位 → 确认绩效单位

●事情
●事件

●时间
●数量
●质量
●成本

●管理部门批准
●现有衡量系统

拟定绩效改进方案

草拟方案 → 预测绩效收益 → 提交方案待批

●绩效差距
●绩效诊断
●措施推荐

●绩效价值
●成本
●收益

●同一级经理合作上报高级主管

确定绩效需求

根据绩效层面和类型进行绩效需求分类 → 确认绩效层面和类型的划分 → 根据绩效层面和类型细化绩效需求

●理解
●操作
●改进
●创新

●关键问题矩阵

●绩效差距

图 2-15 绩效诊断全过程

Graddy 的 K-G 产业生命周期理论，Rajshere Agarwal 等的产业生命周期理论，使该理论在各个分支的纷争和融合中逐步走向成熟。John Londregan(1990) 构建了产业生命周期不同阶段公司竞争的理论模型。迈克尔·波特(1997) 在《竞争战略》一书中论述了新兴产业、成熟产业和衰退产业中公司的竞争战略。

图 2-16 所展示的就是产业生命周期。它由导入期、成长期、成熟期、衰退期四个阶段组成。产业生命周期是一种从初始状态到当前状态再到未来可能状态的一种演化模式。产业层面的竞争动态以产业形成为起点，演变至产业成熟甚至萧条。

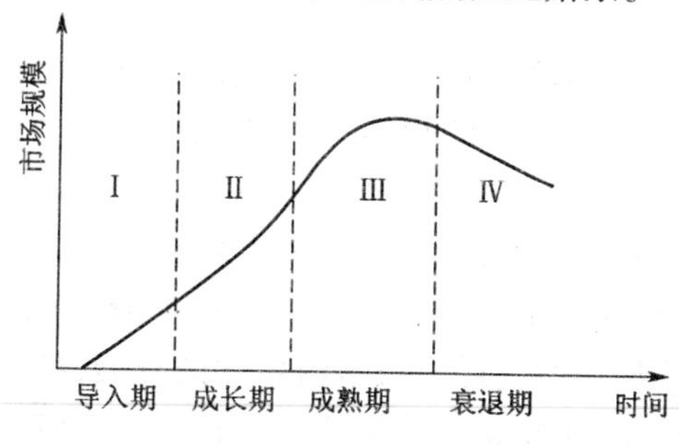

图 2-16 产业生命周期

2. 关于产业生命周期的不同观点

(1)传统的产业生命周期理论。产品生产都有一个产生、发展和衰退的过程,即具有自己的生命周期。产品的生命周期,一般可划分为投入期、成长期、成熟期和衰退期四个阶段。由于某一产业是以其具有代表性的产品为基础的,因此同理可以把一个产业的生命周期划分为形成期、成长期、成熟期和衰退期四个阶段,主要是根据该产业在全部产业中所占比重的大小及其增长速度的变化来划分的。

最初传统的产业生命周期曲线忽略了具体的产品型号、质量、规格等差异,仅仅从整个产业的角度考虑问题。产业生命周期大致可分为成熟前期和成熟后期两个大的阶段,在成熟前期,几乎所有的产业都具有类似"S"的生长曲线。在成熟后期,产业生命周期的生长曲线可分为两种类型,一种类型是产业长期处于成熟期,形成稳定型行业;另一种类型是产业进入衰退期,逐步退出经济活动。产业生命周期是一种定性的理论,产业生命周期曲线是一条近似的假设曲线。

(2)现代产业生命周期理论。随着市场经济的发展和成熟,潘成云的现代产业生命周期理论认为产业生命周期包括以下四个阶段:自然垄断阶段、全面竞争阶段、产业重组阶段、蜕变创新阶段。

①自然垄断阶段。它是新技术和新工艺出现到逐步成熟,形成生产能力进入市场,为部分目标消费者所认识和接受的时期。这一阶段的基本特点是:由于发明创造,或者优先引进新技术,最初只有少数公司进入该产业;技术不很成熟;具有较强的自然垄断性;产业进入壁垒高,风险大。

②全面竞争阶段。随着新技术的不断改进和完善,市场不确定因素的减少,加上产业发展的需要,政府的扶持与鼓励,高额利润的吸引,许多投资者开始进入该产业,逐渐形成全面竞争状态。这一阶段的主要特点是:产业技术逐步完善和成熟;自然垄断利润逐步消失;新加入者很多;竞争的重点表现为价格战。

③产业重组阶段。经过全面的竞争,无论是公司规模还是经济实力都有了很大发展,成为产业中的佼佼者和领导者,而另一部分公司在市场中处于不利地位,逐步被淘汰。产业进入了优胜劣汰为主的产业重组阶段。这一阶段的特点是:兼并与淘汰是产业发展的主旋律;市场需求处于相对饱和的状态;前期以价格战为主要竞争手段,而后期表现为"寡头垄断"的特点。

④蜕变创新阶段。经过产业重组后,各公司为了竞争,也为了满足消费者的需求,一般都是投入大量的人、财、物进行原有技术的升级与创新,或另辟蹊径进行产业的升级换代,产业进入蜕变创新阶段。这一阶段的主要特点是:它与新产业的自然垄断阶段密不可分;产业内公司之间竞争主要重点放在新技术的开发和运用、新产品的开发与营销和经营管理上。

(3)Michaet Gort 和 Steven Klepper 的 G-K 产业生命周期理论。其强调产业生命周期各阶段对创新的重大影响,认为在产业的成长期,企业的大量进入源自外部产品的创新;在产业的衰退期,企业的大量退出则是由于价格战和外部创新的减少。

(4)Steven Klepper 和 Elizabeth Graddy 的 K-G 产业生命周期理论。在实证分析的方向上,Klepper 和 Graddy 对 G-K 模型进行了技术内生化的发展,把产业生命周期重新划分为成长、淘汰和稳定三个阶段,提出 K-G 产业生命周期模型。为解释数据在淘汰阶段产业产出仍有较大的增长这一现象,他们提出了新的产业生命周期解说。表明整个产业发展过程会呈现进入越来越少，而成本竞争导致的退出会越来越多的实证特征，需求增长停滞不再成为淘汰发生的必要条件。与前面的理论相比，这一理论更强调过程创新所产生的成本竞争效应，是一个自由竞争随机过程模型。该随机过程容纳了潜在进入者容量序列、产品创新的扩散速度以及在位厂商过程创新成功率等决定产业进化状况的重要变量，专门化地研究了技术因素对产业进化的影响。

(5) Agarwal 和 Gort 的产业生命周期理论。Agarwal 和 Gort 沿着另一条路径对 G-K 模型进行了发展。基于同一数据库中 25 个产品更长时间的序列数据，他们对产业生命周期进行了更为细致的划分，这种划分在形态与特征描述上与 G-K 模型非常相似。通过危险率的引入，结果表明，危险率与厂商“年龄”成反比，早期进入者的危险率在淘汰发生时开始上升，而所有厂商在淘汰阶段的危险率水平均较高，在最后阶段所有厂商的危险率均上升。与以前理论不同，该理论着重强调了产业特性和厂商特性对厂商存活的影响，而上述不同阶段进入厂商群的当期存活情况组合，就构成了厂商分布。并且这是一条深入市场结构内部的现代产业组织研究思路，沿着这一路径，还有多项成果产生。

综合上述关于产业生命周期的不同观点，我们认为产业生命周期的阶段还是围绕着起步、成长、成熟和衰退等四个方面来划分的。

第一阶段，起步期（也叫萌芽期）。在这一阶段，由于新产业刚刚诞生或初建不久，只有为数不多的创业公司投资于这个新兴的产业，又由于起步阶段行业的创立投资和产品的研究、开发费用较高，而产品市场需求狭小（因为大众对其尚缺乏了解），销售收入较低，因此这些创业公司财务上可能不但没有盈利，反而普遍亏损；同时，较高的产品成本和价格与较小的市场需求还使这些创业公司面临很大的投资风险。另外，在初创阶段，公司还可能因财务困难而引发破产的危险，因此，这类公司更适合投机者而非投资者。这一时期的市场增长率较高，需求增长较快，技术变动较大，产业中各行业的用户主要致力于开辟新用户、占领市场，但此时技术上有很大的不确定性，在产品、市场、服务等策略上有很大的余地，对行业特点、行业竞争状况、用户特点等方面的信息掌握不多，公司进入壁垒较低。在初创阶段后期，随着行业生产技术的提高、生产成本的降低和市场需求的扩大，新行业便逐步由高风险低收益的初创期转向高风险高收益的成长期。

第二阶段，成长期。在这一个时期，拥有一定市场营销和财务力量的公司逐渐主导市场，这些公司往往是较大的公司，其资本结构比较稳定，因而它们开始定期支付股利并扩大经营。在成长阶段，新产业的产品经过广泛宣传和消费者的试用，逐渐以其自身的特点赢得了大众的欢迎或偏好，市场需求开始上升，新产业也随之繁荣起来。与市场需求变化相适应，供给方面相应地出现了一系列的变化。由于市场前景良好，投资于新产业的厂商大量增加，产品也逐步从单一、低质、高价向多样、优质和低价方向发展，因而新行业出现了生产厂商和产品相互竞争的局面。这种状况会持续数年或数十年。由于这一原因，这一阶段有时被称为投资机会时期。这种状况的继续将导致随着市场竞争的不断发展和产品产量的不断增加，市场的需求日趋饱和。生产厂商不能单纯地依靠扩大生产量，提高市场的份额来增加收入，而必须依靠追加生产、提高生产技术、降低成本以及研制和开发新产品的方法来争取竞争优势，战胜竞争对手和维持公司的生存。这一时期的特点是市场增长率很高，需求高速增长，技术渐趋定型，产业特点、产业竞争状况及用户特点已比较明朗，公司进入壁垒提高，产品品种及竞争者数量增多。

第三阶段，成熟期。产业的成熟阶段是一个相对较长的时期。在这一时期里，在竞争中生存下来的少数大厂商垄断了整个行业的市场，每个厂商都占有一定比例的市场份额。由于彼此势均力敌，市场份额比例发生变化的程度较小。厂商与产品之间的竞争手段逐渐从价格手段转向各种非价格手段，如提高质量、改善性能和加强售后维修服务等。产业的利润由于一定程度的垄断达到了很高的水平，而风险却因市场比例比较稳定，新公司难以打入成熟期市场而较低，其原因是市场已被原有大公司按比例分割，产品的价格比较低。因而，新公司往往会由于创业投资无法很快得到补偿或产品的销路不畅，资金周转困难而倒闭或转产。

在产业成熟阶段，产业内行业增长速度降到一个更加适度的水平。在某些情况下，整个产业的增长可能会完全停止，其产出甚至下降。由于丧失其资本的增长，产业的发展很难较好地保持与国民生产总值同步增长，当国民生产总值减少时，产业甚至蒙受更大的损失。但是，由于技术创新的原因，产业中的某些行业或许实际上会有新的增长。在短期内很难识别何时进入成熟阶段，但在这一阶段一开始，投资者便希望收回资金。

这一时期的特征表现为市场增长率不高，需求增长率不高，技术上已经成熟，行业特点、行业竞争状况及用户特点非常清楚和稳定，买方市场形成，行业盈利能力下降，新产品和产品的新用途开发更为困难，行业进入壁垒很高。

第四阶段，衰退期。这一时期出现在较长的稳定阶段后。由于新产品和大量替代品的出现，原产业的市场需求开始逐渐减少，产品的销售量也开始下降，某些厂商开始向其他更有利可图的产业转移资金。因而原产业出现了厂商数目减少，利润下降的萧条景象。至此，整个产业便进入了生命周期的最后阶段。在衰退阶段里，厂商的数目逐步减少，市场逐渐萎缩，利润率停滞或不断下降。当正常利润无法维持或现有投资折旧完毕后，整个产业便逐渐解体了。

这一时期的特征为市场增长率下降，需求下降，产品品种及竞争者数目减少。从衰退的原因来看，可能有四种类型的衰退，它们分别是：资源型衰退，即由于生产所依赖的资源的枯竭所导致的衰退；效率型衰退，即由于效率低下的比较劣势而引起的行业衰退；收入低弹性衰退，即因需求收入弹性较低而衰退的行业；聚集过渡性衰退，即因经济过度聚集的弊端所引起的行业衰退。

产业生命周期各阶段特征见表2-11。

表2-11 产业生命周期阶段特征

特 征	起步期	成长期	成熟期	衰退期
消费者数量	少	增加	众多	减少
产量	低	增加	稳定	降低
市场增长率	较高	很高	不高，趋于稳定	降低，负值
利润	较低，甚至为负	增加	最高	降低
竞争	对手数量少，不激烈	对手数量增加，竞争开始激烈	对手数量最多，竞争最激烈	对手数量减少，竞争激烈程度降低
公司规模	较小	扩大	最大	降低或增加
产品品种	单一	增加品种	较多	减少

续表

特　征	起步期	成长期	成熟期	衰退期
技术	不稳定	趋于稳定	稳定	落后
行业进入壁垒	低	提高	最高	公司退出该行业

识别产业生命周期处于哪个阶段主要从以下几个方面来考虑：市场增长性、需求增长率、产品品种、竞争者数量、进入壁垒和退出壁垒、技术变革、用户购买行为等。

产业生命周期曲线只是一条抽象化的典型曲线，实际情况要复杂得多，因此，准确判断某产业处于哪一个阶段是非常困难的，如果出现判断错误，往往出现战略上的失误。影响一个产业发展的因素很多，关系复杂，不能简单根据几个反映产业生命周期的因素判断，要全面考虑，如：政策环境、整体经济环境等。所以应将产业生命周期分析与其他分析方法结合起来使用，以免陷入分析的片面性。图2-17是以我国手机视频产业为例的生命周期曲线。

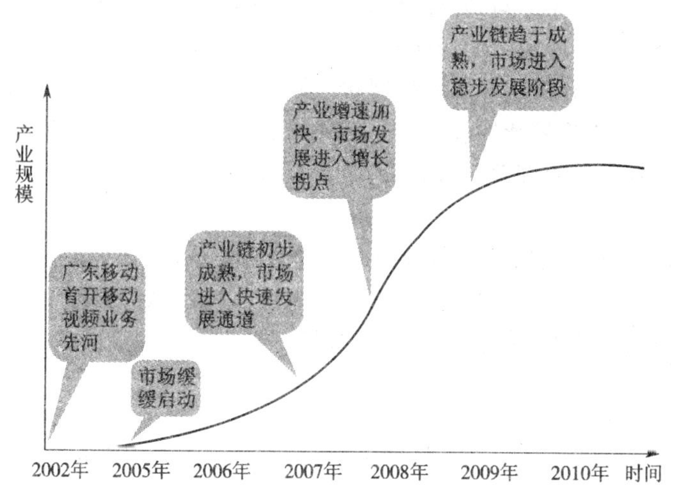

图2-17　我国手机视频产业发展生命周期

有些特定的产业有特定的生命周期，有些产业成长期和衰退期出现得非常迅速，有些产业要经过很长的起步期才进入成熟期，还有些产业进入衰退期后发生了改变，又形成一个新的周期，呈波浪式发展。图2-18是典型产业的生命周期阶段。

1.2.5　情景分析法

1. 情景分析的概念

20世纪50年代美国兰德公司（Rand Corporation）的Herman Khan首次把“情景”一词引入规划并且与军事和战略研究联系起来。Herman Khan率先使用了“未来—现在”的思考方式，强调以合理的逻辑性来讲述情节或者故事，这些情景不是对未来的预测。

20世纪60年代Herman Khan作为汉德森研究协会（Hudson Institute）的董事又把情景规划法引入了对社会公共领域的研究。在70年代至80年代壳牌公司的Pierre Wack及SRI国际（斯坦福大学的斯坦福研究学院）的Peter Schultz把脚本法作为一种战略工具介绍给了公司的管理层。

情景分析法能够帮助领导者开发出随着产业演化形成的、详细且内部一致的一组可能

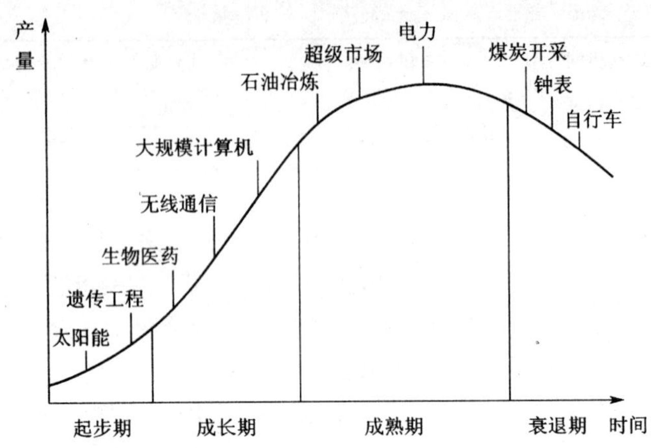

图 2-18 典型产业生命周期

情景。情景分析法的目的在于勾画出能够展示具体的趋势以及不确定性的概图。如今这一技术被认为是能够将外部环境中的变化和不确定性融入整体战略之中的一种非常有价值的工具。与预测不同,情景分析法并不是把现状以线性的、单因素的投影方式延伸到未来,而是需要从未来的视角,描绘复杂的、动态的、交互式的故事。为了开发有用的情景,管理者需要对其所在的产业有深入的理解,并对最可能影响该产业的 PESTEL 因素以及全球化条件有非常全面的认识。

利用情景分析法预测成功比较典型的案例是:一家公司对 20 世纪 70 年代 OPEC 的出现对石油价格的影响进行情景分析,对未来的预测是"一般看好,石油价格会上升",80 年代初,原油 30 美元/桶,成本 11 美元/桶,多数公司盈利。

2. 情景分析的步骤

1)阿诺尔特·魏斯曼情景分析法

阿诺尔特·魏斯曼(Arnold Weissman)运用情景分析法的八个步骤,如图 2-19 所示。

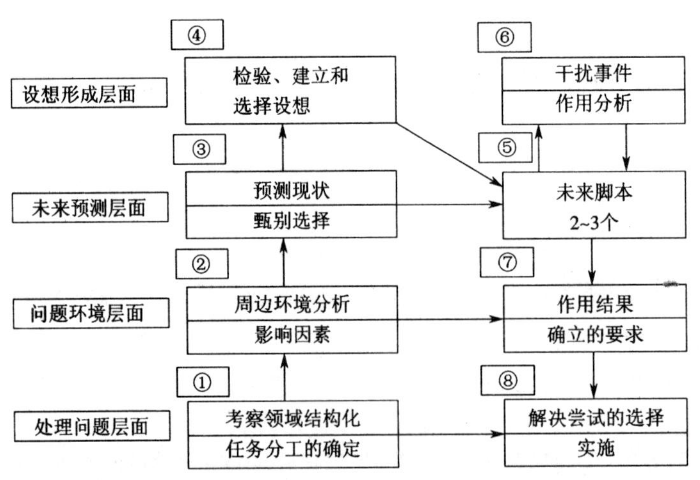

图 2-19 阿诺尔特·魏斯曼情景分析法步骤

步骤一,考察领域的结构化和区划,主要包括:何为考察的对象;需要何种背景信息;通过什么来确定考察领域的特征;掌握考察领域的现状。

步骤二,对考察领域的重要因素进行甄别和结构化,包括:将所有可能的影响因素汇总;找出影响因素的方向及强度;将找出的因果关联用图表描绘出来。

步骤三,找出发展趋势在专家知识、已有预测等的基础上预测现状,具体步骤有:对趋势明显的量(肯定因素)和趋势不明显的量(变量)进行甄别;对趋势不明显的量,设立和设计选择。

步骤四,建立和选择可能的、不互相矛盾的设想束,包括:对设想的一致性、逻辑性及无矛盾性进行检验;选出2~3个可能的情景。

步骤五,对选择的未来脚本进行理解评价并进行表述。

步骤六,考虑重要的干扰事件,主要是找出对预测的进程可能产生影响的干扰事件(如新技术的出现、政府的更迭等);对干扰事件对所选脚本的影响作用做出分析;在考虑到干扰事件的基础上设计新的未来脚本。

步骤七,对未来脚本的确立及结论的导出,具体包括:引申出应对思想;引申出公司的发展情景。

步骤八,设计相应的措施,将未来情景贯彻到实践和战略制定中去。

2)彼得·舒尔茨情景分析法

彼得·舒尔茨(Peter Schultz)提出的情景分析法的八个步骤如下。

步骤一,确定核心问题或决策(公司的关键战略课题)。

步骤二,当地环境中的关键力量。

步骤三,驱动力量和重大的不确定因素:对关键因素和推动力量排列次序,找出两三个最重要和最不确定的因素和趋势。

步骤四,根据重要性和不确定性排列次序:不同远景方案的轴线。

步骤五,选择远景方案的主题(逻辑):两个或者三个差别明显、至关重要的远景方案,由最重要的力量决定。

步骤六,远景方案的填补:加入步骤二和步骤三中的其他因素。

步骤七,内在含义(以及可能突发事件,未来演练)。

步骤八,选择主要的指标和标志:监视它们,以确定未来的真实情景。

3)梅森·卡彭特情景分析法

梅森·卡彭特(Mason A. Carpenter)于2009提出了情景分析的六个步骤。

步骤一,确定目标问题、时间跨度和情景范围。依据分析的层次(即产业、分支产业或战略群组)、分析的阶段、不确定性的性质和程度以及变化速度来确定范围。通常要阐述四类情景(绘制在方格图中),以反映出可能的极端情况。为了全面掌握关键的可能变化和意外变化,最好描绘出一系列的情景。

步骤二,运用头脑风暴法提出一组关键驱动因素、决策因素以及可能的情景偏差或分歧点。这些因素可能包括社会动荡的局面、政权的交接、管制的变化、市场或竞争的变化以及技术或基础结构的变化。类似自然灾害这样重大的外部环境变化或许也应该考虑在内。

步骤三,确定两个明确的主轴从而提出整体框架,这些主轴应该是反映出产业中最大不确定性的两个维度。

步骤四,充实情景内容。对每一个情景进行细节描绘。为每一个情景起一个容易记忆的名字,将有助于进一步阐述情景的特征。其中,一个情景可能代表着现状的未来版本,而其他情景则与这一情景形成显著差别。

步骤五,对于能够显示情景变化的指标进行详细说明。这些指标可以作为发送变化即将发生的信号的触发点,或者作为预示着变化可能发生的转折点。

步骤六,评估每一个情景的战略意义。微小的情景可能会孕育出重要的内容,并提出经营单位或产业细分市场的特定议题。认真思考战略、关键成功因素、弹性发展的必要改变以及能够在多种情景中使用的战略。

在阐述情景进而根据情景所揭示的信息引导经营管理的过程中,很容易识别并验明有问题的假设。情景分析还能够解释出容易攻击的区域(一个地区、一个产业,或者一个公司),凸现出环境因素与变化影响的交互作用,兼顾坚定的计划与权变方案,并对战略选择进行检验与比较。通过集中研究潜在影响最大的趋势和不确定性,情景分析也能帮助公司处理信息过剩问题。

一旦确定目标、范围以及时间框架,就要尽可能完备地列出驱动力清单,并将这些因素归入相应的类别(例如,科学与技术、政治与经济、管制制度、消费者与社会、产业与市场)。在此过程中,要确保识别出关键驱动力,即对所关心的产业、分支产业或战略群组有着最大潜在影响的因素。

在分析变化的驱动力时,要保证能区分趋势与不确定性。趋势是指方向甚至时机都能够被预测的变革力量。例如,中国正处于经济增长的大潮,大量的外商投资的进入取决于基础设施发展的进程以及在如此广阔的市场上消费者的购买力水平。不确定性对于情景阐述尤为重要。例如,对于商标的管制,根据消费者的观点变化可能会被强化或减弱。

在某些情况下,可能会考虑重大破坏发生的可能性,即出现对产业环境发生重要且无法改变的影响的急剧变化。一个重大的灾难,能够引起法律与管制的改革,并对一些技术和竞争活动产生重要且持续的影响。

1.2.6 小结

行业环境模块主要划分为行业结构、行业行为、行业绩效和产业生命周期四部分,是战略分析案例模块的重要组成部分。

分析行业竞争环境的主要工具是迈克尔·波特的五力模型。这五种力量分别是:现有公司间的竞争、潜在的新进入者的威胁、购买者的议价能力、供应商的议价能力和替代品的威胁。

情景分析法被认为是能够将外部环境中的变化和不确定性融入整体战略之中的一种非常有价值的工具。它需要从未来的视角,描绘复杂的、动态的、交互式的故事。为了开发有用的情景,管理者需要对其所在的产业有深入的理解,并对最可能影响该产业的 PESTEL 因素以及全球化条件有非常全面的认识。

参考文献

[1] 皮尔斯,鲁滨逊.战略管理:制定、实施和控制[M].王丹,高玉环,史剑新,译.8版.北京:中国人民大学出版社,2005.

[2] 卡彭特,桑德斯.战略管理:动态观点[M].王迎军,译.北京:机械工业出版社,2009.

[3] 本苏桑,弗雷舍.如何分析宏观环境[J].王哲,译.管理学家(实践版),2012(4):84-88.
[4] 波特.竞争优势[M].陈小悦,译.北京:华夏出版社,2005.
[5] 陈幼其.行业环境分析要论[J].华东师范大学学报(哲学社会科学版),1996(02):59-61,84.
[6] 亚当斯,布罗克.美国产业结构[M].封建新,译.10版.北京:中国人民大学出版社,2003.
[7] 鲍承沛.风险投资行业绩效分析[D].浙江大学,2003.
[8] ROTHWELL W J, KAZANAS H C. Mastering the instructional design process: a systematic approach [M]. San Francisco: Jossey-Bass,1992.
[9] ROTHWELL W J. Beyond training and development: state-of-the art strategies for enhancing human performance[M]. New York: Amacom, 1996.
[10] RUMMLER G A. Human performance problems and their solutions[G]//BAIRD L, SCHNEIER C, LAIRD D. The training and development sourcebook. Amherst: Human Resource Development Press, 1983:10.
[11] GILBERT T F. Human competence: engineering worthy performance[J]. NSPI Journal, 1978,17(9):19-27.
[12] MCCALL M, KAPLAN R. Whatever it takes: decision makers at work[M]. New Jersey: Prentice Hall, 1985:10.
[13] RUMMLER G. The performance audit[G]// CRAIG R. Training and development handbook: a guide to human resource development. New York: McGraw-Hill, 1976:14.
[14] MAGER R F, PIPE P. Analyzing performance problems or you really oughta wanna [M]. California: Lake Publishing Company, 1984.
[15] 斯旺森.绩效分析与改进[M].2版.北京:中国人民大学出版社,2010.
[16] 德威特,梅耶尔.战略管理:解决战略矛盾,创造竞争优势[M].汪涛,译.北京:中国人民大学出版社.2008.

2 内部环境分析模块

2.1 资源分析模块

资源和能力是公司战略的基本构成。公司如果要将产品差异化,无论是在质量、形象或者价格方面,都需要有合适的资源和能力来把差异化转变为现实。再者,当公司要选择最好的方式进入新市场,无论是收购、联盟或者内部发展,都需要考虑公司可用的资源和能力。有时候,公司可以运用类似收购或者联盟这种工具来获取自身还未拥有的资源和能力。毫无疑问,成功的战略充分开发着公司已有的资源和能力,推动公司获取自身缺少的资源和能力,并提升现有的资源和能力;相反,失败的战略往往反映出公司缺乏关键的资源和能力。

资源基础论的基本假设是不同的公司具有不同的基础,因为每家公司都拥有独一无二的资源,即有形资产和无形资产以及运用这些资产的能力。公司如果能够把这些资源转化成组织的能力,这些资源就会形成公司的竞争优势。资源、能力和竞争优势之间的关系如图2-20所示。

1.概念

Manson A. Carpenter 和 Wm. Gerard Sanders(2009) 认为资源就是公司用于创造产品或服务的投入。有些资源几乎没有差别,任何公司都可以得到。比如,土地、一般劳动力、借贷以及日用品类的存货都是大部分公司可获得的资源。另一些资源的性质却有着公司的特

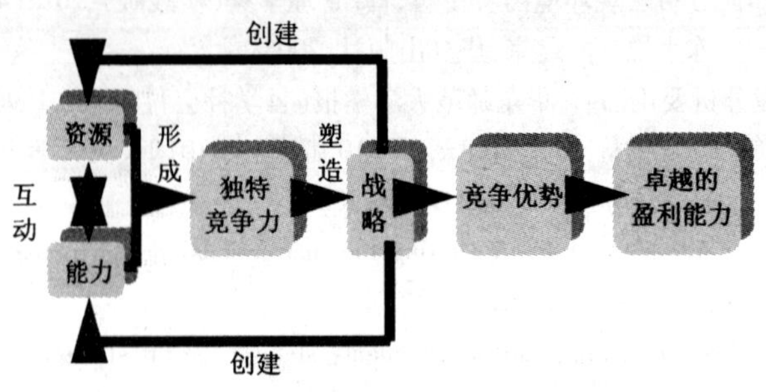

图 2-20 资源、能力和竞争优势关系

征，这些资源很难通过正常的供应链渠道获得。比如，管理判断力、知识产权、商业秘密以及品牌资产等资源都难以购买或转让。

2. 分类与评估

在公司资源观的旗帜下，有很多关于资源对公司生存和发展的重要性的研究（Penrose, 1959; Wernerfeh, 1984; Barney, 1994）。截至目前，战略管理领域内对公司资源的分类方法还没有取得普遍认同的成果。

John A. Pearce Ⅱ和 Richard B. Robinson Jr.（2005）认为资源基础论的核心是三种资源，即有形资产、无形资产和组织能力，而这三种资源的有效组合奠定了公司能力的坚实的基础，并将公司资源分为有形资源和无形资源（见表 2-12）。根据 R. M. Grant（2001）的研究，他们给出了不同资源的例子并对公司资源进行分类和评估，见表 2-13。

表 2-12 不同资源举例

有形资产	无形资产	组织能力
汉普顿饭店的预订系统	耐克公司的品牌	戴尔计算机公司的客户服务系统
福特汽车公司的现金储备	戴尔计算机公司的声誉	沃尔玛公司的采购和进货物流服务
佐治亚太平洋公司的土地	温迪公司由戴夫·托马斯做的广告	索尼公司的产品开发过程
维珍航空公司的航班	杰克·韦尔奇，GE 公司 CEO	可口可乐公司的全球协调
可口可乐公司的可乐配方	IBM 公司的管理团队 沃尔玛公司的组织文化	3M 公司的创新过程

表 2-13 对公司资源进行分类和评估

资源		相关特征	主要指标
有形资源	财务资源	公司借款和内部资金储备决定公司的适应力和投资能力	资产负债率 营业性现金流 信用评级
	实物资源	实物资源限制公司的生产能力并影响生产成本。其主要特征如下： 工厂规模、地址、技术先进程度、设备的柔性 土地和建筑物的场所和可替代性原材料储备	固定资产市值 固定设备年限 工厂规模 固定资产弹性

续表

资源		相关特征	主要指标
无形资源	技术资源	知识产权:专利、版权、商业秘密 创新资源:研究机构、科技人才	专利数量和重要程度 专利和版权许可所获收益 研发人员占总员工的比例 研究机构的数量和所在地
	商誉	品牌和商标在消费者中建立的声誉,与顾客之间已确立的关系,公司产品和服务的质量和可靠性的声誉,在供应商中的名声,与政府和政府代理机构以及社区的关系	品牌认可 品牌价值 重复购买率 比较产品性能的客观指标 公司商誉调查

有形资产(Tangible Assets)最容易被确认,在公司的资产负债表上就可以找到,包括生产设备、原材料、财务资源、不动产和计算机系统。有形资产是公司的物资和资金,公司正是利用它们来为顾客创造价值。

无形资产(Intangible Assets) 通常包括品牌、商誉、组织文化、技术、专利、商标以及累计的组织经验。它们看不见摸不着,但对公司建立竞争优势却有着举足轻重的作用。

组织能力(Organizational Capabilities) 不像有形资产或无形资产那样容易界定,它们更像是一种技巧(将资产、人力以及生产整合在一起的能力),公司用其实现投入与产出之间的转化。精心培育并发展良好的组织能力,如戴尔公司界面友好的互联网客户服务体系,正是公司持久竞争优势的源泉。这种组织能力使公司在与竞争对手投入相同的情况下,得以创造更好的效益或更好的质量,或者二者都能实现。

罗伯特・格兰特(2005) 把资源分为有形资源、无形资源和人力资源,见表2-14。

表2-14　公司资源分类

资源		相关性质	关键指标
有形资源	财务资源	公司的借贷能力及其内部基金所产生的恢复能力和投资能力	债务/股本比率 经营现金流量/富余现金流量 信用等级
	物质资源	物质资源制约着公司一系列的生产可能性,并且影响其成本情况	工厂和设备的规模、位置、技术复杂性和灵活性 土地和建筑的位置和使用方案 原材料储备 固定资产的市场价值 资本设备的使用寿命 固定资产的灵活性

续表

资源		相关性质	关键指标
无形资源	技术资源	知识产权:专利组合、版权、商业秘密 创新资源:研究设施、技术和研发人员	专利的数量和重要性 发放专利和版权许可的利益 研发人员在全部员工中的比例 研发团队的数量和水平 研究设施的数量和位置
	声誉	通过拥有品牌和商标获得的客户声誉;与客户建立相互关系;公司产品和服务的质量和可靠性声誉;公司的经销商声誉;政府和政府机构的声誉;社区声誉	品牌认可 品牌权益 重复购买的百分比 比较产品性能的客观指标 公司声誉调查
人力资源	员工	员工的教育、培训和经验决定公司可用的技能 员工的适应性有利于公司战略弹性 员工的社会和协作技能决定公司将人力资源转化为组织内部的能力 员工的承诺和忠诚决定公司获得并保持竞争优势的能力	员工的教育、技术和专业资格 与行业内其他公司相比员工的薪酬水平 由于停工和行业纠纷导致的日损失百分比、缺勤率 员工流动率

Bob de Wit 和 Ron Meyer(2008) 提出一种资源分类方法,他将资源细分为有形资源和无形资源,关系资源与能力资源,知识、才能和心态。

有形资源与无形资源。有形资源指所有公司可获得且可观察(或触摸)到的资产,如建筑物、机器设备、原材料、土地和资金等。有形资源也可称为组织的"硬件",而无形资源则可称为组织的"软件"。无形资源不可触摸,大部分以人作为载体存在于组织之中。通常,有形资源需要购买,而无形资源需要开发。因此,有形资源更易于转移和定价,而且一般都能在资产负债表上载明。

关系资源与能力资源。关系资源与能力资源虽然同属无形资源,但是存在差异。关系资源是所有公司均可获得的、产生于组织与环境的相互作用过程中的资源(Lowendahl,1997)。公司可以与环境中的个体或组织培养出特定的关系,这些个体或组织包括消费者、供应商、竞争者及政府机构等,他们在实现组织目标的过程中都发挥着重要的作用。除了直接的关系,公司在环境中的商誉也是很重要的间接关系资源。此外,能力资源,即公司适合在特定领域中运营的程度,也是重要的无形资源。如果某组织拥有在特定领域中成功运营所必需的知识、才能和心态,就说它在该领域中具有能力资源。

前面所采用的能力的定义比较宽泛,难以对其进行更深入的讨论。不过,我们可以通过进一步区分知识、才能和心态,来深入理解能力的本质。

知识。知识可定义为从信息中提取并反过来帮助人们理解所获得的信息的全部规则(知道如何、是什么、在哪里和何时)与洞察力(知道为什么)。换句话说,知识来源于信息又反作用于信息阐释(Dretske,1981)。关于知识的例子,如公司对市场的洞察力、竞争情报、专有技术及对政治和经济演变趋势的理解。

才能。才能是指公司执行一项或一系列特定的活动的潜能。有时候,用"基本功"表示执行一项具体的(职能性)任务或活动的能力,而用“才能”表示把多项基本功结合起来使用的素质。例如,公司的能力基础可以包括比较具体的像市场调研、做广告、生产技术等基本功,如果这些基本功搭配适当,则公司还可能具有开发新产品的才能(Stalk,Evans and Shulman,1992)。

心态。心态是指组织内普遍拥有的自我控制能力,有时也称“部署”和“意愿”,心态表达了一个组织是如何看待及处理自身与世界的关系的。尽管被很多学者所忽视,但每个运动教练都知道心态是一种非常重要的资源。健康的体魄(有形资源)、对比赛规则的洞察(知识)、速度和灵活性(才能)等,对赢得比赛都很重要,但是如果没有必胜的心态,团队就无法夺得冠军。公司中的某些心态变化很快,有一些则可能固化在组织文化中,因为心态是组织所独有的,所以是尤其重要的资源。按其特征,公司心态可以分为质量驱动型、国际化导向型、思维创新型及战略攻击型。

3. 资源的价值

管理者在确认公司资源时,面临的挑战是如何确定哪些资源是公司的优势,哪些是公司的劣势,哪些资源可以产生公司的核心竞争力。对一位急于进行有意义的内部分析的管理者来说,这是一个复杂任务。资源基础论首先提出了几个关键方针,它们可以帮助确定哪些因素构成了有价值的资产、能力或竞争力,即是什么使资源变得有价值。通常来说资源的需求、稀缺性和可获得性是决定资源是否有价值的主要因素,如图2-21所示。

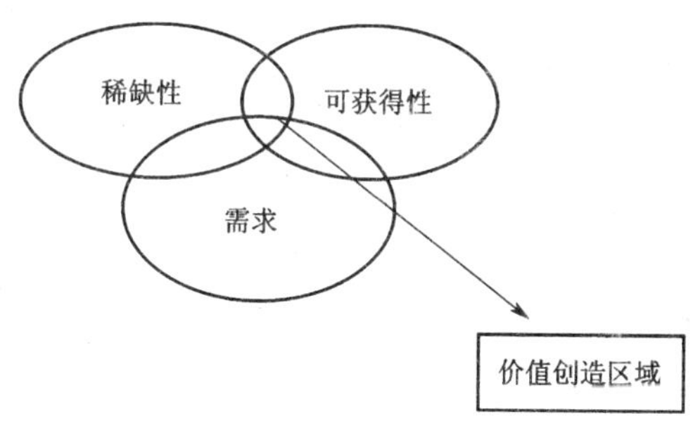

图2-21 资源的价值

下面主要从资源的需求、稀缺性、不可模仿性、持久性和替代性五个方面来阐述资源的价值。

1)资源的需求

该资源是否帮助公司更好地满足顾客需求,超越竞争者?两家饭店提供类似的食物,价格也类似,但其中一家位于市中心,对办公者来说更方便,这家饭店的这个有形资产——位置,比它的竞争对手更容易满足那些白天工作的职员们的午餐需求,于是,地理位置的便利使这家饭店销量更大、利润更高。沃尔玛重新解释了折扣零售策略,其销售利润率比行业平均水平高出4.5个百分点,即比后者高出2倍。沃尔玛的四种资源(商店位置、品牌认可、员工忠诚和先进的进货物流系统)使沃尔玛能更好地满足顾客需要,成本更低,超过了凯马特及其他的折扣零售商。以上的两个例子表明,只有那些对建立竞争优势有贡献的资源才是有价值的。同时,其他资源,如饭店的菜单以及产品说明书或者沃尔玛的停车场对于正常经营都是必要的,但它们对于建立竞争优势的贡献很小,因为它们在满足顾客需求上和别的公司没什么不同。

2）稀缺资源

这种资源的供应是否短缺？如果是，那么它的价值会更大。如果一个公司占有一种稀缺资源而其他公司正好奇缺，那么它在满足顾客需求上就会起到重要作用，变成公司的独特竞争力。要想利用稀缺资源实现价值，必须长久地占有这种资源。

3）不可模仿性

这种资源是否容易复制或获得？一种能被竞争对手轻易模仿的资源，所创造的价值肯定是短暂的，它不能提供一个长期的竞争优势。不可模仿性的特点并不会持续太久，对手会尽一切可能找到与你相当或更好的资源，这是显而易见的。所以说，重要的是能够先发制人。资源基础论找到了四个特征，被称作分离机制，它使得资源很难被模仿。

独特的实物资源几乎是不可能被模仿的，如某一厂房、矿山开采权、专利等。尽管很多战略决策者宣称某项资源是实物资源，但事实并不一定如此。

依赖于获取途径的资源也是很难被模仿的。因为，别的公司要想得到这种资源必须走一条充满荆棘的路，这些资源不能瞬间获得，要经历很长的时间，付出很大的代价。

因果关系的不确定是资源无法复制的第三方面。对手很难清楚地了解公司是怎样将其竞争优势建立起来的，它们不可能确切地理解这种独特资源，更不易知道这种资源又是如何被结合起来形成公司的竞争优势的。因果关系不确定的资源通常是公司的一种组织能力，它来源于有形资产、无形资产和公司文化的巧妙结合。

经济遏制是造成资源无法模仿的第四个原因。通常，想进入某一个规模经济敏感的市场时，需要大量的资金投入。有时，即使竞争对手已经了解了这种可以建立竞争优势的资源，并知道自己可以模仿，但它却可能选择放弃，原因是狭窄的市场范围并不允许两个竞争者同时存在。

尽管我们可能更倾向于认为，资源的不可模仿性只存在是或否两种情况，但事实上，不可模仿性可以在反映困难性和时间长度的渐变统一体中进行测量。图2-22就体现了这一特征，某些资源具有复合的模仿障碍。

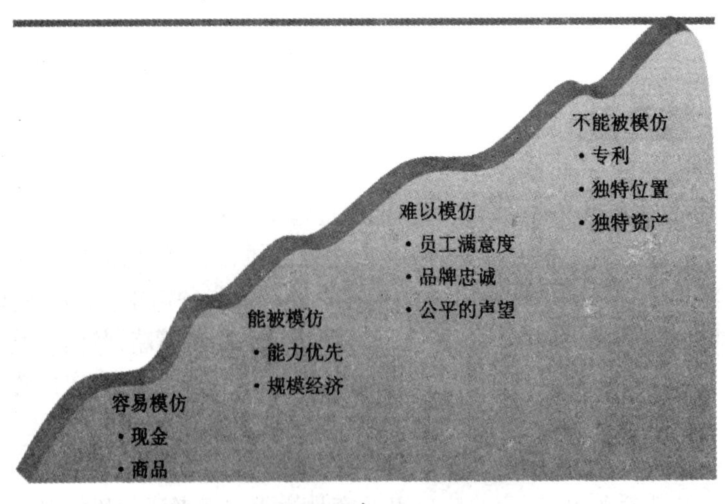

图2-22　不可模仿性

4)持久性

资源贬值的速度有多快？资源贬值的速度越慢就越有价值。有形资产，如商品或资金，各有自己的可测量的损耗周期。无形资产，如品牌知名度或组织能力，贬值速度很难界定，如可口可乐的品牌不断升值，而计算机技术的淘汰速度却一日千里。在全球经济高速发展的21世纪，独特的竞争力或竞争优势会很快消失，这就对公司关键资源和能力的持久性提出了新的挑战。有人认为，这种现实使组织中的远见卓识和相关文化成为公司长期生存的最重要的潜在生力军。

5)替代性

有没有别的替代品？基础理论可以被进一步用来评判某种资源的价值。专门提供沙拉、瘦肉三明治的美国快餐连锁店D'Lites of America，曾经成为最热门的新上市公司。公司的理念很简单，即在快餐经营模式下提供低热量低饱和脂肪的食品。投资者为这个想法而感到兴奋，因为当时的快餐店无一例外地提供高热量高脂的食品。但不幸的是，几家主要的快餐经营商温迪、麦当劳、汉堡王和哈迪斯，利用它们的现有设备提供沙拉条、预制沙拉以及别的瘦肉三明治，而且保留了原有产品的特色。竞争对手们利用原有设备和营业资源进行的小小变化，使D'Lites最初给投资人带来的兴奋感荡然无存，而比替代产品更有优势的替代性资源和能力使D'Lites最终一败涂地。

2.2 能力分析模块

1.能力的概念

对"能力"这个概念有很多不同的用法，究其原因，部分是因为最早提出这个概念的学者(C. K. Prahalad和Gary Hamel,1990)给出的定义比较模糊。人们一般把能力与才能当作同义词使用，不过，普拉哈达德(C. K. Prahalad)和哈梅尔(Gary Hamel)似乎主要强调的是以技术为中心的才能协调不同的产品技术及融合多样的技术流程的能力。此外，其他学者(如Durand,1996)强调，仅当公司的知识基础和才能、心态被有效地结合在一起时，公司才拥有特定领域内的竞争能力。本田在发动机领域的能力是建立在专有知识、开发能力和恰如其分的忧患意识的基础之上的。沃尔玛的库存控制能力是建立在特殊的信息技术知识、协调能力和便利顾客的观念的基础上的。维珍航空公司(Virgin Atlantic Airways)的服务能力是融合了顾客知识、适应能力和顾客至上的观念而形成的。

能力是指公司为创造产品和服务而运用资源(有形资源和无形资源)的技能。经常被用到的一个同义词是竞争力(为了简化，这里使用能力一词)。能力可以被个人所掌握，或者嵌入公司内部的制度或常规当中。本质上讲，能力是生产规程和专业知识的融合，公司在制造产品和服务过程中凭借这些只是从事独特的活动。

能力通过人物表现出来，包括公司日常经营中必须完成的简单任务，比如接受并完成订单；知道更加复杂的任务，比如设计复杂系统、创新性营销以及制造流程。总体上讲，这些能力组成了公司的价值链。并不是所有的能力对公司都具有同等价值，这正是资源外取迅速发展的原因。资源外取是指委托外部供应商来完成公司价值链上的部分活动。

独特能力和核心能力是两类特殊的能力。独特能力指的是公司区别于其他公司的能力。核心能力是公司主要经营运作的中枢，公司的主营事业领域能够共用这些能力，并可以使公司在这些事业领域中创造出新的产品和服务。

2. 动态能力

前面对资源和能力的讨论带有静态的色彩,但资源和能力的开发、积累、流失的过程本质上是动态的。下面介绍两个概念来展示资源和能力的动态性。第一个涉及积存与流动,第二个涉及一类特殊的能力,即动态能力。

1)资源的积存与流动

资源可以被认为既能积存,又可流动。公司积存的资源和能力在任何时间都可以为公司支配,但这些积存是最初的资源禀赋与累计投资相融合的结果。考虑一下以专利为代表的资源积存。专利的价值很大程度上依赖于初始发明的创新水平,而这个创新可能是多年的投资以及多次试验和失败的结果。持续的资源投入将会增加专利的价值。比如,追加研发投资可能在未来引致与初始专利紧密相关的发明。在营销方面的投资也会刺激需求,进而增加专利的价值。但是,随着专利期行将结束,专利的价值将会逐渐耗尽。重要的是,资源和能力的价值取决于资源和能力的积存与流动以及附加投资和折耗的净效应。

资源积存可以通过开发活动和持续投资得到提升。而业务单元剥离、关键人员流失和竞争环境转变也会改变给定资源的价值。战略资源和能力需要经过长期的积累。因此,凭借动态能力达到资源积累的过程与静态持有资源和能力储备方式全然不同。

2)重新组合资源和能力

为了超越通过投资来提升资源和能力的积累,公司可以决定如何使用和配置资源和能力,从而改变它们的基本价值。当公司难以改变资源和能力的储备时,还可以运用新的方式来重新配置和整合这些资源。动态能力就是公司通过整合、重新配置、收购或者剥离资源等方式来建立资源和能力的新结构的过程。实际上,用"动态"这个词来描述这类独特的能力,是因为动态性意指公司能够调整、改变资源和能力并使之与环境变化相匹配。在快速变化的市场上,重新配置资源与能力的能力对于公司尤为重要。动态能力通常在公司的一些复杂活动中表现出来,比如文化、知识基础以及学习能力。

动态能力的表现有几种方式。整合不同资源与能力从而创造新型高回报产品和服务的能力是动态能力。动态能力的另一种形式是在不同部门间将资源和能力重新配置或转化。

重新组合资源和能力也可以通过联盟和收购的方式完成。资源和能力通过这样的方式既可以得到也可以失去。

动态的资源和能力观与传统的观点有些不同。它强调更新资源和能力的必要性,从而与变化的环境保持一致,或者重构组织以改变环境。这种适应变化或者改变环境的能力在把产品上市时间作为关键因素的产业中特别重要。这些产业技术变化迅速,未来竞争难以预料。当在位公司不具备这样的能力时,即使是强大的公司也会被那些准备树立新产业标准的竞争对手所超越。公司资源与能力组合的价值直接受到动态能力的影响,因为竞争环境不断地要求公司重新配置资源。

2.3 核心竞争力分析模块

1. 概念

核心竞争力是一个相对抽象的概念,核心竞争力(Core Competence)又称核心能力或核心专长。在1990年5月至6月的《哈佛商业评论》(*Harvard Business Review*)杂志上,C. K. Prahalad 和 Gary Hamel 发表的《公司的核心竞争力》一文中第一次明确提出"核心竞争力"这一概念。C. K. Prahalad 和 Gary Hamel 指出,核心竞争力是能使公司为客户提供附加价值的一组独特的技能和技术的综合体，而不是单个分散的技能或技术；它是组织中的积累性学识，特别是关于如何协调不同的生产技能和有机结合多种技术流派的学识。不同学者从不同的角度提出了不同的观点，表2-15是各观点的归纳。

表2-15　核心竞争力不同观点

角度	代表人物	观点
整合观	普拉哈拉德（C. K. Prahalad）和哈默尔（Gary Hamel）	核心竞争力是属于组织共有的学识，是公司的资源，而不属于某个人或战略业务单元专有的；核心竞争力不是公司技能和技术的简单堆砌，而是技术、技能协调和整合的结果，这种整合即需要管理的介入，通过有计划的市场调研、技术研发、生产过程的控制、有效营销体系和方法，确保向市场提供有竞争力的产品；突出了核心竞争力构成要素的技术性
知识观	巴顿（Leonard-Barton）	核心竞争力是指公司特有的、不易交易的并为公司带来竞争优势的专有知识和信息，是公司所拥有的提供竞争优势的知识体系。这一体系包括四个维度：一是公司的专有技能及员工的学习能力；二是公司的技术系统，即成员知识的系统合成；三是公司的管理系统，组织的管理制度；四是公司的价值观系统
文化观	拉法（Raffa）和佐罗（Zollo）	公司核心竞争力不仅存在于公司的业务操作子系统，而且还存在于公司的文化系统中，根植于复杂的人与人以及人与环境的关系中，核心竞争力的积累蕴藏在公司文化中。可见，这一观点强调在接受核心竞争力的技术性特征的同时，不应忽视公司文化及人在核心竞争力形成中的作用
组合观	康特（Mary. K. Coulter）	核心竞争力是组织中主要创造价值并被多个产品或多种业务共享的技能和能力
	鲍哥那（William C. Bogner）和索马斯（Howard Thomas）	核心竞争力是公司的专有技能和与竞争对手相比更好地指导公司实现最可能高的顾客满意的认知，而这种认知包括隐含行业知识和公司价值观
	海利劳德（Duane Helleloid）和西蒙（Bornard Simonin）	核心竞争力应包括组织独特的人力资源、物质资源的组织和协调能力

2. 特性

核心竞争力通常是公司在一个领域内从事制造或服务多年而形成的，它代表了整个组织的长期积累，反映了这个组织的优势。了解核心竞争力的特征，对于公司确认什么是核心竞争力，什么只是一般竞争力，从而做出正确的战略决策，具有重要的作用。迈克尔·希特认为，核心竞争力的标准主要包括以下四点：有价值的能力——核心能力具有市场价值、能为消费者带来价值创造或价值附加；稀有能力——指那些极少数现有或潜在竞争对手能拥有的能力；难于模仿的能力——是其他公司不能轻易建立的能力；不可替代的能力——指那些不具有战略对等资源的能力。结合不同学者的观点，我们认为核心竞争力具有以下特性。

1）整合性

核心竞争力是公司核心技能、技术和管理能力的有机整合，也是内部团队及个人不同核心能力的整合。单个技能、技术的强大不足以成为核心竞争力，它很难完整地存在于个人或小团体之中，不会因某个人离开公司而失去，这些单个技能、技术必须与公司其他技能、能力相互协调，并在向顾客提供商品或服务的过程中表现出相对于竞争对手的显著优势。

2）有价值

核心竞争力必须特别有助于实现客户看重的价值。那些能使公司为客户提供根本性好处的技能，才称得上是核心竞争力。区别核心竞争力与非核心竞争力的标准之一是它带给用户的好处是核心的还是非核心的。

3）难以模仿性

由于核心竞争力是单个技术和生产技能经过复杂的协同作用的结果，因此，不可能靠简单地模仿他人来建立自己的核心能力。成功的经验可以借鉴，但公司自身核心竞争力只能通过自身的学习、创造和摸索去获得。

4）延展性

核心竞争力可以支持公司向多种产品或服务的领域发展，而不只是局限于某一种产品或服务。核心竞争力的意义远远超出单个最终产品是否获利。如 Motorola 公司在无线电通信技术专长基础上的核心竞争力不仅使其在核心业务交换机等通信产品上享有持久的优势，而且在 BP 双向移动无线装置和手机等领域也享有明显优势。核心竞争力这一特性决定了财务分析应该考察核心技术可延伸的产品种类、可延伸的领域数量以及相应的产值。

5）难以替代性

由于核心竞争力是技术、技能和管理等诸多因素协同的结果，因此，一旦形成，在一定时间内不会被其他竞争力所替代。难以替代性的程度决定了核心竞争力持续的周期。这一特征要求在进行财务分析时应关注公司产品或技术的周期和更新速度、产品的替代率以及产品的价格需求弹性。公司自身产品或技术的更新速度越快、产品市场替代率和价格需求弹性越低，产品的竞争能力越强。公司的资源和能力在无法被竞争对手模仿、被替代的情况下，公司才能形成持久性的竞争优势。表 2-16 是核心竞争力四种标准组合的结果。

表 2-16 核心竞争力四种评价标准与组合结果

资源和能力是否有价值	资源和能力是否稀有	资源和能力是否难于模仿	资源和能力是否不可替代	竞争结果	业绩评价
否	否	否	否	竞争无优势	低于平均的回报
是	否	否	是/否	竞争对等	平均回报
是	是	否	是/否	暂时性的竞争优势	高于平均回报
是	是	是	是	持久性的竞争优势	高于平均回报

6）动态性

由于公司所处的外部环境在变化，因此技术、产品都是有生命周期的，核心竞争力也同样具有生命周期，公司通常要经过无竞争力阶段（创办初期）、一般竞争力阶段、初级核心竞争力阶段、成熟核心竞争力阶段、核心竞争力弱化阶段和核心竞争力新生阶段等过程。公司要想保持核心竞争力的领先优势，就必须对核心竞争力不断创新、发展和培育，不断创造新的周期，维持和扩大与竞争对手的领先距离。

7）持续性

核心竞争力不同于短期内的竞争优势，唯有持续的竞争优势才是公司的核心竞争力。在公司的经营实践中，经常会面临短期经营目标与培育核心竞争力的长期目标之间发生冲突，却有不少经营者为了短期目标的实现，甚至仅仅为了完成当年的任务，而无暇考虑，甚至放弃公司长期核心竞争力的培育。

3. 核心竞争力评价方法

1)因素分析法

对公司竞争力的评价可以采取"由表及里"的因素分析方式,即从最表面、最容易感知的属性入手,逐步深入到更为内在的属性和因素。最表面、最容易感知的属性和因素可以作为公司竞争力的显示性指标,这类指标可以选择能够直接反映公司市场地位的数值,但实际上并没有揭示出公司竞争力的决定因素。要揭示和评价决定公司竞争力的因素,就必须进一步评价影响竞争力显示性指标的决定性属性和因素。因素分析法的基本要求是尽可能地将决定和影响公司竞争力的各种内在因素分解和揭示出来。

2)对比差距法

对公司竞争力的评价可以采取公司与公司直接比较的方式:假定同类公司中最优秀的一家或几家公司的一系列显性特征对竞争力具有明显的影响,就可以通过本公司和最优秀公司的一系列显示性指标的比较来评估本公司在竞争力上存在的差距。这种研究方法主要涉及以下几个环节:选取对比指标;比较本公司与最优秀公司各指标的差距;进行综合汇总,评价本公司与最优秀公司之间的总体差距。

3)模糊综合评价法

模糊综合评判法是美国控制论专家艾登(Eden)于1965 年创立的,其理论依据是:公司核心竞争力的评价具有模糊性,评价核心竞争力的等级具有较大的主观性,一些因素因具有模糊性而不能简单地用一个分数来评价。鉴于这些因素,采用模糊数学的综合评价方法来对公司竞争力做一定量的评价。模糊评价法有因素的模糊评价和多层次的模糊评价两种方法。由于公司竞争力受多因素的影响,宜采用多层次的模糊评价法来评价公司的竞争力。一般评价步骤为:第一步确定因素集;第二步确定各影响因素的权重集;第三步建立评价等级集;第四步确定隶属关系,建立模糊评价矩阵;第五步进行模糊综合评价,得到模糊综合评价结果。

4)灰色多层次评价法

人们常用颜色深浅表示信息完备的程度,将系统分为三类:信息完全明确的系统称为白色系统;信息完全不明确的系统称为黑色系统;信息部分明确部分不明确的系统称为灰色系统。经济系统、管理系统、生态系统等都是灰色系统。1982 年,邓聚龙教授创立了灰色系统理论。灰色系统评价方法主要有灰色聚类、灰色统计和灰色关联分析。公司竞争力的灰色评价的依据在于:公司竞争力评价系统是一个灰色系统,该系统具有信息不完全,或者"灰色"的特征。鉴于该系统的灰色特征,运用灰色系统理论评价此系统是非常适宜的。

公司的核心竞争能力是公司持续竞争优势的来源,是公司在积累和学习怎样分配资源和能力的组织过程中,通过运用自己独特的资源(有形资源、无形资源和人力资源),创造出比竞争对手更强的竞争能力和竞争优势,作为一种行动能力,这种竞争优势是本公司超越竞争对手的最根本、最关键的经营能力。公司在某一产品或技术上具有一定优势,并不代表公司就具有了核心竞争力,只有当这种产品和技术使竞争对手在一个较长的时期内难以超越而能保持这种优势时,才成为公司核心能力的体现。

随着时间的推移,公司花费巨大努力建立起来的竞争优势可能会被对手模仿,也可能会被行业环境的变化所淘汰。所以,如何保持公司长期的竞争优势是公司持续发展的关键。

首先,公司多项资源的持续周期是不同的,有短周期、标准周期和慢周期之分。其次,防止竞争对手模仿,要隐蔽竞争优势带来的表现。公司可以通过降低价格快速抢占市场,迅速提高生产能力,设置进入障碍,降低对手的模仿动力。再次,将形成竞争优势的原因模糊化,使竞争对手难以做出准确的分析。最后,公司要保持创业者精神。公司的任何优势永远都是暂时的,只有保持创业者精神,有不懈的追求,才能敏锐地发现内外环境的变化,捕捉到关键性的市场机会,才有勇气自己打破原来的优势,建立新的优势,使自己一直处于领先地位。

4. 价值链分析

上面我们介绍了公司内部资源、能力与核心竞争力的分析,波特的价值链分析可以用来对资源、能力、核心竞争力三者相结合进行分析。公司的"价值链"(Porter,1985)和它所从事的单个活动的方式反映了其历史、战略、推行战略的途径以及这些活动本身的根本经济效益。

1)价值链概念

价值链一词首先由迈克尔·波特教授在其1985年出版的《竞争优势》一书中提出,认为价值活动是公司从事的经济上、技术上有明确界限的各项活动,它们是创造对买方有价值产品的基础,这些相互联系的价值活动共同作用为公司创造利润,形成公司的价值链。迈克尔·波特比较偏重于以单个公司的观点来分析公司的价值活动以及公司与供应商和顾客可能的链接,并从中取得竞争优势。现代价值链的完整含义可以概括如下:第一,公司各项活动之间都有密切联系;第二,每项活动都能给公司带来有形或无形的价值;第三,价值链不仅包括公司内部各链式活动,更重要的是,还包括公司外部活动,如与供应商之间的关系、与顾客之间的关系。

2)价值活动

不同产业的运作系统大不相同,不同的公司可以按照完全不同的方式组织其运作系统,也存在几家公司计划按照同一个基本模式组建其运作系统,在实施中却分别采取独特的方式的情况。例如麦当劳、汉堡王等快餐店可能是按照同一基本模式设计其运作系统的,但其实际的运作系统在很多方面都有差异。类似的情形在个人计算机制造商惠普和IBM身上也可以看到,这两家公司的运作系统模式相似,但是在实际运行中存在很多差异。从另一个角度看,虽然个人计算机制造商戴尔与惠普和IBM同属一个行业,但戴尔采用的是"在线批量定制"的运营模式,与惠普和IBM的运作系统有着显著的差异。

拥有与众不同的运作系统,可以为厂商提供竞争优势基础。独特的价值链使得公司能为消费者提供独特的价值主张,比竞争对手做得更好、更快、更便宜、更精美及更具个性化。因此,开发新的运作系统与开发新产品和新服务一样,具有战略上的重要意义。

截至目前,最具影响力的分类方法要数波特的价值链理论,该理论将公司运营中的基本活动和辅助活动区分开来(如图2-23所示)。其中,基本活动包括创造产品的物理活动以及将产品销售和运输给消费者的活动,也包括"售后服务"活动(Porter,1985)。辅助活动包括原材料采购、技术、人力资源管理等全公司范围的各种职能活动,辅助活动是为基本活动提供支持的活动。波特对基本活动和辅助活动的详细分类见表2-17。

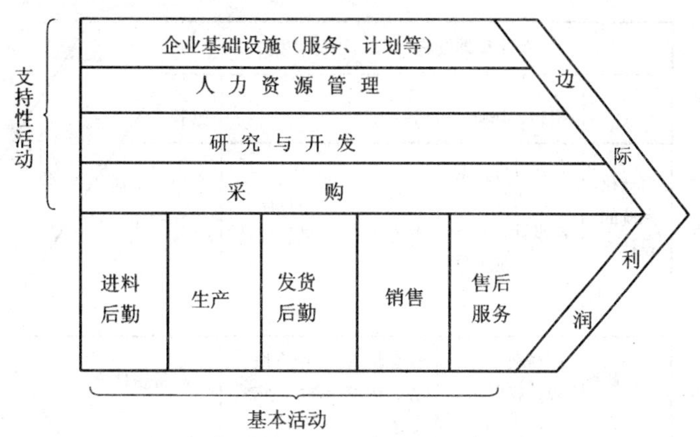

图 2-23 价值链

表 2-17 价值链活动分类

价值链		
基础活动	进货物流	与获得燃料、能源、原料、零部件、商品和消耗品有关的活动，费用和资产；接收、储存、材料进入时的检验；审查及账单管理
	生产作业	与把原料转变为最终产品形式有关的活动、费用和资产（产品、装配、打包、设备维护、配件、操作、质量保证、环境维护）
	出货物流	与把产品分发到购买者手中有关的活动、费用、资产（成品库存、订单处理、仓库拣货和包装、运输、发放过程）
	营销	人员推销、广告与促销、市场调研与计划以及经销商支持有关的活动，费用和资产
	服务	为购买者提供长期服务的活动、费用和资产，例如，安装、零部件运送、维护和维修、技术支持、购买者的问询、消费者的投诉
支持活动	一般管理	财务会计、法律事务、安全、信息系统和其他日常职能相关的活动，费用和资产
	人力资源管理	与招募、雇佣、培训、发展和工资报酬等有关的活动，费用和资产；劳动关系活动；基于知识的技能的开发
	研究、技术和系统开发	与产品开发、过程研发、过程设计改进、设备设计、电脑软件开发、电子交流系统、计算机辅助设计和开发、新的数据库存储能力、电脑支持系统开发有关的活动，费用和资产
	采购	与购买和提供原料、物料、服务和外包有关的活动，费用和资产。有时，这种活动被认为是公司进货物流的部分

运作系统的独特性及其作为竞争优势源泉的能力的形成，通常不仅取决于某些专门活动，而且取决于整个运作系统所采取的特别的配置。特别的配置能够放大和强化运作系统的独特性，形成壁垒，使竞争对手难以模仿（Porter，1996；Amit and Zott，2001）。图 2-24 是复印机生产公司的价值链。

3）价值链分析

（1）概念。顾客价值源自三个基础资源：使产品差异化的活动，降低成本的活动和快速满足顾客需求的活动。价值链分析（Value Chain Analysis，VCA）要研究的是一家公司如何通过检验每一项活动对顾客价值的贡献来创造顾客价值。

价值链分析采取一种过程的观点：它把商业行为分解成几种系列活动，从原材料的输入

	进料后勤	生产经营	发货后勤	市场营销	服务	
	企业基础设施					利润
人力资源管理		招聘、培训			招聘	
研究与开发	自动化系统的设计	元件设计、总装线设计、机器设计、检测程序、能源管理	信息系统开发	市场研究销售支持	服务手册和程序	
采购	运输服务	原材料、能源、物资供应、零部件	计算机服务、运输服务	中介服务、物资供应	备用件	
	进货搬运 进货检查 部件检查 和交运	部件装配 总装 调节和检测 设备作业	订单处理 装运	广告 促销 销售队伍	备用件系统 服务信誉	利润

图 2-24 复印机生产公司价值链

到产品或服务的完成再到售后服务。VCA 试图在各系列活动中横向考察成本,从而确定哪里存在低成本的优势,哪里存在不利条件。他研究每项活动的性质,判断每个活动的哪些方面可以促成产品、服务的差异化。VCA 的支持者相信 VCA 使管理者更明确地了解了公司的优势和劣势,因为这是把公司行为当作一个过程(一连串的活动)看待,更像是发生在真正的商战中,而非简单地把它建立在武断的产品线或历史的财务草案上。

(2)价值链分析特点。价值链分析的基础是价值,其重点是价值活动分析。各种价值活动构成价值链。价值是买方愿意为公司提供给他们的产品所支付的价格,也是代表着顾客需求满足的实现。价值活动是公司所从事的物质上和技术上的界限分明的各项活动。它们是公司制造对买方有价值的产品的基石。

价值活动可分为两种活动:基本活动和辅助活动。基本活动是涉及产品的物质创造及其销售、转移给买方和售后服务的各种活动。辅助活动是辅助基本活动并通过提供外购投入、技术、人力资源以及各种公司范围的职能以相互支持。

价值链列示了总价值。价值链除了包括价值活动外,还包括利润,利润是总价值与从事各种价值活动的总成本之差。

价值链的整体性。公司的价值链体现在更广泛的价值系统中。供应商拥有创造和交付公司价值链所使用的外购输入的价值链(上游价值),许多产品通过渠道价值链(渠道价值)到达买方手中,公司产品最终成为买方价值链的一部分,这些价值链都在影响公司的价值链。因此,获取并保持竞争优势不仅要理解公司自身的价值链,而且也要理解公司价值链所处的价值系统。

价值链的异质性。不同的产业具有不同的价值链。在同一产业,不同的公司的价值链也不同,这反映了其各自的历史、战略以及实施战略的途径等方面的不同,同时也代表着公司竞争优势的一种潜在来源。

(3)价值链分析的操作。价值链分析包括以下几部分内容。

①明确活动。VCA的第一步就是把公司的各个操作过程分为特定的活动或过程,通常归为表2-17中的几类基础活动和支持活动。每一类活动都是每家公司做出的独立行为,可能代表了公司的优势和劣势。

②分配成本。对每个独立过程的费用和固定资产的占用有明确的了解,而不是像传统计算方法那样计算费用。

③认清作业成本划分的困难。目前许多公司的财务管理和会计制度不能很好地为作业分析提供平台,从而导致这种分析失效。同样,在几乎所有公司里,用来支持活动为基础的成本核算的信息需求会产生重复的工作。

④明确使公司有别于其他公司的活动。戴尔电脑与其竞争对手的不同之处在于:以网络支持的售后服务。联邦快递公司与其竞争对手的不同之处在于:信息管理技术是其竞争力的核心和本质。

⑤检查价值链。识别那些对购买者的满意度和市场的成功起关键作用的活动并对其做详细的审查。首先,公司的基本使命需对管理者选择具体的活动有一定的影响。沃尔玛专注于进货物流和广告有关的成本,始终如一地树立自己的竞争优势。同是零售商的诺德斯特龙(Nordstrom)则通过在销售与支持活动上的努力,在零售业中确立了自己的地位,它在这方面的投入是同行业平均水平的两倍。其次,在不同行业中,价值链的特征和各个活动过程的重要性是不同的。假日酒店的主要成本和工作中心是为各个市场提供周密的服务,而不是出货物流。食品销售商PYA的进货和出货物流则是其至关重要的方面。沃尔玛的价值优势是采购和进货物流。成功的个人计算机的竞争优势则是出货物流和邮购服务。最后,价值活动的相对重要性可以根据一家公司在大的价值系统中的位置进行改变。这个价值链包括上游供应商和下游的顾客或在向终端用户提供产品或服务的过程涉及的合作伙伴组成的价值链。在将一个完全一体化的对手与一个部分一体化的对手进行比较时,可以明确需要调整活动的范围。上游或下游的"合作伙伴"的活动能够比公司直接控制下的活动更能反映出公司的比较成本劣势(或优势)。

⑥与竞争者比较。VCA的最终目的是需要一个有意义的比较,比较的结果可以用于评估一个价值活动是公司的优势还是劣势。VCA在比较关键竞争者的价值链或活动时是最有效的。

4)价值系统分析

迈克尔·波特所提出的价值系统是由供应商价值链、公司价值链、客户价值链构成(如图2-25所示)。于是产生了本公司价值链与提供前后项活动的公司价值链的连接问题。

价值链系统分析包括:公司价值链与前项和后项活动价值链的接口,其中,前项活动价值链即客户价值链,后项活动价值链即供应商价值链。

客户价值链是公司价值能否实现前提条件,善于发现客户需求,了解其变化,最大限度地满足客户需要,就能使公司在为客户创造价值的同时实现自身价值。客户价值链由渠道价值链和买方价值链组成。公司和销售渠道价值链之间也有大量的接触点,例如销售队伍、订单处理和外部后勤。与供应商的联系一样,对于销售渠道的联系进行协调和综合优化能够消减成本或增强歧异性。

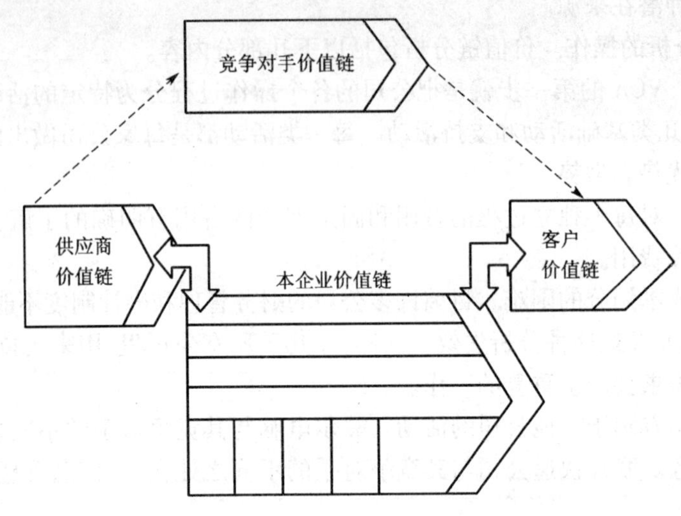

图 2-25 价值链系统结构图

供应商价值链是公司生产要素的源泉，与它们建立战略性的合作伙伴关系，就能够起到双赢的效果。如当将某零部件由自制转为外购时，本公司生产功能将部分消失、采购功能中增加了威胁。而供应商的价值链中增加了生产和销售该部件的功能，若协作双方能像一个公司那样将价值链顺利连接，则双方的成本都降低，这可获得流程连接、信息共享、了解和满足用户并共同开发流程功能的效果。

公司价值链与供应商和渠道的价值链之间的联系，称为纵向联系。纵向联系与价值链内部的各种联系类似，即供应商或渠道的各种活动进行的方式影响公司活动的成本或效益，反之亦然。例如，一个公司的采购和内部后勤活动与供应商的订单处理系统互相作用，同时，供应商的应用工程人员与公司的技术开发和生产人员之间也是协同工作的。供应商的产品特点以及它与公司价值链的其他接触点能够十分显著地影响公司的成本和标新立异。例如，供应商频繁的运输能降低公司库存的要求，供应商产品的适当的包装能减少搬运费用，供应商对发货的检查能减少公司对产品进行检查的需要。

价值链分析也包括公司价值链与竞争对手价值链系统对比。公司与对手往往有共同的供应商和客户，因此其竞争不仅表现在各自的价值链上，更表现在各公司价值链与供应商和客户价值链的衔接效果上。故只有公司获得整体价值链系统价值高于竞争对手时，才有竞争优势。所以在培养自身价值链的同时，关心供应商和客户价值链的培养，延长价值链管理已成为一种新的竞争战略。

2.4 产品和服务分析模块

伴随着厂商为顾客所提供的产品和服务，在公司与市场的结合点发生了价值转移。就在此时，厂商是否与其所处的环境相适应将得到检验。要达成交易，厂商必须拥有比其竞争对手更有竞争力的价值主张——一些更能满足顾客需求的物理的产品、服务或附加价值。由于以上原因，公司需要聚焦于有限的业务，并且在每个业务领域聚焦于有限的顾客群，为之提供有限的产品组合策略。

常见的产品组合决策的矩阵类模型包括波士顿矩阵模型（BCG Matrix）及其改进优化的衍生模型，如通用电器矩阵（GE Matrix）、C. 霍福尔矩阵（C. Hofer Matrix）和三维分析图法等，统称为公司业务组合分析法（Portfolio Analysis）。这些产品组合决策模型分别有其适用性的优点和局限性，同时也有其适用共同性。

1. 矩阵类模型的适用性比较分析

1）波士顿矩阵模型适用性比较分析

波士顿矩阵模型的基本思路是根据产品在市场上的销售增长率和市场占有率两个指标组合的状况对产品的市场地位做出评价，并针对组织现有业务组合和资源状况对每类产品选择合适的经营策略，决策出公司产品组合战略图谱。其优点是简便易行，但突出的局限性有两个，一是市场上的销售增长率和市场占有率两个指标代表力薄弱，存在较为明显的失真现象，使得模型对现实的解释和预判效力十分有限。与其关联的第二方面局限性是对瘦狗产品给出的实施战略过于机械和单一，事实上瘦狗产品的战略也是可以有多项选择的可行性。

2）通用电器矩阵模型适用性比较分析

鉴于波士顿矩阵模型的缺陷，美国通用电器公司对其进行了优化改进，用竞争地位和产业吸引力这两个更综合的指标置换了原有的单薄指标，并将指标值的二分法改良为更加精确的三分法，形成了九象限的新模型——行业引力/公司实力模型，即通用电器矩阵模型（GE Matrix），也称作战略经营计划方格（Strategic Business Planning），为管理者制定产品组合战略提供了更加细致合理的分析决策工具，并强调引入时间变量做出时间序列图谱用以比对，增强战略选择的可行性，由此大大增强了模型的适用范围。但其局限性正是由指标综合化优势衍生出的计算烦琐这个负效应所致，使得它的两个指标值的确定会带有强烈的主观判断性成分，因而在评价分析中存在着较大的模糊性，降低了模型的科学效力。与此对比，波士顿矩阵模型的两个指标评价却有较明晰的确定性。因此比较稳妥的做法是扬长避短，把波士顿矩阵模型用于竞争分析，而把通用电器矩阵模型用于本公司资源配置分析。

3）C. 霍福尔矩阵模型适用性比较分析

为了增强矩阵的适用性，人们不断对上述模型进行改良优化，具中比较有代表性的模型是C. 霍福尔矩阵（C. Hofer Matrix）和三维分析图法。C. 霍福尔的产品/市场发展矩阵（Product/Market Evolution Matrix）扩展了上述两种产品战略的选择方法，用产品/市场发展五阶段指标替换了业务增长率和产业吸引力两个指标因子作为新的纵坐标，与原有的横坐标——竞争地位三个指标值形成了多达十五象限的新矩阵，并为每一象限的产品配置了不同的战略处方，从而构建出了大多数公司的矩阵必居其一的三种典型的产品组合矩阵：成长型、盈利型和平衡型。而不同类型的产品组合矩阵面临的问题不同，公司层的总体战略也会有不同选择。

4）三维分析图法适用性比较分析

三维分析图法是对波士顿矩阵的立体维度扩充。新加入了利润率指标维度，在三维空间坐标上，以 x，y，z 三个坐标轴分别表示市场占有率、销售成长率以及利润率，每一个坐标轴又为高、低两段，这样就可以得到八种可能的位置。它同样是一种用来分析产品组合是否健全、平衡的重要方法。不同之处在于其利润率指标的引入增强了模型对现实盈利能力的描述能力，提高了产品战略选择的财务安全性。不足之处是波士顿矩阵中存在的销售增长率和市场占有率两个指标代表力薄弱的缺陷依然没有克服。

2. 定量决策模型的适用性比较分析

产品组合决策的定量模型发展至今有三种前后承接、逐步改进和优化的成熟方法。已经有学者对它们的适用性和局限性进行了较为充分的比较分析,总结如下。

1)传统定量方法的适用性比较分析

传统的产品组合决策用于确定产品生产组合方案决策模型为

$$\text{Max } Z = \sum_{i=1}^{n} c_i x_i$$

$$\text{S. T. } \sum_{i=1,j=1}^{n} a_{ij} x_i \leqslant b_i (0 \leqslant x_i \leqslant Q_i ; i = 1,2,\cdots,n; j = 1,2,\cdots,n)$$

其中,Z 为公司利润,c_i 为产品的边际贡献,a_{ij}表示第 i 种产品所用的第 j 种资源,x_i 为产品生产数量,b_i 为作业资源,Q_i 为产品的市场销售量。

随着机械化和自动化程度的不断提高,变动成本在产品成本中所占的比例越来越低,变动成本高于售价的产品越来越少。传统成本计算把许多与产品生产过程直接相关的直接成本当作期间成本排除在产品成本之外,或当作间接成本在各产品之间进行武断分配,忽视了服务成本的计算,其结果影响产品组合决策的正确性。为此,一些学者提出了作业成本法(Activity - Based Costing,ABC)和约束理论(Theory of Constraints,TOC)。

2)ABC 定量决策方法的适用性比较分析

ABC 决策方法是由美国学者 Robin Cooper 和 Robert S. Kaplan 在前学者的基础上进行全面、深入的分析,于 1984 的提出的。ABC 决策方法是以产品的变动成本和作业成本作为决策的关键因素,认为资源耗费应首先通过资源动因分配给作业,形成作业成本,作业成本再通过作业动因分配给产出。其决策模型为

$$\text{Max } Z = \sum_{i=1}^{n} (p_i - b_i - c_i) x_i$$

其中,p_i 为产品的市场销售价格,b_i 为产品的单位变动成本,c_i 为产品的作业成本。

ABC 决策方法是在计算产品成本时,将着眼点从传统的"产品"上转移到"作业"上,以作业为核算对象,首先根据作业对资源的消耗情况将资源的成本分配到作业,再由作业依成本动因追踪到产品成本的形成和积累过程,由此而得出最终产品成本。因此,ABC 的费用分配可分为两个阶段:一是将各项资源耗费集中到作业中心,形成作业成本;二是通过作业动因将作业成本中的成本分配到产品中,最终得到产出成本。ABC 决策方法的缺陷在于没有考虑公司内部剩余资源和产品的市场竞争力,这将会导致目标函数的最优解大于实际值,从而出现信息失真和对市场的误判。

3)TOC 定量决策方法的适用性比较分析

TOC 决策方法则是以色列学者 Goldratt 博士在 1984 年提出的。TOC 决策方法最基本的假设为生产销售系统中存在瓶颈,而此瓶颈决定了生产系统的产出速度,它是以约定作业成本作为决策依据,它的焦点是使有效产出最大化。TOC 约束理论认为,任何约束都存在于公司的生产经营活动中,所有限制系统目标实现的因素都是约束因素,生产经营的产出决定于系统的约束资源。其决策模型为

$$\text{Max } Z = \sum_{i=1}^{n} (p_i - b_i) x_i - \sum_{j=1}^{n} c_j Q_j$$

式中,TOC决策方法仅把直接材料费用列为变动资本,而人工费和制造费则被认为是公司获取的既定资源而无法变动,这与传统的成本管理理论是完全对立的。因此,这些既定资源成本,即约定作业能力成本被视为期间费用。与ABC产品组合决策模型相比,TOC模型的比较优势是对剩余作业资源做出了解释,但它依然没有考虑市场的竞争力问题,也就不可能完全弥补ABC决策的缺陷。

2.5 小结

组织内部模块的分析是识别公司优势和劣势的关键,主要从资源和能力、运营系统、产品组合以及组织竞争力四个细分模块来进行详细分析。

资源是公司用于创造产品或服务的投入。能力是指公司为创造产品和服务而运用资源(有形资源和无形资源)的技能。资源和能力是公司获得竞争优势的关键。

业务体系中的运作系统也常被称作"价值链"。公司的价值链是相互联系的价值活动共同作用为公司创造利润而形成的,价值活动则是公司从事的经济上、技术上有明确界限的各项活动,它们是创造对买方有价值产品的基础。

伴随着厂商为顾客所提供的产品和服务,在公司与市场的结合点发生了价值转移。要达成交易,厂商必须拥有比其竞争对手更有竞争力的价值主张——一些更能满足顾客需求的物理的产品、服务或附加价值。

参 考 文 献

[1] 朱凯,李明毅. 产品组合决策模型研究[J]. 哈尔滨工业大学学报,2003,35(7):859-861.

[2] 殷俊明. 作业成本法和产出成本法用于产品组合决策的比较研究[J]. 科学进步与对策,2005(10):100-102.

[3] KEER SCHMIDT C. A comparative analysis of utilizing Activity-based costing and theory of constrains for making product-mix decisions-expanding the utility of ABC. International Journal of Production Economics, 2000,63(5)1-17.

[4] COCHUN W, YUNG-CHIEN Y. How the strength of parent brand associations influence the interaction effects of brand breadth and product similarity with brand extension evaluations. Journal of Product & Brand Management. 2007,16(5):334-341.

[5] 张金昌. 国际竞争力评价的理论和方法研究[D]. 中国社会科学院研究生院, 2001.

[6] 李卫东. 公司竞争力评价理论与方法研究[D]. 北京交通大学,2007.

[7] 温晓娟,马春光. 公司国际竞争力相关概念辨析与影响因素探讨[J]. 经济问题探索,2010(07):83-87.

[8] 刘莹. 公司国际竞争力研究[D]. 厦门大学,2001.

[9] 裴长洪,王镭. 试论国际竞争力的理论概念与分析方法[J]. 中国工业经济,2002(04):41-45.

[10] 周星,付英. 产业国际竞争力评价指标体系探究[J]. 科研管理,2000,21(03):29-34,22.

[11] 王秀丽. 公司核心竞争力的分析与评价体系研究[D]. 对外经济贸易大学,2006.

3 愿景、使命和目标模块

3.1 公司的愿景

公司愿景,简称愿景(Vision),或译为远景、远见,顾名思义是指:根据公司现有阶段经营与管理发展的需要，对公司未来发展方向的一种期望、一种预测、一种定位，通过市场的效应，及时有效地整合公司内外信息渠道和资源渠道，以此来规划和制定公司未来的发展方向、公司的核心价值、公司的原则、公司的精神、公司的信条等抽象的观念或姿态，即“我们想成为什么样的公司”。它是一个公司的领导用以统一每个公司员工的思想和行动的有力武器。它由公司的核心理念和未来的展望两部分所组成。表2-18总结了不同公司的愿景。

表2-18 不同公司的愿景

公司	愿景
微软公司	在每个家庭，每张桌子上的电脑，运行的都是微软的软件
华为	丰富人们的沟通和生活
联想	未来的联想是高科技的联想、服务的联想、国际化的联想
国家电网公司	建设世界一流电网，建设国际一流公司
中国工商银行	建设最盈利、最优秀、最受尊重的国际一流现代金融公司

3.2 公司的使命

公司使命是指公司存在的理由与所追求的价值，它解释了公司存在的根本目的、公司生存和发展的基本任务以及公司达成目的、完成任务的基本行为规范和原则。使命陈述的主流思想主要以Peter F. Peter F. Drucker在20世纪70年代中期提出的一系列方针为基础。Drucker说，问“我们的业务是什么”就等于问“我们的使命是什么”，公司的业务范围应包括公司的产品（或服务）、顾客对象、市场和技术等几个方面。作为一个公司与相似的其他公司相区别、长期适用的目标陈述，使命陈述是公司“存在理由”的宣言，它回答了“我们的业务是什么”这样一个关键问题。明确的使命陈述是公司有效树立目标和制定战略的精髓所在。

一般来说，公司使命包括三个方面，即公司目的、公司宗旨和经营哲学。

1. 公司目的

公司目的是公司组织的根本性质和存在理由的直接体现。组织按其存在理由可以分为两大类：营利组织和非营利组织。以营利为目的而成立的组织，其首要目的是为其所有者带来经济价值。例如，通过满足客户需求、建立市场份额、降低成本等来增加公司价值，其次的目的是履行社会责任，以保障公司主要经济目标的实现。相反，以非营利目的成立的组织，其首要目的是提高社会福利、促进政治和社会变革，而不是营利。一般而言，公司是最普通的营利组织，红十字会是最普通的非营利组织。

2. 公司宗旨

公司宗旨旨在阐述公司长期的战略意向，其具体内容主要说明公司组织目前和未来所要从事的经营业务范围。公司宗旨反映了公司的定位。定位是指公司采取措施适应所处的环境。定位包括相对于其他公司的市场定位，如生产或销售什么类型的产品或服务给特定的部门，或以什么样的方式满足客户和市场的需求，如何分配内部资源以保持公司的竞争优势，等等。

3. 经营哲学

经营哲学是公司为其经营活动方式所确立的价值观、基本信念和行为准则，是公司文化的高度概括。经营哲学主要通过公司对利益相关者的态度、公司提倡的共同价值观、政策和目标以及管理风格等方面体现出来。经营哲学同样影响着公司的经营范围和经营效果。

比如,华为公司使命是“聚焦客户关注的挑战和压力,提供有竞争力的通信解决方案和服务,持续为客户创造最大价值”。具体说来,有以下几点:

(1)创造世界最优秀、最具创新性的产品;

(2)像对待技术创新一样致力于成本创新;

(3)让更多的人获得更新、更好的技术;

(4)最低的总体拥有成本(TCO),更高的工作效率。

3.3 公司的目标

公司目标是公司使命的具体化。德鲁克对公司目标做了恰如其分的概括:“各项目标必须从‘我们的公司是什么,它将会是什么,它应该是什么’引导出来。它们不是一种抽象,而是行动的承诺,借以实现公司的使命;它们也是一种用以衡量工作成绩的标准。换句话说,目标是公司的基本战略。”目标具有数量化、可度量、合理性、挑战性、明确性、分层次、可接受、时间性等特征。

公司目标是一个体系。建立目标体系的目的是将公司的业务使命转换成明确具体的业绩目标,从而使得公司的进展有一个可以测度的标准。

从整个公司的角度来看,需要建立两种类型的业绩标准:和财务业绩有关的标准以及和战略业绩有关的标准。获得良好的财务业绩和良好的战略业绩要求公司的管理层既建立财务目标体系又建立战略目标体系。

财务目标体系表明公司必须致力于达到以下结果:市场占有率、收益增长率、满意的投资回报率、股利增长率、股票价格评价、良好的现金流以及公司的信任度等。

而战略目标体系则不同,它建立的目的在于为公司赢得以下的结果:改善公司长远的业务前景,获取足够的市场份额,在产品质量、客户服务或产品革新等方面压倒竞争对手,使整体成本低于竞争对手的成本,提高公司在客户中的声誉,在国际市场上建立起更强大的立足点等等。

财务目标体系和战略目标体系都应该从短期目标和长期目标两个角度体现出来。短期目标体系主要是集中精力提高公司的短期经营业绩和经营结果;长期目标体系则主要是促使公司的管理者考虑现在应该采取什么行动,才能使公司进入一种可以在相当长的一段时间内经营得好的状态。

目标体系的建立需要所有管理者的参与。公司中的每一个单元都必须有一个具体的、可测度的业绩目标,其中,各个单元的目标必须与整个公司的目标相匹配。如果整个公司的目标体系分解成了各个组织单元和低层管理者的明确的具体的分目标,那么,在整个公司中就会形成一种以结果为导向的气氛。如果公司内部对所作所为混沌无知,那么,公司将会一事无成。最理想的情形是,建立团队工作精神,组织中的每一个单元都奋力完成其职责范围内的任务,从而为公司业绩目标的完成和公司使命的实现做出应有的贡献。

例如,华为将其 2013 年的部分业务的目标确定如下,2013 年公司业务收入包括公司网络产品线的 14 亿美元,云计算和数据中心产品线预计收入 7 亿美元,统一通信和协作产品线收入 5.5 亿美元,其余 3 亿美元的收入来自于无线业务使用和网络能源产品线。

4 战略选择模块

4.1 公司层战略模块

公司层战略,是指为实现公司总体目标,对公司未来发展方向做出的长期性和总体性战略。公司层战略帮助公司选取旨在提高公司价值的新的战略立场,是公司确定其产品、服务及市场经营的总体方向以保持其竞争优势的战略决策。从20世纪60年代,公司层战略经历了以下几种基本的演变轨迹(见表2-19)。

表2-19 公司层战略的基本演变轨迹

年代	代表人物	面临的问题	公司战略	核心概念
60-70	Alfred D. Chandler 1962 Richard P. Rumelt 1974 Montgomery 1985	追求成长	多元化	协同效果 战略经营单位(SBU) 业务组合规划
80	Michael Porter 1987 Copeland et al. 1990 C. K. Prahalad 和 Hamel Gary 1990 Richard P. Rumelt 1991 Markids 1993	多元化的失败公司价值缺口	重组	兼并收购(M & A) 核心竞争能力 RBV 归核化(Rofocusing)
90	Alfred D. Chandler 1991 Campbell et al. 1994, 2000 Collis 和 Montgomery 1997 Sadle et al. 1998 Collis 2000, 2003	公司总部价值破坏	分立	母公司优势 价值创造与价值破坏

现在学术界普遍认可如图2-26所示的总体战略结构。接下来分别介绍专业化、多元化、一体化、兼并收购和战略联盟,其中,后两者与专业化和一体化具有紧密的联系,可以说兼并收购和战略联盟是实现多元化和一体化的途径。

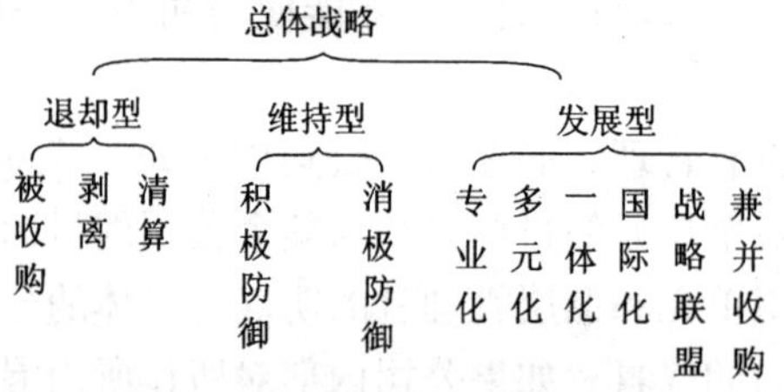

图2-26 总体战略结构

4.1.1 专业化战略

专业化战略是指集中公司所有资源和能力于自己所擅长的核心业务,通过专注于某一点带动公司的成长。专业化战略是美国哈佛教授迈克尔·波特20世纪80年代初从公司竞争战略的角度提出的,适用于任何性质与规模公司的三种基本竞争战略之一。我们这里所说的专业化包括两方面的意思:一是行业专业化,即公司专注于某一个行业内经营;二是业务专业化,即公司专注于行业价值链中某一环节的业务。

1. 专业化经营的动因

(1)公司实行专业化可以集中资源。公司能把全部的资源和能力集中于核心业务,资金使用效率较高,同时比较容易提高公司声誉,获取更高利润。

(2)专业化经营使得公司在市场中的定位更为清晰。通过专业化经营,公司更容易在消费者的脑海里形成清晰的定位,有利于公司形成品牌优势,继而赢得消费者的忠诚度。

(3)获得持续竞争优势。专业化使公司长期致力于某一领域,在该行业已经积累了成熟的经验,取得了规模经济和范围经济效应,有利于形成公司的核心竞争力,获得持续发展动力。

2. 专业化经营的风险

(1)战略应变能力欠缺。在科技进步日新月异、产品生命周期不断缩短、消费者个性需求不断改变的今天,如果整个行业市场出现问题则"一损俱损"。

(2)错失发展机遇。按照经济学的机会成本理论,生产某种商品的机会成本是指生产者所放弃的使用相同的生产要素在其他生产用途中所能得到的最高收入。专业化公司长期将所有资源集中于某一行业,会错过把资源和能力放在其他可以带来更多利益的新领域的机遇,机会成本增大。

(3)专用资金锁定危机。专业化带来的专业投资,容易形成锁定危机,当发生经营危机时,公司可能会因缺乏灵活性而难以退出,陷入"过度专业危机"。

3. 专业化经营的前提条件

虽然专业化经营以协同性好的优势成为现代公司先进的组织形式,但它的实施有一定的前提条件: ①当市场需求形成一定规模时,才易于选择专业化战略,因为市场需求是制约专业化协作能否实现的根本原因;②生产技术特点成为专业化经营能否顺利实现的主要原因,因为不同行业不同公司生产技术特点不同,所采取的专业化形式和发展水平也就不同,只有生产技术特点适合于专业化经营,才能选用专业化战略;③专业化战略只适合标准化要求比较强的生产公司,因此公司的标准化水平是制约公司标准化协作的重要条件。

4.1.2 多元化战略

多元化战略是与专业化战略相对的一种战略类型,其特点是没有一种产品或服务的销售额占公司的销售额的70%以上。多元经营战略(diversification strategy),也称多样化经营或多角化经营,最早由美国经济学家海格·安索夫(Ansoff H. I. ,1957)提出,他将多元经营定义为:公司同时经营两种以上基本经济用途不同的产品或劳务的一种发展战略。美国学者戈特将其定义为"公司产品的市场异质性,即公司的产品和服务跨一个以上产业的经营方式或扩张行为"。英国管理学教授彭罗斯在《公司成长理论》中定义:"多元化包括各种最终产品的增加,垂直一体化程度的增加以及公司运营的生产领域数目的增加。"从多元化战略目的和作用角度讲,多元化经营是指:公司为获得最大经济效益和长期稳定经营,开发有潜力的产品或通过吸收、合并其他行业的公司以完善产品业务结构或丰富产品组合的一种经营模式,是公司开拓经营空间,建立新的增长点的一种有效战略,是公司发展到一定阶段的必然选择。

1. 多元化战略的分类

(1)相关多元化战略。相关多元化战略(Related Diversification Strategy)又称同心多元化战略(Concentric Diversification Strategy)。其特点是新增产品或服务与原有产品或服务在大类别上、生产技术上或营销方式上是相似的、相关联的,可以共同利用本公司的专门技能和技术经验、设备或生产线、销售渠道或顾客基础。采用这种战略一般不会改变公司原来归属的产业部门。

(2)不相关多元化战略。不相关多元化战略(Unrelated Diversification Strategy)又称复合多元化战略(Conglomerate Diversification Strategy)。其特点是新增的产品或服务与原有的产品或服务不相关,不能共用公司原有的专门技能、设备、生产线、销售渠道等。采用这种战略,一般都是跨产业经营。

(3)混合战略。这是指前两种的战略的组合(Combination),其特点是公司经营的业务中,一部分是相关的多元化,可共同使用技术经验、生产设备、销售渠道等,另一部分却是不相关多元化,跨入别的产业。

2. 多元化战略的动因

多数大中型公司在内部和外部环境允许的前提条件下选择多元化战略,是因为多元化战略具有以下几种经济动因。

(1)实施多元化战略有利于获得更多的战略协同机会。哈佛教授坎特曾指出:"多元化公司存在的唯一理由就是获取协同效应。"Ansoff H. I. (1957)提出,当整体大于各个组成部分之和(即 1 +1 >2)时,就产生了协同效果或范围经济,而协同效果或范围经济是以资源的共享为基础的。从资源的共享的方面来说,多元化是一种有效率的机制,如对于财务资源、人才资源甚至技术资源等而言,多元化公司往往能呈现出专业化公司难以比拟的优势。

(2)实施多元化公司战略有利于培养公司的整体竞争优势。尽管"从事多元化经营的公司并不直接参与竞争",但是,竞争优势绝不是经营层战略的专利。20 世纪 90 年代,普拉哈拉德和哈默在《公司的核心竞争力》一文中鼓励经理人员将公司看作一系列可应用于不同产品和市场的重要竞争能力的集合,以利于在资源配置和多元化问题上更好地决策。他们把开创新事业作为公司层战略的焦点,并把核心竞争力作为公司可持续竞争优势与新事业发展的源泉。与经营单位层竞争优势的不同之处在于,公司层追求的竞争优势是综合性、全方位的竞争优势,这种全面优势的获取在多元化战略下更容易把握。

(3)实施多元化战略使公司能更好地匹配外部的环境。公司在实施多元化之前,就会对公司的内部资源、能力以及外部环境的匹配做一个分析,而在多元化战略中,那些看似普通的动机,如分散风险、对市场的渗透、全面尝试各种机遇等等,无不是公司与外部环境匹配的反应方程式。在高度不确定性的环境下,那些专业化的公司越来越能感觉到传统战略所带来的危机感,即便其可能已经在该领域成为领袖,但是市场对产品的高淘汰率,甚至是对行业的淘汰率都有可能使这样的优势化为乌有,我们看到,能生存下来的公司大多都是多元化的公司,因为它们不会把所有的鸡蛋都放在一个篮子里,因此就不会面临这种"一损俱损"的局面。

除了上述多元化战略的经济意义以外,公司外的一些因素也推动着一些公司走向多元化。这些因素包括:反垄断的法规、经营状况的不佳、管理者自身的利益推动等。

3. 多元化战略的风险

尽管多元化战略对众多公司都很有吸引力,但它也隐藏层层风险。多元化的风险对于公司到底是“陷阱”还是“馅饼”,对于不同公司来说的答案是不同的,但是仍然会有一些共性的风险考验着每一个实施多元化战略的公司,这些风险概括起来有如下方面。

(1)公司的多元化战略分散了公司的资源,任何一个公司哪怕是特大公司所拥有的资源总是有限的,多元化发展、多头出击必定导致公司将有限的资源分散于每一个发展的业务领域,从而使每一个意欲发展的领域都难以得到充足的资源支持,结果与在相应的集中经营的对手竞争中失去优势。

(2)管理复杂难度大。特别是当公司进入到与原业务相关度不高的新领域时,公司原有的管理理念、模式、组织机构和管理经验可能难以奏效,随着委托代理链的增长,将产生更多的代理问题,使协调各种关系的成本提高,并可能导致组织结构不稳定,增大经营管理失控的风险。

(3)多元化战略的实施很可能会导致公司核心竞争力的缺失或削弱,最终陷入“大”而不“强”的尴尬境地。在很多学者的分析中,多元化本身并不能带来必然的竞争优势,只有基于核心能力的科学的多元化战略才是成功的基础。有研究表明,往往通过自身成长和技术拓展形成的多元化公司其成功率大大高于只靠资本运作而快速重组的多元化公司,但现实中多元化路径与核心能力的刚性之间的矛盾往往比想象中的更为严重。

4. 多元化经营的前提条件

公司能否实现多元化战略需要满足以下的前提条件:第一,公司有较高水平的市场占有率、技术水平、管理水平;第二,公司在某个产品或是市场上已具有较强的竞争优势,之后才可涉足其他领域,同时应围绕本公司的核心技术、核心能力实行多元化,而不是无关多元化。如果实现无关盲目的多元化经营会存在很大的风险,对公司的长期发展是不利的。

5. 专业化和多元化的静态战略选择

在实践中,选择这两种战略方式都有很多成功的案例,同样,也存在不少失败的案例。专业化、多元化战略作为一种战略形式,本身并不存在正确与错误、谁优谁劣之分,公司应该根据自身的实际情况,量体裁衣进行。

著名管理学家彼得·杜拉克在《管理、任务、责任、实践》中指出,“多元化是一种战略,并没有好和不好之分,不管纯粹的集中经营多么合适,所有公司都必须彻底思索是否采纳多元化经营,否则公司将变得过于专业化”,“多元化是高层管理者的一项任务,是对公司应该采取什么样的以及采取多少多元化所进行的决策,以使公司能够发挥它的优势,从它的资源中取得最佳效果”,但是,“不论公司的多元化有多么理想或者是无可避免,公司也要有一定程度的集中,否则公司将变得过于分散”,“公司既需要简单化,也需要复杂化。两者会向两个不同的方向引导公司,但是不能允许出现冲突。二者必须要结合在一起,通过把多元化融入到一个共同的结合核心中来管理多元化,是高层管理者的任务,不论是小型、中等还是大型公司”。

另外,Park C. 和 Choelsoon(2002)指出,公司多元化战略的失败与否与战略本身无关,而是决定于做出选择之前的相关因素。Lim E. N. 等(2009)认为,公司选择多元化或专业化战略与公司所处的外部资本环境相关,而这也是引起公司多元化后出现危机的主要原因。Gompers P. 等(2009)在研究中指出,公司组织结构影响公司行为,而且是公司专业化战略成功的主要因素。王江(2007)指出,应围绕公司核心知识和能力构建公司多元化战略。

6. 专业化和多元化的动态战略组合

专业化和多元化经营各有长短,对公司生产经营活动的经济性、适应性(灵活性)、成长性和安全性等各有不同作用,因此,只有将二者动态地结合起来,才能互相补充、互相促进,充分发挥两个方面的优越性,以便实现公司成长目标。具体讲,专业化与多元化的动态结合应包括横向和纵向两方面的结合。

1)横向结合

专业化与多元化的横向结合,指一个公司在同一时期,综合利用专业化和多元化,其具体原则是集团多元化,而产业要专业化。

2)纵向结合

专业化与多元化的纵向结合,指一个公司在不同的时期,对多元化与专业化的不同选择。

(1)纵向结合的过程表述:诸多成功的多元化公司发展历程都是专业化与多元化的交替过程,它们基本都是循着这样一条发展轨迹:广泛寻找投资机会→聚合资源优势→培育生成核心能力→确立并支持名牌的核心产业或主导产品→谋取市场竞争优势→增大资源聚合优势并强化与拓展核心能力→在进一步支持名牌的核心产业或主导产品的基础上,依托核心能力有效支持限度区域或渗透区域,自动衍生出或拓展到新的关联产业或产品→最终走出一条以竞争优势为目的,以核心能力为杠杆支撑点与衍生母体,以品牌优势为纽带的核心产业或主导产品多样化经营的发展道路。

(2)纵向结合的图形分析。如图 2-27 所示,其中,第一阶段是创立阶段(*A* 点至 *B* 点),公司的产品和市场存在不确定性,易变动,技术水平低,是在低水平、不稳定的多元化中探索目标市场、进行创业。

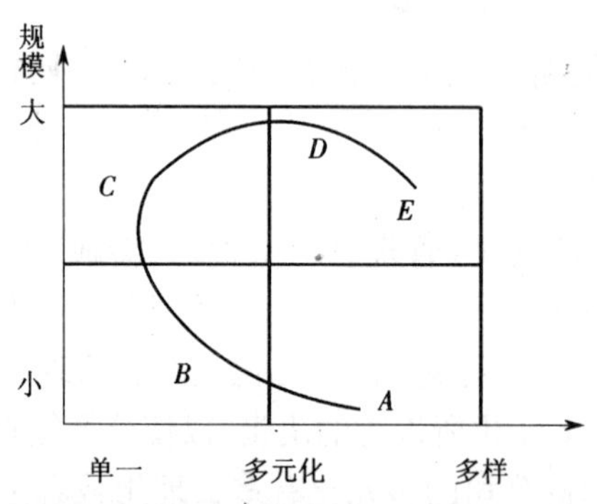

图 2-27　纵向结合的分析图

第二阶段是发展阶段(*B* 点至 *C* 点),公司的产品和目标市场变得清晰、稳定,赢得越来越多的顾客,技术装备水平的提高,实现了单一产品大量生产,专业化程度不断提高,市场份额不断增长。

第三阶段是产业扩张、结构调整阶段(*C* 点至 *D* 点)。由于专业化大规模生产,市场供求趋于平衡,该项事业发展规模达到顶点即 *D* 点,增长停滞,也可能下降到 *E* 点。公司成长受阻,需要开发新产品、开辟新市场。这样,必然提高多元化程度,寻求建立新的产业结构。

这是公司成长的一个周期。当新的产业结构雏形形成,公司又会集中资源发展重点产业，提高它的专业化水平，于是进入下一周期的成长过程。专业化和多元化交替变换的这个“马蹄形”曲线告诉我们：第一，专业化和多元化相结合是一个螺旋式上升的运动过程，公司经营者要自觉地推动它的运行与循环；第二，要正确判断本公司所处阶段，抓住该阶段的主要矛盾，完成该阶段的历史任务，而不要舍本求末，这样才能使“马蹄形”曲线真正实现螺旋式上升。

4.1.3 一体化战略

一体化战略就是公司从产业链的某一个环节渗透至其他环节甚至全部产业链的战略类型。公司根据自身技术上的优势，不断地从纵向和横向发展的总体性谋划。一体化战略包括纵向一体化和横向一体化，而纵向一体化战略又可以分前向一体化和后向一体化。

1. 横向一体化

如果公司的长期战略是建立在通过收购一个或多个在生产营销链上处于同一环节的相似公司而获得成长的基础上，那么它的总体战略就成为横向一体化或水平一体化（Horizontal Strategy）。

1）横向一体化的动因

（1）实现规模经济，降低成本。横向一体化战略的实施可以使公司实现规模扩张、提高经营效率、大大降低成本、取得竞争优势。通过销售更多的相同或相类似的产品实现地域扩张；通过对不同的产品共享相同的资源发挥协同效应，包括管理协同效应、营销协同效应、生产协同效应和技术协同效应，降低成本。

（2）整合资源优势，实现优势互补。通过横向一体化战略，具有先进技术、科学管理理念、知名品牌等优势的投资者可以把这些优势注入目标公司；公司间可以建立长期战略联盟或通过相关公司合并形式获得资源和尖端技术的共享，借助与战略联盟内公司的合作，相互传递技术，加快研究与开发的进程，获取本公司缺乏的信息和知识，并带来不同公司文化的协同创造效应；通过横向战略获得的被收购公司的技术专利、品牌等无形资产，可以在更大范围内共享。而被兼并或收购的公司可以得到主体公司在技术和资金上的支持，与主体公司共享利益，从而也能获得较快发展。

（3）减少竞争对手。公司通过与其他公司的合作或并购，可以减少竞争对手的数量，提高客户的忠诚度，遏制竞争对手的扩张意图，维持自身的竞争地位和竞争优势，同时也可以降低产业内相互竞争的程度，为公司的进一步发展创造一个良好的产业环境。

（4）较容易扩张生产能力。横向一体化是公司生产能力扩张的一种形式，这种形式由于与公司原有的生产活动有关，往往比其他类型的增长（比如通过内部投资新建方式增长）能更有效地扩大生产能力，增强竞争优势。因为并购或合作可能会降低进入新行业、新市场的壁垒；或是降低了公司发展的风险和成本；也可能取得经验成本曲线效应，可以使公司快速投入生产，扩大产量，建立和完善产品营销渠道。

（5）横向一体化战略倾向于采用技术创新和管理创新的手段同竞争对手抗衡，强调合作中的竞争，注重双赢或多赢而非你死我活的“零和博弈”，有利于提高公司的核心竞争能力并获得长远的发展。

例如，美的集团分别在2004年和2006年以并购荣事达和小天鹅的方式实现了横向一体化。通过横向一体化，美的不仅可以消除两个强有力的竞争者，还可以补齐洗衣机业务的短板，一举跃升至国内洗衣机行业的前两位。另外，美的电器具有完善的物流配送和技术支持系统，分销网点遍布国内、国外主要下游用户区域，小天鹅和荣事达可以通过美的电器的物流配送系统和营销渠道，利用美的电器在采购、仓储、运输中的优势，获取上游生产原料和销售产成品，以降低生产成本、运输成本和服务成本。

2）横向一体化的扩展决策过程

公司的横向一体化战略一般要遵循以下几阶段的过程：

第一，决定公司有关扩容规模和类型的选择；

第二，评估输入品可能的未来需求及成本；

第三，评估可能的技术变革和过时的可能性；

第四，预测各竞争对手基于其对产业的预期而进行的内容；

第五，决定产业供需平衡及由此产生的价格和成本；

第六，由扩容产生的预期现金流并测试一致性。

其中，前三个环节是针对公司自身必须要考虑的环节，即公司的生产能力、管理水平、资金人才等各方面是否能够与所要扩充的产品服务或市场相匹配。第四个环节是在考虑竞争对手面对不确定环境的反应态度，因为竞争对手的反应构成了市场总体的一部分，而市场的容量有限，公司必须测度出自己的生产能力是否能够满足市场需求以及市场需求是否能够保证公司的持续经营。最后，公司在确定了扩充容量和扩充类型后，仍然要计算进行这项战略的成本及收益，原则上收益大于成本，则方案就暂时通过。

3）横向一体化的风险

（1）过度扩张易导致生产能力过剩。

在没有市场领导者的情况下，当许多公司有力量和资源为市场增加大量业务能力，并且都试图获得市场地位、抢先占领市场时，形成过剩能力的趋势就十分严重。另外，对市场前景、经济周期的预测不准、过分乐观也会使得公司生产出与市场容量不匹配的产品或服务。过剩的生产能力会造成公司资源的浪费，成本的上升。

（2）对公司的管理水平提出了挑战。

横向一体化对公司的能力的要求较高，新增的原材料、半成品和成品会要求公司的采购能力、生产能力、销售能力及管理信息系统等等随着公司的横向一体化有所完善。另外，横向的并购融合易造成公司组织的冗杂，运转不灵活，“船大难掉头”，决策层和操作层的中间比例不降反升，组织层级向着扁平化相反的方向驶去。

（3）横向一体化后的不同文化难以整合。

不同地区的横向并购尤其是跨国并购中存在着公司的文化不融合的现象，William Cooper 和 William Lybrand（1982）研究 124 家并购失败的公司，发现有 85% 的 CEO 承认，管理风格和公司文化的差异是并购失败的主要原因。Terry Belcher（2000）认为文化差异是跨国并购活动失败的主要原因，而实施文化整合是保证跨国并购成功最主要的关键。由此可以看出，横向并购后的文化不融合现象也是公司实施横向一体化战略的风险。

（4）公司易于通过横向一体化来替代公司内部的创新。

换言之，就是公司易于用横向并购来获得新产品或技术，而不是靠公司的自主创新来获得公司成长。这个问题在过度依靠一体化战略的公司中形成了恶性循环。从而变得更加严重。另一方面，横向一体化所产生的成本可能会导致公司减少对研发等一些与自我创新相关的活动的资源配置。缺少足够的支持，公司的创新能力势必受到损害。

4)横向一体化的适用条件

(1)由于所在行业或公司自身的特点使得公司进行横向一体化的规模经济较为明显,公司规模的扩大可以获得具有异质性的竞争优势。

(2)公司在横向一体化时必须要考虑政治上的因素,其横向一体化必须符合反垄断法的规定,并能在局部取得一定的垄断地位。

(3)公司所在产业具有较高的成长性,公司能够在具有较高的市场需求中分得一杯羹,这是公司实施横向一体化战略的最直接动因。

(4)公司具备能够横向一体化的所需要的资金、人力资源等,这些公司的内部条件是公司横向一体化成功的必要条件。

2. 纵向一体化

纵向一体化战略也称为垂直一体化战略(Vertical Strategy),是指公司在两个可能的方向上,扩展现有经营业务的一种发展战略。具体表现为产业链的向前和向后延长,它包括前向一体化战略和后向一体化战略两种具体模式。

前向一体化战略,是指当一个公司发现它的价值链上的前面环节,对它的生存和发展至关重要时,公司自行对本公司产品进一步深加工,或对资源进行综合利用,或公司建立自己的销售组织并销售本公司的产品或服务。典型的例子是可口可乐公司。它发现决定可乐销售量的不仅仅是零售商和最终消费者,分装商也起了很大的作用,它就开始不断地收购国内外分装商,并帮助它们提高生产和销售效率。

后向一体化战略,是指公司产品在市场上拥有明显的优势,可以继续扩大生产,但是由于协作供应公司的材料,外购供应跟不上或外购的成本过高,影响了公司的进一步发展。在这种情况下,公司可以依靠自己的力量,由自己供应生产现有产品或服务所需要的全部或部分原材料或半成品,或者增强对供应商的控制。例如自行组织生产本身所需的原材料、能源、包装器材等而不再向外采购。当你在沃尔玛商店买到一盒帮宝适牌纸尿裤时,商店交款台的扫描器会立即向宝洁公司发出订货的指令。

1)纵向一体化的战略利益

(1)技术开发。在某些情况下,纵向一体化可以使公司对上游或下游的公司的技术更为熟悉。比如生产汽车零件的公司进行前向一体化能够了解零件如何系统整合,这对基础公司的成功至关重要。

(2)确保供应、需求。由于较低的中断风险、供应商与顾客变化的减少以及由于以高于平均市场水平的价格购买产品来应付紧急情况的现象很少出现,纵向一体化可以减少环境不确定性给公司带来的风险。总的来说,就是这种战略能够保证公司在供应紧张阶段得到有效的供应,或者在总需求量不大的阶段保证产品有销路。

(3)抵消价格谈判实力与投入成本扭曲。公司通过纵向一体化抵消价格谈判实力不仅降低供应成本(通过后向一体化),或者提高价格(通过前向一体化),而且公司通过消除与具有很强实力的供应商或者顾客所做的无价值的活动,使得公司经营效率更高。

另外,将提供投入的供应商的利润内部化能够表明这种投入的真实成本。公司可以通过改变下游单位生产过程中所需的各类投入的组合来提高公司的效率,这种变动能增加总利润。

(4)差异化。公司可以通过掌握上游原材料、零部件等的独特占有技术来增加产品的差异性,公司也可以通过在管理层控制范围内提供一系列在产品外的额外附加价值来增加服务的差异性。

(5)提高进入壁垒。与没进行纵向一体化的公司相比,整合公司能够获得某些战略优势,而这些优势是新进入者不可能马上获得的,这样新进入者就不会对现有公司的存在造成威胁,不会较大幅度地影响市场的供需,进而减少了整个行业环境的不确定性。

(6)防止被封阻。竞争者的广泛一体化能够占用许多供应资源或者拥有称心如意的顾客或零售机会。在这种情况下,没有一体化的公司面临着必须抢占剩余供应商和顾客的残酷局面,并且要承担这些供应商与顾客不如一体化公司占有的供应商与顾客那么好的风险。因此,为了防御目的,一个公司必须进行一体化,否则将面临被封阻的危险。

2)纵向一体化的风险

(1)纵向一体化的公司就像不相关多元化一样,跨产业经营,进入原来不熟悉的领域,必然会遇到很多新问题和很大的风险,如公司的实力有限,必然会陷入困境。

(2)如果前向一体化,自行组织产品的深加工或产品的销售网络,不但需投入大量的资源,而且有得罪中间商的危险,进入新领域,是否有竞争力,是否能增加利润,有待考证。

(3)如果是向后一体化,自行组织原材料、零部件等的生产,同样需要投入大量的资源,建设必要的生产设施,这些设备如只限于满足公司自身的需要,可能规模太小,形不成规模经济,如要获得规模经济,则有必要为其开拓新市场,并在新市场上进行竞争,这无一不是对公司的挑战。

(4)通过纵向一体化实现的规模扩大,是否能获得规模经济和范围经济的效益并不能完全肯定,有一点是能完全肯定的,那就是公司管理的难度增大,对管理者素质要求将大大提高。

英国著名经济学家克里斯多夫认为:“市场上只有供应链而没有公司,真正的竞争不是公司与公司之间的竞争,而是供应链与供应链之间的竞争。”有效的供应链管理是提升公司核心竞争力最有力的武器之一。溢达集团于1978年创立,是一家以纵向一体化生产棉纺织品为经营业务的集团。业务范围涵盖棉花种植、纺纱、织布、染整、制衣、出口和零售等,是一家提供一站式衬衣服务的公司,是全球最大的纺织制衣跨国集团之一,也是目前全球最大的全棉衬衫制造及出口商。溢达集团依靠纵向一体化模式成为纺织行业的佼佼者,溢达的纵向一体化供应链的源头在新疆,从在新疆种植棉花开始,将触角延伸到纺纱,针织,梭织,成衣制造、销售等整个生产环节。通过纵向一体化模式,溢达集团在保证了自身原材料生产需要的同时,有效地控制了成本。

另外,溢达集团的纵向一体化战略模式成功缩短了交货周期。在统一的安排下,供应链的各个生产环节可以互相协调以最大限度地提高劳动生产率。比如,一般的制衣厂在进入成衣制造流程之前,必须配齐所有的原材料,甚至在进行生产时,因某一辅料没有到位,不得不暂停生产等待辅料到货。而在纵向一体化的供应链下,原材料和成衣制造可以达到最理想的同步进行。排除突发事件的情况下,从纺纱到成衣,溢达仅仅需要45天左右便能完成。这是一般的制衣厂难以达到的效率。

而从原材料源头到生产控制的成本优势使溢达在同客户进行订单价格谈判时,较之单纯的制衣厂,更具有灵活性和讨价还价的优势。在强大的纵向一体化供应链的支持下,溢达可以从订单生产中抽出更多的时间和精力进行高附加值产品的研究。

然而，纵向一体化模式为溢达集团带来巨大利润的同时也使之付出了巨额的投资成本。溢达集团在全球相继投资建厂，购置大型农田种植棉花，兴建染整厂和色织厂，甚至还有自己的污水处理厂，仅在新疆的投资就超过1.49亿美元。

其次，“牛鞭效应”中指出的库存水平高在溢达集团有所体现。溢达有巨大的棉花和棉纱库存，占了总库存的70%，市场价格达到2亿以上。尤其是棉花库存管理难度很大，既要平衡棉花市场大幅波动带来的成本风险，又要合理维持棉花库存以保证生产运作的需要。溢达公司的巨额库存成本毫无疑问不利于资金流动，也降低了资产收益率。

3）纵向一体化战略适用条件

（1）公司当前产业链存在以下不足：对原料价格提得过高，或不可靠，或不能满足公司生产需要，另一方面，公司的销售终端渠道也具有较高的谈判能力，二者的信息不对称较为严重，造成公司的交易成本较高。

（2）现有上游或下游利润丰厚，这意味着它所经营的领域属于十分值得进入的产业（通过后向一体化进入上游行业或前向一体化进入下游行业）。

（3）公司所处行业正在迅速发展，对上游原料需求将不断加强，供应商数量少而需方竞争者数量多，公司需要尽快地获取所需资源；同时现有的分销渠道不能满足日益增长的市场需求。

（4）公司具备自己生产原材料所需要的资金和人力资源，这是公司在进行一体化时必须具备的内在条件。

3. 一体化战略和多元化战略的区别与联系

上两节介绍了多元化和一体化，那么有必要阐述一下两者的区别与联系，避免读者把这两者混淆。

（1）多元化战略与纵向一体化战略之间的区别是易于识别的：多元化是指产品品种扩大、经营业务门类增多，而新增产品或业务是属于同一产业的（相关多元化），或者不属于同一产业但也不一定有连续关系的（不相关多元化）；纵向一体化则是指有连续关系的经济活动的组合，其新增产品和业务必然是属于不同产业的。不过，两者也存在联系，纵向一体化战略的实施一般会扩大公司产品品种，增加业务门类，这就导致了一般意义上的多元化。

（2）多元化战略与横向一体化战略的区别则很不明显。实行横向一体化，公司的产品品种一般会扩大，因此横向一体化会形成公司产品的多元化。但是实行多元化战略既可以通过内部扩展（如自行开发新产品或引进新产品），又可以通过并购同行业的其他公司来实现；而横向一体化战略仅限于收购同行业的其他公司这一途径，不包括内部扩展。

4.1.4 兼并收购

学术界和实业界都习惯于将兼并与收购合在一起使用，简称并购（Merger and Acquisition，M&A）。并购战略是公司高层管理者在战略管理过程中所制定的决策的一部分。兼并收购自1895年3 000多家的并购浪潮开始，到20世纪20年代后期，它成为大公司经常使用的一项战略。2006—2007年全球超过7万亿美元的并购额，表明了并购已经成为当今公司增长的关键性手段。

并购的形式无不与公司的多元化战略挂钩，可以说并购是公司实施多元化战略的一种途径。并购的形式概括起来有以下几种：

（1）相关并购，即某一公司通过并购其他公司来生产相关多元化的产品或服务；

(2)不相关并购,即并购其他公司的目的是生产并不相关或联系不紧密的产品或服务;

(3)纵向并购,被并购公司成为并购公司的供应者或消费者,如果被并购公司与并购公司原有的业务无关,则新公司就称为跨行业公司。

1. 兼并

兼并作为一种经济现象,最早是在资本主义经济发展过程中出现的。时至今日,“兼并(Merger)”一词已成为发达国家财经新闻中最常出现的词汇之一。研究兼并的文献层出不穷,然而对兼并这一概念却没有一个统一的定义。这是由于随着资本主义的发展,兼并所采取的形式、手段及兼并所导致的法律上的后果日益多样化,因而兼并这一概念的外延和内涵日益丰富。

在我国,“公司兼并”一词作为法律术语,首先出现在 1989 年 2 月 19 日由国家体改委、国家计委、财政部、国家国有资产管理局联合颁布的《关于企业兼并的暂行办法》中。该办法指出:“本办法中所称企业兼并,是指一个企业购买其他企业的产权,使其他企业失去法人资格或改变法人实体的一种行为。”根据权威的《大不列颠百科全书》的解释,公司兼并是“指两家或更多的独立的公司合并成一家公司,通常由一家占优势的公司吸收另一家或更多的公司”。而占优势的公司吸收另一家公司的方法有很多:

(1)可用现金或证券购买其他公司的资产;

(2)购买其他公司的股份或股票;

(3)对其他公司股东发行新股票以换得其他公司的资产和负债。

从以上的解释中可以看出兼并具有以下特征。

(1)兼并存在的基础是商品经济形态,因而是公司间的竞争行为。它与非商品经济中公司的关、停、并、转是根本不同的。

(2)兼并行为的实质是有偿性的产权交易,因而是平等主体间的经济关系。这与超经济强制下发生的无偿的或不等价的产权转移和流动,如无偿接管、国家赎买和特权吞并等有着本质的区别。

(3)兼并实现的标志是控制权的获得,因而是公司间控制权的竞争。也就是说,无论兼并公司的动机如何,其实现的基础都在于目标公司控制权的控制,无论兼并公司兼并的手段怎样,其实施的目的都旨在强化对控制权的控制。

(4)兼并竞争的结果是优胜劣汰或以强控弱,因而又是公司间最高层次的竞争。换言之,相对于公司间的产品竞争、价格竞争和经营战略、市场地位以及经济实力的竞争,兼并竞争所系绝非一时的得与失或强与弱的消长,而是根本上的存与亡或强弱消长的质变。

2. 收购

经常与兼并的概念相联系的是“收购”。所谓“收购”(Acquisition)是指一家公司以现金、股票或债券等购买另一家公司的股票或资产,以获取对该公司控制权,将被收购公司的业务纳入其战略投资组合的战略。收购按不同的角度有不同的划分。

1)按目标公司董事会是否抵制划分

(1)善意收购。善意收购,又称友好收购,是收购者事先与目标公司经营者商议,征得同意后,目标公司主动向收购者提供必要的资料等,并且目标公司经营者还劝其股东接受公开收购要约,出售股票,从而完成收购行动的公开收购。

(2)敌意收购。敌意收购,又称恶意收购,是指收购者在收购目标公司股时,虽然该收购行动遭到目标公司的反对，而收购者仍要强行收购，或者收购者事先未与目标公司协商，而突然提出收购要约。

2)按支付方式划分

(1)用现金购买资产。用现金购买资产是指收购公司使用现款购买目标公司资产，以实现对目标公司的控制。

(2)用现金购买股票。用现金购买股票是指收购公司以现金购买目标公司股票，以实现对目标公司的控制。

(3)用股票购买资产。用股票购买资产是指收购公司向目标公司发行收购公司自己的股票，以交换目标公司的资产。通常来说，收购公司同意承担目标公司的债务责任，但在某些情况下，收购公司只在有选择的基础上承担目标公司的一部分债务责任。

(4)用股票交换股票。这种收购方式又叫"换股"。一般是收购公司可直接向目标公司的股东发行股票，以交换目标公司的股票。通常来说，至少要到收购公司能控制目标公司所需的足够多的股票。

(5)用资产收购股份或资产。用资产收购股份或资产是指收购公司使用资产购买目标公司的资产或股票，以实现对目标公司的控制。

3)按持股对象是否确定划分

(1)要约收购。

要约收购是指收购人为了取得上市公司的控股权，向所有股票持有人发出购买该上市公司股份的收购要约，收购该上市公司的股票。收购要约要写明收购价格、数量及要约期间等收购条件。

(2)协议收购。

协议收购是指由收购人与上市公司特定的股票持有人就收购该公司股票的条件、价格、期限等有关事项达成协议，由公司股票的持有者向收购者转让股票，收购人支付资金，达到收购的目的。

3.兼并与收购的关系

严格地讲，兼并与收购是有区别的：兼并的结果是被兼并公司丧失法人资格，兼并公司的法人地位则继续存在；而收购的结果仅仅是兼并公司取得了被兼并公司的控制权，被兼并公司仍然是和兼并公司相对独立的法人。但是，兼并和收购的概念毕竟是有很大一部分是相互重叠的。从公司实际控制权即公司法人财产权的易位来看，二者并没有本质的区别。换一个角度来考察，收购也可以被看成是广义兼并行为的一种。

4.并购的动力

一个公司无论在并购后成功与否，在并购战略决策确定的背后一般是受以下几个动因的驱使。

1)提高市场影响力

公司实施并购的首要原因就是提高市场影响力。当一家公司有能力按照比竞争对手价格高的价格出售产品和服务，或者该公司的基本活动和支持活动的成本比竞争对手更低时，该公司就拥有了市场影响力。市场影响力通常来自于公司的规模以及其所拥有的能够在市场中竞争的能力与资源。同时，市场影响力也受到公司所占市场份额的影响。因此，大多数并购行为都是通过并购竞争对手、供应商、分销商或者与该产业高度相关的业务，以达到获取更强的市场影响力的目的,从而使实施并购的公司在其原来所处的行业中进一步巩固核心竞争力和获取竞争优势。成为市场的领导者是获取市场影响力的目标之一。

2)克服市场进入壁垒,加快进入市场的速度

当面对由于规模经济以及产品差异造成的市场进入壁垒时,新进入市场的公司可能发现,与以竞争者的身份进入市场并为顾客提供新产品或服务相比,对市场中已经存在的成熟公司进行并购可能更加有效。事实上,市场进入壁垒越高,新进入市场的公司采取并购的策略以克服进入壁垒的可能性就越大。尽管并购的成本有时会非常高,但并购确实能为新进入市场的公司提供占领一席之地的途径。

3)降低新产品开发的成本和风险

依靠公司自身的力量在内部研发新产品并将其推向市场需要公司投入包括时间在内的大量的资源,因为新产品通常很难在短时期内为公司带来投资回报。而且根据公司管理者的统计,约有88%的新产品未能产生足够的收益,以弥补在研发和产品推介期间耗费的资本投入;约有60%的新产品在获得专利权后的四年内便有竞争对手推出了新产品,也许这是新产品收益低于预期的原因之一。正因为如此,公司经营者通常都将新产品开发和技术创新视为一项高成本、高风险的行为。

并购是另一条公司获取新产品或者公司所没有产品的途径。与内部研发相比,并购使得公司能够对新产品的收益进行可靠的预测。因此,公司的管理者通常认为并购是一项低风险的活动。也许正因为如此,并购通常在高科技公司的扩张战争中更为常见。

4)提高多元化程度并形成公司的竞争范围

公司可以通过多样化的并购来改变公司自身的业务范围,提高多元化程度。

相关多元化和不相关多元化都可以通过并购来实施。但研究表明,并购公司与被并购公司之间的相关性越强,实施并购战略的成功几率就越大。公司通过并购形成了多元化的态势,可以形成规模优势,降低成本,减少竞争对手,降低环境的不确定性对公司影响的程度。

5)学习和发展新的能力

一些并购的实施是为了获取公司所不具备的能力。例如,公司可能是为了获得某种特别的技术能力从而实施并购战略。研究表明,公司可能会通过实施并购战略从而扩展其知识基础并且降低其惰性。因此,并购那些具备不同技术和能力的公司,可以使公司学习新知识,同时可以不断地为公司注入新鲜的血液。使用新的能力来创造新产品以及快速进入市场能够帮助公司获得领先的市场地位。

5. 并购的风险

兼并收购的确是一支带刺的玫瑰,在诱人的成果背后,是高风险率和高失败率。研究表明,58%的兼并没有达到最高管理层设定的目标,近60%的跨国并购中收购方不能收回资金成本,50%的交易只获得了相同或更低的收益。那么原因何在呢?

1)难以整合实现协同效应

整合的过程非常复杂并且包括非常多的活动。整合的挑战包括两家不同公司文化的融合、不同财务控制系统的连接、有效工作的建立(特别是当两家公司的管理方式存在较大差别时)以及如何处理被并购公司原有管理人员的地位问题等。成功整合的重要性不容忽视。如果没有成功的整合,并购的过程就不可能产生收益。正如一位整合过程的研究人员

所说的那样:"公司的管理实践和学术表明,在并购过程中,整合阶段可能是决定能否创造股东价值的唯一最重要的因素。"

2)对并购对象的评估不充分

尽职调查是指公司对并购目标进行评估的过程。有效的尽职调查涉及上百个项目,包括并购财务问题、并购方式与被并购方的公司文化差异、并购带来的税务问题以及如何整合两家公司各自原来的员工队伍等问题。不能完成有效的尽职调查往往会导致实施并购的公司为目标公司支付过高的兑价。事实上,研究表明,如果缺少尽职调查,并购价格通常是由市场上可比较的同类交易价格所决定的,而不是通过对何时、从何处获取收益以及如何进行管理才能获取收益的综合考虑来决定的。在缺少有效尽职调查的案例中,价格通常与所能实现的收益不相关。

3)过高的债务负担

负债是一把双刃剑。一些杰出的金融学家和经济学家认为,适度的负债是一种对管理者的约束机制,公司的债券能够促使管理者服务于股东利益最大化。然而,过高的负债对公司也有许多不利的影响,比如,高负债使得公司不能进行包括研发、人力资源培训和市场营销在内的其他投资,但这些投资对公司长期经营的成败却至关重要。

4)过度多元化

适度的多元化能够提高公司的绩效,通常来讲,与实施非相关多元化战略的公司相比,实施相关多元化战略的公司的绩效更佳。然而,在某些时候,公司存在过度多元化的问题。不管实施哪种多元化战略,过度多元化多会导致公司业绩不佳。例如,由于多元化战略造成的产品涉及范围太广,使得公司管理者更多地依赖于财务指标来评价公司各个业务部门的绩效,而不是通过战略控制。当高层管理者对公司业务部门目标和战略并没有很好地理解时,通常会依赖于财务控制来评价业务部门的绩效。使用投资回报率(ROI)等财务控制手段,使得个别业务部门的管理人员只关注短期绩效,而不顾长期投资回报。当公司为了增加短期绩效而减少长期投资时,公司创造价值的整体能力就会受到损害。

5)管理层过度并购

通常来讲,并购战略需要管理层花费大量的管理时间和精力来提高公司的价值。管理者的活动通常包括:

(1)寻找各种目标;

(2)完成有效的尽职调查;

(3)准备谈判;

(4)管理并购后的整合过程。

高层管理者并不是由自己来收集并购所需的所有信息和数据,然而,这些管理者仍然需要做出有关制定并购目标、并购谈判等的关键决策。一些公司经验表明,参与并购战略制定过程,使得公司管理层分散其注意力,忽略其他对于公司长期竞争至关重要的事务,例如识别以及利用其他机会,与重要的外部利益相关者进行交流互动等。有证据表明,并购活动能够使目标公司的管理层产生短视倾向和风险规避等行为。

6. 成功并购的特征

在众多并购案例中,我们可以发现,有的并购将会促成财务业绩的增长和研发策略的执行,但是另外一些案例却是相反的结果。Hitt,Ireland,Harrison 等人(1998)以 12 个并购,24

个公司为例,分析成功并购所具有的共性特征。有研究表明,成功与失败的收购战略之间存在着明显的差异,正是包含这些差异化的行动和特征的战略模式能够提升并购成功的可能性。表2-20总结了成功并购的特征和结果。

表2-20 成功并购的特征和结果

特征	结果
1. 目标公司的资产及资源与并购公司的核心业务具有互补性	1. 较高的契合度和竞争优势
2. 善意并购	2. 快速、有效的整合及较低的并购成本
3. 并购公司对目标公司尽职的调查	3. 降低信息不对称的程度
4. 并购公司有宽裕的财务状况	4. 坏账较少,资产较易得
5. 目标公司保持稳定的负债	5. 较低的财务成本和并购风险
6. 长期重视研发和创新	6. 保持在市场中的长期竞争优势
7. 有变革经验,同时具备对变革的适应能力	7. 快而有效的整合

研究表明,目标公司与并购公司的资产互补性较高时,成功并购的几率更高,有利于运营后的组织契合。实践中,具有资产互补性的并购双方在整合时更容易形成独特能力和核心能力。同时,并购方能够专注于核心业务,权衡并有效地整合目标方的互补资产与组织能力。通常,目标公司在并购前通过建立业务关系对被并购方进行评价与选择。

其次,善意并购通过事前的业务往来有助于并购过程中组织契合的路径选择。在恶意接管中,高管团队间的敌意会影响到新建公司内部的合作关系,目标方的关键人员可能离职,而其他员工可能对组织变革形成阻力。

另外,有效的尽职程序应当包括仔细、完备的目标方甄选及对财务绩效水平的评估,这将是成功的关键。并购双方以债务资产或现金形式存在的财务宽裕状况有利于并购的成功。并购方可以通过相关的财务工具使其保证较低的并购成本。另外,通过剥离目标方的不良及不匹配资产,并购公司能够快速消除债务。对这些公司而言,债务成本不会限制其在研发等职能方面的长期投资,同时管理层在现金流的使用和决策方面能够获得更大的灵活性。

成功并购战略的另一特征是强调创新,这表现在公司对研发活动的持续投资上。显著的研发投资反映出管理层的创新承诺,也能够抵消外部并购对组织自身创新的替代作用。总之,创新对组织总体竞争力的提升和并购成功显得越发重要。

灵活性和适应性是成功并购的另两项重要特征。在并购双方的管理层都具备管理变革和并购经验的情况下,双方也能够在新环境下表现出更强的适应能力。所以,在组织文化存在明显差异的情境下,这一点显得尤为重要。在美的并购荣事达和小天鹅的案例中,公司文化整合成为并购后的关键步骤,而并购方"美的"的公司文化突出一个"变"字,这个字很好地体现了美的文化的包容性。美的在并购荣事达和小天鹅之后,虽然都出现过员工闹事等波动来抵抗美的进驻,但美的最终还是决定包容这两个品牌。

4.1.5 战略联盟

对于战略联盟,不同学者有不同的看法,学术各界没有一个统一的定义。战略联盟的概念最早是由美国DEC公司的总裁简·霍普兰德(J. Hopland)和管理学家罗杰·格尔(R. Negal)提出的。迈克尔·波特(Michael Porter,1980)认为:"联盟是指公司之间进行长期的合作,它超越了正常的市场交易但又未达到合并的程度。联盟方式包括"技术许可生产、供应协定、营销协定和合资公司”；蒂斯（Teece，1992）将战略联盟定义为两个或两个以上的伙伴公司为实现资源共享、优势互补等战略目标，而进行以承诺和信任为特征的合作活动；而库尔盼（Culpan，1993）则认为，战略联盟是跨国公司之间为追求共同的战略目标而签订的多种合作安排协议，包括许可证、合资、R&D 联盟、合作营销和双方贸易协议等。可以说以上各定义是从经济学、管理学等不同角度所给出的定义。

综合上述观点，我们对战略联盟的定义为：公司战略联盟是指两个或两个以上的公司为了实现“双赢”的战略性目标，在横向或纵向产业链中通过股权或非股权参与的方式建立起的介于市场和一体化组织之间的一种较为松散的“竞合”组织形式。

基于以上对公司战略联盟的定义，我们可以看出公司战略联盟具有以下几个重要特征。

（1）具有明确的战略目标。联盟公司的合作更多的是出于长期考虑，是为了谋求各自公司的战略利益，而不仅仅是为了追求短期利益或局部利益。

（2）组织形式的灵活性。联盟公司之间建立的是一种合作伙伴关系，是一种介于市场与一体化组织之间的松散的组织形式。联盟中公司仍保持各自独立的所有权，不存在控制与被控制的隶属关系。双方在密切合作的同时仍保持各自的独立性和平等地位。正因如此，公司具有更大的灵活性。

（3）通过股权或非股权参与建立和维持联盟关系。股权参与就是通过相互持股或共同出资建立一家新公司（如合资）等方式，使联盟各方紧密结合在一起。非股权参与则是通过签订各种协议来保护各成员公司间的利益和约束彼此的行为。

（4）战略联盟中的合作与竞争并存。公司战略联盟突破了传统公司对抗性竞争的关系，而形成一种合作竞争的格局。联盟公司之间的合作，并不一定是全方位的，可能在某些局部领域进行合作，而在其他领域又进行竞争。可以说，联盟公司是为了竞争而合作，靠合作来竞争。

（5）战略联盟的最终目的是为了达到“双赢”的结果。要达到“双赢”的目的，就必须变传统的“零和博弈”“负和博弈”为“正和博弈”，通过联盟公司之间的协作行动，进行有效的价值创造，最终达到“双赢”的结果。

1. 战略联盟的动因

自20世纪80年代以来，战略联盟在欧美和日本公司界得到了迅速的发展，尤其是跨国公司之间在全球市场竞争中纷纷采取这种合作方式。据统计。在近10年来位居世界前列的2 000家公司中，战略联盟一直取得了17%的投资回报率，超过一般公司投资回报率的50%，最积极从事联盟的25家公司取得了17.2%的权益资本报酬率，比《财富》500强公司的权益资本报酬率高出40%。如此可观的投资回报率正是公司所期望的，那么驱使公司纷纷采取这种合作方式的动力是什么呢？这种“双赢”的战略为什么会吸引公司双方建立伙伴关系呢？

1）联盟投资

联盟能够通过推动公司进行投资以增加收益，而这些投资是公司缺乏一个正式的联盟关系时所不愿意做出的。这种优势特别重要，因为当价值链中的活动得到专用性投资支持的时候，才有可能提高公司的生产率。

2）获得学习上的溢出，获得技术创新的集群效应

尽管不同的公司吸收知识的能力不尽相同，但是仍然有两个因素可以推动知识的转移：

①联盟伙伴之间彼此信任和熟悉;②稳定的信息分享常规。这些常规可以通过高层经理的联系、整合的信息系统、员工互换和跨公司职业生涯路径方面得以建立。在信任和熟悉的氛围中,员工之间更易建立起有益于知识传播转移的非正式组织,联盟伙伴之间可以取长补短,建立有利于学习组织发挥作用的信息分享机制。

同时,创新理论的先驱熊彼特曾经指出,创新不是孤立事件,并且不在时间上均匀分布,而是相反,它们趋于集群,或者说,成簇地发生。具体来说,技术集群效应是指,当某项基本的技术创新出现之后,由其内含的核心技术可以引发或促成一系列在技术上与之互有关联的创新,从而形成一个技术关联型的创新组合。通过公司间的战略联盟,公司之间共同进行基本技术创新的开发,共同在基本创新技术基础上,进行相关联的技术持续创新,就可以大大提高技术创新的效率,缩短开发周期,而且可共享技术成果,从而降低开发成本和投资风险。例如美国通用电气公司(GE)和法国斯奈克马(SNECMA)公司合作开发一种新型飞机引擎。这项研究和开发需 10 年时间,耗资在 10 亿~20 亿元间。如此高昂的研发费用只有依靠双方共同承担,才能共渡难关。

3)资源互补

公司的资源和能力是公司竞争优势的主要来源。当联盟关系建立时,由于协议而形成的资源或能力的组合可能会产生非联盟公司所没有的协同效应,这种异质性和难以模仿性使得联盟公司拥有其他公司所不具备的竞争优势。IBM、摩托罗拉和苹果公司为了与英特尔公司的微处理器相抗衡,建立战略联盟合作开发 POWER PC 微处理器,在此联盟中,IBM 拿出它强有力精简指令集计算机结构专利技术,摩托罗拉提供芯片外部结构的工艺技术,苹果公司则投入其软件技术专长,成功开发出 POWER PC 微处理器。

4)降低交易成本

交易成本指达成一笔交易所要花费的成本,也指买卖过程中所花费的全部时间和货币成本。包括传播信息、广告、与市场有关的运输以及谈判、协商、签约、合约执行的监督等活动所花费的成本。联盟伙伴关系的建立将会减少公司在与其他公司合作时所花费的时间、谈判、监督等成本。

5)切入新市场,降低进入壁垒

一个已有的公司若想进入新市场,除了有可能遭到市场内部守成公司的报复外,如何获得消费者的青睐,瓜分市场中的消费额,如何袭得新市场的专有技术,如何利用或开创新市场的销售渠道等问题都成为困扰将要开拓新市场的公司。通过战略联盟将会为公司提供进入新市场、融入新市场的机会。在 2009 年 7 月,中粮集团联手厚朴基金以每股 17.6 港元的价格,斥资 61 亿港元收购蒙牛乳业 20% 的股权,成为第一大股东。中粮集团带有国资背景,是中国最大的粮油食品公司,堪称国内食品行业中的旗舰而且还在不断完善其产业链。除了传统粮油食品,也涉足了房地产、饮料等行业。综观中粮的全产业链计划,独缺乳业一环。中粮集团董事长宁高宁表示,选择入股蒙牛,是看中了蒙牛的生产运营能力与多年累积的营销经验,是中粮集团"高起点进入乳制品行业的良好契机,有助于中粮集团发挥全产业链优势,实现价值链前移带来的更大成长空间"。

2. 战略联盟的分类

战略联盟(SA)形式研究是公司决策者选择联盟战略后最关心的关键问题之一。划分战略联盟的主要维度是产业链、产权和合作内容三个方面,其中产权角度也可以理解为联盟公司互相深入的程度。

从产业链的角度来说,战略联盟可以分为横向联盟、纵向联盟、混合联盟三种。横向联盟是指在产业链中承担相同环节的公司,即互为竞争对手的公司间的联盟。纵向联盟是产业链中上、中、下游之间的联盟,是一种互补型的合作关系。混合联盟是指在横向和纵向均有涉及的联盟。

从产权角度来说,对战略联盟形式的分类研究目前有几种:Gulati(1995);Hagedoorn(1993,1996);Tallman and Shenkar(1990);Kale and Singh et al.(2000);Pisano(1989),Rothaermel(2001),Osborn and Baughn(1990)等学者都将SA分为股权式或非股权式两类,股权联盟包括股权合资公司和少数股权联盟,而非股权联盟指所有不涉及股权交易的其他合作协议;而Killing(1988), Yoshino and Rangan(1995)将SA分为合资、少数股权或非股权式(非传统合同)三类;Barney(2002), Das and Teng(1998)将SA分为合资、股权式或非股权式三类;Kent(1991)将SA分为合资或非合资公司;Mownery et al.(1996)将SA分为单边契约和双边契约两类;Das(2000)将SA分为合资公司、少数股权联盟、双边契约联盟和单边契约联盟四类。

由此可见,将战略联盟(SA)分为股权式或非股权式两类的学者占大多数。其中,股权联盟包括合资公司和非对等的合作关系。在合资公司中,两家公司通过股权投资创办第三家公司,这家公司从法律上讲是独立的实体。道—康宁公司就是这样的例子。就像公司名称所示的那样,他是由道式公司(Dow)和康宁公司(Corning)创办的合资公司。

然而,联盟不一定要创建一个单独的法律实体或者分享相等的所有权。当一个合作者比另一个拥有更大的联盟股权比例时;当在没有建立单独的法律实体的情况下,一个合作者取得另一个合作者的部分所有权;或者当合作各方依据各自提供的资产、资源和能力在合同中规定和分配各自权利时,就会产生非对等伙伴关系。

非股权联盟也称为契约式联盟,它通常是关于要求一方在较长时期内为另一方供应、生产、销售或分销商品或服务的合同,像单一采购、准时供应协议、许可、联合品牌以及特许经营等安排常常属于非股权联盟。例如,2009年屈臣氏与中国商业地产两大巨头大连万达集团、中粮置业投资有限公司分别签署了战略合作协议。未来几年里,屈臣氏个人护理店将全面进驻全国各地的万达广场和大悦城,与国内最具实力的两大商业地产旗舰品牌实现同步扩张。这种非股权式的战略协议使得屈臣氏率先抢占优质的商业地产稀缺资源,使其领先优势在未来几年持续扩大。

需要注意的是,这几种联盟形式可以在一个联盟中共同存在,比如,一个制造公司可以在原材料供应方面与其他公司达成股权形式的纵向联盟,同时也可以在创造新产品方面与另外一家公司达成非股权形式的横向联盟。

3. 战略联盟的风险

值得注意的是,尽管联盟得到了明显的使用,联盟的失败率却是在50%左右。当一个或多个合作者没有实现其目标,或者更糟糕的是,当一个合作者收益而另一个合作者的竞争力恶化时,可以认为联盟是失败的。Das 和 Teng(1996)定义并区分了在战略联盟中的关系风险和绩效风险,其中关系风险与伙伴间关系密切相关。

Das 和 Teng 认为,在战略联盟中,关系风险通常被定义为不令人满意的可能性或结果。而这种风险的产生是由于合作双方潜在的机会主义行为,它通常包括逃避、欺骗、信息的歪曲、占用合作方的资源等等。这会导致"私人利益"的增加(一方获得较多的利益)和由于双方不一致而产生的冲突。此外,合作伙伴经常会在联盟中隐藏自己的行动,比如,秘密地袭取有价值的情报等最终达到接管另一个公司的目的。这些都表明机会主义行为最终会降低成功合作的可能性。

但是这种事前的逆向选择或事中的道德风险问题是不可避免会发生的,其解决办法就是公司要加大在联盟之前的尽职调查,建立健全联盟之间的监督或关联机制,减少伙伴之间的信息不对称。

除了关系风险以外,Das 和 Teng 指出,仍然会有其他因素可能会对联盟绩效造成不利的影响。这些因素包括现有竞争加剧、新进入者、需求的不稳定性、政治影响、合作伙伴缺少胜任能力,还有运气。上述因素正是绩效风险产生的原因。与关系风险不同的是,前者仅限于在联盟中发生,但是后者却是所有战略的共性风险。

除此之外,还有其他风险在联盟中发生,比如,因过分专用资源而受控制。有时公司会因为过分依赖联盟而最终被联盟伙伴所控制。这些资源可能是合伙公司控制的专有技术,也可能仅仅是其中联盟伙伴所控制的生产能力。这种资源的依赖性将会导致公司的资源或能力不具备异质性,没有自主性的竞争优势,公司面临的风险将会在联盟解体之时体现出来。

有时联盟一方也会误解联盟伙伴的战略意图。有时联盟伙伴之间的战略意图并不能完全地被理解,这会造成资源的浪费,谈判成本上升,南辕北辙的情况使得联盟最后因失败而解体。

4.2 经营层战略模块

本节的焦点是经营层战略,该战略指的是在具体的市场上,公司利用核心的竞争力获取竞争优势而采取的一系列相互协调的承诺和行动。经营层战略反映在公司的哪些方面以及如何拥有相对于竞争者的竞争优势,一个有效制定的战略能够统帅、整合及配置公司的资源、能力和竞争力,以使公司能够与外部环境有效地匹配。只有那些随着时间推移而不断提升竞争优势的公司才能使经营层战略获得成功。相应地,公司必须收集和分析市场、顾客、技术、全球金融以及不断变化的世界等诸多因素,以合理地形成、使用和更正经营层战略。

在《竞争战略》一书中,迈克尔·波特指出:在与五种竞争作用力抗争中,有三种提供成功机会的一般战略方法,可能使公司成为同行中的佼佼者,即成本领先战略、差异化战略和集中化战略,其中集中化战略又可分为集中低成本战略和集中差异化战略,如图 2-28 所示。这三种战略有时称为经营层战略(一般战略)。因为它们可以应用在任何产业、任何公司中,每一经营层战略都有助于公司在特定领域内建立和利用竞争优势。

竞争范围	竞争优势	相对低成本	差异化
竞争范围	广景目标	1.成本领先	2.差异化
竞争范围	狭景目标	3A.成本集中	3B.差异化集中

图 2-28　经营层战略的分类

一旦公司选定了经营层战略,公司应该评估两种类型的潜在竞争优势:"成本低于竞争对手,或能够进行差异化并产生超过额外成本的溢价。"执行活动的差异有助于公司获得相对于竞争者的更低的成本,成功的差异化意味着公司拥有相对于帮助公司执行不同的(或有价值的)活动的能力。因此,每一基本战略都涉及通向竞争优势的迥然不同的途径。推行每一种经营战略所要求的具体实施步骤因产业的不同而差别很大,正如特定产业当中可行的基本战略互不相同一样。然而,尽管选择和推行一种基本战略远非轻而易举之事,它们却是任何产业必须认真探索的通向竞争优势的必由之路。

4.2.1 成本领先战略

成本领先战略是公司通过一系列活动以使公司能够以低于竞争者的成本生产或提供满足顾客需要的产品或服务。竞争优势和竞争范围是界定经营层战略的两个基本特征,成本领先公司可以通过向一个更广阔的细分市场提供服务获取成本优势。具有成本优势的公司能够以更低的价格销售产品,却仍能获得与竞争对手同等的收益。当然,在这个过程中,它的市场份额也随之增加。不过,这家公司也可以将其产品价格保持在市场价格水平上,从而获得高于竞争对手的收益。

成本领先战略并不是毫无风险的。风险之一是成本领先者用于规模化生产和分销产品或服务的流程不易于调整,而可能会因为竞争者的创新变得落后。这些创新可能使竞争者能够比原来的成本领先者以更低的成本生产产品,或者在不增加顾客购买产品成本的基础上提供额外的差异化特征。

另一个风险是成本领先者可能过分关注成本降低,而不去了解顾客对差异化特征的需要,最后公司面临与市场需求脱节的风险。

成本领先战略最后一个风险就是模仿。竞争者通过运用它们自己的核心竞争力及相关的学习溢出,有时学会了如何成功模仿成本领先者的战略。当这种情况发生时,成本领先者必须增加其产品或服务给顾客带来的价值。一般来讲,公司可以通过以更低的价格销售现有产品或在维持价格不变的同时增加差异化的特征来创造价值。

4.2.2 差异化战略

如果与竞争对手相比,公司在市场上销售产品具有明显的高质量、高性能或者高声誉,并且顾客愿意为这种独特性付费的话,那么该公司就具有基于差异化的竞争优势。成功的差异化能够使公司完成以下两件事之一:

(1)将产品价格定在产业平均水平上(同时公司会赢得市场份额,因为在同等水平下顾客会选择更高质量的产品);

(2)使产品价格高于竞争对手(公司会获得更高的收益)。

成功的差异化定位要求公司满足一些基本的标准。第一,它必须唯一地满足顾客所重视的单项或多项需求并且以优于大多数竞争对手的方式实施。然而,这样会导致一些价值链活动成本的上升。第二,顾客必须愿意为附加的差异化特色支付更高的价格。因此,成功进行差异化定位的公司往往会选择具有成本效益的差异化形式,这会导致公司获取超额收益。

差异化战略的一个风险就是顾客可能会认为差异化公司与成本领先公司之间的成本差异过于大了。在这种情况下,公司可能是正在提供超出顾客需要的差异化特征。因此当竞争者能够向顾客提供更加符合需要的特征和价格时,公司很容易受到竞争者的影响。

差异化战略的另一个风险就是在某一时刻,顾客可能不再愿意承担差异化的成本了,这种流失的顾客忠诚度使得公司的收益根本维持不了差异化的进行。

差异化的第三个风险就是公司差异化的手段所提供的价值与顾客愿意支付的价格不对等,如果竞争者的模仿使得顾客认为竞争者能够以更低的价格提供几乎同样的产品或服务时,差异化的产品或服务将会变得缺乏价值。

差异化的最后一个风险就是假冒伪劣。由于信息的不对称性,那些以极低价格传递差异化特性的假冒伪劣产品由于廉价而颇受消费者的青睐,在这种情况下,公司的一部分市场份额将被假冒伪劣厂商剥夺。

4.2.3 集中差异化战略

集中差异化战略就是将公司服务的目标消费者锁定在某一特定领域,他们可以是某一特定地区或是具有某种特定消费需求特点的消费者。如此一来,公司就可以将有限的资源集中用于“突破”这一市场。为目标消费者群体提供“量身定做”的专业化的服务或产品。

在实施集中差异化战略时,公司一般都会根据消费者的特定需求来调整公司提供的产品或服务,因此,公司一般对于消费者需求的变化就有快速的反应能力。其次,公司在实施该战略的过程中,由于一贯专注于某一领域,因此在该领域一般都具有很强的专业技能。这种特殊的专业技能,对于其他的模仿者而言是一个很难跨越的鸿沟,自然也就构成了对新进入者的进入壁垒。

集中差异化战略的实施必须具备以下一些条件:

(1)有很强的自主创新能力,能根据消费者的特定需求生产或提供适销对路的产品或服务;

(2)有较强的营销能力,能在特定领域里树立起“市场专家”的公司形象;

(3)公司各部门能密切合作,能紧密地围绕战略目标来开展组织活动。

无论是集中成本领先还是集中差异化战略,公司都会面临和整个产业层面采用成本领先战略或者差异化战略的公司相同的总体风险。然而,集中化战略还有三种附加风险:

(1)竞争者也许能够专注于一个定义得更加细分的市场,并且比专注者还更专注;

(2)在整个产业层面参与竞争的公司可能发现,采用集中化战略公司服务的细分市场很有吸引力并值得参与竞争,那么转而实施差异化战略的公司会对现有的公司造成威胁;

(3)由于整个产业层面的产品升级、公司之间的学习溢出或顾客偏好变化造成了整个市场中的顾客需求逐渐趋同于狭小的细分市场的顾客需求,这使得实施差异化战略的公司的竞争优势降低或者消失了。

4.2.4 集中成本领先战略

集中成本领先战略同集中差异化战略一样,都是满足某一具体的或特定的细分市场或利基市场的需求。其目的是比竞争对手,特别是定位于更广泛市场范围的竞争对手更好地服务于目标细分市场的顾客。集中成本领先战略取决于是否存在这样一个顾客细分市场,满足其要求所付出的代价要比满足整体市场其他部分的要求所付出的代价要小。

公司采取集中成本领先战略,通过专注于某一特定的细分市场或特定的产品可以获得规模经济,而分散资源超出它所专注的市场或产品就不能得到这种规模经济。那么,在什么样的情况下集中成本领先战略最具有吸引力?

(1)目标小市场足够大,可以盈利。

(2)小市场具有很好的成长潜力。

(3)小市场不是主要竞争厂商成功的关键。

(4)采取集中成本领先战略的公司拥有有效服务目标。

(5)采取集中成本领先战略的公司凭借其建立起来的顾客商誉和公司服务来防御产业中的挑战者。

4.2.5 公司层战略和经营层战略的关系

对公司层战略和经营层战略两个概念进行明确区分的是霍福尔和斯库迪尔(Hofer and Schendel)。他们在《战略形成：分析的概念》中认为,公司层战略的主要内容是确定经营活动的范围及其资源配置,而经营层战略则聚焦于如何在一个特定的产业或产品市场中开展竞争,为公司战略的层次划分了一道鲜明的分界线。Beard 和 Dess 则认为公司层战略关心的是跨行业业务组合的变化，而经营层战略关注的是与所处行业中其他公司有关的战略特征的变化。

几年以后，波特在《从竞争优势到公司战略》一文中指出:“公司战略是从事多角化经营的公司的总体规划，它关注两个不同的问题：公司应从事哪些业务和公司管理层应该怎样管理大量的业务单位;竞争战略关注在每一个参与市场竞争的业务领域内公司如何创造竞争优势。”

格兰特(Grant) 则认为,“公司层战略限定了公司竞争活动的范围，即各种行业和市场。公司战略决策包括在多元化、垂直整合、知识和新业务等方面的投资，资源在公司不同业务部门之间的配置和资产剥离等内容。而经营层战略则是有关公司如何在一个行业内或市场中进行竞争的决策”。

Wit 和 Meyer 所做的划分稍稍有点不同，他们提出的三个层次战略的内容分别是经营层战略、公司层战略和网络层战略(Network Level Strategy)。可见，在现阶段的研究中，战略联盟等与外部相关联的新趋势引起了学者的注意，而影响较小的职能层战略被忽略了。显然,Wit 和 Meyer 的划分方法过多地倾向于大公司，特别是多元化经营的公司。其实,公司层战略对于小公司来说同样需要。

公司层战略的实施,不仅仅是公司高层(如总部)自己的事，它必须依托并通过经营单位的执行才能取得实实在在的效果。这样,公司层战略又有了新的内涵，从注重公司整体扩展到处理好整体与部分之间的关系，特别是如何指导经营单位取得更好的绩效，创造更大的价值。科利斯和蒙哥马利(Collis and Montgomery) 就是这种观点的代表人物。他们认为“公司层战略是通过多市场的配置和协作活动来创造价值的方式”。

而古尔德、坎贝尔和亚历山大(Goold, Campell & Alexander) 则提出了“母公司优势(Parenting Advantage)”理论，此后,“在母公司指导下，各个经营单位如何创造比独立存在更大的价值”的思路得到了广泛的认同，公司层战略概念进一步升华，近些年的研究基本上沿着这条道路前进。

由上述分析可知,公司层战略是与经营层战略相对而言的,其研究对象是整个组织,主要用来解释公司存在的基本逻辑及其发展方向,其目的是使公司整体力量大于每个业务单位力量简单相加之和。如果说经营层的战略是考虑在既定范围内和资源配置条件下，如何实现可持续竞争优势的问题,那么,公司层战略就是决定公司的经营范围和资源配置方式。

4.3 职能层战略模块

职能战略又称职能支持战略，是按照总体战略或业务战略对公司内各方面职能活动进行的谋划。

4.3.1 职能战略的分类

1. 市场战略

市场战略是指一个公司为获得与目标市场交换的预期结果所做的长远性谋划和主观努力。它的任务是调节需求的水平、时间和性质，其实质是一种需求管理。它又分为市场选择战略和市场发展战略两个层次。

(1)市场选择战略，即决定是否在某一产品市场上发展。它是建立在对市场吸引力和公司实力的正确分析与评价的基础上，并与公司产品紧密相连的。基本的市场选择战略有发展型、维持现状型、退出型三种，它们分别与公司总体战略的三个类型相对应。

(2)市场发展战略，即怎样发展已选择的市场。它有两种含义：一是纵向发展，即现有市场挖潜；二是横向发展，即开拓新的市场。基本的市场发展战略有市场渗透型、市场开发型、产品开发型、混合型四种。另外，还有两种特殊的市场发展战略：一是市场紧张型，即公司有意识地使自己的传统产品市场保持供应紧张局面，同时用部分产品去开辟新的市场；二是逆向型，即公司逆市场潮流而为，后发制人，以求出乎意料的成效。

2. 产品战略

产品战略是指公司对自己的产品所进行的全面性谋划，包括整顿老产品、开发新产品以及产品组合等。它相应地涉及三个层次：公司产品的选择战略、公司产品的发展战略、公司产品的组合战略。

实际上，产品战略与市场战略是一个问题的两个方面，二者紧密联系，并有相互对应关系。

1)产品选择战略

产品选择战略即公司应该淘汰、保留、改进哪些老产品，又应该发展哪些新产品。它是建立在对市场需求的分析预测、对公司实力尤其是产品开发能力的分析以及对公司现有产品分析评价的基础之上的。老产品的放弃或淘汰，对应于退出型市场选择战略，又进一步分为立即放弃、逐步放弃、自然淘汰三种。老产品的保留与改进，对应于维持现状型市场选择战略，可通过改进产品、改进市场、改进服务三个途径实现。新产品开发，对应于发展型市场选择战略，它需要相应的人、财、物力投入，既具有高机会，也具有高风险。

2)产品发展战略

产品发展战略即公司如何发展已经选择确定的某些产品。它涉及市场细分和产品目标定位两个问题。

(1)市场细分，就是按着地域、人口、购买者心理及行为等因素，将整个市场划分为若干子市场，而其中任何一个子市场都有可能被选为公司的目标市场。产品与子市场存在着一对一、一对多、多对一、多对多四种组合。

(2)产品目标定位，是指公司就某种产品属性，对本公司和竞争对手在目标市场上各处于什么位置做出正确的分析判断，从而将本公司产品定在一个合适的位置上。它直接影响到公司的营销组合。

3)产品组合战略

由于公司会同时拥有老产品和新产品,它们又具有不同的市场吸引力和利润率,因此,公司应在新老产品之间、新产品之间、老产品之间进行合理的组合,以使公司的近期利益与长远利益、降低成本与业务增长、高风险高利润与薄利多销等相互矛盾的目标之间保持一定平衡,以求公司的长期生存和不断发展。

3. 技术战略

技术战略是指公司对自身技术水平、技术选择、技术发展方面的总体性谋划。科学技术是第一生产力,技术战略对于公司的生存和发展具有举足轻重的地位。

(1)技术战略的基本内容是:①确定公司所处行业属于何种技术类型,是稳定型技术,还是活跃型技术或动荡型技术;②预测行业较长时期内会有哪些革命性的技术突破,近期内会有什么技术革新;③研究竞争对手的技术战略、技术水平和技术开发前景;④分析公司内部技术开发的能力并提出公司技术开发方向;⑤确定公司技术发展方针及相应措施;⑥对公司已开发的技术和已获得的新技术产品,选择推向市场的时机。

(2)技术选择战略。一方面指公司选择技术战略的原则,主要有:①技术战略应与公司的性质和特点(技术密集型程度、供给与推销能力等)相吻合;②与公司所在地区或部门的技术及其发展水平相吻合;③与国家科技政策及经济政策相吻合;④与市场需求相吻合。其中第一点最为重要。另一方面是指公司选择在行业技术发展上的位置,主要有领先型,即保持技术发展的领先地位;尾随型,即追随在技术领先公司的后边采用新技术;模仿型,即靠购买专利技术,进行仿制,步人后尘。三个类型各有千秋,实力较强的公司,一般同时采用三种方式,并在这三者中寻求最佳组合。

(3)技术发展战略是指如何获得新技术,也有三种方式:①独立的科研开发,包括基础研究、应用研究、技术开发三个阶段,它多为实力雄厚的大公司所采用;②技术引进,它多适用于中小公司;③引进与革新相结合,它具有多样性,比较适合于有一定技术基础和大批老设备但又缺乏大规模引进技术所需资金的公司。有的公司往往联合采用上述三种方式并寻求三者的合理组合,在风险与安全、巨利与微利、近期利益与长远利益之间求得适当平衡。

4. 其他职能战略

上述三种职能战略在公司经营中居于十分重要位置。此外,还有营销战略、供应战略、财务战略、人事战略、联合战略等。它们分别是有关业务领域的总体性谋划。各种职能战略不是孤立存在的,而是一个有机的整体。例如:开发型的市场战略、开发型的产品战略、领先型的技术战略之间呈高度的正相关性,并与总体战略中的特色经营战略密切相关。所以,应当掌握与运用相互间的联系,充分发挥其协同作用。

4.3.2 职能战略的作用

职能战略是为贯彻、实施和支持公司战略与竞争战略而在公司特定的职能管理领域制定的战略,其重点是提高公司资源的利用率,使公司资源的利用最大化。职能战略与公司总体战略(公司战略)、竞争战略必须相辅相成。具体讲,职能战略有如下作用。

(1)它阐明、明确和检验公司战略与竞争战略,而不仅仅是受其制约。

(2)精心制定职能战略,可使公司战略与竞争战略明朗化,以指导各项具体经营活动。

(3)可使公司战略与竞争战略具体化,以将战略目标和任务落到实处。

(4)可使公司战略与竞争战略面向行动,以检验其是否正确、可行。

从上述意义上讲，只有提炼出切合实际的职能战略，公司战略和竞争战略才有实际的操作价值，否则，公司战略就难能奏效。职能战略是公司战略、竞争战略与实际达成预期战略目标之间的一座桥梁。

4.3.3 职能战略的制定

职能战略所处的地位和特性，决定了职能战略的制定必须以公司总体战略和业务战略为前提，同时要对公司所处的外部环境和自身资源能力状况加以理性分析。

1. 明确总体战略的基本要求

公司总体战略具有整体性和纲领性的特点，是制定各种职能战略的基本依据。为此，在制定职能战略时，首先应弄清公司的发展方向和目标、公司的战略定位和经营模式，明确公司总体战略的基本要求，确保职能战略与总体战略的一致性。

2. 职能环境分析

职能环境分析是在公司战略环境分析的基础上，对影响各项职能活动的内外部因素所做的分析。外部因素的分析重点应放在目标顾客和竞争对手上，内部因素分析的重点应放在自身的资源和能力上。通过分析，应确定自己的基本对策和职能战略选择原则。

3. 职能战略抉择

通过职能环境分析，可以发现，同一职能活动往往有多种战略选择。因此，在做出职能战略决策之前，应尽可能对各种思路和方案加以比较和权衡，选择最适合本公司的职能战略方案。

4.3.4 职能战略的协调

1. 决策树

美国教授 Charles W. Hofer 提出一种用于分析各职能战略相互依存关系的决策树。决策树从左上部开始到右下部为止，列出所制定的各种职能战略的要点，并揭示各职能系统之间的内在联系。利用决策树制定各职能战略，有助于实现各战略的协调。

2. 目标管理

目标是根据公司目的或宗旨而提出的在一定时期内要达到的预期成果，是公司各项管理活动所指向的终点。目标和战略是紧密相连的——战略就是规划人力资源和物力资源的使用方向，从而最大限度地实现目标。因此，运用目标管理法有助于各职能战略之间的协调。目标管理(Management by Objectives，MBO)是 20 世纪 50 年代中期出现于美国以泰罗的科学管理和行为科学理论为基础形成的管理制度。在这种制度下，目标层层分解，层层落实。各经营领域根据公司总体战略目标制定经营领域战略目标……这样一直落实到岗位和个人。在建立战略目标体系的过程中，各层次、各方面之间要相互磋商、相互平衡，以确保各层次战略、各职能战略之间的协调。这样，有利于保证各职能系统都保持相同的战略方向，使其在制定各自的职能战略时，能够从全局利益出发，谋求协调一致。

3. 激励制度

各职能战略之间的协调还有赖于激励制度。公司在设计和实施激励制度时，要注意避免鼓励各职能领域的单独工作绩效，而应着重奖励职能部门之间的协调行为以及由此产生的成果。总之，公司的激励制度应与总体战略相配合，鼓励各职能部门协同一致地实现战略目标。

4. 管理能力

为了保持各职能战略之间的协调，除了决策、制度等方面的措施以外，还在于管理人员是否具有较高威望、较高的管理水平、较好的化解矛盾和冲突的能力、吸引组织成员同心协力的感召力等。

5. 组织文化

如果公司拥有和谐融洽的文化氛围，组织成员树立起系统观念、全局观念、整体观念，克服各种形式的本位主义、自由主义，则有利于促进各职能战略的协调。总之，职能战略的协调和协同效应是实现公司总体战略和经营领域战略、建立公司战略优势的重要保证。公司必须对此高度重视，并从决策方式、目标管理、激励制度、管理能力、组织文化等各方面努力促进各职能战略的协调。

4.3.5 公司层战略、经营层战略和职能层战略三者的关系

职能战略描述了在执行公司战略和经营单位战略的过程中，公司中的每一职能部门所采用的方法和手段，所以可以说，职能战略是为公司战略和业务战略服务的，职能战略必须与公司战略和业务战略相配合。比如，公司战略确立了差异化的发展方向，要培养创新的核心能力，公司的人力资源战略就必须体现对创新的鼓励；要重视培训，鼓励学习；把创新贡献纳入考核指标体系；在薪酬方面加强对各种创新的奖励。

职能战略在几个方面不同于公司战略和经营单位战略。首先，职能战略的时间跨度要较公司战略短得多。其次，职能战略要较公司战略更具体和专门化，且具有行动导向性。公司战略只是给出公司发展的一般方向；而职能战略必须指明比较具体的方向。最后，职能战略的制定需要较低层管理人员的积极参与。事实上，在制定阶段吸收较低层管理人员的意见，对成功地实施职能战略是非常重要的。这三个层次的区别见表2-21。

表2-21 不同战略层次之间的区别

特点	战略层次		
	公司级	事业部级	职能级
性质	观念型	中间	执行型
明确程度	抽象	中间	具体
可衡量程度	以判断评价为主	平定量化	通常可定量
频率	定期或不定期	定期或不定期	定期
时期	长期	中期	短期
所起作用	开创性	中等	改善增补性
与现状的差距	大	中	小
承担的风险	较大	中等	较小
盈利能力	大	中	小
代价（成本）	较大	中等	较小
灵活性	大	中	小
资源	部分具备	部分具备	基本具备
协调要求	高	中等	低

4.4 不同产业生命周期的战略选择

产业环境可以为战略领导者提供信息，并且影响公司的战略制定。当然，并不是所有的公司都会对不同的产业环境做出类似的反应，但是不同的产业生命周期的确为公司提供了一些共性的限制和条件。表2-22总结了产业生命周期对公司战略要素的一些常见的影响。

表2-22 不同产业生命周期下的公司战略

产业生命周期阶段	目标领域	总体战略	经营战略	进程掌控	经济逻辑
导入期	留在本地市场	专业化 适当的一体化	确定基本需求，以低成本集中战略为主，最低程度的差异化	抢占市场领先地位，收益高，但可能承担高风险	确定低成本的基础；培养顾客的忠诚度
成长期	向邻近的市场渗透	一体化 多元化	增强差异化。出现凭借经验和规模优势的成本领先者	混合定位需要对首先进行成本领先还是差异化的选择	以多元化获得规模经济并抢夺市场份额，避免夹在中间战略
成熟期	全国发展 全球化发展	以扩大规模为目的的兼并收购或战略联盟	对于大批量公司采取低成本战略；小批量公司采取差异化战略	关于走向国际市场还是进入新产业以实现多元化的选择需要确定合理的次序	并购可以取得一些协同效应。差异化利用目标顾客忠诚度或产品独特性构成进入壁垒
衰退期	剥离非核心领域 集中于盈利较高的细分市场	以使竞争者退出为目的的产业内收购或外部收购	竞争者的减少导致差异化的压力降低，但是销售的衰退导致成本节约的压力增大	从选定的细分市场或事业中退出的时机	使成本趋于合理化，放弃产品组合中的“瘦狗”业务

第一阶段，产业导入期也称为产业萌芽期，是指某些生产或者某些社会经济活动不断发育和集合，逐步成型进而构成产业的基本要素的过程。在产业导入阶段经营模式还未经过检验，尚未建立起标准化的技术，新公司对资金的需求往往会超出其拥有的资源和能力，同时不确定性很高。但是在这一阶段成功建立起稳固的竞争地位的先期行动者，较有可能在产业生命周期随后的阶段将自己置于一个强有力的位置。因为初始需求刚刚被建立起来，并且顾客缺少有关产品相对质量的充足信息，所以这一阶段成功的差异化包括建立一个有利的位置，培养满足日益增长的需求能力。

第二阶段，产业成长期又称为产业扩张期，是指产业形成之后，不断吸纳各种经济资源而扩大自身的过程，产业扩张既包含产业在量上的扩张，也指产业在内涵方面有质的改变。前者具体指产业内公司数量、生产能力的放大，后者具体指技术的进步，管理素质的提高，产品的升级换代以及产业组织的合理化。随着产业进入快速成长期，在位公司会利用早期建立的立足点不断地增加市场份额。公司的快速成长加速了学习曲线的下降，并且为产业领导者提供了一个难以模仿的成本领先的地位。另外一方面，公司可以进行多元化，增强实施差异化战略,以瓜分市场份额,减少环境不确定性带来的风险,但是需要注意的是公司必须避免跌入"夹在中间"战略的陷阱中。

第三阶段,产业经过充分扩张达到极限之后,产业的生产能力和生产空间的扩大趋于停滞。随后,产业进入一个规模稳定、技术稳定、供给与需求稳定、产品稳定、地位显赫的阶段,这就是产业的成熟阶段。处于成熟期的公司随着市场的发展,在竞争产业中已经有了比较明确的市场定位,这时的市场结构格局明显,竞争对手数量稳定,会出现几家寡头公司甚至是垄断公司。为了保持发展速度,公司会不断寻求新的发展出路,寻求新的利润增长点,这就要求公司重新确定战略。这时公司重视降低生产的成本,优化配置资源。成熟期的公司为了与采取低成本低价格经营策略的公司进行竞争,可以通过产业链上下游之间的并购降低公司的成本。此外,处在这一产业周期阶段的公司也可以进入新的产品市场,利用其资金和管理上的优势参与新产业。因此,如果公司具备较强管理能力,可以采取多样化的经营战略,利用混合并购收购一些具有较好发展前景的公司,这样能更好地利用自身的优势在多样化经营上寻找发展的新机遇。

第四阶段,产业衰退。这一阶段是指产业从兴盛走向不景气进而走向衰落的过程。产业衰退是客观的必然,也是历史的必然,是产业经济新陈代谢的表现,它主要表现为产业发展相对的或绝对的规模萎缩,产品老化、退化、功能减退而出现的颓势状态。在衰退产业中,产品会呈现出普通产品的特性,由于价格竞争可能会很激烈,因此控制成本对公司来说至关重要,而且具有低成本定位的公司往往会拥有竞争优势,虽然顾客不会完全忽视差异化产品,但是不断下滑的销售量阻止了公司对重大创新的投资。在这一阶段,许多公司会考虑采取退出该产业的战略。一般来说,退出该产业的决策意味着把公司或者某些事业部卖给竞争对手。由于需求在下降,该产业很可能正遭遇着过度供应。因此,减少产业内竞争者的数量能够提高那些留在产业内公司的盈利水平,但是这并不表示退出就意味着失败。在许多情况下,退出是对股东的资源最好的利用方式。

公司战略的选择是一个系统性的问题,体现在战略类型上涉及竞争基础、发展方向、发展态势与实施途径四个方面,具体而言,第一,关于战略的竞争基础,即经营层战略,有成本领先战略、低成本战略和集中化战略;第二,关于战略的发展方向,有市场开发战略、产品开发战略和多元化战略类型;第三,关于战略的发展力度,有稳定型、扩张型和紧缩型三种,具体包括集中化发展战略、纵向一体化战略以及横向一体化战略等;第四,关于战略的发展途径,包括内部开发战略、并购战略、联盟或合资战略。值得注意的是,公司的战略选择不仅要具有静态性,还要具有动态性,也就是说,公司的战略选择应该考虑公司所处的不同生命周期,同时,公司还要注意其采取的每一项战略自身的发展变化。

参考文献

[1] 郭朝阳.公司层战略:基本内涵及其演变轨迹[J].厦门大学学报(哲学社会科学版),2005(2):34-41.

[2] PARK C. The effects of prior performance on the choice between related and unrelated acquisitions: implications for the performance consequences of diversification strategy[J]. Journal of Management Studies, 2002,39(7):1003-1019.

[3] LIM E N, DAS S S, DAS A. Diversification strategy, capital structure, and the Asian financial crisis

(1997 - 1998): evidence from Singapore firms[J]. Strategic Management Journal, 2009,30(6):577-594.

[4] 王江. 围绕核心知识和能力的公司多元化战略[J]. 经济管理, 2007,29(23): 17-21

[5] ANSOFF H I. Strategies for diversification[J]. Harvard Business Review, 1957, 35(5): 113-124.

[6] 庞英. 公司多元化与专业化的战略选择[D]. 四川大学,2004.

[7] 茅磊. 公司适度多元化的一体化战略研究——宝钢案例分析[D]. 电子科技大学,2003.

[8] BELCHER T, NAIL L. Integration problems and turnaround strategies in a cross-border merger a clinical examination of the Pharmacia-Upjohn merger[J]. International Review of Financial Analysis, 2000, 9(2): 219-234.

[9] 张海瑞. 我国公司跨国并购后的文化整合研究[D]. 北京交通大学,2007.

[10] FARJOUN M. Towards an organic perspective strategy. Strategic Management Journal, 2002, 23: 561-594.

[11] KRISHNAN R A, JOSHI S, KRISHNAN H. The influence of mergers on firms' product-mix strategies. Strategic Management Journal,2004, 2S:587-611.

[12] 杨墨竹. 公司兼并收购的理论与实证研究[D]. 东北财经大学,2004.

[13] 赵建军. 打开兼并收购的魔方[J]. 公司研究,2011(8):47-49.

[14] WRIGHT P, KROLL M, ELENKOV D. Acquisition returns, increase in firm size, and chief executive officer compensation: the moderating role of monitoring[J]. Academy of Management Journal, 2002, 45 (3): 599-608.

[15] GATIGNON H, TUSHMAN M L, SMITH W, et al. A structural approach to assessing innovation: construct development of innovation locus, type, and characteristics[J]. Management Science, 2002, 48 (9): 1103-1122.

[16] HSIEH L, TSAI Y. Technology investment mode of innovative technological corporations: M&A strategies intended to facilitate innovation[J]. Journal of American Academy of Business, 2005, 6(1): 185-194.

[17] COFF R. Bidding wars over R&D-intensive firms: knowledge, opportunism, and the market for corporate control[J]. Academy of Management Journal, 2003, 46(1): 74-85.

[18] PURANAM P, SINGH H, ZOLLO M. Organizing for innovation: managing the coordi-nation-autonomy dilemma in technology acquisitions[J]. Academy of Management Journal, 2006, 49(2): 263-280.

[19] HOMBURG C, BUCERIUS M. Is speed of integration really a success factor of mergers and acquisitions? An analysis of the role of internal and external relatedness[J]. Strategic Management Journal, 2006, 27 (4): 347-367.

[20] WEBER R A, CAMERER C F. Cultural conflict and merger failure: An experimental approach[J]. Management Science, 2003, 49(4): 400-415.

[21] HALEBLIAN J J, RAJAGOPLAN N. The influence of acquisition experience and performance on acquisition behavior: evidence from the US commercial banking industry[J]. Academy of Management Journal, 2006, 49(2): 357-370.

[22] 李垣,陈浩然,谢恩. 战略管理研究现状与未来我国研究重要领域[J]. 管理工程学报,2007,1(21): 1-5.

[23] 郑声安. 基于产业生命周期的公司战略研究[D]. 河海大学,2006.

[24] 张薇. 产业生命周期下的公司并购选择[D]. 南京财经大学,2009.

[25] 波特. 竞争战略[M]. 陈小悦,译. 北京:华夏出版社,2005.

[26] 希特,爱尔兰,霍斯基森. 战略管理:竞争与全球化(概念)[M]. 吕巍,译. 8 版. 北京:机械工业出版社,2009.

[27] 希特,霍斯基森,爱尔兰,等. 战略管理:赢得竞争优势[M]. 薛有志,等,译. 2 版. 北京:机械工业出版

社,2010.

[28] 黄旭.战略管理思维与要径[M].北京:机械工业出版社,2006.

[29] 卡彭特,桑德斯.战略管理动态观点[M].王迎军,等译.北京:机械工业出版社,2009.

[30] 皮尔斯,鲁滨逊.战略管理:制定、实施和控制[M].王丹,等,译.8版.北京:中国人民大学出版社,2005.

[31] 和金生,张保银.战略管理[M].天津:天津大学出版社,2012.

[32] 希尔,琼斯.战略管理[M].孙忠,译.7版.北京:中国市场出版社,2007.

[33] GOMPERS P, KOVNER A, LERNER J. Specialization and success: evidence from venture capital[J]. Journal of Economics & Management Strategy, 2009, 18(3): 817-844.

[34] 郭焱,杨鸿泽.战略规划模块化撰写理论与案例[M].天津:天津大学出版社,2012.

[35] 郭焱,陈丽然,杨鸿泽,等.公司战略分析、预测与评价模型与案例[M].天津:天津大学出版社,2012.

[36] HITT M, HARRISON J, IRELAND R D, et al. Attributes of successful and unsuccessful acquisitions of US firms[J]. British Journal of Management, 1998, 9(2): 91-114.

[37] 郭焱.战略联盟形式选择与风险控制[D].天津大学,2004.

[38] DAS T K, TENG B S. Trust, control, and risk in strategic alliances: an integrated framework[J]. Organization Studies, 2001, 22(2): 251-283.

5 战略实施模块

无论战略构想是否一开始就经过了缜密的计划,抑或只是从运气或试验中演化而来,成功的战略很大程度上依赖于有效的实施。战略实施是指执行战略的过程——采取行动将战略付诸实施,同时确保组织决策与战略一致。战略实施还包括在早期阶段,随着可获取的信息不断增加而对战略进行细化或改变。Michael F. Porter (1991)指出,“任何战略莫胜于执行”。另外,Peter F. Drucker 也补充说:“最重要的决策,真正关键的决策都是战略性的……但是更重要、更困难的是使决策依赖的行动过程更为有效。”

5.1 战略与领导

5.1.1 领导与战略领导

1.领导

1)领导的概念

人们对领导的定义太多太多。这些定义都在部分意义上揭示了这一概念的复杂性。一些学者把领导看作一种心理现象(例如:领导者是一些拥有某些宝贵个性和优秀品质的人)。另外一些学者则将其看作一种社会现象(例如:领导者是个人、组织以及他们共同面对的形势所产生的要求三者共同施加影响的结果)。

巴斯于1990年在为他和斯托克蒂尔合著的《领导手册》作序的时候,强调了领导概念这一问题。他认为,对领导起码已经有了12种不同的定义,现将这些定义列举如下。

领导是组织的工作核心。这种定义认为:领导者是组织活动的中心,比如蔡平(Chapin,1924)对领导下的定义:领导是组织运转的轴心。

领导是人的个人品质及其产生的效力。这种定义认为:领导所表现出来的更多的是个人的品质,或者说,是领导者个人的人格魅力。关于领导,伯纳德(Bernard,1926)指出:每一个出类拔萃的人对他人来说都是一种心理上的鼓舞，因此，能够有效调节大众心理的就是领导者。

领导就是为了达到目标所发出的各种指示和命令。这种定义把领导看作一种起着指导作用的行为。按照克劳利（Crowley，1928）的观点，领导者就是带领组织以一种特定的方式和程序向目标前进的人。而戴维斯（Davis，1942）把领导定义为一种推动和协调组织，以达到目的的主要力量。

领导是一种行为。在对领导的研究中有一个传统，即非常重视领导的行为并加以解释。领导者们到底做了些什么呢？沙特尔（Shartle，1956）指出：领导就是能够带来相应举动和反应的行为。

领导是一种与众不同的角色。从组织理论出发，一个组织系统需要各种各样的角色，领导只是这些定义比较明确、为组织所需要并且与众不同的角色中的一个。组织中的不同角色为达到组织的目标做出了不同的贡献。谢里夫（Sherif，1956）提出：这些角色都说明了组织成员对自己和其他成员的一种期望。从这个意义上说，领导就可以被视为用来整合其他成员的角色以促进组织活力的一个角色。

领导是组织结构的建立者。这种定义是对“角色理论”的延续，它把领导者视为一种独一无二的角色，是“组织结构的建立者”。斯托克蒂尔（Stogdill，1959）采用了这样的定义：领导者是基于期望和相互作用来开创和维持组织结构的角色。

领导是相互作用产生的一种效果。有许多对于领导的定义都认为：领导是组织内部相互作用的“效果或产物”。它不是组织行为的“起因”，而是组织内部的人员之间相互作用的一种结果。博加达斯（Bogardus，1992）指出：领导是一种社会进程，这种过程促使大家以一种崭新的热情向既定的目标前进，或者以满怀希望和勇气的状态去争取达到一个新的目标。

还有几种对领导进行定义的途径，包括影响、能力、可靠性等。

领导是一种使他人服从的艺术。这种定义是把领导看作对集团的愿望和意图以及领导者希望达到的目标进行的一种融合。因此，这是一种从使他人服从的角度所做的定义，它把领导看作一个单向的影响过程，即从领导者到下级，而不需要考虑下级的意见。奥尔波特（Allport，1924）把领导定义为“个人对组织的控制”。邦德尔（Bundel，1930）把领导定义为“一种使他人按照自己的意图行事的艺术”。这也就解释了什么是“使他人服从”。

领导是影响力的施加过程。这种对于领导的定义运用了“影响了”这个概念，从而把领导与“统治、控制、强迫他人服从”区别开来。这种定义的范围包括了甘地的以身作则式的领导（他说，聪明的、模范的领导们拥有一种“复制自己”的方法）；包括了“跟我来”式的雷厉风行的领导（Bass，1990）；包括了以演讲和谈话过程驱使他人式的领导（Tannenbaum，Weschler and Massarik，1961）；还包括了通过对追随者的看法进行控制式的领导（Ferris and Rowland，1981）。但是，这些定义仅仅考虑了“影响力”这一概念。例如，坦嫩鲍姆对于领导的定义就是“个人的影响力”；蒂德（Tead，1935）提出：领导就是影响他人为达到自己认为有价值的目的而努力的行为。

领导是劝说的一种形式。一些关于领导的定义认为：领导就是改变人们原本坚信的理念的过程。美国前总统德怀特·艾森豪威尔把他对于领导的理解建立在劝说的概念之上。艾森豪威尔认为：领导就是决定该去做的事以及使他人也希望做这件事的能力（Larson，1968）。李普曼（Lippmann，1922）也发表了类似的看法：对于领导者来说，最终的任务就是让人们建立起完成任务的信心和愿望。

领导是一种基于权力的关系。这种定义把权力作为关键性的因素。弗伦奇和雷文(French and Raven,1959)从组织成员之间权力关系不同的角度对领导进行了定义。简达(Janda,1960)把领导定义为:组织成员对于另一成员作为特殊的一分子所享有的权利的承认,这种权力使得另一成员有权根据某一成员的行为来规定他的工作方式。

最后,巴斯认为,有许多对于领导概念的理解实际上综合考虑了很多因素。迪普伊(Dupuy,1959)把领导定义为:一种许多要素的综合体,这些要素包括服从、自信心、尊敬和忠诚的合作。

在1990年出版的与斯托克蒂尔合著的《领导手册》中,巴斯把领导定义为:"组织内部两个或两个以上的人之间的相互作用,这种相互作用通常会涉及建立或重建一种架构以及组织成员的意见和期望。"

他接着解释道:领导者是"转变的代理人",是"能够以自己的行为影响他人甚至让他人的行为影响自己的那种人"。他还说:"当组织中的某个成员改变了另一成员的动机或能力时,领导就产生了。"尤克尔(Yukl,1998)在谈到关于领导的种种不同定义时说:"这些区别和差异并不是吹毛求疵,它们反映了在定义领导者与领导过程的问题上存在着很深的分歧。"

我们也认为,只有一种定义方式是不太符合实际的。这种现象的复杂性,它的各种不同的涉及各种环境的途径以及出于各种不同的目的,都要求对领导的定义多种多样。我们大多把它看作一种社会现象、一个过程,这种过程实际上就是某个人对组织中的其他某个或某些人施加影响,以促使大家为达到共同的目标而努力的过程。

2)领导的6P特征

一名合格的领导者至少要具备六个方面的基本特质,这六个方面的英文单词都是以P开头,所以也叫领导的6P特质。

领导远见(Purpose):领导者必须对未来有明确的发展方向,领导者应该向下属展示自己的梦想,并鼓励大家按梦想去前进。一旦下属需要,领导者随时就在身边,就像比德·杜扎克所说:"优秀的经营管理和平凡的经营管理有一个不同,那就是优秀的经营管理,能够取得长期和短期的平衡。"也就是说,在制定领导远见的时候,同时必须要有领导的目标来进行配合。优秀的领导者应该是一个方向的制定者。

热情(Passion):领导者必须对自己所从事的工作和事业拥有特别的热忱,例如联想集团的领导曾经说过,高层领导者必须要有事业心,中层的领导者必须要有上进心,基层的领导者必须要有责任心。不同层级的人都有这种工作的热情,都愿意努力地去做事情,领导者要有全心全意搞经营这种信念和承诺。同时,好的领导者不仅自己的主动性很强,还要能点燃下属的工作热情,一个不能够使下属工作热情燃烧的人,或者说不会激励下属的领导者,是没有资格做领导的。领导热情既没有替代物,也很难量化,但它是公司完成目标和任务的一种催化剂。

自我定位(Place):领导者应该特别清楚自己扮演的角色,面对这个角色应该担负什么样的责任。这些角色包括为人上司,为人下属,为人同事,还包括一个角色,那就是千万不要忘记你自己。你如何让你自己这个角色每一年逐步地提升,怎么样给自己充电,怎么样给自己加压,怎么样去学习新东西,这就是一个自我定位。解决好了这四个角色,你就能继续前进，就会产生好的绩效。

优先顺序(Priority)：优秀的领导者的一个特点就是能够明确地判断处理事务的优先顺序。有人说日本人很能干，交代给他的事情，他都能够很快地完成。但是日本人也有一个缺点，那就是工作太热情了，这个也做，那个也做，什么都面面俱到。换句话说，日本人太注重的是效率，而不是最终的效果。领导者要想加强领导绩效，就必须懂得有所取舍，在有限的时间和资源范围之内，就要决定到底先做什么，这就是优先顺序的思维方式。所以领导者既要确定今年做什么，又要确定放弃什么，做这两个决定同等重要。有的时候决定放弃什么，比你决定要做什么可能更难，但是领导者要有这种勇气和智慧。“二八原则”在公司中普遍适用，例如，在销售的过程当中，排在前20位的这些代理商所做出的贡献接近于公司总销售额的80%，这就是“二八原则”。20%的目标能够创造80%的绩效；20%的优秀骨干创造了公司整体80%的利润；80%的电视收视率来自于20%的频道；80%的错误决定是由20%的领导做出来的；80%的病假是由20%的员工请出来的。领导者如果遵循这个规则，你就要集中你的精力来管理和服务那些重要的合作伙伴，这就是取舍，这就是优先顺序。

人才经营(People)：领导者应该相信，无论是上司、同事和下属都是公司可以依赖的资源，都是公司的绩效伙伴。人员可能是公司的资产，也可能成为公司的负债。

什么样的人是资产呢？公司真正的人才，发挥作用的人才，是公司的资产。否则一个再能干的人，你把他请进来，每个月给他高薪，但是又没有创造出什么结果，又不给他授权和机会，那么这个人在这家公司就相当于负债。一般来说，在一家公司中有20%的人是领着大家干，有60%的人是跟着大家干，还有20%的人是在捣乱，这就是“262风波原则”。

领导权力(Power)：自古以来，领导和权力是密切相关的。领导能力包含着领导风格的因素，也包含着权力的因素。所谓权力就是一个人影响另外一个人的能力，权力的关键是依赖性，你对他有很强的依赖性，反过来他对你就有很大的权力。

2. 战略领导

1)战略领导的概念

战略领导(Strategic Leader)建立于战略和领导的基础上。

战略领导是领导的一个子集，是作为战略家的领导者所必须具备的各种领导能力的总和。对战略领导的概念，目前无论学界还是现实中的领导者都尚未达成一致认识，下面列举了典型的战略领导的概念和内涵。

战略领导概念是约翰·阿代尔教授在20世纪80年代正式提出的，他指出战略领导者在组织变革时期尤为重要，能实现组织期望的结果。战略领导是领导的领导，不仅关注任务，还关注团队；是思想的领导，正确的领导。此外还提出了战略领导要关注的5个关键，包括引导变革、创建高层团队、正确执行战略、改变组织文化以及时间管理，并把战略领导的思维拓展到生活事业等更大的范围。

美国纽约州立大学副教授索西克(2005)等认为：战略领导是一个持续的过程，战略领导者通过有效地整合技术、人员、工作流程和商业机会为员工、股东和社会创造经济、社会和智力价值，战略领导者是“聚焦战略的领导者”。他们也从流程的角度来探求企业组织的战略领导，指出战略领导同样存在输入、流程(任务)和输出。战略领导的输入内容包括高层领导者、员工、业务机会、趋势、技术、信息、合作伙伴、财务资源等，战略领导的流程(任务)内容包括识别和利用趋势、选择和培育战略所需要的人员、聚焦核心信息和战略、调试技术和人员、培育主人翁意识和信任、强化核心信息和战略、促进创新和学习、关注未来的成功等;战略领导的输出内容包括顾客满意度、与利益相关者的良好关系、人员改进、突出的财务绩效、扩展的知识基础、持续的流程、共享的领导力等问题。

奥地利因斯布鲁克大学教授海因特哈伯和弗雷德里奇认为:战略领导是领导者制定愿景、塑造榜样同时为企业创造价值的能力,是把愿景转变为结果的科学和艺术。战略领导的三个主要任务是:第一,确定愿景、使命、政策和战略;第二,规范文化和形象;第三,为关键的利益相关者提升价值。

美国《规划评论》杂志的高级编辑雷曼认为:战略领导在本质上是驱动变化并获得结果。根据美国德克萨斯理工大学教授鲍尔和美国国际管理发展研究所研究员豪伊博格的研究,领导学从20世纪70年代末开始涉足战略领导,并提出了战略领导的本质是学习能力、变革能力和管理智慧的综合,其核心是在信息过载、复杂和超动态性的竞争环境中,以卓越的管理智慧营造并维持企业组织的吸收能力和适应能力。美国战略管理学家希特(M. A. Hitt)、爱尔兰(R. D. Ireland)和霍斯基森(R. E. Hoskisson)在《战略管理:竞争与全球化》一书中得出:战略领导是一种可以进行想象、预期、维持灵活性并且促使他人创造所需要的战略改变的能力,具体而言战略领导包括以下内容:

(1)发展人力资本;

(2)探求和维持核心竞争力;

(3)决定战略方向;

(4)强调理论实践;

(5)维持有效的组织文化;

(6)平衡组织控制。

美国Wolf咨询公司总经理威尔逊认为,在剧烈变化的环境中,领导的重点是确定方向并坚持制定的方向,因此,战略领导可以从战略、文化、社会、政治、道德等五个维度来描绘。德国欧洲管理和技术学院的阿贝尔教授认为,战略领导的主要任务包括六个方面:

(1)明确使命与愿景;

(2)在分析内外部环境的前提下重新定义战略核心;

(3)平衡战略的短期目标和长期目标;

(4)寻求未来机会、领导意图、领导责任和资源的匹配;

(5)战略制定深入到单一产品和细分市场的层面;

(6)从供应链的角度重新认识竞争。

战略领导建立于战略和领导的基础上。领导与战略是天然联系在一起的。《战略管理:竞争与全球化》一书中就认为,有效的战略领导决定组织的战略意图和战略使命,战略意图和战略使命决定战略制定和战略实施等战略行动,战略行动决定战略绩效,而战略绩效就是战略意图的具体化。换言之,他们所理解的领导者就是战略决策者和战略家。但并非所有的领导者都是战略家,领导者是分层次的。譬如,在一个大型企业中,集团董事长、事业部经理和团队负责人等都可以称为领导者,相对而言,只有集团董事长是战略领导者。深入分析,战略领导者就是一个组织中负责确定发展方向和长远发展目标并推动目标实现的高层领导者。一般而言,一个成功组织的背后都有一个或几个伟大的战略领导者,如美国GE(通用电气)公司成功的背后是爱迪生、韦尔奇等杰出的战略领导者,我国的海尔和华为公司背后则是张瑞敏和任正非等战略领导者。

2)战略领导特征

战略领导必须具有远见卓识与进取精神,同时也注意到领导者应如何去拥有其他所需的素质与能力。战略领导应该能够产生信任,有能够获得认同和积极支持的领导作风。战略领导能够领导组织着眼于战略目标和方向。

战略领导特征包括:确定公司的目标或愿景;坚持有效的组织文化;重视道德操守;开发和保持核心竞争力;开发人力资源;建立平衡的组织管理。

3)战略领导模型

(1)战略领导过程模型(如图 2-29 所示)。1996 年都柏林城市大学商学院教授利维在《领导学》上发表了一篇文章,这篇文章对战略及其中的领导的重要性进行了研究。

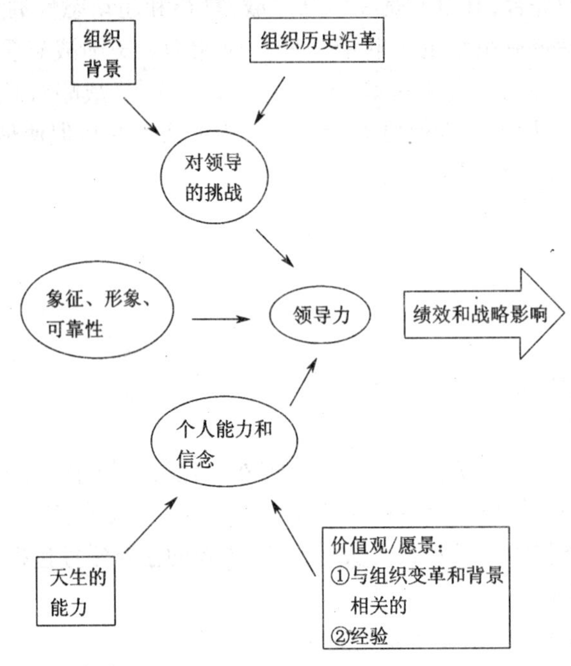

图 2-29　战略领导过程模型

要成功施行战略领导,领导者需要具备以下四个关键因素:清晰的公司背景及远景、有效的战略举措、相互补足的管理团队以及提高公司的整体能力,才能够促使公司前进。

清晰的公司背景及远景,可以令员工清楚地了解他们工作的公司历史及公司未来有哪些目标,这样不但有助于领导者掌握公司发展的重点,同时令员工更容易理解和接受领导者的决策之意义和原因。此外,一个清晰明确的公司远景亦可吸引高素质人才,使其感受到在该公司工作不单只是为了金钱上的回报,换来的更是一份有价值与意义的事业。公司若能制定振奋人心的远景,有助于激励员工不断追求卓越、超越自我,使整个公司对未来充满信心。

有效的战略举措。大部分公司主管都会认识到,公司的重大变革需要通过行动来实践。公司通常会通过一些战略举措来实践变革,事实上,如果公司采取的战略举措与公司远景并无关联,过多的举措只会让员工们精疲力竭而丧失斗志。员工们虽然会按照指令办事,但却很难达到预期效果。

相互补足的管理团队。大多数的管理者都很满意自己管理团队，因为毕竟这些都是经过他们精挑细选出来而能力出众的管理团队，但也是症结所在。人们对相熟同事的判断难免带有主观感情色彩。正是这些感情色彩干扰了他们对自己的下属做出正确、客观的评价和判断。管理层同时重视技术和职能专家，他们看中对系统运作了如指掌的信息总监、拥有丰富营销经验的营销总监，但却往往忽略了吸纳具有多样化人格和背景的人才进入管理团队。发挥角色互补的功效，提高员工的个人能力，从团队中建立和培养成员之间的信任感和责任感，提高团队的决策和管理效率。

提高公司的整体能力。领导者们的言行虽然可以影响公司文化，但却又不是每次必定能带来改变，例如不能单凭一声号令使团队立刻变得更纯熟或更忠诚。由于每个公司都不同，若想打造成功的战略型领导力关键是公司需要准确判断自身的形势和文化，因为不同的公司环境会产生不同的问题。在公司中，能干忠诚的高层管理者需要共同彰显领导能力，加上公司上下的共同努力及互相理解，逐渐吸纳公司远景，才能制定出有效的战略举措。

(2)战略领导结构模型（如图 2-30 所示）。学者威廉姆斯在分析已开发的战略领导环境框架的基础上，构筑了战略领导结构模型。

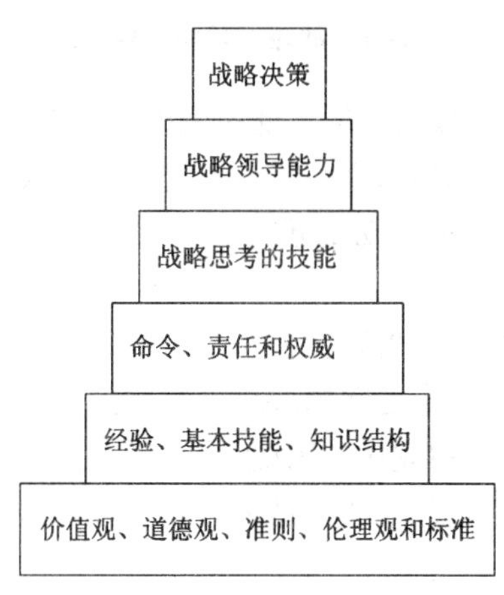

图 2-30 战略领导结构模型

公司领导者只有在公司战略实施领导模型的指导下，全面发展各种基本领导能力，才能更好地带领公司战略的有效实施。

在公司战略实施实践中，只有杰出的公司战略实施领导者才能够使领导力达到极高的水准，真正实现领导者的全面发展，有效推动战略实施。然而对于大多数领导者而言，虽然他们都拥有公司战略实施领导力的基本要素，但是各要素发展却不够均衡，存在薄弱环节，用管理学中的“木桶原理”来说明，也就是存在领导力“短板”，使得领导者较难驾驭大规模、复杂的组织，难以成功领导公司战略实施。所以，公司战略实施领导者应注意全面均衡的公司战略实施领导力培养，突破“短板”，努力提高自身素质，促进战略有效实施。

(3)战略领导学习模型（如图 2-31 所示）。贝蒂和休斯在 2005 年重新对战略领导进行了定义，他们用图 2-31 的分析框架提出了战略领导应该是一个学习的过程。

领导力与公司的愿景、使命和价值观正在成为公司制胜的关键。随着市场变化速度越

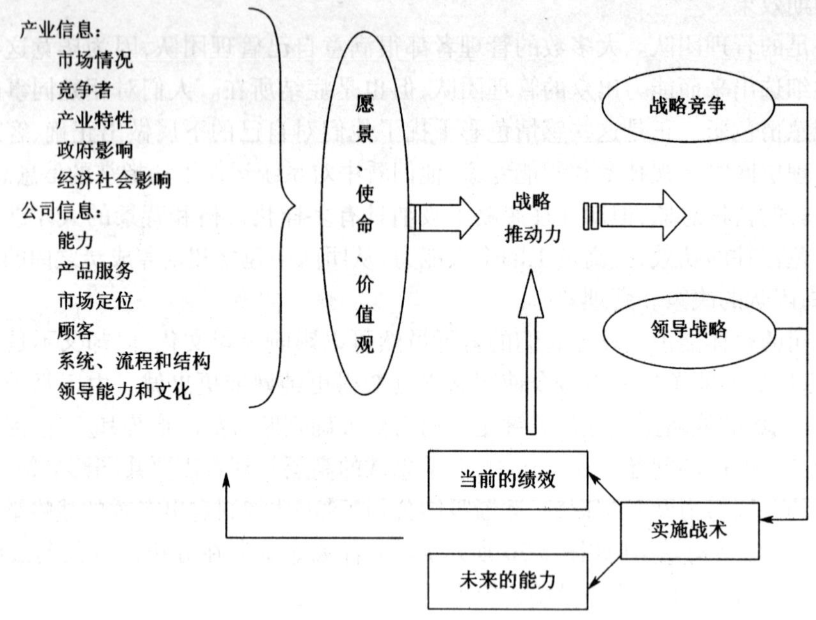

图 2-31　战略领导学习模型

来越快、竞争日趋激烈,仅有好的战略已经不能引领公司成功。更重要的是具有很强领导力的中高层经理人能够有力地实施战略,并在需要的时候调整战略。同时,建设活跃的公司产品信息和公司信息,使其成为公司成功的推动力,使公司的每个人都是公司成功的重要力量。

综上所述,如果能够把战略领导贯穿在公司组织的每一个环节中,领导者和管理层就能制定出更清晰的战略,在战略与战术之间构成更加紧密的联系,拓展更宽阔的视野。只有这样才能保证公司组织的持续繁荣和成功。因此,战略领导理论,实质就是找出公司组织需要且能够做好的关键事件,并为其创造集体行动的环境。学习能力是战略领导区别于以往的领导理论的关键。

3. 领导与战略领导的关系

在西方领导学产生发展的一百多年中,众多理论流派从不同角度对什么是领导进行过研究和界定。据统计,已经形成了多达 65 种不同的分类体系。但归纳起来不外乎两个视角:一是从领导者个体特征的角度来定义,认为领导是个体所拥有的能够使他们引导其他人完成任务的特质或能力,如马克斯·韦伯就认为,“领导是一种影响他人的力量源泉”;二是从领导活动中存在关系的角度来定义,即从领导与组织、领导与被领导者之间,领导活动与领导目标之间的关系来定义,如乔恩·P. 豪威尔提出:“领导是个人用来影响团体成员,以实现团体目标的一个过程,并且团体的成员认为这种影响是合理的。”这两种定义的区别在于,将领导定义为领导者所具有的特质,意味着领导力只是少数人所具有的一种能力。西方领导学早期对领导的理解大多局限于此。而将领导定义为一种关系或过程,表示领导并不是仅仅存在于领导者身上的特征,而是发生在领导者和其追随者之间,领导者与环境、目标的一种交互活动,这就为更多的领导者的培养和领导力开发提供了理论依据,开辟了广阔前景。

中国传统文化对于领导的定义,大致可分为三个视角。一是从价值取向角度来界定领导内涵,中国古代《尧舜心传》的故事就是典型。尧禅让帝位于舜,告其治国之精妙,“惟精惟一,允执厥中”(《尚书·大禹谟》),即只有持中道,公正、公平地处理问题,才能当领导,强调了领导者应有的价值取向。二是从领导能力、领导功能角度来界定领导内涵。韩非子曾以“造父御马”的寓言提出自己对领导的看法。造父正在锄地,有父子乘车而过,马惊不走,儿子下车在前拉车,父亲紧随其后用力推车,还请正在锄地的造父帮忙推。造父收起农具,跳上车子,坐在驾车的位置上,理顺缰绳,扬鞭策马,驾车而去。在韩非看来,领导是对国家或某种局面具有驾驭能力的人。三是从领导者必备的素质、素养角度来界定领导内涵。孔子提出:“政者,正也。”就是强调只有“克己”“正身”、有道德的人,才有资格当领导。孔子又进一步强调:“道千乘之国,敬事而信,节用而爱人,使民以时。”(《论语·学而》)即作为一个大国的领导者,要忠于职守,取信于民,勤俭节约,爱护下属,根据他们的时间来安排工作。

现代领导学强调,领导不能离开被领导者,不能离开一定的组织或团队而存在。具有一定规模的组织一般都有三个层级,即战略领导层、运行层和团队层。而处于战略领导层的领导者,尤其是主要领导,就是战略领导者。所以战略领导人通常是指一个组织的领导班子成员,尤其是指高层次的主要领导者。广义上说,战略领导可以泛指一个组织或团队的领导成员。

战略领导,主要是指与战略领导者职位权力与非职位权力相统一的领导。英国著名领导学专家约翰·阿代尔曾说:“战略领导人职责的根本特征是对整体负责,为整体行事。”这种能力概括地说,就是战略领导人应具备的为整体行事的能力;同时,它也常常泛指一般领导者的能力建设与开发中那些带有根本性、关键性的领导能力,这就涉及每一个领导者的领导力发展了。所以,战略领导力最本质的含义就是战略领导人(或每一个领导者)的核心领导力。

5.1.2 领导力与战略领导力

1. 领导力

1)领导力的概念

许多学者纷纷从不同的角度对领导力进行了定义,有些学者认为领导力是领导者的一种品质或者行为,有些则认为领导力是作用于领导过程的因素总和,而另一些人则从政治角度和人文角度来定义,以下是一些最具代表性的观点。

Chapman 和 O'Neil 认为,所谓领导力就是我们影响别人的能力,尤其是要激励别人实现那些极具挑战性的目标。

沃伦·本尼斯认为,领导力是领导者将愿景转化为现实的能力。

Burns 认为,领导力与支配力完全不同,不应脱离员工的需求来考虑,对领导力问题的讨论通常会被看作精英文化的一种。约翰·马克斯韦尔认为,领导力就是影响力。

Fiedler 和 Garcia 认为,领导力是领导者积极的沟通行为,包括参加讨论,获取信息,寻求他人意见,提出新构想,坚定但不顽固。

Kouzes 和 Posner 认为,领导力是领导者如何激励他人自愿地在组织中做出卓越成就的能力。

虽然对于领导力的定义繁多,但是可以从有关领导力的文献及学说中归结出一些共同点:领导力产生于特定情境之下;领导力的作用是一个动态的过程,是领导者和被领导者共同作用的结果,体现为对被领导者行为的影响;领导力表现为对领导过程以及目标的密切追求。

因此,可以给领导力下一个定义:领导力是指公司领导者在特定情境下影响或改变他人的行为,实现目标的能力。并且在理解领导力这一概念时应注意以下几点。

(1)领导力与领导密切相关,领导力是领导过程中形成、发展并作用于领导过程的能力的总称。但是领导力不同于领导,领导是指一个过程或一组行为,而领导力是指实现这个过程或胜任这种行为的能力。领导必然发生在一个组织内部,而组织的存在就是领导力产生作用的背景。所以,领导力涉及对一个有着共同目标的组织的影响,这个组织可以是一个小的项目组、一个社区团队或者是一个包含完整组织结构的大型团队。

(2)领导力是一种动态的作用过程,它不仅仅包括了存在于领导者身上的某一种特质,而且是发生在领导者以及下属之间的互动过程。当领导者致力于将团体中那些有追求的个体集中在一起时,领导力便开始产生作用,并对那些向同一个目标努力的团队产生影响。并且,领导者通过领导力影响下属时,也被下属影响着,这层意思强调领导力不是一个单向线性的过程,而是一个相互影响的过程,无论是领导者还是被领导者都融入了领导过程,二者是互相依存的。

(3)领导力就是对组织目标的追求和实现,其在很大程度上决定着组织目标能否实现以及组织目标实现的程度。也就是说领导者必须学会了解所追求的目标绩效,并集中精力去关注所追求的目标绩效,引导团队并使之向组织原定目标靠近。目标能够获得下属的认同,但是如果领导者永远只把空洞的远景挂在嘴边,只会引发下属的反感,导致领导力的效果降低。因此领导者在明确了目标和方向之后,要做的事情就是通过合理规划配置自己的资源,使目标落到实处。

2)领导力的特征

(1)积极进取。努力进取包括对成功的强烈欲望,不断地努力提高,具有雄心、抱负、精力、毅力、主动性。在一些国家,高层管理者成功的欲望与组织的增长率显示了高度的相关性。但是,如果领导者只集中于个人成就,不充分授权的话,对成功的欲望又会成为一个障碍,然而对成功的欲望只能用于预测创业型公司的有效性,而不能用于预测更大、更官僚公司的部门领导的有效性。

(2)强烈欲望。伟大的领导者不仅有进取精神,而且他们还有领导的愿望,他们有强烈的权力欲望,喜欢领导别人,而不想被人领导。强烈的权力欲望促使人们试图去影响别人,并在领导过程中获得满足和收益,当权力需要是符合道德的,而不是损害别人时,领导者将激发更多信任、尊重和对远景的认同。

(3)正直。正直即言行一致,诚实可信。它除了是个人较重要的性格特征外,对领导者来说更重要,因为这些特点能激发对别人的信任。

(4)自信。自信是非常重要的。领导者角色是具有挑战性的,而挫折是难免的,自信能让领导者克服困难,在不确定的情况下敢于做出决策,并且能逐渐将自信传递给其他人。一个有效的领导对他们的行业、公司和技术问题了解颇多。领导者必须有足够的才智才能使他可以解释大量的信息,高学历在职业生涯中是重要的。但最终也不如有关组织的事务专长更重要。

(5)有种个人技能可能是最重要的,感知别人的需要和目标并据此调整领导方式方法的能力,领导意味着能评价别人,评估环境,并且选择或改变行为以便能更有效地对环境的要求做出反应,这种品质是领导情境理论的基础。

2. 战略与战略领导力的关系

首先,要深入理解战略领导力的本质和特点,自然不能不从它与战略的内涵及其关系的分析开始。通常认为,战略具有三个最基本的要素,即战略是一种思想,一种计划,一种行动。战略的本质和起点是思想;法国著名战略家博弗尔就说过:“战略就是思想方法。”战略的目标和终点是行动,否则思想就会成为空谈;思想与行动之间的桥梁,就是计划、方案,借助于计划、方案和战略实施的主体,即战略家、战略领导者,使三者构成完整的有机整体。因此,从角色上说,战略家包括战略思想家、战略谋划家、战略实施与指挥家。三种角色可以集于一身,也可以分别由不同的领导者担任。战略领导者的战略思想创新、计划制定、指挥实施能力都属于战略领导力研究的范畴。

其次,战略领导力的内涵也同战略研究的价值取向密切相关。战略研究的主要价值取向是全局性、前瞻性、主动性和可行性,其相对应的战略领导力,就是整合力、预见力、创造力和执行力。因此,战略领导人的行为价值取向和战略领导力内涵具有一定的对应性。

(1)全局性(整体性)与整合力。战略领导人首先必须站在全局,着眼和着力于全局观察处理问题,要有明确的认识全局、把握全局、掌控全局、使局部服从和服务全局的意识、眼光和能力。所谓整合力,就是能否有效地将组织内部和外部的各种意见、资源调动整合起来,形成合力,为一定的全局服务。这是战略领导力的本质要求与基本价值定位。

因此,战略领导人的素质应该具有四种特点:一是全局性,即认识处理问题具有全局的高度;二是包容性,即为人要有气度,在社会多样化、多元化条件下,包容性对于战略领导人来说,就不仅是一种涵养,更是一种领导能力和领导智慧,他们必须包容种种意见,包容各种人才,能容天下难容之事,才能从容应对各种复杂事物;三是坚韧性,即处事要有忍耐度,能勇于承担种种责任,忍受各种困难和磨炼,甚至承受种种责难、误解和委曲;四是睿智性,即观察处理问题表现出不同于常人的聪慧,有对事物反应的敏锐性和处理问题的独到之处。

(2)前瞻性与预见力。战略研究总是未来取向的。所谓“人无远虑,必有近忧”,战略领导者应该努力做到深谋远虑,想得深,看得远,善于把握事物的发展趋势,才能引领组织和团队发展进步。毛泽东曾说过,“没有预见就没有领导,没有领导就没有胜利”。他在党的七大做的口头报告中说,一个领导,“坐在指挥台上,如果什么也看不见,就不能叫领导。坐在指挥台上,只看见地平线上已经出现的大量的普遍的东西,那是平平常常的,也不能算领导。只有当还没有出现大量明显的东西的时候,当桅杆顶刚刚露出的时候,就能看出这是要发展成为大量的普遍的东西,并能掌握住它,这才叫领导”。前瞻性和预见力,是战略领导力的基础和前提,因为战略构想和战略制定要以它为基础。

(3)主动性与创造力。当今时代,对于领导者的责任与使命已基本形成共识,即领导的责任就是“顺应潮流、引导历史”,特别在全球化背景下和转型时代,领导者的使命,就是“适应变化,引领变革”。所谓引导或引领,就是讲的主动性,战略研究的根本目的是为了争取全局上的主动。一个处处被动的领导者,没有资格谈论战略。主动性是战略成功的关键和核心,也是战略领导者的基本素养与核心能力。而领导者的创造力,则是获得战略主动性的根本保证,无论是“红海战略”还是“蓝海战略”,要靠掌握主动权,才能取得胜利。如何才能掌握主动权？关键靠创造。机会只给予有准备的人，主动去发现、把握的人，化被动为主动的人，这一切，都需要创造和创造力。

领导者尤其是战略领导者的创造能力，包括观念的创新、思路的创新、体制与机制创新以及创新型人才的培养和创新文化环境的营造等等。

(4)可行性与执行力。战略构想、战略设计再好，如果不可行、不执行或执行不力，仍然难以成功。罗马人是希腊思想的伟大实践者、执行者，他们具有务实精神和执行能力；罗马人有士兵和农夫之称，正是这种看似平凡而普通的角色创造了强大的罗马帝国。

可行性包括：现实性，即具有现实针对性，不脱离实际，方案符合实际情况；可执行性，即具有可操作性，可以获得相应的各种资源支持，如有财务支持、人力资源支持、获得关键人物或相关部门的认同支持；灵活性，即方案具有适应变化的弹性。正如蒋百里将军所说："骨头要硬、头脑要软。"可行性与执行力十分重要，它们是战略构想与规划落实的保证与支持，是战略领导力的重要内涵，其重要性正如马克思所说："一步实际行动比一打纲领更重要。"

3. 战略领导力的构成

顾名思义，战略领导力的关键是战略。任何一个组织的管理构架都可以分解为战略层、管理层和执行层，通常只把战略层的管理者称为战略领导者，但事实上，管理层和执行层都需要和存在领导者。对于大型集团公司而言，事业部的高层管理者无疑是领导者，在各类组织的执行层，团队负责人也可以是领导者；对于行政部门而言，国家主席和总理固然是领导者，各部委的首脑也是领导者。也就是说，领导者有层次之分。战略领导者是指一个组织顶层的领导者，是主要负责一个组织的发展方向和战略管理的领导者。

根据著名的国际咨询公司麦肯锡公司的7S模型（如图2-32所示），战略管理的核心是可共享的愿景，愿景是一个组织长远的发展方向，战略是在愿景的指导下周期性地根据内外部环境的变化进行调整的，广义的战略包括战略目标和战略路径，战略目标只有分解为各类细分目标才能实现，而不同层级和类型的目标就会形成目标结构，这是所有组织结构的依据；目标结构确定后需要分析实现既定的目标需要哪些知识和技能，继而根据其内在需要吸引和招聘合适的人员；人员配备后，战略管理的主要任务就是控制方向和施加激励，这样就会形成组织的文化；组织在战略制定和实施过程中的成功经验和失败教训通常都会以制度的形式确定下来，制度可以提高管理效率，甚至在一定程度上替代管理，但制度也容易惰性化，导致"制度高于目的"的现象，这样就需要通过周期性战略调整来打破制度的惰性，在新陈代谢的过程中形成稳定的愿景、动态的战略与柔性的制度相统一的战略体系。

麦肯锡顾问公司研究中心设计的公司组织七要素（简称7S模型），指出了公司在发展过程中必须全面地考虑各方面的情况，包括结构（Structure）、制度（System）、风格（Style）、员工（Staff）、技能（Skill）、战略（Strategy）、共同的价值观（Shared Vision）。7S模型既包括公司中的"硬件"要素，又包括公司中的"软件"要素。战略、结构和制度被认为是公司成功的"硬件"要素，而风格、人员、技能和共同的价值观被认为是公司成功经营的"软件"要素。麦肯锡7S模型认为公司的"软件"要素和"硬件"要素同样重要。

1)战略

战略是公司根据内外环境及可取得资源的情况，为求得公司生存和长期稳定地发展，对公司发展目标、达到目标的途径和手段的总体谋划，它是公司经营思想的集中体现，是一系列战略决策的结果，同时又是制定公司规划和计划的基础。1947年美国公司制定发展战略

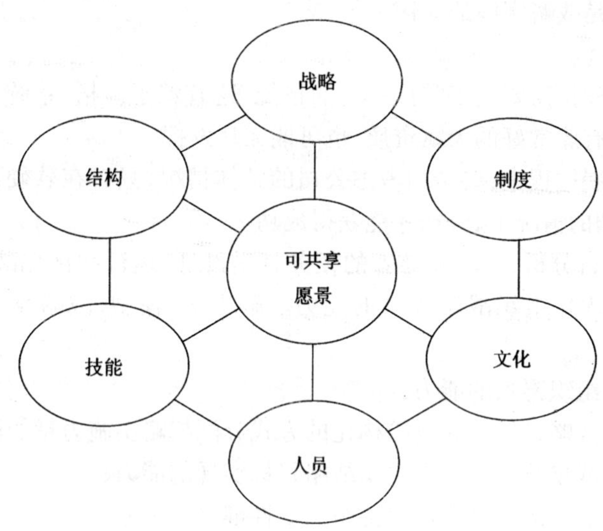

图3-32 麦肯锡公司的战略管理7S模型

的只有20%,而1970年已经达到100%了。日本经济新闻社在1967年曾进行过专门调查,在63家给予回答的日本大公司中,99%有战略规划。在美国进行的一项调查显示,有90%以上的企业家认为公司经营过程中最占时间、最为重要、最为困难的就是制定战略规划。可见,战略已经成为公司取得成功的重要因素,公司的经营已经进入了"战略制胜"的时代。

2)结构

战略需要健全的组织结构来保证实施。组织结构是公司的组织意义和组织机制赖以生存的基础,它是公司组织的构成形式,即公司的目标、协同、人员、职位、相互关系、信息等组织要素的有效排列组合方式。就是将公司的目标任务分解到职位,再把职位综合到部门,由众多的部门组成垂直的权力系统和水平分工协作系统的一个有机的整体。组织结构是为战略实施服务的,不同的战略需要不同的组织结构与之对应,组织结构必须与战略相协调。

3)制度

公司的发展和战略实施需要完善的制度作为保证,而实际上各项制度又是公司精神和战略思想的具体体现。所以,在战略实施过程中,应制定与战略思想相一致的制度体系,要防止制度的不配套、不协调,更要避免背离战略的制度出现。

4)风格

杰出公司都呈现出既中央集权又地方分权的宽严并济的管理风格,他们让生产部门和产品开发部门极端自主,另一方面又固执地遵守着几项流传久远的价值观。

5)共同的价值观

由于战略是公司发展的指导思想,只有公司的所有员工都领会了这种思想并用其指导实际行动,战略才能得到成功的实施。因此,战略研究不能只停留在公司高层管理者和战略研究人员这一个层次上,而应该让执行战略的所有人员都能够了解公司的整个战略意图。公司成员共同的价值观念具有导向、约束、凝聚、激励及辐射作用,可以激发全体员工的热情,统一公司成员的意志和欲望,齐心协力地为实现公司的战略目标而努力。

6)人员

战略实施还需要充分的人力准备,有时战略实施的成败确系于有无适合的人员去实施,实践证明,人力准备是战略实施的关键。

7)技能

在执行公司战略时,需要员工掌握一定的技能,这有赖于严格、系统的培训。如果不接受训练,一个人即使有非常好的天赋资质,也可能无从发挥。

因此,在公司发展过程中,要全面考虑公司的整体情况,只有在软硬两方面7个要素能够很好地沟通和协调的情况下,公司才能获得成功。

联系7S模型进行分析,战略领导者的任务就是设计、运行和优化战略体系,战略领导力则是设计、运行和优化组织战略体系的能力。解析7S模型,战略领导者必须具备如下能力:

(1)构建和传播组织愿景的能力;

(2)提出组织的战略目标并通过结构化的方式分配战略实施力量的能力;

(3)规划组织的战略路径并保证组织战略目标实现的能力;

(4)平衡利益相关者的利益从而保证组织良性健康发展的能力;

(5)塑造组织柔性并促进组织可持续发展的能力。

这五种能力与领导学者们所探讨的基本一致,这些能力构成了战略领导力的关键要素,它们的结构方式就是战略领导力模式(如图2-33所示)。

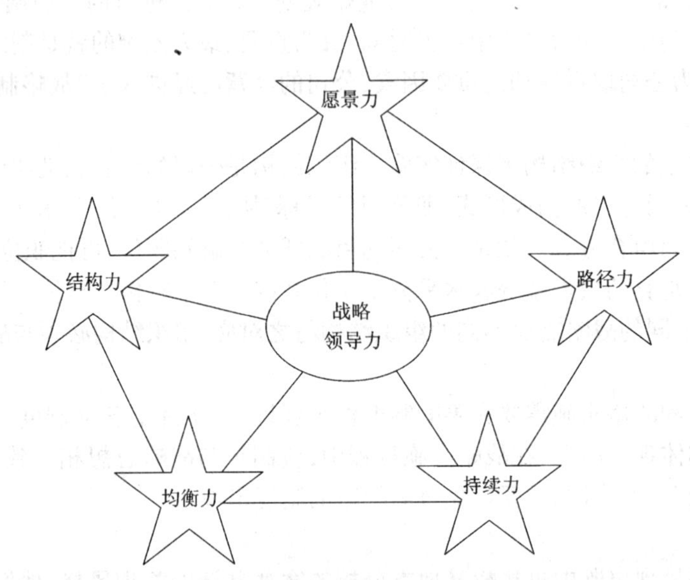

图2-33　战略领导力模式

战略领导力的本质是构想组织的发展愿景并全力和坚定不移地推动愿景实现的能力。联系组织的发展战略和战略领导者的职责,战略领导力是由愿景领导力、结构领导力、路径领导力、均衡领导力和持续领导力构成的,这五个方面领导力构成的整体就是战略领导力模式。对于中小组织的领导者而言,他们需要的不仅是领导力,更多的时候需要的是管理能力,战略领导力是他们努力的方向和发展的动力。对于团队领导者而言,他们需要的更多的是“打兔子”的能力即战略执行力,战略领导力是他们成为战略领导者的法宝。

首先,要深入理解战略领导力的本质和特点,自然不能不从它与战略的内涵及其关系的分析开始。通常认为，战略具有三个最基本的要素，即战略是一种思想，一种计划，一种行动。战略的本质和起点是思想；法国著名战略家博弗尔就说过："战略就是思想方法。"战略的目标和终点是行动，否则思想就会成为空谈；思想与行动之间的桥梁，就是计划、方案，借助于计划、方案和战略实施的主体，即战略家、战略领导者，使三者构成完整的有机整体。因此，从角色上说，战略家包括战略思想家、战略谋划家、战略实施与指挥家。三种角色可以集于一身，也可以分别由不同的领导者担任。战略领导者的战略思想创新、计划制定、指挥实施能力都属于战略领导力研究的范畴。

其次，战略领导力的内涵也同战略研究的价值取向密切相关。战略研究的主要价值取向是全局性、前瞻性、主动性和可行性，其相对应的战略领导力，就是整合力、预见力、创造力和执行力。因此，战略领导人的行为价值取向和战略领导力内涵具有一定的对应性。

第一，全局性(整体性)与整合力。战略领导人首先必须站在全局，着眼和着力于全局观察处理问题，要有明确的认识全局、把握全局、掌控全局、使局部服从和服务全局的意识、眼光和能力。所谓整合力，就是能否有效地将组织内部和外部的各种意见、资源调动整合起来，形成合力，为一定的全局服务。这是战略领导力的本质要求与基本价值定位。

第二，前瞻性与预见力。战略研究总是未来取向的。所谓"人无远虑，必有近忧"，战略领导者应该努力做到深谋远虑，想得深，看得远，善于把握事物的发展趋势，才能引领组织和团队发展进步。毛泽东曾说过，"没有预见就没有领导，没有领导就没有胜利"。他在党的七大口头报告中说，一个领导，"坐在指挥台上，如果什么也看不见，就不能叫领导。坐在指挥台上，只看见地平线上已经出现的大量的普遍的东西，那是平平常常的，也不能算领导。只有当着还没有出现大量明显的东西的时候，当桅杆顶刚刚露出的时候，就能看出这是要发展成为大量的普遍的东西，并能掌握住它，这才叫领导。"前瞻性和预见力，是战略领导力的基础和前提，因为战略构想和战略制定要以它为基础。

第三，主动性与创造力。当今时代，对于领导者的责任与使命已基本形成共识，即领导的责任就是"顺应潮流、引导历史"，特别在全球化背景下和转型时代，领导者的使命，就是"适应变化，引领变革"。所谓引导或引领，就是讲的主动性，战略研究的根本目的是为了争取全局上的主动。一个处处被动的领导者，没有资格谈论战略。主动性是战略成功的关键和核心，也是战略领导者的基本素养与核心能力。而领导者的创造力，则是获得战略主动性的根本保证，无论是"红海战略"还是"蓝海战略"，要靠掌握主动权，才能取得胜利。如何才能掌握主动权？关键靠创造。机会只给予有准备的人，主动去发现、把握的人，化被动为主动的人，这一切，都需要创造和创造力。领导者尤其是战略领导者的创造能力，包括观念的创新、思路的创新、体制与机制创新以及创新型人才的培养和创新文化环境的营造等等。

第四，可行性与执行力。战略构想、战略设计再好，如果不可行、不执行或执行不力，仍然难以成功。罗马人是希腊思想的伟大实践者、执行者，他们具有务实精神和执行能力。罗马人有士兵和农夫之称，正是这种看似平凡而普通的角色创造了强大的罗马帝国。

可行性包括：现实性，即具有现实针对性，不脱离实际，方案符合实际情况；可执行性，即具有可操作性，可以获得相应的各种资源支持，如有财务支持、人力资源支持、获得关键人物或相关部门的认同支持；灵活性，即方案具有适应变化的弹性。正如蒋百里将军所说："骨头要硬、头脑要软"。可行性与执行力十分重要，它们是战略构想与规划落实的保证与支持，是战略领导力的重要内涵，其重要性正如马克思所说："一步实际行动比一打纲领更重要。”

4. 公司战略实施领导力

在公司战略管理中，公司战略制定固然重要，但公司战略实施更重要，因此公司战略管理者在实施公司战略过程中的领导力备受重视。公司战略管理不同于日常经营惯例管理，公司战略实施的领导者除了实施组织、协调、指挥和控制职能、运用各种管理方法和技巧、承担管理责任等以外，还需要扮演各种不同的领导角色，如战略家、鼓动宣传家、变革创新者、模范执行者、资源配置者等。公司战略实施领导力是公司战略实施领导者在公司战略实施过程中的行为表述，一般是指公司战略实施领导者在战略实施过程中影响或吸引公司员工实现战略目标的能力，具有针对性、共同目标性、集合性三大特点。

(1)针对性。领导力的培养是具有针对性的，如某一阶段公司要解决的问题是什么，领导者就要重点发展解决这一问题而需要的领导能力。在战略制定阶段，科学合理地做出决策，制定各种计划是领导者的工作重点，因此决策能力是领导力培养的重点。到了战略实施阶段，需要解决的问题不尽相同，而领导者的工作重点也发生转移，例如如何达成共识、如何使公司适应竞争的环境、如何有效地执行战略计划等等，这些一系列对战略实施工作有决定性影响的因素就成为了领导力培养的重点。针对性地培养领导力有利于公司战略实施领导者抓住工作重点，同时也能使得其他的实施问题迎刃而解，达到事半功倍的效果，进而更好地实施战略。

(2)共同目标性。领导是一种作用于共同目标的行为，任何领导都是有目标的活动。共同目标是领导力的重要控制参量，也是领导主体的基本决策依据，也是领导者资源配置最基本的信号。从理论上讲，只要目标是充分考虑团队成员需要后形成的，那么该目标就能引导整个团队成员的活动，而以共同目标为导向的领导力便是一个紧密联结的有机体系，领导力体系的运行也就成为了一个有内在联系的行为过程。

(3)集合性。公司战略实施领导力主要研究公司战略实施领导者的能力和能力结构，而不是一系列领导力要素的简单加合。纵观领导力理论，各学者从不同角度对领导力进行了有益的研究，为领导工作提供了许多有价值的理论依据，但其研究都是一系列要素的堆砌，不够全面和系统。战略实施工作是一个系统工程，其中各个流程、各个工作岗位和各级计划之间都相互联系、相互影响着，因此公司战略实施领导力也必须是一个完整的体系，它不是单单从领导者特质、情境、模式等角度分门别类地进行研究，而是在综合前人研究的基础之上，再结合战略实施实践工作，所形成的多个要素相辅相成的领导力体系。只有当这些要素同时发挥作用时，公司战略实施领导者才具有真正意义上的公司战略实施领导力。

1)公司战略实施领导力的基本要素

公司战略实施领导力是支撑公司战略实施领导行为的各种能力的总称，其着力点是公司战略实施过程，是为确保战略实施过程的顺利进行或者说战略目标的顺利实现而服务的。在公司战略实施过程当中，影响公司战略实施的因素繁多，但公司战略实施领导者并不需要对所有的因素都进行精确地控制，而只需分析确定影响公司战略实施领导力的关键环节，对关键因素实施控制，便能获得高效的公司战略实施领导效果，从而有效地推动公司战略的实施。

公司战略实施是贯彻既定战略的实践活动，它是将战略转化为有组织、有领导地落实战略计划、完成战略任务、实现战略目标的实际行动，最终将战略构想转化为现实的生产力过程。影响公司战略实施的因素可以从三个方面来分析:实施主体、实施环境和实施手段。

(1)实施主体。公司战略实施是公司员工的集体行为,公司领导者在战略实施过程当中必须加强对实施主体的关注。首先是公司员工对战略实施的支持程度。Kaufman(1990)认为如果不能与关键的相关利益者进行充分的沟通达成共识,一些影响战略实施的重要的外部要素就可能会受到阻碍和破坏,致使内部战略实施的努力付之东流。万事开头难,公司实施新战略通常涉及内部的一些变革,而变革会引起员工和管理者的不安,对变革的心理障碍包括害怕丢失地位,对自己现有能力的隐含的否定,对在新情况下失败的惧怕,对变革必要性缺乏理解以及对放弃传统方法产生不安全感等。从实际情况看,每个部门都想在变革中保护自己的利益不受损害或得到更多的利益,当公司战略要求各部门让渡部分利益时,就会遇到阻力。人们的行为方式是有惯性的,当组织变革需要改变这种行为方式时需要组织成员付出一定的努力和时间去学习,如果得不到补偿,相关部门及成员就不愿意去做。当员工了解公司,将自己作为公司的一部分,并通过参与战略制定活动而自觉地为公司的成功而努力工作,这一转变就会更容易地被实现,没有员工的理解与投入,战略的实施就会遇到严重的困难。其次,公司战略实施过程的长期性和艰巨性对公司员工来说是巨大的考验。战略实施成功与否在很多年以后才能衡量出来,因此很难通过每年的薪酬来反映出许多年后才能取得的战略成果,这就会使得员工盲目追求短期效应。战略实施所需的漫长历程也增加了出现各种意外问题的可能性和更多需要应付的挑战,所以维持员工的正确实施行为对公司战略的持续实施来说至关重要。可见,公司领导者必须具有一种能建立战略共识和维持实施成功信心,从而影响员工行为的能力。

(2)实施环境。公司战略实施环境分为公司内部环境和外部环境,其中公司内部环境是可控因素,可以通过各种管理手段来进行调节,而外部环境则是公司赖以维持和生存的基础,脱离了外部环境,公司的一切生产经营活动就失去了方向和意义,因此公司领导者应更加重视分析公司外部环境对公司战略实施的影响。公司外部环境最大的特性就是竞争性,Joseph W. K. Chan(2000)指出适应竞争环境的价值是创建竞争优势,它不仅仅是为了公司生存,而且还是为了公司的成功。20 世纪 90 年代以来,随着经济体制改革的深化,经济全球化与市场国际化的加强,中国公司的竞争环境越来越复杂,竞争的对抗性越来越强,竞争优势的可保持性越来越低,而许多公司还缺少动态竞争条件下的战略思维。动态竞争是以高强度和高速度竞争为特点,竞争对手之间的战略互动明显加快,任何公司的竞争优势都是暂时的,要想长期保持竞争优势就必须时刻关注环境变化,并及时创新,以增强公司的竞争实力。国内外公司管理实践表明,凡是具有相对持久竞争力的公司,其竞争优势都不是僵硬的,而是随着竞争环境的变化,动态地加以调整达到最优的动态效果。公司核心竞争力构成公司的战略基础,一个公司之所以能够在市场竞争之中立足,并发展壮大,是因为这个公司必定有特殊的超过竞争者的别人无法模仿的竞争优势,这个竞争优势就是公司的动态核心竞争力,这是一个公司生命的源泉, 如可口可乐公司其核心竞争力就是其秘密配方和品牌,微软公司的核心竞争力是其卓越的软件开发能力。由此可见,公司应对竞争环境的能力关键在于其卓越的开发、创新能力的形成。公司领导应该认真分析判断本公司的核心竞争力,巩固、发展、保护核心竞争力,鼓励创造性思维、大胆想象,推动创新,保障公司组织战略适应环境的发展。

(3)实施手段。实施主体和实施环境分别是公司战略实施的前提和核心所在,而实施手段则是具体实施行动的表现和实现公司战略目标的关键。实施手段是通往公司战略目标的途径,其本质上也就是实施战略所需的各种执行方式的组合。执行是公司最基本的常态,是实现公司目标的重要环节,它是一整套通过提出问题、分析问题、采取行动的方式来实现目标的系统流,它包括对方法和目标的严密讨论、质疑、坚持不懈地跟进以及责任的具体落实;包括对公司所面临的市场环境做出判断、对组织能力进行评估,将战略与运营及实施战略的相关人员相结合,对这些人员及所在的部门进行协调以及将奖励与产出结合起来;还包括一些随着环境变化而不断调整前提假设和提高公司执行能力以适应战略挑战的机制。因此,针对实施手段影响因素,公司战略实施领导者必须具有良好的执行能力,能够灵活运用各种执行手段和工具,使战略计划的推进与战略目标相一致。

2)公司战略实施领导力模型

通过公司战略实施影响因素的分析,并结合公司战略实施领导力案例的启示,以公司战略实施影响力、公司战略实施创新力、公司战略实施执行力三要素作为三个支撑点,共同支撑起公司战略实施领导力平台,保证公司战略实施的成功(如图 2-34 所示)。

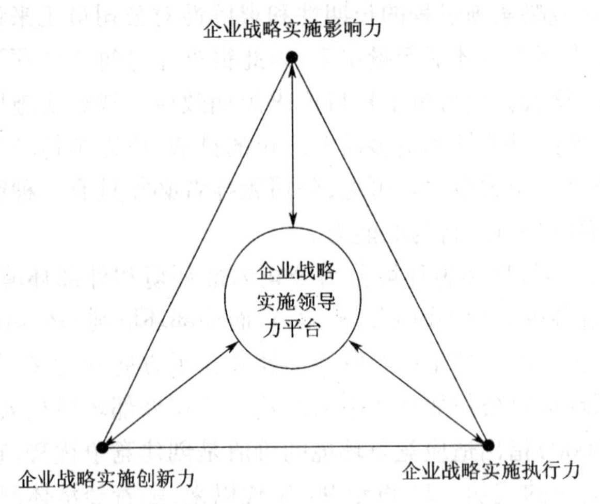

图 2-34　公司战略实施领导力模型

(1)公司战略实施领导力模型构建的动因。公司战略实施领导力模型的构建是为了使公司领导者能够根据公司战略实施的特点,在实践中控制影响公司战略实施的关键因素,抓住工作重点,保证公司战略实施领导力的均衡发展,确保公司战略实施的成功推进。在实际工作中,影响公司战略实施的关键因素包括了实施主体、实施环境和实施手段,其中员工的战略共识和成功信念、外部环境的竞争性和执行程序对公司成功战略实施有着非常重要的影响。而公司战略实施领导者是实施公司战略的中流砥柱,为了推动战略实施顺利开展,领导者只有发展出能够控制该三方面影响因素的能力,才能形成高效的公司战略实施领导力,以应对战略实施过程中的重要问题,使得其他次要问题也能迎刃而解,达到事半功倍的效果。

(2)三大基本要素之间的关系。公司战略实施领导力是公司战略实施领导者吸引和影响公司员工从而实现公司战略目标的能力。公司战略实施领导力模型是由公司战略实施影响力、公司战略实施创新力、公司战略实施执行力共同组建的一个平衡协调的领导力体系,其中公司战略实施影响力是前提,它是公司战略实施领导者对实施主体即公司员工行为动机的控制,努力建设支持战略实施的组织氛围;公司战略实施创新力是核心,它是公司战略实施领导者对实施环境中即外部环境的竞争性进行的控制,使公司组织战略适应外部竞争环境;公司战略实施执行力是公司战略实施领导者对执行方式的控制,使战略实施推进与战略目标相一致。

(3)公司战略实施领导力模型的作用机理。如何提高公司战略实施的成功率,这无疑是每一个公司战略实施领导者首要关注的问题。许多学者和公司各界人士都肯定了领导力对公司经营发展的作用,然而对领导力的定义和组成要素的见解都不尽相同。为了追求公司战略目标,有的公司战略实施领导者致力于执行文化的塑造,有的通过促进创新,有的则追求合理的执行过程等等。然而公司战略的成功实施并不是仅仅由某一因素所决定,而是由某些关键因素共同作用来决定的,因此公司战略实施领导力的发挥也是由一系列基本要素高度集成的,这些基本要素便是公司领导者对公司战略实施关键性影响因素的控制。

公司战略实施领导力模型认为,公司战略实施影响力、公司战略实施创新力和公司战略实施执行力是公司领导者必须发展的基本领导能力。公司领导者只有在公司战略实施领导力模型的指导下,全面发展各种基本领导能力,才能更好地带领公司战略的有效实施。公司战略实施领导力模型以公司战略实施影响力、公司战略实施创新力、公司战略实施执行力为稳定三角形的顶点,并由三力共同维持公司战略实施领导力体系的顺畅与协调的运行。同时三个基本要素相互影响、相互依赖,对公司战略实施领导力的影响具有同等重要的作用,三者缺一不可。

在公司战略实施实践中,只有杰出的公司战略实施领导者才能够使领导力三要素都达到极高的水准,真正实现领导者的全面发展,有效推动战略实施。然而对于大多数领导者而言,虽然他们都拥有公司战略实施领导力的三个基本要素,但是各要素发展却不够均衡,存在薄弱环节,用管理学中的“木桶原理”来说明,也就是存在领导力“短板”,使得领导者较难驾驭大规模、复杂的组织,难以成功领导公司战略实施。所以,公司战略实施领导者应注意全面均衡的公司战略实施领导力培养,突破“短板”,努力提高自身素质,促进战略有效实施。

5.1.3 小结

公司战略的有效实施是公司战略成功的关键,而纵观世界经济和绩优公司的发展,一个公司战略实施的成功与否取决于公司战略实施中领导能力的发挥,也就是公司战略实施领导力的发挥。

公司战略实施领导力关系到公司战略的成功,在公司战略管理中起到了关键作用。而公司战略的成功实施又必须依赖于公司战略实施领导力的发挥,因此迫切需要对公司战略实施领导力进行深入探究。

公司战略实施领导力是公司领导者在战略实施过程中影响或吸引公司员工从而实现战略目标的能力,它决定着领导行为的质量与效果,是实现群体或组织目标、保证领导过程顺畅运行的内在动力。

实践中,对公司战略实施领导力的形成观点繁多,本模块通过分析领导及战略领导,领导力及战略领导力的概念特征,分析影响公司战略实施的重要因素,探索出最能影响战略实施有效性的公司战略实施领导力,并构建了公司战略实施领导力模型。其中公司战略实施影响力是前提，公司战略实施领导者通过自身的影响，努力营造一种支持战略实施的组织文化，使团队达成一致的共识来塑造战略实施过程的艺术与规则，促进员工的自信与成就感。公司战略实施创新力是核心，公司战略实施领导者通过促进在战略实施中的预测、想象，不断创新，保持组织战略适应竞争环境。公司战略实施执行力是关键，公司战略实施领导者通过选择综合、有效的执行过程，保持战略实施推进与战略目标的一致性。

同时，本模块还从影响公司战略实施领导力的因素、支持条件等方面对公司战略实施领导力的环境支持进行了探讨。公司战略实施领导力研究对于提高公司战略实施的有效性有较好的理论指导和现实意义。

5.2 战略与人力资源

公司的人力资源是如此重要，以至于有人说："随着竞争的愈加激烈，人也许是仅有的可持续的竞争优势。"这更强调了公司人力资源管理的重要性。有效的人力资源管理是公司成功制定和实施战略的决定因素。以前，公司对人力资源的管理，更多是属于一种辅助型的人事管理。在制定公司战略决策时，公司往往把对人力资源问题的考虑排除在外。人力资源管理很少涉及组织重大决策，或只是一些具体的行政事务型的工作，如员工招聘，培训，绩效评估，薪资福利，雇员服务，认知记录等管理内容。虽然对确保战略的贯彻执行具有保障作用，但并不能站在公司发展战略的高度，为公司领导者准确、及时地提供各种有价值的信息，支持公司战略目标的更新和调整。

随着人力资源重要性的日益提升，公司战略和人力资源紧密挂钩，形成了一种战略性人力资源管理，为公司战略目标的制定和有效实施服务。

5.2.1 人力资源管理

我们知道，公司制定战略时，必须进行内外部环境分析。通过研究外部环境，公司确定它可能会选择做什么；通过研究内部环境，公司可以知道它能够做什么。清楚了解公司目前所具有的资源、能力及核心竞争力，对公司战略的制定是非常重要的。而在公司战略制定后，根据战略的要求，调整分配公司资源，提升公司内部的实力，使之与公司战略的要求相匹配，是公司战略能否得到有效实施，公司能否重获取竞争优势的关键。

公司的资源可以分为物质资源，财务资源，人力资源和信息资源。如今，公司的人力资源发挥着越来越重要的作用，已经成为公司中最重要的资源，对公司战略的制定和实施起着举足轻重的作用。

1. 人力资源的概念

人力资源管理这一概念，是彼得·德鲁克于 1954 年在《管理实践》中首先提出并加以明确界定的。德鲁克认为人力资源拥有当前其他资源所没有的素质，即"协调能力、融合能力、判断力和想象力"；它是一种特殊的资源，必须通过有效的激励机制才能开发利用，并给公司带来可见的经济价值。

1958 年，怀特·巴克出版了《人力资源职能》一书，首次将人力资源管理作为管理的普通职能来加以论述。

此后，国内外从不同侧面对人力资源管理的概念进行阐释，综合起来可以归为以下五类。

第一类：主要是从人力资源管理的目的出发来解释它的含义，认为它是借助对人力资源的管理来实现组织的目标。

人力资源管理就是通过各种管理功能,促使人力资源的有效运用,以达成组织的目标(Schuler,1987)人力资源管理就是通过各种技术与方法,有效地运用人力资源来达成组织目标的活动(Mondy and Noe,1996)。

第二类:主要是从人力资源管理的过程或承担的职能出发来进行解释,把人力资源管理看成是一个活动过程。

人力资源管理是负责组织人员的招聘、甄选、训练及报酬等功能的活动,以达成个人与组织的目标(Sherman, 1992)

人力资源管理指对全社会或一个公司的各阶层、各类型的从业人员招工、录取、培训、使用、升迁、调动,直至退休的全过程管理。

人力资源管理是用来提供和协调组织中的人力资源活动。

人力资源管理是一个组织对人力资源的获取、维护、激励、运用与发展的全部管理过程与活动。

第三类:主要解释了人力资源管理的实体,认为它就是与人有关的制度、政策等。

人力资源管理是对人力资源进行有效开发、合理配置、充分利用和科学管理的制度、法令、程序和方法的总和。

人力资源管理包括一切对组织中的员工构成直接影响的管理决策和实践活动。

人力资源管理包括要影响到公司和员工之间关系的性质的所有管理决策和行为(Beer and Specktor,1984)。

人力资源管理是指影响雇员的行为、态度以及绩效的各种政策、管理实践以及制度。

第四类:主要从人力资源管理的主体出发解释其含义,认为它是人力资源部门或人力资源管理者的工作。例如:人力资源管理指那些专门的人力资源管理职能部门中的专门人员所做的工作。

第五类:从目的、过程等方面出发综合进行解释。

人力资源开发与管理指运用现代化的科学方法,对于一定物力相结合的人力进行合理的培训、组织与调配,使人力、物力经常保持最佳比例,同时对人的思想、心理和行为进行恰当的诱导、控制和协调,充分发挥人的主观能动性,使人尽其才、事得其人、人事相宜,以实现组织目标。

人力资源管理是对人力资源的取得、开发、保持和利用等方面所进行的计划、组织、指挥和控制的活动,是通过协调社会劳动组织中的人与事的关系和共事人的关系,以充分开发人力资源,挖掘人的潜力,调动人的积极性,提高工作效率,实现组织目标的理论、方法、工具与技术。

人力资源管理是依据组织和个人发展的需要,建立高效的机制和合理的流程,采用先进的技术和科学的方法,对组织中的人力这一特殊资源进行有效开发、合理利用与科学管理的过程。

人力资源管理是指运用科学的方法,协调人与事的关系、处理人与人的矛盾,充分发挥人的潜能,使人尽其才、事得其人、人事相宜,以实现组织目标。

从综合的角度讲,本书认为:人力资源管理是指公司通过各种政策、制度和管理实践,以吸引、保留、激励和开发员工,调动员工工作积极性,充分发挥员工潜能,进而促进组织目标实现的管理活动。

2. 人力资源的特征及重要性

资源指的不是某种东西或物质,而是指这种东西或物质所具备的功能或参与发挥的某种作用,是诸如使满足需求等给定目标得以实现的功能与作用。经济学把为了创造物质财富而投入于生产活动中的一切要素通称为资源,包括人力资源、物力资源、财力资源、信息资源、时间资源等,其中人力资源是一切资源中最宝贵的资源,是第一资源。

人力资源是指组织具有智力劳动和体力劳动能力的人员的总和,它包括数量和质量两个方面。人力资源的最基本方面,包括体力和智力,从现实应用的状态,包括体质、智力、知识、技能四个方面。人力资源是一种特殊而又重要的资源,是各种生产力要素中最具有活力和弹性的部分,它具有以下的基本特征。

(1)双重性。人力资源既是投资的结果,同时又能创造财富,或者说,它既是生产者,又是消费者。根据舒尔茨人力资本的理论,人力资本投资的程度决定了人力资源质量的高低。从生产和消费的角度来看,人力资本投资是一种消费行为,而且这种消费行为是必需的,是先于人力资本收益的,没有这种先前的投资,就不可能有后期的收益。人力资源作为一种经济性资源,它与物质资本一样具有投入产出规律,并具有高增值性。研究表明,对人力资源的投资无论是对社会还是对个人所带来的收益都要远远大于对其他资源所产生的收益。舒尔茨用投资收益率法研究了美国1929—1957年的经济增长贡献指标,结果表明,教育投资对经济增长率的贡献为33%。

(2)能动性。人力资源具有思想、感情和思维,具有主观能动性,这是人力资源同其他资源的最根本的区别。人力资源能够通过接受教育或主动学习,使得自身的各方面素质得到提高,并能够主动地运用自己的知识与能力、思想与思维、意识与品格,有效地利用其他资源推动社会和经济的发展。另外,人力资源还是唯一能起到创造作用的因素。这主要表现在两个方面:一方面是人力资源在社会和经济发展过程中往往能创造性地提出一些全新的方法,推动社会的进步和经济的发展;另一方面是人力资源能够适应环境的变化和要求承担起开拓进取和创新发展的任务,从而使公司更加充满活力。

(3)时代性。人力资源的数量、质量以及人力资源素质的提高,即人力资源的形成受时代条件的制约,具有时代性。

(4)时效性。人力资源是一种具有生命的资源,它的形成、开发和使用都要受到时间的限制。作为生物有机体的人有其生命的周期,每个人都要经过幼年期、青少年期、中年期和老年期。由于在每个时期人的体能和智能的不同,因而在各个时期的学习能力和劳动能力也不同,这就要求对人力资源的培养要遵循人的成长规律,在不同阶段提供不同的学习与培训项目,对人力资源必须适时开发,及时利用,讲究时效。

(5)持续性。物质资源一般经过一次加工、二次加工乃至某些深加工之后,就形成了最终产品,不存在继续开发的问题。而人力资源则不同,开发使用之后可以继续开发。这就要求人力资源的开发与管理要注重终身教育,加强后期的培训与开发,不断提高其知识、技能水平。

(6)社会性。人类劳动是群体性劳动,每一个人都在一定的社会和组织中工作和生活,其思想和行为都要受到社会和所在群体的政治、经济、历史和文化氛围的影响，每个人的价值观念也各不相同。人们在社会交往中，其行为可能与特定的组织文化所倡导的行为准则相矛盾，可能与他人的行为准则相矛盾，这就要求人力资源管理要注重团队建设，注重人与人、人与群体、人与社会的关系及利益的协调与整合。

(7)可再生性。经济资源分为可再生性资源和不可再生性资源两大类。人力资源是一种可再生性资源，这是基于人口的再生产和劳动力的再生产，通过人口总体内的各个个体不断地替换更新和劳动力消耗—生产—再消耗—再生产的过程实现的。这种再生产不同于一般生物资源的再生产，除了受生物规律支配外，还要受人的意识支配，受人类活动的影响和新技术革命的制约。

在21世纪的今天经济全球化不断深入，科技发展日新月异，世界进入了以全球化和信息化为基本特征的知识经济时代。所谓知识经济，就是指直接依据知识和信息的生产、分配和使用的经济，是以人的知识和智能为依托的经济。在知识经济时代，“人”的重要性得到了前所未有的提升。知识经济以知识为基础，决定了知识经济就是人才经济。“知识的积累，知识向生产领域转化为生产力，其载体，其推动力都是人才。与以物质资源为基础的农业经济、工业经济相比，知识经济以生产、分配和利用知识和信息为基础，人才的重要性就更加凸显出来。”因此，在知识经济时代，公司对人才的依赖性更大，高素质人才将决定公司的成败。

在知识经济时代，知识是公司的战略资产。“公司变成了一种知识整合系统或是创造、传递和运用知识的组织。所以公司是否拥有创新知识，就成为连续推动公司提高生产率，提升并创造连续竞争优势的源泉。”人力资源作为知识的载体和知识的创造者、传播者、应用者和发展者，已成为公司最关键的战略资源。在公司资源中，物资资源、财务资源、信息资源都是被动性的资源，都需要人来认识和利用。只有在人力资源的主导下，其他三种资源才能创造出财富。虽然公司的科技和知识是无形的，但代表公司知识、技能和能力水平的人力资源确实是可以管理、培训和开发的。可见，人力资源具有主动性和能动性，是生产活动中最活跃的因素，决定了公司拥有的知识，进而决定了公司能否创造和维持竞争优势，是公司最重要的资源。

3. 人力资源与公司战略的关系

不同的公司战略对人力资源有不同的要求，根据战略构筑人力资源，实现公司人力资源和公司战略之间的匹配，是实现公司战略目标，创造和保持竞争优势的核心所在。无论公司战略是属于成本领先战略还是差异化战略，公司目前是出于增长开拓阶段还是出于收购兼并阶段，都需要不同的人力资源管理战略与之相对应。

比如，一个实行成本领先战略的公司，必然要在公司内部加强成本控制，因此公司生产营运过程必然是规范和高效率的，对员工的要求也自然是规范操作，注重小节；而一个施行差异化战略的公司，为了使公司的产品能够有别于竞争对手，并通过这些差异化的特征占领市场，自然更需要有创新思维的人才。同样的道理，在增长开拓阶段或是处于收购兼并阶段，公司对人力资源的需求也不一样。表2-23列举了和不同的公司战略相匹配的人力资源管理战略构成。

表 2-23 人力资源管理战略和公司战略的匹配

企业战略	人力资源构成
成本领先	强调效率 规范的、重复性的工作 强调以工作为基础的薪酬 内部提升 注重具体、短期技能的培训,让员工掌握新的节料、节能、增效新技术 绩效评估作为控制机制 行为导向型
差异化	强调创新和冒险精神 松散的、任务范围广的工作 强调以个人为基础的薪酬 外部招聘 稳定的工作人员政策、工作时间程序的质量、吸引最好的人才 以绩效评估作为员工自我发展的工具 结果导向型
增长	积极主动地招募和聘用 高工资 认股权 扩展培训
收购兼并	有选择地裁员 调动、安置 驾驭文化变化 岗前适应性教育和培训

5.2.2 战略人力资源管理

1. 战略人力资源管理的概念

20 世纪上半叶,现代人事管理理论的基本框架形成。人事管理是指为了完成组织的任务,对组织中涉及人与事的关系进行专门化管理,使人与事达到最佳匹配,并运用激励措施以提高员工的积极性和主动性。在实践中,人事管理活动是通过专门的人事管理部门按照确定的程序开展的。它作为辅助性或参谋性的职能,活动范围被限制在行政事务方面,很少参与组织高层战略决策。

20 世纪 50 年代,彼得·德鲁克提出人力资源(Human Resource,简称 HR)的概念,并认为传统的人事管理正在向新的以人力资源开发为主的管理模式发展。后来巴克(Bakke)等人经过研究将其推向新的发展阶段——人力资源管理阶段。随后对人力资源管理(Human Resource Management,简称 HRM)做出研究和贡献的有:Burack 和 Smith,Foulkes 和 Livernash(1982),Klatt 和 Schuster(1985),Fisher,Schoenfeldt 和 Shaw(1990)等人。

战略人力资源管理作为一种观点于 20 世纪 80 年代前后同人力资源管理思想同步产生。Walker 于 1978 年在其文章《将人力资源规划与战略规划联系起来》中,初步提出将战略规划与人力资源规划联系起来的思想,这是战略人力资源管理思想的萌芽。战略人力资源管理产生的标志性文章是 1981 年戴瓦纳(Devanna)的《人力资源管理:一个战略观》,在这篇文章里,作者深刻分析了公司战略与人力资源的关系。1984 年比尔(Beer)等人的《管理人力资本》一书的出版标志着人力资源管理向战略人力资源管理的飞跃。

目前,人力资源管理概念已经被提到公司的战略高度,美国的杰弗里·梅洛、雷蒙德·

A.诺伊、韦恩·罗伯特等人强调 HRM 管理的各项方针、政策与公司战略相结合,成为公司战略的重要组成部分,是公司战略其他部分实现必不可少的支柱,并因此提出了战略人力资源管理(SHRM)的概念。

我国把人作为资源来研究、开发的学术思想源远流长。两千多年前的管子就说过:"一年之计,莫若树谷;十年之计,莫若树木;终身之计,莫若树人。""树人"就包含着将人当作资源"开发"的意义。毛泽东也早在 1956 年就使用过人力资源的概念。

我国从 80 年代开始正式使用人力资源概念,在此之前多使用劳动力的概念。有关劳动力的研究,主要是从宏观上对社会整体劳动力的分布、移动、福利、教育、失业率等方面进行的。最初的人事管理是出于公司日常经营活动的需要,是实现公司目标的一种简单手段,它被动地适应公司战略;而 HRM 则是为了开发更多的资源,与公司的其他战略一起主动提高公司效益。人事管理仅局限于人与事,而 HRM 则将人看作可以不断开发的资源;人事管理处于具体操作活动层次,HRM 处于公司战略层次。

纵观战略人力资源管理的各个理论,一个共同前提就是都特别强调人力资源的重要性——人的因素以及公司管理员工的方式正变得越来越重要。正是人力资源重要性的提升,才使得人力资源管理逐渐走向战略性,也才把人力资源管理作为一种系统提高到战略的地位加以强调。战略人力资源管理的本质就是利用人力资源这一战略性资产,提升公司竞争力,创造公司持续竞争优势。

2.战略人力资源管理的特征

战略性人力资源管理认为:人力资源是公司创造和保持竞争优势的最重要资源,是决定公司成败的最关键因素。人力资源管理的核心职能应该是确定外部环境、竞争对手和劳动力市场的影响;分析、诊断公司内部人力资源现状;参与公司的战略决策,制定公司的战略目标,并根据公司的战略目标进行具体的人力资源的管理与开发,使公司获得和战略相匹配的人力资源,保证公司战略的有效实施从而使公司取得竞争优势。

战略性人力资源管理强调公司战略和公司人力资源不是一种按先后顺序发生的过程,而应该是一种动态的,多方面持续互动的关系。公司人力资源管理应该直接融入公司战略制定和实施过程中,由过去的辅助者、执行者的角色转变成参与者、倡导者和执行者。公司人力资源部门不仅要协助当前战略目标的执行,参与公司未来战略目标的制定,更重要的是保证人力资源对未来战略发展目标实现需求的满足。Wright 和 Mcmahan(1992)给出了战略人力资源管理的定义,即为公司能够实现目标所进行和采用的一系列有计划、具有战略意义的人力资源部署和管理行为。

这个定义突出了战略人力资源管理的四个内涵和特征。

(1)重点在于战略性的人力资源。这些被称为战略性的人力资源对于支撑公司战略目标的实现具有某种决定性的作用和某种程度的专用性和不可替代性。公司拥有这些人力资源是公司获取竞争优势的源泉。

(2)人力资源管理的系统性。公司为了获取竞争优势而部署的人力资源政策、实践以及方法、手段等构成一个互相协调、互相支持的战略系统。

(3)人力资源管理的战略性。人力资源管理职能人员应成为公司的战略伙伴。战略人力资源管理要求人力资源管理者站在公司战略的高度,协助决策者制定具体的人力资源行动计划,支持公司战略目标执行和实现。

(4)人力资源管理的目标导向型。战略人力资源管理不同于事务型的人力资源管理,战略人力资源管理必须为促成公司战略目标的达成服务。

Martell 和 Caroll 也给出了战略人力资源管理的定义,他们认为战略人力资源管理具有如下特征(见表 2-24)。

表 2-24 战略人力资源管理的特征与内涵

特征	内涵
长期的观点	在战略导向人力资源功能的演进中,建立人力资源使用的长期计划通常是第一优先考虑的
人力资源管理及战略规划有新的联系	这是许多战略性人力资源管理模型的重要因素,一种联系方式是人力资源管理可以支持战略推行,而另一种方式则是人力资源管理可以主动地影响战略形成
人力资源管理与企业绩效有关联	多数战略性人力资源管理认为人力资源管理对达成企业目标扮演关键性的角色,由于战略的结果是增加企业的经济价值,人力资源管理直接对企业的获利有影响
直线主管在人力资源政策制定过程有参与	认识到人力资源管理的战略重要性使得人力资源管理的责任渐渐落在直线主管身上,尤其是关于经理人的甄选和薪酬

3. 战略人力资源管理的构成

战略人力资源管理学说与战略的资源学派可谓一脉相承,这一学说认为战略人力资源管理是公司的战略资产。战略人力资源管理思想一经提出,便引起了学者们极大的研究热情,欧、美、日公司的管理实践证明,战略人力资源管理是公司获得长期可持续竞争优势的战略途径。

Wright 等(1994) 首先区分了公司的人力资源和人力资源实践,指出公司的人力资源是公司的人力资本集合,而公司的人力资源实践是用来管理人力资本集合的人力资源工具。因为能够为公司赢得持续竞争优势的资源必须是有价值的、稀缺的、不可替代、难以模仿,而一些单个人力资源实践很容易被竞争对手所复制,所以他认为人力资源实践不能作为持续竞争优势的基础,而具有高技巧和高激励工作动力的人力资本集合才是持续竞争优势的关键。

Lado 和 Wilson(1994)提出人力资源不能作为持续竞争优势的基础,人力资源实践才是持续竞争优势的源泉。

Pfeffer(1997)也认为人力资源实践是公司持续竞争优势的源泉。

美国人力资源管理专家劳伦斯·克雷曼在其所著的《人力资源管理:获取竞争优势的工具》一书中指出:当今,成本领先、产品差异化是研究战略人力资源管理的出发点和导向,人力资源管理实践对竞争优势有直接关系。公司招聘、挑选、培训和报酬直接影响成本领先,而所有人力资源管理实践可以直接影响员工对客户的服务方式、态度和水平,从而直接影响竞争优势。

苏方国、赵曙明(2003)赞同人力资源实践是公司持续竞争优势的源泉的观点。

战略人力资源管理是在战略目标指导下长期的、统一的管理理念,是以长期利益为指导,以形成公司长期竞争优势为目的的统一管理模式,它可以使公司形成长期竞争优势,并使这种优势实实在在地持久下去。战略人力资源管理通过系统的人力资源实践和过程,确保公司能获取、保持和发展独特的人力资本,为公司赢得持续的竞争优势。

Becker 和 Gerhart 认为人力资源系统由长时期被开发出来的政策构成,而且不能被竞争对手在市场中简单购买获得。

在战略人力资源管理的概念提出以前,很多公司虽然提出了远大的战略目标,但由于人力资源管理未纳入战略范畴,不能为其战略目标的实现提供执行保障,因此公司战略最终成了空洞的口号。这一现实促使人们反思人力资源管理与公司战略的关系,由此产生了战略人力资源管理的思想,并在公司付诸实践,从而确保公司的战略目标的贯彻执行。进行战略人力资源管理,不仅能够实现人力资源管理各项职能之间的有效匹配,使之服务于统一的战略目标,而且能够使人力资源管理部门参与公司战略的制定与实施过程,创造实施战略的适宜环境,发挥"战略伙伴"的作用,使人力资源管理与公司战略保持动态协调。

从某种程度上讲,人力资源管理已经转变为战略人力资源管理。这种变化反映了国家、地区和全球日益激烈竞争的要求以及由此产生的劳动力特征、政府政策、法律和行业技术经济特点的变化。这些变化要求组织在反应速度、产品或服务质量、组织结构形态、技术创新等方面适应日益加剧的竞争需要,以此来维持组织的生存和发展。所以,人力资源管理应该集中于改变组织结构和文化,提高组织效率和业绩,开发组织特殊能力以及管理组织变革。确保组织能够获得具有良好技能和具有较高激励水平的员工,进而使组织获得持续的竞争优势,形成组织的战略能力。依靠核心人力资源去建立竞争优势和依靠员工实现战略目标是战略人力资源管理的基本特征。

战略人力资源管理是一个系统,人力资源管理的功能是在这个系统中发挥作用。人力资源管理的各种活动如招聘、培训等应该充分地导向组织的竞争优势,在组织战略形成中做出贡献。战略人力资源管理是一个以组织持续竞争优势为目标,与组织经营战略互动的管理系统。在这一系统中,人力资源管理可以从两个层面来考察:个体层面的人力资源管理和组织层面的人力资源管理。在个体层面上,人力资源管理导向于组织的竞争优势,即组织通过人力资源管理以获得优势的资源;在组织层面上,人力资源管理导向于组织的经营战略,即组织通过人力资源管理形成以优势资源为核心的经营战略,并在其互动过程中发展组织的持续的竞争优势。下面从两个层面分别分析战略人力资源管理框架的基本内容。

1)个体层面的人力资源管理

个体层面人力资源管理是以员工个体为中心展开的。按照人力资源管理流程,个体层面的人力资源管理分为三个阶段——— 招聘前的管理、招聘中的管理和招聘后的资源管理。招聘前,管理工作主要是工作分析、工作设计和人力资源规划;招聘中,管理工作主要是招聘和挑选;招聘后则有培训开发、激励、领导、沟通、绩效评估、薪酬福利、劳动关系等等。通过上述管理活动,达到两方面目标:能力目标,即使员工拥有其工作所要求的知识、技能和能力;行为目标,即培养员工对组织的认同感、归属感,提高员工对组织的满意程度,培养员工对组织的忠诚和献身精神。

根据这两方面的目标,可以把个体层面人力资源管理划分为两个方面的职能——能力管理和行为管理。表2-25 为对个体层面人力资源管理的两种职能和三个阶段的简单描述。

表 2-25 个体层面人力资源管理的基本框架

		能力管理	行为管理
招聘前	工作分析与工作设计	识别、确定组织需要多少、具备什么样知识、技能和能力的员工；各种能力的员工供给状况；员工获得某种能力的成本和应使用的方法	预测员工的需求；工作关系设定有利于员工间分工与协作；各工作任务的保健因素和激励因素；行业技术特点与员工个性心理倾向之间的关系
	人力资源规划	规划能力管理，包括能力获取设计、能力保持设计、能力置换设计和能力利用设计	确定组织使命；设计员工职业发展生涯；明确工作中的激励措施；制定人力资源政策等
招聘中	招聘与挑选	根据能力要求招聘和挑选员工	考察应聘者的价值观、合作精神
招聘后	培训与开发	技能培训；人际关系能力培训；潜能开发	在培训中培养员工对组织的认同感、归属感和合作精神
	激励	激发员工的潜在能力	了解员工的需求；尊重员工；分权；奖励；员工参与；目标管理；晋升；提薪等
	晋升	把能力（包括业绩、潜能）作为晋升的标准之一	晋升的公平性、公开性和公正性；晋升标准的客观性
	薪酬	提高薪酬政策的吸引力，吸引人才、留住人才；以技能付酬，提高人力资源管理效率和降低其成本	薪酬方案的激励作用、反映组织对员工的态度和认识
	绩效评估	评价员工的能力是否胜任工作的需要；把评估作为能力管理的基本依据	把行为和结果作为评价员工的基本信息

能力管理要求各项人力资源管理活动都必须充分利用组织一定数量和类型的有利条件为目的，以形成组织的优势资源。能力管理包括如下几个方面的内容：能力获取管理，即通过人力资源管理使组织获得某种优势资源；能力保持管理，即通过人力资源管理把某种优势资源保留在组织内；能力置换管理，即通过人力资源管理去除组织中某种不必要的资源；能力使用管理，即通过人力资源管理保证组织中各种必要的资源都能得到充分利用。能力管理的中心环节是使组织获得和保持某种核心能力，为形成组织的竞争优势创造条件。它体现在人力资源管理实践的大部分活动之中。

拥有优势资源是必要条件，但还不是充分条件。它并不能保证这些优势资源的利用能够为组织带来良好的绩效。这需要行为管理来加以控制。行为管理强调拥有一定能力的个体在工作中的动机和努力程度。各个个体可能具备了所需要的能力，但无法保证他们的行为能够很好地发挥这些能力。正因为如此，行为管理的功能就在于要努力通过行为控制和行为合作来对个体的行为进行导向，使员工个体工作行为及其努力程度与组织的目标一致，提高个体的激励水平。

应该注意的是能力管理和行为管理要体现在人力资源管理流程的各个环节，从而使人力资源管理活动形成一个整体。反过来，人力资源管理任一环节都要围绕能力目标和行为目标来进行，从而把人力资源管理活动与组织竞争优势密切联系起来。

2）组织层面的人力资源管理

组织层面人力资源管理围绕人力资源管理与组织经营战略展开，其目的就是在个体层面已形成的竞争优势的基础上确定组织的经营战略,提高组织效率、效益和竞争力。主要包括两个方面的内容:一是人力资源的战略匹配与战略弹性管理;二是人力资源的效益管理。

人力资源管理的战略匹配与战略弹性:外在环境的变动和组织发展对人力资源管理产生重大影响。战略匹配管理是通过人力资源管理实践保证人力资源管理与组织战略和组织内部结构之间的协调一致性。战略弹性是指通过人力资源管理保证组织战略与结构对经营环境变化的适应能力和反应能力。匹配是指在一个时间点上的一致性,而弹性是指在一段时间内的一致性。

在传统人力资源管理中,人力资源很少被认为是组织经营战略所依据的能力,人力资源管理并不是组织经营战略的组成部分,而仅仅被当作确定或选择战略目标的一种手段。人力资源管理与经营战略只是单向的关系(如图2-35),而没有考虑它们之间的相互影响。因而是让人适合战略,而不是使战略适合于人力资源。战略人力资源管理强调人力资源管理与经营战略之间的相互依存关系,承认组织的竞争优势可以通过高质量的人力资源获取。在现代组织管理中,战略与人力资源管理之间的关系越来越紧密,组织战略的形成与实施有赖于组织中员工的知识、技能和信念、行为。因此组织制定经营战略时,首先应该考虑环境和人力资源现状,把人的因素作为第一位的因素。组织层面的人力资源管理目的之一就是要保证人力资源管理与组织经营战略之间保持高度协调一致(包括战略匹配和战略弹性)。

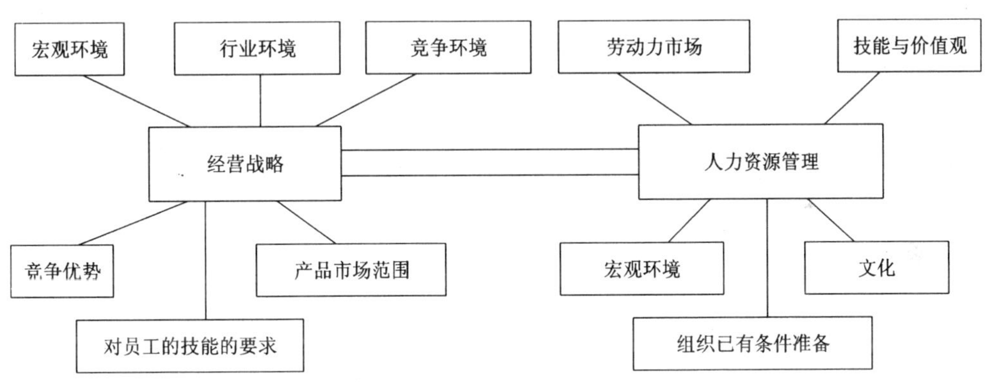

图2-35 人力资源管理与经营战略的相互关系

此外,人力资源管理的战略匹配与战略弹性还反映在它与组织结构的一致性上。组织作为一个系统,其外在功能取决于内在的结构。人力资源管理应该与组织结构相互匹配,应该能够通过人力资源管理活动保证组织结构的灵活性。而且人力资源管理的各环节之间的一致性也是战略匹配与战略弹性管理的重要内容。

人力资源的效益管理(如图2-36):组织层面上,人力资源管理的另一个问题就是人力资源的效益管理,这也是当前战略人力资源管理研究的基本课题。人力资源管理作为组织经营战略的有机组成部分,当然是为实现组织战略目标服务的。这样就必须考察人力资源管理对组织经营战略的贡献程度。这种贡献程度就是人力资源的效益,即人力资源管理对于组织战略目标的贡献份额和人力资源管理本身所消耗资源之间的比率。根据效益的含义,人力资源管理效益包括人力资源管理收益和人力资源管理成本。

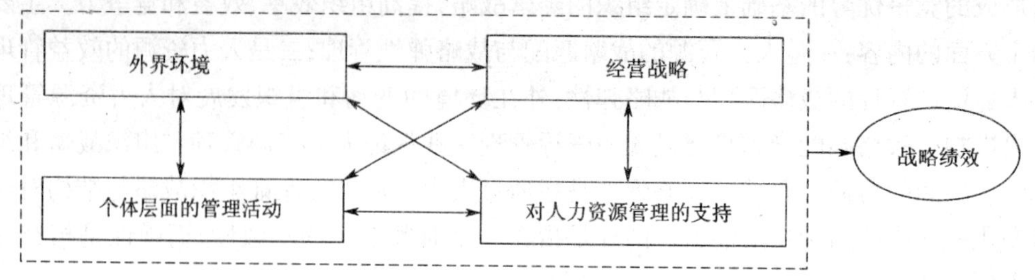

图 2-36 人力资源效益管理

5.2.3 战略人力资源管理 8P 模型

1. 战略人力资源管理 8P 模型概述

Devanna，Fombrum&Tichy(1984) 提出了一个战略人力资源管理的基本框架(如图 2-37 所示)，他们认为当公司外部环境变动时，将会影响组织内部的战略、组织结构以及人力资源管理，通过三者之间相互协调整合，使组织能迅速适应环境的变化。同样组织内部也需自发地调整战略、组织结构与人力资源管理，才能构建出完整的战略人力资源管理，将人力资源管理提升到战略性角色。

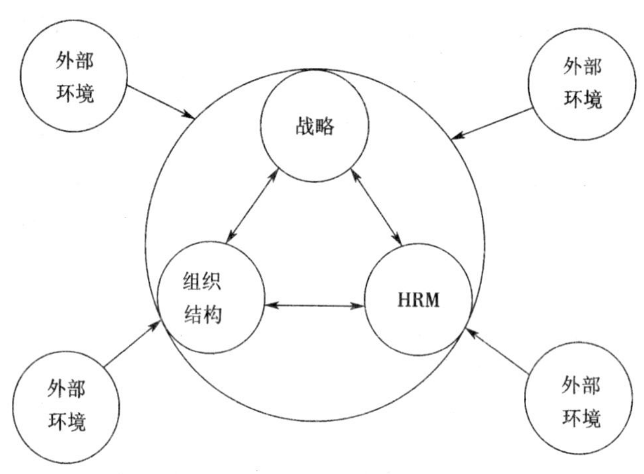

图 2-37 战略人力资源管理体系

Schuler(1992)构建了战略人力资源管理的 5P 模型，提出战略人力资源管理包括人力资源哲学(Philosophy)、人力资源政策(Policy)、人力资源计划(Plan)、人力资源实践(Practice)和人力资源过程(Process)，他们相互之间通过组织的层级而相互联系，并成为一个整体，目的在于更有效地利用人力资源以适应组织的战略需要。

虽然国内外战略人力资源管理研究取得了很多有价值的成果，但对于如何实现公司战略与人力资源管理系统的有效连接，构建战略人力资源管理的体系框架，为公司实践战略人力资源管理提供可操作性的系统思路和方法方面的研究却很不够。

按照经典的战略管理研究框架，公司战略是公司适应外部环境的机会和威胁、利用组织内部的优势和劣势的产物。公司战略的制定必须考虑公司面临的外部环境和受到的内部资源条件的约束。公司应在基于环境和资源的基础上制定合适的战略目标。

人力资源管理部门必须参与公司经营的整体战略决策。在公司战略制定以后，公司应思考要实现战略目标,需把握哪些关键成功要素(CSF, Critical Success Factors)和具备哪些关键能力;由此确定员工队伍应该具备哪些关键素质,并以此为基础制定公司的人力资源战略规划。公司战略人力资源管理系统要以人力资源战略规划(Plan)为核心,以对职位(Position)和员工(Personnel)的分析为基础,建立人才招聘(Provide)、人才培训(Plant)、职业生涯规划(Profession/Career)、绩效考核(Performance)、薪酬管理(Payment)子系统,同时保证实施过程中各个子系统之间的协同配合,构造出健全的管理机制,实现员工的满意,从而支撑公司达成战略目标(如图2-38所示)。

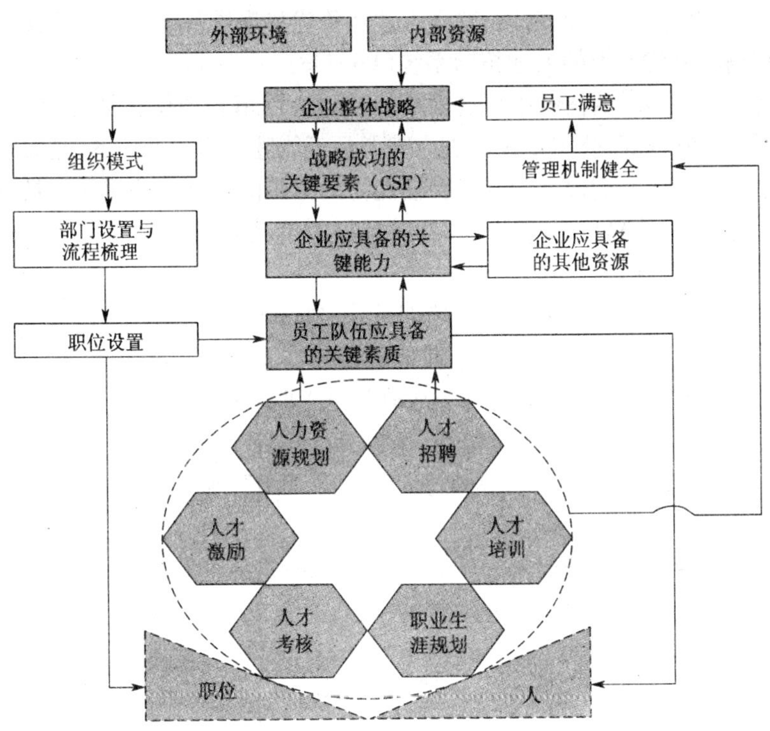

图2-38 战略人力资源管理8P模型

2. 战略人力资源管理8P分述

1)基于战略的人力资源规划系统(Plan)

弄清公司的战略决策及经营环境,是人力资源规划的前提。盘点公司现有人力资源的状况,是制定人力资源规划的基础工作。根据公司发展战略,结合公司人力资源现状,制定公司人力资源规划,使得公司的人力资源能够支撑公司战略发展需要,为实现公司战略做出贡献。公司的人力资源规划的主要活动包括人力资源的供求分析、人力资源的总量规划、人力资源结构优化规划和人力资源素质提升规划以及实现人力资源规划目标的具体措施,即各项业务计划。

2)基于战略的工作分析系统(Position)

工作分析又叫岗位研究,公司战略所确定的所有需要完成的事项都需要分解成各个岗位的职责,岗位是具有战略意义的。岗位研究是公司战略人力资源管理中一项重要的基础工作,它同公司人力资源管理各项工作存在着不可分割的联系。岗位设置与岗位研究是连接公司战略和人力资源管理的重要纽带。公司要根据自身战略需要,选择合适的组织模式;

在此基础上进行部门的设置与流程(包括管理流程和业务流程)梳理;并进行各职能部门的定位,明确各职能部门的职责权限;然后将部门职责权限分解到各个职位,进行职位设置,明确各职位的工作职责、内容,并分析各职位合格任职者应具备的知识、技能、经验和内在素质;为公司的战略人力资源管理提供基础和依据。

3)基于战略和职位的员工素质分析系统(Personnel)

公司要从战略目标、客户需要和竞争要求出发,在职位分析的基础上,对各类职位高绩效员工的内在素质和工作行为进行深入分析,总结和提炼,建立各类员工的素质模型,为合理配置人力资源,充分发挥人的潜能,建立人才竞争优势提供基础和决策依据。

4)基于战略与胜任能力的人才招聘系统(Provide)

基于战略的人才招聘的任务不再是简单的招聘录用填补岗位空缺,而是要获取公司赖以生存和发展的战略资源,公司不仅关心应聘者是否能胜任当前的职务,更关心应聘者能够支撑公司战略发展目标的实现。而基于胜任能力的招聘能够帮助公司找到具有核心动机和特质的人员,支撑公司战略目标的达成。招聘计划的编制要以基于公司战略的人力资源规划和素质模型与任职资格为基础。

5)基于战略与员工职业生涯发展的培训系统(Plant)

基于战略与员工职业生涯发展的培训把重点放在支持公司战略和文化的技能和行为上,同时兼顾员工职业发展的需要。基于战略与员工职业生涯发展的培训系统包括培训需求评估、制订培训计划和培训效果转化等三个关键环节,其中培训需求的评估要综合考虑公司战略要求、员工素质现状和员工为实现职业发展需要所派生出的培训需求。

6)基于战略的职业生涯管理(Profession)

基于战略的职业生涯管理要求公司根据自身战略进行职位设置和职位的分类分等定级,在此基础上形成明确的员工职业发展的通道;并要求公司根据自身战略确定各级各类职位的任职资格标准;牵引员工在公司内不断学习与提高,同时公司要建立员工任职资格晋升评审系统,在员工具备晋升到某一职位的资格条件时,其可以主动向人力资源管理部门提出申请,由人力资源管理部门组织专门的评审委员会进行评审,获得通过后,员工就实现了职位的晋升和职业的发展。基于战略的职业生涯管理还要求公司营造良好的人才成长环境,积极为人才提供职业生涯发展的咨询平台和学习与提高的平台,实现公司的成长带动员工的成长,员工成长推动公司成长。

7)基于战略和关键绩效指标的绩效管理系统(Performance)

绩效是一种组织为实现战略目标的有效输出,是组织期望获得的结果,它包括组织绩效、部门(团队)绩效和个人绩效三个层面。战略人力资源管理关注公司整体层次的绩效,战略人力资源管理的目标是更有利于公司获取高绩效、更有利于公司在激烈的竞争中生存与发展。基于战略与关键绩效指标的绩效管理要求公司从战略目标出发,通过分析公司的价值链,确定公司关键成果领域和关键绩效指标(KPI, Key Performance Indicator),并层层分解,直至形成公司、部门(团队)和岗位三级关键绩效指标体系。组织绩效是建立在个人绩效和团队绩效实现的基础上,当组织绩效目标按一定的逻辑关系被层层分解到每个工作岗位以及每个员工的时候,只要每位员工都达到了组织的要求,组织绩效的实现就有了保障。

绩效管理的规范化流程主要包括制定考核及考核结果运用方案、管理绩效(包括绩效辅导、咨询、定期跟踪等）、绩效考核、绩效反馈（如绩效面谈）和绩效考核结果运用（如奖励、晋升淘汰和绩效改进计划等）五个环节，这五个环节又构成了一个绩效管理的 PDCA 循环。

8）基于业绩与能力的薪酬管理（Payment）

衡量员工为公司创造价值的方法有三种，在此基础上就产生了三种不同的薪酬模式。第一种是基于职务的薪酬模式，这种薪酬模式依据员工所处岗位的重要性以及岗位在公司中的相对价值为员工付酬。第二种是基于业绩的薪酬模式，这种薪酬模式将员工的薪酬和业绩之间挂钩，根据员工个人和所在团队甚至组织的绩效确定其薪酬水平，是一种结果导向的价值分配方式。第三种是基于能力的薪酬模式，这种薪酬模式以员工所具备的职能、技能、经验和内在素质特征等来确定其为公司所创造的价值，并在此基础上为员工付酬。

战略人力资源管理框架下的公司薪酬激励系统要着眼于公司的短期业绩提升与长期发展，因此，员工的薪酬管理必须结合绩效与能力考评，与业绩和能力挂钩，使每个员工的收入与其工作业绩及其对公司战略的实现的支撑程度挂钩。基于业绩和能力的薪酬既关注个人和组织当前的价值创造，更关注个人和组织未来发展和持续的价值创造。

5.2.4 战略人力资源管理与人力资源战略的比较

1.战略人力资源管理的三个层次

战略人力资源管理的核心思想就是将公司的人力资源管理活动与经营战略的制定和实施有机结合起来，使战略能够获得公司人力资源活动的有力支持，从而在竞争中获取优势。对此，霍尔和古德尔（Hall 和 Goodale，1986）建议，基本的人力资源管理手段或活动与公司战略可以在三个不同的组织层次上结合。

1）战略层次

战略层次即将人力资源战略与公司的战略目标联系起来，满足公司的战略需要，为公司战略目标的实现提供人力保障。此层次上的焦点是公司与外部环境界面，主要追求公司的整体利益，关注的是长期问题。人力资源主管应作为最高管理层的一员发挥其影响，相关的活动包括：接班人计划——旨在发现新一代经理人员；人力资源规划——为预测今后一段时间，如十年内，员工的数量和类型打下基础；业绩管理——确定最适合本组织、能取得最佳效果的业绩评价体系类型；奖励管理——确定未来时段内最有效的奖励体系，并选出与实现长期经营目标相关联的奖励种类；培训与发展——草拟培育未来员工的总体发展计划等。

2）战术层次

战术层次也称管理层次即人力资源管理的职能设置，主要包括：人力资源规划、招聘与选拔、人力资源开发、报酬与福利、劳动安全、劳资关系等。这个层次的重点从最高层转移到改善人力资源方针、方法和体系方面，人力资源的长远规划和方针将被细化为具体实施系统。

3）运作层次

该层次的主管直接与产品生产或提供具体服务的基层人员接触，战略人力资源管理在这一层次得到具体实施。

在战略人力资源管理的三个层次中，战略层次是基础，因为人力资源战略是用来帮助组织管理人力资源供给与需求的方法，它对如何开展和管理人力资源活动提供全面的指导。人力资源战略的制定在战略人力资源管理中举足轻重。虽然人力资源战略如同财务战略、市场营销战略一样都是职能战略，但是这里的人力资源战略又不仅仅是一种职能战略，它还与各个战略紧密地连成一体。人力资源战略的制定是与公司战略过程同时进行的。在人力资源战略的每个阶段,它都与公司战略相互影响,从公司战略中吸取思想,并为公司战略提供思路,通过这种方式,人力资源战略不但没有使公司战略制定过程变得复杂化,反而使人力资源问题得到充分认识。而战术层次和运作层次则是制定和开展人力资源活动的过程。

2. 战略人力资源管理与人力资源战略的比较

前面我们阐述了人力资源管理和战略人力资源管理的基本理论,这里再谈谈人力资源战略。

我们知道战略通常有三个层次。第一个层次是公司战略,许多公司有很多不同的业务领域,如海尔集团,它经营空调,又生产冰箱及其他家用电器,因此需要一个将所有业务进行整合的总体战略,这就是公司战略。公司战略的任务是如何使得公司的业务达到最佳组合,以形成公司的竞争优势。第二个层次是业务战略(如海尔空调的生产和销售),业务战略亦称竞争战略,它通常是由公司的战略经营单位(Strategy Business Unit ,简称 SBU)制定和执行的。业务战略的目标是如何培育本业务的能力和优势,在市场上取得长期的竞争优势地位,如海尔空调的竞争战略是如何与市场上众多的空调产品进行竞争。第三个层次则是职能战略,公司是由许多职能部门组成,如生产部、市场营销部、财务部、人力资源部等。职能战略的任务是制定和实施基本的行动路线,以帮助公司达到其竞争目标。人力资源战略是一种职能战略,是根据公司战略来制定人力资源管理计划和方法,并通过人力资源管理活动来实现公司的战略目标。

战略人力资源管理是经由人事管理、人力资源管理发展而来的,是把战略的方法运用到人力资源;而人力资源战略是一种职能战略,其本身是战略制定的一部分,具体区别见表2-26。

表 2-26 战略人力资源管理与传统人力资源管理和人力资源战略比较

	战略人力资源管理	传统人力资源管理	人力资源战略
责任人	总经理、董事长	人力资源部门	人力管理专家和部门经理
主要内容	战略决策	事务管理	目标管理
重要关系	内外部关系	劳资关系	上下层关系
与公司战略关系	执行公司战略	执行职能战略	职能战略
与外部环境关系	密切联系	有限接触	充分结合
主要管理技能	概念技能、人际技能	技术技能、人际技能	概念技能
HR 活动位置	中心状态	边缘状态	配合总体战略
变革中的地位	领导变革	被动适应	主动调整

5.2.5 小结

战略性人力资源管理思想的产生,不仅带来了新的管理方式、手段和运作模式的改进,还对公司战略决策者的人力资源管理理念产生了重大的影响,逐渐促成了管理理念的转变。

传统的人力资源部门的管理者只关注本职能部门内部的事务,而战略性人力资源管理将人力资源战略划分了不同的层次。

人力资源管理者的转变。战略性人力资源管理中,人力资源部门的最高决策者必须承担新的角色,即战略性人力资源管理、职能专家角色、对员工的支持角色和变革的倡导者角色。人力资源部门的主要任务是集中力量进行战略性人力资源的建设,将重点放在人力资源政策的制定和执行,中高层主管的甄选,员工的培训开发与职业生涯指导,招聘和吸引一流人才,制定有竞争力的薪酬激励计划,创建优秀的公司文化等具有战略性、前瞻性的人力资源管理方面。

战略性人力资源管理的最终目标,是要通过对公司人力资源的整合来驱动公司核心能力的形成与保持。这种驱动关系主要通过直接和间接两种方式表现出来。第一,直接方式是指实施某种人力资源管理活动的方法本身能够对竞争优势产生直接影响。例如,在旅游、教育、商业等服务业中,招聘、培训、报酬等涉及人力资源的成本占公司总成本的60%～70%,不同的竞争者在人力资源成本上的差异必然会带来财务上的巨大的差异。第二,间接方式是指人力资源管理活动能够通过员工的结果导致组织的结果,进而去影响竞争优势。

与传统的人力资源管理相区别的是战略性人力资源管理是面向组织的全体员工而不是只与基层的从事操作性事务的员工有关。传统的人力资源管理将关注的焦点集中在事务性员工的身上,割裂了组织战略与人力资源职能之间的关系。战略性人力资源管理关注的不仅是组织的基层员工而是组织的全体员工,从而保证了人力资源职能与组织战略的一致性。

战略性人力资源管理将公司的人力资源管理提高到公司战略的高度,公司总体绩效和公司其他部门的绩效有赖于人力资源部门的基础性作用,但是其前提是人力资源系统的高绩效运作。所以必须保证人力资源部门的绩效的有效性。这也是公司管理环节中的一个常见的困境,即人力资源部门考察其他部门的绩效,但是人力资源部门自身的绩效却无从考察。通过人力资源部门自身的建设,提高人力资源部门自身的绩效在公司战略运作中的有效性,以提高人力资源系统的运作效率、降低人力资源成本,从而推动组织战略计划的完成。

5.3 战略与组织结构

5.3.1 组织结构的概念

先从词义角度进行诠释,或许有助于理解组织的一般概念。在汉语中,"组织"一词最早见诸《辽史·食货志(上)》所云:"饬国人树桑麻,习组织。"意即饬令人民种植桑麻,学会纺织。可见,"组织"最初本义是指纺织。这是一个双音词,其中"组"就是编织的意思,"织"是泛指织物。

在现代汉语中,"组织"一词的用法多为引申义,主要出现在生物学领域和社会科学领域。在生物学中,组织乃作为多细胞高级生物的生理系统中的一种层级结构。一般地说,高级生物体的结构系统包括四种逐级包容的层级结构,即细胞、组织、器官和系统。其中,组织这一层级结构是指由许多相似的细胞和细胞间质组合而组成的某种基本结构,比如,高等动物有四种基本组织,即上皮组织、结缔组织、肌肉组织和神经组织。在现代汉语中,"组织"一词在社会科学领域中的引申义可归纳为两类:一类是作动词解,指按照一定的目的、任务和形式加以编制。在这个意义下,组织是指一个运作过程,即对某种活动或关系加以协调的过程。这是我们使用组织一词常用的一种含义。另一类是作名词解,指社会实体的各组成部分的组成形式或各组成部分之间的关系所形成的某种结构。在这个意义上,组织是指一个实体,即具有某种目的和结构的社会实体。诸如公司、政府、教会、军队、慈善机构、学校等都是这种社会实体的分门别类概念,均属于这种意义上的组织概念。作为实体概念的组织一词,相当于英语中的 Organizations 或 Institutions,即“组织”或“机构”。可以把这种意义下的所有社会实体统称为社会组织,并且按照学科研究的需要对它们加以分类,如政治组织、军事组织、宗教组织、经济组织,如此等等。经济组织可视为社会组织的一个亚类,而公司组织则可视为经济组织的一个子类别。

用美国学者薛恩(H. E. Schein)的话来说,“要给组织下一个简单的定义,其困难程度简直令人大吃一惊”。迄今为止,组织管理理论已给出的组织定义不下数十种。下面所介绍和评述的,只是具有一定代表性的几种见解。从这种介绍和评述中,可见组织管理理论对组织性质的一般理解。

1. 马克斯·韦伯

组织管理理论界普遍认为,首先有意识地对组织加以理论研究者,始于马克斯·韦伯,他因此而被誉为“组织理论之父”。所以,考察组织的一般涵义,就不能不先谈韦伯的观点。韦伯将组织定义为“一种通过规则对外来者的进入的封闭而又限制的社会关系”。韦伯所说的“社会关系”已经包含着后来组织系统理论所说的系统的意谓,但他所强调的是一个特定组织的规则。这种规则既作为区分一个组织与另一个组织的依据,又作为理解组织内部社会关系的本质的基础。韦伯把这种由一定规则决定的社会关系的本质归结为权力,组织所体现的正是一种权力关系,一种秩序。这种权力和秩序的基础,乃是社会关系的社会化和共同体验。整个组织由权力所支配,按照合乎理性的一定的规则来运行。在韦伯心目中,最理想的组织乃是典型的官僚组织,它本身是一架精心设计的机器,其目的在于实现既定的目标,执行某种特定的职能,而组织内部成员则成为这架机器上相互联系的各个部件。韦伯的组织概念,对后来的组织管理理论有着深刻的影响。在理论经济学中,其潜移默化的影响也是十分显著的:即使在现代公司理论中,比如在威廉姆森等人那里,公司依旧被视为某种层级结构,换言之,他们俨然把公司组织的实质“理所当然地”理解为层级结构。

2. 切斯特·巴纳德

在组织管理理论中,巴纳德一般被视为现代组织理论中的系统学派的首创者。的确,巴纳德对组织的一般性质的经典论述,具有开创性和深远的影响。巴纳德从个人能力的有限性出发,论证了协作的客观必要性。协作本身乃是一个社会系统,是包含着物的、生物的、人的和社会的构成要素的复合体。协作系统同时又是外部更大的系统的从属子系统,因而它总是开放的。在巴纳德看来,组织本质上就是这样一种社会协作系统。

巴纳德是第一个把组织视为开放系统的组织管理理论家,并将组织的本质归结为人与人之间的相互协作关系。在这个意义上说,他超越了韦伯,因为后者将组织局限于一个封闭结构内,而且将组织视为一种机械结构。但是,在巴纳德对组织的理解中,至少存在着两个明显的问题。第一,他从组织作为开放系统出发,否认组织界限的存在。在他看来,一个公司组织所包含的,除了组织成员以外,还包括投资者、供货者、顾客及其他非本公司成员但对本公司做出贡献的人。组织既然没有界限,那么组织的实体性也就随之消失了,这是巴纳德的组织概念的一个弱点。第二,既然组织被视为一个系统,那么按照一般系统论,至关重要的就在于找出系统的组成要素并分析它们之间的相互联系。巴纳德显然也认识到这一点了,但他所确定的组织要素却未能反映组织这一系统的特征,他说组织由三个普遍的要素所组成,即:协作的意愿、共同的目标和信息交流。显然,这三个要素并不足以把握住组织的本质内涵,因而也没有给管理组织理论留下显著的影响。

3. 赫伯特·西蒙

西蒙认为,决策制定过程乃是组织的本质特征,因而也是理解组织概念的关键之所在。他是这样给组织下定义的:“组织一词,指的是一个人类群体当中的信息沟通与相互关系的复杂模式。它向每个成员提供其决策所需的大量信息,许多决策前提、目标和态度;它还向每个成员提供一些稳定的、可以理解的预见,使他们能够料到其他成员将会做哪些事,他人对自己的言行将会做出什么反应。”西蒙认为,决策贯穿于组织的各个方面,所以他试图从决策过程去理解组织的实质。

笔者认为,决策行为在组织中固然十分重要,但仅从决策方面去把握组织的本质特征尚嫌不足。其实,决策本身还需要通过组织才能得到理解,如决策权力由谁掌握、决策程序的确定、决策的咨询、制定和执行监督等,这些都需要从组织的性质和结构上方能得到合理解释。不是决策解释组织,而是组织解释决策。西蒙恰恰将这一关系颠倒了。

4. 卡斯特和罗森茨·韦克

卡斯特和罗森茨·韦克在其影响相当广泛的《组织与管理》一书中,继承了巴纳德关于组织作为一个开放系统的思想,他们对组织概念做了更具体的理解。他们“把组织看作一个开放的社会技术系统,它是由许多分系统所组成”。这些分系统包括外部的环境系统和内部的目标和价值分系统、技术分系统、管理分系统、结构分系统及社会心理分系统。组织的内部各个分系统之间是相互联系的,共同组成了组织系统本身,而组织系统又与外部环境系统之间发生投入与产出的关系,不断地进行着物质、能量和信息的交换和转变的过程。

可以说,卡斯特和罗森茨·韦克将组织的系统观做了较为完整的归纳和概括,他们的定义可以代表组织系统理论对组织概念的理解。但是,这里值得提出两点。第一,系统观只是理解组织的一个方法,不能用系统本身去代替组织实质本身。系统乃是一个具有普遍性的宽泛的概念,世界上的万事万物都可以分别被视为系统,而万事万物之间的联系也可以被视为一个更大系统,而人们能否据此就认为万事万物的本质特征都是系统呢?用系统去理解组织的实质,是用认识形式去套所要认识的对象及其内容,难免显得空洞无物。这也是组织管理理论中的系统学派(包括其中的权变学派)的最大弱点。第二,在组织系统理论中,一切都是系统,公司组织本身是一个系统,而众多的公司组织合在一起又是一个系统,整个社会也是一个系统。在这种似是而非的形式化认识的背后,隐含着系统学派在许多概念上的含混。比如,“组织”与“组织系统”本来是两个概念,前者指的是单个组织,后者则是众多组织之间的联系。公司本身可以视为一个系统,众多公司之间的联系也可以视为一个系统,但众多公司之间的联系本身并不是组织。这种概念上的含混是有着深刻影响的,以至如今还能见到有人将市场本身也视为一个组织。

5. 斯蒂芬·罗宾斯

斯蒂芬·罗宾斯(S. P. Robbins)试图吸收其他学者对组织概念的认识,给出了一个对组织概念较为综合的定义:“组织是人们为了实现一定目标而进行合理的组织和协调,并具有一个相对可识别的边界的社会实体。”

这个定义的综合性使得它比上述几种定义更全面、更贴切,这是应该加以肯定的。首先,罗宾斯将组织视为一个社会实体,这个社会实体是由相互关系的人类群体所组成的。它包含着关系,也可以进一步理解为一个由各种行为关系所组成的系统,但它又不能单纯地归结为行为关系(如西蒙的决策行为及其关系)或归结为关系系统(如巴纳德的关系系统)。

罗宾斯的这种处理是可取的。其次，罗宾斯明确肯定了组织界限的存在。这一点虽然并没有超过韦伯，但至少是对巴纳德以及后来的组织管理理论的系统学派和权变学派否认组织界限存在的一个有益的纠正。当然，罗宾斯的静态意义上的组织定义本身也包含着局限性。

6. 理查德·霍尔

沿着与罗宾斯相类似的综合性思路，理查德·霍尔（R. H. Hall）对组织的定义做出更新的综合，他写道："组织是一个有着相对可辨识边界的团体，它有一个规范的秩序、一定的职权层级、一个沟通系统和一个成员协调系统，该团体以相对持续的环境为基础而生存，从事着与一系列目标相联系的某种活动，为组织成员、组织本身和社会做出贡献。"可以看到，霍尔对组织定义的新综合，比罗宾斯更加详尽，从他的定义中至少可找出关于组织概念的这几层规定性：①组织是一个团体（即由人组成的社会群体）；②组织是有边界的；③组织是有目标的，组织从事与目标相关联的某种活动；④组织内部有着某种结构系统，规范秩序、沟通和协调维系着这一系统的运行；⑤组织必须与外部环境相联系，并在这种联系中获得自身生存。可以说，至今为止，在组织管理理论的范围内，对组织定义最完整、最全面的表述，理所当然地应归于霍尔的定义。

当然，霍尔的定义，同罗宾斯的定义一样，虽然考虑周到，都试图综合别人的意见，但都属于在静态意义上给组织概念下定义，不论怎样地面面俱到，总是有缺陷的。因为静态的定义总是无法顾及组织的动态方面，诸如组织是何以形成、它将怎样演变，如此等等。此外，对于特定的研究者来说，总是喜欢侧重于某一方面的规定性，所以不同的研究者总是会对这种综合性定义提出相应不同的批评意见。

一般意义的组织概念似乎可以这样来定义：组织是一个是由相互关联的人类群体所组成的社会实体。是人们在其中从事有目的的合作活动以及实现分工与协调的必要社会载体。

这个定义包含着对组织的三层规定性。其一，组织是一个社会实体。这是组织的基本规定性，也是本书对公司性质的理解与传统经济学以及现代公司理论的根本不同之处。公司在本质上是一种组织，一个社会实体，而不是所谓交易或契约关系。组织的社会实体性是可以被认知的，如通过对特定的组织目标、特定的成员群体、特定的活动场所、特定的象征性符号或标识、特定的规则等的辨认，而认知到某一组织实体的存在，并且认知到该组织与其他组织之间存在的区分界限。其二，组织是有目的的合作群体，其目的性体现于组织所要实现的目标。组织成员各有自身的利益，但个体成员的利益必须为组织的目标所兼容；换言之，组织存在着共同的目标，这种共同目标与组织成员的个体目标是相互兼容的。一个毫无共同目标的组织是难以想象的，也是不可能存在的。其三，组织的基本功能在于对组织成员实现组织目标所开展的各种活动进行必要的分工与协调。换句话说，组织便是为群体活动进行分工和协调的社会载体。因此，分工与协调乃是组织的基本功能。

一般意义上的组织概念是对所有人类社会组织的一个抽象概括。公司组织作为社会组织的一个子类别，当然有其自身的特性，这些特性使它与其他类别的社会组织区分开来。这种特性是较为容易辨认的，比如：公司组织所从事的是经济活动，即商品和服务的生产和经营活动，这一点使它与政治组织（国家、政党等）、军事组织等其他社会组织区分开来；公司组织的目标的营利性质，又使它与各种非营利的经济组织区分开来。

5.3.2 公司战略与组织结构的关系

公司战略包括战略的制定、实施和评价，属于管理学的营运职能；而公司组织结构包括组织的职能结构、部门结构、层次结构、职权结构，属于管理学中的组织管理学。在公司的动态运营活动中，公司战略和公司组织结构高度相关，二者在管理的内在逻辑性和组织维度性中互为条件。公司战略的制定和执行是以公司组织结构设计的合理性为基础的，而公司组织结构设计又是以公司战略为前提来进行的。

众多学者对二者之间的关系进行了研究。Channon 的《英国公司的战略与结构》(1973)探寻了英国公司组织结构如何随总体战略进行调整的问题。Mlmelt 的《战略、结构和经济效绩》(1974)、《日本公司的战略与结构》(1984)都对公司战略和公司组织结构的相互关系进行了不同程度的研究。Harold Koontz 于 1976 年提出组织结构的权责划分原则。Mintzberg 提出了组织结构的经典设计，包括协调机制、基本构成部分、流程系统和类型的设计内容和流程。李惠杰对事业部组织结构扁平化问题进行研究，设计出机构重组和业务流程再造的方案。其中，钱德勒 1962 年对公司战略演化和公司组织结构变化的关系的研究受到广泛关注。其发表的《战略与结构》以通用汽车公司、杜邦公司、标准石油公司及西尔斯公司等为例，通过对这些约 70 家美国大公司发展历史的剖析，得出“公司的战略必将决定其结构”等观点。公司的战略发展可概括为从水平一体化（包括数量扩大和地区扩展战略）到垂直一体化，再到多元化经营战略三个演化过程，在此过程中，为适应战略发展需求，组织结构也随着阶段进化而变化。以高度多元化的公司为例，其组织结构多采用事业部制，这种分权管理结构是现代大型工商公司最合理的基本组织结构形式。

公司战略与公司组织结构存在着决定与影响的关系。公司战略决定组织结构，同时组织结构能对公司战略造成影响。随着公司战略的变化，公司组织结构也会随之不断动态发展。

1. 公司战略决定组织结构

公司组织结构是实施战略的一项重要工具，一个好的公司战略需要通过与其相适应的组织结构去完成。实践证明，一个不适时宜的组织结构必将对公司战略产生巨大的损害作用，它会使良好的战略设计变得无济于事。因此，公司组织结构是随着战略而定的，它必须按战略目标的变化而及时调整。在战略运作中，采取何种组织结构，既要取决于公司决策者和执行者对组织战略结构含义的理解，取决于公司自身的条件和战略类型，也取决于对组织适应战略发展标准的认识和关键性人物的选择。

美国学者钱德勒在 1962 年发表的《战略与结构——美国工业公司历史的篇章》一书指出：战略与结构关系的基本原则是组织的结构要服从于组织的战略，即公司战略决定着结构类型的变化。这一原则指出，公司不能只从现有的组织结构去考虑战略，而应从另一视角，即根据外在环境的变化去制定战略，然后再调整公司原有的组织结构。

2. 组织结构对公司战略的影响

对组织结构及其整体控制机制的合理应用也能为公司带来竞争优势。因为公司的组织结构会影响管理层的决策，进而影响公司的运作，帮助其发掘内在优势和核心竞争力。虽然组织结构本身不产生竞争优势，但由于其对公司战略有着重大影响，关系着公司能否良性发展。一些国际知名公司正是因为运用了合理的组织结构而使公司在全球获得成功。

1)公司战略和组织结构关系的动态发展

从相对稳定时期的公司结构来划分,组织结构一般包括职能专业化、区域组织、事业部制、战略经营单位、矩阵结构和横向型结构六大类。

换言之,这仅是从静态来区分而得出的。如果从公司发展的角度,即从动态上来看,公司处于不同发展时期时,必将会采用不同的组织结构。

公司结构也一定是随公司的发展过程进行不断的推演、创新,从而寻求到最佳状态。因此,我们在理解公司组织结构的战略含义时不能仅限于其静态的几种形态,更重要的是从公司的发展动态过程中理解其演变过程及在不同时期表现出来的形态。只有这样,才能不会被一时的表面现象所迷惑,而能使我们在复杂的工程中更准确地把握公司组织结构的动态变迁,这才是其更深的战略内涵。

尤其是随着许多行业的日益全球化,实施国际战略的公司越来越多。为了应对不同区域环境带来的挑战,审时度势,以动态眼光来选择组织结构显得特别重要。

2)组织结构适应战略发展的标准

公司战略的内容充分考虑到公司员工的行为特点,适用于指导和调动公司整个组织,这是组织结构适应战略的最本质内容。判断组织结构是否适应战略发展有以下三个标准。

(1)产生共同愿景。"产生共同愿景"这一标准是指其在战略上充分有效地使公司全体员工的认知和努力方向一体化,具有为公司全体员工提供共同理想的聚焦作用。对公司长期运营的共同方针或者理想蓝图的战略来说,这具有最重要的意义。

不可否认,公司的最终活动是诸多的具体个人活动的动态总和。对于这些个人活动是统一起来还是分散开来,这是组织结构适应战略发展所要解决的问题。毫无疑问,是否能将单体活动统一化关系到公司取得业绩的大小。在促进人们行动一体化方面,管理者可采用的方法、手段有许多种,其中组织结构设计的手段便是其一。

(2)反映公司组织的前进趋势。仅仅使公司全体员工有共同愿景和统一前进方向还不够,还必须使人们自觉地接受一体化的方向,并以高涨的士气和坚定的信心,向着既定的公司战略目标齐心迈进,使公司运作处于最佳状态,这就要求组织结构能反映整个公司组织的前进趋势。否则,虽有共同愿景,但趋势错误,可想而知其结果也必将对战略结局无济于事。

公司有了这种前进趋势,可以充分鼓起员工的干劲,使公司内在力量倍增;反之,没有了前进趋势,公司的内在潜力将不能用于"刀刃"上,这是人类群体所特有的特性。公司组织结构适应战略的第二个标准是:反映出公司组织的前进趋势,并且能加以利用和保持,体现战略的指向。有了这种前进趋势的一体方向,公司就可以在竞争中处于优势地位,使竞争对手望而却步,并迫使其反击对抗的势头越来越弱,从而在竞争中获胜。

(3)具备催人奋进的精神张力。组织结构适应战略发展的第三个标准是设计好的组织结构能否在全体员工中产生一种积极进取并保持一种紧张感的精神张力。公司的组织结构实现了"共同愿景"和"反映公司组织的前进趋势"目标之后,如果缺乏那种催人奋进并保持适度紧张的精神张力,则组织迟早会松懈,并逐渐习惯成自然,养成惰性。为了防止出现这种情况,防患于未然,有必要给员工注入一定的紧张剂——精神张力,使其不断上进,奋力拼搏。如果做不到这一点,那么,公司的一体化方向和前进趋势终将因懈怠而付之东流。

当然这种精神张力不是越多越好,越大越能起作用。组织结构的适度刺激,使员工产生一种压力紧张感对实现公司总体战略非常重要。这种战略手段所产生并保持的精神张力对公司必将产生巨大的推动作用,而且它也必将在公司的“共同愿景”和“前进趋势”中得以反映。从这个意义上讲,精神张力是实现第一、第二个标准之后,向公司的组织结构设计提出的更高的要求。

纵观公司组织结构适应战略要求的三个标准可以清晰地看到,它们是顺序累计地实现其有效机能的。

首先是结构能产生公司的共同愿景,然后再凝聚这些共同愿景,使其反映到公司发展的正确趋势上来。为了保持持久的动力,同时还必须使公司全体员工能产生一种压力紧张感,即精神张力。有了这种精神张力的存在,就可以使公司在实施战略公司过程中永葆活力,不断进取。

组织结构适应战略发展的三个标准缺一不可。如果没有“共同愿景”,则体现不出公司的前进趋势,精神张力也有可能产生副作用;同样,不能保持公司成员的精神张力,公司的“共同愿景”和前进趋势则可能在实施过程中功亏一篑。

5.3.3 公司战略与组织结构的发展模式

1. 公司战略与组织结构的动态变迁

1)公司战略的动态变迁

一般来讲,一个公司总会有一个产生、发展、壮大、衰退、终结的生命周期过程,即公司要经历一个不同发展阶段的战略时期。

钱德勒对美国大公司的实证研究得出的结论显示,随着历史发展,公司的战略发生着变化。他认为,19 世纪初期,强调的是本土化和专业化;而到了 19 世纪后期,20 世纪初期,公司的战略走向地域拓展和一体化;19 世纪 20 年代以后,公司战略又逐步走向多样化。

20 世纪 70 年代以后,公司战略走向全球化、综合化,适应复杂公司构架的矩阵式组织结构出现。20 世纪 90 年代后期,瞬息万变的信息技术革命促使公司战略走向动态柔性发展。

2)公司组织结构的动态变迁

在整个战略变迁过程中,公司规模由小变大,再由大变小(指走下坡路时),此时就对公司组织结构提出了动态变迁的要求。在公司不同的战略阶段,必须有不同的组织结构与之相适应。随着公司战略的推进,公司组织结构也在不断地动态变迁。

随着公司规模的增长和多样化经营程度的提高,公司的组织结构与高层管理者所扮演的角色也在不断转变。

钱德勒对美国大公司的实证研究证明了这一点。随着技术的变革和经济规模的扩大,公司不断向横向、纵向以及多样化方向延伸其业务领域。而这种业务领域的延伸对管理的要求也就越来越高。其中包括要求有新的管理技术、新的信息沟通与控制系统以及新的组织结构来适应更复杂的管理。尤其是第二次世界大战结束后,世界进入相对和平与发展时期,在相对平稳的环境中,全球公司得到进一步发展。随着公司的壮大,业务内容的扩充,业务地域范围的延伸,融合了以往各种组织结构特色,将集权和分权相结合的矩阵式组织结构出现。20 世纪 90 年代,随着信息技术的发展,一批新的组织结构诞生。表 2-27 描述了现代公司的演化过程。

2. 公司战略与组织结构的发展模式

当组织结构无法与公司战略相协调时,组织结构就会被改变。一般而言,公司在战略发展过程中主要采用的组织结构有:追求数量倍增战略的组织结构,一体化战略的组织结构,多元化经营战略的组织结构,矩阵式组织结构,紧缩、清算战略的组织结构。

表 2-27 现代公司的演化过程

时间	环境影响	战略变化	组织结构变化
19 世纪早期	当地市场 运输及通信不便 劳动密集型生产	专业化 强调当地市场	管理及财务系统简单 没有中层管理层
19 世纪后期到20 世纪早期	电路、电报、机械的出现使生产及分销的规模扩大	地理范围的拓展 全国范围分销产品线的拓展前向一体化	职能制组织出现,公司最高管理层负责各职能部门的协调,会计系统、管理信息系统的发展
20 世纪 20 年代以后	分销系统的发展 资金融通的便利 成长的渴望	多样化战略	职能部门协调困难,管理层负担过重,事业部制出现战略管理职责与运营职责分开
20 世纪 70 年代以后	全球化 企业业务全面拓展	综合化战略	战略企划部分的建立和对下属单位服务的提供 根据企业的特点,进行个性化设计 选取职能性组织结构和事业部制优点
20 世纪 90 年代以后	技术革新日新月异 企业内部和外部环境变化频率加快	动态柔性战略	将集权和分权集合在一起 企业组织结构得到创新,对环境迅速反应的混合型、网络型、虚拟(变形虫)组织结构不断出现

1)追求数量倍增战略的组织结构

在工业发展初期阶段,由于生产力水平较低,产品供不应求,产品与市场高度集中。这时,公司把生产作为经营重点,公司战略重心被放在效率提高、成本降低和规模经济上面。公司只要生产出合格的产品,销路是不成问题的。

与之相适应,公司将设立职能组织结构形式。此时,如图 2-39 所示,职能组织结构由一名总经理及有限的公司员工组成,在重点的职能领域如生产、财务、营销、研发和人力资源等,配备职能层次的经理。在组织中,有专门的职能机构为公司的组织决策提供参考意见,同时,公司高层领导者直接领导下属生产部门。

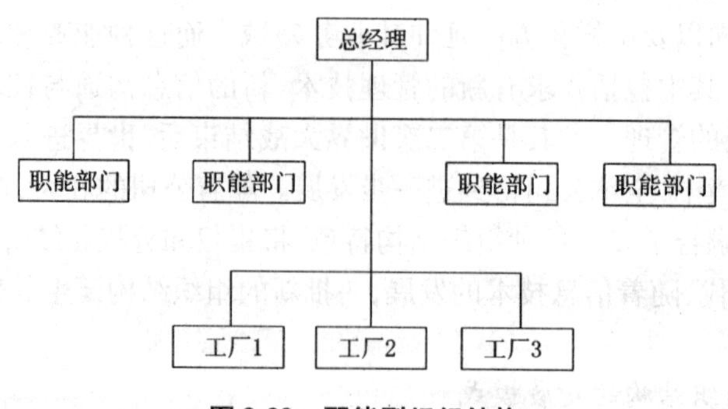

图 2-39 职能型组织结构

职能组织结构允许职能分工,从而方便了知识共享和观点发展。这种组织结构也有利于专门职能领域内的个人职能发展。但是,职能组织结构也可能产生负效应——职能部门负责人可能只专注于自己的领域,而忽视了公司整体发展战略的需要。

2)一体化战略的组织结构

随着生产规模的扩大,产品的生产和销售由近及远逐步扩散开来,由一个地区发展壮大到几个地区。同时,生产相同的产品与仿制品的现象愈来愈多,公司之间的竞争也日益加剧。公司为了获取竞争优势,实现了前向、后向等一体化战略,以求控制部分原材料和分销渠道,增加其竞争实力。

与这个战略阶段相适应,公司采取的是一体化战略的组织结构形式。

公司一方面在不同的地区复制其已有的组织结构,形成地区组织结构,各地的业务由公司总部集中管理;另一方面,公司建立了统管产、供、销的一体化组织结构,对公司经营活动进行统筹安排和协调,这也使原来的职能型组织结构变得较为复杂,形成了部门内复杂的组织结构或有一定自主权的部门。

随着全球市场竞争的出现,实施国际化战略的公司越来越多,不少公司采用了一体化战略的组织结构,其主要形式有:

(1)实施地理区域性组织结构,强调各国的文化差异和本土利益;

(2)实施产品分区性组织结构,由总部来协调各个独立部门;

(3)运用混合结构,协调并融合地理和产品结构的特点和机制。

3)多元化战略的组织结构

随着市场竞争的白热化,公司为了分散投资、经营风险,提高经营的安全系数和盈利能力,公司开始提供多种产品的服务。此时,产品间的相互关联程度较低,市场相互联系的程度也较低,客观上需要减少协调工作量。

与这个战略阶段相适应,公司采取的是多元化经营战略的组织结构,即事业部组织结构。为适应这种形式的需要,公司一般按产品、用户或地区等要素实行事业部的组织结构,如图 2-40 所示。

事业部制的最大特点是划分了公司最高管理层与业务层的职责范围。公司最高管理层负责战略管理与协调,而业务层负责具体产品的经营运作。事业部制还将公司的集权与分权协调起来,以达到效率最大化。

事业部制最早出现于 20 世纪 20 年代,由通用汽车公司采用,由钱德勒发现提出。之后,奥利弗·威廉姆森(Oliver Williamson)在钱德勒实证的基础上进一步深化为 M 型公司理论。他认为事业部制的优势主要基于管理与组织上的以下几个问题。

(1)有限的能力。经理由于在认知能力、信息接收、决策能力上存在局限,因此不能要求其对公司内部所有的决策及协调工作负责。因此,分权是公司内在的要求。

(2)决策的频率。公司内部决策权限的划分应基于决策频率的高低。因此,具体运营由于具有较高的频率,应该与具有较低频率的战略性决策区分开。

(3)减少沟通与协调的需要。在职能型组织中,任何有关具体业务的决策都需上报最高管理层,并需协调各职能部门共同做出。而事业部制将具体业务运营决策放在业务层,从而大大减少了信息传递负担及协调工作量。

(4)整体利益最大化。职能制组织往往造成各职能部门过于关注本部门的利益,而忽

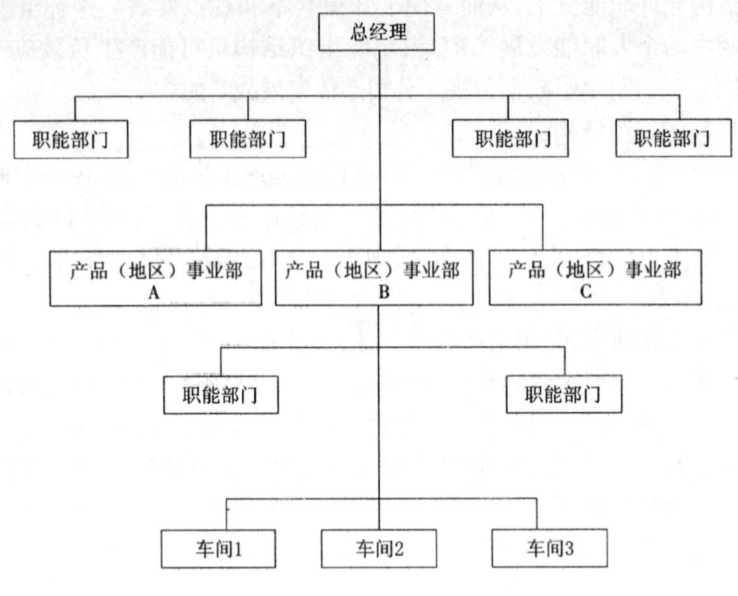

图2-40 事业部制组织结构

视了公司整体的目标。而事业部制组织中,由于公司最高管理层的主要任务在于整个公司战略规划与执行,因而公司整体利益得到突出。

(5)资源分配。事业部制公司可以建立一个高效的内部资本市场,通过这个市场进行公司内部资源在各个业务领域间的分配。而职能制公司内部资源的分配只能由公司最高层决定。在事业部制公司中,每个业务单位依据其过去的经营业绩和项目的前景争取公司资源。由于公司最高管理层对各业务单位信息的更充分把握,公司内部资本市场的资源配置效率显然要比外部资本市场高。

(6)委托代理问题。所谓委托代理问题是指如何激励与控制公司经理,使其努力实现股东利益的最大化。由于公司实际由经理经营与控制,而经理有其自身的利益目标,因此就有了股东如何监督与激励公司经理,使其为股东利益最大化努力的问题,这就是委托代理问题。

事业部制公司的优点在于,在股东与业务经理之间加了一层公司管理层,而该管理组织的任务就是管理、控制以及协调下属各业务单位,以实现公司利润最大化。这样就维护了股东的利益,解决了委托代理问题。

4)矩阵式组织结构

当公司发展到一定战略阶段,在公司内部产生了必要的双重领导,这使其内部资源需互相借用,公司运营的不确定性、复杂性及相互依赖成度增强,需要更有效地处理信息和决策。

与此相适应,公司多采用矩阵式组织结构(如图2-41所示)。矩阵式组织结构将职能型和事业部制的原理相结合,目的是加强各职能部门及规划部门的协作,将集权与分权相结合起来。

5)紧缩、清算战略的组织结构

当公司经营环境发生巨变时,原来有利条件会转瞬间成为不利因素。此时,公司为了生存,不得不采取紧缩或清算战略。

与此相适应,公司采取的大多是紧缩、清算战略的组织结构:即公司要精减其组织结构,

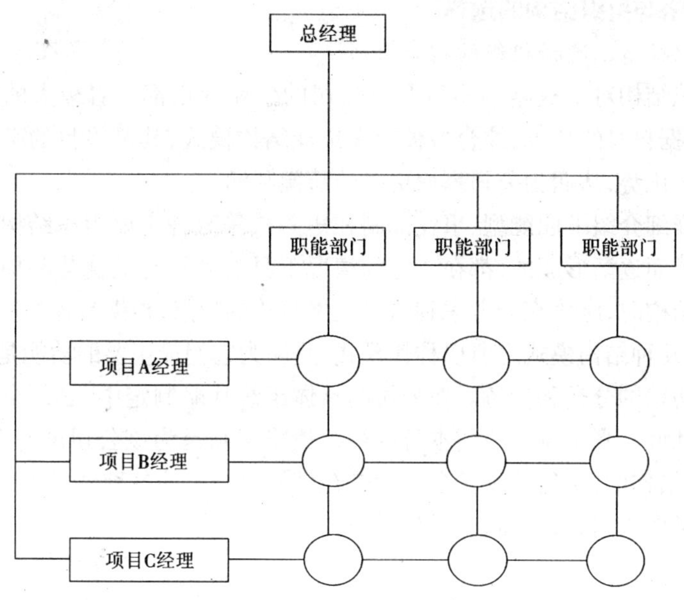

图 2-41 矩阵式组织结构

或成立清算中心来领导各项清算活动。因此,这时公司的组织结构会变得比原来更为简单,更为清晰。由于各公司的实际情况不同,具体战略也会有所差别,但总体的趋势是不变的。

我们概要介绍了上述五种主要公司组织结构,这五种主要公司结构都可能对公司战略存在着正面和负面的影响,并有各自适应的公司战略。了解这五种主要公司组织结构可以帮您适度选取与公司战略匹配的公司组织结构,见表 2-28。

表 2-28 公司主要组织结构对公司战略的影响

企业组织结构	对企业战略的止影响	对企业战略的负影响	匹配的企业战略特点
追求数量倍增战略的组织结构 (职能型组织结构)	信息共享 个人价值的发掘	专注局部领域 忽视企业整体发展战略需要	生产力水平较低 产品供不应求 重心:效率提高、成本降低和规模经济及集中化战略
一体化战略的组织结构(地理区域性组织结构,产品分区性组织结构,地理、产品混合结构)	差异化竞争优势	一体化不得当,失去规模经济优势 整合效用降低	同质产品众多 市场竞争激烈 控制部分原材料和分销渠道,增强其竞争实力
多元化经营战略的组织结构 (事业部制组织结构)	资源最大化利用 整体利益的突出 减少沟通可能带来的损耗	决策主次不明 下属管理层有限的能力	追求广度和合成双重效益 产品相关联度较低、市场联系度较低,需要减少协调工作量
矩阵式组织结构	集权与分权结合	体系混乱,权责不明 管理负荷大	必要的双重领导 企业运营不确定,复杂 企业内部相互依赖程度增强
紧缩、清算战略的组织结构	组织关系清晰、权责明确	组织结构控制力弱可能带来的风险	企业环境突变 有利环境突变为不利环境

5.3.4 公司战略与组织结构的选择

1. 公司组织战略下选择组织结构的原则

公司的组织结构对于战略的实行乃至公司的生死存亡都有着极大的影响。如前文所述,公司必须根据自身的特点,综合各种因素选择结构模式,其最终目的必须是使公司本身获得强大的竞争优势,从而为公司赢取更多的超额利润。

前文已经详细介绍了职能型、事业部制和矩阵式等五种主要组织结构。每一种结构都适应不同的需求而逐渐形成的,都在一定的情况下具有其特有的优势和局限性。公司在选择自身的战略结构时,应该充分考虑到这些发展模式的特点,根据具体情况而定。

应该说,这几种结构模式之所以称作模式,是因为它们最主要的功能是给公司组织战略的制定提供最初始的分类和参考。在公司的具体组织战略制定中,必须全面地考虑各种内部因素和外部环境。真正符合公司本身的组织战略必须是为该公司度身定制的组织战略。因此,所谓组织结构的选择,其真正含义就是在已经总结出的各种模式中选择最接近自身特点和需求的类型作为基础,继而制定组织战略。

公司组织结构作为公司战略成功实施的重要基础之一,最重要的根本性原则就是适应性。

适应性是公司战略的重要特性之一。它强调公司组织能运用已占有的资源和可能占有的资源去适应公司组织外部环境和内在条件的变化。

这种适应是一种极为复杂的动态调整过程,它要求公司能一方面加强内部管理,另一方面则不断推出适应性的有效组织结构。因此,适应的特殊性决定了这种适应不是简单的线性运动,而是一个循环上升的过程,公司组织理论界人士将这个过程称作适应循环。它明确地指出组织结构如何适应公司战略的原则。因此,适应循环所对应的公司组织结构见表2-29。

表 2-29 公司组织结构和公司战略的匹配

企业战略	企业组织结构
业务集中战略	追求数量倍增战略的组织结构(职能型组织结构)
业务多元化战略	联络型相关战略:多元化经营战略的组织结构(事业部制组织结构) 不相关多元化战略:矩阵式组织结构、一体化战略的组织结构
差异化战略	业务单一:追求数量倍增战略的组织结构(职能型组织结构) 业务多元:矩阵式组织结构
成本领先战略	业务单一:追求数量倍增战略的组织结构(职能型组织结构) 业务多元:多元化经营战略的组织结构(事业部制组织结构)
国际化战略	一体化战略的组织结构: 地理区域结构 产品分区结构 地理与产品分区混合结构
紧缩清算、业务扁平战略	紧缩、清算战略的组织结构

一个公司战略在不同的发展时期受到不同环境因素的影响而变化,其组织结构也随之发生转变。常见的造成公司组织结构变化的公司战略因素如图 2-42 所示。

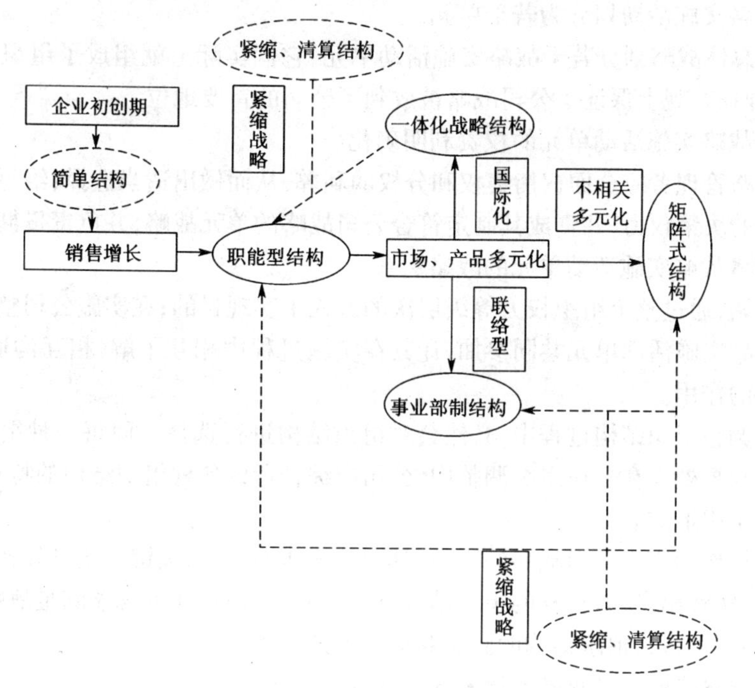

图 2-42　公司组织结构变化的公司战略因素

2. 适应公司战略的组织结构调整

公司的结构必须适应公司的战略和公司所处阶段。随着公司的不断发展,公司必须不断调整自身的组织结构,这样才能进一步发挥公司的竞争力。

任何变化都不是一蹴而就的。公司在进行自身结构调整的时候也必须按照适当的规程,一步一步制定乃至贯彻自身的组织战略。与公司战略相适应的组织结构调整工作包括分析、保障和推行三方面的内容。

(1)正确分析公司目前组织的优势和劣势,设计开发能适应战略需求的组织结构模式。组织结构调整必须在公司原有的基础上通过一系列的措施平缓过渡。对公司现状的分析是整个战略调整过程中至关重要的步骤。对公司战略的彻底研究是分析组织结构战略的前提,也是结构战略调整的基础。

(2)通过公司内部管理层次的区分、相应的责权利匹配和适当的管理方法与手段,建立起确保战略实现的实力。从组织战略的制定到施行,机制是最重要的保障。对于和整个公司休戚相关的组织结构调整,必须在整个公司的范围内得到支持和认同,并且需要用有利的管理方法和手段来保证。在组织战略调整中,这一部分是战略成功的保障。

(3)为公司组织结构中的关键战略岗位选择最合适的人才,保证战略的有力推行。公司的组织结构说到底是人的结构。要使组织战略能够推行到底,必须在各个关键岗位上都有正确的人选来协助。

在有效开展上述组织结构调整工作时,需做好以下几方面的前期准备工作。

1)确定战略实施的关键活动

我们应从错综复杂的活动中,如制度建设、人员培训、市场开发等层面,去寻找对战略实施起重大作用的活动。

2)把战略实施活动划分为若干单元

将公司总体战略划分若干战略实施活动单元,它们实际上就组成了组织结构调整的基本框架,这样在客观上保证了公司战略被放到了公司的首要地位。

3)将各战略实施活动单元的权责利明确化

公司战略管理者应全面权衡集权和分权的利弊,从而做出适当选择,给每个战略实施单元授予适度的决策权力,并责成其制定符合公司战略的单元战略,并负责贯彻执行。

4)协调各战略实施活动单元的战略关系

这种协调,通过整个组织权力等级层次的方式来实现目的;在实施公司整体战略的过程中吸收各战略实施活动单元共同参加,让其在实施过程中相互了解,相互沟通,从而充分发挥协调各方的作用。

在公司调整组织结构过程中,必然会对组织结构进行选择。而每一种组织结构都有其自身的长处与短处。在公司组织调整中,公司应综合考虑各种组织结构的特点,而不应局限某一基本的组织形式。

组织结构作为实现公司战略的手段,其本身无所谓好坏,关键在于其如何适应战略。因此,公司应从实践出发,对自身的组织结构进行有效的调整,让其既能满足战略要求,又非常简单可行,而不可盲目追求结构的膨胀和形式上的完美。

3. 公司组织战略调整中对关键人物的选择

公司战略实施的成败在很大程度上取决于关键岗位上的关键人物的选择。选择合适的关键人物是进行公司组织战略调整的重要内容之一。下面介绍在选择关键人物的过程中应特别注意的一些问题。

1)关键人物的能力应与战略要求相适应

公司战略实施过程中的关键人物是指战略项目经理人员的集合,包括主要经理和经理班子中的人员。

战略项目经理的选择应适应特定的战略要求,需要具有与该公司战略更匹配的资源,能在特定战略领域中对一些关键因素做出独立判断和有效把握,在战略实施中发挥中坚骨干的作用,具有强烈的责任感和事业心;既要有专业水平,又能形成相应的管理风格,并能不断创新。同时,应从提高这些关键人物的整体水平和相互补充出发,对他们进行合理的搭配。

2)利用现任管理者贯彻的新战略

公司实施一项新战略的关键任务,往往是由现任管理者贯彻落实。而选择现任管理者来贯彻新战略的依据是:

(1)现任管理者对许多关键因素已了解,对公司战略,经营方式已熟悉,所需培训时间短;

(2)现任管理者的个人资质优越,在员工中享有崇高威信;

(3)现任管理者能综合协调各方利益,增强战略实施的向心力。

这里要注意的问题是,现任管理者由于工作的连续性,有时会对机会与威胁反应迟钝。

4. 通过引进人才来实施公司新战略

“筑巢引凤”不失为一种很好的方案,因为它有以下几个优点:

(1)选择新战略以有信心的外来人才克服现任管理者的惰性;

(2)容易激动人心,焕发活力,“新官上任三把火”可能会烧出一片新天地。

但同时也需注意两个问题：

(1)受聘者来自外部，需花费较多时间来建立信誉与威望，这样有可能贻误战机；

(2)"临阵易将"产生权力转移，有可能会弄巧成拙，造成一片混乱局面，难以形成内部稳定的环境。

5. 对关键人物实施激励

即使是非常尽责且下决心实现公司战略目标的经理也同样需要激励。在激烈的市场环境下，这些关键人物只有在正确的激励下才能顺利完成战略任务。

但是，正确的激励并产生效果并非易事。因为战略是长期的，其结果不会立竿见影；战略本身具有风险性，可能会中途而辍；另外，为达成目的所采取的行动也会不同。这样，战略成果与个人实绩很难联系起来，从而使激励变得很困难。这时，可采取以下办法来实施激励：

(1)将战略目标取得的进展同已取得的成果区别衡量；

(2)设置股权奖励法，以鼓励关键人物；

(3)针对已取得的成果进行及时、适度的激励。

5.3.5 公司战略与组织结构的创新

1. 创新时代的趋势

从20世纪50年代一直到21世纪初这段时间，是人类历史上发展最快的一个阶段。电脑以及电子通信设备的使用绝不仅仅是简简单单的几台机器。它们是创新时代的产物。它们的到来给整个人类社会的生活方式带来极大的变化。

1)通信便捷化

电子通信业的发展使得信息的传达与交流大大加快，从而使公司管理的触角伸得更长、更远。迅捷的通信手段可以说极大地促成了跨国公司的形成，使得跨区域的信息、资源整合成为可能。20世纪下半叶，电子信息业的发展缔造了AT&T这样的通信公司和时代华纳这样的媒体集团。网络业的繁荣为YAHOO，AOL的网络服务提供商带来了机遇，而电子商务的发展又将易贝、亚马逊等网上商店带入人们的视野。把"江山代有才人出，各领风骚数百年"这句话用在这里，真是再适用不过了，只是"数百年"可能只有几十年，甚至几年而已。

2)电脑参与管理与决策

电脑功能的日益强大使得人脑的功能得以大大延伸，它大大加快了人们处理信息的能力，也使人们有能力存储远远超出前人想象的信息量。如今，一张重约20克的普通光盘存储量约为650兆字节。而一套《辞海》的容量也不过20兆个汉字。数据库、网络技术的运用使全世界的知识在瞬间就可到达桌面电脑。随着计算机技术的日新月异，原本认为只能由人从事的工作现在可由机器代劳。近年来，客户关系管理(CRM)、公司资源规划(ERP)等管理信息系统软件(MIS)都曾名噪一时。无论它们的功能如何以及能在多大程度上减轻管理者和决策者的工作负担，电脑都将越来越多地参与到现代公司的工作之中。

3)技术型公司大量涌现

20世纪初，排在世界前列的公司主要是传统型公司为主，这些公司都经过了数十年，甚至数百年的资本积累，它们在整个行业中的竞争优势体现在规模和资本能力上。21世纪初的今天，排在世界前列的公司成了微软、IBM这些以技术发家的公司。它们的资本都是在短短的数十年中迅速聚集起来的，其发展之迅速远远超出了人们的想象。在技术型公司中，新产品的开发周期短的只有几周，长的也不会超过几年。公司的主要关注点就是不断的创新活动，只有不断地推陈出新才能生存。比尔·盖茨的名言“微软离破产永远只有18个月”正是对创新重要性的最好诠释。这与以传统的生产活动为主要关注点的公司形成了鲜明的对比。知识管理、创新管理是这些知识密集型公司所面临的最大挑战。

2.组织结构的创新

时代在变化，经济在发展，社会环境也在变化。公司在组织结构上必须实施必要的创新，下面简单介绍组织结构创新的大体形式。

1)组织软化

美国学者R.E.迈尔斯和C.C.斯诺与1986年在《加州管理评论》上发表了《新组织形式和新组织概念》一文，对“新竞争组织”的概念做了如下解释：它具有垂直的解集作用，内部和外部经纪人(代理人)制，敞开的信息系统以及市场机制取代行政管理的组织等特征。其核心内容就是通过计算机信息系统技术，在公司内外部建立广泛的联系，同时应用市场机制糅合一些主要职能，以求实现更为广泛的战略目标。

组织软化还要求组织结构小型化、简单化，甚至认为“小即美”。奉行此原则的人认为：

(1)组织结构如果过于复杂庞大，则不符合人的本性；组织小型化更能使人感到工作与本人关系密切，使个人的作用与贡献发挥得更完备；

(2)组织小型化便于领导下放权力且不易引起混乱局面，即有利于调动下属的积极性，以便于控制。

组织软化可以使组织成员的活动方式由刻板正规化向灵活多变转化。过去的组织中，人与人之间等级分明，人的活动受到严格控制；而新组织中，组织成员的任务没有严格的规定与说明，对工作程序也无明文规定，而是通过开放机制及社会心理机制来调动人的积极性。人与人之间的等级差异也较少，权力由集中走向分散，沟通显得更重要。

2)混合型组织结构

现代组织结构的明显趋势是一方面下放权力，另一方面将战略计划和决策机制集中于公司总部，从而形成了高度集权与高度分权相结合的混合型组织结构。这种结构常常以模拟分散制和超事业部制结合的形式为代表。马斯·彼得斯和沃特曼在《追求卓越》一书中认为，实现集权与分权的良好结合，组织结构必须符合以下三个标准：

(1)组织稳定，富有效率；

(2)不断创新的公司精神；

(3)有适当的方式来对付重大威胁，以增强公司对外在环境的灵活应变性。

他们设计了以三根支柱为基础的组织结构，如图2-43所示。

3)网络型组织结构

随着科学技术的不断发展，公司组织结构也在向着网络型组织结构转化。它包括两层组织：

(1)管理控制中心，它集中了战略管理、人力资源管理和财务管理等功能；

(2)柔性的立体网络，它以合同管理为基础，根据需要组成业务班子，而合同则是机构的联系纽带。

网络型组织结构具有以下五个特点。

(1)整个组织分为技术与非技术两大部门。技术部门包括研发、生产、市场营销、搞技

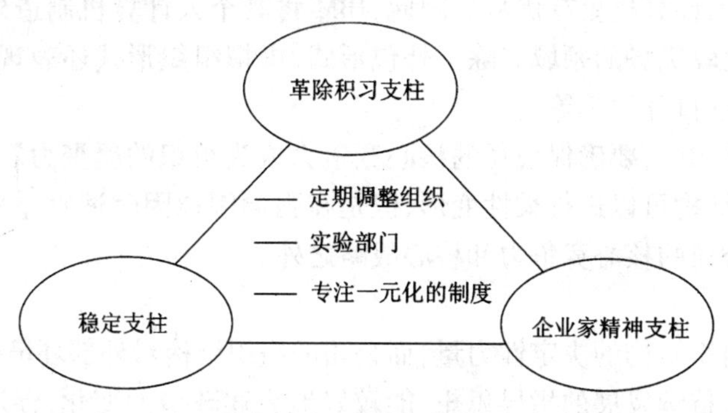

图 2-43 “三支柱”组织结构

术等;而非技术部门包括战略、人力资源和财务等方面。

(2)网络使技术、资金、信息三流程得以分离。

(3)网络组织的控制是间接控制,且保持单向的责权利,一个中心只有一个经理,通过合同管理,避免了多头领导。

(4)具有更大的灵活性,其节点根据市场、项目的要求而结成,具有动态的特征,使高效率得以保证。

(5)有利于经营、协调和合作,便于调动每位管理者的积极性,而且有高附加值的保证。

网络型组织结构(如图 2-44 所示)可以提出更具感召力的目标,真正实现了结构主义—功能主义—过程主义—价值主义的转变。

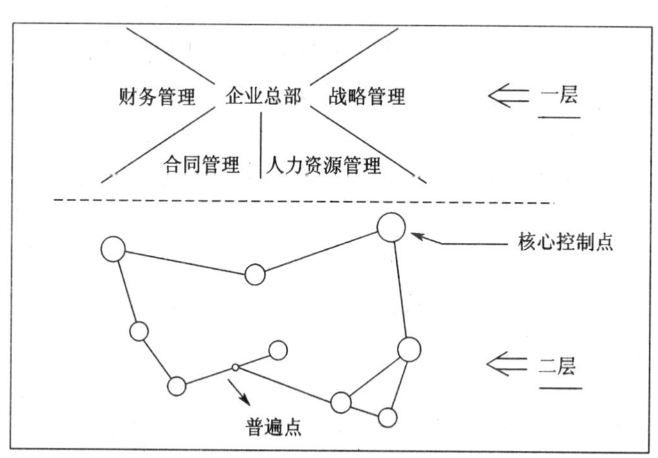

图 2-44 网络型组织结构

4)虚拟组织结构(变形虫组织结构)

Claude, Karen, Daniel 和 Detmar(1998)对虚拟组织所下的定义是:一种新兴的组织形态,依赖和其他组织的合作关系,跨越时空的限制且具有弹性。

信息技术得到不断提升,信息化逐渐渗透到公司运作的全过程。时效概念对于公司发展的权重增加。进行项目外包的公司对组织结构提出了新的要求,虚拟组织结构(变形虫组织结构)应运而生。比如,IBM 公司在个人计算机研发、品牌管理以及探索更新个人计算模式上,比制造个人计算机更有优势。因此,IBM 将其个人计算机制造外包出去,以便更加专注于自己更具比较优势的领域。除了外包形式,虚拟组织形式还表现为:跨国产销合作,授权与策略联盟,项目开发等等。

在虚拟组织结构中,要确保公司的核心竞争力成为组织的凝聚力。根据公司特定环境的需要,虚拟组织结构可以进行柔性变形,但是在强调因地因时适宜差异的同时,公司组织结构不能游离于公司的核心竞争力和核心战略之外。

5.3.6 小结

组织环境是组织结构的决定性力量,而公司的组织结构对外部环境变化的反应不灵敏。公司战略是公司可持续发展的指导思想,能较好地表述环境的变化,促进组织结构的调整。科技的飞速进步促进公司组织的直线制、事业部制、矩阵式及网络式等新模式层出不穷,公司要适应全球复杂多变的竞争格局和顺应改革潮流,应寻求具有竞争力的合适的组织结构。组织结构必须服从战略,跟随公司战略的转变进行适应性的调整,才能保证公司的长远发展。

5.4 战略与公司文化

5.4.1 文化的概念

人们一直以来都在探讨和争论关于文化问题。“文化”一词的随意使用,常常引起思想和论述的混乱。文化是什么?中外学者感到茫然,而且难以一言蔽之。显然要了解文化,所需触及的方面极其广泛。从艺术、宗教、制度到科学和工业,无一不包含在文化之内。因此,要了解文化,不可不从了解文化的众多方面下手。下面给出一些具有代表性的人物对文化的定义。

泰勒 Tylor(英国人类学家 E. B. 泰勒):文化是一种复杂丛结之全体。这种复杂丛结的全体包括知识、信仰、艺术、法律、道德、风俗以及任何其他人所获得的才能和习惯。这里所说的人是指社会的一个分子。

克罗孔 Kluckhohn 和凯利 Kelly(两位都是哈佛人类学家):文化是一整个的丛结。这一整个的丛结包含器物、信仰、习惯以及被这些习惯所决定的人的活动的一切产品。当我们把一般的文化看作一个叙述的概念时,意即人类创造所积累起来的宝藏,也即书籍、绘画、建筑等等。除此之外,还有我们适应人事和自然环境的知识,即语言、风俗、成套的礼仪、伦理、宗教和道德,都在文化范围以外。

所谓文化乃是在历史里为生活而创造出来的一切设计。在这一切设计中,有些是明显的,有些是隐含的,有些是合理智的,有些是反理智的,也有些是非理的。这些设计在任何时候都是人的行为之潜在的指导。

克鲁伯 Kroeber(20 世纪前半期美国人类学的领军人物之一):一堆学得的和传承的自动反应,习惯、技术、观念和价值以及由之而导出的行为,乃是构成文化的东西。文化是人类所特有的,别的动物没有文化,文化是人类在宇宙间特有的性质……文化同时是社会人的全部产品,而且也是影响社会和个人的巨大力量。

萨皮尔 Sapir(美国语言学家、人类学家,美国艺术和科学院院士):文化是人类的物质生活及精神生活之任何由社会传衍而来的要素。

苏伯兰特 Sutberland 和乌德吾 Woodwand(学者):文化包含着能够从这一代传给另一代的每一事物。一个民族的文化乃是其社会遗产。这种社会遗产包含知识、信仰、艺术、道德、法律、使用工具的技术以及交通工具。

克罗孔 Kluckhohn(哈佛人类学家):文化是由行动和反行动的那些抽象的要素所构成的。那些要素可追溯到一种或多种社会脉搏里去。

吉琳与吉琳 Gillin &Gillin(人类学家):各式各样支配社会行为的风俗、传统、态度、观念便是文化。每一群体,每一社会,都有一套明显的或不明显的行为模式。这些行为模式多多少少都是该一群体的分子所共有的。这些模式从上一代传到下一代,而且也常常会改变。这些共同的行为模式叫做文化。

汤玛斯 Thomas(博物学家):文化是任何一群人之物质的和社会的价值。无论是野蛮人还是文明人都有文化。

史莫勒 Small(经济历史学派):文化是机械的、心灵的和道德的技术之全部准备。在某一时期,人用这些技术来达到他们的目标。文化系由人借以增进个人或社会目标的方法构成的。

克茨 Katz 和施恩克 Schanck(人类学家):文化之于社会,正犹如人的性格之于人的机体。文化包括一个社会里特殊建构的内容。文化是个人在特殊社会里所遭遇的气氛。

福尔特 C. S. Ford(人类学家):文化是由解决问题的传统方法构成的。文化也是由许多反应形式构成。在一种文化中,大家都曾接受这些反应形式。因为这些反应形式在实际生活中曾经行之有效。简单地说,文化是由学习得来的解决问题的方式构成的。

克罗孔 Kluckhohn 和莱顿 Leighton(19 世纪末英国最有声望的学院派画家):在人类所遭遇的问题中,有许多问题是一再出现的,有些问题则是不可避免的。而人类应付这些问题的方法受人类禀赋的生物学的装备限制,而且也受外界某些事实限制。但是,对于最大多数问题,解决的可能途径则千差万别。任何文化是由一组习惯的和传统的思想方式、情绪和反应方式构成。这些方式足以表现一个特殊社会在一个特殊的情境里应付问题时特别不同的地方。

奥格木 Ogbum 和尼门可夫 Nimkoff(美国社会学家和人类学家):一种文化包含许多特征,这些特征可以整合为一个系统。这个系统的各部分之间有不同程度的相关。文化之器用的特征和非器用的特征是围绕着满足人的不同需要而组织起来的。这些特征乃文化的核心。一种文化内部的各种各样的构建互相联结起来形成一个模型,而这个模型是每个社会所独有的。

温斯顿 Winston(人类学家):从一重要的意义来说,文化是社会互动的产品。人的行为在某种程度以内是文化行为。个人的习惯模型是由适应既成的习惯模型形成的。在这个范围以内,人的行为就是文化行为。这种既成的习惯模型是文化不可分割的一部分。而个人是生长在文化里的。

太洛尔 Taylor(人类学家):如果我们把全体的文化看作一个记述的概念,那么所谓全体的文化意即一个人一生下来由学习得到的或由创造得到的一切心灵建构或观念。“观念”一词包含态度、意义、情操、情感、价值、目的、兴趣、知识、信仰、关系、组合等范畴,而不是克罗孔与凯利所说的“设计”因子。

如果把全体的文化看作一个说明的概念,那么所谓全体的文化意即人们的一切心灵构造,用这些心灵构造来了解并且反映经验世界里内起的和外来的刺激。文化本身是由观念构成的,而不是由程序构成的。

奇森 F. M. Keesing(人类学家):文化是由学习得来的,是由社会传递而来的行为或风俗。分开来说,一种文化意即有地域限制的,多少各不相同的和有独特性的行为系统,例如:爱斯基摩文化、卡奇印第安文化。

富永健一(日本著名社会学家):正如我们将社会区分为广义的社会和狭义的社会那样,有必要将文化也分为广义的文化和狭义的文化。广义的社会是与自然相对应的范畴;同样,广义的文化也是作为与自然相对应的范畴来使用的。在这种情况下,技术、经济、政治、法律、宗教等等都可以认为是属于文化的领域。也就是说,广义的文化与广义的社会的含意是相同的。但另一方面,狭义的文化与狭义的社会却有不同的内容。后者是通过持续的相互关系而形成的社会关系系统;而前者如我们上文中提出的定义那样,是产生于人类行动但又独立于这些的客观存在的符号系统。

5.4.2 公司文化的概念

1. 公司文化的形成与发展

公司文化是与公司管理理论与实践发展到一定程度的产物,也是公司管理的新的模式。管理学大致可以划分为如下几个阶段:20 世纪初到 20 年代末,以泰罗、法约尔、韦伯等人为代表的古典管理阶段;30 年代到 50 年代则是梅奥(E. Mayo)人际关系学说及随后发展的行为科学理论支配的阶段;进入 60 年代以后是现代管理阶段,那时公司管理的核心是人、财、物的管理;70 年代公司管理核心演进的主要特征是以“战略管理”作为管理核心。战略管理是一个多层次、多因素的系统,它既包括调整公司与外部环境的关系,又包括调整公司自身的内部结构;从 80 年代开始,公司管理的核心进一步演进到以“公司文化”为管理核心。随着这一管理阶段的到来与发展,管理过程的公司目标、公司理念和公司的价值观等软的要素在管理中逐渐显示出重要性,人们也逐渐认同了以公司文化为核心的管理思维。

从东西方公司发展的态势看,公司文化主流分成两种模式,即日本模式和美国模式。日本公司所形成的是“科技文明、民主主义和传统文化相结合”的现代公司文化模式,即以西方的“自由民主”主义为基础,以高度的技术文化为手段,以日本民族的传统文化为根本。这种传统文化是以中国儒家思想为本位的日本大和文化,吸取了儒家学说中的“忠”的思想,经过长期的历史磨砺和熏陶,转化为日本民族特有的“诚”“信”的群体价值取向,逐渐渗透于日本民族的心理深层,成为社会规范与行为准则的基础。另一方面,以美国为代表的西方公司文化传统,是一种由基督教文化、功利主义和实用主义的开放性社会价值体系共同铸造而成的。这一宏观文化环境,使美国的现代公司文化从一开始就带有浓厚的个人主义色彩,强调“自由精神”,追求个人发展,崇尚竞争。同时,在经营管理方面形成的一个共同的特征是推崇理性,尊奉物质刺激和实施外在控制,公司与员工之间主要是契约关系,员工与员工之间是单纯的工作伙伴关系。由这两种模式所产生的公司文化案例都为数不少,而且,经济发展和文化发展一体化作为现代市场经济发展的一个基本趋势,公司文化也在不断创新中显出其重要作用。

由于公司文化与时代特征有着强相关性,因此,随着时代的变革,公司文化的内涵和外延也是在不断变化着。在 20 世纪 90 年代初,公司文化更多的是定位在公司的外在形象和管理风貌上,而 90 年代末以来,公司文化已经不仅代表公司的精神风貌,而是更蕴含公司的指导思想和经营哲学。因此,除了公司形象外,它还代表了公司的价值标准、经营理念、管理制度、思想教育、行为准则、职业道德、文化传统等。实际上,公司文化就是一种以价值观为核心,对全体员工进行公司意识教育的微观文化体系。

到了21世纪初,尽管中国公司已经走出了对公司文化的“政治思想工作”理解的误区,但是,21世纪中国公司文化是什么?对于这个问题,思考的角度不同,对其理解也就不同。如写过《中国公司批判》的陈惠湘认为,公司文化应该包括三个方面。一是建立公司的发展目标,要让公司的发展目标给公司的员工带来自豪感。微软由于它在世界公司中独特的领先地位,加上它生产的任何一种产品只要一出来就立刻在全球轰动,这就使得它公司里所有的员工都可以自豪地讲,我们大家的劳动是改造人类的劳动。二是建立公司的理念文化,向员工说明公司将如何做事情。这在公司的价值体系中,回答了什么事情可以做,什么事情不能做;员工必须具备什么素质,必须具备什么样的能力等等。作为企业家要具备什么商业素质、职业素质、公司素质,从而建立一支团结的、高素质的、敬业的和富于创新的、不断学习的人才队伍。三是建立公司的行为文化。

从20世纪80年代公司文化发展以来,人们越来越认识到文化是一个公司的灵魂,是公司发展的无尽动力。在构成一个公司综合竞争力的各项要素中,文化力是比制造力、销售力、产品力更为重要的一环,是一个公司竞争优势的核心和基础。优秀的公司不仅可以激励士气,使人奋发进取,在公司中营造一种健康进取的工作氛围,而且可以使员工自觉认同的公司价值理念和发展目标,为公司的发展尽心尽力,从而收到意想不到的效果。但是,优秀的公司文化是不会自发形成的,它需要管理者有意识地去引导、去培养、去建设。公司发展到一定的规模,不仅需要有一套规章制度方面的“硬”约束,还需要有一套公司文化方面的“软”约束,来规范公司的各项运作,使公司所有的经营活动与员工的价值取向、行为方式等高度整合,把公司中所有员工凝聚成一个高度统一的整体,从而围绕一个既定的目标,不断把公司推向前进。

成功的公司文化可以把员工的价值观念高度整合在一起,形成具有自己的特色,使每一位员工都认同公司的目标和文化,并形成一种心理契约,主动把公司的生存和发展当作自己不可推卸的责任和使命,从而实现自觉工作,自主管理。

不管如何,21世纪人们将对公司文化的重视提高到一个前所未有的高度。其中一个重要的原因在于科技进步导致了经济的巨大变化,而这种变化又使人的价值发生了很大的变化,也就是人们所说的优秀人才已经成为一种智力资本和竞争实力。于是摆在所有公司面前的一个问题是,如何才能有效地管理和培养这些称为智力资本的人才?这是对文化的管理,是和管理劳动力不一样的。正是管理对象的极大不同,才让人们有充分的理由认为,提升公司文化竞争力将是竞争取胜的最有效的战略措施。

2. 公司文化的概念

任何组织都有自己的文化,尤其是公司组织。组织文化是指在一定的社会历史条件下,组织在生产和管理活动中所创造的具有本组织特色的精神财富及其物质形态,包括价值观念、文化观念、道德规范、行为准则等。优秀的组织文化反映和代表了推动组织发展的整体精神、共同的价值观念、合乎时代的道德和追求发展的文化修养。人们常常把公司的组织文化称为公司文化。

“公司文化”这个术语是在20世纪80年代随着公司文化理论的传入才开始在中国出现的。但近十几年来,这个术语在公司界、各种传媒中频繁出现,敲开任意一个资料库,都能检索到有关“公司文化”的许多资料,仅就公司文化的定义就有很多。

美国学者约翰·P·科特和詹姆斯·L.赫斯克特认为公司文化“是指一个公司中各个部门,至少是公司高层管理者们所共同拥有的那些公司价值观念和经营实践。是指公司中一个分部的各个职能部门或地处不同地理环境的部门所拥有的那种共通的文化现象”。同时认为“公司文化是社会文化体系中的一个有机的重要组成部分,它是民族文化和现代意识在公司内部的综合反映和表现,是民族文化和现代意识影响下形成的具有公司特点的群体意识以及这种意识产生的行为规范”。

特雷斯·迪尔和阿伦·肯尼迪认为,“公司文化就是公司中人们做事的方式,由价值观、神话、英雄人物和象征凝聚而成,这些价值观、神话、英雄人物和象征对公司的员工具有重大的意义”。

威廉·大内认为,公司的传统和氛围产生一个公司的公司文化。而且,公司文化表明公司的风格,如激进、保守、迅猛等,这些风格是公司中行为、言论、活动的固定模式,管理人员以自己为榜样把这个固定模式传输给一代又一代的公司员工。

“总而言之,从公司的各个层面上来说,文化就是根本的思维方式。公司在适应外部环境和内部融合过程中独创、发现和发展而来的思维方式,这种思维方式被证明是行之有效的,因而被作为正确的思维方式传输给新的成员,以使其在适应外部环境和内部融合过程中自觉运用这种思想方式去观察问题、思考问题、感受事物。”(艾德·沙因,1989)

公司文化就是公司的思维模式和行为模式,用比较通俗的话说,公司文化就是“公司的个性”。(古德曼、范德特,1995)其中,有两点需要说明:①公司的主体是人,所以公司的思维模式和行为模式就是公司中大多数成员的思维模式和行为模式;②模式是让人照着做的标准或典型方式,公司的思维模式和行为模式就是公司中大多数成员在正常情况下进行思维和行为的方式。思维模式是行为模式的基础。这一定义概括了许多对公司文化所做的描述,简洁清楚、容易理解,而且具有很强的操作性。比如说,培育公司文化也就是培育公司成员的思维模式和行为模式。

中国社会科学院工业经济研究所研究员韩帕岚认为:“公司文化有广义和狭义两种理解。广义的公司文化是指公司所创造的具有自身特点的物质文化和精神文化;狭义的公司文化是公司所形成的具有自身个性的经营宗旨、价值观念和道德行为准则的综合。”

这里引用的都是世界知名学者和管理学专家给“公司文化”下的定义,其中威廉·大内和艾德加·沙因的定义影响最大。

3. 公司文化的特征

公司文化对于公司的发展有六个不同的作用。它们分别是导向功能、约束功能、凝聚功能、激励功能、辐射功能和品牌功能。

1)导向功能

公司文化能对公司整体和公司成员的价值及行为取向起引导作用。具体表现在两个方面:一是对公司成员个体的思想和行为起导向作用;二是对公司整体的价值取向和经营管理起导向作用。这是因为一个公司的公司文化一旦形成,它就建立起了自身系统的价值和规范标准,如果公司成员在价值和行为的取向与公司文化的系统标准产生悖逆现象,公司文化会进行纠正并将其引导到公司的价值观和规范标准上来。

2)约束功能

公司文化对公司员工的思想、心理和行为具有约束和规范作用。公司文化的约束不是制度式的硬约束,而是一种软约束,这种约束产生于公司的公司文化氛围、群体行为准则和道德规范。群体意识、社会舆论、共同的习俗和风尚等精神文化内容,会造成强大的使个体行为从众化的群体心理压力和动力,使公司成员产生心理共鸣,继而达到行为的自我控制。

3)凝聚功能

公司文化的凝聚功能是指当一种价值观被公司员工共同认可后,它就会成为一种黏合力,从各个方面把其成员聚合起来,从而产生一种巨大的向心力和凝聚力。公司中的人际关系受到多方面的调控,其中既有强制性的"硬调控",如制度、命令等;也有说服教育式的"软调控",如舆论、道德等。公司文化属于软调控,它能使全体员工在公司的使命、战略目标、战略举措、运营流程、合作沟通等基本方面达成共识,这就从根本上保证了公司人际关系的和谐性、稳定性和健康性,从而增强了公司的凝聚力。正是由于有着坚定的"集体主义"价值观,使得日本大财团三井公司在经历二十多年的分崩离析后又重新聚合在了一起。

4)激励功能

公司文化具有使公司成员从内心产生一种高昂情绪和奋发进取精神的效应。公司文化把尊重人作为中心内容,以人的管理为中心。公司文化给员工多重需要的满足,并能用它的"软约束"来调节各种不合理的需要。所以,积极向上的理念及行为准则将会形成强烈的使命感、持久的驱动力,成为员工自我激励的一把标尺。一旦员工真正接受了公司的核心理念,他们就会被这种理念所驱使,自觉自愿地发挥潜能,为公司更加努力、高效地工作。

5)辐射功能

公司文化一旦形成较为固定的模式,它不仅会在公司内部发挥作用,对本公司员工产生影响,而且也会通过各种渠道(宣传、交往等)对社会产生影响。公司文化的传播将帮助树立公司的良好公众形象,提升公司的社会知名度和美誉度。优秀的公司文化也将对社会文化的发展产生重要的影响。

6)品牌功能

公司在公众心目中的品牌形象,是一个由以产品服务为主的"硬件"和以公司文化为主的"软件"所组成的复合体。优秀的公司文化,对于提升公司的品牌形象将发挥巨大的作用。独具特色的优秀公司文化能产生巨大的品牌效应。无论是世界著名的跨国公司,如微软、福特、通用电气、可口可乐,还是国内知名的公司集团,如海尔、联想等,它们独特的公司文化在其品牌形象建设过程中发挥了巨大作用。品牌价值是时间的积累,也是公司文化的积累。

5.4.3 公司文化与公司战略的关系

1. 公司文化与战略的适应关系

清华大学刘冀生教授认为公司文化影响公司的战略实施主要是通过公司文化与战略的适应关系体现的,并把文化与战略的适应性分为四个方面,如图2-45所示。

图2-45中的横坐标代表公司文化的变化大小,纵坐标代表的是公司组织要素的变化大小。其中第一象限是指当公司在实施一项新战略时,公司组织要素的变化很小,且变化与公司原有的文化具有一致性,在这种情况下,公司的高层管理应当主要考虑两个问题,一是充分利用现存的有利条件,巩固并加强公司现有的公司文化;二是保持公司文化的稳定性和持续性,继续发挥公司文化对战略实施的支持作用。

图中的第二象限是指当公司在实施一项新战略时,公司组织要素的变化较大,但这种变

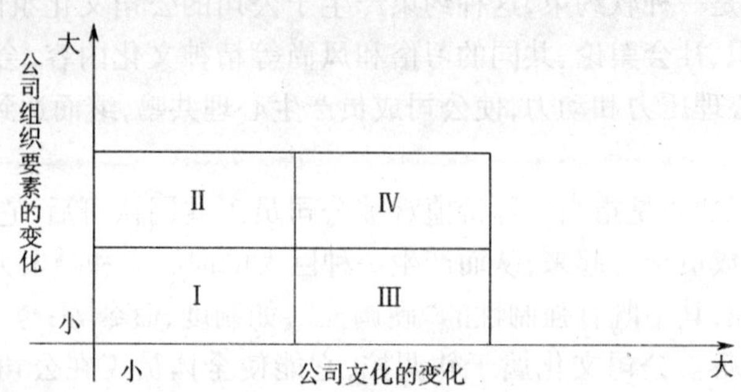

图 2-45 公司文化与公司战略相适应的关系

化与公司原有的文化仍具有内在一致性，这样的公司通常是非常有前途且具有较强实力的，公司可以寻找到更有利的机会，拓展更广阔的市场空间，并在原有公司文化的支持下，积极有效地实施新的战略。此时，公司要做的重点是稳定人员，只有稳定好人员才能稳定这些人员所保持的公司原有的价值观和思维方式，从而保证公司在原有文化的支持下继续实施新的战略。

图中的第三象限是指当公司在实施一项新战略时，公司组织要素的变化较小，且变化与公司原有的文化不太协调，此时公司的高层管理者就需要考虑在不影响公司原有文化一致性的前提条件下，对生产经营中的某项或几项业务实施不同类型的文化管理方式，从而促进跟该项业务相关的战略的实施。

图中的第四象限是指当公司在实施一项新战略时，公司组织要素的变化很大，且变化与公司原有的文化严重不协调，此时公司就必须采取措施来改变这种不利局面，可以通过以下措施：

（1）痛下决心进行公司文化的变革，公司的高层管理者必须要向公司的全体员工阐明变革的目的和意义；

（2）为培育和形成新的公司文化，公司需要招聘一些具有新的文化意识的员工，同时也可以从内部选拔一些符合新文化思想特质的员工；

（3）加强公司内部的培训，要让全体员工熟知新文化所要求的行为，并规范自己的行为使之与新文化相符。

公司的高层管理者们应当意识到文化的变革是很难的，尤其当公司原有的文化存在很长时间的情况下，文化变革的难度会更大。公司规模越大，结构越复杂，文化的变革的困难越多。公司原有的文化影响范围越广，变革越不容易进行。

2. 促进和阻碍关系

公司文化对战略实施的影响并不是单一的，公司文化会影响战略实施的结果，主要表现为促进和阻碍两个方面，这两个方面又可以因程度的不同再进行细化。已经有研究表明不同的公司文化特质会对战略管理产生影响，如战略决策和战略选择等方面，战略实施作为公司战略管理的重要组成部分，也必然会受到公司文化特质的影响，并表现为不同的结果。

Quinn 和 Canmeron 对公司文化进行了深入的研究，他们基于人类的认知体系，建立了一个具有整体性的研究框架，认为人类会因为认知体系的存在而对环境进行判断，通过这个判断我们可以了解其预测能力及对环境的了解程度。前文中我们已经介绍了 Quinn 和

Canmeron 基于竞争价值理论建立的 OCAI 量表,该量表作为公司文化测量研究的代表性成果,不仅为我们提供了有效测量公司文化的工具,更为重要的是,Quinn 和 Canmeron 通过建立该量表对公司文化进行了特质的划分,认为公司文化是具有四种特质的,并且任何一个公司在某一发展节点上,其公司文化都有可能具备了其中的某一种特质,更有可能是这四种特质的混合体。这一研究成果应用到战略实施中,我们就可以尝试解释战略实施受到公司文化的影响会表现为不同的影响结果是因为以下原因。

(1)公司文化具有不同的特质,公司文化对战略实施的影响是通过不同的公司文化特质来体现的。根据 Quinn 和 Canmeron 的研究成果,公司文化所具有的四种特质分别为灵活型、稳定型、关注内部和关注外部,属于两个成对的维度类。任何一个公司的文化都可能是这两个成对维度特质的混合体,两两混合的结果又可以把公司文化划分为四种类型,可定义为活力型文化,是灵活型和偏向关注外部文化特质的混合体;市场型文化是偏向关注外部和稳定性文化特质的混合体;层级型文化是稳定型和偏向关注内部文化特质的混合体;宗族型文化是活力型和偏向关注内部文化特质的混合体。

公司的文化也具有一个发展和变革的过程,在任何一个时点上,公司的文化所具备的特质可能都不是完全相同的,与此同时,文化对战略实施的影响程度也会因特质不同而发生改变,如果该种特质的文化与公司所实施的战略是相协调的,就会有助于战略的有效实施,反之则不利于战略的实施。

(2)公司文化对战略实施的影响是表现在实施过程中的。战略实施的模式有很多种,拉里·博西迪和拉姆·查兰对战略实施的过程进行了流程性的划分,认为战略实施包括三个核心的流程,分别为人员流程、战略流程和运营流程,其中战略流程为公司的发展指明了方向,人员流程主要指的是在战略实施过程中的人力因素,运营流程则是为人员实施战略做出方向性的指导,该理论指出战略实施的关键在于有效地整合这三项流程,从而达到战略的最佳效果。

公司文化对战略实施的影响是表现在实施过程中的,即战略实施过程中的每一环节都会受到公司文化的影响,又可以细分为公司文化对战略共识产生影响、公司文化对战略协同产生影响和公司文化对战略控制产生影响,这些影响的结果都会积聚到一起,最后决定了战略实施的效果,整体体现为公司文化对战略实施的影响。

(3)不同的公司文化特质会对战略实施产生不同的影响。在具有灵活性特质的公司文化氛围中,公司会鼓励员工的创新行为,提倡发挥个人的自主性和创造性,鼓励员工学习,希望员工通过学习提升自我,并不断地从外界获取新鲜的知识,以适应外部环境的变化,从而减少变动对公司带来的冲击。公司的管理者重视并善于沟通,通过积极沟通广泛地听取来自各方面的意见和建议,并根据沟通所获得反馈信息及时地调整和完善公司的战略决策,提高管理层的工作效率。在这样的文化氛围中,员工能够认同公司的价值信仰和管理哲学,这种集体认同可以使员工获得极大的满足,从而能够积极主动地工作,高效率地执行公司的各项决策和战略目标,提高战略实施的效果。在具有稳定性特质的公司文化氛围中,公司为追求稳定,通常不鼓励员工的开创性行为,希望员工能够在既定的规章制度框架下安稳地工作,长此以往,员工也会缺乏工作激情和主动性,只求稳定地工作和生活,在这样的公司文化氛围中,公司与外界会产生隔阂,对外部环境所传递的信息也缺乏灵敏度,公司的抗压能力较小且抵制变革,任何变动都有可能对员工造成不安,工作效率较低,缺乏沟通也会使公司员工难以达成战略共识,信息不对称的现象也会阻碍战略协同的实现,更不利于战略控制,影响战略实施的效果。

在具有关注外部特质的公司文化氛围中,公司重视竞争的积极作用,鼓励员工之间通过竞争获得共同的进步,同时公司注重与外部的信息沟通和交流,能够广泛地吸收外部环境传递的讯息,能够敏锐地感知外部环境的变化,此外,公司重视员工的自我学习与提升,在这样的公司文化氛围中,公司能够在与外界的交流中了解自身的不足,并及时地调整和完善公司的组织结构和各项战略决策,员工在竞争和学习中得到不断的提升,对新事物的接受能力很强,不排斥变革甚至能够主动变革,员工与管理层之间的频繁沟通也易于促进战略共识的达成和战略协调的实现,并关注战略控制进程,这些都会有助于推动战略的实施工作。在具有关注内部特质的公司文化氛围中,公司具有严明的规章制度和管理层级,信息的传递都要遵守自上而下式的沟通渠道,因此对信息的传递速度和真实度都会产生影响,同时严格的层级制度使得高层管理者在制定战略时难以从基层获取有用的信息,同样基层员工也很难清晰地了解公司的各项战略,战略目标下达后也只是机械式地执行,无法将战略与自身的工作联系起来,无法提高积极性和工作效率,这些现象都严重阻碍战略共识的达成,难以实现战略协同甚至忽略战略控制的重要性,阻碍战略实施进程,影响战略实施效果。

3. 引导和推动作用

(1)公司文化对公司战略制定的引导作用。首先,公司文化是公司广大员工所共有的价值观念和行为方式的综合,而公司使命则描述了公司的远景、共享的价值观、信念以及存在的原因,因此,公司使命是公司文化里的最高层次的文化理念。公司使命为公司发展指明了方向,是公司战略制定的前提。公司战略的制定不能脱离公司使命,也离不开公司使命背后体现出来的公司文化。

其次,文化的形成过程是漫长的,文化的变革也是相当困难的。如果公司制定的战略目标与现存公司文化格格不入,这个战略至少在短期里很可能是得不到有效实施的。比如,在具有追求创新,强调结果,工作环境相对松散等公司文化特征的公司推行强调效率和规范的低成本战略就是相当困难的。一直有一种说法认为,当公司文化和公司战略发生冲突时,如果没有足够的把握和耐心,最好改变战略,因为公司文化的改变不是一朝一夕就能做到的事情。可见,在制定公司战略的时候,必须清楚地了解当前的公司文化,才能保障战略目标的实现。

(2)公司文化对公司战略实施的推动作用。公司文化是以公司精神为核心,凝聚公司员工归属感、积极性和创造性的人本管理理论。在以知识经济为指导的21世纪,人们头脑中的知识和智慧成为公司获取竞争优势的重要资源,而这种看不到,摸不着的资源是不能仅仅依靠规章制度来开发和管理的。公司必须在员工中建立共同的价值观,从根本上调动员工的积极性和责任感,才能激发员工的热情,统一全体员工的意志,将他们的行为引导到共同的公司发展目标和方向上来,为公司战略的有效实施努力奋斗。

价值观是公司文化的核心。当公司把经营目标、发展战略和决策意图升华为公司价值观时,就为公司的员工提供了一种共同的意识,也给他们的日常行为提供了指导方针。公司管理必须有规章制度,制度是用来约束员工行为的,但是再细致的公司制度也会有鞭长莫及的时候,在制度约束不到的地方,只有公司的核心价值能够去指导员工的行动。当员工已经完全接受了公司的核心价值观时,员工的行为会超过制度的要求。制度约束的行为已经变成了员工的自觉行为。“文化具有极强的凝聚力量，一个民族如此，一个组织亦如此。组织文化所遵从的价值观一旦被组织成员所认同，就会像黏合剂一样产生一种黏合力量，使各成员紧密地团结起来，产生一种巨大的向心力和凝聚力。”

成功的公司往往是因为公司的价值观能够被员工所认同，并且能和员工个人的价值观所融合。这样，员工们在为公司努力奋斗的同时，也会认为是在为自己的理想目标而奋斗，从而对公司产生强烈的归属感。这种归属感为公司带来的效益是巨大的。美国著名管理学家彼得斯和沃特曼在《寻求优势》一书中指出，在经营得最成功的公司里，居第一位的并不是严格的规章制度或利润指标，更不是计算机或任何一种管理工具、方法、手段，甚至也不是科学技术，而是公司文化。成绩卓著的公司能创造一种内容丰富、道德高尚而且为大家所接受的文化准则，使员工们情绪饱满，互相适应和协调一致；使员工热爱公司产品，产生提高服务质量的愿望以及对公司高度的责任感和归属感，为公司战略的有效实施提供保障。

可见，公司文化影响着公司如何开展业务，并有助于管理和控制其员工的行为，是获取和保持竞争优势的重要来源。公司必须不遗余力地将公司文化灌输到员工的心中去。只有公司的员工有了共同的价值观，在平时的工作中处处体现公司的文化，公司才能创造和保持竞争优势。

因此，公司应该追求公司文化和战略的匹配。在公司文化变革成本可以接受的前提下，根据不同的战略，公司可以努力构建不同的公司文化，尽管调整或变革公司文化的过程很可能是艰难和漫长的。比如，推动成本领先战略，则组织文化应该是节俭、纪律及注重细节；推动差异化战略，则组织文化应该是鼓励创新、发挥个性及承担风险等。如果组织文化与公司战略相适合，组织文化可以强有力地巩固战略所寻求建立的竞争优势。最后组织文化本身并无优劣之分，它是获取竞争优势的一种手段，而不是目的。

5.4.4 小结

公司文化是公司的主体文化、主导文化，是公司法人的文化和公司领导倡导的文化，是公司经营哲学的具体化，是服从、服务并为公司发展战略必需的文化。

公司文化不是“大杂烩”，也不是“大箩筐”。内部各家公司文化发展水准不一，一定程度上又存在多元聚集现象。而公司文化是公司战略的有机部分，公司精神文明不等于公司文化，公司思想政治工作或社会文化也不等于公司文化，职工闲暇文化严格意义上也不属于公司文化。只有当它们成为公司战略有效手段和有机成分并充分体现公司经营哲学时，才取得公司文化的形态、性质、功能。也只有从“市场链”与公司经营战略有机构成的高度理解公司文化，才能更好地理解公司的“文化力”与文化的“执行力”。

一句话，公司文化应是经营性、战略性、市场性、功能性与职工人文性的多重组合，公司的文化建设更应由社会型转向公司型，由超功利型转向市场生存型，由自发游击型转向自觉战略型。

现代市场形势瞬息万变，在此背景下，竞争是永恒的课题，保持可持续竞争优势的根本既非产品也非技术，而是经营理念、公司文化。诚然，伴随着公司市场化进程的总体完成和国内外两个市场一体化的到来，大公司要想超越市场轮回，永葆可持续发展的活力和动力，其融化在品牌、产品、制度、营销战略、形象设计、服务规范和公司日常管理中的核心理念及价值等，既要紧贴公司实际，保持公司根本，体现经营个性，同时，更应着眼长远，放眼全球，超越自我。因此，为超越自我，公司文化理应与公司发展战略同步，在存异中求同，在求同中张扬个性。

5.5 战略与品牌

5.5.1 品牌的概念

中外理论界对品牌的解释如同对其他很多概念一样，林林总总，没有一个统一的认识。以下是几个关于品牌概念的具有代表性的观点。

菲利浦·科特勒(Phitip Kotler)认为：品牌是一种名称、术语、标记、符号或设计，或是它们的组合运用，其目的是借以辨认某个销售者或某群销售者的产品或服务，并使之与竞争对手的产品或服务区别开来。

美国品牌专家大卫·阿克尔(David. A. Aaker)认为：品牌是一种错综复杂的象征，它是品牌产品属性、名称、包装、价格、历史声誉和广告方式的无形综合，同时也因消费者对其使用的印象以及自身的经验而有所界定。

美国市场营销协会(America Marketing Association, AMA)于1960年提出了一个关于品牌的定义：一个名称、术语标记、象征或设计，或它们的联合体，目的在于确定一个卖方或一群卖方的产品或服务，并将其与竞争者的产品或服务区别开来。

《中国品牌》杂志社常务总编辑年小山提出了现代品牌的科学含义：品牌是在整合先进生产力要素、经济要素条件下，以无形资产为主要经营对象、以文化为存在方式、以物质为载体、具备并实行某种标准与规范，以达到一定的目的为原则，并据此设定自身运动轨迹，因而带有显著个性化倾向的、具备优势存在基础的相关事物，它是由精神、物质和行为有机融合的统一体。

以上这几种具有代表性的定义主要站在公司的角度上对品牌做出了不同的解释。在经济发展的初级阶段，品牌的功能主要在于标示和区别，品牌的内涵局限于其名称和符号或是它们的组合。但是，自20世纪后期，公司管理者在关注公司物质财富的同时，又将更多的注意力投入到公司精神财富的建设之中。在此期间，公司文化的培育、顾客满意度、忠诚度的提升以及人力资源管理等开始成为管理学界的热点。公司对无形资产的经营，并借此提升公司的竞争力及整体形象，进而取得长期的超额利润成为一个新的方向。品牌是公司文化或者是公司整体竞争力的外部展现，在一定条件下，作为无形资产的品牌对公司谋求长远发展的作用要比有形资产更大，同时它又与顾客有着千丝万缕的联系，此时，品牌已经被赋予了更多的内容。

5.5.2 品牌的价值

一些具有强势品牌的商品为什么比同类的商品卖更高的价格？为什么消费者会对品牌付出额外的代价？答案是品牌给消费者带来了额外的利益。与品牌的功能结构相应，品牌的价值来源于两部分。

品牌价值的第一部分是消费者为了降低购买风险而付出的代价。树立品牌的巨大投资使消费者相信：品牌的持有者不会冒降低产品质量获得蝇头小利而损失品牌资产这种愚蠢的风险。这种由于巨大的投资和长时间的积累而获得的品牌资产价值越高，因为质量的原因导致的损失就越大，因此，越是强势的品牌，产品的质量和服务承诺就越可靠。生产厂借助品牌明确标出市场中属于自己的每个产品，品牌的区分功能为产品提供了保险——为质量、性能、可靠性、服务做出保证，品牌的附加值就是消费者为此付出的保险费。

公司投资于品牌的广告、赞助等一系列传播，在消费者心中形成品牌独特的文化品位和个性。这种品牌文化使品牌的使用者能够借助于品牌表达自己的社会角色,或得到心理的满足。这种附加于产品上的文化的使用功能形成产品之间的文化差异,为消费者提供了文化涵义上的利益,消费者为得到这种利益付出了额外的费用,形成品牌产品增值最重要的另一部分。

普遍采用的产品测试方法很容易证明品牌的附加值。在这些测试中,把同意消费群体的抽样消费者分成两组,一组使用并判断那些只有编码但没有名字和包装的产品;另一组则在那些品牌采用通常包装条件下使用并判断产品。这些测试的结论是,当可以辨认品牌时人们的偏好与无法辨认品牌时的差异相当大。例如,在不知道品牌的情况下,对某种一流品牌的早餐食品相对于另两个竞争品牌的偏好比率是 47:27:26,而在知道品牌的情形,偏好比率变为 59:26:15,一流品牌的偏好在两种情况下竟相差 12%。对可口可乐、百事可乐和其他饮料一起的试验也得到同样的结论,在去掉品牌标识的情况下,明确表示喜欢百事可乐的有 51%,喜欢可口可乐的有 44%;而在有品牌标识情况下,上述比例变为 23% 和 65%。这些都证明了品牌的附加价值。

营销专家约翰森(Jones)在 1986 年提出品牌的增值可以分为四个方面。

(1)来自经验的增值。通过重复使用某个品牌,消费者对该品牌具有了信心,由于该品牌一贯的可靠性,消费者感到购买该品牌毫无冒险之忧。

(2)来自相关群体效应的增值。广告使用名人效应来支持一个品牌的方式被许多目标市场上的消费者所熟知,它将品牌与消费者所渴望的生活方式联系起来。

(3)来自品牌是有效的这一信念的增值。认为某一品牌有效,这一信念极大地影响着消费者对该品牌真实性的认同。

(4)来自品牌外观的增值。消费者对品牌的印象多来自品牌的包装,包装设计对他们的吸引力形成了对某品牌的选择倾向。其实,把品牌的增值分为品牌区分功能的增值和文化功能的增值更加清晰,并且更有利于树立品牌的战略决策和实施。正是在前面谈到的品牌功能结构的高级化的原因,品牌文化在品牌的附加值中占据越来越高的比例,才是品牌价值的主要源泉。

5.5.3 品牌的特征与功能

商品从生产、流通到被消费者选择,这整条的生产消费链,就像生态系统中的一条生物链。生物链中物种互相依赖,共同生存,缺一不可。品牌则是生产消费链中一个不可缺少的东西。品牌得以存在和发展的根本原因在于,品牌为消费者和公司带来了利益。这些利益来源于品牌所具有的性质不同的两种功能:一种是区分商品的功能;另一种功能则是为商品带来了商品本身使用功能以外的附加的文化含义上的使用功能。

1. 品牌的基本区别功能

品牌表达了商品的属性和特性,从而使消费者可以简便地区分商品,这是品牌最初的功能,也是最基本的功能。品牌作为一个符号,方便了消费者记忆和方便了公司表达商品的一系列特征。品牌符号通过联想综合品牌传播过程中产生的产品信息,帮助消费者识别商品的生产或销售者,识别商品的质量和功能。品牌提供了一种高效率的信息管理方法,提高了消费者收集信息的效率,品牌向消费者提供了一种使信息收集与评估成本最小化的途径,节省了消费者选择商品的成本。

品牌的区分商品的功能,使公司可以通过建立品牌的知名度,树立消费者对产品质量的信任,促进产品的销售。专门的研究测试表明,消费者购买产品时只想到极少的几个品牌,因此,品牌对产品的销售有重要作用。

品牌扩展了所依附的产品的功能。由于品牌的存在,消费者不仅仅使用产品所提供的功能,还可以借助品牌表达自己的社会角色,或在使用产品的过程中获得心理的满足。这些功能是由于品牌在形成的过程中所建立的文化的特征所获得的,这是品牌的文化功能。

品牌对于商品的生产者,最重要的地方在于,它使公司投资的效应可以积累。文化的形成是困难的、长期的,但是,文化一旦形成,变化也是不容易的。因此,品牌文化的这种刚性,使公司所创造的价值不因产品的更替而消失。我们可以把商品的价格分为两部分:一部分是在没有品牌作用情况下商品的价值;另一部分是由于品牌的作用使商品增加的附加价值。产品变换了,但品牌依然存在。新产品在品牌的作用下,保持了商品的价值和公司的利润。

2. 品牌的社会与文化功能

品牌还是一种促进社会进步的机制。公司的社会形象对于品牌的价值具有极大的影响。从而品牌增加了公司的社会责任感。可口可乐公司前总经理唐纳德·基欧认为,消费者对可口可乐保持忠诚的一个重要原因是品牌及其背后经常存在着的以公司员工、赞助项目和社区活动形成的对品牌的支持,消费者相信,可口可乐关心它所服务的当地社区并随时准备给予帮助。因此,品牌鼓励和监督生产商履行社会责任,促进了社会的进步。

品牌研究专家爱格从品牌识别的角度,提出品牌的价值主题除功能性利益外,还包括情感性利益和自我表现性利益。情感性利益指的是品牌能在消费者购买和使用的过程中使购买者或使用者产生某种感觉,就像消费者在沃尔沃汽车里能有安全感、穿上李维斯牛仔裤时会感到结实和粗犷一样。情感性利益为消费者拥有和使用品牌赋予了更深的意味。品牌还可以表现出个人的特性。当品牌成为人们表达个人主张和展现个人形象的媒介时,品牌价值便体现了自我表现性利益。人们在生活中扮演的角色是多元的,比如一个女人的角色可以是妻子、母亲、作家、网球手,人们在扮演不同角色时希望表现的自我观念也不同。购买和使用特定品牌是人们实现自我表现需要的一种方式。例如,驾驶林肯车标志其成功和地位;使用微软办公软件说明自己不落伍;早起为孩子们准备桂格麦片则表达了身为父母的舐犊之情。爱格的这种品牌价值主题论,恰恰是品牌的功能结构在品牌申诉上的反映。

不管怎么样,品牌的作用基本上都可以分为我们上述所区分的两种功能。消费者为什么愿意用更多的钱购买同类的有品牌的商品,经营者为什么不惜代价创建品牌,都可以从品牌的功能或者作用得到解释。品牌的功能由区分功能和文化功能两部分组成,两者构成了品牌的功能结构,这两者都给产品带来了附加价值。

5.5.4 品牌与战略

1. 品牌战略要素

品牌指一个名称、名词、标记、符号或设计,或是它们的组合,其目的是为了识别某个销售者或某群顾客的产品或服务,并使之同竞争对手的产品区别开来。

所谓品牌战略就是公司将品牌作为核心竞争力,是以获取差别利润与价值为目的的公司经营战略。品牌战略具体包括六个要素。

(1)品牌化决策。品牌化决策解决的是品牌的属性问题,是选择制造商品牌还是经销商品牌,是自创品牌还是加盟品牌,不同类别的品牌,在不同行业与公司所处的不同阶段有其特定的适应性。

(2)品牌模式选择。品牌模式的选择解决的是品牌的结构问题,是选择综合性的单一品牌还是多元化的多品牌,是联合品牌还是主副品牌,品牌模式虽无好与坏之分,但却有一定的行业适应性与时间性。

(3)品牌识别界定。品牌识别界定确定的是品牌的内涵,也就是公司希望顾客认同的品牌形象,它是品牌战略的重心。

(4)品牌延伸规划。品牌延伸规划是对品牌未来发展领域的清晰界定,明确了未来品牌适合在哪些领域、行业发展与延伸,在降低延伸风险、规避品牌稀释风险的前提下,请求品牌价值的最大化。

(5)品牌管理规划。品牌管理规划是从组织机构与管理机制上为品牌建设保驾护航,品牌管理一般包括产品力管理、品牌市场力管理、品牌形象力管理、品牌组织力管理等内容。

(6)品牌愿景设立。在上述规划的基础上为品牌的发展设立愿景,并明确品牌发展各阶段的目标与衡量指标。

2. 品牌战略模型

1)品牌战略影响因素分析

影响公司品牌战略的因素很多,本书只对其中的品牌外部环境、公司内部环境两个比较重要的因素进行分析。

(1)品牌外部环境分析。对品牌外部环境的分析主要是从行业的成熟度及公司在行业中所处的位置两个方面进行分析的,见表2-30。

表2-30　品牌外部环境分析

行业成熟度分析	企业在行业中的位置分析
1. 成熟度高的行业特点分析 (1)进入壁垒高,退出壁垒低 (2)技术更新的可能性较低,服务的重要性不断提升 (3)买方市场形成,细分市场成熟,顾客消费具有倾向性 (4)行业比较集中 2. 成熟度低的行业特点分析 成熟度低的行业特点与成熟度高的行业特点正好相反	1. 领导者 (1)在资金、规模、技术、市场等方面占有优势 (2)有领导潮流的能力 (3)抗风险能力高 2. 非领导者 (1)在产品、技术等某个方面有一定专长 (2)组织有相当的灵活性 (3)具有良好的开发和细分市场的能力

(2)公司内部环境分析。对公司内部环境的分析主要是从公司拥有资源的状况及当前的竞争战略类型两个方面进行的,如图2-46所示。

2)品牌战略模型

公司在规划品牌战略时不仅要根据不同影响因素,选择不同的品牌战略,还要考虑品牌战略模式及其适用条件等因素。

品牌战略可供选择的模式多种多样,现将可供选择的品牌战略模式及其适用条件进行介绍,见表2-31。

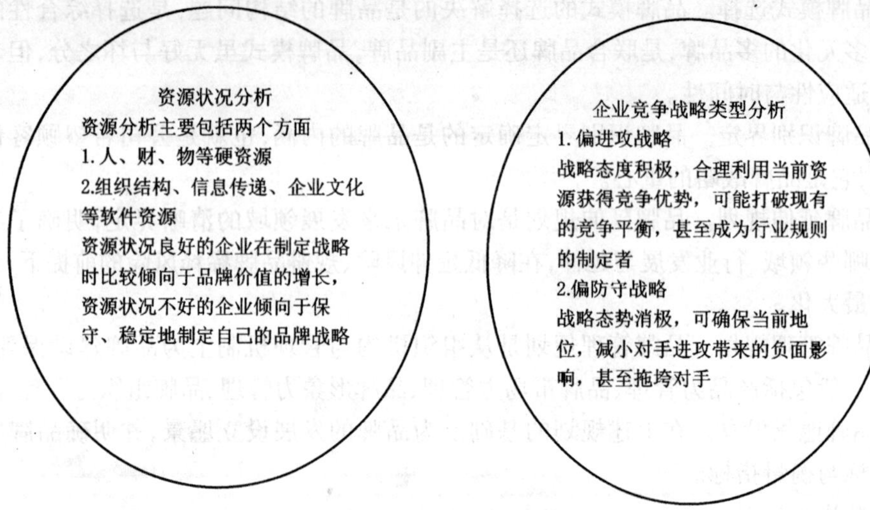

资源状况分析
资源分析主要包括两个方面
1.人、财、物等硬资源
2.组织结构、信息传递、企业文化等软件资源
资源状况良好的企业在制定战略时比较倾向于品牌价值的增长，资源状况不好的企业倾向于保守、稳定地制定自己的品牌战略

企业竞争战略类型分析
1.偏进攻战略
战略态度积极，合理利用当前资源获得竞争优势，可能打破现有的竞争平衡，甚至成为行业规则的制定者
2.偏防守战略
战略态势消极，可确保当前地位，减小对手进攻带来的负面影响，甚至拖垮对手

图 2-46　公司内部环境分析

表 2-31　品牌战略模式及其适用条件

品牌战略模式名称	品牌战略模式适用条件
创造同级新品牌	1. 当公司进入一个新的产业、市场或产品类型时，原有母品牌不能对新产业、市场或产品类别提供品质承诺或规模、实力等象征 2. 公司拥有创造新品牌的资源
创造次级新品牌	公司原有母品牌形象和资产足够强大，但仍需要为母品牌增加形象、个性，并进行市场细分
更换当前品牌	1. 公司原有品牌已经不具有竞争力、市场对产品的需求仍然旺盛 2. 公司拥有建设新品牌、树立新形象的资源
剥离子品牌	1. 子品牌的市场承认度不足，威胁到目标顾客对其母品牌的评价 2. 子品牌成为公司母品牌的累赘
品牌联想	当前市场上产品同质化严重，有必要加大宣传投资，树立品牌的核心价值和独特情感
放弃品牌	1. 当前品牌几乎无可继续利用的价值，市场对该产品的需求正持续走低 2. 行业退出壁垒较低，公司的战略目标已经转向新市场
品牌重新定位	因竞争者的出现导致公司市场占有率降低，目标顾客需求发生变化
品牌联合战略	1. 公司品牌在市场中占有一定的优势地位 2. 当有行业竞争者对公司发动进攻时，联盟对象拥有公司急需的核心能力
扩大品牌规模	1. 公司拥有继续扩大市场规模的生产和营销能力 2. 目标市场尚有未开发的部分，值得公司去拓展
增加品牌新内容	1. 当前品牌仍有继续开发的潜力 2. 品牌的市场认同度较好，市场占有率较高 3. 目标客户的购买倾向正在发生变化 4. 公司有能力进行技术或服务创新

3）品牌战略选择模型

根据行业成熟度和行业位置二维度建立“行业成熟度—行业位置”四分格图，将公司分成四种类型，如图 2-47 所示。

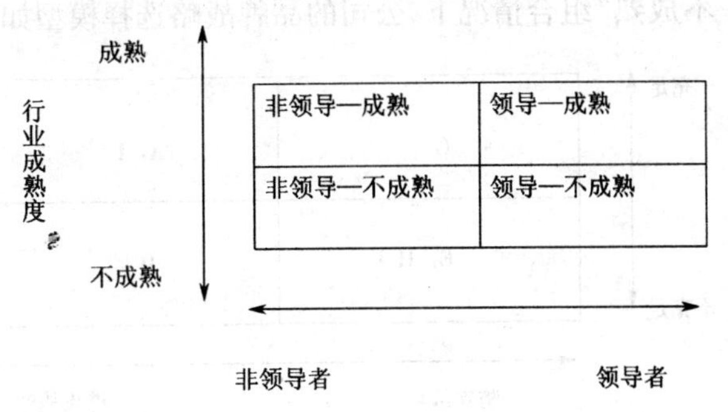

图 2-47 “行业成熟度—行业位置”四分格图

根据公司资源状况和竞争战略类型二纬度建立“资源状况—竞争战略类型”四分格图，将公司分成四种类型，如图 2-48 所示。

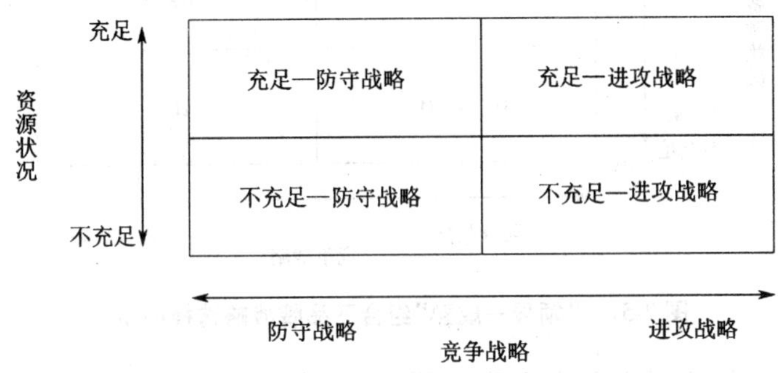

图 2-48 “资源状况—竞争战略类型”四分格图

分别将上述所示的四分格图进行组合分析。其中，A，B，C，D，E，F，G，H，I，J 分别代表一种品牌战略模式：

A——创造同级新品牌；B——创造同级次品牌；C——更换当前品牌；D——剥离子品牌；E——品牌联想；F——放弃品牌；G——品牌重新定位；H——品牌联合战略；I——扩大品牌规模；J——增加品牌新内容。

(1) 在“非领导—成熟”组合情况下，公司的品牌战略选择模型如图 2-49 所示。

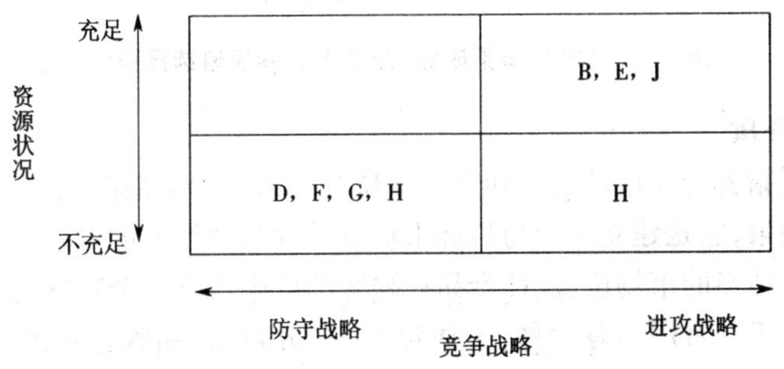

图 2-49 “非领导—成熟”组合下品牌战略选择模型

(2)在“非领导—不成熟”组合情况下,公司的品牌战略选择模型如图 2-50 所示。

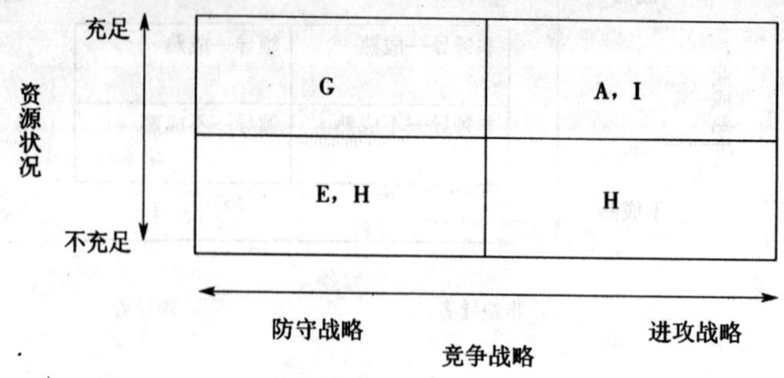

图 2-50 “非领导—不成熟”组合下品牌战略选择模型

(3)在“领导—成熟”组合情况下,公司的品牌战略选择模型如图 2-51 所示。

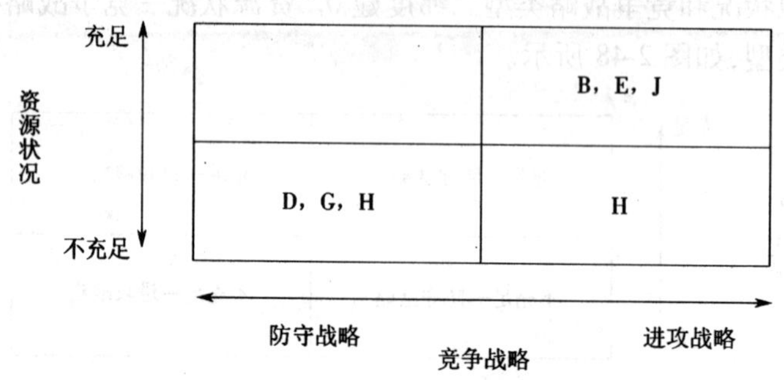

图 2-51 “领导—成熟”组合下品牌战略选择模型

(4)在“领导—不成熟”组合情况下,公司的品牌战略选择模型如图 2-52 所示。

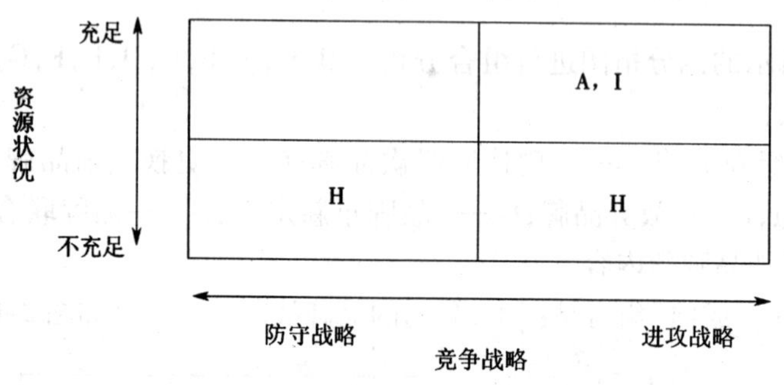

图 2-52 “领导—不成熟”组合下品牌战略选择模型

5.5.5 品牌战略分析

品牌定位分析指公司在市场定位和产品定位的基础上,对特定的品牌在文化取向及个性差异上的商业决策,它是建立一个与目标市场有关的品牌形象的过程, 换言之,即为某个特定品牌确定一个适当的市场位置,使产品在顾客的心中占领一个特殊的位置。

品牌定位分析工具常用的有三种,主要包括 3C 分析法、品牌定位图分析法、品牌定位创意模型。

1.3C 分析法

3C 分析法是指针对公司所处的微观环境——顾客(Customer)、竞争者(Competitor)、公司自身(Corporation)三大方面进行全面的营销分析,通过分析找到适合公司自身的品牌定位策略。

1)顾客分析

营销的本质在于满足顾客的需求。顾客分析的主要内容包括五个方面,如图 2-53 所示。

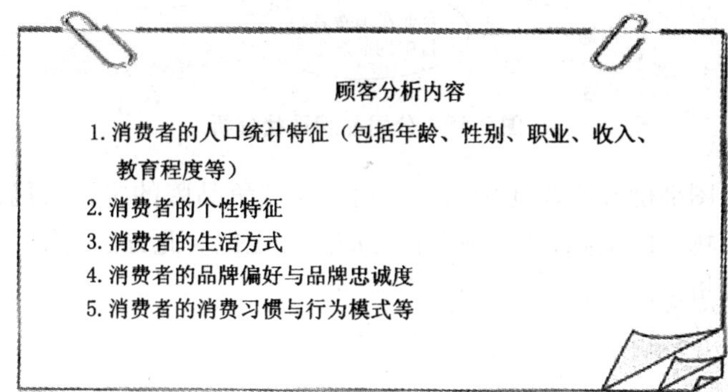

图 2-53 顾客分析内容

2)竞争者分析

竞争者分析的主要内容包括五个方面,如图 2-54 所示。

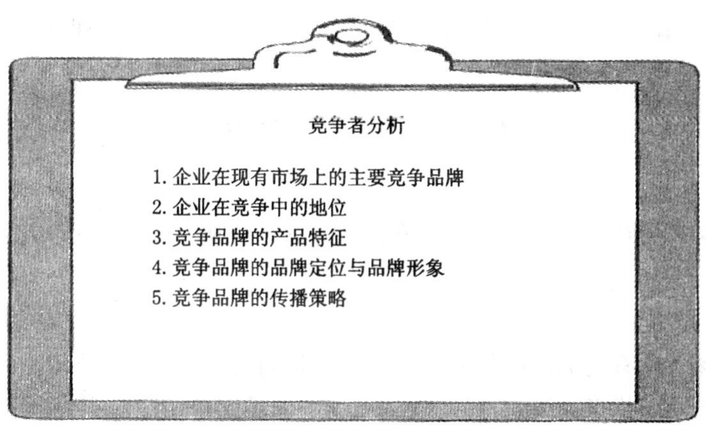

图 2-54 竞争者分析

3)公司品牌现状分析

公司分析主要是针对公司的品牌现状进行分析,主要内容包括六个方面,如图 2-55 所示。

2. 品牌定位图分析法

品牌定位图分析法主要用于对市场上各种竞争品牌的定位进行比较分析,相对于 3C 分析法,品牌定位图的调查分析范围更为狭窄,主要限于对竞争者品牌的调查分析。

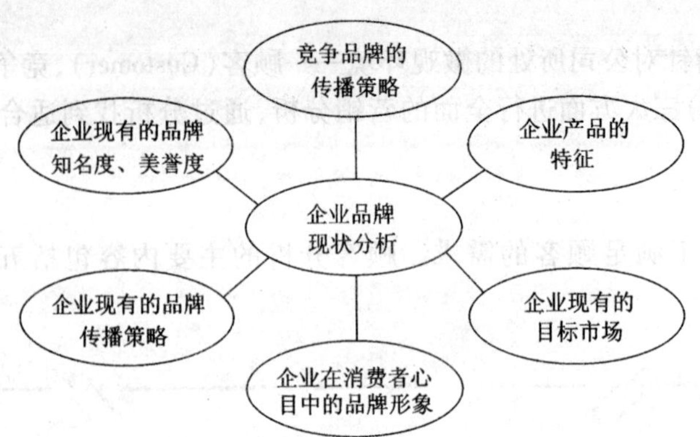

图 2-55　公司品牌现状分析

由于品牌定位图准确和直观地指出了公司主要竞争品牌的定位布局，因此可以帮助公司迅速找到细分市场上的空隙，从而确立自己的品牌定位。此方法适用于不同品牌的定位。

品牌定位图分析法的主要步骤，如图 2-56 所示。

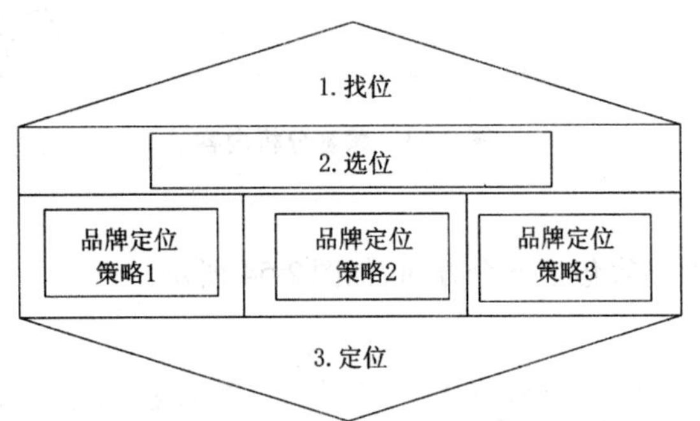

图 2-56　品牌定位图分析法步骤

1）找位

公司通过对产品在市场上的所有竞争者品牌进行分析，了解其竞争者的产品在市场中的定位情况。

2）选位

通过对市场上所有同类产品的品牌定位情况进行分析，弄清竞争者品牌在消费者心目中的位置以及产品的优点和缺点，最终找到市场上的品牌定位空白点，从而选择合适公司产品的定位策略。定位策略主要包括三种，见表 2-31。

表 2-31　品牌定位策略

1. 产品利益定位策略	(1) 消费者购买产品主要是为了获得产品的使用价值，希望产品具有所期望的功能、效果和利益，因而以强调产品功效为诉求是品牌定位的常见形式 (2) 许多产品具有多重功效，但由于消费者能记住的信息是有限的，他们只对某一强烈诉求容易产生较深的印象。因此，向消费者承诺一个功效点的单一诉求更能突破出品牌的个性特点，获得成功的定位。例如，飘柔洗发水的诉求点是“柔顺”、海飞丝的诉求点是“去屑”等

续表

2. 情感利益定位策略	(1)将人类情感中的关怀、牵挂、思念、温暖、怀旧、爱等情感融入到品牌之中,使消费者在购买、使用产品的过程中获得这些情感体验,从而唤起消费者内心深处的认同和共鸣,最终获得对品牌的享受和忠诚 (2)如浙江纳爱斯的雕牌洗衣粉,借用社会关注资源,在品牌塑造上大打情感牌,其制作的下岗片广告,就是较成功的情感定位策略
3. 自我表达利益定位策略	(1)通过表现品牌的某种人的独特形象和内涵,让品牌成为消费者表达个人价值观、审美情趣、自我个性、生活品位、心理期待的一种载体和媒介,使消费者获得一种自我满足和自我陶醉的快乐感觉 (2)例如,浪莎袜业锲而不舍地宣扬"动人、吸引、高雅、时尚"的品牌内涵,给消费者一种追求靓丽、妩媚、前卫的心理满足

3)定位

通过以上品牌定位策略的分析,公司可以选择出适合自己的定位策略,通过有效的品牌传播策略,向公司的目标顾客传达这一信息。

3. 品牌定位创意模型

1)品牌定位三要素

在进行品牌定位创意之前,公司品牌管理人员一定要理解品牌定位三要素,其内容见表2-32。

表2-32　品牌定位三要素

要素描述	要素含义	应用实例	
		潘婷	沙宣
"我"为谁而生	对目标消费者心理层面的描述,本品牌提供任何特殊的使用者形象,这种形象通常比真实的消费者形象更令人向往	现代智慧、掌控自我的女性	追求时尚的自信女性
"我"是谁	品牌象征性或拟人化的描述,代表品牌的文化价值、品牌个性、信念、情感等	该领域内的国际性专业领导者	引领全球头发时尚的专家
为什么要买"我"	品牌的核心价值主张,即向目标消费者传播的产品利益点、支持点	健康营养的头发,富有弹性和生命力,含有维生素B5	迷人的、时髦的、健康头发,值得依赖的形象专家

2)品牌定位创意模型

品牌定位创意一般有四个阶段,如图2-56所示。

5.5.6　品牌战略执行

前面已经论述了公司的多种品牌战略。但是仅仅有正确的战略还是不够的,一个好的战略若不能得到有效执行,它也就只是可望而不可即的空中楼阁,公司的生存和发展还是会面临巨大的威胁和挑战。

社会上经常谈到公司的5亿元、10亿元现象,就是说有的公司完成原始积累之后,就不知道怎样继续向前发展,没有发展后劲了。因此,品牌战略的执行至关重要。相关研究显示,在美国,大约有70%的公司失败并非缘自低劣的公司战略,而是因为所制定的战略没有

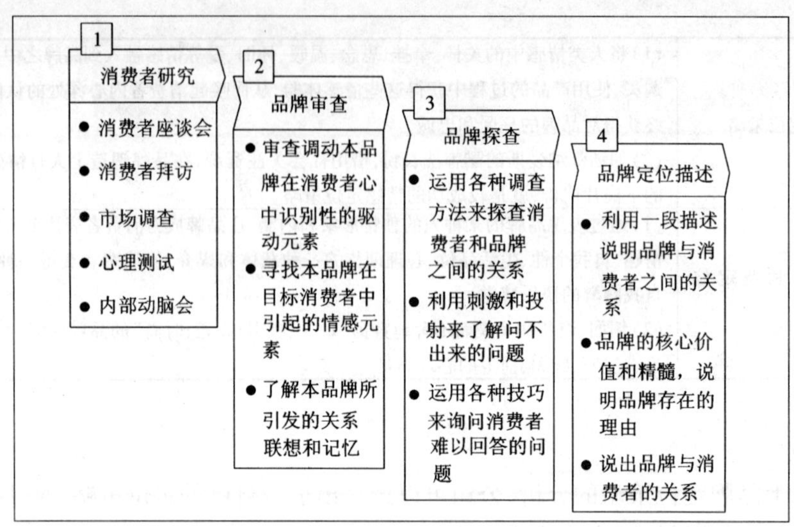

图 2-56 品牌定位创意模型

被有效地执行(中国公司更大于这一比例)。经过精心策划的公司战略只有不足 10% 得到有效执行。随着竞争环境变化速度的加快,公司面临的竞争压力也与日俱增,要想打造出一个强有力的品牌,准确有效地执行既定战略已非锦上添花,而是直接与公司的生死存亡相关。

与品牌战略执行相提并论的问题就是品牌管理机构的问题。品牌管理组织的建立是现代公司品牌管理的第一步。无论是品牌经理制还是品牌管理委员会,都是为了执行公司的品牌战略而组建的专业机构。除了在公司内部建立相关的管理机构外,还可以借助专业的品牌管理咨询机构的力量。

1. 战略执行力

如今,公司经营管理已经进入战略制胜时代。战略包含制定与执行这两个基本环节,好的战略是公司成功的必要条件,但战略制定只是战略管理的一部分,战略成功还有赖于成功的执行,执行的本质就是把公司的战略与现有的资源相整合来实现公司战略。好的战略成败的关键在于战略执行力。

战略执行,就是将已经制定好的战略决策落到实处、转化为结果的过程。公司成功三分靠战略,七分靠执行。衡量战略执行水平和力度的就是战略执行力。战略执行力就是正确决策、严密组织、协同行动、精心管理,将战略目标付诸实践的能力,是决策能力、组织能力、管理能力、调整能力、创新能力等的集合。公司的战略方向基本确定之后,执行力就变得最为关键。公司成败的决定因素应是战略执行力。战略失误可能是战略不当,但更多的是战略中途夭折。“战略巨人,执行矮子”注定了许多公司经营的失败。

战略执行力主要由共识、协同和控制三大要素构成。共识是公司在战略制定、澄清和沟通过程中所实现的各层级员工和外部利益相关者对公司目标和战略的认同感和责任感。协同是战略执行的关键所在,反映的是公司通过目标分解、计划拟定、资源分配和战略行动所实现的经营活动及组织形式与战略的协调一致,其目的是使战略在日常经营活动中得到充分的贯彻实施。控制是对战略执行进程进行有效追踪和调整,并依据与战略挂钩的业绩考核制度奖惩员工,使整个公司的运营始终能够朝着既定的方向进行。共识、协同和控制概括了战略执行过程中三个阶段的核心目标与能力,构成了战略执行力的三大支柱。战略执行力的三个方面并不是相互独立的,其任何一根支柱的缺失都会导致执行力的低下,进而导致执行效果不佳。三个方面表现不佳的要素数量越多,执行的效果也将越差。它们的共同作用决定着战略执行力的强弱,而战略执行力的强弱则决定着战略执行的效果。

2. 战略执行力关键影响因素

从战略产生至最终执行产生结果的全过程来看,影响战略执行力的关键因素包括以下几个方面。

1)战略产生过程

战略制定和战略执行并不是简单的“白加黑”关系,而是相辅相成,缺一不可的。战略的制定是建立在公司外部环境和内部条件综合考虑、系统评价的基础上的。战略产生时有两个方面的因素。一是战略本身的问题,即战略的目标、方向、具体实施方案等。这些要素在战略制定的过程中都是非常重要的,如果没有落到实处,或者不合理,就会造成整个战略的不可实施性。二是制定战略的人员问题。什么样的人决定什么样的战略,对于公司来说,战略制定的相关人员应该包括将执行此战略的人员、将受到战略执行影响的人员、相关专业领域的专家、组织中高中低层的员工代表等。这些人员的参与将使制定的战略更具有执行性。公司要想提升其品牌的战略执行力,首先在制定品牌战略的同时就应该对自身的品牌执行能力做一个全面的评估和定位。

2)公司决策

决策系统指公司内的授权结构及决策方式,也就是某决策节点上的个人或团队能不能做决定及如何做决定的问题。决策系统的重要性不仅体现在公司战略制定的过程中,还体现在当公司战略在执行过程中遇到现实困难的时候,保持一贯性就必须有公司决策系统的魄力。

3)工作计划

工作计划系统的目的是将战略细化为可执行的任务,分配到每一个员工并确保个人任务与公司战略的联系。战略制定之后应该及时在公司内部进行信息沟通,让上下形成一致的认识,确保战略可以分解为模块化的工作计划。

4)组织结构

战略执行需要有坚强而完整的团队来执行,而这个团队的组织结构就成为战略执行的很重要一个部分。组织结构决定了一个组织内人员的分组方式,组织结构既可以支持公司战略,也可以侵蚀公司战略。不合理的组织结构不仅会降低公司战略执行力,让事实变成事倍功半,而且会造成公司战略的无法执行,使得公司有战略而无法执行。组织结构的设计既要鼓励不同部门和不同团队保持独特性以完成不同任务,还要能够将这些不同部门和团队整合起来为实现公司整体的战略目标而合作。“组织结构应该服从于战略”,这样才能提高公司执行战略的能力。

5)公司的执行力文化

执行力是左右公司成败的重要力量,它来自于公司文化,也完善于公司文化,并成为公司文化的一部分。公司文化通常反映了公司内部隐含的主流价值观、态度和做事方式。一个先进的文化不仅能够激发广大员工的积极性,促使员工按照公司想要的方式去努力,而且能够适应动态环境的变化和公司战略的调整。而一个落后的公司文化,则不仅成为制约公司战略实现的障碍,甚至成为扼杀公司的主要因素。

6)奖惩系统

奖惩作为一种撬动人们心理的实用杠杆,既可以保持员工对战略的热情,也可以毁灭他们的憧憬。奖惩系统在这里是作为一个支持系统出现的。员工对公司的忠诚是公司最强的执行力。

以 IBM 为例说明品牌战略执行的重要。郭士纳先生就任 IBM 首席执行官后,做的第一个人事任命就是从外部聘用与他在美国运通公司共事多年的阿比·科恩斯塔姆女士担任 IBM 公司市场营销负责人,负责 IBM 品牌战略工作。他解释说:"如果 IBM 的品牌搞砸了,那么我们的一切努力——从精兵简政、重塑品牌,到制定战略和提高员工的士气等一切努力,就都等于零——尽管我们在其他事情上也很努力。"

5.5.7 小结

当今世界经济的主要特征是全球化。任何时代的国际竞争,都以实力为基础。跨国公司在全球范围内建造自己的公司帝国的时候,首先高扬的就是品牌的旗帜。有了品牌,他们所向披靡,无往不胜。

世界经济已经进入了品牌竞争的时代。如何能真正地运用品牌战略的理念和方法来建设自己的品牌?对于绝大多数中国公司来说,他们最缺乏的不是理论而是实践。本节对"品牌战略组合"和"品牌战略实践"的内容及具体操作进行了较详细的介绍。

品牌战略是公司各项战略中的唯一使公司具有核心竞争能力的战略。核心竞争能力是价值创造的源泉,它独一无二地界定了一家公司。

品牌战略通过整合公司内部资源,形成公司独一无二的品牌资产,将传统公司管理中无法衡量的公司中最容易被忽视,而且是最重要的隐含无形资产转化为显现的有形资产。公司通过品牌战略组合,将品牌资产如同公司中的设备资产、现金资产、各种资源等有形资产一样向外输出,借助世界经济一体化,超越公司现有资源限制和国界限制,在全世界范围内有选择地配置公司所需的人、财、物等资源和商业政策,使公司利益最大化。品牌将普通商品通过品牌口号和品牌形象,让无言的商品变成了拟人化朋友般的品牌产品,让"灰姑娘式"商品变成了"公主式"品牌产品,赋予了产品以生命和性格,同时将品牌植入到顾客内心深处。品牌战略真正实现了品牌无疆、不分民族、超越信仰、共同拥有;同时也实现了顾客、员工、投资者、社会等利益相关者和公司自身多方共赢的增值价值。

5.6 战略与物流

5.6.1 物流的概念

从 20 世纪初,美国人提出物流这一概念开始,就有许多争论,并逐步深化与发展。到目前为止,各国对物流的定义也不完全一致,物流的范围也并不只是局限于"物流"。

1. 物流的提出

1915 年,被誉为当今"管理学之父"的德鲁克首先提出了"物流"(Physical Distribution)这个词汇,这一概念的主体已经初步显露,但这个领域还是灰色区域甚至黑色区域。

1929 年著名营销专家弗莱德·E. 克拉克在他所著的《市场营销的原则》一书中,将市场营销定义为商品所有权转移所发生的包含物流在内的各种活动,从而将物流纳入到经常经营行为的研究范畴之中。

1935年,美国销售协会最早对物流进行了定义:"物流(Physical Distribution)是包含于销售之中的物质资料和服务从生产地点到消费地点流通过程中的种种经济活动。"

在第二次世界大战中,围绕战争供应,美国军队建立了"后勤"(Logistics)理论,并对军火的运输、补给、调配等实物运动进行全面管理,此举对战争的胜利起到了保障作用。

二战后,后勤学逐步形成了单独的学科体系。后来,后勤管理的理念和方法被引入到工业部门和商业部门,被人们称为"工业后勤"和"商业后勤"。

美国学者鲍沃索克斯在1974年出版的*Logistics Management*一书中,将后勤管理定义为"以卖主为起点,将原材料、零部件与制成品在各个公司间有策略地加以流转,最后达到用户,其间所需要的一切活动的管理过程"。

2. 物流(Logistics)的界定

理论界有关物流的定义很多。

1984年美国物流协会的定义为:物流是为了符合顾客的要求,将原材料、半成品、完成品以及相关信息从发生地向消费地流动的过程以及为保管能有效、低成本地进行而从事的计划、实施和控制行为。

1994年欧洲物流协会在其《物流术语》中定义物流为:在一个系统内对人员及(或)商品的运输、安排及与此相关的支持活动的计划、执行与控制,以达到特定的目的。

中国物流与采购联合会在2001年颁发了国家标准的《物流术语》定义物流为:物品从供应地向接收地的实体流动过程,根据实际需要,将运输、储存、搬运、包装、流通加工、配送、信息处理等基本功能实施有机结合。从我国国家标准《物流术语》的定义中我们看到,这时期的物流不是单纯考虑从生产者到消费者的"货物配送"问题,而且还要考虑到生产者对原材料的采购以及生产者本身在产品制造过程中的运输、保管和信息等各个方面中全面地、综合地提高经济效益和效率的问题。现代物流已经发展成以满足消费者的需求为目标,把制造、运输、销售等市场情况统一起来思考的一种战略措施。

3. 与物流相关的概念界定

随着物流实践的发展,物流理论研究逐步深入,物流理念也随着公司经营管理方式和发展战略的转变有了新的发展。

1)第三方物流(Third Party Logistics)

随着全球化竞争的加剧、信息、技术的飞速发展,特别是20世纪80年代西方掀起的放松管制的浪潮,让市场机制推动运输发展,伴之以农业回归主业,集中核心业务的高涨呼声,第三方物流得以诞生,并日渐成为西方物流理论和实践的宠儿。欧洲研究者首先提出第三方物流服务,他们对物流的定义是:原来在传统组织内履行的物流职能现在由外部公司履行。而我国《物流术语》则认为:第三方物流是由供方与需方以外的物流公司提供物流服务的业务模式。在本书中所涉及的外协物流即是利用第三方物流。

2)供应链管理(Supply Chain Management)

合作竞争时代的到来,竞争无国界与公司相互渗透的趋势越来越明显,真正的竞争不是公司和公司之间的竞争而是供应链和供应链之间的竞争。这对传统公司的管理思想产生了巨大的冲击,供应链管理的思想开始出现。其结构如图2-57所示。

在我国《物流术语》中,供应链指的是生产及流通过程中,涉及将产品或服务提供给最终用户活动的上游与下游公司所形成的网链结构。在国际标准中供应链管理的定义为:利

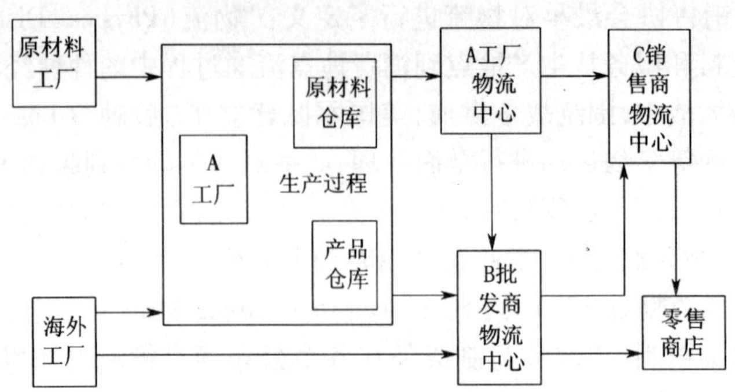

图 2-57 供应链结构图

用计算机网络技术全面规划供应链中的商流、物流、信息流、资金流等,并进行计划、组织、协调与控制。供应链管理意味着跨公司的物流管理,它包括供应商、生产商、批发商和零售商等不同的公司在内的整个链的计划和运作活动的协调,意味着跨越各个公司的边界,在整个链上应用系统观念进行集成化管理。要实现更大范围、整个供应链物流的最优化,就必须从供应链整体出发来协调各成员公司的物流活动。

5.6.2 物流战略概念与特征

作为对物流行为的评价,有关物流战略理论的论述开始 20 世纪 80 年代。最早提出物流战略概念,对物流战略理论进行了初步整理的是美国物流学者 Martin Christopher,他在 *The Management of Business Logistics* 一书中简单提出了物流的战略定位问题,他认为公司在制定物流战略时应首先明确物流战略的方向性,继而在此方向性之下提出物流成本与物流体系两个子系统,并对这两个子系统制定评价体系。所谓物流战略就是由物流成本与物流体系相互结合而构成,不仅如此还应当明确相应的评价其成果的基准,这种物流战略体系在实行过程中不断通过成果的验证及反馈,为公司应对市场竞争的挑战提供决策依据。概括地说,Martin Christopher 的物流战略构成分为三个部分:物流成本、物流体系、物流成果。

后来美国学者 Daniel F. Lynch 和 Scott B. Keller 在其合著的 *The Effect of Logistics Capabilities and Strategy on Firm Performance* 中指出,物流处理能力与公司的经营战略密切相关,拥有出色的物流机能的公司在执行公司的战略时比那些物流能力稍逊的公司更有优势。

另外,Bowersox 与 Closs 认为物流处理能力是评价那些既要保持尽可能低的总经营成本,又要提供有竞争优势的公司的物流服务水平的手段,但这种能力的发挥最终取决于公司对物流的战略定位。

不难看出多数学者在论述物流的机能(生产性或效率)与公司战略的关系时,均主张物流的机能是公司战略有机体的重要组成部分,同时物流机能既是公司取得竞争优势的重要手段,又要以公司的总体战略目标为中心。这些观点对于理解物流机能与物流战略的关系方面提供了新的视角,有助于全面把握物流在公司发展层次上的定位。

物流战略管理的特征如下所述。

(1)目的性。公司物流战略的制定与实施服务于一个明确的目的,即现代公司在激烈的竞争环境中能够生存和发展。

(2)长期性。物流战略管理的长期性就是在环境分析和科学预测的基础上发展未来,为现代公司谋求长期发展的目标和对策。

(3)竞争性。公司物流战略必须面对未来进行全局性的设计和规划,以确保公司的竞争优势和活力,使公司战略具有对抗性和战斗性。

(4)系统性。任何战略都有一个系统的模式,既要有一定的战略目标,也要有实现这一目标的途径和方针,还要制定政策和规划,并构建一个战略网络体系。

(5)风险性。物流战略考虑的是公司的未来,具有很多的不确定性,进而就存在风险。要求决策者根据环境的变化及时调整战略,以应对风险。

5.6.3 物流战略与公司战略的关系

物流战略的目标是物流战略效果性与效率性的辩证统一,一方面物流系统的闭锁性要求在物流战略制定或实施过程中,将物流作为一个系统,实现该系统的最优化,即使物流成本、投资成本最小化;另一方面,物流系统的开放性要求不仅对物流系统进行狭义的评价,同时又要评价物流对公司的整体经营战略的贡献性,通过改善物流服务水平,拓展市场份额,实现盈利能力的突破性提高。

公司战略的实现需要对公司各个系统资源进行有机地整合形成合力,充分发挥各个子系统的效率性和效果性。物流战略实施的目标是实现公司的长期效益最大化,即为实现公司战略,而不是实现物流长期效益的最大化,这一点有别于公司战略。

在主业物流公司中物流战略与公司战略重叠,在非主业物流公司中物流战略是公司战略的一个组成部分,支撑着公司战略的实施(如图2-58所示)。

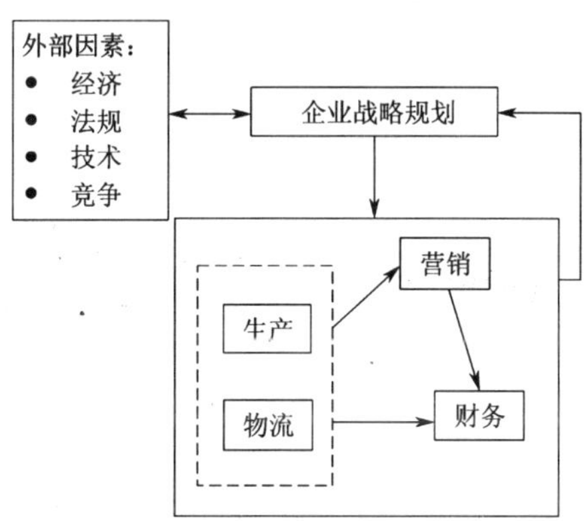

图2-58 物流战略与公司战略的关系

物流战略对公司战略的支撑作用是基于物流系统的开放性,是物流战略的效果侧面的重要体现。物流系统的开放性要求物流战略与生产战略、营销战略、财务战略保持协同,共同实现公司战略,而不是片面地追求物流系统的长期效益最大化,因为物流战略需在公司战略的指导下制定,物流战略的实施情况影响公司战略的完成。

物流战略的效率性强调在公司战略的指导下实现物流系统的长期效益最大化,但物流系统作为公司的一个子系统,单纯追求其物流系统的效率性,实为追求公司系统的局部最优。物流的效果性强调通过物流系统对公司其他子系统的协作,而达到公司系统的全局最优。物流战略的效率侧面体现了物流系统的闭锁性,物流作为一个独立的子系统有其独立的考核指标,要求其实现物流系统的低成本化、最优化。物流成本的削减并不意味着公司利润的增加,可能致使公司产品质量和服务质量下降,从而给公司的长期效益带来负面影响

（如图 2-59 所示）。

成本、收入、利益水平
总成本
总收入
利益
物流成本
总利益
S
物流服务水平

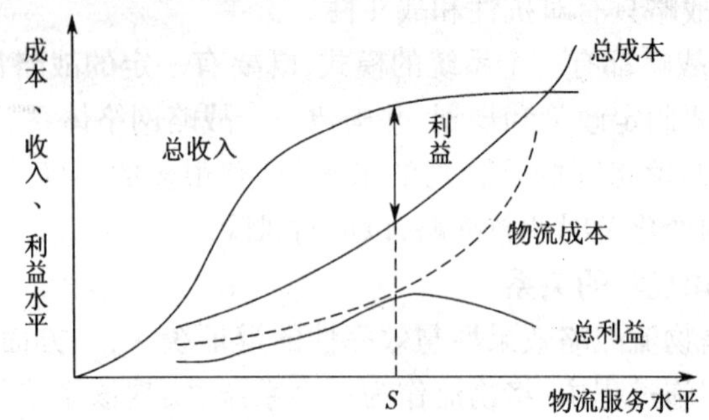

图 2-59　物流服务水平、物流成本与公司总收益的关系

另外,物流成本的上升也不意味着公司利润的下降,促使物流成本上升的原因可能是公司着眼于未来实施为客户提供更多增值物流服务的战略,或者公司为实现整体效益最大化而牺牲物流子系统的效益促使生产、营销等其他子系统效益的更大化（如图 2-60 所示）。

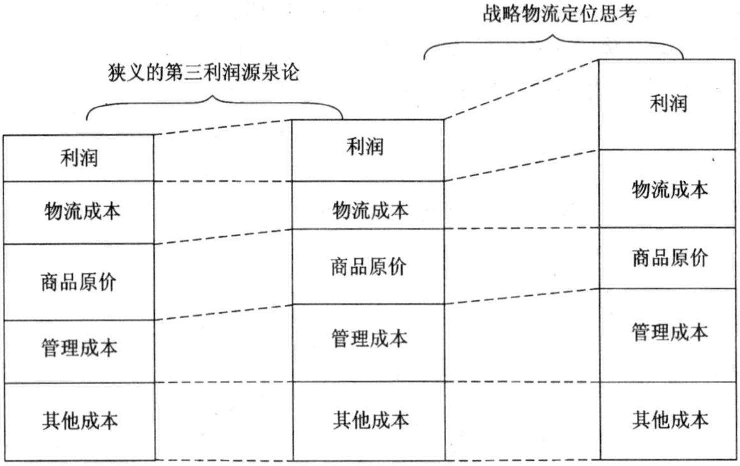

战略物流定位思考
狭义的第三利润源泉论
利润
物流成本
商品原价
管理成本
其他成本
利润
物流成本
商品原价
管理成本
其他成本
利润
物流成本
商品原价
管理成本
其他成本

图 2-60　物流战略定位于增值效果概念图

物流战略的效率性与效果性的辩证关系可以扩大供应链范畴。在供应链中,物流作为一个系统或一个独立经营的部门,有其独立的考核体系,追求物流系统的低成本化、最优化成为必然,体现了物流战略的效率性。物流战略的目的是实现供应链战略,单纯追求物流系统的效率性,即物流系统的最优化,无益于实现供应链战略。物流战略效率性的夸大势必会影响其效果性的发挥,效果性的发挥又会使物流系统次优化。

5.6.4　物流战略的制定

1. 物流战略制定流程

物流战略的制定（如图 2-61 所示）主要涉及三个层面：战略层面、战术层面、操作层面。这三个层面的时间跨度分别是长期、中期和短期的。

2. 物流战略环境 SWOT 分析

战略的制定要受到内外环境的综合影响，所以物流战略的制定必须对内外环境进行观察与评价，在制定物流战略时经常考虑的内外环境因素有：行业之间的竞争性、科学技术条

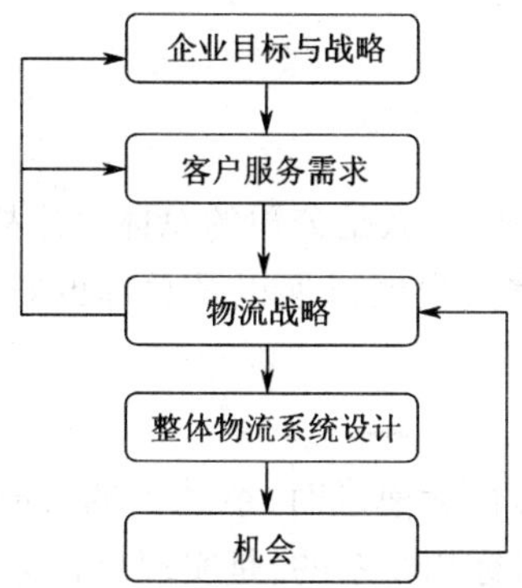

图2-61　物流战略制定流程示意图

件、市场需求结构、社会经济的状况与发展趋势、公司文化、国家政策和法规等,表2-33。

表2-33　SWOT分析表

	优势(S)	劣势(W)
内部环境	物流技术先进、服务管理好、职工素质高、管理基础好	资金不足、物流设备老化、企业规模小、职工观念问题
	机会(O)	威胁(T)
外部环境	运输价格下降、政府减税政策、顾客需求变化、技术改造	市场需求降低、竞争对手增多、信贷紧缩、税率的提高

3. 物流战略选择SWOT分析

根据上面物流战略环境SWOT分析表制定出公司的物流发展战略(如图2-62所示),可以分为四类战略类型:发展型战略、稳定型向发展型战略、多种经营型战略、紧缩型战略。

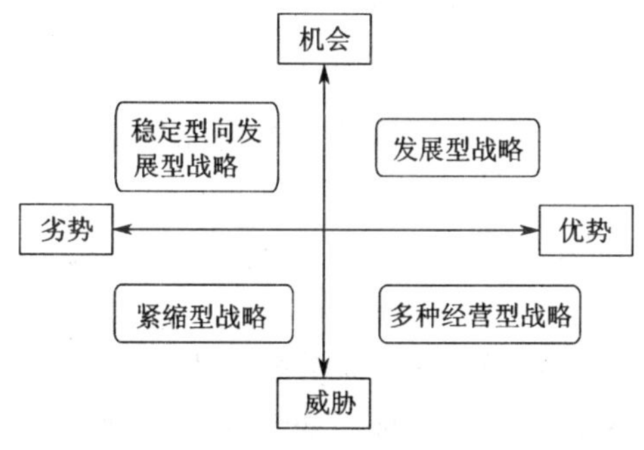

图2-62　SWOT物流战略选择图

发展型战略:外部有众多机会,又有强大的内部优势。

稳定型向发展型战略:外部有机会,但是内部条件不好。

多种经营型战略:拥有内部优势,而外部存在威胁。

紧缩型战略 :外部有威胁,内部状况又不好,应设法避开威胁,消除内部劣势。

5.6.5 物流战略的实施

1. 物流战略实施的内容

1）对总体物流战略的说明

对总体物流战略的说明即说明什么是公司的总体物流战略，为什么做这些战略选择，实现此战略将会给公司带来什么重大发展机遇以及总体的物流战略目标和实现这些目标的策略。

2）公司分阶段物流目标

分阶段物流目标是公司向总目标前进时，欲达到的有时间限制的里程碑。分阶段的目标的计划和手段是和公司的总目标相联系的，是实现总目标的具体工具。

3）公司物流战略的行动计划和项目

行动计划是组织为实施战略而进行的一系列资源重组活动的总汇。各种行动计划往往通过具体的项目来实施。

4）公司物流的资源配置

公司物流资源的实施要配备相应的人员、资金、设备等。因此，对各种行动计划的物流配置的优先程度应该在战略计划系统中得到明确的规定。

5）公司组织结构的物流战略调整及物流战略子系统的接口衔接

协调公司物流战略需要适应动态发展的环境，组织结构必须具备相当的动态弹性。所以物流战略的制定还要包含相应的子系统。

6）应变计划

有效的物流战略计划系统要求公司有很强的适应能力，要获得这种能力，就需要有相应的应变计划做保障。

2. 物流战略资源的配置

1）人力资源的分配

（1）为各个物流战略岗位配备管理和技术人才。

（2）为物流战略实施建立人才及技能储备。

（3）在实施的过程中注意整体队伍综合力量的搭配与权衡。

2）物流资金的分配

（1）零基预算。即一切从零开始，将一切的经营活动都从彻底的成本——效益分析开始，防止预算无效。

（2）规划预算。它是规划项目而非职能来分配物流资源。

（3）灵活预算。它允许费用随产出指标而变动，有较好的弹性。

5.6.6 物流战略控制与绩效评价

1. 物流战略控制的概念

物流战略控制是指对战略规划、物流计划实施的实际成效经过信息反馈与预定的战略目标进行对比的评价，检验二者的差别、偏差并及时采取补救措施进行纠正以达到完成战略目标的过程。这个控制过程包含四个体系：确定评价标准、评价战略绩效、反馈、纠偏。

2. 物流战略控制过程

一般物流战略控制过程如图 2-63 所示。

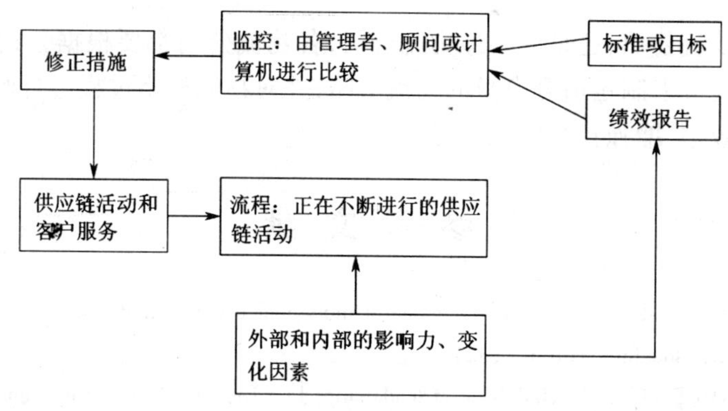

图2-63　一般物流战略控制过程图

1)确定评价标准

(1)物流战略内部绩效评价标准。有成本、客户服务、生产率、资产管理、质量五类评价标准。成本,即完成特定目标所发生的真实成本;客户服务,公司满足客户需要的能力;生产率,是投入与产出的比例,如总成本运费等;资产管理,是对资产使用率的衡量,如投资报酬率等;质量,这是整个评估最重要的指标,用来确定物流战略活动的综合效率。

(2)物流战略外部绩效评价标准。外部绩效评价主要通过客户认知度和制定最佳标准分析公司与竞争对手的差距来评价物流战略实施绩效。客户认知度又称为顾客满意度,是公司通过调查,了解客户对系统绩效的认知度和满意度,并比较公司与竞争对手的服务水平。制定最佳标准是通过对公司自身和竞争对手有关的成本、客户服务、质量、生产率等绩效水平进行分析来确定企业的优势与不足,以进行调整或改进。

(3)物流综合绩效评价标准。用于总体上对物流系统和绩效进行评价。包括质量、时间、成本和资产四个体系。质量体系衡量的是公司满足客户需求的能力;时间体系衡量的是公司对客户需求的反应能力、装运的时间、运输时间和客户接受时间;成本体系衡量的是物流战略实施的总费用,如仓储和库存成本等;资产体系衡量的是资产的利用率,如投资收益率、存货跌价等。

2)评价战略绩效

评价战略绩效是将实际绩效与确定的评价标准相比较,找出二者的差距及产生的原因的一系列活动。这是发现物流战略实施过程中是否存在问题和存在什么问题以及为什么存在这样问题的关键阶段。绩效评价时也应当同竞争对手进行对比来发现自身的不足,进而确定合理的评价频度,以便及时发现问题和解决问题。

3)信息反馈

信息反馈是将通过衡量和评价得到的信息及时传达给有关决策者。对战略绩效评价中发现的问题,必须针对其原因采取有效的措施加以解决,使偏差在允许的可控范围内。

4)纠偏

物流战略实施过程中完全没有偏差是不大可能的。当偏差在允许的范围内,可以不采取纠正措施,但是如果偏差不在可以控制的误差范围内,就会给物流战略的实施造成很大的影响,甚至会阻碍物流略的实施,这时就必须采取及时有效的纠正措施进行补救,以达到预期目标。

5.6.6 小结

不管是大型物流公司，还是中小型物流公司，各物流公司都要根据公司自身的业务、技术人员和资金状况等来制定适合自身的物流战略，并对物流战略过程进行监督控制与评价，以提高物流公司效率，增强自身的竞争力。

参考文献

[1] ALLPORT F H. Social psychology as a science of individual behavior and consciousness[J]. Social Psychology. Boston: Houghton Mifflin, 1924.

[2] BASS B M, STOGDILL R M. Handbook of leadership[J]. Theory, Research & Managerial Applications, 1990, 3.

[3] BERNARD L L. An introduction to social psychology[M]. New York: Holt,1926.

[4] BOGARDUS E S. Leadership and attitudes[J]. Sociology & Social Research, 1929.

[5] BUNDEL C M. Is leadership losing its importance[J]. Infantry Journal, 1930, 36(2): 339-349.

[6] CHAPIN F S. Leadership and group activity[J]. Journal of Applied Sociology, 1924, 8(3): 141-146.

[7] DUPUY R E, DUPUY T N. Brave men and great captains[M]. Hero Books, 1984.

[8] FERRIS G R, ROWLAND K M. Leardership, job perceptions, and influence: a conceptual integration [J]. Human Relations, 1981, 34(12): 1069-1077.

[9] FRENCH J R P, RAVEN B. The bases of social power[J]. Modern Classics of Leadership, 2001, 2: 309-326.

[10] HAMBRICK D C. Guest editor's introduction: putting top managers back in the strategy picture[J]. Strategic Management Journal, 1989, 10: 5-15.

[11] JANDA K F. Towards the explication of the concept of leadership in terms of the concept of power[J]. Human Relations, 1960: 345-363.

[12] 冷志明，蒋才芳. 企业战略管理[M]. 长沙：中南大学出版社，2009.

[13] 莫少昆. 与 CEO 重走长征路[M]. 北京：东方出版社，2006.

[14] 迈克尔 A，希特 R. 战略管理：竞争与全球化（概念）[M]. 吕巍，译. 北京：机械工业出版社，2009.

[15] 弗雷德曼 T. 战略领导者：提高管理绩效的 5 阶段模型[M]. 柏满迎，石晓军，译. 北京：中国财政经济出版社，2004：121-191.

[16] 米德尔顿 J，戈尔斯基 B. 战略管理[M]. 王啸，译. 北京：华夏出版社，2004.

[17] 赵光中. 效率型组织[M]. 北京：中国时代经济出版社，2002：65.

[18] SCHUMPETER J A. The theory of economic development: an inquiry into profits, capital, credit, interest, and the business cycle[M]. London: Transaction Publishers, 1934.

[19] 明茨伯格 H，阿尔斯特兰得 B. 战略历程——纵览战略管理学派[M]. 刘瑞红，译. 北京：机械工业出版社，2001

[20] 迈克尔·波特. 竞争战略[M]. 陈小悦，译. 北京：华夏出版社，2004.

[21] 郭亮. 企业战略实施管理研究[J]. 特区经济，2005(9)：192.

[22] GIOIA D A, CHITTIPEDDI K. Sensemaking and sensegiving in strategic change initiation[J]. Strategic Management Journal, 1991, 12(6): 433-448.

[23] KAPLAN R S, NORTON D P. The strategy focused organization: how balanced scorecard companies thrive in the new business environment[J]. Harvard Business School Publishing Corporation, 2000, 6 (05): 04.

[24] 刘冀生. 企业战略管理[M]. 北京:清华大学出版社,2003:334-336.

[25] 项保华. 战略管理——艺术与实务[M]. 北京:华夏出版社,2001:67-89.

[26] 马柯斯韦尔 J C. 领导力21法则[M]. 萧欣忠,林静仪,译. 北京:新华出版社,2003.5:16-28.

[27] CARLSON D S, PERREWE P L. Institutionalization of organizational ethics through transformational leadership[J]. Journal of Business Ethics, 1995, 14(10):829-838.

[28] 孔茨 H,韦里克 H. 管理学[M]. 郝国华,等,译. 北京:经济科学出版社,1993:99-120.

[29] 罗宾斯 S P. 管理学[M]. 孙健敏,等,译. 北京:中国人民大学出版社,1997:412-425.

[30] FIEDLER F E., GARCIA J E. New approaches to leadership [M]. New York: John Wiley,1987:23-31.

[31] BLANCHARD K, ZIGARMI P, NELSON R. Situational leadership after 25 years:a retrospective [J]. Leadership Studies,1993(6):23-43.

[32] HOUSE R J, MITCHELL T R. Path-goal theory of leadership[J]. Contemporary Business,1974(3):81-98.

[33] 余世维. 领导商数[M]. 北京:北京大学出版社,2005:147-172.

[34] 胡月星. 现代领导心理学[M]. 太原:山西经济出版社,2005:215-226.

[35] 任长江. 培养最佳管理者:美国3M公司的领导力开发[J]. 企业管理,2005(2):48-50.

[36] 任长江. 美国企业的领导力开发实践[J]. 人才资源开发,2004(12):21-22.

[37] 大卫 G,马歇尔 G. 领导力开发指南[M]. 任长江,译. 北京:人民邮电出版社,2005:4-8.

[38] 杨维凤,张志军. 参与二维领导力模型的新构面[J]. 中外企业文化,2004(6):67-69.

[39] 李烨,李传昭,罗婉议. 战略创新、业务转型与民营企业持续成长[J]. 管理世界,2005(6):126-135

[40] 蒋运通. 企业战略管理:理论、过程与实践[M]. 北京:企业管理出版社,2006:185-190.

[41] 达维拉 T,爱泼斯坦 M J,谢尔逊 R. 创新之道:持续创新力造就持续成长力[M]. 刘勃,译. 北京:中国人民大学出版社,2007:25.

[42] 许庆瑞. 全面创新管理:理论与实践[M]. 北京:科学出版社,2007:21.

[43] 吕克 R. 管理创造力与创新[M]. 陈大为,姜范,译. 北京:机械工业出版社,2005:151.

[44] 博西迪 L. 执行:如何完成任务的学问[M]. 刘亚祥,译. 北京:机械工业出版社,2003:4-5.

[45] PORTER M E. What is strategy [J]. Harvard Business Review,1996(4):11-12.

[46] 刘英骥. 企业战略管理教程[M]. 北京:经济管理出版社,2005:252.

[47] 许学国,彭正龙,刘鹏,等. 提升组织学习力:迎接全球化竞争的有效途径[J]. 上海企业,2001(2):37-39.

[48] 罗宾斯 P 斯蒂芬. 组织行为学精要[M]. 孙健敏,李原,译. 北京:电子工业出版社,2005:146-147.

[49] 丁栋虹,朱菲. 领导力评估理论研究述评[J]. 河南社会科,2006(3):123-126.

[50] 梁文玲. 我国企业战略管理实践中的六大误区[J]. 企业经济,2006(6):88.

[51] 孙慧. 动态环境下企业战略控制力与竞争力的提升[J]. 企业经济,2006(3):23-25.

[52] 陈传明. 企业战略调整的路径依赖特征及其超越[J]. 管理世界,2006(6):78-79.

[53] 李随成. 领导理论的新进展[J]. 西安邮电学院学报,2006,3(2):60-63.

[54] 胡继华,张再生. 企业领导力提升要素与对策分析[J]. 山东理工大学学报,2007(3):28-30.

[55] 李建桥. 企业战略实施能力要素构成及其评价[J]. 商业时代,2007(12):46-47.

[56] 李荣定. 企业文化对战略实施主体的作用在何处[J]. 山西财经大学学报,2007(1):23.

[57] 程继川,佘元冠. 战略实施过程中的企业文化培养与变革[J]. 企业管理,2007(8):113-114.

[58] 陈志宏. 学习型组织、学习型领导、学习力[J]. 技术经济与管理研究,2007(5):96-98.

[59] 皮利,熊银解. 学习型组织的领导艺术研究[J]. 科技创新,2008(1):97-80.

[60] 申作青. 企业执行力要素的模型构建及优化策略[J]. 管理现代化,2007(4):32-34.

[61] 孙铁邦. 企业战略实施执行力影响因素及提升策略研究[J]. 商业现代化,2007(10):70-71.

[62] 尹宏祯,孙磊. 不确定性环境下的战略变革模型[J]. 商业研究,2006(1):22-25.

[63] 吕宏芬,余向平. 企业创新力的影响因素及提升对策[J]. 企业经济,2007(5):38-40.

[64] 张芳. 企业开拓创新能力的评价方法[J]. 商业现代化,2007(2):40-44.

[65] KAUFMAN B E. A new theory of satisficing[J]. Journal of Behavioral Economics, 1990, 19(1): 35-51.

[66] CHAN J W K, YUNG K L, BURNS N D. Environment-strategy fit: a study of Hong Kong manufacturing logistics[J]. Logistics Information Management, 2000, 13(5): 286-300.

[67] 徐二明. 战略管理[M]. 北京:中国人民大学出版,2005:269-292.

[68] 谷照明,闫红玉. 海尔:中国的世界名牌[M]. 北京:经济管理出版社,2002:55.

[69] 郑绍濂,胡君辰. 人力资源管理[M]. 上海:复旦大学出版社,2003.

[70] 彭剑锋. 人力资源管理概论[M]. 上海:复旦大学出版社,2003.

[71] 赵曙明. 人力资源管理研究[M]. 北京:中国人民大学出版社,2001.

[72] 程德俊. 不同战略范式下的人力资源管理理论综述与比较[J]. 管理科学, 2004, 6: 14.

[73] 王永龙. 当代西方的战略人力资源管理[J]. 经济管理,2003,4:50-54.

[74] 徐广森. 从战略人力资源管理的内涵拓展看其角色演进[J]. 现代管理科学,2007,6:94-95.

[75] 冯亚明. 从战略人力资源管理谈提升企业核心竞争力[J]. 人才资源开发,2006,6:27-28.

[76] 苏方国. 基于资源基础观的战略人力资源管理[J]. 深圳大学学报(人文社会科学版),2005,4:46-50.

[77] 赵曙明. 论战略人力资源管理[J]. 中国工业经济,1996(4):17-23.

[78] 格里尔 C R. 战略人力资源管理[M]. 孙非,译. 北京:机械工业出版社,2004:760.

[79] 赵心培. 战略人才学[M]. 北京:中国展望出版社,1987:6-18.

[80] 克雷曼 L S. 人力资源管理:获取竞争优势的工具[M]. 孙非,译. 北京:机械工业出版社,2004:36-48,104-138.

[81] 赵国浩. 企业核心竞争力理论与实务[M]. 北京:机械工业出版社,2005:1-17.

[82] 余凯成,程文文,陈维政. 人力资源管理[M]. 大连:大连理工大学出版社,1999:36-48.

[83] 张维迎. 股票期权[M]. 北京:中国人民大学出版社,2002:39-108.

[84] 芮明杰. 管理学[M]. 上海:上海人民出版社,2005:6-19.

[85] 谢志奇,贾怀京,汪群. 简述战略人力资源管理[J]. 科学学研究,2002,18(4):63-67.

[86] 刘瑜,李劲松. 对股票期权激励机制的探讨[J]. 辽宁工程技术大学学报(社会科学版),2004,6(3):262-264.

[87] 王普松. 对我国上市公司建立股票期权激励制度的思考[J]. 上海经济研究,2004(4):62-66.

[88] 杨红茹,梁镇. 战略人力资源与企业持续竞争优势[J]. 中外企业文化,2003(2):56.

[89] 金鸽. 知识经济时代对企业人力资源管理的几点思考[J]. 现代管理科学,2001(1):15-16.

[90] 倪敏玲. 试论战略人力资源管理的本质与特征[J]. 苏州大学学报(工科版),2005,25(2):76-78.

[91] 李英. 西方战略人力资源管理综述[J]. 东岳论丛,2005,25(22):175-177.

[92] LEPAK D P, SNELL S A. Virtual HR: strategic human resource management in the 21st century[J]. Human Resource Management Review, 1998, 8(3): 215-234.

[93] 王方华,吕巍. 企业战略管理[M]. 上海:复旦大学出版社,1997:2-18.

[94] 波特 M. 竞争优势[M]. 陈小悦,译. 北京:华夏出版社,1997:2-10,19-26.

[95] 盛日. 利益相关者理论与企业竞争力[J]. 湖南大学学报(社会科学版),2002,16(6):15-17.

[96] 张洪吉,孟华兴. 人力资源管理系统[M]. 北京:改革出版社,1999:90-109.

[97] 席酉民,段兴民,张生太. 企业集团人力资本管理研究[M]. 北京:机械工业出版社,2003:14-50,164-195.

[98] 梅洛 J. 战略人力资源管理[M]. 吴雯芳,译. 北京:中国劳动社会保障出版社,2004:3-108,167-243.

[99] BARNEY J B. Organizational culture: can it be a source of sustained competitive advantage[J]. Academy of Management Review,1986(11):24-26.

[100] 丹尼尔.雷恩. 管理思想的演变[M]. 赵瑞,译. 北京:中国社会科学出版社,2004:350.

[101] LIU W, LEPAK D P, TAKEUCHI R, et al. Matching leadership styles with employment modes: strategic human resource management perspective[J]. Human Resource Management Review, 2003, 13(1): 127-152.

[102] 西蒙 H. 管理行为[M]. 杨砾,译. 北京:北京经济学院出版社,1988.

[103] 卡斯特 F E,罗森茨韦克 J E. 组织与管理[M]. 李柱流,译. 北京:中国社会科学出版社,1985:3,141-143.

[104] 薛恩. 组织心理学[M]. 北京:经济管理出版社,1987:11.

[105] 陆江兵. 技术、理性、制度与社会发展[M]. 南京:南京大学出版社,2000:66.

[106] 谢羽婷,易贵明. 企业文化在企业战略创新中的作用[J]. 科技管理研究,2008,3:13-15.

[107] 刘媛丽,黄向红. 论企业文化对战略管理的作用[J]. 重庆工学院学报(社会科学),2009(3):71-73.

[108] 韩能跃. 略论企业文化对战略管理的作用[J]. 中国商贸,2011(2):92-93.

[109] 李星. 企业文化在企业战略管理中的作用[J]. 中国经贸,2009(2):34-35.

[110] 胡玉茹. 企业文化在战略管理过程中的价值凸现[J]. 科技信息(学术版),2008(27):415-417.

[111] 科特 J P,赫斯克特 J L. 企业文化与经营业绩[M]. 曾中,李晓涛,译. 北京:华夏出版社,1997:6-29.

[112] 迪尔 T,肯尼迪 A. 企业文化现代企业的精神支柱[M]. 唐铁军,等,译. 上海:上海科学技术文献出版社,1989:12-14.

[113] 科特勒 P. 营销管理[M]. 梅汝和,等,译. 上海:上海人民出版社,1997.

[114] 王永龙. 21世纪品牌运营方略[M]. 北京:人民邮电出版社,2003.

[115] 彻纳东尼 L D. 品牌制胜:从品牌展望到品牌评估[M]. 蔡晓熙,等,译. 北京:中信出版社,2002.

[116] 年小山. 品牌学(理论部分)[M]. 北京:清华大学出版社,2003.

[117] 金成哲. 战略运营管理咨询[M]. 鲜红霞,译. 北京:人民邮电出版社,2010:231-245.

[118] 兰洪杰. 物流战略管理[M]. 北京:清华大学出版社,2006.

[119] 邓海涛. 现代物流管理基础[M]. 北京:国防科技大学出版社,2006.

[120] 刘明菲,王槐林. 物流管理[M]. 北京:科学出版社,2008.

[121] 王利,许国银,黄颖. 现代物流管理[M]. 北京:中国物资出版社,2006.

[122] 德勒斯 G. 人力资源管理[M]. 曾湘泉,译. 北京:中国人民大学出版社,1999.

[123] 克雷曼 L S. 人力资源管理:获取竞争优势的工具[M]. 孙非,等,译. 北京:机械工业出版社,1999.

[124] 沃尔里奇 D. 人力资源教程[M]. 刘磊,译. 北京:新华出版社,2000.

[125] 赵曙明. 企业人力资源管理与开发国际比较研究[M]. 北京:人民出版社,1999.

[126] LAMBERT D M, STOCK J R. Strategic physical distribution management[M]. RD Irwin, 1982.

[127] ROBESON J F. Logistics handbook[M]. Free Press, 1994.

[128] 朗 D. 国际物流[M]. 刘凯,等,译. 北京:电子工业出版社,2006.

[129] 兰洪杰. 物流战略管理[M]. 北京:清华大学出版社,2006.

[130] 蒋长兵,王姗姗. 企业物流战略规划与运营[M]. 北京:中国物资出版社,2009.

[131] DANIEL F L, SCOOT B K, JOHN O. The effects of logistics capabilities and strategy on firm performance[J]. Journal of Business Logistics, 2000, 21(2): 46-67.

6 战略控制和评估模块

由于公司内外部环境处在不断地变化之中,大多数情况下,公司会发现战略实施结果与预期的目标不一致,战略评估就是将反馈回来的实际成效与预期目标进行比较,如果有明显的偏差,就要采取有效的措施进行纠正,以保证组织战略目标的最终实现。如果这种偏差是因为原来判断失误或是环境发生了意想不到的变化而引起的话,公司就要重新审视环境,制定新的战略方案。倘若没有及时发现这种变化或是没有及时采取措施进行战略调整与变革,公司就有可能因错失良机而遭受巨大的损失。

6.1 战略控制模块

6.1.1 战略控制概念

战略控制(Strategic Control)是指在战略的实施过程中对战略进行跟踪、发现问题或变化并及时做出必要的调整。与事后控制不同,战略控制是在行动发生时依据战略对其进行指导。

战略控制的原则主要包括五个方面。①全面。将各个局部目标协调一致,防止遗漏任何重大战略。②及时。及时纠偏。战略管理过程产生决策,这种决策有重大的,长远的后果。一项错误的决策,尽管不是不可能逆转,也会带来严厉的惩罚和超乎意料的困难。因此大多数战略家同意,战略评估对于组织体的健康事关重大。合时宜地进行评估能够在情况变得非常严峻之前使管理层对问题和潜在的问题敲响警钟。③适度。注视战略执行的每一环节通常是没必要的,管理人员越是选择关键点来作为控制标准,控制工作就越有效。④弹性。过度控制,频繁干预,会使下级形成一种反管制集体。因此战略控制需要有较大的回旋余地,尽可能授权下属在自己的范围内解决。⑤综合。战略控制的要素是多个而不是一个。

战略控制的基本特征与战略控制过程的基本特征不同,它是对战略控制的一些基本的要求,主要包括以下六个方面。

1)适宜性

判断公司战略是否适宜,首先要求这个战略具有实现公司既定的财务和其他目标的良好的前景。因此,适宜的战略应处于公司希望经营的领域,必须具有与公司倡导的哲学相协调的文化,如果可能的话,必须建立在公司优势的基础上,或者以某种人们可能确认的方式弥补公司现有的缺陷。

2)可行性

可行性是指公司一旦选定了战略,就必须认真考虑公司能否成功地实施。公司是否有足够的财力、人力或者其他资源、技能、技术、诀窍和组织优势,换言之,公司是否有有效实施战略的核心能力。如果在可行性上存在疑问,就需要将战略研究的范围扩大,并将能够提供所缺乏的资源或能力的其他公司或者金融机构合并等方式包括在内,通过联合发展达到可行的目的。特别是管理层必须确定实施战略要采取的初始的实际步骤。

3)可接受性

可接受性强调的问题是:与公司利害攸关的人员,是否对推荐的战略非常满意,并且给予支持。一般来说,公司越大,对公司有利害关系的人员就越多。要保证得到所有的利害相关者的支持是不可能的,但是,所推荐的战略必须经过最主要的利害相关者的同意,而在战略被采纳之前,必须充分考虑其他利害相关者的反对意见。

4)整体利益和局部利益、长期利益和短期利益的不一致性

公司的整体是由局部构成的。从理论上讲,整体利益和局部利益是一致的,但在具体问题上,整体利益和局部利益可能存在着一定的不一致性。公司战略控制就是要对这些不一致性的冲突进行调节,如果把战略控制仅仅看作一种单纯的技术、管理业务工作,就不可能取得预期的控制效果。公司的整体是由局部构成的。从理论上讲,整体利益和局部利益是一致的,但在具体问题上,整体利益和局部利益可能存在着一定的不一致性。公司战略控制就是要对这些不一致性的冲突进行调节,如果把战略控制仅仅看作一种单纯的技术、管理业务工作,就不可能取得预期的控制效果。

5)多样性和不确定性

战略具有不确定性。公司的战略只是一个方向,其目的是某一点,但其过程可能是完全没有规律、没有效率和不合理的,因此这时的战略就具有多样性。同时,虽然经营战略是明确的、稳定的且是具有权威的,但在实施过程中由于环境变化,战略必须适时地调整和修正,因而也必须因时因地地提出具体控制措施,这即是说战略控制具有多样性和不确定性。

6)弹性和伸缩性

战略控制中如果过度控制,频繁干预,容易引起消极反应。因而针对各种矛盾和问题,战略控制有时需要认真处理,严格控制,有时则需要适度的、弹性的控制。只要能保持与战略目标的一致性,就可以有较大的回旋的余地而具有伸缩性。所以战略控制中只要能保持正确的战略方向,尽可能地减少干预实施过程中的问题,尽可能多地授权下属在自己的范围内解决问题,对小范围、低层次的问题不要在大范围、高层次上解决,反而能够取得有效的控制。

6.1.2 战略控制流程

战略控制的一个重要目标就是使公司实际的效益尽量符合战略计划。为了达到这一点,战略控制过程可以分为四个步骤。

1)制定效益标准

战略控制过程的第一个步骤就是评价计划,制定出效益的标准。公司可以根据预期的目标或计划制定出应当实现的战略效益。在这之前,公司需要评价已定的计划,找出公司目前需要努力的方向,明确实现目标所需要完成的工作任务。

2)衡量实际效益

主要是判断和衡量实现公司效益的实际条件。管理人员需要收集和处理数据,进行具体的职能控制,并且监测环境变化时所产生的信号。此外,为了更好地衡量实际效益,公司还要制定出具体的衡量方法以及衡量的范围,保证衡量的有效性。

3)评价实际效益

用实际的效益与计划的效益相比较,确定两者之间的差距,并尽量分析出形成差距的原因。

4)纠正措施和权变计划

考虑采取纠正措施或实施权变计划。在生产经营活动中,一旦公司判断出外部环境的机会或威胁可能造成的结果,则必须采取相应的纠正或补救措施。当然,当公司的实际效益与标准效益出现了很大的差距时也应及时采取纠正措施,战略控制流程如图2-64所示。

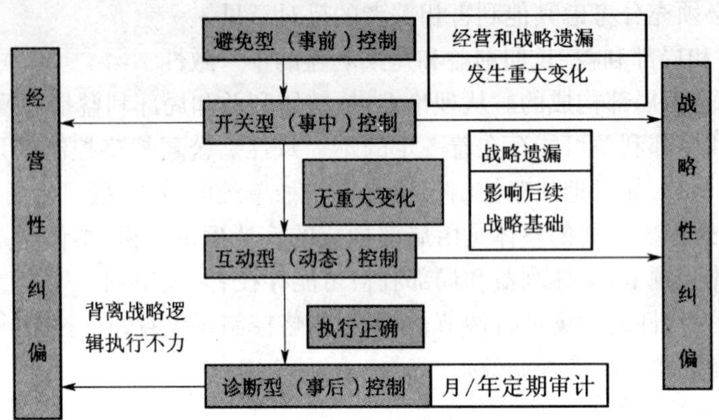

图 2-64 战略控制流程

6.1.3 战略控制类型

战略控制一般涉及两个问题(层次):在变化的环境中,(现在的)战略是否还适用?既定的战略执行效果如何?这两方面的工作一般是一次性进行的。

1.从控制时间划分

从控制时间来看,公司的战略控制类型一般可以分为四类,即避免型控制、开关型控制、诊断型控制和互动型控制。

1)避免型控制——事前控制

将预测值与既定的标准进行比较,发现可能出现的偏差,从而及时采取纠偏措施。防患于未然。具体操作如下。

(1)分析和预测投入的因素,将如何影响产出的结果(比如高速公路原材料的变化将如何影响施工进度和质量)。

(2)依据早期结果来预见未来的结果,这是连续性的,滚动式的增分检验过程。如高速公路的工程监理数据和零部件制作中出现的偏差统计倾向,来推测将会出现的大偏差后果,措施是要调整制造设备,设备检测和维修。

(3)外部环境和内部条件的变化(比如预测未来天气的变化对公路施工进度的影响,如何采取措施来保证通车日前保质完工)。

2)开关型控制——事中控制

在战略实施过程中,按照既定的标准检查战略行动,适用于实施过程标准化的战略控制。其具体操作方式包括:①管理者直接领导;②执行者自我调节;③共同愿景。(比如部门经理每两个小时亲自抽检零部件。操作者每20个加工件用肉眼检查一次,每半小时进行一次SPC部件检测,并且把数据记录下来,超过7个连续数据不及格,就要向经理报告。)

3)诊断型控制——事后控制

管理层对战略的实施偏差进行纠正。事后控制是在战略推进和转移过程中对行动的结果与期望的标准进行衡量,然后根据偏差大小及发生原因,对行动过程采取校正措施,以使最终结果能符合既定标准。但是,事后偏差往往由于纠偏不及时,会给公司带来一定的损失。

4）互动型控制——介于开关型和诊断型控制之间的动态控制

互动型控制不同于诊断型事后控制的特征有四个。①关注管理层认为具有战略意义的不断变化的信息。（其实也是事前，事中型解决不了“遗留”下来的以及诊断型的固定期限控制不了的随时变化的较大问题。比如工厂和生产线重新规划带来的部件运输途中的质量控制问题。）②这些信息的重要性足以引起各级管理层的不断关注。③互动式控制系统所生成的数据最好由上、下级当面讨论分析。④互动型控制是关于潜在数据、假设和措施计划持续讨论的一种催化剂。

2. 从控制的切入点划分

从控制的切入点来看，公司的战略控制可以分为如下五种。

1）财务控制

这种控制方式覆盖面广，是用途极广的非常重要的控制方式，包括预算控制和比率控制。

2）生产控制

生产控制即对公司产品品种、数量、质量、成本、交货期及服务等方面的控制，可以分为产前控制、过程控制及产后控制等。

3）销售规模控制

销售规模太小会影响经济效益，太大会占用较多的资金，也影响经济效益，为此要对销售规模进行控制。

4）质量控制

包括对公司工作质量和产品质量的控制。工作质量不仅包括生产工作的质量，还包括领导工作、设计工作、信息工作等一系列非生产工作的质量，因此，质量控制的范围包括生产过程和非生产过程的其他一切控制过程，质量控制是动态的，着眼于事前和未来的质量控制，其难点在于全员质量意识的形成。

5）成本控制

通过成本控制使各项费用降低到最低水平，达到提高经济效益的目的，成本控制不仅包括对生产、销售、设计、储备等有形费用的控制，而且还包括对会议、领导、时间等无形费用的控制。成本控制重点是建立各种费用的开支范围、开支标准并严格执行，要事先进行成本预算等工作。成本控制的难点在于公司中大多数部门和单位是非独立核算的，因此缺乏成本意识。

3. 按照战略控制的不同划分

按照战略控制的目的不同，战略控制可划分为两类：一类是以控制战略执行为目的的，另一类是以控制战略内容为目的。

1）以控制战略执行为目的的战略控制——战略过程控制

Bungay 和 Goold（1991 年）提出的战略过程控制（The Control of Strategy Implementation）主要在于保证战略如计划实施，使得战略结果如期望发生。他与传统的管理控制唯一不同在于其控制的重点在于一些关键的成功因子。其控制过程包括：①识别关键成功因子；②确定关键因子的实施标准；③测定实际执行情况；④对偏差进行纠偏。

2)以控制战略内容为目的的战略控制

(1)验证战略假设(Validating Strategic Assumptions)。Schreyugg(1987 年)和 Preble (1992 年)等人的研究认为由于公司环境因素和其间关系不能完全识别,因此在计划中必定需要做出假设。而公司的战略实施正是以计划作为需要不断验证的起点。其控制过程包括:数据信息采集和分析;产生相应的应对措施。

(2)管理战略事件(Managing Strategic Issues)。上述方法认为利用假设可以对在做计划时的战略环境完全识别,通过对假设的验证进行控制。实际上,即使对做计划时的环境完全掌握,在战略的实施中战略环境也是在变化的,这样就会带来了新的机会和威胁并将阻碍战略计划的绝对性。这是由于计划往往是周期性的,而环境的变化是持续的。Ansoff 提出的"Strategic Issues Management(SIM)"正是针对这个问题的战略控制方法。其控制过程包括:第一,识别战略环境的显著变化;第二,在战略实施过程中持续做出响应。

这一方法的关键在于其环境扫描系统涉及面广,信息丰富。在大型组织中"环境扫描"往往由专门的部门负责完成。对于急需解决的事件需要通过增加战略计划来实现,对于可以延缓的事件往往作为下一次计划的输入。该方法是对战略的内容进行控制而不是战略的实施。

(3)周期性战略评价(Periodic Reviews of Strategy)。1993 年 Gnold 和 Quinm 提出对战略定期进行全面评价。评价的目的是在发现计划阶段的假设不再适用或者出现了新的机会和威胁时,对战略做出必要的修改。通常这种评价是以一年为单位进行的。

(4)交互式控制(Interactive Control)。这是 1995 年 Robert Simons 在他的《控制杠杆》(Iever of Control)一书中提出的一种交互式的诊断控制。尽管这种控制需要使用一些传统的控制系统,但是它的目的并不是保证战略按计划进行,而是帮助组织在战略执行中面对新的机会和威胁如何进行战略转移以及其他新的方法。

上述两类方法中第一类方法,除了控制的焦点关注于关键因素外,其他的过程和目标与传统的管理控制一致。第二类方法对于战略计划假设有效性的逐渐丧失和战略执行中环境可能出现的机会和威胁进行了考虑,通过持续地监控假设自效性和识别机会和威胁的信息的分析来对战略内容进行控制。不同的战略控制方法的对比见表 2-34。

表 2-34 战略控制方法对比

比较内容	传统管理控制方法	基于平衡计分卡控制	战略全过程控制	战略控制报告	验证战略假设	战略事件管理	交互式控制	周期性战略评价
控制对象	战略计划执行	战略计划执行	战略执行	战略执行内容	战略内容	战略内容	战略内容	战略内容
目的	保证战略如计划执行	保证战略如计划执行	保证战略如计划执行	完善从完全战略到实施监控的反馈渠道	跟随计划假设的失效改变战略内容	按照出现的机会和威胁改变战略	按照出现的机会和威胁改变战略	跟随计划假设的失效及新的机会和威胁改变战略

续表

比较内容	传统管理控制方法	基于平衡计分卡控制	战略全过程控制	战略控制报告	验证战略假设	战略事件管理	交互式控制	周期性战略评价
过程	建立绩效标准、测度实际绩效、发现偏差进行纠偏	建立创新成果(财务)和驱动(非财务)指标控制目标、选景说明、反馈学习、创新规则以及沟通联系的循环	建立绩效标准、测度实际绩效、发现偏差进行纠偏	战略规划、测度定义、报告设计和原型制造、模型建立和生产过程和现场报告的执行	收集数据监控计划假设、解释数据并对数据中的信息做出响应	收集数据来识别机会和风险、解释数据并做出响应	选择组织业绩的某个方面,分析实际业绩,管理人员讨论产生偏差的原因并给出解释	选择数据验证假设并识别新风险和机会,解释数据以及数据中的信息
控制核心	事无巨细地控制执行过程	同上	关键成功因子	战略方向、关键成功因子	计划假设	环境中的潜在机会和风险	与交互式控制的组织业绩有关的环境变化	计划假设及来自于环境的潜在机会和风险
反馈时间	负反馈 事后控制	正、负反馈 事后控制	负反馈 事后控制	正、负反馈 事前控制	负反馈 事后控制	正、负反馈 事前控制	正、负反馈 事后控制	正、负反馈 事后控制

根据上述分析,可以得出以下两点结论。①公司战略控制系统必须实现两类基本目标,缺一不可。一是控制战略的实施,描述战略内容并且澄清预期绩效,跟踪实际绩效,开展偏差分析并采取纠偏措施,确保正式战略按预先计划实施;二是控制战略的内容,公司持续地对内外环境的变化进行监测,把握新出现的机会、威胁,验证预先战略计划假设在新环境下的有效性,及时形成应急战略,保证战略的灵活性。战略控制与公司正式的应急战略形成、战略实施紧密相连。②公司可以采取多种战略控制方法,而且每一种方法都各有特色。为了全面保障公司战略实施,公司至少需要同时运用诊断控制系统和交互控制系统,诊断控制系统控制战略的实施,交互控制系统控制战略的内容。

由此,我们可描绘出一个整合型战略控制的基本框架与方法,如图2-65所示。但是,现有研究主要停留在战略控制系统机理的抽象讨论层面,缺乏可行的工具与方法来帮助公司构建具体的战略控制系统。因此,有必要深入研究"如何做"的具体问题。

6.1.4 战略控制工具

1. 预算与预算控制

1)预算的作用

预算指公司或个人未来的一定时期内经营、资本、财务等各方面的收入、支出、现金流的总体计划。预算包含的内容不仅仅是预测,它还涉及有计划地巧妙处理预算所有变量,这些

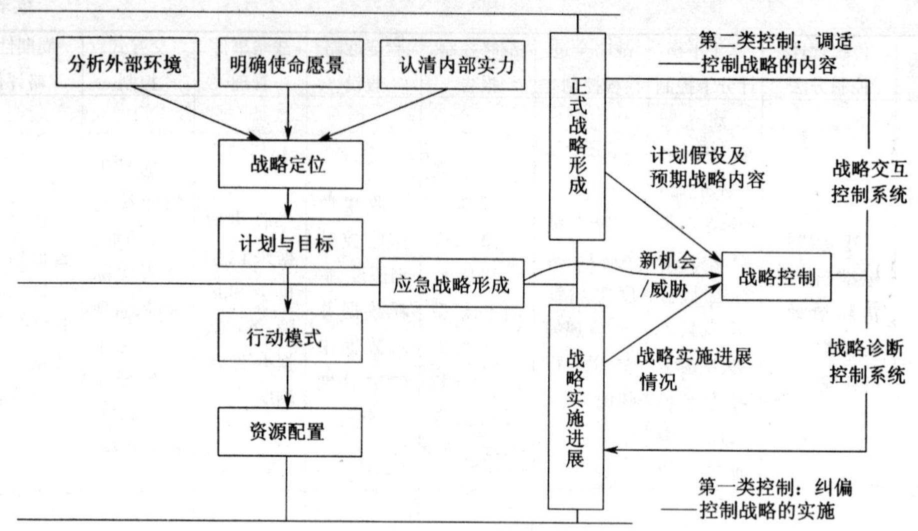

图 2-65 战略控制框架与方法

变量决定着公司未来努力达到某一有利地位的绩效。一个预算就是一种定量计划，用来帮助协调和控制给定时期内资源的获得、配置和使用。表 2-35 是预算的主要作用。

表 2-35 预算的作用

强迫计划	预算迫使管理层向前看
交流思想和计划	确保计划涉及的每个人意识到自己应该做的事情
协调活动	整合不同部门的活动，以确保向着共同目标一起努力
资源分配	预算过程包括识别将来需要以及能够获得的资源
提供责任计算框架	预算要求预算中心经理对其预算控制目标负责
授权	正规的预算应当作为对预算经理发生费用的授权
建立控制系统	可以通过比较现实结果和预算计划来提供对于实际业绩的控制
提供绩效评估手段	可以与实际结果比较的目标，以便评估员工的绩效
激励员工提高业绩	管理层识别出背离预算的可控原因，为提高未来绩效提供了动力

2）预算的类型

编制预算最常用的方法有增量预算（Incremental Budgeting）和零基预算（Zero-based Budgeting）。

（1）增量预算是指新的预算使用以前期间的预算或者实际业绩作为基础来编制，在此基础上增加相应的内容。资源的分配是基于以前期间的资源分配情况。这种方法并没有考虑具体情况的变化。这种预算关注财务结果，而不是定量的业绩计量，并且和员工的业绩并无联系。增量预算的优缺点见表 2-36。

表2-36 增量预算的优缺点

优点	(1)预算是稳定的,并且变化是循序渐进的;(2)经理能够在一个稳定的基础上经营他们的部门;(3)系统相对容易操作和理解;(4)遇到类似威胁的部门能够避免冲突;(5)容易实现协调预算
缺点	(1)它假设经营活动以及工作方式都以相同的方式继续下去;(2)不能拥有启发新观点的动力;(3)没有降低成本的动力;(4)它鼓励将预算全部用光以便明年可以保持相同的预算;(5)它可能过期,并且不再和经营活动的层次或者执行工作的类型有关

(2)零基预算是指在每一个新的期间必须重新判断所有的费用。零基预算开始于"零基础",需要分析公司中每个部门的需求和成本。无论这种预算比以前的预算高还是低,都应当根据未来的需求编制预算。表2-37是零基预算的优缺点。

表2-37 零基预算的优缺点

优点	(1)能够识别和去除不充分或者过时的行动;(2)能够促进更为有效的资源分配;(3)需要广泛的参与;(4)能够应对环境的变化;(5)鼓励管理层寻找替代方法
缺点	(1)它是一个复杂的耗费时间的过程;(2)它可能强调短期利益而忽视长期目标;(3)管理团队可能缺乏必要的技能

2. 公司业绩衡量指标

1)财务衡量指标

财务指标是指公司总结和评价财务状况和经营成果的相对指标。公司业绩评价大多使用财务指标,用财务指标来评价业绩简单明了。财务指标主要分为三大类,即偿债能力指标,包括资产负债率、流动比率、速动比率;营运能力指标,包括应收账款周转率、存货周转率;盈利能力指标,包括资本金利润率、销售利税率(营业收入利税率)、成本费用利润率等。表2-38是衡量公司业绩的具体指标。

表2-38 财务指标

毛利率	毛利/销售收入
资本报酬率(ROCE)	息税前利润/占用的资本×100%
每股盈余	净利润/股票数量
每股股利	股利/股数
市净率	每股市价/每股净资产
股息率	每股股利×100%/每股市价
市盈率	每股市价/每股盈余
流动比率	流动资产/流动负债
速动比率	(流动资产-存货)/流动负债
存货周转期	存货×365/销售成本
应收账款周转期	应收账款借方余额×365/销售收入
应付账款周转期	应付账款贷方余额×365/购买成本
负债率	有息负债/股东权益×100%
现金流量比率	经营现金净流量/(流动负债+非流动负债)

2)非财务指标

非财务业绩计量是基于非财务信息的业绩计量方法,可能产生于经营部门或者在经营部门使用,以监控非财务方面的活动。和传统的财务报告不同,非财务信息计量能够很快地提供给管理层,每班或者每日每小时地上报,指标见表2-39。

表2-39　非财务指标

评价的领域	业绩计量
服务质量	诉讼数量 客户等待时间
人力资源	员工周转率 旷工时间 每个员工的培训时间
市场营销效力	销量增长 每个销售人员的客户访问量 客户数量

3.统计分析与专题报告

1)统计分析报告

(1)统计分析报告的含义。统计分析报告,就是指运用统计资料和统计分析方法,以独特的表达方法和结构特点,表现所研究事物本质和规律性的一种应用文章。

(2)统计分析报告的特点。统计分析报告有以下三个特点:以统计数据为主体;以科学的指标体系和统计方法来进行分析研究说明;具有独特的表达方式和结构特点。详细阐述见表2-40。

表2-40　统计分析报告的特点

特点	阐述
以统计数据为主体	它是以统计数字为主体,用简洁的文字来分析叙述事物量的方面及其关系,并进行定量分析
以科学的指标体系和统计方法来进行分析研究说明	通过一整套科学的统计指标体系,进行数量研究,进而说明事物的本质
具有独特的表达方式和结构特点	统计分析报告属于应用文体,基本表达方式是叙述事实,让数字说话,在阐述中议论,在议论中分析,在结构上的突出特点是脉络清晰、层次分明

2)专题报告

(1)专题报告的含义。专题报告是根据公司管理人员的要求,指定专人对特定问题进行深入、细致的调查研究,形成包括现状与问题、对策与建议等有关内容的研究报告,以供决策者参考。

(2)专题报告的意义。专题报告有助于公司对具体问题进行控制,有助于公司管理人员开阔战略视野,有助于公司内外的信息沟通。

6.1.5 战略控制与战略评估的关系

战略评估是公司管理层进一步采取措施,实施战略控制的前提和依据。公司通过定期开展的战略评估活动达到对战略设计的调适和对战略执行的纠偏。战略在实施中会发生偏差,所以需要通过评估来进行控制。偏差的原因通常有目标无法实现;为实现公司目标而选择的战略错误;用以实施战略的组织机构错误;主管人员或作业人员不称职或玩忽职守;缺乏激励;组织内部缺乏信息沟通;环境压力等等。

战略评估与战略控制的关系可以概括以下方面。

(1)战略评估是战略控制的前提和基础。只有通过恰当的评估和有效的反馈,战略设计的合理性和战略执行的有效性才能依靠相应的管理人员通过采取战略控制措施来实现。所以,选择什么评估工具和方法取决于战略控制的对象和策略。

(2)战略控制本身也是战略评估的对象和客体。战略评估的范围非常大,包括战略分析的评估、战略选择的评估和战略执行的评估,也包括对战略控制措施本身的评估。只有通过战略评估来不断完善战略控制的有效性,才能保障战略目标的实现。

6.1.6 小结

战略控制是指在战略的实施过程中对战略进行跟踪、发现问题或变化并及时做出必要的调整。与事后控制不同,战略控制是在行动发生时依据战略对其进行指导。

从控制时间来看,公司的战略控制类型一般可以分为四类,即避免型控制、开关型控制、诊断型控制和互动型控制。按照战略控制的目的不同,战略控制方法可划分为两类:一类是以控制战略执行为目的的,另一类是以控制战略内容为目的。

战略评估是战略控制的前提和基础,战略控制本身也是战略评估的对象和客体。

6.2 战略评估模块

6.2.1 战略评估概念

1. 战略评估

战略评估贯穿于战略管理的全过程。大体上我们可以把战略评估概括为战略分析评估、战略选择评估和战略绩效评估三个层次。战略分析评估,即事前评估,它是对公司所处现状环境的一种评估,是为了发现最佳机遇;战略选择评估,即事中评估,它是在战略执行过程中进行,及时获取战略执行情况并及时处理战略目标差异,是一种动态评估;战略绩效评估,即事后评估,它是在战略执行期末对战略目标完成情况的分析、评价和预测,是一种综合评估。因此,战略评估是以战略的实施过程及结果为对象,通过对影响并反映战略管理结果的各要素的总结和分析,判断战略是否实现预期目标的管理活动。

1)战略分析评估

战略分析评估是指运用 SWOT 等分析工具,评估公司内部和外部环境状况,以发现最佳机遇,也可称作现状分析评估。它一方面要检查公司现行战略是否能为公司带来经济效益,如果不能增效就要重新考虑这种战略的可行性;另一方面通过考察外部环境,判定在现行环境下公司是否有新的机遇。最后结合两方面的结果,公司或继续执行原战略,或采取适应环境要求的新战略。战略分析评估主要包括以下几个方面的内容:公司的现行战略和绩效的分析;不同战略方案的评估;对公司相关利益备选方案的评估;竞争力的评估,即产品、市场、技术、人才、制度的竞争力的评估。

2)战略选择评估

战略选择评估是指战略执行前对战略是否具有可行性的分析。这里涉及了很多的评估模型,如SAM模型、定量战略规划模型(QSPM)等。它们都是首先对环境因素进行分析,然后制定判断标准并打分,最后计算出结果。

(1)战略一致性模型(Strategic Alignment Model,SAM模型)。Venkatraman(1993)提出,公司信息化战略投入的价值难以体现的首要原因在于公司的运营战略与IT战略之间缺少策应关系,其次是公司缺少一个动态的操作流程来保证运营战略与IT战略之间持久的策应关系,针对这一情况他提出了一套进行IT战略规划的思考架构,帮助公司如何检查经营战略与信息架构之间的一致性,如图2-66所示。

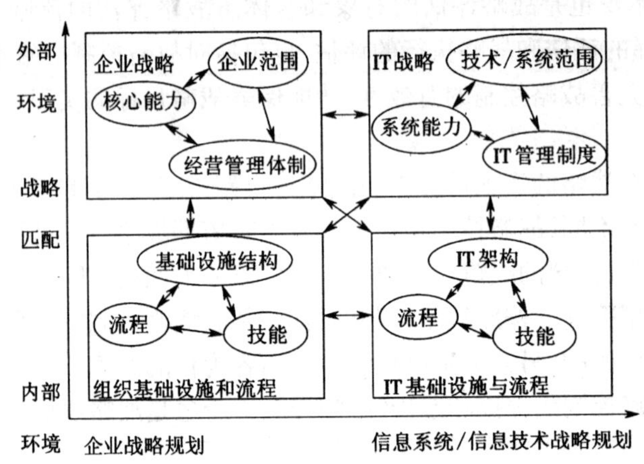

图2-66 IT战略的思考框架

SAM模型包含的数学方法主要有层次分析法、熵权系数法、主观概率和效用理论等。此种方法是针对不同战略方案可行性的研究,是用数学方法对不同的战略方案所面临的机会与威胁设定标准,计算机会与威胁的权重,并以所得风险与收益的结果选择最优的战略方案。

战略一致性模型有四种主导模式。

①战略执行(Strategy Execution)。这一战略策应模式认为,公司的运营战略既是组织存在的动力,也是公司IT架构的逻辑基础,这是一种传统的、层级的战略管理思维。公司战略由高管层制定;IT部门只是战略的执行者。

②技术潜力(Technology Potential)。这一战略策应模式亦认为运营战略是公司动力,然而它的执行不可缺少IT战略的支持,IT战略既是公司运营的需要,也是公司运营相关IT架构和流程的需要。公司高管必须具有IT思维,充分认识IT战略对公司运营战略的支持作用,制定出最具支持力度的IT战略。IT管理人员在此策应模式中的角色是公司IT架构的建设者,他负责设计与外部环境相一致的IT架构(规模、性能以及管控),并负责IT战略的高效运行。

③竞争潜力(Competitive Potential)。这一战略策应模式从以下三个方面,进一步提升IT的战略地位和作用:影响新产品和新服务(例如经营范围);影响关键战略属性(例如特殊

性能);发展新型关系模式(例如运营治理)。与前两种模式不同,竞争潜力策应模式主张通过IT战略对原有运营战略进行改造或提升,而前两种模式则视运营战略为既定存在或制约条件。这一策应模式对公司高管的特殊要求是:公司高管要能够从商业视角审视IT市场的哪些IT技术、IT功能够帮助改变现有的公司治理模式、改变和提升公司的运营战略。IT管理人员在此模式中扮演分析师、咨询顾问的角色,他要能够准确把握和阐释IT市场环境、IT技术的发展趋势,从IT视角,帮助公司高管发现潜在商机或威胁。

④服务水准(Service Level)。这一策应模式致力于在组织内部建立世界领先的IT系统,用以提高公司服务水准。在此模式下,公司运营战略扮演非直接相关的角色。这一策应模式通常被认为是非常必要的,但却并不能够充分保证公司有效运用IT资源,对快速增长、变化的终端市场(顾客)做出及时、正确的反应。

公司高管在这一模式中扮演的角色是优先排序员(Prioritizer)。他决定着在公司内部如何对稀缺资源进行有效配置,同时,他也担负着公司资源在IT市场上的配置(合资经营,技术许可经营,少数股权投资,等等)。在此模式中,IT管理人员作为公司领导团队的一名成员,担负着公司内部运营符合高层指示的特殊使命。

(2)定量战略计划模型(Quantitative Strategic Planning Matrix,QSPM模型)。QSPM是战略决策阶段的重要分析工具。该分析工具能够客观地指出哪一种战略是最佳的。QSPM利用第一阶段和第二阶段的分析结果来进行战略评估。QSPM的分析原理是这样的:将第二阶段制定的各种战略分别评分,评分是根据各战略是否能使公司更充分利用外部机会和内部优势,尽量避免外部威胁和减少内部弱点四个方面,通过专家小组讨论的形式得出。得分的高低反映战略的最优程度。

QSPM的优点之一是可以相继地或同时考察一组战略。例如,可以首先评价公司一级的战略,之后是分公司一级战略,再后是职能部门一级的战略。在QSPM中可以同时评价的战略或战略组数量不受限制。另一个优点是,它要求战略家在决策过程中将有关的外部和内部因素结合起来考虑。通过建立QSPM可避免关键因素不适当地被忽视或偏重。QSPM使人们注意到影响战略决策的各种重要关系。虽然在建立QSPM过程中需要进行一些主观性决策,但这些次要的决策可能使最终战略决策质量更佳。QSPM经过适当修改便可用于大型和小型的、营利和非营利性的组织,它实际上可以被应用于任何类型的组织。QSPM尤其可以提高跨国公司的战略决策水平,因为它可以同时考察很多关键性因素和战略。它也已经被成功地应用于一些小型公司的战略决策中。

QSPM并非没有局限性。首先,它总是要求直觉性判断和经验性假设。权重和最优程度分数的确定都要依靠主观判断。尽管这些判断所依据的是客观信息,但不同的战略分析专家也可能应用相同的方法得出不同的结论。这种差别是由于他们的经验和微妙的直觉的不同所造成。QSPM的另一个局限性是其结果的科学性取决于它所基于的信息和匹配分析的质量。

3)战略绩效评估

绩效评估是在战略执行的过程中对战略实施的结果从财务指标、非财务指标两方面进行全面的衡量。它本质上是一种战略控制手段,即通过战略实施成果与战略目标的对比分析,找出偏差并采取措施纠正。为大多数人所熟悉的平衡计分卡就是实行战略绩效评估的一种有效手段,它被认为是一种新的战略评估和管理系统。与一般管理控制评估不同的是,战略评估不仅评价经营计划的执行情况，更重要的是时刻保持对公司内外部环境的监控，确认公司的战略基础是否发生了变化，以保证公司对环境变化的感知和适应，增强公司抵御风险的能力。

2. 战略评估流程框架

战略评估是一项系统的工作，进行评估时，首先要把所涉及的问题、过程、部门或体系等看成是一个系统，研究其结构、输入、输出、环境以及环境与结构的交互作用、整体运行等方面，然后通过分析和改造，建立以下功能性的子系统：①评估者模块；②评估对象模块；③评估方法、指标、标准模块；④评估系统组织机构模块；⑤数据资料及专家咨询系统模块。

经过以上构建，最后进行综合评估。综合评估是通过定量分析与定性评判两种手段实现的全面评估。定量分析通常是用计算机加权综合分析来实现的，而定性评判则是根据评估工程中的各种信息（包括定量分析结果），对评估对象以往的表现，以后应该注意改进的问题以及希望达到的状态给予判断性的描述。战略评估在本质上是一种战略控制手段，即通过战略实施成果与战略目标的对比分析，找出偏差，并采取措施纠正。

6.2.2 战略评估工具

1. 财务评估方法

从某种程度上讲，公司是以利润最大化为目标的经济实体，因此资产保值增值率、净资产收益率等财务指标就反映了公司一定时期的经营业绩。

这里介绍杜邦财务评估方法，20 世纪初杜邦公司的财务主管唐纳森·布朗建立了杜邦公式，即投资报酬率＝资产周转率×销售利润率，并形成了至今仍广泛应用的杜邦系统图，如图 2-66 所示。

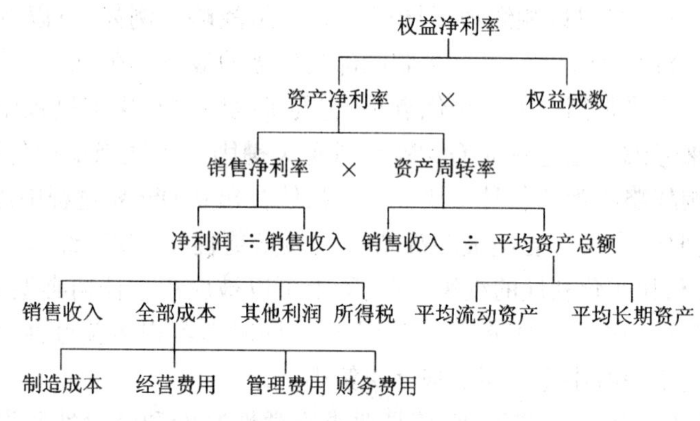

图 2-66 杜邦分析图

这种财务评估方法出于向投资者解释经营成果和提高经营管理水平的需要，以便据此评价和判断公司的经营绩效、经营风险、财务状况、获利能力和经营成果。从评价公司绩效最具综合性和代表性的指标——权益净利率出发，层层分解至公司最基本生产要素的使用、成本与费用的构成以及公司风险，从而满足经营者通过财务分析进行绩效评价需要，在经营目标发生移动时，能及时查明原因并加以修正。

这种财务评估方法的缺点首先是容易受到人为因素影响，弹性很大，可信度也不高；其次，会使经营者过分关注短期财务成果；再次，难以衡量经营者在研究和开发等方面为公司长远利益所做的贡献；最后，忽视了像市场占有率、创新、质量和服务、生产力以及雇员的培训这类不可直接计价的非财务因素。

2. 价值评估方法:经济增加值(Economic Value Added,EVA)

价值评估方法(EVA)也称经济利润,是指扣除了股东所投入资本成本之后的公司真实利润。EVA 是指经过调整的税后经营利润(NOPAT)减去该公司现有资产经济价值的机会成本后的余额。其公式为:$EVA = NOPAT - NA \times Kw$,Kw 为公司的加权平均资本成本,NA 为公司资产初的经济价值,是对公司会计账面价值进行调整的结果。

3. 平衡计分卡

平衡计分卡(balanced score card , BSC)是由哈佛商学院的教授罗伯特·S. 卡普兰(Robert S. Kaplan)和复兴全球战略集团的创始人兼总裁戴维·P. 诺顿(David P. Norton)在《平衡计分卡:良好的绩效的评价体系》一文中提出的一种新的绩效评价体系。平衡计分卡是一个把组织战略目标转换成一套平衡的、相互关联的财务与非财务指标相结合的指标体系,以促进组织战略实现的管理工具。在本质上说,平衡计分卡是一套提供企业战略信息的框架,它强调平衡的理念,包括内部环境与外部环境的平衡、业绩驱动因素与结果的平衡、财务指标与非财务指标的平衡、短期指标与长期指标的平衡、管理业绩与经营业绩的平衡等。它把战略置于中心地位,将企业战略目标在财务、顾客、内部流程和学习与创新四个方面依次展开,使之成为具有因果关系的局部目标,并进一步发展对应的评估指标。它使战略在组织上下进行交流和学习,与各部门和个人的目标联系起来,使战略运作达成一致,并将组织力量集中在战略目标上,形成各种改革方案,通过定期的不间断的反馈和学习,鼓励员工就如何实施蓝图和战略提出建议,使员工为企业的未来出谋划策,参与制定并执行战略,修改和发展战略。平衡计分卡的基本框架,如图 2-68 所示。

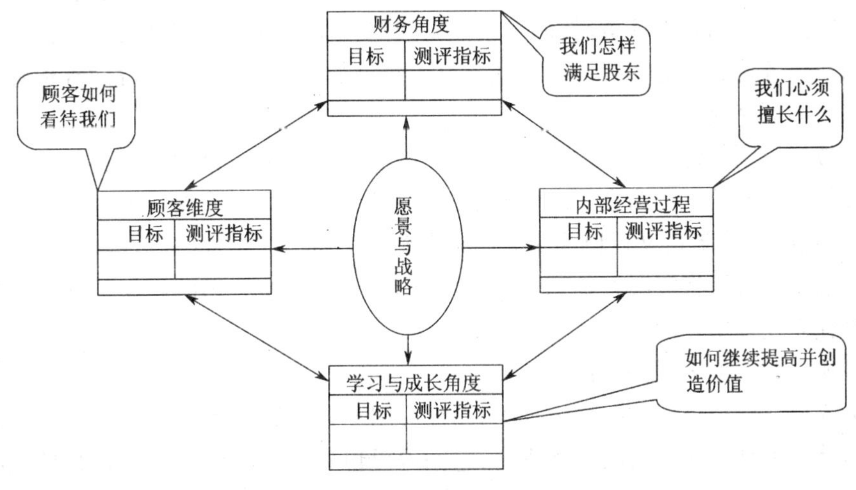

图 2-68 平衡计分卡框架

从这个框架可以看出,平衡计分卡把大量的指标归纳于四个层面,分别是财务层面、客户层面、内部业务流程层面以及学习与成长层面。每个层面下,又设有多个指标。选择适当的指标来反映公司在各层面的状况,如图 2-69 所示。

平衡计分卡的构成维度之所以被称为“平衡”,是因为它能够帮助战略领导者对所有具有战略重要性的领域进行全方位的思考,具体体现为保持了财务与非财务指标之间的平衡;

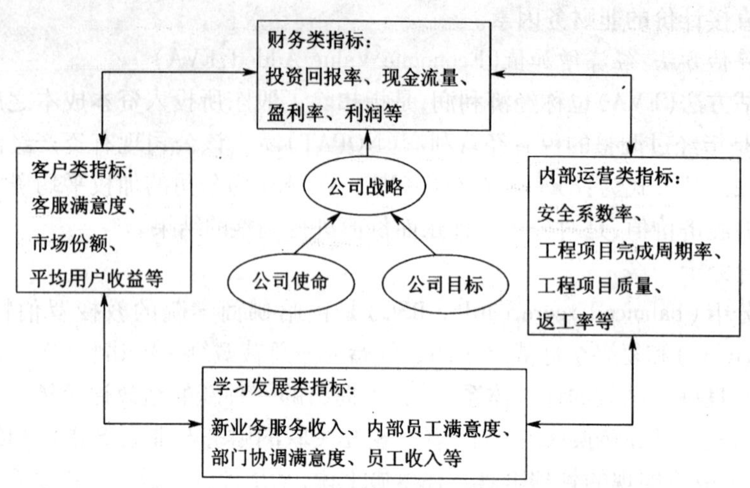

图 2-69 平衡计分卡四个方面的衡量指标

长期目标与短期目标之间的平衡；成果与成果的驱动因素之间的平衡；内部衡量与外部衡量之间的平衡；管理业绩与经营业绩之间的平衡。平衡计分卡能够保障公司业绩管理体系的稳健性和平衡性，因为它保留主要财务指标的同时，引入了未来财务绩效的动因，从四个不同的视角，提供了一种考察价值创造的战略方法。平衡计分卡是一种使战略领导者的战略控制与财务控制保持恰当平衡的有效工具，通过采用平衡计分卡使公司明白如何看待股东（财务角度）；顾客如何看待公司（顾客角度）；为了成功地使用竞争优势所必须强调的过程（内部角度）；为了增长，怎样改善自己的绩效（学习和增长的角度）。一般而言，当公司从学习和增长的角度评估它的绩效时，倾向于强调战略控制；当从财务角度评估公司的绩效时，倾向于强调财务控制。对顾客和内部业务过程角度的研究，经常是通过同等地强调财务控制和战略控制而完成的。

保持战略控制与财务控制的恰当平衡，无论对于一个单一化的公司还是一个多元化的公司来说都是重要的。因为在这种情况下，公司既可以保持目前的财务稳定在一个恰当的水平上（通过财务控制），又可以为未来的生存确定了恰当的投资（通过战略控制）。这样公司可以通过结构重组将资源聚集到公司的核心业务中去，使公司的高层领导者能够重新建立他们对独立业务单元的控制。

1）平衡计分卡对公司战略的支撑

平衡计分卡作为公司的战略管理工具，被应用于公司的战略实施中，并获得了巨大的成功。平衡计分卡具有四个新的管理程序，它们可以单独地或共同地把公司长期战略目标与其行为联系起来发挥作用。

（1）说明愿景：将公司的愿景转化为一套为所有高层管理者认可的业绩评价指标的过程。这个过程一般包括如下环节：根据愿景确定公司的使命；通过内部条件和外部环境分析确定公司战略目标，明确实现战略目标的关键成功因素，设计出计量这些关键成功因素的关键业绩指标，形成业绩评价指标体系。

（2）沟通和联系：指管理者将战略目标上下沟通，使各个部门及个人都能理解公司的战略目标，并且使部门及个人目标与之保持一致。在这个过程中，在激励机制与业绩评价指标体系之间建立联系。传统上,激励机制都是短期财务目标和指标相联系,容易造成各部门过度关注本部门目标而忽视公司战略目标的情况。因为非财务指标能够反映出那些关系到企业长远发展的关键成功因素,易于为各部门及个人理解,因而弥补了财务指标的不足,使沟通和联系过程更为容易。

(3)业务规划:业务规划时公司能实现业务计划与财务计划的一体化。每个部门都有各自的关键业绩指标和改革措施,通过平衡计分卡,管理者将所有关键业绩综合在一起考虑,从而使增强公司核心竞争力的不同改革措施同时出现在一份管理报告中,针对各个关键业绩指标,管理者制定业绩评价标准,并以此作为确定资源分配优先顺序的依据。因为战略管理的核心是竞争战略,因此业绩评价标准为竞争标准。评价标准的建立,有助于公司采取可以推动长期战略目标实现的改革措施,并注意各种改革措施之间的协调。

(4)反馈与学习:它赋予了公司一种战略性的学习能力,现有的反馈和考察都注重公司及其各部门、员工是否达到了预算的财务目标。当管理体系以平衡计分卡为核心时,公司就能从非财务角度来控制业务过程,监督短期结果,并根据业绩评价的结果为管理者提供决策信息,评价战略目标的实现情况。因此,平衡计分卡能使公司及时修改战略,以随时反映学习心得。图2-70是公司战略与平衡计分卡四个层面的联系。

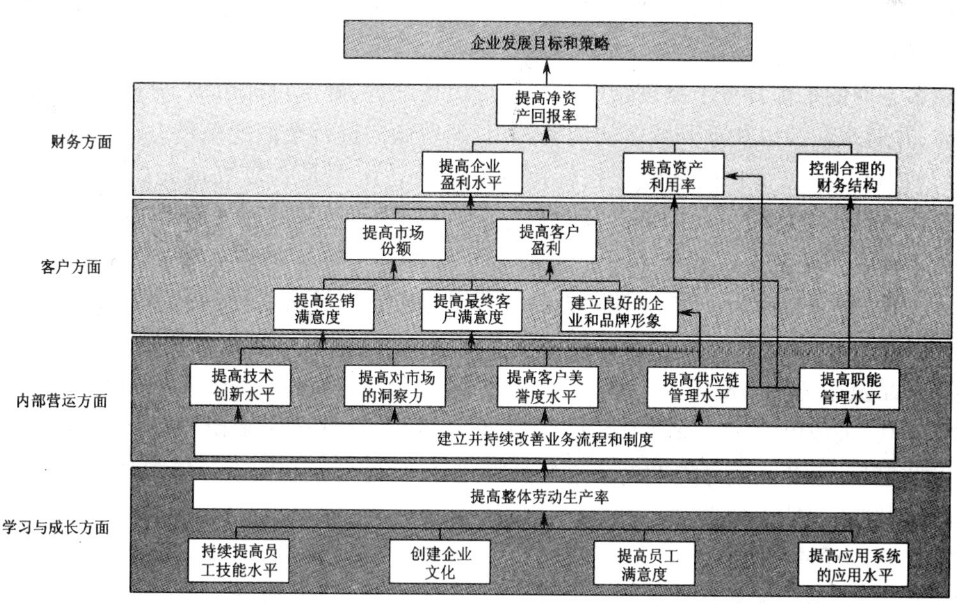

图2-70 平衡计分卡与公司战略

2)平衡计分卡制度的评价指标分析

(1)财务方面。财务指标用来反映公司组织如何满足股东需要,即如何实现股东价值最大化。平衡计分卡制度将财务目标定为公司的长期目标及其三方面目标评价的焦点。也就是说,其他方面努力的结果最终要体现为财务绩效的提高和丰厚的投资回报。财务目标与公司的战略目标紧密相关,所以当公司在生命周期的不同阶段,不同的战略目标将导致不同的财务目标。平衡计分卡制度将公司的生命周期简化为三个阶段:成长阶段、维持阶段和收获阶段。

在成长阶段,公司处于初始投资阶段,投资回报率低,现金净流量甚至是负数,公司的目标是提高生产能力、销售能力，与供应商、客户建立良好的关系并进一步发展。与此相关的财务指标是销售收入增长率及目标市场、顾客群体和地区销售增长额。

在维持阶段，公司仍继续增加投资，但投资主要是为了提高生产能力，改进设备性能，消除“瓶颈”，以便在这一阶段获取丰厚的利润，不断扩大市场份额。与此相关的财务指标是营业收入、毛利、投资报酬率和经济附加值。

在收获阶段，公司处于成熟期，不再大量投资，即使有投资行为，也是为了维持设备的正常运转，公司要尽可能地回收前期投资，获得稳定的现金流入并使其最大化。这时，它的财务目标与现金流量紧密地联系在一起。

不论在哪一阶段，财务目标均包含着三个方面：收入的增长（包括产品组合的优化）；降低成本/提高生产率；资产的利用/投资导向。

进一步细分上述财务目标，可制定出相应的标准，并据此深入地分析财务目标与经营成果产生差异的原因。

（2）顾客方面。顾客指标用来反映公司组织如何满足客户的需要。随着产品市场竞争日趋激烈，大多数产品市场及生产资料市场已逐步演化为买方市场，顾客成为市场的主导，成为决定公司成败的关键。以顾客为导向，为顾客增加价值，提供个性化、多样化的产品或服务等经营理念已经全面渗透到公司管理实践当中。对现有和潜在顾客进行管理成为公司管理越来越重要的部分。

顾客方面的平衡计分卡制度帮助公司进行市场细分，确定目标市场，分析和选择目标顾客群体，并对现在及以往重要顾客的消费效用、消费倾向进行全面的衡量。

（3）内部流程方面。内部流程指标用来反映公司组织是否较好地完成了内部经营活动。平衡计分卡制度将公司内部经营过程分为改良过程、经营过程和售后服务过程，各阶段的评价指标是不同的。

①改良过程的特点与评价方法。改良过程是指公司以顾客为导向，发现和培育新市场、新客户，同时兼顾现有顾客的当前需要及潜在需要，在此基础上研究开发新的产品及服务，将新的产品及服务推向市场。改良过程是公司进行研究开发、走向市场的过程，该阶段研究开发费用高，失败风险大。特别对高科技公司——比如软件公司来说，其设计、研究开发周期长，甚至贯穿着产品生命周期的全过程。因此，平衡计分卡制度十分强调改良过程的重要性，其管理绩效评估十分必要。

②经营过程的特点与评价方法。经营过程始于公司收到订单，直到向客户提供产品与服务为止，其管理目标是及时、有效、连续地为客户提供产品与服务。经营过程在企业价值创造中是一个相对短暂的过程，其特点是重复性，业绩评价指标包括时间、质量、成本三个方面。一些传统财务方法可以对该过程的成本与费用开支进行评估与监控。时间与质量方面的评价内容包括公司经营的灵活性、生产周期、对顾客需求的反应时间、对顾客提供产品多样性、产品质量等。常用的指标有产品制作周期、单位成本、收益率、废品率、机器利用率、生产准备时间、生产能力利用率等。

③售后服务过程的特点与评价方法。售后服务过程包括为客户提供质量担保，对产品进行修理和与客户完成结算的过程。对售后服务过程的评估也是采用时间、质量成本方面的指标：服务反应周期、人力成本、物质成本、售后服务的一次成功率等。服务反应周期是指从接到客户请求到最终解决问题的时间，可以衡量出公司对产品故障做出反应的速度。人

力成本与物质成本能够反映出工作的效率。售后服务一次成功率是指客户的服务要求一经提出即可得到满足,而无须客户多次提出要求的比率。

(4)学习与创新方面。管理创新的一个重要方面就是强调人本管理,重视人力资源投资,因为员工的素质直接影响到公司的创新能力和经营业绩。公司的学习与创新,以提高员工能力、拓展公司信息系统功能、激发员工积极性为中心,通过衡量公司在基础设施方面的投资业绩,如人力资源系统及业务流程等方面来达到加强公司核心竞争力的目的。如前所述,片面使用财务评价指标常常引发管理者的短期行为,通过削减在人力资源方面的投资来提高公司短期绩效,这将损害公司的长期发展和创新能力。平衡计分卡制度在一定程度上避免了这种短期行为的发生。学习与创新方面的主要评价指标有员工满意程度、员工留住率、员工工作能力、员工劳动生产率、员工意见采纳百分比、员工的培训与提升、公司内部信息沟通能力等。

6.2.3 小结

公司面临的环境因素充满不确定性,对战略实施进行评估是不可缺少的部分。战略评估贯穿于战略管理的全过程,可以概括为战略分析评估、战略选择评估和战略绩效评估三个层次。

战略评估的方法有财务评估方法、价值评估方法和平衡计分卡法,其中平衡计分卡是最常用的评估工具,它是一个把组织战略目标转换成一套平衡的、相互关联的财务与非财务指标相结合的指标体系,以促进组织战略实现的管理工具。

6.3 战略改进模块

6.3.1 战略改进概念

战略改进是公司经营发展过程中对过去选择的、目前正在实施的战略方向或线路的改善。原先选择的战略在实施过程中遇到下述情况时,会提出改进问题:①公司发展的环境发生了重要变化,这种变化可能源自某种突发性的社会、经济、技术变革,这种变革打破了原先市场的平衡;②公司外部环境本身并无任何变化,但公司对环境特点的认识产生了变化或公司自身的经营条件与能力发生了变化;③上述两者的结合。不论原自何种原因,公司能否及时进行有效的战略调整,决定着公司在未来市场上的生存和发展水平。

6.3.2 战略改进原则

不确定环境使公司的战略改进变得日益困难,公司在进行战略改进时应遵循的原则具体表现为以下几点。

1)及时反应原则

由于环境是不断变化并且具有不确定性,公司战略必须针对环境变化及时进行调整。公司战略调整的这种决策能力不同于一般的决策能力,它不仅要求保证决策的正确性,而且要求有较大的决策范围和速度,滞后的战略调整会让公司遭遇较高的风险。

2)有效控制原则

公司的控制性是指在一定环境变化条件下,公司能通过控制内部管理系统的方法,影响和控制环境受控系统,以达到预期公司战略目标的能力。因为,公司与环境实际上是互相影响、相互制约的关系。当公司对自己进行了积极改变的时候,将使公司在环境的变化中处于比较主动的地位,对环境的变化将有更好的预测,进而有助于公司战略调整的成功。

3）动态适应原则

在战略调整过程中，增加战略决策的柔性，使其可以根据新信息加以修正。因为环境的快速变化使公司不断地接受新的信息，这就要公司战略既有一定的稳定性，又有一定的适应性，进而要求战略具有动态适应的能力，战略方案具有一定的柔性。

4）局部调整原则

公司可以根据具体的需要对战略进行局部的调整。由于战略决策本身要求具有较强的稳定性，随时进行全面的调整将使公司的工作完全陷入战略调整之中，无法进行正常的经营活动。同时，各种环境因素对公司的影响，往往也是从一个个方面开始，因此公司应该先对影响最大的方面进行调整。如公司的战略可以分为总体经营战略、业务单元战略和职能战略。公司可以先对其职能战略进行调整，当需要调整的内容增加了，并达到一定的程度，再对其业务单元战略和总体经营战略进行调整。

6.3.3 战略改进步骤

战略改进分为以下几步。

步骤一，确立战略业务目标，并对此达成共识。这是保证战略改进计划获得成功的第一步，也是重要的一步。

步骤二，确定核心过程、关键子过程和保障过程。组织必须识别构成组织的核心过程和关键子过程。核心过程是直接或间接地对实现战略业务目标有深层影响的一系列跨职能活动或步骤。核心过程由多个关键子过程构成。保障过程不需要归于任何一个核心过程，尽管它只是间接地影响顾客满意度，但对于公司的经营管理来说至关重要。

步骤三，识别过程负责人。每一个核心过程、关键子过程和保障过程都应当配有一个过程负责人，过程负责人不一定是相关职能部门的领导人。保障过程的管理和关键子过程的管理没有什么区别。一些组织会因为一组保障过程是否足以构成一个核心过程的概念问题而感到困惑。

步骤四，确定并验证测量"仪表板"。过程负责人应当为自己负责的过程建立一个测量仪表板。可以通过专题座谈会、访问、顾客投诉或市场调研等方式，从顾客那里获得仪表板的相关数据。很多组织在收集测量数据时碰到了很大的困难，其原因是他们掉进了两个典型的陷阱：一是没有收集到正确的数据；二是收集了过多的数据。数据应当形成有效的信息，以制定正确的决策。在这种情况下，这些指标应当能够帮助过程负责人识别一个过程中哪些领域可以揭示该过程满足和超过顾客需要或要求的程度。

除了要找到测量过程效能的指标以外，识别出测量效率的指标也是同样重要的。测量效率的指标通常是周期、成本或价值。前两种指标无须更多的解释，我们现在要考察的是价值的测量。测量价值就是判断过程步骤是否能够满足下述三个标准：①顾客愿意为此过程支付报酬；②此过程从本质上转变或者改变了产品或服务；③此过程的活动在第一次就做对了。

步骤五，收集议定仪表板的数据。数据收集需要花费一定的时间和资金，如果做得好，就是明智的投资，如果做不好，不仅会造成浪费，也会耽误应当为顾客做的其他工作。在收集数据的过程中，将测量值与其他一些数值进行比较也是很重要的。

步骤六，确立项目选择标准并选择先期项目。管理团队应当确定改进项目的选择标准。这里给出两套标准：第一，组织的战略业务目标；第二，管理团队一致通过的其他标准，这些标准应当含有待改进过程当前的绩效水平。

步骤七，持续管理过程，以实现组织的战略业务目标。所谓持续管理就是保持知识连续性的管理，它要在知识的流失与连续性之间找到了一个“平衡点”，并且通过这种便于理解、行之有效的手段，用以保存公司的知识，构建公司的知识库，使得公司的核心知识不会由于员工的离开而一并消失。持续管理的工作流程概括为五个步骤：①进行知识连续性分析和评估；②确定持续管理的目标和范围；③开展组织学习；④创建知识手册；⑤传递和获取关键性知识。

6.3.4 战略改进方法

这里主要介绍用六西格玛方法来取得持续改进。六西格玛方法（Six Sigma Approach）有时被称为“新型的 TQM”，它是一种用于获得质量和持续改进的高度严格的分析方法，其目的是通过减少缺陷、提高生产、提高顾客满意度和一流业绩来提高利润。在运用一种规范的、结构化的实际统计方法时，六西格玛方法补充了 TQM 的理论，如管理领导、继续教育和关注顾客。TQM 评论家总结出六西格玛方法不同于 TQM 的关键成功因素：

(1)敏锐理解顾客和自己的产品或服务；

(2)强调理性的统计和衡量；

(3)一丝不苟和结构化的训练；

(4)严格并针对项目的方法论；

(5)朱兰提倡的强化原则，如上层管理者的支持和继续教育。

与 TQM 非常相似，这种方法隐含了战略、手段和统计方法的整体文化，获得了巨大的节约、随后的改进精神和管理行为，从而提高了效益。对于许多公司而言，六西格玛程序仅意味着使产品、工艺和交易等每个方面都接近完美的质量方法。这种方法是 1987 年在摩托罗拉公司率先提出并应用的，成为摩托罗拉公司赢得 1988 年马尔科姆·鲍德里奇质量奖的关键因素，这种方法已经给许多采用此方法的公司带来了深刻的、毋庸置疑的结果。联合信号公司在 1997 年的年度报告中宣布估计节约了 5 亿美元，而通用电气公司给股东的 1998 年度报告中声称其节约的收益每年超过 7.5 亿美元。

实施六西格玛方法和创造一个接近完美的工艺或服务的目标可以运用许多框架、管理哲学和特定的统计手段。在寻求进一步改进的同时，改进现有低于规格的流程系统的一种方法是 DMAIC 过程（定义、衡量、分析、改进、控制），见表 2-41。

表 2-41 DMAIC 过程

过程	内容
定义	• 项目定义 • 项目许可 • 收集顾客的意见 • 将顾客的需求转化为具体的要求

续表

过程	内容
衡量	• 过程映射(As-Is 过程) • 数据属性(连续对离散) • 衡量体系分析 • 挑战的重复性和再生 • 衡量流程的能力 • 计算流程的西格玛级别 • 可视化的显示基线特性
分析	• 可视化的显示数据(柱状图、排列图、散点图) • 增值分析 • 原因和影响分析(a. k. a. 鱼骨图,Ishikawa) • 根本原因的确认 • 确定改进的机会(缺陷和财务) • 项目许可的回顾和修改
改进	• 头脑风暴 • 质量职能部署(质量机构) • 失败模式和影响分析(FMEA) • 引导你的方案 • 实施计划 • 对组织的文化修改计划
控制	• 统计流程控制(SPC)的概述 • 开发一种流程控制计划 • 对流程用文件证明

六西格玛方法程序促进了一切业务为顾客的坚定导向。第一步永远是理解顾客的期望以便运用合适的工具去改进内部和外部过程。然而,这一程序不是快速和廉价的。管理者的投入是成功的关键,员工必须受到六西格玛方法的训练。

6.3.4 小结

战略改进是公司经营发展过程中对过去选择的、目前正在实施的战略方向或线路的改善。不确定环境使公司的战略改进变得日益困难,公司在进行战略改进时应遵循的原则有:及时反应原则;有效控制原则;动态适应原则;局部调整原则。

六西格玛方法也叫“新型的 TQM”,它是一种用于获得质量和持续改进的高度严格的分析方法,其目的是通过减少缺陷、提高生产、提高顾客满意度和一流业绩来提高利润。

参 考 文 献

[1] 王龙伟,杨建君,李垣. 企业战略控制与自主创新的关系研究[J]. 管理工程学报,2007, 2:100-102.

[2] 李垣,陈浩然,谢恩. 战略管理研究现状与未来我国研究重要领域[J]. 管理工程学报,2007 (1):1-5.

[3] 王翔,李东,项保华,等. 基于战略地图和 BSC 的企业整合型战略控制系统研究[J]. 管理工程学报,2007,21(2):110-114.

[4] 张旭. 战略管理[M]. 北京:清华大学出版社. 2010:164-174.

[5] 胡笑寒,万迪昉. 战略控制方法的沿革与探析[J]. 管理工程学报,2003,17(4):95-99.

[6] 潘德 P S. 6Q 管理法:追求卓越的阶梯[M]. 刘合光,等,译. 北京:机械工业出版社,2001:84-93.

[7] 埃克斯 G. 六西格玛革命:通用电气及其他公司如何将过程转化为利润[M]. 游婷婷,译. 北京:中国人民大学出版社,2003:11-25.

[8] 西蒙斯 R. 控制[M]. 鲜红霞,郭旭力,译. 北京:机械工业出版社,2004:54-92.

[9] 韵江. 企业集团的价值创造与战略改进——基于协同效应的视角[A]. 中国社会科学院. 首届中国经济论坛论文集[C]. 中国社会科学院,2005:13.

[10] BISBE J, OTLEY D. The effects of the interactive use of management control systems on product innovation[J]. Accounting, Organizations and Society, 2004(29): 709-737.

[11] HENDRY K, KIEL G C. The role of the board in firm strategy: integrating agency and organizational control perspectives[J]. Corporate Governance, 2004(4): 500-520.

第 3 章　战略管理案例模块化撰写流程和评估标准

1　模块化撰写流程

1.1　Yin 的案例研究步骤

多案例研究是一种常用的案例研究方法，多案例的研究步骤能够为单案例研究的步骤指明方向，或者可以说，多案例研究步骤是普遍性与特殊性的综合。多案例研究遵从的是复制而非统计抽样原则，其基本原理是每一个案例都要经过精挑细选，挑选出来的案例要么能够产生相同的结果（逐项复制，Literal Replication），要么能够由于可预知的原因而产生与前一研究不同的结果（差别复制，Theoretical Replication），Yin 系统地给出了多案例研究的基本步骤，如图 3-1 所示。

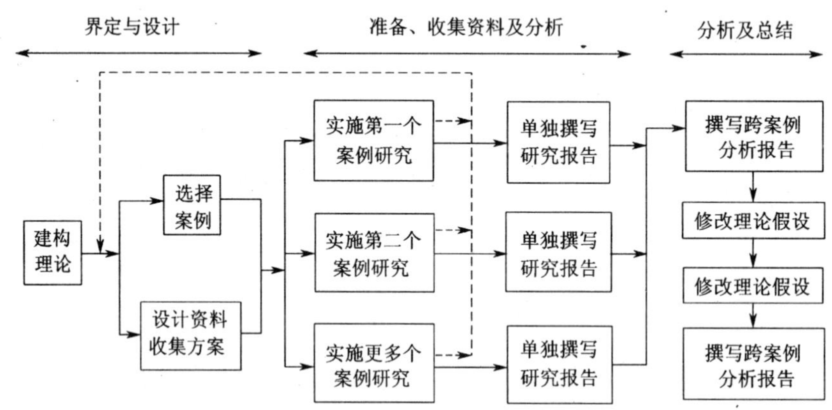

图 3-1　Yin 的多案例研究的基本步骤

多案例研究的第一步是进行理论构建，理论框架需要申明在哪些条件下某一特定的现象有可能出现（逐项复制），或者在哪些情况下某一特定现象不可能出现（差别复制），每一个案例都是一个完整的案例，如果某一结论成立，那就要再进行一次复制的过程，对上一个案例进行检验。对于每一个单独的案例，都要撰写研究报告，研究报告中要解释原理论假设成立与否的理由。所有的案例合在一起，需要再次撰写多案例分析报告，报告中要阐明复制的逻辑，并解释为什么有些案例的实证结果与其理论假设相符合，而有些案例的实证结果与其理论假设不符合。

最后需要注意，图 3-1 中虚线所形成的反馈环是研究中非常重要的一节：在对某一个案例进行研究时，如果发现其与最初的研究方案不匹配或者案例的实证结果与原来的理论假设有冲突，那么就要在继续进行下一个案例研究之前对原有的研究方案或理论假设进行重新设计或修改。

Eisenhardt 在其案例研究的一般步骤中也强调研究者可能需要根据跨案例研究反馈回来的信息对研究问题进行重新定义。

1.2 Eisenhardt 的案例研究步骤

Eisenhardt 在其 1989 年发表的论文《由案例研究构建理论》中论述了案例研究的一般步骤，现将其研究成果做了进一步的规整，将八个步骤归纳为三个阶段：准备阶段、执行阶段和对话阶段，见表 3-1。表中的三角验证、跨案例研究、信度、效度等术语在本章的其他部分予以解释。

表 3-1 案例研究的一般步骤

阶段	步骤	活动	原因
准备阶段	启动	确定研究问题 预先设定可能的构念	提供构念测量的较佳基础
	研究设计与案例选择	以理论为基础而非随机选择案例但并不受限于理论和假说	强化外部效度 强化或修正理论 聚焦于具有理论内涵的有用案例
	研究工具与方法选择	资料收集方法追求多样 定性资料与定量资料相结合	透过三角验证，强化研究基础 采纳多元观点，集思广益
执行阶段	资料收集	反复进行资料收集与分析，包括现场笔记 根据实际灵活改变准备阶段确定的资料收集方法	有助于确保案例研究资料的信度和效度
	资料分析	案例内分析 采用发散的方式，寻找跨案例的共同模式	熟悉资料，并进行初步的理论建构 促使研究者挣脱初步印象，并透过各种视角来观察证据
	形成假设	针对各项构念，进行证据的持续复核 跨案例逻辑推理，复制而非抽样，寻找关系背后“为什么”的证据	精炼理论框架 建立内部效度
对话阶段	文献对话	与矛盾文献互相比较 与类似文献互相比较	建构内部效度，提升理论水平并强化构念定义 提升类推能力，改善构念定义及提高理论水平
	结束	尽可能达到理论饱和	当边际改善很小时结束进程

1.3 案例模块化撰写流程

战略管理案例模块化撰写，既要符合 Yin 和 Eisenhardt 描述的一般案例撰写规范，也要突出战略管理模块化的特点，实际上它反映的是如何将第二章战略管理模块化理论中各个功能模块与结构模块进行组装和拼接，以满足案例撰写者迅速提升写作效率，达到写作目标的一个写作步骤。

按照系统论的观点，每个复杂系统的总功能均可以划分为若干个分功能或基本功能——功能分解，也可以进行分功能或基本功能的组合——功能组合。战略管理案例的模块化撰写就是在对案例的总体功能结构分析的基础上，划分并设计出一系列功能模块，通过模块的选择与组合,以构成不同的案例,满足案例需求者的需求。战略管理案例的模块化撰写包括三方面内容。

(1)模块划分。对案例进行功能分析与模块分解,每个案例都可以划分为若干个功能模块,划分的原则是强调功能的独立性。

(2)功能模块的设计、撰写与评估。先设计、撰写与评估各个基本的功能模块,然后得到系列化的模块,最后得到系列化的案例。

(3)模块的选择、组合与评估。选择具有不同功能的模块,评价其组合可能性和合理性,进而组合成具有特定总功能的产品称为模块的综合。

因此,我们建议战略管理案例模块化撰写步骤分三个阶段:规划阶段、执行阶段、评估与控制阶段。规划阶段主要进行研究问题的确定,案例设计与模块划分,设计模块化资料收集方案;执行阶段主要进行案例资料模块化收集、分析及整理,模块的选择与组合,案例撰写,评估与控制阶段主要用于案例的评估、修改、完善与控制。如果撰写的案例不符合评估标准,案例撰写就重新回到原点——准备阶段,重新提炼问题,重新再走一遍案例写作程序,直到能通过案例评估为止。这样,这篇案例才算完成。下面是战略管理模块化案例撰写流程建议。

1.3.1 规划阶段

1. 确定研究问题,设定理论架构

第一,确定案例研究的领域(战略管理、金融、管理学、创新创业、技术经济等)以及行业界定(汽车、化工、家电)等内容。本书的重点关注战略管理案例,但是对其他方向的案例撰写也具有比较大的参考价值。第二,明确案例的目的和用途。这个案例的读者是谁,案例开发完成后,能满足读者哪些方面的需求,例如:《吉利并购沃尔沃:中国自主品牌的突围》案例开发的目的就是通过对吉利实施收购沃尔沃的过程以及吉利在成功收购沃尔沃之后完成成功的整合进行描述,可以为公司提供一个成功的海外并购的样本,也为海外并购的教学实践提供了充实的教学素材。最后,按照用户需求,选择案例对象,提出案例需要研究的问题假设以及相关的理论架构。如:“吉利并购沃尔沃为什么会成功”“中国好声音的商业模式是什么”“什么导致伊士曼柯达公司破产”以上问题的相关理论主要属于战略管理理论范畴。

2. 案例设计与模块划分

案例设计就是用实证数据将需要研究的问题和最终结论连接起来。案例设计的目的是避免出现与要研究问题无关的情况。案例设计是一种计划,这种计划能指导案例研究者按照步骤搜集、分析并解释资料。案例设计是一种论证的逻辑关系,它能使案例研究者对案例研究中的各个变量之间的因果关系进行推论。案例设计是蓝图,它至少应该处理四个问题:要研究什么问题、哪些数据与要研究的问题相关、需要搜集哪些数据、如何分析结果。选择案例以理论为基础,但并不受限于理论和假设。

案例设计主要包括案例的布局设计和模块的划分。案例的布局可以按照预先设定的理论架构分层进行,也可以参考别人的案例直接自主构思。一般来讲,案例的布局按照研究问题的细化问题而进行设计。一个案例需要讨论的主要问题涉及1~3个,将主要问题按照理论架构或思维逻辑可以细化到20个。在明确了案例的整体布局后,就可以进行模块的分解工作。模块的分解按照“相似问题合并同类项”的原则,可以将一个案例分解为多个独立功能模块。

3. 设计资料模块化收集方案

按照划分的独立模块为单位,分别搜集相关资料。设计资料收集方案包括:明确案例搜集渠道、方法、人员、时间进度等事项。案例搜集渠道有六种:文件、文档、记录、访谈、直接观察和实物证据。案例收集的原则有三个:使用多种来源资料,建立案例研究数据库,形成一个证据链(所研究的问题、收集的资料以及结论之间的直接联系)。常见的案例资料收集方法有访谈法、文献法和问卷调查法等。资料收集方法追求多样性,最好定性资料与定量资料相结合。定量数据有助于揭示一些研究者不易察觉的关系,也能使研究者避免被定性数据中的那些形象生动但错误的表象所迷惑,同时它也能进一步支持那些已经从定性数据中得到佐证的结论。定性数据则擅长揭示那些由定量数据揭示的关系背后的基本原理,或者也可直接揭示出理论命题然后再通过定量数据检验(Jick,1979)。搜集人员和时间进度等事项需要按照已撰写案例的目录和内容做详细的计划,主要包括如下内容:①预计案例篇幅与字数,是6千~8千字(详略安排)还是1万~3万字;②围绕主题,确定案例撰写的层次,分层撰写;③案例完成的时间进度、人员安排(包括每个模块的资料搜集完成时间与相应的模块负责人,全部案例资料搜集完成时间与总体案例撰写负责人)。

1.3.2 执行阶段

1. 案例资料模块化收集、分析及整理

案例资料收集要按照独立模块进行。在案例资料收集工作开始之前,组建不同背景、专业的多成员研究团队对于案例资料收集工作的圆满完成非常重要。首先,他们提升了研究的创造性潜力,团队成员的能力通常可以相互补充从而使得所采集的数据更加丰富,并且不同的观点增加了从数据中捕捉到新观点的几率。其次,从众多研究者中得到的收敛趋同的观察结果增强了结论的可信度,提升了案例的说服力。

一般来说,案例资料可以到公开的公司网站、相关政府网站、研究机构网站、证券交易所网站以及报纸和杂志等地方获取,不过这些资料是“二手资料”,要想获得“一手资料”还需要直接调研和访谈与案例相关的公司、个人、利益相关者、政府主管等。

案例资料的收集内容包括:关于案例背景知识的资料;主要人物资料;主要事件发展的脉络资料;人与人关系状况资料;主导产品技术性方向的资料;产品、设备、市场、品牌、领导班子等资料。由于战略管理案例是在战略管理理论指导的前提下撰写而成,因此对战略管理理论的最新研究资料的搜集以及现有战略管理理论案例的搜集也是我们案例资料收集的不可或缺的部分。另外,应该以战略管理案例内容划分的各个功能模块为独立单元,进行资料收集。同时将收集到的资料放在一个文件夹中,便于下一步的资料分析与整理以及独立撰写,专业化管理。

案例资料分析是案例研究的核心,但又是最难且最不易言表的一步(Eisenhardt,1989)。案例资料分析主要是对收集的资料或素材进行筛选与搭配,其素材筛选与搭配原则有三点:①有利于突出主题;②有利于突出讨论;③有利于突出读者。另外,资料的分析,先按照时间、地点、任务、行业、产品、技术、市场等线条进行资料的梳理。战略管理案例模块化撰写需要按照所划分的各个模块为单位,进行资料的分析与整理,为下一步案例的分模块撰写做好准备。

2. 案例撰写:模块的选择与组合

在战略管理模块化案例撰写的过程中,首先要遵循“模块化”的思路,先按照战略管理案例的内容要求对各个功能模块进行划分,然后进行单个功能模块的设计、撰写与评估,最后将撰写好的单个功能模块进行选择与组合,以形成一套与实证相结合的“模块化”系统。

战略管理案例模块化的撰写要明确案例结构与撰写手段以及案例的格式。

1)案例结构

案例结构要具有完全松散、戏剧性、故事性的特点。案例结构由时间结构、逻辑结构、叙述结构、情节结构、说明结构组成。时间结构就是按照案例发生的时间顺序进行描述;逻辑结构就是设计小标题,按照事物内在性质同异和横向关联疏密划分的逻辑关系组织资料;叙述结构是在时间结构的基础上,采取叙述的手段进行描述;情节结构是指将案例描述生活化;说明结构是指为了对案例理解,案例必须做出各方面的情况说明,如对行业情况、技术背景等介绍。

2)撰写手段

撰写手段要具有如下特征:①虚实掺半,高度拟真(设“陷阱”);②写实与虚构(合乎常理、逻辑、情节可删减、合并、调整);③客观描述和个人观点(像个报道者,只反映事实和情况,不做解释和判断)。

3)案例的格式

案例的格式主要包括标题、摘要、关键词、引言、正文、结尾、脚注、图表、附录等内容。

标题要有一定的典型性和代表性,最好能够反映某地区、某行业或更大范围的经营管理问题。可以选择行业的龙头公司,或特别受到关注的公司(或项目)作为研究对象。因此,标题要求是切题、含蓄、不落俗套、新颖。一般来讲,主要有三种类型。第一种是素描型,用单位或项目名称做标题,如:联想公司、海尔公司、通用公司等。第二种标题是问题提示型,标题本身就是一个题目,如:“蒙牛——中粮的‘陷阱’还是‘馅饼’”“吉利并购沃尔沃的前因后果”“无锡尚德神话衰落原因何在”“联想借船出海:机会还是陷阱”。第三种标题是画龙点睛型,如:“《中国好声音》:貌离神合的凉茶好声音”“海尔文化激活休克鱼”。

摘要主要对案例内容进行总结,阐明案例的研究对象、研究理论或方法,主要研究结果和推广应用结论。

关键词主要描述案例的核心词组,它是文章检索的重要依据,是本案例与彼案例进行区分的重要标志,关键词一般为 3 ~ 5 个,用分号或逗号隔开。如:“联想:借船出海——机会还是陷阱”的关键词为跨国并购、整合、战略;“吉利并购沃尔沃:中国汽车自主品牌的突围”的关键词为海外并购、公司整合、战略管理。

引言又叫开头,要求开门见山,第一句最好以简要的语言概括说明主要人物与主要问题,包括点明时间、地点、决策者、关键问题等信息。引言一般选择模块 1 为主,描述研究对象的宏观经济背景、行业背景、公司历史沿革、财务状况、主要人物、事件等相关背景。

正文可以根据案例的需求,选择本书第二章介绍的不同的单个战略管理模块以及整合的战略管理模块,对历史变迁、社会环境、经济环境、政治环境、行业环境、资源与能力、组织人事、未来前景等进行描述。

结尾是对正文的精辟总结,一般由 2 ~ 4 段构成,要求首尾呼应、自然淡出。可以选用模块 1 到模块 6 进行组合阐述。

脚注、图表与附录等也是案例格式中不可缺少的部分。脚注是对正文中某些技术问题、公式、历史情况等的注释,脚注以小号字附于有关内容同页的下端,以横线与正文断开。图表包括财务报表、组织结构图、市场占有率图以及曲线、直方图等,图表要有标题(中英文),有编号。附录与脚注一样,内容比较大,有助于理解正文的相关资料、数据可作为附录列出,附录务求精选,非十分必要的可以不列出来。

1.3.3 评估与控制阶段

案例撰写完成后,还要对案例的撰写是否达到需求者预期进行评估。一般来讲,案例撰写之后的评估是非常关键的一个步骤。如果撰写的案例符合需求者预期,案例撰写工作就结束了;如果撰写的案例没有达到需求者预期,案例撰写还需要进行检验、修改以及完善。

案例的撰写首先符合科技论文撰写规范,案例的陈述客观平实、不出现作者的评论分析,决策点突出,所述内容及相关数据具备完整性和一致性。其次,案例的研究方法以及提供的资料要真实具体、情节合理、逻辑严密,充分达到拟真的效果,最后,要求案例提供和表述资料的方式要达到构思巧妙、生动有趣、引人入胜的境界。

案例的撰写还要做如下三方面考虑:案例的战略管理内容、案例的设计质量以及案例撰写的效率与质量。因而,案例撰写完成后,应该包含如下三方面的评估:案例的内容评估——Richard Rumelt 的战略评估标准;案例撰写水平评估——Yin 的案例评价标准和 Eisenhardt 的案例评价标准;案例模块化程度评估——案例的模块化评估标准。

2 模块化评估标准

如何评价一项已经完成的战略管理案例,案例的内容是否符合战略管理的要求?案例的撰写质量如何体现?模块化如何体现?各模块间的相互匹配程度如何体现?我们在阐述 Richard Rumelt 的战略评估标准的基础上,阐述了 Yin 和 Eisenhardt 的案例评价标准,最后提出我们的战略管理案例模块化撰写标准。

2.1 Richard Rumelt 的战略评估标准

Richard Rumelt(1980)提出的战略评估的四项标准为:一致性(Consistency)、可行性(Feasibility)、调和性(Consonance)与有利性(Advantage)(见表 3-2)。其中,调和性和有利性主要用于外部环境评估,而一致性与可行性主要用于内部环境评价。

表 3-2 Richard Rumelt(1980)战略评估标准①

评估标准	内容
一致性	战略目标应该和政策保持一致。组织的冲突、部门之间的纷争,往往是管理失序的表征,也可能是战略不一致的表现。公司存在的管理问题是否是战略不一致性引起的,应当遵循如下三条准则评估:(1)如果更换了人员,管理问题仍然存在,或者如果这一问题是事件导向的而不是人员导向的,则可能存在着战略的不一致性;(2)如果公司的一个部门的成功意味着另一个部门的失败,那么,战略可能存在着不一致性;(3)如果政策问题与事项不断地被提交管理高层寻求解决,也可能存在战略的不一致性

① 资料来源:Richard Rumelt:*The evaluation of business strategy*. Business policy and strategic management. New York:McGraw-Hill,1980:359 -367.

续表

评估标准	内容
可行性	战略必须做到既不过度浪费可以利用的资源,也不带来无法解决的问题。对战略的最终检验是其可行性。也就是这一战略能否依靠公司自身的物力、人力及财力资源实施。公司的财力资源最容易定量考察,通常也是决定战略选择进行评价的第一制约因素。但是,有时人们常常忘记了融资方式的创新是可能的。如内部筹资、厂房抵押与长期合同挂钩等,都曾帮助公司在突然获得增长的产业中占据有利位置。除此之外,定量性较差的制约因素是个人与组织能力。在评价战略时,重要的一点就是要考察公司在过去是否已经展现出了实施既定战略所需要的技能、核心能力及人才
调和性	调和性是指战略家在评价战略时,一方面要考察单个事项的发展趋势;另一方面要考察总体趋势。战略必须是对外部环境和公司内部发生的重要变化的适应性反应。在战略制定中,将公司关键内部因素与关键外部因素相匹配的一项困难就是绝大多数事件的趋势都是与其他多种趋势相互作用的结果。尽管单个的经济或人口趋势好像很多年都保持不变,但从相互作用的角度考察,各个因素一直都在发生着波动
有利性	战略必须能够使公司在所选择的业务领域内塑造和(或)保持竞争优势。竞争优势通常来自公司在如下三方面的领先性:(1)资源;(2)能力;(3)定位优势。资源、能力形成的核心竞争力无疑能为公司带来竞争优势,而公司的定位优势也在公司战略中发挥关键作用。公司一旦获得了有利的地位优势,其防御功能就可以发挥出来。只要内外部环境因素不发生变化,定位优势便趋向于继续维持

2.2 Yin 的案例评价标准

根据案例研究的内涵,案例研究是一项实证研究。应该说,就具体案例研究进行评价,不仅在研究者自己做研究时起到"观镜以正衣冠"的作用,而且也可以使研究者更客观地看待其他人的案例研究。对于一项具体的案例研究,Yin(1984)认为可以从构念效度、信度、内部效度和外部效度着手评价:

第一,构念效度(Construct Validity),指测量的准确性,即变量测量的内容和构念的含义是否一致;

第二,信度(Reliability),即后来的研究者如果完全按照先前研究者所叙述的步骤,再次进行相同的案例研究,将能得出同样的结果,总结出同样的结论;

第三,内部效度(Internal Validity),指变量之间因果关系推论的可信度;

第四,外部效度(External Validity),指将研究结论推广到其他群体、时间和情景的可信程度。

案例研究的评估标准及其检验问题见表 3-3。

表 3-3 案例研究的评估标准及其检验

检验标准	检验提问
构念效度	是否采用了多种证据来源进行交叉印证 是否清晰完整地表述了案例研究中使用的方法和程序 读者能否感受到完整的案例研究概况(包括背景信息) 是否对证据的真实性进行了核实

续表

检验标准	检验提问
内部效度	是否考虑了与之相对的另一种可能性 是否采用了丰富的证据来阐明观点 研究的结果之间是否保持一致 所有概念是否系统地连接到了一起
外部效度	是否采用了类似多案例研究的逐项复制或者差别复制的方法 研究结果和现有理论是否一致或者有关联 选取案例是否具有代表性、典型性
信度	案例研究的数据是否保存了下来,供其他研究者检验 对研究问题的定义是否清晰,并且与研究设计保持一致

一项好的案例研究应当采取多元的渠道采集资料,需要利用多种证据共同构成稳定的、有说服力的证据三角形,其稳定性源自于多种证据来源对同一现象的多重证明,若各种证据被分散,反倒降低了研究的品质,如图3-2所示。

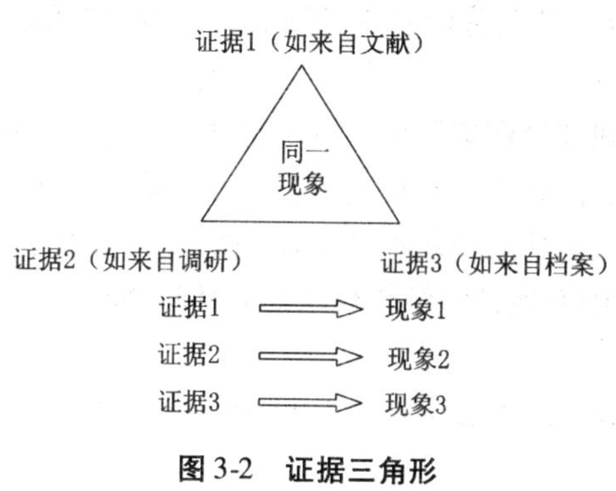

图3-2 证据三角形

需要说明的是,内在效度只与解释性(或因果性)案例研究有关。解释性案例研究的目的,是判断事件A是否会导致事件B。如果实际上是另外一个事件C导致了事件B,但研究者错误地得出了事件A导致事件B的结论,那么该研究就在内部效度方面存在问题。因此,需要关注其他看似有说服力的竞争性解释,通过比较要确保自己最终给予的解释是更加合理的。

2.3 Eisenhardt 的案例评价标准

一项案例研究到底应该怎样评价?首先,Eisenhardt认为对于案例研究并没有一个能够普遍得到大家认同的标准。然而,还是有一些准则在评估中得到了广泛的应用,比如,在案例研究过程中所使用的概念、框架或者是命题是否已经成为一个"好"的理论。对于一个"好"的理论的评判,Pfeffer(1982)的著作*Organization and organization theory*一书中表明,一个好的理论的评价标准可从简约性(Parsimonious)、逻辑一致性(Logically Coherent)、可验证性(Testable)三个方面进行评价。而对于Pfeffer这一观点,Eisenhardt认为在案例研究的评估中非常适用。

其次,Eisenhardt还认为案例研究的评价还取决于案例研究的方法和支持证据的强度。比如说,研究者是否遵循了一个严格的分析程序?所举出的证据是否支持要验证或探索出的理论？研究者是否能够说服反面的观点？虽然评价案例研究并没有类似于相关系数或 *F* 值这种精确的手段，但是一些彻底详尽的证据将会使人们确信将要验证或探索出的理论是有效合理的。

最后，一个强有力的案例研究应该能够表现出新的视角。复制以往的新理论在以验证理论为目的的案例研究中是必要的。但是在理论探索的案例中，研究的目标就是得出一个具有创新性的理论。

2.4 案例模块化撰写评估标准

战略管理案例模块化撰写不仅应该体现战略管理过程，还要按照模块设计的原则进行分解与组合。前者我们将其概括为内容方面的制约，后者称为形式上的约束。

从内容上来说，首先，模块化案例应该能够体现出战略性和战术性相结合。从案例撰写过程方面来看，"战略性"体现在案例的谋篇布局和统筹思想等宏观因素，而"战术性"体现在每个模块的划分与组合以及模块之间的衔接和每个模块的写作技巧等微观因素。从战略管理案例所描述的内容来看，我们要把战略分析模块中的战略性视野与战略实施模块中战术性举措相结合，最终体现出科学性、艺术性、战略性、可操作性特征。

从形式上来说，按照模块化与战略管理的概念，一篇战略管理案例完成后，应该能够很好地回答如下问题。

(1)是否按照战略管理理论框架所包含的关键内容要素(如：S，W，O，T；资源、能力、核心竞争力等)制定战略？是否对这些要素进行客观而准确的描述？

(2)每个单元模块是否由功能模块和结构模块组成？功能模块能否反映所要体现的战略管理所包含的内容功能的互换性？结构模块能否体现战略管理案例撰写的结构设计的互换性？

(3)每个单元模块之间是否相互融合？每个单元模块与整个案例的系统构建是否匹配？

(4)案例是否按照预定的目标进行单元模块的分解与组合？实现了高效的写作速度和高水平的写作质量了吗？

(5)已经撰写的单元模块能否按照用户的不同需求进行实现单元结构调整、扩展与互换？

参考文献

[1] 李平，曹仰锋. 案例研究方法：理论与范例——凯瑟琳·艾森哈特论文集[C]. 北京：北京大学出版社，2012.

[2] EISENHARDT K M. Building theories from case study research[J]. The Academy of Management Review, 1989, 14(4): 532-550.

[3] YIN R K. Case study research: design and methods[M]. Newbury Park, CA: Sage Publications, 1984.

[4] 殷·罗伯特. 案例研究：设计与方法[M]. 周海涛，等，译. 重庆：重庆大学出版社，2004: 92.

第4章　战略管理模块化案例

本章的案例部分与第1章第4节图1－4战略管理系统模块结构图相对应。在这一章中,我们可以找到模块1～6的示范案例。其中,案例1.1和案例1.2对应模块1(外部环境分析模块),案例2.1和案例2.2对应模块2(内部环境分析模块),案例3.1至案例3.20对应模块3(愿景、使命和目标模块),案例4.1、案例4.2和案例4.3分别对应模块4.1(公司层战略)、模块4.2(经营层战略)和模块4.3(职能层战略),第5部分案例对应模块5(战略实施模块),案例6.1和案例6.2为模块6(战略控制评估模块)的示范案例。

1　外部环境分析模块案例

1.1　《中国好声音》:"貌离神合"的凉茶好声音

摘要:本案例介绍了加多宝在失去"王老吉"之后与《中国好声音》合作的娱乐营销模式,主要从加多宝面临的困境、《中国好声音》寻找投资商之路、加多宝的策略以及加多宝与《中国好声音》的合作等方面对案例进行了详细的描述,并对加多宝与《中国好声音》的后续合作进行了追踪分析。本案例为企业与娱乐节目的捆绑式合作提供了教学资料和指导。

关键词:加多宝,整合,传播策略

1.1.0　引言

"正宗好凉茶正宗好声音欢迎收看由凉茶领导品牌加多宝为您冠名的加多宝凉茶中国好声音……"浙江卫视知名主持人华少以47秒说完了这段有350个字的广告词,引发了人们挑战最快语速的热潮,与此同时广告词中提及的公司——凉茶领导品牌加多宝也引起了公众的追逐。2012年夏天,为观众提供了年度好声音,开启了一场音乐盛宴的《中国好声音》无疑是娱乐节目的最大赢家,而作为其独家冠名商的加多宝集团也通过对这档高级视听栏目的投资在2012年凉茶营销中获得全胜,实现了品牌的完美转身。

1.1.1　加多宝的困境

加多宝集团是一家大型饮料生产及销售企业,创立于1995年。1998年集团为拓展市场,以外资的形式在广东省东莞市长安镇设立了首个生产基地,之后相继于浙江、福建、北京、湖北、青海等地设立了生产基地以满足市场扩展的需要。

加多宝旗下产品包括"王老吉"和各系列茶饮料,其中"王老吉"为中华老字号民族品牌,历史悠久,超过170年,其销售网络覆盖中国30多个省市自治区,同时也销往欧美、东南亚等地,"王老吉"以其清热降火、纯中草药配制而闻名全国,成为凉茶行业的第一大品牌。在加多宝集团将"王老吉"的品牌打响后,"王老吉"商标的所有者广药集团提出申诉欲将商标收回,这一场"夺标之战"愈演愈烈,最终于2012年5月以加多宝败诉告终。

失去"王老吉"商标之后的加多宝集团陷入了再造新品牌的困境,由于"王老吉"的品牌名誉十分强大,加多宝面临着很大的困扰。

1. 国内凉茶竞争现状

2012 年 1 月至 5 月，我国饮料制造业规模企业达到 1 531 家，累计实现销售总额达 1 780.21 亿元，同比增长 12.53%，利润总额同比增长 1.97%，达到 111.89 亿元，销售利润率为 6.29%。按照全年行业景气程度在 130% 以上计算，排除季节性影响，饮料行业年销售总额可以达到 4 272.504 亿元。

国内凉茶饮料市场的潜力很大，北京零点调查（国内著名市场调查公司）的市场调研显示，凉茶饮料在饮料行业中的市场占有率抽样数据为 7.13%，根据国家统计局数据，目前国内凉茶的销售市场为 300 亿元，而且随着人们健康养生理念的形成，公众对凉茶类饮料的市场需求增长趋势相当明显。

2. 宏观环境分析

1）政治环境

2005 年 7 月，经省文化厅、省食品行业协会联合组织由文史、文物、中医药、食品等著名专家组成的凉茶认定专家委员会严格审核，广东省 21 家企业拥有 18 个品牌 54 个秘方及术语率先被批准为广东省食品文化遗产。

2006 年，广东凉茶再次升级，在成为粤港澳三地认可的粤港澳食文化遗产的同时，凉茶终于被国务院公布成为首批国家级非物质文化遗产。这意味着凉茶不仅能得到国家文物保护法的保护，而且还能得到联合国《保护非物质文化遗产公约》在世界范围内的保护。凉茶成为国家文化遗产后将受到国家有关法律永久性的保护，受保护的凉茶品牌和秘方在产品宣传方面将可合法使用术语（即功效）、其秘方中所使用的中草药亦将受法律保护。

2009 年加多宝被评为高新技术企业，根据国家对高新技术相关税收优惠政策，公司享受企业所得税优惠，并成为国内首批澳大利亚 TGA 认证的制药企业。

2011 年加多宝联合其他企业共同签署了《凉茶文化与产业发展公约》，推进凉茶饮料的保护及全球普及，加多宝集团陈鸿道先生获得非物质文化遗产“凉茶项目”代表性传承人的资格。

“十二五”规划提出，力争到 2015 年，饮料总产量达到 1.6 亿吨，年均增长 10% 左右，产品结构更加合理，碳酸饮料、果蔬汁类饮料、包装饮用水、茶饮料、蛋白饮料、其他饮料产量的比例分别为 14:15:39:13:15:3，这也为加多宝凉茶的发展提供了良好的发展环境。

2）经济环境

近年来，随着消费观念和生活方式的转变，茶饮料成为中国消费者最喜欢的饮料品类之一。进入 90 年代，世界茶饮料以 17.0% 的年增长速度递增，被誉为“新时代饮料”而风靡世界。中国茶饮料市场进入 21 世纪以后更是增长迅速，每年以 30% 的速度增长。统计数据显示，2011 年中国茶饮料产量已超过 900 万吨。茶饮消费市场已占到整个饮料消费市场的 20% 左右的份额，市场份额直逼碳酸饮料，成为中国饮料市场中一道亮丽的风景线。未来三年，凉茶业将保持以几何级数的高速增长，成为除了水之外的第二大饮料品类，出现“井喷”。

茶饮料已成为茶产业的重要支柱，目前，茶饮料市场有 700 亿至 800 亿元。进入 2012 年，茶饮料市场的最大特点是茶饮料行业整体进入成熟期，茶饮料行业的品牌集中度越来越突出；另外，茶饮料市场还呈现出众多凉茶企业抢夺市场份额，凉茶市场群雄混战的局势。茶饮料已经成为即饮料市场渗透率最高的品类。近年屡次发生食品安全问题，我国饮料市场结构发生了明显的变化,碳酸饮料由于存在钙流失、饮后肥胖等问题而逐渐“退烧”,让消费者对于自然、健康的愿望变得空前高涨,作为中国传统饮料的茶饮料品类不仅继承了数千年来的饮茶文化,同时也符合了消费者心目中日益清晰的饮料消费观念和选择趋势。

3)社会环境

如图4-1所示,碳酸饮料仍旧是大部分人的选择。这类饮料的特点是以解渴为主,在功能上比较基础,在价位上也相对较低。同时果茶饮料也备受消费者的青睐,茶饮料有一定的特殊功能,比如凉茶的祛火,其他茶的减肥、助消化等。可见,消费者对饮料的选择正逐渐趋向于健康化,茶类的功能性饮料将会有更大的市场。

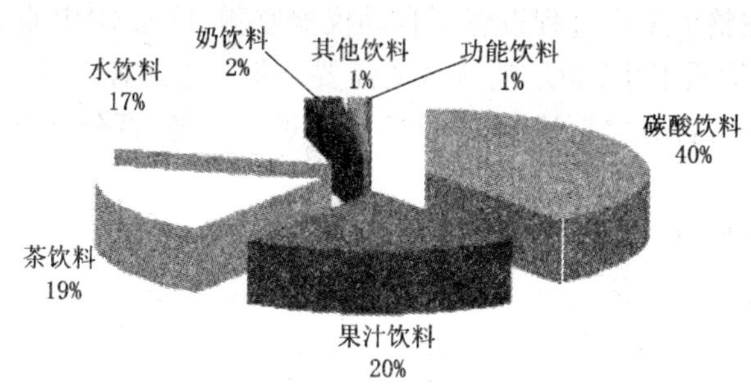

图4-1 中国饮料市场分布

“凉茶”具有清热解毒、生津止渴、防治疾病等功效,是我国南方沿海地区民间世代流传、广泛饮用的饮料。然而,广东凉茶在近几年来旺销全国,巨大的市场增长空间和利润让众多企业对凉茶产业欣喜若狂,大大小小的品牌大举进军凉茶行业。有专家称,广东人正在培养全国人民喝凉茶,凉茶也几乎成为民族饮料的代名词。

随着现代都市人的生活形态的改变,比如饮食结构上肉食的增多,夜生活的过频等等,都令人比以往更加容易上火。这就为凉茶大举北上提供了极大的现实基础。随着凉茶品牌的崛起,有力地带动了整个凉茶市场向全国各地延伸,一跃成为民族特色饮品。

与王老吉的商标之争,虽然以加多宝败诉告终。但是由于加多宝对于后期的事件宣传等活动,为加多宝挽回了不少损失。

加多宝斥巨资投资《中国好声音》,随着“好声音”的收视长虹,使得加多宝销量直线上升。

连续12年资助贫寒学子实现上大学的梦想,近万名莘莘学子在加多宝的关爱下,走进了全国各地的大学殿堂;在我国遭受巨大灾难时挺身而出,在举国扼腕的“5.12汶川大地震”和“4.14玉树大地震”面前,毫不犹豫地宣布向灾区捐款1亿元和1.1亿元,历年累计捐助总额近3个亿。这些都给加多宝的品牌树立带来的积极有效的影响。

4)技术环境

凉茶创始人王泽邦第五代玄孙王健仪表示,高祖王泽邦于清朝道光年间始创凉茶,而她本人于20世纪90年代将家传秘方传授给陈鸿道先生的鸿道集团“独家永久专用”,并准许鸿道集团及其在大陆投资的加多宝集团各公司独家生产凉茶产品。

1995年,加多宝集团秉承传统草药的蒸煮工艺,率先通过技术创新,在凉茶制作“水提”

工艺的基础上,成功研发"集中提取,分散灌装"的工业模式。将草本精华提取、调配及灌注生产红罐凉茶,让传统配方与现代生产完美融合,保持凉茶生产的标准化和产品新鲜度、品质的一致性,实现了凉茶由街边小铺大碗茶到凉茶工业化大生产。加多宝凉茶引领凉茶产业走向了高速发展道路。

经过多年的研发,2006 年,加多宝集团最终成功研制出凉茶浓缩汁液,成为国内首次研制并成功应用凉茶浓缩汁技术的企业,实现了凉茶饮料行业生产方式的历史性突破,实现了色泽、风味、口感、品质和食品卫生的最高品质要求。

加多宝的所有工厂均按照 GMP 标准建造,厂房布局合理、明亮、洁净,并从欧美引进先进的全自动饮料生产线。产品质量管理体系覆盖产品从原材料采购、生产制造至市场流通销售环节全过程。在整个生产过程设置了自动仪器监测,按照 GMP 良好操作规范进行全程质量监控,保证产品优质卫生,满足消费者的需要。在运送给客户前,还需以超声波真空检测系统对整箱产品进行百分之百检测,合格后才能进入市场,百分之百保证产品质量。

3. 加多宝现状

利用波特的五力模型(如图 4-2 所示),即从行业竞争对手、替代品威胁、供应商和购买者的讨价还价能力以及行业潜在进入者五个方面来分析加多宝凉茶的竞争状况。

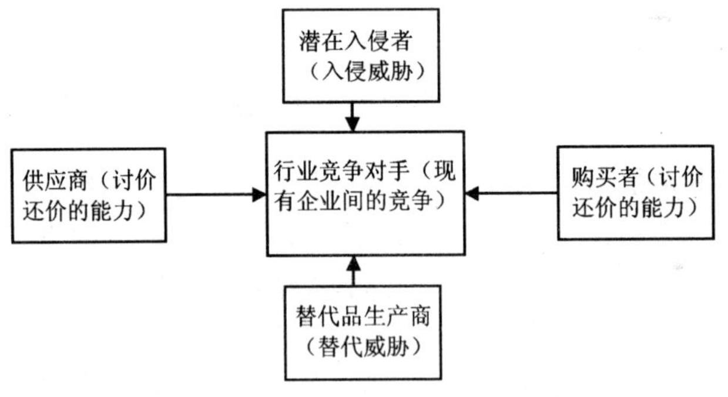

图 4-2 五力模型

1)行业竞争对手分析

目前饮料行业整体上看来呈现推出功能型饮料的趋势,其中就包括了凉茶饮料市场的开拓。目前除加多宝之外的广东凉茶品牌约有 1 000 个。这些品牌之中,达利园的和其正、万基集团的万吉乐凉茶以及广药绿盒装的王老吉,都是很有竞争力的对手,面对众多具备强大实力的竞争对手(见表 4-1),加多宝集团应该有一定的危机意识了。

表 4-1 凉茶饮料品牌

凉茶品牌	创立时间	所获荣誉	所属企业
王老吉	1828 年	国家级非物质文化遗产,中华老字号,广州市著名商标,行业著名品牌	广州王老吉药业股份有限公司
和其正	2007 年	中国驰名商标,曾获中国名牌,福建省名牌,凉茶十大品牌,全国食品工业优秀龙头企业	福建达利食品集团有限公司
黄振龙	1945 年	凉茶秘方支撑企业之一,中国凉茶行业最具竞争力品牌之一,广东省著名商标	广州黄振龙凉茶有限公司

续表

凉茶品牌	创立时间	所获荣誉	所属企业
徐其修	1895年	中华老字号,广东省著名商标,国家级非物质文化遗产,广东省食品文化遗产	英德市权祥凉茶有限公司
白云山	2005年	高新技术企业,华南地区最大的单体中药制造企业之一,行业最具影响力品牌之一	广州白云山和记黄埔中药有限公司
邓老	2003年	国家级非物质文化遗产,从事功能食品和养生保健品营销的企业,行业著名品牌	广东邓老凉茶药业集团有限公司
潘高寿	1890年	国家非物质文化遗产,中华老字号,生产止咳化痰药著称的企业	广州白云山潘高寿药业股份有限公司
霸王凉茶	2010年	中国驰名商标,广东省著名商标,以弘扬博大精深的中华中草药传统文化为己任的集团,十大凉茶品牌	霸王国际集团
沙溪	1975年	广东省著名商标,广东省名牌产品,中华老字号,国家级非物质文化遗产,民营科技企业	广东益和堂制药有限公司
顺牌	1988年	江苏省高新技术企业,江苏省著名商标,无锡市知名商标,十大凉茶品牌,大型医药健康品上市企业	瑞年国际有限公司

2)潜在入侵者分析

作为食品企业,达利园集团成功开拓了其饮料市场,推出了广为人知的和其正凉茶,给加多宝凉茶带来很大的威胁。有了达利园这个成功的案例,受多元化战略的影响,各大食品企业都在追寻多元化发展,它们都是最有可能的潜在入侵者。食品企业想要瓜分凉茶市场充满无限可能。

3)替代品分析

饮料市场品种繁多,像可口可乐、百事可乐、康师傅、娃哈哈、养生堂旗下的农夫山泉、加多宝凉茶、统一这些都是消费者熟知的饮料品牌。凉茶饮料的替代品如可乐、纯净水、奶类、果汁等都对加多宝凉茶的销售市场产生一定的冲击。从图4-3可以看出,2012年国内饮料市场的分布,凉茶饮料只占了7.13%,替代品对其威胁巨大。

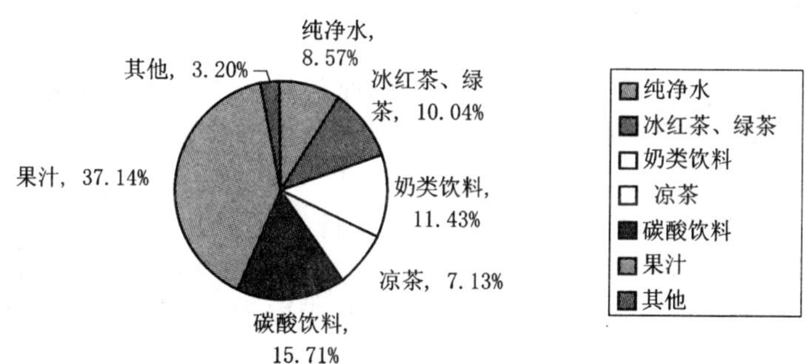

图4-3 饮料市场细分

4)供应商分析

金樱根是凉茶饮料中重要的药材原料,加多宝与东龙南药种植场具有良好的合作关系,这使得加多宝拥有了一个稳定的原材料供应商。

5)购买者分析

从消费群体来看,图4-4表明凉茶的消费群体多是以年轻消费群体和尽情享受生活群体为主,这两个群体并不是十分重视品牌,那么价格可能就会成为影响其决策的主导因素。

从价格来看，相对于其他凉茶品牌来说，加多宝凉茶每罐 3.5 元的价格是较高的，而这样的高价位将会使其流失许多顾客，一些消费者可能会更多地选择同类产品中价位较低的产品。

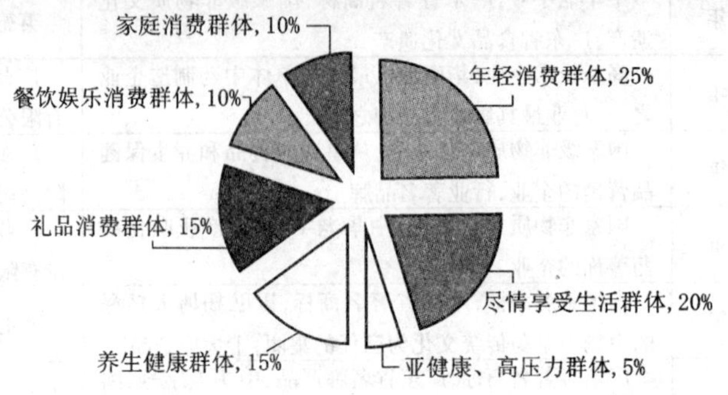

图 4-4 凉茶消费群体细分

1.1.2 好声音寻觅“知音”

浙江卫视在取得《中国好声音》的播出权后，对于其投资商的选择并不能算顺风顺水。浙江卫视在寻觅冠名商时，联系了很多以往卫视的大客户，但是由于种种原因均无功而返。浙江卫视旨在选择一个能与《中国好声音》相呼应的投资商，经过与灿星团队的商议，最终将目标锁定加多宝。加多宝的“正宗凉茶”的标志正好符合《中国好声音》的“正宗版权”的概念，在确定了目标之后，浙江卫视与灿星公司针对加多宝制作了一份合作方案，将节目的本质特性和未来推广方法等内容传达给了加多宝方面。第一次会面是在 2012 年 5 月底，浙江卫视同灿星团队到北京与加多宝团队进行了详细的讨论与沟通，重点就如何推广和传播加多宝产品、树立加多宝凉茶品牌及双方利益进行了商议。浙江卫视在加多宝提出建议的基础上修改了合作方案，在第二次会面时，双方经过再一次的讨论后决定合作，整个谈判、沟通时间只用了十多天。《中国好声音》由于觅得“知音”，终于可以顺利播出。

1.1.3 失去王老吉后的加多宝

1.“去王老吉化”战略

时隔十五年后，其时已价值千万的王老吉商标重回广药集团名下，加多宝在“王老吉”商标案上的败诉促使其必须尽快建立属于自己的凉茶品牌，“去王老吉化”。针对这个问题加多宝展开了重塑品牌的五步战略。第一，未雨绸缪，迈出重塑品牌第一步，加多宝在商标案宣判之前就对正宗凉茶的配方进行了改良和加工，从本质上实现“去王老吉化”，使消费者自然地从王老吉过渡到加多宝，在保有原来消费者的同时积极吸纳更广泛消费群体。第二，掌控渠道，全国范围抢占市场，加多宝认识到渠道和品牌维系是竞争的核心，在失去“王老吉”后，加多宝一方面维持并巩固其原有渠道，加强对渠道商的掌控以避免其投向王老吉，另一方面积极开拓新的渠道商以应对部分渠道商流失的市场空白。第三，密集推广品牌宣传，开启全方位品牌传播，加多宝除在电视、发布会、地铁等开展传统营销方式外，还注重通过新型的传播方式如微博、互联网等社会化媒体进行广泛的品牌宣传，投入巨资全力阻击王老吉带来的不良影响。第四，“借尸还魂”，加多宝利用商标权还在自己手中这一个时期，将印有加多宝和王老吉的罐装凉茶投放市场，让消费者对两者的关系有一定的了解，进而产生原来的王老吉就是现在的加多宝的意识，达到宣传加多宝品牌的目的。第五，加多宝中国好声音的蝴蝶效应，加多宝投资《中国好声音》，以实现品牌的树立。

2.加多宝的风险投资

加多宝面对全新品牌建立的难题，选择了与《中国好声音》合作，起初这一决定在业内并不被看好。加多宝集团品牌管理部副总经理王月贵回忆说,投资冠名《中国好声音》是一项极具风险的策略选择。在浙江卫视联系加多宝之后,加多宝一直在衡量能否实行这个项目。在加多宝方面看来,《中国好声音》的"正宗版权"理念正好迎合了加多宝所要追求的"正宗凉茶"的战略,更名后的加多宝原有配方、工艺和口感都没有变,而《中国好声音》也继承了《The Voice》正版的原汁原味,区别于"山寨版",两者具有异曲同工之妙。而浙江卫视及灿星团队提出的方案也十分适合加多宝的需求,另外浙江卫视的名气和灿星团队的质量保障都吸引了加多宝方面的注意。秉承"关键时刻把握关键资源"的原则,加多宝在定性和定量两方面对该项目进行了详细的评估,并采取了系统的评估手段和模型,得出项目的投资在预算之内的结果,最终决定以6 000万元冠名《中国好声音》。

1.1.4 正宗好声音配正宗好凉茶

1. 凉茶好声音之初现

加多宝与《中国好声音》的合作可以说是一拍即合,这种搭配营销方式很常见,此前最成功的要属2005年《超级女声》与蒙牛酸酸乳的合作,这一次凉茶好声音的合作在《中国好声音》开播伊始就显现了其广告宣传效果。从节目播出效果看来,加多宝的冠名显然不止"加个名字"那样简单:除了主持人频繁重复的"绕口令广告"之外,现场大屏幕上、舞台地面上、评委座位旁边、选手入场的大门上……"加多宝"的标识和产品几乎无所不在。在奥运会的打压下,前几期节目的收视率依然达到了近4%,《中国好声音》和加多宝方面都对此感到满意,而王月贵更是为加多宝的这次营销决策打了100分。可以说"正宗"是《加多宝中国好声音》成功的重要原因,而它的成功还有一个重要因素——实力。

浙江卫视的播出平台和灿星制作公司的实力是有目共睹,毋庸置疑的。从节目本身这一方面看,《加多宝中国好声音》邀请了刘欢、那英、庾澄庆和杨坤四大明星导师,评委阵容之豪华史无前例。在操作模式方面,《加多宝中国好声音》开创新的评选方式,采用背对选手的模式,全凭声音(实力)来决定选手的去留,真正为大众带来正统音乐的巨大魅力。就加多宝方面而言,其实力也相当强大。王月贵表示,加多宝集团从成立至今已有17年,在这17年里,集团始终坚持致力于凉茶文化的弘扬与创新,为推动凉茶产业的发展投入了巨大的人力和财力,并坚持不懈地为进行凉茶教育、文化推广、工艺研究以及扩建工厂做出努力。浙江卫视作为媒体,其强项在于线上,而加多宝的强项则是线下,双方强强合作,形成了无可比拟的强大实力,促成了"正宗好凉茶,正宗好声音"影响力最大程度的发挥。

2. 凉茶好声音之整合

加多宝在与《中国好声音》的合作中不仅扮演着"项目投资者"的角色,还承担着"项目合伙人"的责任。从最开始的谈判到后期利用线下终端和网络做推广,加多宝无疑是在诠释着一个好的参与者与合伙人。《中国好声音》节目开播之后,加多宝便充分调动自身的渠道资源,先后在西安、武汉、北京、广州等地与浙江卫视一起开展了十余场推介会活动,同时利用自身的资源,将《加多宝中国好声音》的宣传海报张贴到了终端销售渠道,作为国内凉茶领导者,加多宝利用其拥有强大的终端推广能力和各种资源的整合能力。同时利用电视、平面、网络、微博等媒体手段,对各方资源进行了整合,不断强化加多宝中国好声音的传播,伴随着《中国好声音》节目的火爆,加多宝的"正宗凉茶"战略与品牌的建立都得到了充分的展示和传递,进一步实现了消费者与加多宝这一品牌的沟通与互动。第三方数据显示,更名为加多宝后的凉茶品牌知晓率为99.6%,品牌第一提及率达47.9%,为凉茶品牌最高,在选择和推荐方面,46.2%的人会向亲友推荐,占据了绝对领先优势。销量也是大幅攀升,整个上半年同比增长已超过50%，在广东、浙江等凉茶重点销售区，同比增长甚至超过了70%。当对手还在为自己庆祝时，加多宝已经将其甩在后面，用事实告诉大家，在市场中，实力决定一切，加多宝才是凉茶市场的真正领导者。

3. 凉茶好声音的传播策略

《加多宝中国好声音》开播的短短一周时间内，节目就飙升为网络热词第一名，收视率也节节升高，加多宝趁势展开围绕社交媒体、广告和官方活动平台的营销活动，规划了一系列网络传播活动，以传达正宗、本源为目标，围绕全国销量领先的红罐凉茶改名加多宝这一核心信息，通过节目自由推广渠道和活动拓展推广渠道，开展了三项官网平台的互动活动，即"导师评选 + 晋级猜想 + 互动游戏"（图4-5 ~ 图4-8）。

图4-5 《加多宝中国好声音》活动官网首页

图4-6 晋级猜想：利用节目晋级悬念，吸引网友到平台上参加互动

图4-7　导师评选：利用明星导师人气，发动网友对导师进行评价和讨论

图4-8　互动游戏：强化更名信息的记忆，用简单却富有黏性的玩法留住人气

[活动效果]

截止到8月23日,《加多宝中国好声音》活动官网的各项数据显示如下。

1)平台效果

活动网站总浏览量:2 462 201次。

活动参与人数:1 884 933人。

互动游戏参与人数:467 287人。

导师正宗榜投票总数:1 321 468票。

晋级猜想刘欢团队周投票总数:132 931票。

2)广告效果

广告总点击:2 551 619次。

CPC:0.99元。

广告总曝光:3 827 140 659次。

CPM :0.47元。

4.*凉茶好声音之效应*

通过《加多宝中国好声音》的密集宣传,加多宝实现了逆袭。根据零点公司对样本容量为全国9个城市200多个终端的调查,目前加多宝以72.5% 的绝对优势领跑国内凉茶行业,广药王老吉和达利园和其正分别以12.7%和6.6%的市场占有率跟随其后,其他一些包括邓老和黄振龙等凉茶只占了不到一个点的市场份额。面对众多的凉茶品牌,47.9%的受访者最先选择的品牌是加多宝,15.2% 受访者首选广药王老吉,11.4%受访者表示会首选和其正,3.9%的人选择其他品牌的凉茶,另外21.6%不确定自己的首选。

从5月至9月加多宝和王老吉两个品牌的凉茶销售情况比较来看,虽然加多宝凉茶6月的销量较之于5月下降了,但7月至9月都呈上升趋势,而且9月的销量超过了5月;王老吉的销量变化形式则相反(如图4-9所示)。从这些数据可以明显看出加多宝的娱乐营销的策略取得了成功,而加多宝凉茶也因此实现了品牌的转换,成功实现了"去王老吉化"。

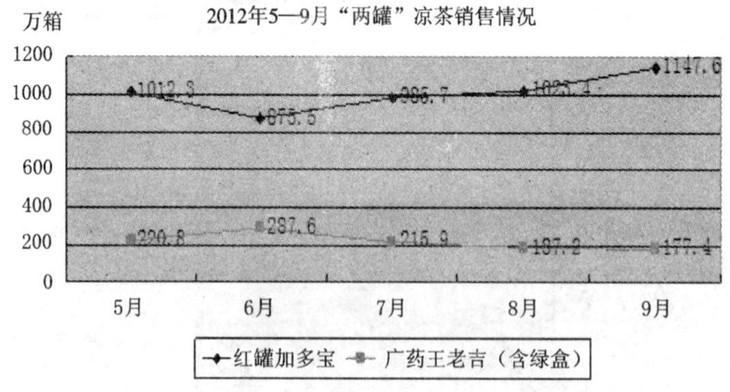

图4-9 加多宝与王老吉销量对比

加多宝与《中国好声音》的捆绑式合作是加多宝营销策略的重点,《中国好声音》上演了一场"原创"的好声音,而加多宝成功抢占了"正宗凉茶"的头衔,两者之间形成了呼应,战略上实现了加多宝重塑凉茶类领导品牌的目标。

1.1.5 凉茶好声音再续前缘

第一季《中国好声音》与加多宝的合作可谓是强强联手,配合得天衣无缝,随着第二季的即将上映,2012 年 11 月 2 日,《中国好声音》第二季广告招标会在杭州举行,加多宝集团以 2 亿元的天价再次取得了节目的独家冠名权,第二季《中国好声音》还叫加多宝。加多宝与《中国好声音》的再度联姻呈现出一个事实,娱乐营销已经成为加多宝品牌战略的重要组成部分。据普华永道预测,到 2015 年,全球娱乐和媒体产业的产值将达到 1.9 万亿美元,并且随着全球经济的复苏,年复合增长率达到 5.7%,娱乐经济已经成为新的世界通货,娱乐营销已经成为企业与消费者重要的沟通手段。

加多宝在节目第一季实现了品牌的完美转换,促进了消费者与加多宝的互动,在第二季节目加多宝表示将深入开展娱乐营销,最大化整合资源,全方位与消费者互动,实现与消费者的进一步情感沟通,达到销售产品、建立忠诚客户的目的。

[**启发思考题**]

1. 加多宝凉茶面临的危机有哪些?

2. 加多宝和《中国好声音》合作模式的成功是一个偶然吗?为何能实现双赢?

3. 加多宝在失去“王老吉”商标之后采取的战略是否可以让加多宝快速转换品牌,可以成功实现“去王老吉化”吗?

4. 加多宝以 2 亿元的标价再次得到第二季《中国好声音》的独家冠名权风险是否太大?

[相关附录]

附录 1 加多宝与王老吉“商标战”大事记

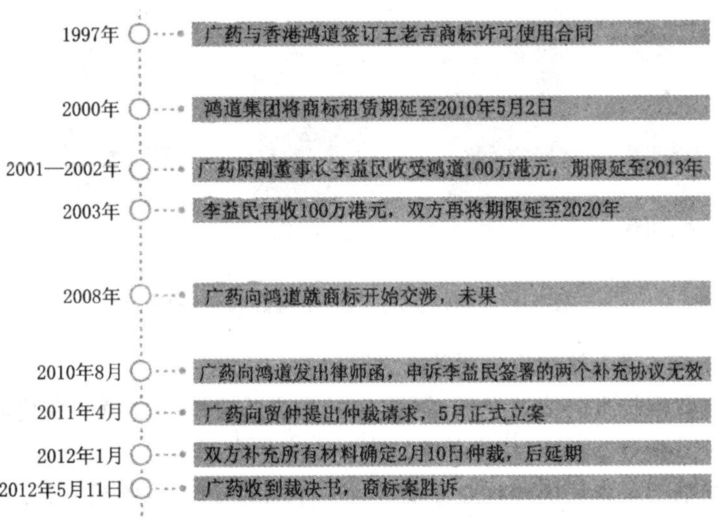

图 4-10 加多宝与王老吉“商标战”大事记

附录 2　用户首次了解《中国好声音》途径

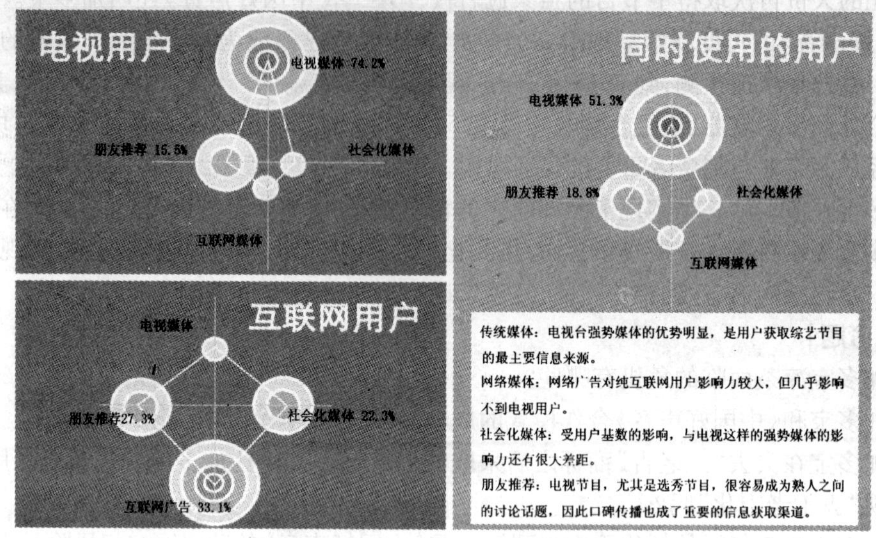

图 4-11　用户首次了解《中国好声音》途径

附录 3　用户首次了解《中国好声音》的途径

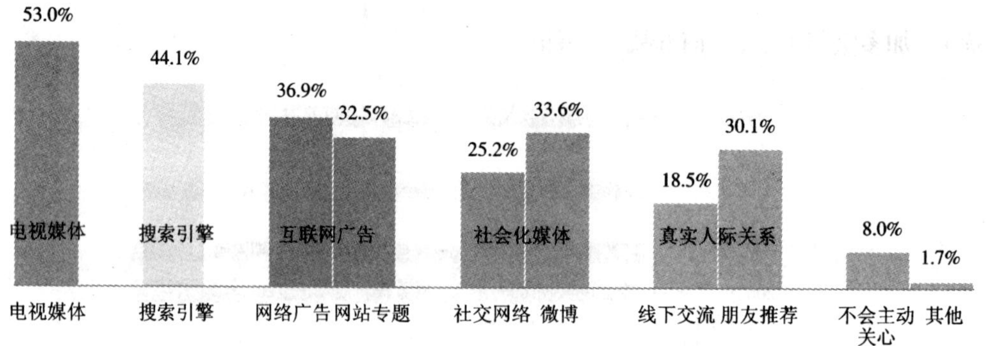

图 4-12　用户首次了解《中国好声音》的途径

1.2　孰是孰非——伊士曼柯达公司破产之谜(1)

摘要：随着数码技术的快速发展，柯达公司无法适应外部环境的变化而改变自己的战略，最终导致了其破产，胶片时代也随之结束。本案例介绍了伊士曼柯达公司破产的外部环境，主要对其面临的宏观环境和行业环境进行了详细的分析，以阐述拥有二百多年历史的柯达公司破产的外部原因。

关键词：柯达，宏观环境，行业环境

1.2.0　引言

2012 年 1 月 19 日柯达宣布柯达及其美国子公司已经提交了破产保护申请。柯达表示，此举在于加强其在美国和海外的资产流动性，将非战略知识产权商业化，妥善解决遗留的负债问题，并使公司专注于最有价值的业务。

1.2.1 公司介绍

伊士曼柯达公司由发明家乔治·伊士曼始创于1880年,总部位于美国纽约州罗切斯特市。柯达是"信息影像"行业的主要参与者之一,这个行业的市场价值达3850亿美元,包括设备(如数码相机和掌上电脑)、基础设施(如在线网络和影像冲印系统)以及服务和媒介(如访问、分析和打印影像的软件、胶卷和相纸)。柯达利用先进的技术、广阔的市场覆盖面和一系列的行业合作伙伴关系来为客户提供不断创新的产品和服务,以满足他们对影像中所蕴含的丰富信息的需求。

1. 发展历史

1880年,乔治·伊斯曼在美国纽约州的罗切斯特成立了伊斯曼干版制造公司,利用自己研制的乳剂配方制作照相机用干版胶片。

1888年,伊斯曼公司正式推出了柯达盒式相机和那句著名的口号:"你只需按动快门,剩下的交给我们来做。"

1891年,发明家托马斯·爱迪生借助乔治·伊斯曼开发的软胶卷,发明了首款电影摄影机。柯达公司借此机会进入了电影胶片领域。

1892年,伊斯曼将公司的名称改为"伊斯曼-柯达公司"。

1900年,柯达公司又开发出了勃朗宁(Brownie)盒式相机,售价1美元。勃朗宁相机因其简单廉价,其多种改进型持续生产了半个多世纪。柯达相机改变了人们对照相机昂贵、庞大的固有印象。摄影师携带相机变得灵活方便,准备拍摄的时间也大大缩短。

1908年,柯达公司的全球雇员超过了五千人。

1930年,柯达占世界摄影器材市场75%的份额,利润占这一市场的90%。

1935年,柯达开发出彩色胶片柯达克罗姆(Kodak Chrome)胶片,这是全球第一款取得商业成功的彩色胶片,也是柯达最成功的产品之一。

1963年,柯达再次开发出革命性产品——"Instamatic"系列相机(傻瓜相机)。"Instamatic"相机将胶卷盒制作成独立暗盒,可以在任何自然环境中打开相机后盖更换胶卷。相机的自动曝光功能进一步简化了摄影者的操作。

1964年,傻瓜相机当年销售750万架,创下了照相机销量的世界最高纪录。

1975年,柯达应用电子研究中心工程师 Steven J. Sasson 开发出了世界上第一台数码相机。

1994年,柯达快速彩色冲印店进入中国市场,并迅速扩张。至2003年,近8 000家柯达冲印店布满了国内大小城市的主要街区,成为柯达中国乃至柯达全球的利润之泉。

2003年,柯达的股价达到40美元一股,在当年是最被看好的蓝筹股之一。

2004年以来,柯达只有一年实现了盈利,其余年份皆为亏损。

2011年10月1日凌晨,美国当地时间周五,拥有131年历史的相机制造商伊斯曼-柯达公司(EK)发布消息称可能提交破产保护申请。受此消息影响,美国股市盘中柯达股票一度暴跌68%,创下该公司自1974年以来最大的单日跌幅。

2012年1月3日,柯达公司宣布已收到来自纽交所的警告,因为其平均收盘价已连续30日跌破1美元。如果股价在未来6个月内仍无起色,柯达将面临摘牌。

2012年1月19日,美国伊士曼-柯达公司宣布已在纽约申请破产保护,以争取渡过流动性危机,确保业务继续运营。

2013 年 5 月 3 日，柯达申请退出破产保护，进行公司重组。

2. 销售领域

柯达的业务范围包括摄影、医疗影像、商业影像、元器件和显示器等。

摄影——为大众消费者、专业摄影师和电影摄影师提供数码和传统产品及服务。

医疗影像——为医疗卫生行业提供传统和数字影像获取、存储和输出产品及服务。

商业影像——为企业和政府提供影像获取、存储和输出产品及服务。

元器件——为原始设备生产商(OEM)提供光学元件和感光芯片。

显示器——设计和制造世界领先的有机发光二极体(OLED)显示屏以及其他特殊材料。柯达的主要业务结构如图 4-13 所示。

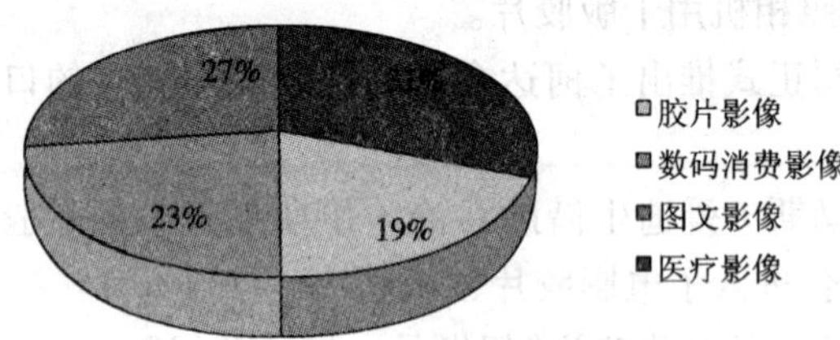

图 4-13 柯达业务结构图

3. 柯达现状

2004 年至今，柯达仅有 2007 年一年实现全年盈利。时至今日，柯达的负债额高达 68 亿美元，而其资产总额仅为 51 亿美元，其市值也从历史峰值的 310 亿美元，降至 2013 年年初的 1.75 亿美元。十余年间，柯达总市值蒸发超过 99%。

2012 年 1 月 4 日，柯达收到纽约证交所通知，由于在过去 30 个交易日中柯达股价持续低于 1 美元，如果股价在未来 6 个月内无法达标，将面临被摘牌的风险。目前柯达股价为 0.51 美元，2011 年股价累计跌幅达到 88%，除非出现大转机，否则柯达公司将在“未来数周内”根据美国破产法第 11 章申请破产。

2012 年 1 月 19 日，柯达及其美国子公司已经提交破产保护申请，以力争渡过多年销售下滑所致的流动性危机。

1.2.2 宏观环境分析

1. 经济环境

2008 年美国爆发了严重的次借贷金融危机，影响至全球经济发展。自此以后一段时间世界经济低迷，全球通货膨胀压力大，经济发展不景气。

在这样的经济形势下，柯达公司今日的申请破产保护，不得不说，有一部分是由世界经济形势造成的。柯达公司的悲剧充分说明，如果一家企业不了解世界经济发展的趋势，对这个公司是十分不利的。

2. 技术环境

世界传统相机行业在进入 20 世纪 80 年代之后逐渐由成熟期向衰退期转变，胶卷的需求也开始停滞不前(如图 4-14 所示)。而数码相机行业则开始迅猛发展。21 世纪以来数字摄影技术的出现使社会增加了对数字产品的需求(如图 4-15 所示)，很多企业也纷纷开辟了新的市场和新的经营范围。

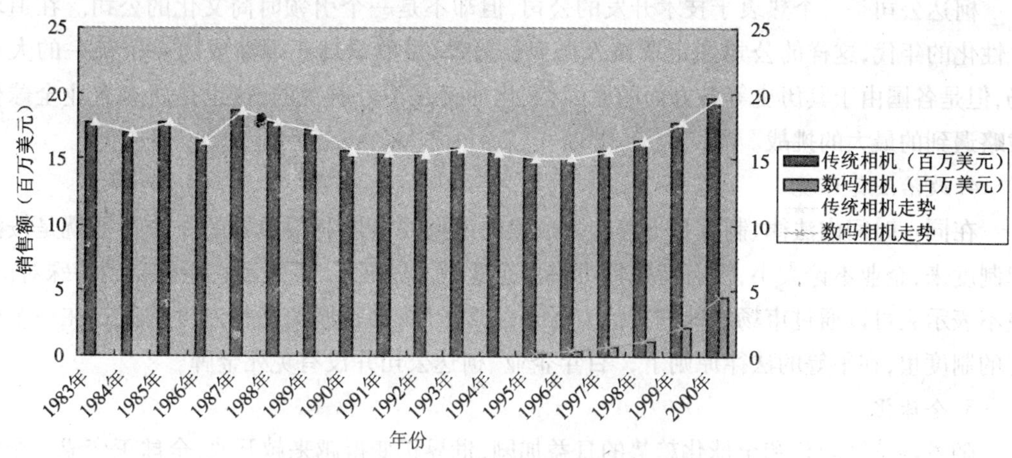

图4-14　1983—2000年美国相机销售情况

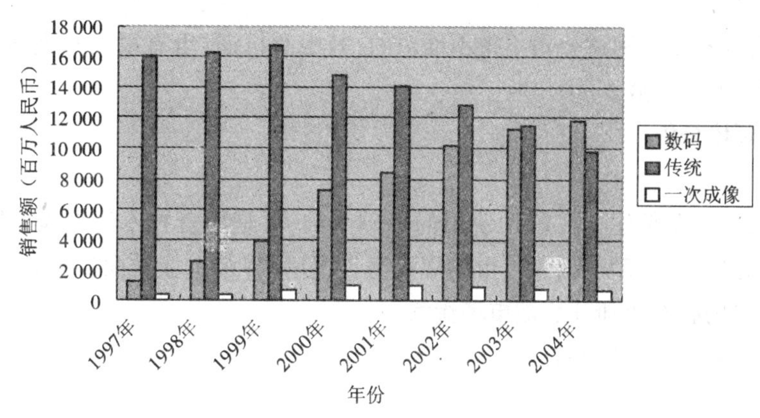

图4-15　1997—2004年世界相机销售情况

数码技术的进步为数码产业提供了新的机遇，对原来的胶片产业却造成一定的威胁。柯达公司一直是一个注重技术的公司，公司组织大批科研人员开发数字照相技术，并且生产出了世界上第一台数字照相机。但令人遗憾的是，柯达公司为了确保自己在传统感光胶片生产企业的龙头老大地位，人为地搁置了数字照相专利技术，从而导致其他企业后来居上。等到柯达公司准备转型的时候，才猛然发现，庞大的技术投入以及割舍不掉的胶片销售市场，已经成为企业沉重的负担，企业要想迎头赶上，几乎是不可能的事情。

3. 社会文化环境

这是一个注重时尚生活的时代，在这个时代人们对拍照的需求不再仅仅满足于单纯的回忆而是社交网络上的共享，数码拍照为大多数人所接受，大部分人都更加倾向于数码拍照。

这也是一个注重个性的时代，在这样的时代，产品的差异化就成为竞争的优势，而批量生产非但不是企业的优势，反而成为企业的劣势。当亚洲和欧洲一些公司开发出越来越人性化的照相器材，并且把传统的照相器材与现代的通信工具有机联系在一起的时候，柯达公司"笨拙"的形象就显而易见。

柯达公司是一个热衷于技术开发的公司,但却不是一个引领时尚文化的公司。在追求个性化的年代,这样的公司注定要被人抛弃。另外,虽然全球正逐渐成为一个统一的大市场,但是各国由于其历史等各方面的原因,文化冲突是不可避免的,这也是所有企业全球化战略遇到的最大的挑战。

4. 政治法律环境

在同一时间内法律、制度是平等的。成熟的市场经济体制很重要的一个特征就是按法律制度来,企业不论大小,没有特殊性可讲。企业做大做强了,不表示它能够受到特殊对待,更不表示它可以通过市场之外的其他力量来保驾护航,甚至脱离法律制度约束。在一个公正的制度里,在平等的法律原则下,"百年企业"柯达公司并没有免死金牌。

5. 全球化

随着经济区域化和全球化趋势的日益加剧,世界正变得越来越开放,全球正变成一个巨大的统一的市场,各国的贸易保护主义正受到越来越多的指责。这就为跨国公司在全球的发展提供了难得的机遇。

以上所有因素都是柯达公司不得不面对的,其中有机遇,也有很大的挑战,关键是柯达如何利用机会,迎接挑战。

1.2.3 行业环境分析

1. 行业背景

传统的摄影行业是建立在胶片使用的基础上的,可是随着技术的发展,数码相机的出现,在经历了几年的培育发展之后,市场规模逐年递增,许多企业转向后台输出设备的便捷性生产,而相对的胶卷业却开始被市场淘汰。

2. 波特的"五力模型"分析

1)潜在进入者

一个行业的潜在进入者的多少很大程度上取决于这个行业的进入壁垒的高低,数码相机这个行业的进入壁垒较低,主要体现在以下几方面:

(1)相机行业进入资金障碍较小,企业可以利用政府的调控作用向银行贷款来筹集资金,很容易出现新的进入者;

(2)相机行业的产品差异化不明显,产品结构和成本相似,难以形成高的品牌壁垒,使行业内部生产相似产品的企业可以很容易将其产品延伸至数码相机领域,导致潜在入侵者进入这个行业;

(3)该行业生产线专业性不强,其中很大一部分生产线只是将相机作为其业务的一小部分来生产,这在一定程度上降低了进入相机行业的门槛;

(4)处在相机行业中的企业实力接近,竞争激烈,但却很少注意到潜在的进入者,无法统一战线来应对新的进入者,使得潜在威胁较大。

从以上四点可以看出相机行业的进入壁垒确实不高,因此总体来说,数码相机行业的潜在入侵者有很多。

2)现有竞争者的威胁

目前影响行业的竞争非常激烈,市场上主要的厂家有:柯达、富士、索尼、奥林巴斯、佳能、惠普等(如图4-16所示)。柯达的竞争对手主要来自富士、欧洲影像巨头爱克发等传统竞争对手,另外还有苹果等新型竞争对手。

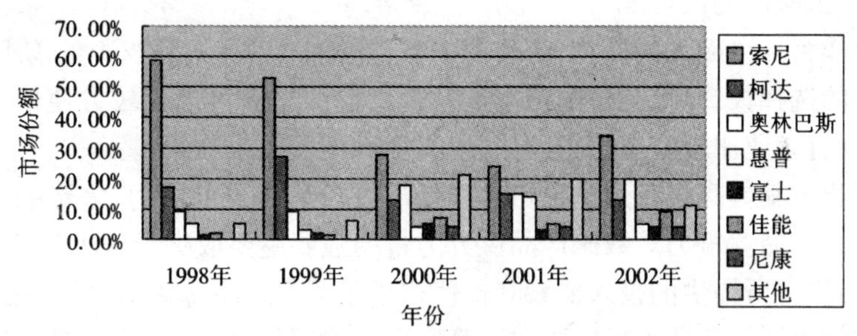

图4-16 美国相机市场份额

其实,柯达公司一直以来最大的竞争对手就是富士,在柯达经历破产之后,让我们来看一下富士的发展状况。

2007年,富士公司销售收入达到了2兆8 500亿日元(相当于人民币2 200亿元),营业利润也达到了2 000亿日元左右,创下了历史最高纪录。

2008年金融危机之后,富士顺利转型为一家多元化公司。

2009年富士胶片2.3兆日元的全球销售总额中,有16%来自摄影胶卷、彩色照相机、数码照相机为产品代表的影像领域,41%来自以医疗、印刷和液晶显示屏材料为主的信息事业领域,以文件处理器、复印机、打印机为主的文化处理事业领域占43%。目前富士市值将近120亿美元,全年营收接近500亿美元。

2010年富士公司销售达200亿日元(约合16亿元人民币)。按照最新的数据显示,目前胶卷业务在富士总业务量只占了不够1%的份额,而成功转型的富士虽然不再打上富士胶卷的烙印,但是却还能够继续保持其在影像光学领域的成功。

柯达与富士的结局截然不同,从中我们也不得不承认柯达在市场中的地位不断下滑,无论从技术上还是品牌效应上已经落后于很多竞争对手,加之消费者的偏好更倾向于便捷的数码摄像产品,对于摄影的操作和质量方面有了更高的要求,柯达所经营的传统的胶卷摄像已经不能够满足消费者的需求。毫无疑问,每个企业的竞争方式即各个企业在市场分析基础上做出的企业战略选择都是不一样的。有的企业在价格上占优势,有的则比较注重产品的更新换代以及核心技术的发展。在科技飞速发展的时代,数码产品的更新换代也越来越快,可以说经济的竞争也就是创新的竞争,也是科技的竞争,掌握着核心技术的一些大公司也就比较占优势,它们占据了大部分的市场份额。比如佳能、索尼生产的数码产品品质比较高,对消费者的吸引力比较大。

3)供应商的议价能力

供应商议价能力,指的是现有企业向供应商购买原料时,供应商争取获得较好价格的能力。

供应商的讨价还价能力越高则企业所面临的竞争力越大,主要表现在成本高导致企业产品的价格上涨。供应商能够方便地实行前向联合或一体化,而买主难以进行后向联合或一体化。简单按中国说法,店大欺客。

供应商各企业的产品各具有一定特色,以致买主难以转换或转换成本太高,或者很难找到可与供方企业产品相竞争的替代品。数码产品的一些高品质内部零件需要精密仪器，一些小企业无力生产，所以企业很难找到供应商的替代品，这样企业所面临的选择供应商就较少，从而提升了供应商的议价能力。

数码行业作为一个庞大的产业，生产商的日益增加导致了对原材料的需求上涨，这使得供应商有更多的选择权，讨价还价的资本上升。供应商方面可以比较方便地实行联合或一体化，这对于现有企业比较有威胁力。

供方主要通过其提高投入运输价格与降低单位价值质量的能力，来影响行业中现有企业的盈利能力与产品竞争力。数码产品供方力量的强弱主要取决于其所提供给买主的是什么投入要素，当供方所提供的投入要素其价值构成了买主产品总成本的较大比例、对买主产品生产过程非常重要或者严重影响买主产品的质量时，供方对于买主的潜在讨价还价力量就大大增强。

4）购买者的议价能力

购买者主要通过其压价与要求提供较高的产品或服务质量的能力，来影响行业中现有企业的盈利能力。以中国市场为例，数码产品在卖方行业由大量相对外资企业来说规模较小的企业所组成，这些企业的市场价明显低于原装进口数码产品，仅仅因为“made in China”？还有更多的可能是一种低价位符合国情的亲众的营销策略。

在中国发达地区，如北京、上海等城市购买者所购买的基本上是一种标准化产品，同时向多个卖主购买产品在经济上也完全可行。这样就出现了针对每个产品的购买方分流，卖方将会处于被购买方同时与其他竞争对手比较的局面。这就形成了购买者有能力实现后向一体化，而卖主不可能前向一体化的潜在市场不利因素。提高了购买者讨价还价能力，数码产品价格将会有一定幅度的下降。

5）替代品的威胁

两个处于不同行业中的企业，可能会由于所生产的产品是互为替代品，从而在它们之间产生相互竞争行为，这种源自于替代品的竞争会以各种形式影响行业中现有企业的竞争战略。替代品的威胁包括三个方面：替代品在价格上的竞争力；替代品质量和性能的满意度；客户转向替代品的难易程度。全球数码行业目前面临的最大挑战就是研发价格合适且款式吸引人的多功能数码产品。

如今，手机的发展越来越快，功能也越来越强大，许多手机都带有照相功能，虽说专业性能比不上数码相机，但是市场上以拍照功能为主的手机技术愈加先进。比如索尼爱立信推出的拍照机皇 U—1 、三星推出的 M8910，都拥有 1 200 万像素的摄像头和多功能拍摄功能。另一方面，在携带方面，手机的携带要比相机更方便，甚至可以不用借助电脑就上传拍摄内容。虽然手机要想代替相机那还有很长一段距离，由于手机的拍摄更倾向于大众娱乐，与专业摄影有一定差距，而高端拍照手机的价格也远远高于一般消费型数码相机，这也使一些消费者望而却步，但是随着技术的发展，手机照相功能将对数码相机行业造成巨大影响。

总之，替代品价格越低、质量越好、用户转换成本越低，其所能产生的竞争压力就越强；而这种来自替代品生产者的竞争压力的强度，可以具体通过考察替代品销售增长率、替代品厂家生产能力与盈利扩张情况来加以描述。

根据以上的分析，我们可以看出柯达公司所面临的行业环境状况（如图 4-17 所示）是十分复杂且竞争激烈的，这些也为柯达的破产埋下隐患。

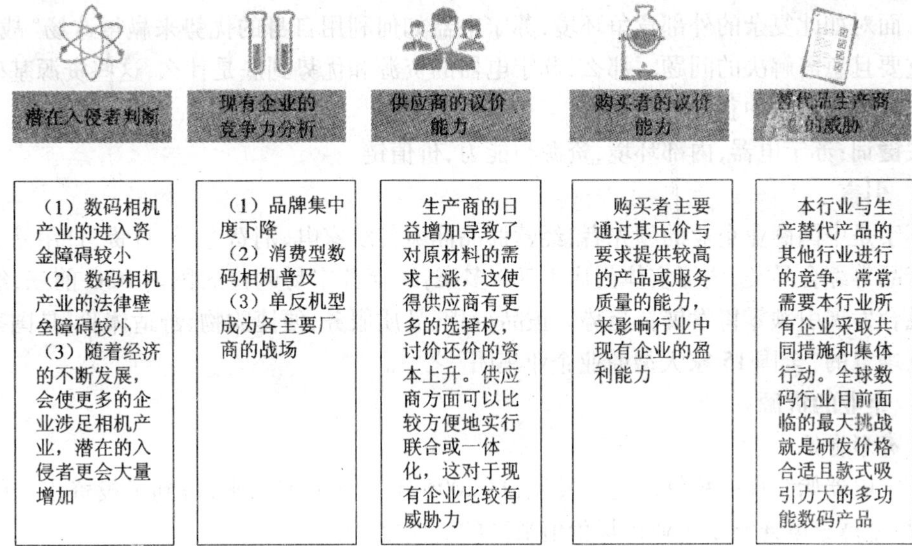

图4-17 柯达公司行业环境状况

1.2.4 分析与总结

造成柯达危机产生的原因有很多方面，从企业外部环境来看，首先，柯达习惯于依赖其传统胶片部门，而在数码技术迅速发展之后，柯达不能及时对数字科技带给传统影像部门的冲击做出反应，导致其滞后于其他企业；其次，在金融危机之后，柯达的管理层偏于保守，决策不具前瞻性，没能对公司经营战略重心和部门结构做出及时的调整，没有抓住金融危机中的机遇；再次，技术市场竞争激烈，电子技术领先周期缩短，进入细分市场领域的进入壁垒增多，国际级竞争对手增加，在数码相机、可拍照手机、数字冲印、数字打印机领域中遭遇如富士、索尼、惠普、佳能、爱普生等大公司的激烈竞争。柯达面对其竞争对手，如富士、索尼等，并不具有明显的相对优势，反而在某些方面存在不足，例如在柯达现任的49名高层管理人员中有7名出身化学专业，只有3位出自电子专业，特别是在市场应用和保持领先地位方面，传统产业领导忽视了替代技术的持续开发，从而失掉了新产品市场应有的领导份额。

柯达破产的原因当然还有很多，比如说柯达的投资方向比较单一，大量资金都应用于传统胶片工厂的生产线以及其他低水平简单的投资，这样就减少了对数字技术和市场的投资，增大了退出或更新成本，使公司陷于“知错难改”“船大难掉头”的窘境。

[**启发思考题**]

1. 柯达公司破产的外部环境原因有哪些，你认为最主要的是哪一个？
2. 柯达公司怎样做才可以保持行业中的地位？
3. 在外部环境因素中，你认为哪个对企业的生存和发展是最重要的，为什么？

2 内部环境分析模块案例

2.1 家电王国是怎样铸就的——解析苏宁电器内部环境

摘要：本案例描述了苏宁电器的内部环境状况，主要包括其资源、能力和价值链的分析。

近几年，电商的竞争愈加激烈，尤其是围绕几大电商巨头，如苏宁、国美等的电器价格战频繁发生。面对如此复杂的外部竞争环境，苏宁电器如何利用自身的优势来赢得这场“战争”是非常重要且急需解决的问题。那么，苏宁电器的资源和优势到底是什么，这些资源基础可以让它在激烈的竞争中获胜吗？

关键词：苏宁电器，内部环境，资源与能力，价值链

2.1.0 引言

苏宁是中国商业企业的领先者，经营商品涵盖传统家电、消费电子、百货、日用品、图书、虚拟产品等综合品类，线下实体门店 1 700 多家，线上苏宁易购位居国内 B2C 前三，线上线下的融合发展引领零售发展新趋势。正品行货、品质服务、便捷购物、舒适体验，是国家商务部重点培育的“全国 15 家大型商业企业集团”之一。

2.1.1 企业的资源

1. 有形资源

苏宁电器始终保持稳健高速的发展，自 2004 年 7 月上市以来，得到了投资市场的高度认可，是全球家电连锁零售业市场价值最高的企业之一。

在国内市场领先的基础上，2009 年，为了积累国际化经营的经验，并吸收海外电器连锁行业优秀的经营管理理念，苏宁电器收购了日本 LAOX 公司。同年 12 月，苏宁电器收购香港镭射电器，进入香港市场，并将以香港为海外发展的桥头堡，探索国际化经营的道路。

本着稳健、快速、标准化复制的开发方针，苏宁电器形成了“租、建、购、并”四位一体、立体化开发的格局，保持稳健、快速的发展步伐，建立了覆盖直辖市—省会城市—副省级城市—地级城市—发达县级城市—乡镇六级市场的连锁网络。为构建稳定、优质的旗舰店经营平台，苏宁电器以店面标准化为基础，通过自建开发、委托开发等方式，在南京、北京、上海、天津、重庆、成都、长春、青岛等数十个一级、二级市场核心商圈全力推进自建旗舰店开发。

1）财务资源

由表 4-2 可知，苏宁的经济实力是毋庸置疑的。有了雄厚的经济实力做后盾，苏宁的发展势头可谓是如日中天。

表 4-2 苏宁财务报表

预测指标	2009 年	2010 年	2011 年	2012 年	2013 年预测	2014 年预测	2015 年预测
每股收益/元	0.429 4	0.573 4	0.689 0	0.372 2	1.154 1 （44 家）	—	—
上一个月预测每股收益/元	0.429 4	0.573 4	0.689 0	0.372 2	1.151 9 （43 家）	—	—
每股净资产/元	3.120 0	2.620 0	3.190 0	3.850 0	5.421 4 （29 家）	—	—
净资产收益率	19.88%	21.88%	21.59%	9.40%	21.75% （35 家）	20.3% （4 家）	21.45% （2 家）

续表

预测指标	2009年	2010年	2011年	2012年	2013年预测	2014年预测	2015年预测
归属于母公司股东的净利润/元	28.9亿	40.1亿	48.2亿	26.8亿	77.3亿（33家）	—	—
营业总收入/元	583亿	755亿	939亿	984亿	1 293亿（40家）	1 648亿（4家）	2 121亿（2家）
营业利润/元	38.8亿	54.3亿	64.4亿	30.1亿	106亿（37家）	137亿（4家）	175亿（2家）

从图4-18和图4-19可以看出苏宁的总资产周转率较高，可见其资本利用效率高。

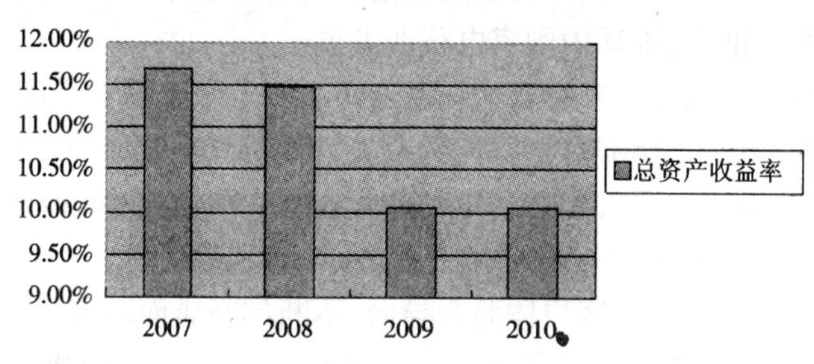

图4-18　苏宁2007—2010年总资产收益率

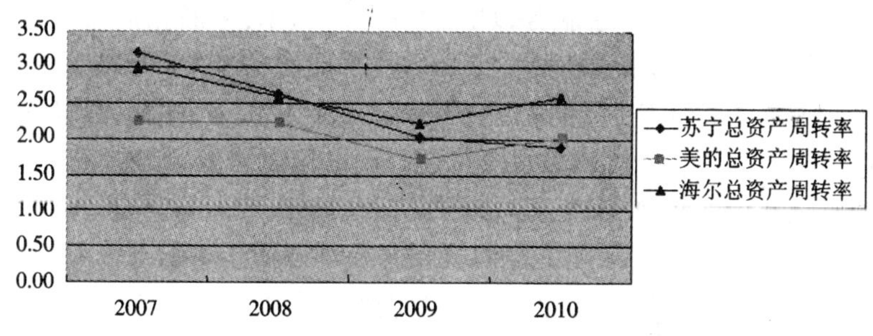

图4-19　三大电商2007—2010年总资产周转率折线图

2）实物资源

截至目前，苏宁电器连锁网络覆盖中国30个省300多个城市包括中国香港地区和海外日本地区，拥有1 100多家连锁店80多个物流配送中心3 000家售后网点，经营面积500万平方米，拥有员工13万多人，年销售规模1 200亿元，品牌价值508.31亿元，是中国最大的商业连锁企业，名列中国上规模民企前三，中国企业500强第54位，入选《福布斯》亚洲企业50强、《福布斯》全球2 000大企业中国零售企业第一。

3）技术资源

苏宁电器信息化为企业神经系统，建立了集数据、语音、视频、监控于一体的信息网络系统，有效支撑了全国300多个城市数千个店面的物流、售后、客服终端运作和十多万人的一体化管理，信息化建设水平先后入选中国商业科技100强、中国企业信息化500强（第44位）。苏宁依托SAP/ERP系统，B2B、B2C、OA、SOA、HR、BI、WMS、TMS、CRM、Call Center等信息应用系统,实现了“供应商、内部员工、消费者”三位一体的全流程信息集中管理。此外,苏宁电器先后与IBM、微软、SAP、思科等国际知名IT企业开展信息系统建设战略合作,打造国际化智慧型企业。

2. 企业无形资源

苏宁电器是中国3C(家电、电脑、通信)家电连锁零售企业的领先者,国家商务部重点培育的“全国15家大型商业企业集团”之一。经过20年的发展,现已成为中国最大的商业企业集团。

围绕高效顾客响应,苏宁电器依托B2B平台,与国内外数万名知名家电供应商建立了紧密的合作关系,通过商品协同、供应链协同、市场协同、人才协同、沟通机制协同等方式,打造利益共享的高效供应链。与此同时,苏宁电器多次召开行业峰会与论坛,携手国内外知名供应商、专家学者、社会专业机构共话行业发展趋势与合作策略,发挥自身渠道专业优势,致力于家电产品的普及与推广,推动中国家电行业发展。

物流配送服务——物流是连锁经营的核心竞争力。苏宁电器在全国建立了区域配送中心、城市配送中心、转配点三级物流网络体系,依托WMS、DPS、TMS、GPS等先进信息系统,实现了长途配送、短途调拨与零售配送到户一体化运作,平均配送半径200公里,日最大配送能力20多万台(套),并率先推行准时制送货,24小时送货到户。

连锁店服务——苏宁电器以客户体验为导向,不断创新店面环境与布局,制定了系列店面服务原则,率先推出5S服务模式,会员专区、VIP导购实现一站式购物。根据顾客多样化需求,提供产品推荐、上门设计、延保承诺、家电顾问等服务。

售后服务——苏宁电器的售后服务以“专业自营”为本,不断拓展服务品类和精细服务,其拥有数千家售后服务,网络遍布城乡,2万多名专业服务工程师时刻满足顾客需求,24小时内快速上门,为顾客提供专业、可信赖的售后保障,是中国最大的电器服务商。

客户服务关怀——以“提升客户满意度”为目标,苏宁电器做到为消费者承诺365天的电话、互联网、短信、视频等自助式、专家式的服务,利用业内最大的全国呼叫中心平台,全国统一服务热线全天24小时为顾客提供咨询、预约、投诉和回访等服务。与此同时,专家坐席、会员服务、电话支付、理赔服务、松桥热线、以旧换新通道等全方位的快速服务通道全面响应,极大地方便了消费者。

以客户关怀为己任,苏宁电器成功实施了业内首个CRM客户关系管理系统,致力于挖掘顾客的消费与服务需求,有针对性地推出系列增值服务、电话销售与在线客服等服务为顾客创造了更多人性化的选择。

1)创新资源

苏宁电器物流仓储体系的重建紧密依靠信息化平台,试图通过物流和信息流的有效管理加快产品的采购、存储和销售速度,从而全方位降低整条供应链的成本。

重建物流方面,苏宁建立了区域配送中心、城市配送中心、转配点三级物流网络,依托WMS、TMS等先进信息系统,实现了长途配送、短途调拨与零售配送到户一体化运作,平均配送半径为80~300公里,日最大配送能力17万台套,实现24小时送货到户。苏宁电器相继在杭州、北京、南京等地开发建设了现代化物流基地,上海、天津、沈阳、成都、长春、无锡、合肥、徐州、福州等地物流基地建设也全面铺开。预计到2015年,完成全国60个物流基地的布局。通过专业化、机械化、信息化的运作,苏宁电器物流基地可支持50~200亿元的年商品销售规模,零售配送半径最大可达150公里,同时还具备地区售后服务中心、地区呼叫中心、地区培训中心等功能。

同时,新的企业资源规划(ERP)系统把销售、物流和采购统一在一个平台上,这使POS机上的收款信息可实时传输到仓库和采购部门,由后者做出相应的调整。

过去,苏宁电器的仓库会在订单汇总后,于中午12点或下午4点开始装车;而在现有的实时信息平台下,仓库操作工人可以全天候工作,因此货车在中午12点或下午4点已经准时出发,比以前节省了两个小时。

另外,由于采购信息也是同步传送到物流部门的,物流部门就可以根据仓库情况让货物分批到达,这样仓库也不再需要空置部分空间,为随时到来的采购货物做出准备。

不仅如此,苏宁电器还在计划将射频识别(RFID)技术引入仓库管理。

物流仓储系统重新规划以后,现在苏宁电器使所需仓库的总面积下降了40%。而且仓库操作人员可以全天候工作,效率大大提高,人力成本可减少50%~60%。

同时,苏宁电器的送货速度比以前更为迅捷,其物流成本比其他竞争对手低30%左右。

2)品牌资源

凭借快速稳健的发展、优秀的经营业绩和成熟的品牌形象,苏宁电器被政府部门、行业权威机构、管理学界、投资界、传媒机构一致评定为优秀企业,先后荣获"中国最具竞争力上市公司""上市公司金牛百强榜首""中国企业管理杰出贡献奖与杰出创新企业奖""中国最佳商业模式榜首"、《福布斯》亚洲50大最优公司、《财富》杂志最受赞赏的中国企业、中国企业信息化500强、最具创新力公司30强、中国最佳售后服务奖、中华慈善奖等诸多荣誉,这些支持和认可成为苏宁电器不断前进的动力。2013苏宁位居"最佳零售品牌榜"中国区第一。

3. 企业人力资源

百年苏宁,人才为本。苏宁电器建立了系统化的招聘选拔、培训培养、考核激励与发展规划体系,数以万计来自学校、社会、基层等各方人才,与苏宁一同成长。

苏宁电器以"自主培养、内部提拔"为原则高度注重人才梯队建设,建立了上至总经理、下至终端作业人员的人才工程,陆续实施了1200梯队、总经理梯队、采购经理梯队、店长梯队、督导梯队、销售突击队、蓝领工程等10多项人才梯队计划,保障了企业持续快速的发展。

1200工程是苏宁电器"自主培养人才,大胆任用年轻干部"的代表。1993年,苏宁电器开始引进大学应届毕业生,为企业的快速发展积蓄了力量。2003年,苏宁电器启动了专门面向大学毕业生的人才引进培养计划——1200工程。目前已连续实施9期,共引进培养了2万多名高素质大学毕业生,公司为1 200名员工建立了完善的招聘、培训、轮岗、发展、激励与职业规划配套计划。

苏宁电器坚持打造学习型企业,建立了新员工、企业文化、业务能力与领导力等培训领域,涵盖入职、在职、脱岗、E-Learning自学以及厂商联合、校企合作、外部机构合作多种形式的培训体系,并在南京、杭州、北京等地自建现代化培训中心与苏宁大学,培训范围覆盖企业各级干部与岗位员工,年培训人次达10多万人次。

2.1.2 企业的能力

1. 分销渠道

苏宁电器坚持市场导向、顾客核心,与全球近10 000家知名家电供应商建立了紧密的合作关系，通过高层互访、B2B、联合促销、双向人才培训等形式，打造价值共创、利益共享的高效供应链。按照城市人口、面积、人均GDP等标准，苏宁把全国市场划分为A、B、C、D、E五类，不同市场采取不同的进入方式和分销渠道，见表4-3。

表4-3 苏宁不同市场的不同进入方式

市场分类	城市	进入方式	经营门类
A	北京、上海、广州	直营连锁	综合家电
B	11个重要省市及直辖市	直营连锁或控股合资合作	综合家电
C	21个经济发达省的中心地级市及不发达城市的省会城市	不控股合资合作	综合家电或品类专营
D	70余个地级市	特许加盟 不控股合资合作	综合家电或品类专营
E	全国有进入价值的千个县	特许加盟 不控股合资合作	综合家电或品类专营

2. 客户服务

苏宁电器提出了“至真至诚、苏宁服务”的宗旨，并力争为消费者提供最优质的服务，赢得顾客、员工、社会的满意。

苏宁电器的客户服务体系主要以呼叫中心为平台、以CRM为管理目标，该体系是业内首创。苏宁对客户的电话应答时间制定了严格的标准，例如简单的咨询必须在30秒内回答完毕，预约安装或送货控制在1分钟，报销控制在3分钟，这样可以减少别的顾客打电话时的等待时间。输入员每输入一单时间为6秒，准确率100%，客服受理员每10秒钟查询一单。

苏宁的客服回访制度也是一个亮点。苏宁早就认识到服务水平关系到苏宁的未来。因此，从2003年起，每一个在苏宁购物、享受售后服务的客户都会收到苏宁的电话回访，让其评价和监督苏宁人员的服务水平。2007年苏宁每天打出的对客户的服务回访电话就达5万个。

2.1.3 核心竞争力

1. 评估核心竞争力

1）市场开拓的能力

我国人口老龄化的趋势已经形成，年龄层的逐渐变化导致了消费群体对于家电的需求与喜好的不同。苏宁提供了丰富的家电资源以满足不同年龄消费者的需要。例如大量采购大键盘的手机使视力不好的老年人使用方便，也为年轻人提供了一种新的孝顺方式，获得了大量中老年消费者的欢迎。根据年轻人追求时尚、新鲜的因素，苏宁积极选购了大量外观时尚的数码产品，获得了年轻人的追捧。对于我国的电器市场，苏宁可谓是经营得一帆风顺。除此之外，随着家电下乡政策的实施，苏宁逐渐将开拓市场的方向转向农村市场。

2）为社会做出巨大贡献的能力

作为一家有着社会责任感的企业，苏宁电器通过帮助社会解决就业问题以及积极参与慈善公益活动等一系列的方式，不断地服务于社会，为推进社会发展贡献着自己的一份力。据悉，苏宁直接解决的就业人数达到15万，并且在各类公益慈善中累计捐献4亿多元。可以说，苏宁电器对国家和社会的贡献是较大的。

3）防止竞争者模仿的能力

苏宁的巨大的有形和无形的资源是其他很多同行业的竞争者所很难模仿的，至少是短时间内难以模仿的。

2. 苏宁的核心竞争力

1）与供应商建立战略联盟

苏宁电器的主要竞争对手国美电器曾与格力发生矛盾，与供应商的关系是对立的。而苏宁则很注重与供应商的关系，与上游家电制造商保持密切的合作和信任关系，这是苏宁短期内无法被别人超越的能力。

目前，苏宁电器已经与索尼、摩托罗拉、三星等企业建立了战略联盟，通过 B2B 信息系统对接实现生产、物流、库存、销售数据的共享。索尼与苏宁电器还共同建立了一个名为“索尼在苏宁”（SIS）的销售信息平台。通过业已建立的 B2B 信息系统，双方的销售人员可以使用共同的销售信息平台确定订单和促销活动。

2）强大的物流系统

苏宁电器建立了区域配送中心、城市配送中心、转配点三级物流网络，依托 WMS、TMS 等先进信息系统，实现了长途配送、短途调拨与零售配送到户一体化运作，平均配送半径为 80～300 公里，日最大配送能力为 17 万台套，实现 24 小时送货到户。苏宁电器相继在杭州、北京、南京等地开发建设了现代化物流基地，上海、天津、沈阳、成都、长春、无锡、合肥、徐州、福州等地物流基地建设也全面铺开，预计到 2015 年，完成全国 60 个物流基地的布局。通过专业化、机械化、信息化的运作，每个流基地可支持 50 亿～200 亿元的年商品销售规模，零售配送半径最大可达 150 公里，并承担地区售后服务中心、地区呼叫中心、地区培训中心等功能，成为支撑公司连锁事业的大服务、大后方平台。

总体而言，第二代物流基地的启用节省了苏宁一半左右的物流成本并大幅度地提高了服务质量。随着杭州第二代物流基地的启用，它所辐射的湖州、嘉兴和绍兴当时设置的外库被全部取消，改由该物流基地全面负责这一地区苏宁连锁网络销售产品的配送任务。此外，苏宁杭州地区物流、售后、客服三大服务管理体系也将全面入驻办公，而且还将担负起苏宁新员工培训的职能。

3）信息化战略

信息化是零售业的核心竞争力。苏宁电器视信息化为企业神经系统，建立了集数据、语音、视频、监控于一体的信息网络系统，有效支撑了全国 300 多个城市数千个店面的物流、售后、客服终端运作和十多万人的一体化管理，信息化建设先后入选中国商业科技 100 强、中国企业信息化 500 强。依托苏宁 SAP/ERP 系统，B2B、B2C、OA、SOA、HR、BI、WMS、TMS、CRM、Call Center 等信息应用系统，实现了“供应商、内部员工、消费者”三位一体的全流程信息集中管理。此外，苏宁电器先后携手 IBM、微软、SAP、思科等国际知名 IT 企业开展信息系统建设战略合作，打造国际化智慧苏宁。

2.1.4 价值链分析

苏宁电器提出了“至真至诚、苏宁服务”的宗旨，并把为消费者提供最优质的服务以及赢得顾客、员工、社会的满意作为其前进的动力源泉。图 4-20、图 4-21 分别是苏宁过去和现在的价值链。

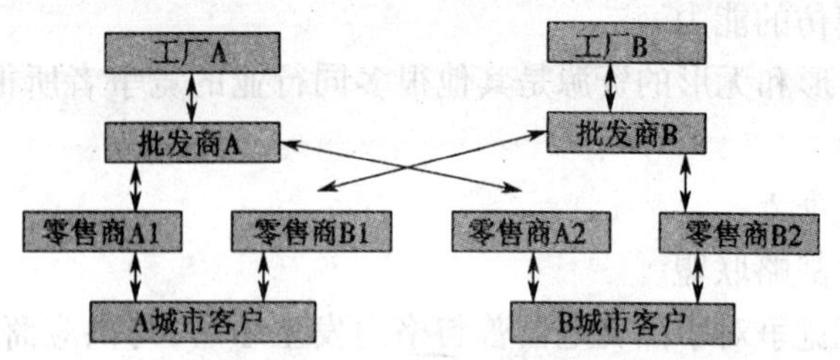

图 4-20　苏宁过去价值链

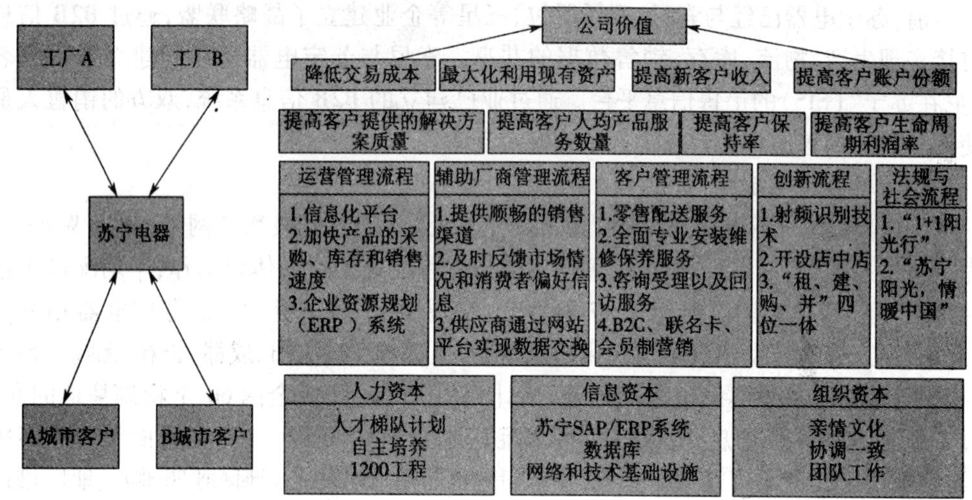

图 4-21　苏宁现在的价值链

1. 生产或批发

苏宁电器庞大的产品批发,使得苏宁电器产品成本比较低,使得苏宁电器从厂家那里可以拿到价格比较低廉的货品。从而能够保证公司最大程度上受益。并且,各个物流配送中心可以相互运转,相互配送,使得苏宁电器的货物比较自由、灵活。另外,苏宁电器主要从事电器类产品的销售、服务,产品比较单一,员工对于自己的工作任务、职责也很熟悉;从而最大限度地节省了时间,提高了工作效率,也提升了工作的质量。

2. 销售

苏宁电器,不仅有完善的销售体系。并且还定期或不定期地有很多的促销活动,使得消费者有机会买到自己喜爱和实用的促销价产品。从而也很大地促进了苏宁的销售额度的增长。图 4-22 是苏宁电器上海地区部分促销活动。

3. 客服

服务是苏宁电器核心战略职能之一,是苏宁的核心竞争力之一,是集团连锁网络发展重要的大后勤、大后方,是集团和消费者之间的桥梁。苏宁服务体系的目标是"打造中国最优秀的连锁服务品牌"。

苏宁电器的服务理念:至真至诚,苏宁服务,服务是苏宁的唯一产品,顾客满意是苏宁服务的终极目标。

[苏宁电器]苏宁首家地区旗舰店松江第一店开业促销！ 活动时间：2013年4月12日—2013年4月14日 活动商场：苏宁电器	2013-4-7
[苏宁电器]苏宁电器办公享好礼最新促销折扣详情 活动时间：2013年2月25日—2013年3月17日 活动商场：苏宁电器	2013-2-25
[苏宁电器]苏宁电器畅销精品优惠大集结最新促销 活动时间：2013年2月22日—2013年2月24日 活动商场：苏宁电器	2013-2-21
[苏宁电器]苏宁电器春节抽金条最新促销折扣 活动时间：2013年2月5日—2013年2月18日 活动商场：苏宁电器	2013-2-6
[苏宁电器]苏宁新华园店开业，3天3夜畅享超级0元购 活动时间：2013年1月25日—2013年1月27日 活动商场：苏宁电器	2013-1-24
[苏宁电器]上海苏宁电器本周末最新促销优惠信息 活动时间：2013年1月18日—2013年1月20日 活动商场：苏宁电器	2013-1-16
[苏宁电器]苏宁电器2012年末促销优惠信息汇总 活动时间：2012年12月19日—2013年1月6日 活动商场：苏宁电器	2012-12-19
[苏宁电器]苏宁电器全城清样3-9折最新促销折扣！ 活动时间：2012年12月7日—2012年12月9日 活动商场：苏宁电器	2012-12-6
[苏宁电器]上海苏宁电器11月最新促销优惠信息 活动时间：2012年11月23日—2012年12月2日 活动商场：上海苏宁	2012-11-22
[苏宁电器]苏宁电器买多少返多少本周最新促销优惠 活动时间：2012年11月16日—2012年11月18日 活动商场：苏宁电器	2012-11-15

图4-22 苏宁促销活动

作为全国连锁的大型上市公司，苏宁与各供应商建立了长期的战略合作关系，依托“工商共赢”的资源优势，产品线丰富。对所有的商品严把质量关，让顾客放心购物。苏宁电器提供网上订购、电话订购和异地购物全国提货等多样化的服务。苏宁定期举办各类促销活动，诚信为本，让您真正感受科学消费、健康消费。

24 小时客户服务热线，随时受理各类咨询、预约、投诉等信息，一个电话解决一切。全国客户服务热线提供全面了解苏宁连锁发展资讯。基于集成化网络管理和先进的信息管理，苏宁为顾客提供方便快捷的送货、安装、维修服务。商品（通信、IT 等商品除外）自购买之日起，经检测属性能故障，7 日内为顾客办理退换货服务，15 日内为顾客办理换货服务（包装完好、附件齐全）。

顾客购物即可成为苏宁阳光系列会员，并可享受积分购物、会员特价、会员沙龙、联盟商家等更多的增值服务，让顾客处处感受到优越和尊贵。为老、弱、病、残、孕及有应急需求的顾客提供全程导购、送货、安装的服务。阳光服务进社区、消费手册、月度顾客交流会、私人家电顾问、顾客意见箱等阳光系列服务，给顾客更多关怀，更多满意，更多感动。

2.1.5 成功的苏宁

相较于美的、国美等电商，苏宁拥有许多优势。

（1）苏宁电器历经 18 年的发展，这一品牌已经深入人心，盛赞颇多，这对于苏宁电器的未来能够吸引更多消费者的光顾奠定了基础。

（2）拥有成熟的供应链管理和完善的物流系统，店面覆盖范围更广，提供本地化的仓储、配送和自提服务。而京东、新蛋等 B2C 网站在大型 3C 商品的配送方面多要依靠第三方物流，且目前仍在对物流系统进行长期的投入和建设。

(3)售后更完善，可依靠其遍布全国的门店、卖场实现本地化的售后服务。

(4)强大的资金基础、扎实的后台建设及良好的服务将成为苏宁电器的发展保障。

(5)苏宁电器供应链资源的积累形成了其差异化的竞争优势。苏宁与家电制造商及供应商一直保持着相对融洽的合作关系。

展望未来，苏宁电器将立足国内与国际两个市场同步开发，以经营创新和管理提升为基础，保持稳健快速的发展步伐。到2010年底，电器连锁店总数突破1 200家，销售规模突破1 500亿，实现网络规模、品牌效益、管理与服务等全方位的行业领先；到2020年，电器连锁店总数将达3 000家，销售规模达3 500亿，同时完成300个电器旗舰店、60个物流基地的建设，进入世界一流企业的行列，成为“中国的沃尔玛”。

[**启发思考题**]

1. 苏宁电器与其他电商相比，有哪些优势？

2. 苏宁的资源和能力存在不足之处吗？若存在，应如何改善以提高其竞争力？

3. 价值链分析的优点和缺点是什么？苏宁电器的价值链是完善的吗？

2.2 孰是孰非——伊士曼柯达公司破产之谜(2)

摘要：本案例阐述了伊士曼柯达公司破产的内部环境因素，详细介绍了柯达公司的资源、能力和价值链的分析，论述导致柯达公司破产的内部环境原因。案例主要为其他企业提供一个反例，在面对复杂竞争环境时，企业应利用自身的资源和能力优势来保持自己在行业中的地位，并得到提升。

关键词：柯达，内部环境，资源与能力，价值链

2.2.0 引言

伊士曼柯达公司(Eastman Kodak Company)，简称柯达公司，是世界上最大的影像产品及相关服务的生产商和供应商，总部位于美国纽约州罗切斯特市，业务遍布150多个国家和地区，全球员工约14.5万人。多年来，柯达公司在影像拍摄、分享、输出和显示领域一直处于世界领先地位，一百多年来帮助无数的人们留住美好回忆、交流重要信息以及享受娱乐时光。但是随着数码技术的崛起，柯达公司于2012年提出破产保护申请。这样一个公司，为什么会破产，接下来他们又该怎么做？

2.2.1 柯达百年之路

伊士曼柯达公司自1880年成立以来，一直在全球影像行业中保持领先地位，业务多元化，涵盖传统卤化银技术和数码影像技术各方面。柯达公司主要从事传统和数码影像产品、服务和解决方案的开发、生产和销售，服务对象包括一般消费者、专业摄影师、医疗服务机构、娱乐业以及其他商业客户。公司设有四个业务部门：摄影事业部、医疗影像部、商业影像部和元器件事业部。凭借其技术优势、市场规模和众多的行业伙伴关系，柯达公司致力于为客户提供创新的产品和服务，满足他们对影像中所包含的丰富信息的需求。柯达120多年的历史正是世界影像行业发展的缩影。

1888年，乔治·伊士曼使照相机走入寻常百姓家，“柯达”也几乎成为摄影的代名词。此后的100年间，柯达公司曾占据过全球2/3的摄影产业市场份额，拥有超过14.5万名员工。柯达早在1976年就开发出了数字相机技术，并将数字影像技术用于航天领域；1991年柯达就研发出了130万像素的数码相机。但是到2000年，柯达的数字产品只卖到30亿美

元,仅占其总收入的22%;2002年柯达的产品数字化率也只有25%左右,而竞争对手富士已达到60%。这与100年前伊士曼果断抛弃玻璃干板转向胶片技术的速度,形成莫大反差。2000—2003年柯达各部门销售利润报告显示,尽管柯达各部门从2000—2003年的销售业绩只有微小波动,但销售利润下降却十分明显,尤其是影像部门呈现出急剧下降的趋势。具体表现在:柯达传统影像部门的销售利润从2000年的143亿美元,锐减至2003年的41.8亿美元,跌幅达到71%。在拍照从“胶卷时代”进入“数字时代”之后,柯达数码时代的转型失败,使其市值在15年间从300亿美元蒸发至1.75亿美元,进入“破产倒计时”。在中国,柯达“串起每一刻,别让她溜走”的广告语曾经深入人心。现如今,曾经辉煌百年的柯达公司即将让这一刻“溜走”,昔日影像王国的辉煌也似乎随着胶卷的失宠,而不复存在。

尽管历经挣扎,柯达还是走到了这一步——在纽约依据美国《破产法》第十一章提出破产保护申请。这家创立于1880年的世界最大的影像产品及相关服务生产和供应商,在数码时代的大潮中由于跟不上步伐,而不得不面对残酷的结局。柯达已从花旗集团获得破产保护企业9.5亿美元贷款额度,贷款期限为18个月,用于改善流动性以及运营资本。贷款额度还需要获得法庭批准并有一些前提条件。该公司相信,在破产期间,公司有足够的流动性资金来维持运营,公司将继续向消费者提供产品与服务。

柯达预计将继续支付员工薪水和福利,并维持消费者的服务项目。柯达在海外的子公司不受破产保护条款约束,有义务向供应商支付所有未偿债务。柯达及其在美国的子公司承诺有义务向供应商支付所有破产后欠下的债务。柯达预计在2013年完成在美国的业务资产重组。

2.2.2 柯达公司的资源和能力

早在1912年,柯达公司就成立了研究实验室,这是美国的最早的工业研究中心之一。1975年,全球的第一台数码相机在这个实验室诞生。柯达先后投入了数十亿美元的科研经费,用于数码影像技术的研发工作,并因此拥有超过1 000项数码影像专利技术。

20世纪70年代末,柯达发明了CFA(彩色滤镜阵列),让彩色影像获取成为可能;1986年,柯达展示了第一个百万像素彩色CCD,此后,产生了JPEG图像压缩算法,让图像文件得以轻松存储。柯达研发的CCD被广泛应用于美国国家航空航天局(NASA,National Aeronautics and Space Administration)的太空探测中。其中,高分辨率影像传感器是Sojourner Rover在执行1997年NASA火星探路者(Pathfinder)太空任务时探测火星表面的“眼睛”,这些传感器使漫游者能够看清穿越火星崎岖地形的路径,并拍摄火星地面和土壤的彩照。柯达为Chandra X射线望远镜提供了精密光学。自从1999年发布以来,Chandra已经拍摄了大量外太空的照片,如星系团中的黑洞和热气云——为天文学家提供了前所未有的宇宙信息。

1999年,柯达发明了OLED技术,并与日本三洋公司合作致力于该技术的应用。2006年,由于经营状况恶化,三洋公司宣布退出OLED业务,柯达则宣布选择其他合作伙伴,继续开发包括面板设计与生产在内的OLED基础技术。

电影技术方面,柯达研发的Cinesite产品可用于制作特殊数码效果以及其他后期制作服务,这些服务对于今天的电影制作至关重要。Cinesite曾于20世纪90年代初成功以数字方式还原了《白雪公主和七个小矮人》,自此以后,该产品为大约200部电影、电视剧、商业和音乐视频制作了数码效果。应客户的要求,柯达还在开发一种高质量的数字电影解决方案。2003 年,柯达公司引入了柯达数字电影操作系统,用于在影院屏幕上显示预览广告。

在印刷和出版方面,20 世纪 30 年代中期,柯达研究员研制了全球第一台电子分色扫描仪来准备印刷影像。该扫描仪后来出售给了 Time · Inc. 的一家子公司,有一个版本最终用于生成时代生活杂志的色区。20 世纪 90 年代,柯达首度发售红外敏感或热敏型数字印刷板,这成就了当今胶轮打印的卓越品质,是柯达最新型热印刷板的鼻祖。柯达还推出了首个半色调数字彩色打样系统——柯达 Approval 系统,无须启动印刷机便可看到最终的输出质量。

1997 年,柯达与太阳化工(Sun Chemical)组成柯达保丽光图像公司(KPG,Kodak Polychrome Graphics),KPG 成为全球最大的印前耗材(印刷板、胶片、打样产品、化学药品)提供商。1998 年,柯达与德国海德堡(Heidelberg Druckmachinen)组成 NexPress Solutions LLC,该合资企业供应随着各种数据彩色印刷需求不断增长,为客户提供高速、高质量的定制小册子和其他资料的印刷。这些业务在柯达转型后彻底并入柯达公司,并持续在柯达日益增长的图文影像集团业务中发挥着举足轻重的作用。2005 年,柯达公司还收购了加拿大克里奥公司(Creo)——全球商业印刷机所使用的印前和工作流系统的首要提供商。

早在 1976 年,柯达公司就发明了世界上第一台数码照相机,申请了 1 000 多项数码成像技术专利。但由于在数码成像市场的时机上判断失误,现在柯达被索尼、佳能、富士等竞争对手远远地抛在了后面。表 4-4 为柯达公司 SWTO 分析。

表 4-4　柯达公司的 SWTO 分析

	S	W
	百年老店,传统影像行业的领头羊,品牌知名度高 研发能力强,拥有超过 1 000 项数码影像专利 曾经介入商业印刷,有一定基础资源	主要利润来自传统影像行业,业务单一 没有及时将专利商品化,在数码相机行业已失先机 过于保守,缺乏创新的胆识
O	SO	WO
数码影像应用迅速普及,技术日新月异 数码印刷行业迅速崛起,市场空间巨大 印前行业的流程,输出设备、板材环节几乎都是不同的公司在做,没有一家公司有一体化解决方案	传统影像行业已日落西山,须迅速利用技术优势,进入数码影像行业 利用已有的资源及技术优势,迅速提升行业竞争力 借助品牌优势及已有的资源和技术,向业界重点提供一体化解决方案,凸显差异化竞争优势	迅速退出传统影像行业,重点转向数码影像行业 敢于创新,大胆改革
T	ST	SW
数码相机市场已被佳能、尼康等知名企业占据先机 数码印刷市场竞争也日趋激烈,不少大企业如惠普等正在进入 数码印刷对技术和资金投入的要求均比较大,起步台阶比较高	转型重点应放在新兴的数码印刷行业 利用自身资源及技术优势,形成更高的进入门槛,威慑潜在竞争者 通过公司的优化重组及部分专利的出售转让,满足行业资金要求	进入数码相机行业将会是惨烈的红海,不应作为重点,只能作为补充 加强相关企业的合作与并购,阻止竞争者的进入 重组公司架购,提升效率,降低成本

2.2.3 柯达的价值链分析

柯达,全球最大的影像产品及相关服务的生产和供应商,100多年来为无数人留住美好回忆,首届奥运会的主赞助商、把照相机送入太空、曾经代表了美国梦的技术和商业领袖,但是在2011年圣诞假期中接到了纽交所的退市警告,我们渐渐相信,"柯达时刻"将在人们的记忆中偷偷溜走。

回顾柯达的百年兴衰,它曾经依靠传统影像的技术优势在消费、医疗和商业领域取得了辉煌业绩,也因为过度依赖传统胶片业务导致了2000年以后的危机。尽管柯达在2003年以后调整了发展战略,开始主攻数码相机,但信息化时代"失之毫厘,差之千里"。新时代的节奏不仅要求产品和技术革新的速度,也要求价值链随之迅速调整。然而,主营产品的转型要求企业在盈利模式、内部运营、外部物流、销售渠道、客户服务等价值链的每个环节随之转变,这样的转变需要勇气和决心,但是柯达在变革面前失败了。主要体现在以下几个方面。

首先,企业核心产品的变化会导致产品价值链和盈利模式的变化,企业价值链要随之调整,而这种调整需要大量投入,短期内难以盈利。在传统胶片业务中,相机本身只产生较低利润,胶卷和冲印的重复销售才是主要的利润来源。而数码相机的利润点除了设计外,主要在于生产和物流,这是柯达的劣势,也是其最终将生产和储运外包给伟创力的重要原因。

其次,当前的产业模式已经不允许一家企业控制产业链的所有环节,原料供应商、制造商、渠道商等众多企业形成的供应链联盟成为当今跨国企业竞争的主要组织形式,传统产业巨头对产业链纵向整合的方式已经不再适用。柯达在发展中一向是通过纵向整合来实现垄断的,其在20世纪六七十年代甚至拥有自己的农场用以生产原料。柯达在1998年进入中国的全行业整合一方面是来自政府的要求,另一方面是其为了控制中国市场、从生产到冲印纵向整合战略的体现。此后,柯达在中国投资超过12亿元,建设了超过9 000家冲印店,这一战略举措在进入中国的初期成效显著,但随着数码相机的发展,纵向整合也成为其转型的重要包袱。

最后,品牌形象、公共关系、企业形象等多方面影响,也阻碍了柯达的价值链转型。从品牌形象上,柯达一向是以情动人的典范,消费者想到柯达,就会想到其"串起每一刻,别让她溜走"的温馨景象。但这种品牌形象过于复古,与数码相机科技、时尚、速变的产品形象格格不入。在公共关系方面,柯达的转型必然伴随着全世界范围内的大量裁员和降薪,而政府关系导向、为员工创造价值又一向是柯达安身立命的法宝,以上因素限制了柯达变革的速度。柯达因为果断抛弃玻璃干板技术,转向胶片技术以及持续的纵向整合和终端建设创造了一个时代,却又因为拒绝数字技术的革新而被时代抛弃。革新是痛苦、复杂和持续的,柯达价值链的转型过程很好地证明了这一点。

对柯达的价值链进行分析,并利用VRIO(Value Rareness Imitability Orgamzation)框架,分析相关资源在帮助柯达实现竞争劣势、竞争均势、暂时竞争优势或持续竞争优势方面有何程度的贡献,最终结果见表4-5。

表4-5 柯达的VRIO分析

	价值	稀有性	不可模仿性	组织
财务管理能力	√	√	√	√

续表

	价值	稀有性	不可模仿性	组织
营销活动能力	√	√	√	√
生产控制能力	√	×	×	√
新产品开发能力	√	√	×	×
市场决策能力	√	×	×	×
组织管理能力	√	×	×	×
企业文化	√	√	√	√
品牌价值建立	√	√	√	√

通过 VRIO 模型分析,我们可以得出以下结论。

(1)柯达公司在财务管理、营销活动、企业文化和品牌价值建立能力上具有较强的竞争力。

柯达的成功离不开它强有力的品牌。而且更重要的是,这个名字在世界任何国家发音都相同。今天,“柯达”连同它那黄底红字的标志在全世界已家喻户晓。柯达建立品牌忠诚的一个着眼点就在于建立清晰而有力的品牌识别。这使得柯达在打入新的市场时省去了很大的一笔宣传与公关费用,大大降低了竞争的成本。同时,该公司仍然是世界上最大的胶片供应商之一,包括业余和专业市场。业务遍布 150 多个国家和地区,全球员工约 8 万人。多年来,伊士曼柯达公司在影像拍摄、分享、输出和显示领域一直处于世界领先地位。拥有宽广的销售促销渠道和雄厚的资金实力。

(2)新产品开发、组织管理和市场决策能力显然不足。

柯达面临的另一个挑战来自数字成像技术对传统成像技术造成的冲击。在传统的摄影技术下,形象是靠相机捕捉的,保存在底片上,最后印在相纸上,传统的摄影技术的缺憾也是相当明显的:高昂的成本、笨重的设备、严重的污染是底片与相纸生产和冲印过程中难以解决的问题,体积大、不能永久保存、查找困难是使用底片和相纸给人们带来的不便。随着数字成像技术的出现,使照相术告别底片和相纸成为可能。

而作为感光技术的龙头老大,柯达当然是不惜巨资去研究开发这一新技术领域,但是,数字成像技术的普及在意味着照相机将更加快速便捷的同时,也意味着柯达公司将丧失胶卷、相纸所带来的丰厚利润。如何在不影响现有传统技术的丰厚利润的同时,积极成为新技术的推动者和带头人以及如何适应全新的技术产品,树立全新的品牌形象,都是柯达所需急待解决的问题。

管理层作风偏于保守,满足于传统胶片产品的市场份额和垄断地位,缺乏对市场的前瞻性分析,没有及时调整公司经营战略重心和部门结构,决策犹豫不决,错失良机。在已有的巨大的市场利益的光晕中,显然柯达迷失了方向,放弃了这个新兴市场把本身的竞争优势变成了阻碍其发展的劣势。

(3)管理不善优势变劣势。投资方向单一,船大难掉头。由于对于现有技术带来的现实利润和新技术带来的未来利润之间的过渡和切换时机把握不当,造成柯达大量资金用于传统胶片工厂生产线和冲印店设备的低水平简单重复投资,挤占了对数字技术和市场的投资,增大了退出和更新成本,使公司陷于“知错难改”“船大难掉头”的窘境。

[**启发思考题**]

1. 内部环境分析主要包括哪些方面?

2. 柯达公司资源和能力有哪些优势和劣势?

3. 柯达公司的价值链可以从哪些方面进行调整?

3 愿景、使命和目标模块案例

3.1 三星集团

三星集团(简称:三星)是韩国第一大企业,同时也是一个跨国的企业集团。三星集团包括众多的国际下属企业,旗下子公司有三星电子、三星物产、三星生命、三星航空等,业务涉及电子、金融、机械、化学等众多领域。被美国《财富》杂志评选为世界500强企业,三星电子是三星旗下最大的子公司,目前已是全球第一大手机生产商、全球营收最高的电子企业,2011年的全球企业市值为1 500亿美元。三星集团是家族企业,由李氏家族世袭,旗下各个三星产业均为家族产业,并由家族中的其他成员管理,目前的集团领导人已传至李氏第三代。

1. 企业远景

三星一直遵循这样的一个独特理念:领导数字融合潮流。

2. 公司使命

成为最好的"digital-Company"。

3. 经营理念

"在三星,我们都遵循着一个简单的经营理念:以人才和技术为基础,创造出最高品质的产品和服务,为人类社会的发展做出贡献。"

4. 企业价值

"我们相信,以强有力的价值定位为基础的工作是成功业务的关键。在三星,严格的行为规范以及这些核心价值,是我们做出任何决策的基础。"

3.2 西门子股份公司

西门子股份公司是世界最大的机电类公司之一,1847年由维尔纳·冯·西门子建立。其业务遍及全球190多个国家,在全世界拥有大约600家工厂、研发中心和销售办事处。公司的业务主要集中于六大领域:信息与通信、自动化与控制、电力、交通、医疗系统和照明。西门子的全球业务运营分别由13个业务集团负责,其中包括西门子财务服务有限公司和西门子房地资产管理集团。此外,西门子还拥有两家合资企业——博世-西门子家用电器集团和富士通西门子电脑(控股)公司。

1. 企业愿景

锐意开拓、引领创新;提升能源效率;优化工业生产力;打造价格合理及个性化的医疗;推进智能化基础设施解决方案。

2. 企业价值观

1)勇担责任

致力于符合道德规范的、负责任的行为;西门子努力满足一切法律和道德要求,并且,只要可能,它还努力超越这些要求。"我们的责任是按照最高的职业和道德标准和惯例来开展业务:公司绝不容忍任何不合规的行为。""我们在'勇担责任'方面的原则堪称我们制定业务决策的指南针。""我们还必须鼓励我们的商业伙伴、供应商和其他利益相关者遵循同样高的道德标准。"

2)追求卓越

取得卓越的业绩和运营成果;追求卓越,是我们在每个领域都将尽力实现的目标。我们根据公司愿景制定这一远大目标,并在其指引下提供优异的质量及超越客户需求的解决方案,一直如此。

追求卓越还意味着吸引市场上最优秀的人才。"我们将帮助这些人才掌握获得成功所需的各种技能,给他们提供发挥潜力的绝佳机会。""我们致力于营造一种高绩效企业文化。"

追求卓越不仅仅关系到我们今天所做的一切,它还要求我们找到一条持续改善的道路。这需要我们灵活、积极地迎接变革,从而确保我们能够牢牢把握新的机遇。

3)矢志创新

敢于创新,创造可持续的价值;创新已成为西门子业务成功的基石。研发是西门子发展战略的基本动力。"作为关键专利的持有者,无论是已经成熟的工艺,还是正在发展的技术,我们都是客户强有力的合作伙伴。""我们的目标是,在所涉足的众多业务领域,都占据技术领袖地位。"

"我们是创新惠及全球的企业公民。我们用客户是否成功来衡量我们的创新是否成功。我们不断调整业务组合,以便为全人类共同面临的最严峻的挑战提供解决方案,从而使我们得以创造可持续的价值。"

通过引领潮流,我们可以完全释放员工的能量和创造力。我们富于独创,也欣赏这种素质的所有含义:独创性、创造力、奇思妙想,等等。

3.3 英特尔公司

英特尔公司于1968年由罗伯特·诺伊斯、戈登·摩尔和安迪·格鲁夫于美国硅谷创建,经过近40年的发展,英特尔公司在芯片创新、技术开发、产品与平台等领域奠定了全球领先的地位,并始终引领着相关行业的技术产品创新及产业与市场的发展。

1. 企业愿景

超越未来,英特尔将目光聚焦于这四个字上。我们的工作是发现并推动技术、教育、文化、社会责任、制造业及更多领域的下一次飞跃,从而不断地与客户、合作伙伴、消费者和企业共同携手,实现精彩飞跃。英特尔公司将推进技术更迅速、更智能、更经济地向前发展,同时最终用户能够以前所未有的精彩方式应用技术成果,从而令其生活变得更惬意、更多彩、更便捷。

2. 企业使命

成为全球互联网经济最重要的关键元件供应商,包括在客户端成为个人电脑、移动计算设备的杰出芯片和平台供应商;在服务器、网络通信和服务及解决方案等方面提供领先的关键元件解决方案。

3.4 中国德力西控股集团有限公司

中国德力西控股集团有限公司创办于1984年,是一个集资本营运、品牌营运、产业营运为一体的大型集团,注册资本15亿元。集团公司现有员工2万余人,综合实力荣登中国企业500强,位居中国民营企业500强前列。主要产业有电气制造、LED光电、能源矿业、综合物流、PE投资等。

1. 企业愿景

核心领域领先、综合优势突出的国际知名企业集团。

(1)以先进制造、能源矿产和高科技产业为核心,以投资业务为重点,打造核心竞争力,确立产业领先地位。

(2)集资本营运、品牌营运和产业营运为一体,不断增强集团综合优势。

(3)以卓越的品质和增值服务为基础,为世界各地客户创造价值。

(4)每一天,每件事,以领先者的标准要求自己。

2. 企业使命

德报人类,力创未来。

(1)"'百行德为先','德'是我们行事永恒的出发点。"真诚面对股东、客户、员工、合作伙伴和社会:与股东同心,为股东增值;满足客户需求,创造客户价值;让员工成为主人,为员工创造机会;与合作伙伴互惠互利,同合作伙伴共谋发展;肩负社会责任,推动社会进步。不断寻找多方共享共赢的方案,塑造多方同心同德的环境。

(2)"力"——永葆创业精神,脚踏实地、艰苦奋斗;永葆创新精神,充满激情,开拓进取。"通过我们的不懈努力,推动人们生活质量的提升,让人类生活因我们更加精彩。"

3. 企业价值观

卓越、高效、合作、尽责。

1)核心价值观之一:卓越

消费导向,洞察消费者的需求;追根溯源,全面把握供应网络;严控过程,深耕价值创造的每个环节。让每一项工作、每一个环节成为卓越的典范。

只有卓越的技术,才能创造出卓越的产品;只有卓越的服务,才能塑造出卓越的品质。

2)核心价值观之二:高效

一个中心:一切以效益为中心。

两个基本点:坚持做正确的事;坚持正确地做事。

三项原则:系统化思考、规范化营运、人本化管理。

3)核心价值观之三:合作

个体之间相互尊重;新老之间相互包容;上下之间相互信任;部门之间相互支持;单位之间相互协同。合作无界限,合力无极限。

4)核心价值观之四:尽责

肯投入——谁付出,谁收获。

能坚韧——谁磨砺,谁进步。

愿进取——谁拼搏,谁成长。

炼专业——谁创新,谁卓越。

讲诚信——谁承诺,谁兑现。

3.5 沃尔玛公司

沃尔玛公司(Wal-Mart Stores, Inc.)(NYSE:WMT)是一家美国的世界性连锁企业,以营业额计算为全球最大的公司,由美国零售业的传奇人物山姆·沃尔顿于1962年在阿肯色州建立，现在其控股人为沃尔顿家族，总部位于美国阿肯色州的本顿维尔。沃尔玛主要涉足零售业，是世界上雇员最多的企业，连续三年在美国《财富》杂志全球500强企业中居首。

经过四十多年的发展，沃尔玛公司主要有沃尔玛购物广场、山姆会员店、沃尔玛商店、沃尔玛社区店等四种营业态式，已经在全球27个国家开设了超过10 000家商场，下设69个品牌，全球员工总数220多万人，每周光临沃尔玛的顾客2亿人次。

1. 公司核心使命

帮助顾客省钱，让他们生活得更美好。

2. 核心价值观

尊重个人、服务顾客、追求卓越。

3. 三项基本信仰

尊重个人、服务顾客、追求卓越。

1）尊重个人

尊重每位员工提出的意见。经理们被看作“公仆领导”，通过培训、表扬及建设性的反馈意见帮助新的员工认识、发掘自己的潜能。使用“开放式”的管理哲学在开放的气氛中鼓励员工多提问题、多关心公司。

2）服务顾客

“顾客就是老板”。沃尔玛公司尽其所能使顾客感到在沃尔玛连锁店和山姆会员商店购物是一种亲切、愉快的经历。“三米微笑原则”是指员工要问候所见到的每一位顾客；“保证满意”的退换政策使顾客能在沃尔玛连锁店和山姆会员商店放心购物。

3）追求卓越

沃尔玛连锁店和山姆会员商店的员工共同分享使顾客满意的承诺。在每天营业前，员工会聚集在一起高呼沃尔玛口号，查看前一天的销售情况，讨论当天的目标。“日落原则”要求员工有一种急切意识，对当天提出的问题必须在当天予以答复。

3.6 联合利华集团

联合利华集团是由荷兰 Margrine Unie 人造奶油公司和英国 Lever Brothers 香皂公司于1929年合并而成。总部设于荷兰鹿特丹和英国伦敦，分别负责食品及洗剂用品事业的经营。在全球75个国家设有庞大事业网络，拥有500家子公司，员工总数近30万人，是全球第二大消费用品制造商，年营业额超过400亿美元，是全世界获利最佳的公司之一。

1. 公司愿景

“每一天，我们都致力于创造更美好的未来。”

“我们优质的产品和服务，使人心情愉悦，神采焕发，享受更加完美的生活。”

“我们将激发人们：通过每天细微的行动，积少成多而改变世界。”

“我们要开创新的模式，在将公司规模扩大一倍的同时减少我们对环境的不利影响。”

2. 公司宗旨

以最高企业行为标准对待员工、消费者、社会和我们所生活的世界。

3. 经营原则

1）诚信永远第一

“我们企业的核心责任永远是：以诚信的态度运作我们的企业；尊重他人，其他企业及组织；尊重我们所处的环境。”

2)积极的影响

“我们希望通过多方面为我们所处的社会带来积极的影响:如通过我们的品牌;我们的企业运作和关系;通过自发的捐献以及其他各种方式。”

3)持续的承诺

“我们在完成企业发展的远大目标的过程中,还致力于改善我们对环境的管理。”

4)设立我们的目标

“我们的企业目标为企业运作做指引。”“我们的商业准则记述了每个联合利华人应当遵循的标准,是企业目标的坚实基础。”“商业准则也是我们的管理工作及企业责任的支撑。”

5)合作伙伴

“我们愿意与和我们有着相同价值观并有相同标准的供应商合作。我们的商业伙伴准则,其精神与我们的商业准则相一致,包含了十条准则,涵盖了商业诚信,对员工、消费者及环境的责任等方面。”

3.7 百事公司

百事公司(Pepsico. ,Inc.)是一家饮料及休闲食品公司。在全球200多个国家和地区拥有14万雇员,2004年销售收入293亿美元,为全球第四大食品和饮料公司。公司总部设在纽约市。公司附属机构近百个,主要有百事可乐饮料公司、弗利托-莱公司(快餐馆)、啤哂餐馆(供应意大利式烘馅饼等)、北美运输公司和威尔逊体育用品公司等。该公司子公司分布很广,国内涉及48个州,国外涉及100多个国家和地区。

1. 企业愿景

百事公司的责任是在环境、社会、经济等各个方面不断改善周围的世界,创造更加美好的未来。百事公司的可持续发展愿景是“百事公司的承诺”的基础。它表达了百事公司的基本信念:即只有对社会有益的行为才是企业正当的行为,这涉及整个世界的繁荣兴旺以及公司自身的健康发展。

2. 企业使命

“我们立志将百事公司建成为世界首屈一指的、主营方便食品和饮料的消费品公司。在为我们的员工、业务伙伴及业务所在地提供发展和创收机会的同时,我们也努力为投资者提供良性的投资回报。诚信、公开、公平是我们所有经营活动所遵循的原则。”

3. 百事的价值观

百事公司的目标是持续增长。要实现这一目标,要靠百事员工的人尽其力、恪尽职守和建立诚信。

1)持续增长

持续增长是百事成功的根本动力和衡量标准。“在追求持续增长的过程中,我们鼓励革新、注重实效,并可以了解今天的行为是否对公司未来产生影响。”实现持续增长意味着个人的发展和公司业绩的提高,其优先追求的目标是获得发展、取得实效。

2)人尽其力

人尽其力指的是在管理得当、顾全公司大局的前提下,百事公司员工能够自由行动和思考,以实现既定目标。恪尽职守和建立诚信,是健康增长的基础。“它意味着我们作为个人和公司,要赢得他人的信任。”

3)恪尽职守

"意味着我们的行为对我们个人和公司负责,并对委托给我们的资源进行有效的管理。""我们通过征求意见、争取共同成功建立与他人的相互信任。"

3.8 雅戈尔集团股份有限公司

雅戈尔集团创建于1979年,经过34年的发展,逐步确立了以品牌服装为主业,涉足地产开发、金融投资领域,多元并进、专业化发展的经营格局,成为拥有员工5万余人的大型跨国集团公司,旗下的雅戈尔集团股份有限公司为上市公司。2011年集团实现销售收入360亿元,利润总额33亿元,进出口总额27亿美元,上缴税收29.69亿元。总资产近600亿元,净资产160亿元。品牌服装增长22%;内销市场发展势头强劲;房地产板块着眼于调整布局,加强和提升管理;金融投资板块进行了新的探索。

1. 企业愿景

创国际品牌,铸百年企业。

2. 企业使命

雅戈尔的企业使命是在发展中逐渐成形的,也在不断的发展中从量变走向质变。就当前的形势来说,雅戈尔的使命是要进一步推进自主品牌建设,夯实百年企业的基础。就远期的使命来说,雅戈尔是要实现"创国际品牌,铸百年企业"的历史使命。

3. 企业宗旨

让消费者满意,使合作者发展。

4. 企业价值观

诚信、务实、责任、勤俭、和谐。

3.9 碧桂园集团

碧桂园集团,创建于1992年,沐浴改革开放阳光雨露,持续发展壮大;2006年,获中国工商行政管理局认定为"中国驰名商标",为最早获评的两个房地产行业驰名商标之一。碧桂园是一家以房地产为主营业务,涵盖建筑、装修、物业管理、酒店开发及管理、教育等行业的国内著名综合性企业集团,中国房地产十强企业。下辖国家一级资质建筑公司、国家一级资质物业管理公司、甲级资质设计院等专业公司,涉及酒店、教育等多个行业。

1. 企业愿景

"希望社会因我们的存在而变得更加美好。"

碧桂园矢志成为有良心,有社会责任感的阳光企业,衷心希望看到国家富强,民族复兴,人们过上美好的生活!为此,碧桂园将永远以一颗感恩的心尽己所能回报社会。

面向未来,致力于打造"百年名企"宏愿的碧桂园在继续致力于本地市场的开拓和营造的同时,更将与时俱进,放眼全中国,为追求幸福生活的人实现五星级的生活梦想。

2. 公司经营理念

1)坚守诚信,回报社会

"诚信"是碧桂园立身之本,是碧桂园发展的基石,是碧桂园最宝贵的精神财富与核心价值。碧桂园始终以"诚"取"信"于客户,取"信"于伙伴,取"信"于社会,不断发展,追求完美。

碧桂园对业主、对客户高度负责,根据社会发展和客户对生活居住品质提升的需求,提供优质的产品与服务。"为社会建造物超所值的房子",是碧桂园努力实践的核心竞争力,也是碧桂园追求的最高诚信，碧桂园已售出的物业中大部分是通过业主口碑创下骄人的业绩，这正是碧桂园在消费者心目中的公信力。

碧桂园对合作伙伴高度负责，以诚实守信为交往原则，碧桂园连年被各级政府部门评选为诚信企业代表，就是最好的证明。

碧桂园对社会高度负责，不仅积极纳税，更热心参与社会公益，带领推动行业良性发展。"为社会服务"，这是碧桂园追求企业利益，提高企业发展速度和效率的前提条件。碧桂园认为，对社会的回报，才是最大的成功。

2）推动发展，携手共赢

碧桂园所到之处必会给当地的房地产市场注入无限生机；其强烈的社会责任意识，巨大的人文张力，更不断推动了区域环境的提升和经济的飞跃。

3）创造更佳人文环境

碧桂园以建造绿色人居为己任，对项目开发进行科学的前期规划，结合项目的地形地貌和自然环境，合理进行不同产品和配套的布局，让项目所在区域的人文环境成为真正可持续发展的有效资源。

4）带动区域经济发展

碧桂园的跨地域发展，推行本土化战略，迅速融入当地，为项目所在区域，提供大量的工作岗位，创造更多的就业机会；作为地方纳税大户，碧桂园凭借卓越的经营业绩积极纳税，直接支援地方财政收入；其巨大的品牌优势，凝聚、培养了大量高素质人才，全方位地拉动了区域经济的发展。

5）塑造城市综合形象

碧桂园每到一处都将其规模社区、优美环境、五星级酒店、主题公园、商业广场等城市级配套和领先的生活方式带到当地，填补区域高端市场的空白，有效增强城市功能，整体提升了区域的综合形象。

3.10 浙江吉利控股集团

浙江吉利控股集团是中国汽车行业十强企业。1997 年进入轿车领域以来，凭借灵活的经营机制和持续的自主创新，取得了快速的发展，现资产总值超过 1 000 亿元（含沃尔沃），连续 9 年进入中国企业 500 强，连续 7 年进入中国汽车行业十强，被评为首批国家"创新型企业"和"国家汽车整车出口基地企业"。欧盟委员会 2010 年 7 月 6 日批准了中国浙江吉利控股集团有限公司对瑞典沃尔沃轿车公司 100% 股权的收购，收购总资金约 18 亿美元。

1. 公司愿景

让世界充满吉利。

这个公司愿景有两层寓意：

第一，期待吉利汽车和先进技术，享誉世界，走遍全球；

第二，要将大吉大利这个美好的祝愿送给所有人，为世界和平、进步、吉祥如意祈祷。

2. 公司使命

造最安全，最环保，最节能的好车；让吉利汽车走遍世界；安全是人类生命的根本保障；环保是人类生活的基本诉求；节能是人类生存的必要条件；在用户更加关注安全、环保、节能的今天，能否制造充分保障生命、爱护环境的汽车，已成为世界汽车业的共识。吉利人以此为己任，为此而奋斗。

3. 核心价值理念

快乐人生,吉利相伴。

4. 企业精神

1)团队精神

团队精神是吉利人基本的指导思想,通过沟通、协调、合作,营造"公平公开公正"的良好企业环境,形成上下齐心、步调一致的局面。

2)学习精神

学习精神是吉利人事业成功的源泉,要敢于学习、善于学习,要在变化中学习与适应,在适应中生成与发展,把主动学习、善于学习视作一种工作能力,长期坚持,毕生实践。"人人是老师,人人是学生"是所有吉利人的基本学习观、人生观。

3)创新精神

创新精神是吉利的灵魂,通过开展广泛的科研活动和员工合理化建议,实现全员创新;通过管理观念和手段的现代化、信息化及规范化,实现管理创新;通过全世界的广泛合作,全社会的广泛参与实现新技术的合作共赢。

4)拼搏精神

拼搏精神体现在工作的高效率和快节奏上面,体现在完成任务时"不到长城非好汉"的豪迈情怀中,体现在"不低头,不认输,擦干泪,坚持住"的英雄气概上,体现在制定切合实际的阶段性目标上,鼓励适度超前,反对靡费浮夸。

5)实事求是精神

实事求是精神是吉利事业永葆长青的重要保证。尊重客观事实,研究客观规律是实事求是精神最重要的内涵;因地制宜,寻求正确的解决方案是实事求是精神的灵魂。

6)精益求精精神

精益求精精神是吉利事业可持续发展的根本要求。精益求精精神的核心内容在于吉利产品的高质量、低成本以及外协配套体系的精细建设。体现在研发、采购、生产、销售和售后服务环节以及人才培训培养、管制制度不断完善、成本控制水平不断提升。

3.11 联想控股有限公司

联想控股有限公司(简称"联想控股")成立于1984年,由中国科学院计算所投资20万元人民币,柳传志等11名科研人员创立。联想控股的投资业务包括为核心资产运营、资产管理、联想之星孵化器投资三大板块。未来将通过"购建"核心运营资产板块中所涉及的领先企业以实现跨越式成长。

1. 企业愿景

以产业报国为己任,致力于成为一家值得信赖并受人尊重,在多个行业拥有领先企业,在世界范围内具有影响力的国际化投资控股公司。

2. 核心价值观

企业利益第一,求实进取,以人为本。

3. 企业精神

以对社会、对股东、对员工负责的精神,实践着自己产业报国的精神。

3.12 松下电器

松下公司(Panasonic,日语:パナソニック株式会社),原名松下电器产业公司(日语:松

下电器产业株式会社),为日本的大型电器制造企业,总部设于大阪。

1. 企业愿景

松下所追求的目标是,在2018年公司创立100周年时,成为电子产业No.1的环境革新企业。我们将环境理念置于所有事业活动的核心,引领在全球范围内兴起的"绿色革命",为全世界创造更美好的明天。

2. 经营理念

"贯彻产业人的本分,谋求社会生活的改善和提高,以期为世界文化的发展做贡献。"是松下创始人松下幸之助在1929年制定的集团纲领以及整体企业哲学。"我们的使命是通过事业活动提高全世界人民的生活水平,促进社会发展。"

"理解生产者的创业使命。"自从1918年创业以来,通过不断对产业人的使命及企业活动的职责反复深思,松下幸之助在1932年5月5日召集了当时的所有员工,强调了面向未来本公司务必实现的真正使命,那就是通过不断生产来提高人们的生活水平。他斩钉截铁地说:"例如,自来水是经过加工的有价值的产品,但是即使有人擅自饮用路边的自来水也不会受到任何谴责。这里面就蕴藏着生产者的真正使命。换而言之,我们必须大量生产丰富的产品来使人们摆脱贫困,营造更为丰富美满的生活。"他的这一表态唤起员工的钦佩和共鸣。

此观点立足于"企业是社会的公器"这一创业者确立的经营观。换言之,其观点就是"从法律上看,即使其企业属于私营企业,但本质上并不仅仅归属于某个人或股东。它包括了这些人在内的社会共有的物体"。本公司作为从社会调用人才、物品、金钱来经营事业的企业,通过其活动为社会做出贡献就是它的使命。换言之,就是"通过不断的技术革新,为人类的繁荣和幸福做贡献"。这一观点以"纲领"的形式传承至今,成为经营理念的根基。

3.13 佳能公司

佳能(Canon)公司是全球领先的生产影像与信息产品的综合集团,自1937年成立以来,经过多年不懈的努力,佳能已将自己的业务全球化并扩展到各个领域。目前,佳能的产品系列共分布于三大领域:个人产品、办公设备和工业设备,主要产品包括照相机及镜头、数码相机、打印机、复印机、传真机、扫描仪、广播设备、医疗器材及半导体生产设备等。佳能总部位于日本东京,并在美洲、欧洲、亚洲及日本设有四大区域性销售总部,在世界各地拥有子公司200家,雇员超过10万人。

1. 远景目标

成为一百年、两百年永久发展、持续繁荣的"真正的全球优良企业"。为了世界繁荣和人类幸福,在培育对未来社会有益技术的同时,始终承担起兼顾事业与环境保护,为社会发展贡献力量等社会责任。

2. 企业精神

三自精神:自发,自治,自觉。

3. 企业理念

佳能的企业理念是"共生"。共生是指不拘泥文化、习惯、语言、民族等差异,努力建设全人类永远"共同生存、共同劳动、幸福生活"的社会。目前,地球上还存在着阻碍共生的各种失衡现象。其中,贸易失衡、收入失衡以及地球环境失衡等,都是必须解决的重要课题。佳能通过共生的实践,致力于消除这些失衡现象。作为一家真正的全球化企业,不仅同顾客、当地社会,还要与各个国家、地区以及地球自然环境建立良好的关系,同时担负社会责任。佳能以"促进世界繁荣和实现人类幸福"为目标,正在不断努力。

3.14 宝洁公司

宝洁公司(Procter & Gamble),简称 P&G,是一家美国消费日用品生产商,也是目前全球最大的日用品公司之一。总部位于美国俄亥俄州辛辛那堤,全球员工近110 000人。2008年,宝洁公司是世界上市值第六大公司,世界上利润第十四大公司。他同时是财富500强中第十大最受赞誉的公司。2008 年 06 月 04 日 The J. M. Smucker Company 和宝洁公司,双方签署了一项最终协议,宝洁公司股东将以免税换股并购方式取得 Smucker 约 53.5% 的股权。

1. 公司宗旨

为现在和未来的世世代代,提供优质超值的品牌产品和服务,在全世界更多的地方,更全面地亲近和美化更多消费者的生活理想。"作为回报,我们将会获得领先的市场销售地位、不断增长的利润和价值,从而令我们的员工、股东以及我们生活和工作所处的社会共同繁荣。"

2. 公司的远景目标

成为并被公认为提供世界一流消费品和服务的公司。

3. 公司的承诺

每天,在世界各地,宝洁公司的产品与消费者有四十亿次的亲密接触。为现在和未来的世世代代,宝洁人尽心尽力,确保其品牌实现对消费者的承诺:一点一滴,美化生活。

3. 公司价值观

宝洁公司,就是宝洁人以及他们遵从的价值观。他们吸引和招聘世界上最优秀的人才。他们实行从内部发展的组织制度,选拔、提升和奖励表现突出的员工而不受任何与工作表现无关的因素影响。他们坚信,宝洁的所有员工始终是公司最为宝贵的财富。

1)领导才能

"我们都是各自职责范围内的领导者,兢兢业业地在各自岗位上做出显著的成绩。""我们对我们的工作前景有清楚的认识。"宝洁集中各种资源去实施领导策略,实现领导目标。不断发展自身的工作能力,克服组织上的障碍,实现公司的战略。

2)主人翁精神

"我们担负起各自的工作责任,从而实现满足公司业务需要,完善公司体制和帮助其他员工提高工作成效的目标。""我们以主人翁精神对待公司的财产,一切行为着眼于公司的长远利益。"

3)诚实正直

他们始终努力去做正确的事情。他们诚实正直,坦率待人。他们的业务运作恪守法律的文字规定和内涵精神。他们在采取每一行为、做出每一决定时,始终坚持公司的价值观和原则。他们在提出建议时,坚持以事实为依据,并正确估计和认识风险。

4)积极求胜

"我们决心将最重要的事做得最好。""我们不会满足于现状,不断去寻求突破。""我们有强烈的愿望去不断完善自我,不断赢取市场。"

5)信任

"我们尊重公司的同事、客户和消费者,以我们希望被对待的方式来对待他们。我们相互信任各自的能力和意向。我们笃信,彼此信任才能使员工有最佳的工作表现。"

4. 公司原则

由公司的宗旨和价值观产生下列原则和行为依据。

1)我们尊重每一位员工

我们相信每一位员工都能够,并且愿意发挥其最大潜力。

我们珍视每个员工的不同之处。

我们激发和帮助员工去实现更高的期望、标准和具有挑战性的目标。

我们如实反映个人的工作表现。

2)公司与个人的利益休戚相关

我们相信诚实正直地为公司业务发展做正确的事,将为公司和个人带来共同的成功。我们对共同成功的追求将我们紧密结合在一起。

我们鼓励员工股份制,提倡主人翁精神。

3)有策略地着眼于我们的工作

我们的业务运作基于明确并已取得共识的目标和策略。

我们只做,也只争取做促进业务的工作。

我们在任何可能的情况下简化和标准化现有的工作,提高工作效率。

4)创新是我们成功的基石

我们极为重视重大的、全新的消费品创新意念。

我们挑战陈规,开拓新的工作方法,从而在市场上赢得更大的成功。

我们与所有为实现公司宗旨做出贡献的各方,包括我们的客户、供应商、学校和政府,建立真诚友好的关系。

5)我们重视公司外部环境的变化和发展

我们力求最好地了解消费者及其需要。

我们创造和提供一流的产品和包装,倡导全新的消费观念,树立成功的品牌形象。

我们发展与客户、供应商之间紧密互惠的关系。

我们的公司是有良好素质的法人。

我们将可持续性融入我们的产品、包装和运营。

6)我们珍视个人的专长

我们相信不断完善自我并且发展他人是每一个员工的责任。

我们鼓励并且期望员工有出色的专业知识和精湛的工作技能。

7)我们力求做到最好

我们力求在公司所有的策略重点上都做到最好。

我们对照公司内外的最高标准来认真衡量我们的工作表现。

我们善于从过去的成功和失败中吸取经验教训。

8)互相依靠、互相支持的生活方式

我们的各个业务组织、部门、品类和区域之间相互信任,紧密合作。

我们对采用他人的建议及方法取得的成绩感到自豪。

3.15 福特汽车公司

福特汽车公司是世界最大的汽车企业之一。1903 年由亨利·福特创立于美国底特律市。现在的福特汽车公司是世界上超级跨国公司,总部设在美国密歇根州迪尔伯恩市。

1. 企业愿景

福特汽车(中国)有限公司致力于成为中国汽车工业的领导者。为消费者提供卓越的产品和服务,不断满足消费者日益增长的需求和愿望,并努力使所服务的社会变得更美好。

2. 企业使命

福特汽车公司在全球的行动必须对社会负责,并因其正直、诚信和对社会的积极贡献而受人尊重。

3. 企业价值观

在福特汽车,消费者永远是第一位的。"我们所做的一切努力旨在更好地服务消费者,带给利益相关人更多的回报,改善环境,为社会发展做出贡献。"

4. 企业目标

巩固与利益相关人之间的关系,其中包括但不仅限于员工、合作伙伴、媒体、消费者、社区和政府。

福特汽车在中国的社会参与活动,关注以下领域,按优先顺序分别是:环境、道路交通安全、教育和健康。

开展企业社会责任项目,从每个员工及管理层共同做起。

5. 策略

发展出一套清晰的商业原则,以使每个员工的行为都可契合福特汽车企业社会责任的价值。

鼓励交流、悉心听取外部的建议,与我们的利益相关人不断沟通,交流"企业社会责任"和可持续发展的理念。

设立更高的企业社会责任和可持续发展的目标;通过多种途径与利益相关人分享进步、互相学习和吸取经验。

3.16 现代汽车股份有限公司

现代汽车公司是韩国最大的汽车企业,世界 20 家最大汽车公司之一。创立于 1967 年,创始人郑周永。公司总部在韩国首尔,现任董事长郑周永,汽车年产量 100 万辆,主要产品有小马牌、超小马牌、斯拉塔牌小客车及载货车。目前现代汽车公司已发展成为现代集团,其经营范围由汽车扩展到建筑、造船和机械等领域。

1. 中长期愿景——人性化革新

1)全球化志向

在全球得到信任并成为永远受欢迎的世界一流汽车企业新雅尊。

2)对人的尊重

成为主导绿色环境技术的贡献于人类共同繁荣的企业。

3)感动客户

通过创造客户优先的价值来感动客户。

4)技术革新

为了实现以人类为中心的尖端技术而不断努力。

5)创造文化

尊重个人,创造以人为本的汽车文化。

2.经营目标

1)扩大新收益事业

支持对应后续的补充、开发收益性新事业。

2)技术支持

发挥法人支持窗口作用、支持当地信息服务、构筑中国技术中心体系。

3)提高知名度

支持开发适合当地的产品、提高环境亲和化的企业形象。

4)效率化经营

构筑最高经营层报告体系、支持共同业务的结合经营理念:以创意的挑战精神为基础,创造丰富多彩的汽车生活,尽力协调股东、客户、职员以及跟汽车产业有利害关系者。

3.17 杜邦公司

杜邦公司是美国大型化学公司。1802年由法国移民E.I.杜邦在美国特拉华州威尔明顿附近建立,以制造火药为主。20世纪开始转入产品和投资多样化,经营范围涉及军工、农业、化工、石油、煤炭、建筑、电子、食品、家具、纺织、冷冻和运输等20多个行业,在美国本土和世界近50个国家与地区设有200多个子公司和经营机构,生产石油化工、日用化学品、医药、涂料、农药以及各种聚合物等1 700个门类,20 000多个品种。1983年总营业额达353.78亿美元,居世界化学公司年销售额之首。

1.企业愿景

成为世界上最具活力的科学公司,致力于创造可持续的解决方案,让全球各地的人们生活得更美好、更安全和更健康。

2.公司的核心价值

安全与健康,保护环境;最高标准的职业操守;尊重他人与平等待人。

3.18 美国麦克森公司

麦克森(Mckesson)于1833年由美国人约翰·麦克森和查里斯·奥科特在纽约创办。开始是一家名叫奥科特麦克森商业公司的小药店,主要从事治疗药物和化学药物的进口和批发业务。如今麦克森已是北美第一大的医药批发商,总部设在旧金山,年收入达880亿美元,销售利润38.62亿美元,雇用员工25 000人,为全球半数以上的大医院(拥有超过200个床位)提供软硬件支持。

1.企业理念

传播健康,创造财富。

2.公司文化

始终站在客户和市场的角度来决定公司的经营思想和发展方向,依靠诚实经营,创新理念、技术进步和科学管理,让麦克森连销成为消费者耳熟能详的消费品牌。

3.营业信条

客户成功麦克森才能成功;

客户满意麦克森才能生存;

麦克森提供高质量的产品和高效率的服务;

麦克森需要盈利但不为盈利而放弃保证质量的原则和服务。

3.19 家乐福集团

家乐福集团成立于1959年，是大卖场业态的首创者，是欧洲第一大零售商，世界第二大国际化零售连锁集团。现拥有11 000多家营运零售单位，业务范围遍及世界30个国家和地区。集团以三种主要经营业态引领市场：大型超市、超市以及折扣店。此外，家乐福还在一些国家发展了便利店和会员制量贩店。

1. 企业使命

在我们的每一个市场中成为现代零售业的楷模，并给：

我们的顾客，在每一个国家，每一种业态，在最好的商品选择中提供最优的价格；

我们的员工提供一份有前景的工作和激励性的报酬，并以此使员工在相互信任的氛围中充分发挥自我能力，并提升自我；

我们的股东提供持续的投资回报，并保证我们多元化及全球化的成长前景；

我们的合作伙伴、特许经营店或分公司拥有领先的业态和品牌，专业的市场和销售的知识，采购能力和不断进步的技术；

我们的供应商提供市场、顾客信息及在平等与互惠的关系中为完善产品进行的合作；

全国性和当地社区作为有责任感的经济成员和企业公民，积极参与社区的活动。

2. 家乐福的价值观

承诺：我们勇于承诺，承担社会和公司赋予的责任。我们不断努力，通过创新和提供优质服务，满足并超越消费者和顾客的需求，让每个人每天都享受更优质的生活。

关爱：我们有爱心。我们关爱顾客和消费者，时时刻刻关注他们的需求，我们对顾客热情、亲切、细心。欢迎顾客光临并满足他们的需求。我们积极向上，我们用活力、热情和创新思维去迎接每一个挑战。

积极：我们让顾客和消费者的生活更加丰富多彩。为了他们，为了我们的员工和其他所有人，我们要做到最好，今天和永远。

3.20 比亚迪股份有限公司

比亚迪股份有限公司创立于1995年，2002年7月31日在香港主板发行上市，是一家拥有IT、汽车和新能源三大产业群的高新技术民营企业。目前，比亚迪在全国范围内，已在广东、北京、陕西、上海等地共建有九大生产基地，总面积将近700万平方米，并在美国、欧洲、日本、韩国、印度和中国的台湾、香港等地设有分公司或办事处，现员工总数已超过15万人。

1. 核心价值观

平等、务实、激情、创新。

比亚迪一直追求平等的核心价值观，倡导人人平等、人人参与的企业文化，保持公平、公正、公开的企业文化氛围。务实的精神是比亚迪人一直坚持的美德，少说多做，已经造就了一种习惯，始终被比亚迪人传承。比亚迪人是一群富有激情的人，在激情的带动下，比亚迪永不满足，追求完美，不断追求新的目标。比亚迪总是承载梦想前进；比亚迪总是能将一个个梦想变为现实，而这种追逐梦想并付诸实现的动力就是创新并掌握核心竞争力。

2. 发展理念

技术为王，创新为本。

3. 家文化

以厂为家、爱厂如家。

4. 品质文化

比亚迪崛起的脊梁。

4 战略选择模块案例

4.1～4.6 是公司层战略案例,4.7 是经营层战略案例,4.8 是职能层战略案例。

4.1 联想:借船出海——机会还是陷阱?①

案例说明:案例4.1是个组合案例,它以公司层战略为主,宏观环境分析、行业环境分析、内部环境分析为辅。

摘要:本案例主要描述了2004年联想集团并购IBM-PC业务这一事件,客观地反映了联想并购IBM-PC业务的背景、实施并购的过程、并购后联想面临的各种整合问题以及联想的做法。案例对并购后的效果及联想的后续发展做了进一步追踪。为企业提供一个海外并购样本的同时,也为海外并购的教学实践提供了很好的教学材料。

关键词:跨国并购,整合,战略

4.1.0 引言

"谁若是有一刹那的胆怯,也许就放走了幸运在这一刹那间对他伸出来的香饵",杂志上这句大仲马的格言让联想集团董事局主席柳传志顿时醒悟,IBM递过来的橄榄枝对联想来说也许是一个机会,况且联想早有走国际化道路的打算,虽说"借船出海"乃是兵行险招,但作为联想集团的舵手,丝毫的优柔寡断都将会使公司坐失良机,于是拨通了IBM公司代表的电话……在嘟嘟的铃声中柳传志心中也有一丝疑虑——借船出海,到底是机会还是陷阱呢?

4.1.1 箭在弦上——并购前的困惑

1. 联想集团的困惑

1984年,联想的创始人柳传志带领10名中国计算机科技人员创立了联想公司,最初的办公室就在北京一处传达室中,尽管条件艰苦,但他们坚信个人电脑(Personal Computer)必将改变人们的工作和生活,同时也带着将研发成果转化为产品的坚定决心,每个人都充满了创业的热情,公司命名为"联想"(英文名为Legend)。尽管发展中有波折,但联想始终顺风顺水,成为中国个人计算机市场的领军者。

到2000年,联想的个人计算机业务已经占到国内市场的30%。此时国内的个人计算机市场却遭遇了发展的瓶颈。国外厂商纷纷进入,虽然国内个人计算机市场容量增加,但随着竞争的加剧和个人计算机产业的成熟,售价也逐渐降低,两相夹击,使得个人计算机市场走势与售价走势形成了图4-23与图4-24的情形,个人计算机厂商的定价都大幅降低,联想当然未能幸免。

面对这一严峻的市场形势,要想实现突围,满足投资人的需求,使企业有持续增长的利润,柳传志认为,联想必须要走新的道路。他认为新的道路无非就是两条,一条是在国内市

① 该案例为全国MBA教育指导委员会第二届"百篇优秀管理案例"评选获奖案例。

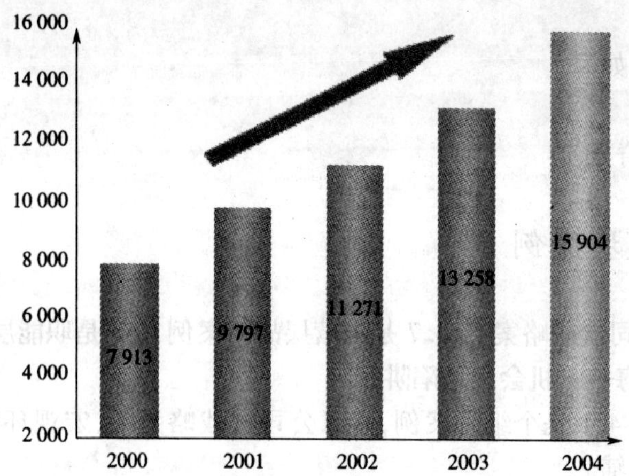

图 4-23 中国 PC 市场 2000—2004 年规模增长趋势

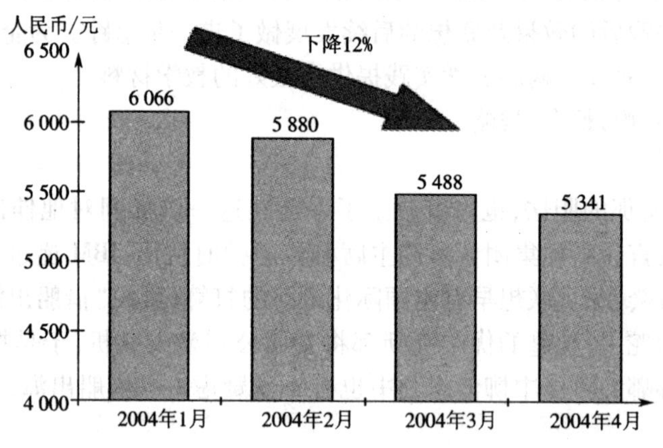

图 4-24 2004 年中国市场 PC 平均单价走势

场走多元化道路，另一条是专注向海外发展，走国际化道路。2003 年，联想曾召开了为期一个月的战略研讨会，对前三年的战略进行了总结，决定把多元化的业务调整为专注 PC 业务，并且向国际化发展。国际化谈何容易，对联想来说还有很多限制因素，柳传志认为，主要有两缺，一个是缺品牌，另一个是缺少国际化的人才，而解决这两个缺陷又有两条路可走，一是通过自身积累，二是走跨国并购的道路，前者必然要花费很多时间，而后者又需要冒很大风险。

就在这举棋不定的当口，2003 年末，几位特殊的客人来到联想集团，他们是 IBM 公司的高层代表，受公司委托来洽谈合作事宜，准备向联想出让 IBM-PC 业务。消息迅速蔓延，在联想集团整个高层掀起了一场轩然大波。以柳传志为代表的联想管理层决定抓住这次机会，借船出海，走国际化道路。事情并没有那么顺利，在联想控股集团董事会这一决定遭到股东们的一致反对，反对的理由不言而喻——风险过大，难度过大，还有人对 IBM 出售个人计算机业务的本意有所质疑，认为可能是陷阱。由此，还是这一问，借船出海，对联想来说究竟是机会还是陷阱，这船到底借还是不借？

2. IBM 公司的困惑

IBM 是"国际商业机器公司"的英文简称,1911 年创立于美国,是在全球范围内提供信息技术和业务解决方案的公司,曾被列为美国四大工业公司之一,享有"蓝色巨人"的美誉。IBM 公司创立之初主要业务为商用打字机,然后转为文字处理机,最后才转到计算机和软件相关服务业务。自 1993 年起,IBM 连续 17 年出现在全美专利注册排行榜的榜首位置,目前仍保持着拥有全世界最多专利的地位。

IBM 公司的业务可分为全球服务、硬件、软件、全球融资和企业投资五大部分,在世界上一直是计算机产业的领导者,在大型、小型和便携机(ThinkPad)方面取得了举世瞩目的成就。由 IBM 公司创立的个人计算机(PC)标准,至今仍不断被沿用和发展。另外,在软件服务、大型机、超级计算机、UNIX、服务器方面在业界也处于领先低位。

在联想面对严峻的国内市场形势的同时,IBM 同样面临危机和挑战,2003 年年末,全球计算机需求量出现下滑,经济萧条导致企业开支缩减,IBM 增长率开始下降。服务业务收入和占比在 1994—2004 年间呈上升趋势,软件业务占总收入的比例维持在 15% ~18% 之间,且利润贡献率达 33%,但 PC 业务开始拖累 IBM 的整体业绩,PC 业务 2001—2004 年上半年期间累计亏损达到 9.65 亿美元。

从公司整体战略的角度考虑,IBM 的市场战略已经与个人计算机业务之间的距离越来越远。公司高层认为 IBM 要全力争夺的是 IT 服务以及服务器等高技术含量、高利润和高附加值的领域,而并非相对较为低端的个人计算机市场。于是,IBM 决定放弃个人计算机业务,联想即成为其出让的目标之一。

4.1.2 生米煮成熟饭——并购后的哗然

1. 并购事宜的筹划

从 2003 年 12 月起,联想开始着手对该项收购进行尽职调查,聘请麦肯锡为顾问全面评估并购的可行性。2004 年春节过后,联想又聘请高盛作为财务顾问,开始了与 IBM 长达一年的艰苦谈判。

双方为交易能够顺利通过美国政府的审查做了充分的准备。IBM 曾邀请包括前国家安全顾问在内的政要出面游说政府部门。联想方面积极配合美国政府部门调查,并做出让步,包括不寻求获得 IBM 美国政府客户的名单等,审查最终于 2005 年 3 月 9 日才得以通过。

2. 并购过程与交易结构

联想集团以 12.5 亿美元收购 IBM 全球 PC 业务,成为新联想。收购的代价包括 6.5 亿美元的现金、6 亿美元联想集团股票,此外,还要承担 IBM-PC 的 5 亿美元债务。6 亿美元的股票包括以发行价每股 2.675 港元向其发行最多 821 234 569 股(占比 8.9%)的新股份和 921 636 459 股(占比 10%)无投票权股份,合计百分比为 18.9%。采用现金、股票混合支付方式是并购双方均结合公司的发展战略做出的精心安排,既综合享有两种支付方式各自的优点,又有利于合作双方在未来的合作中共享利益。部分以股票支付主要考虑两个因素,一方面是联想不愿动用太多的现金,以免降低资产流动性,影响其偿债能力,联想必须保障并购后新集团的正常运转;另一方面 IBM 也有意持有联想的股票,不但能够共同分享利润,而且仍然可以维持其在个人计算机业务的影响力,这也是基于其销售策略的长远考虑。

在品牌管理方面,双方签订协议,规定品牌管理为期 5 年,共分成三个阶段。2004 年 12 月至 2006 年 5 月,联想在合作中只能使用 IBM 原品牌以及旗下的 ThinkPad 系列品牌,IBM

将继续销售贴有这一品牌的电脑。2006 年 5 月至 2008 年 3 月，IBM 与联想合作开发新的品牌，2008 年 4 月至 2009 年 12 月，联想的品牌 Lenovo 将成为双方合作中的主要品牌，IBM 将以标签的形式注明其在品牌中的贡献。

在业务整合方面，协议规定 IBM 的全球个人计算机业务全部交给联想管理，IBM 向联想提供范围广泛的 3 年期过渡服务，并向联想提供策略性融资和资产处置的 5 年服务和 5 年期市场支持服务，此外，联想委托 IBM 进行 5 年期维修服务和质量保证服务，并且联想在 5 年内可以向 IBM 出售作为内部使用的个人计算机。

交易后双方的股份分置状况如图 4-25 所示。

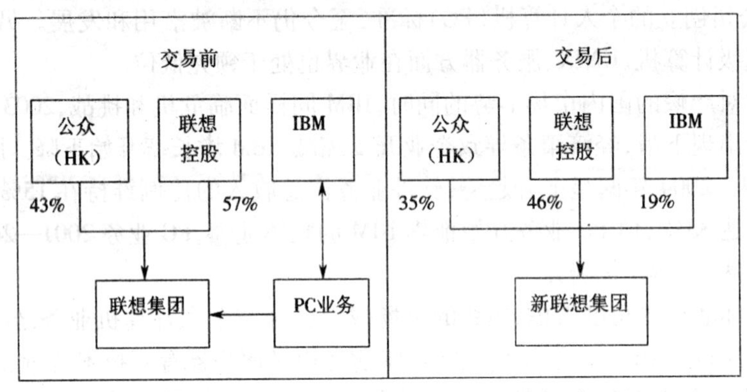

图 4-25 联想和 IBM 的股份分置状况

3. *新联想初诞——质疑声四起*

2004 年 12 月 8 日，作为中国电脑制造巨头，联想集团在北京宣布以总价 12.5 亿美元收购 IBM 公司的全球个人电脑业务，包括台式机业务和笔记本电脑业务。整个交易将在 2005 年第二季度末之前完成，收购后 IBM 的全球个人电脑业务将使联想集团的业务规模从 30 亿美元扩大到 120 亿美元，全球市场占有率从 2% 上升到 8% 左右，而 IBM 公司将拥有联想 18.9% 的股份，与此同时，联想将成为仅次于戴尔与惠普的全球第三大电脑厂商。

在全球 PC 市场瞬息万变的情况下，联想收购案霎时间震惊了业界，质疑之声迭起。有人认为对于年收入 30 亿美元，市场价值也同样只有 30 亿美元的联想，并购了年业务量高达 110 亿美元的 IBM 个人电脑部，无疑是蛇吞象，恐怕联想无法消化得了。有些专家学者批评联想为“急躁的联想”“不成熟的联想”。更有人用“豪赌”一词来形容这一蛇吞象式的并购。

没有人不为联想捏一把汗，质疑之声也并非空穴来风，因为按照以往的经验，全世界并购成功率仅有 25%，超级并购鲜有成功案例，包括曾经轰动一时的惠普收购康柏，双方还是在盈利的情况下都没能成功，一方面临亏损，一方面临严峻市场环境，并且跨越不同地域和不同文化、以小吞大的并购案无疑也是失败的。

事实上，并购后一段时期内业绩的大幅下滑，恰好给那些质疑者留下了口实。2004 年 12 月 8 日到 2005 年 1 月 31 日，不到两个月时间，联想股价跌幅累计达到 21.5%，相比国内个人计算机行业竞争对手方正（跌幅 12.11%），联想表现明显逊色很多。而与恒生指数 2.14% 的跌幅相比，联想明显弱于大市的表现。财务表现也令人大跌眼镜，截至 2005 年底的前三季度，联想营业额高达 791.73 亿元，全体股东分得的净利润较上年同期 9.54 亿元，增长 12.8%，每股基本盈利及每股摊薄盈利较上年同期分别下降 4.5% 和 5.1%；并购后第 4 季度每股基本盈利较第 1 季度下降了 352.42%，净资产收益率下降了 316.38%。一时间，联想集团的前景笼罩了一层薄雾，不甚明了。直到 2006 年初业绩才有所缓和，这与并购后对资源的整合不无关系。

4.1.3 力排众议——联想淡定整合

1. 拍板并购——柳传志舌战众股东

既然生米已煮成熟饭，联想"借船出海"的计划最终还是化为了行动。想起当初拍板，决定并购 IBM-PC 业务的情形，联想董事局主席柳传志仍然记忆犹新。

在与 IBM 谈判代表洽谈之后，柳传志带着并购材料在联想控股召开了董事会，并购一事遭到了股东们的一致反对。然而，真理往往掌握在少数人手里，或者说掌握在那些具有高瞻远瞩目光的智者手中。股东们提出了各种疑虑，看似并购困难重重，竟都被柳传志一一化解。

首先，股东们提出，IBM 为何要出售其个人计算机业务，这其中有没有陷阱。柳传志认为，IBM 出售其个人计算机业务是可以理解的，因为 IBM 进行多目标市场管理以来，所制定的方针就是以软件和服务业务为主，在个人计算机业务面临亏损的情形下将其出让是合情合理的，事实上 IBM 已相继出让了机械制造、大容量磁盘和专用打印机等硬件业务，结果是双赢的，此次出卖个人计算机业务是整个战略的一个环节，而并非恶意设置的圈套。

股东们提出的第二个疑虑是，IBM 的个人计算机业务在 IBM 手中是亏损的，如果我们联想收购其个人计算机业务，为什么就能保证盈利呢？柳传志同样做出了精彩的回答。他提出了几个强有力的证据能够保证获利，首先在联想看来，IBM-PC 品牌的电脑毛利率相当高，达到了 24%，而联想的毛利率仅有 14% 就在国内同行业中遥遥领先，为什么 IBM 握有这么高的毛利率仍然亏损呢，原因在于它的成本和费用过高，而联想拥有较强的控制成本能力，如果能结合到一起，就是一种优势互补。IBM 的成本费用来自于哪里呢，第一是内部体系性费用过高，IBM 将整个公司的管理费用分摊到各个事业部中，个人计算机业务的营业额占总营业额的九分之一，其毛利率要比其他业务（50% ~60%）低得多，因此个人计算机业务难以承担如此高的分担费用，而在联想中，这一问题是不存在的。第二是管理费用过高，由于 IBM 战略重点放在软件与服务业务，因此一直秉承高投入高产出的经营理念，在个人计算机业务中同样的管理费用就对其造成较大压力，如 IBM 组装一台电脑成本为 24 美元，而联想仅需要 4 美元，其成本差异可见一斑，此外，每年还要上交总部 2 亿美元的信息管理费用，而联想也不存在这一问题。第三方面是两家公司在采购优势上可以进行互补，IBM 年销量约 1 000 万台，有其自身的采购优势，如芯片和硬盘采购等。联想年销量约 400 万台，采购显示器有其优势，并购后采购优势互补，并且进一步提高，有产生一部分利润空间。

还有一点是 IBM 设立个人计算机业务的初衷是仅将其作为推出软件与服务业务的一块敲门砖，因此对其个人计算机业务是有限制的，如仅推销给大客户，不面向消费类客户，而如果进入联想，IBM-PC 业务将被扩展到消费类客户。从以上几点看来，联想并购 IBM 是可圈可点的，这的确应该称为一次机遇。

2. 尘埃未落——整合风波又起

局面似乎暂时在控制之中，然而，对于联想的并购案，外界质疑之声尚未平息。形式上的收购并不代表成功，不稳定性依然存在。人们认为并购后风险表现在三个方面。

首先是人员流失的风险,曾经为IBM工作的员工是否愿意为新联想工作?如果没有合适的理由,没人敢保证他们不跳槽。原IBM-PC事业部的人员大都是技术研发人员,如果联想损失了这些宝贵的人才,并购效益可谓大打折扣。然而,事实证明这一风险被联想巧妙化解了,有两个重要原因切中了要害,使得联想深得民心。一是新联想的工作环境和公司愿景更加符合原IBM-PC事业部员工的需求,原IBM-PC事业部是作为主业的支持部门设立的,因此员工是受排挤的,不能充分发挥其才能,而新联想给了他们更大的发展空间。在一次座谈会上,一位高级技术专家曾向柳传志坦言,他以前在IBM工作主要是为了生活,而现在在新联想工作,是为了赢,为了实现自己的价值。由此说明,员工很看重个人能力的发展空间。因此,讲清这一点,尽管有些高层持观望态度,但没有人离开。联想第二个深入民心的做法是将员工持有的IBM股份与期权转化为新联想的股票和期权,利益上并无变动。在精神与物质上的双重保障下,新联想的军心也稳定下来。

其次就是市场流失风险。昔日的IBM品牌变成了新联想的Lenovo品牌,是否能被老客户认同,新联想的市场能否稳定,这是并购后的又一考验。几年后的今天回头再看,这一考验也是虚惊一场。为了解决这问题,联想先后做了四方面工作。第一,谈判协议约定联想有权在五年内用IBM品牌生产销售,同时ThinkPad品牌归联想所有。第二,业务人员不变,包括对客户与供应商接触的采购人员都不予变更。因此,在品牌与人员不变情况下,保证了客户的稳定。第三,将总部转移到纽约,树立了联想的国际化形象。第四,与IBM共同派出2 500名销售人员到大客户处做安抚工作。尽管并购之初,在亚洲市场有所波动,但欧美市场比较稳定,并且在美国还新增了政府与军方的订单。

最后是普遍被认为最难整合的部分,即业务整合与文化整合。柳传志认为,尽管这一项最难,但联想在这一块儿做得最好,最重要的一点是先天存在的,即联想与IBM的工作语言相通,彼此做的工作与业务内容都是相互了解的,业务水平也在同一层次上。“如果没有这一点,我想后面的文化整合也无从谈起了,”柳传志语重心长地说道,“因为双方如果不了解彼此做什么,就很难磨合与管理了。”第二方面,联想与IBM的合并是优势完全互补的合并,IBM的业务是分布在全球的,而联想主要业务在国内,并且面向的市场有所不同,联想面对中小企业与普通消费人群,而IBM则面对高端市场,因此并购人员也不存在冲突,而惠普与康柏在整合时本身有业务冲突,整合难度较大,到了不得不裁员的地步。第三方面,为了达到文化整合的目标,在高层做了新的部署,比如聘杨元庆为联想的CEO,杨元庆在并购后第一天就向员工许下三个承诺,即坦诚、尊重和妥协。这一管理理念成功地避免了并购之初的文化冲突。柳传志认为,这一举措为联想争取了时间,不可否认,合并之初有很多不同习惯,而随着目标的统一与确定,达到目标后每个人都有利益分配的保证,那么业务与文化整合问题也都迎刃而解了。

剩下的就是并购后的渠道与供应链整合问题了,这仍然是需要长期磨合才能解决的问题。Think品牌有7家全国总代理,250家核心代理商和1 000家经销商,400家店面,Lenovo和Think业务整合后会形成中国市场上最强大的渠道体系,整合后的渠道总规模将达到10 000家,整合的难度可想而知。从渠道的气质来看,原联想渠道是激昂的、富有战斗精神的,联想国际渠道则是传统的保守的。新联想必须打造出一种更新的渠道气质,渠道的气质则决定于厂商,决定于企业文化。联想2006年初推出了自己的增值经销商(VAR)招募计划,联想的新渠道计划为那些原来只能在戴尔和惠普之间徘徊的经销商带来了新的选择。联想还借着 Partner World 大会的机会宣布了新的伙伴合作计划，推出了"联想合作伙伴网络"渠道工程。新计划把合作伙伴级别由原来的三层简化为两层，扁平化了销售渠道。很显然，联想把渠道建设当成了向世界"拷贝"中国成功模式的一个重要环节。

2006 年 3 月，联想公布了调整后的新型合作伙伴计划，计划在全球范围内增加5 000家零售商，这不仅要快速开拓关系型和交易型用户，也要使其成本结构更加贴近竞争激烈的全球市场。到 2008 年末，联想在外设行业内是唯一一家实现了 IT 渠道、OA 渠道、专业打印机渠道和谐发展的厂商。

对于联想来说供应链整合也至关重要，因为随着全球个人计算机采购需求量的增长，采购成本相应会进一步压低。个人计算机属于成熟的制造业，厂商的路数无非是快速推出新产品以提高毛利率，降低成本以提高净利率，而通过低成本采购、规模生产、低成本运输等途径，优化的供应链可以降低成本。为了支持多种业务模式，联想在优化供应链中采用了交易型客户和关系型客户的双模式，以兼顾大型客户和中型客户。即有两类生产线：一类是所谓的"大流水线"——把一台机器从头到尾装起来，适合规模化的生产，其效率最高也最稳定；另一类是单元式的生产线——让一个人从头到尾装一台机器，其优点是灵活，每台机器都有不一样的配置，适合小批量、多品种的生产。

3. 突遇危机——联想首当其冲

2008 年爆发了全球金融危机，个人计算机行业遭受重创，联想也出现巨额亏损近 2 亿美元，出货量增长 8.7%，达到 2 186.9 万台，比 10.9% 的市场平均速度慢一些，全球市场占有率也由 7.4% 下跌至 7.2%，列于戴尔、惠普和宏碁之后。这给刚刚喘息过来的联想又蒙上了一层阴影。此外，为节约成本应对危机，联想集团还宣布了全球范围裁员 2 500 人，并对集团架构进行重组，就在此时，柳传志临危受命重出江湖，再次引起海内外震动。

柳传志认为，金融危机并非联想 2008 年巨额亏损的原因，业务完全依赖中国本土、不重视海外市场才是根本问题。没有金融危机，联想也会出问题。就是我们在并购了 IBM-PC 以后，IBM-PC 在海外主要都是大的商业客户，而这几年在电脑市场上明显的趋势是消费类客户的增长大于商业客户的增长，但是我们没有在战略方面采取措施。还有就是并购以后，联想的业务重点还是放在中国。所以金融危机到来的时候，中国个人计算机市场发生了疲软，我们就立刻出现了崩溃性的亏损。

4.1.4 痛定思痛——联想重塑辉煌

经历了并购这样大的风波，各种危机对于联想来说似乎已经习以为常。对于 2008 年的金融危机，联想管理层进行适当调整后，思路由窄变宽，不仅拓展了新兴市场与海外市场，对未来规划也做了更加理性的布局。

2009 年初，联想采取了"保卫 + 进攻"的双拳战略（如图 4-26 所示）一举获得了成功。在保卫国内市场的领导地位方面，联想加强了个人计算机业务的领先优势，创造性地把中国市场划分为成熟市场和新兴市场。在非个人计算机业务方面也积极扩展到移动互联网领域，与中国联通合作发布新型智能手机产品，同时乐 Phone 的销售渠道在全国也超过了 5 000 家。

关于进攻新兴市场，联想努力在关键市场赢得稳固的市场地位，把印度、俄罗斯、土耳其、波兰等国家定义为关键市场，并决心在关键市场 1 ~ 2 年内实现两位数的市场份额。与此同时，加强了业务模式、创新和文化的竞争力。

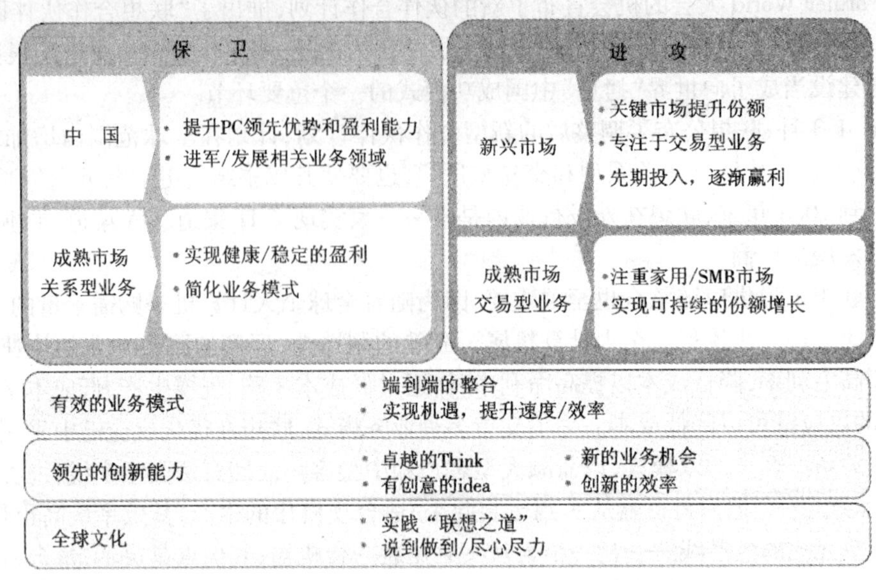

图 4-26　联想的“保卫 + 进攻”双拳战略

有效的战略，果断的行动和并购后对资源的整合使得联想的业绩实现了彻底扭转。全球市场份额同比提升了 1.2 个百分点，达 8.8% 的历史新高，税前利润达到 1.76 亿美元，费用率降低 2.1 个百分点，达到 9.6%。截至 2011 年 2 月，联想个人计算机业务全球市场占有率已达到 10.2%，连续 3 个季度全球市场份额保持两位数。具体如图 4-27 所示。

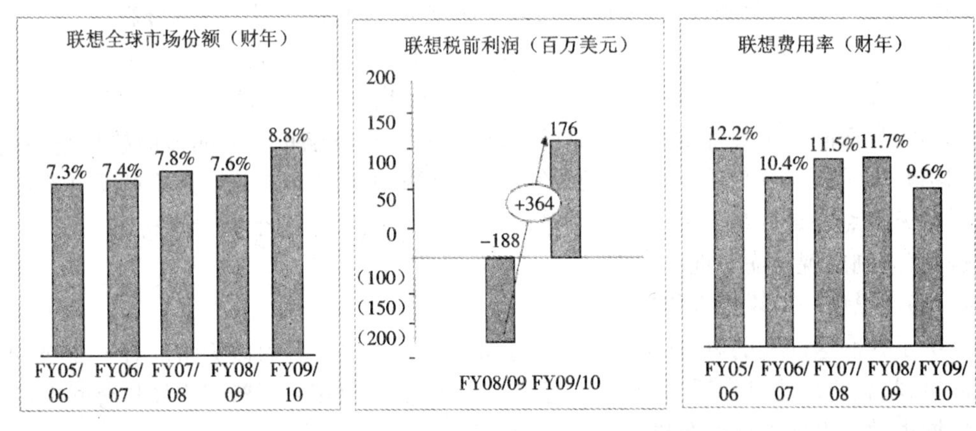

图 4-27　联想实施新战略的业绩表现

4.1.5　借船出海——联想收获颇丰

并购 IBM-PC 业务后联想在实践中交上的答卷也许早已打消了柳传志当初的顾虑——借船出海真的是联想走国际化道路千载难逢的机会。至少，在 2006 年 9 月一封给联想员工的公开信中，柳传志断言：“危险的时期已经过去了。”接下来要做的就是“收网捕鱼”，可以说联想收获颇丰，2009 年 7 月 6 日，柳传志在全球智库峰会“跨国公司在金融危机中的合作与责任”分论坛上发言：“联想并购 IBM-PC 业务的国际化道路上，共买到了三样东西，第一个就是品牌，我们成功买了 ThinkPad 电脑牌子，在谈判的时候，要求这个牌子永远归我们所有。这个品牌本身是IBM花了十几亿美元培养了十几年形成的。品牌的重要性在我们没有并购以前,真的不知道这么厉害。第二是买回了技术,ThinkPad和联想的技术,就像中国跟西方没有沟通以前,也许某些地方一点就破。买回技术后,对我们还是很有帮助的。第三是国际化的管理经验,国际化的董事会跟管理层应该怎么相处,让我们都学习到了丰富的经验。"

2010年3月8日,杨元庆在"中国企业家论坛"上发言,"联想并购IBM-PC业务5年多,我们依然不能对它成功失败做出定论,也许由我做出评价也不合适,因为我是交易的始作俑者,坚定地拥护者和执行者。相信各位都想听听我这个执行者的感受和体会,我想说,如果再给我一次机会,联想依然选择并购。"杨元庆的语气十分坚定,"如果当初没有实施并购,很难想象联想会在短短5年多由30亿美元成长为150亿美元的公司,进而基于这个规模来获得几亿美元的利益。"

4.1.6 小结

在波诡云谲的个人计算机市场上,可以说联想达到了借船出海的目标,然而并购后的联想并没有立即扩展海外市场,重在求稳,却在国内市场开始打转。2011年4月13日,柳传志在2011"全球广告主周"大会上发表主题演讲称:"联想在并购后面临很多阻力,包括中西文化融合与金融危机的冲击,但都不是关键,阻力背后的更深层原因来自于管理层的'短见',没能把握住公司的发展方向。"

联想能否在国际市场真正拿下自己的一片天地,尚没有人能做出定论,也许只有时间才能真正考验出来,我们都将拭目以待……

[**启发思考题**]

1. 联想并购IBM全球个人计算机业务的动因是什么?
2. 促使联想最终做出决策并购IBM-PC业务的关键要素有哪些?
3. 联想并购IBM-PC业务后整合的难点是什么?
4. 联想并购IBM全球个人计算机业务整合资源采取了怎样的策略?
5. 联想并购IBM全球个人计算机业务对我国企业海外并购有怎样的启示?

[相关附录]

附录1 联想公司的发展史

1. 1989—1993年创业阶段

1984年联想的创始人柳传志带领10名中国计算机科技人员前瞻性地认识到了个人计算机必将改变人们的工作和生活。以中国科学院计算机研究所的20万元人民币作为启动资金并带着将研发成果转化为成功产品的坚定决心,在北京一处传达室中开始创业,公司命名为"联想"(英文名为Legend)。

1987年联想成功推出联想式汉卡。

1988年联想式汉卡荣获国家科技进步奖一等奖,同时在香港成立"香港联想科技有限公司"并实现了1.2亿港元的营业额。

1989年正式命名为"联想集团公司"拥有北京联想和香港联想,6月份在深圳成立深圳联想公司,建成低成本的生产基地,从此开始批量生产和出口主板。

1990 年分别在美国洛杉矶和法国德斯多夫设立分公司，开始跨国经营，首台联想微机投放市场。联想由一个进口电脑产品代理商转变成为拥有自己品牌的电脑产品生产商和销售商。联想系列个人计算机通过了鉴定和国家“火炬计划”的验收。

1992 年初在美国硅谷设立实验室，以便及时获取电脑最新技术情况与信息，并在国内推出家用电脑概念，联想 1 +1 家用电脑投入国内市场。

1993 年国际个人计算机巨头纷纷抢滩中国市场，大批国内电脑生产厂商处境艰难。IBM 个人电脑部成立。

2. 1994—2003 年的个人计算机阶段

1994 年 2 月联想在香港挂牌上市。标志着公司已经正式成为一个集研究、生产和销售于一身的大型企业。开始以市场为导向，改变管理体制，精简人员，改直销为分销，一举扭转了联想的颓势。

1995 年联想推出第一台联想服务器。

1996 年联想首次位居国内市场占有率首位，联想笔记本电脑问世。

1997 年北京联想和香港联想合并为中国联想，柳传志任董事局主席兼总经理，同年以 10% 的市场占有率居国内市场首位，联想与微软签订知识产权协议，联想 MFC 激光一体机问世。

1998 年第一百万台联想电脑诞生。英特尔总裁安迪 · 格鲁夫出席典礼，并将这台电脑收为英特尔博物馆的馆藏。第一间联想专卖店在北京落成，自此联想开始建立起其庞大的专卖店体系。联想推出幸福之家软件，并预置于每台联想家用电脑上，使得联想的市场占有率进一步提升到 14. 4% 。

1999 年联想成为亚太市场顶级电脑商，在全国电子百强中名列第一。联想发布具有“一键上网”功能的互联网电脑。IBM 个人电脑事业部宣布推出零售业务。

2000 年联想集团分为“联想电脑”和“神州数码”由联想集团控股公司作为母公司。同年，联想股价急剧上涨，联想集团有限公司进入香港恒生指数成分股，成为香港旗舰型的高科技股，联想跻身全球十强最佳管理电脑厂商，被世界多个投资者关系杂志评为“中国最佳公司”。

2001 年杨元庆出任联想总裁兼 CEO。联想首次推出具有丰富数码应用的个人电脑产品。

2002 年联想举办首次联想技术创新大会（Legend World 2002），联想推出“关联应用”技术战略。联想成立手机业务合资企业，宣布进军手机业务领域。从 1996 年以来连续六年位居国内市场销量第一，并连续 9 个季度获得亚太市场（除日本外）第一；第二季度台式电脑销量首次进入全球前五名，其中消费电脑世界排名第三。

2003 年联想宣布使用新标识“Lenovo”为进军海外市场做准备，基于“关联应用”技术理念，在信息产业部的领导下，联想携手众多中国著名公司成立 IGRS 工作组，以推动制定产业相关标准。

3. 2004 年开始的全球化阶段

2004 年联想成为国际奥委会全球合作伙伴的第一家中国企业，为 2006 年都灵冬季奥运会和 2008 年北京奥运会独家提供台式电脑、笔记本、服务器、打印机等技术设备以及资金和技术上的支持。联想推出为乡镇家庭用户设计的圆梦系列电脑以发展中国乡镇市场。联想和 IBM 宣布达成协议，联想将收购 IBM 全球个人电脑业务，新联想将成为全球个人电脑行业的第三大供应商。IBM 个人电脑事业部发售包括台式电脑和笔记本电脑在内的第一亿台个人电脑。

2005 年杨元庆接替柳传志担任联想集团董事局主席，柳传志担任非执行董事，前 IBM 高级副总裁兼 IBM 个人系统事业部总经理斯蒂芬・沃德(Stephen Ward)出任新联想 CEO 及董事会董事。

2006 年 1 月联想深腾 6800 超级计算机获得 2005 年度国家科学技术进步二等奖，再次体现了联想在高性能计算领域的明显技术优势。2 月都灵冬奥会开幕，联想为都灵冬奥会提供了 5 000 台台式电脑、近 600 台笔记本、近 400 台服务器、600 台桌面打印机以及技术支持，并派出了 100 多人的联想工程师服务团队，以零故障的优异表现，成功支持都灵冬奥会，得到国际奥委会的高度评价。联想第一次在海外大规模发布 Lenovo 品牌的个人计算机产品，标志着联想在全球范围内打造 Lenovo 国际品牌的行动迈入新的阶段。3 月联想以全票通过正式加入国际可信计算标准组 TCG(Trusted Computing Group)，成为 TCG 组织核心成员(TCG Promoter)。TCG 可信计算技术代表未来 IT 技术发展趋势，成为核心成员就能对未来 IT 产业产生影响力。8 月联想推出了两款面向中国大客户市场的商用台式电脑新品——新开天、新启天，联想新开天正式成为首款支持 2008 年北京奥运会的台式电脑。在本次发布会上，联想集团和北京奥组委举行了隆重的“首款奥运机型”赠机仪式，将首台新开天电脑赠送给北京奥组委。10 月联想与 NBA(美国职业篮球协会)宣布结成长期的全球性市场合作伙伴关系，并同时启动投资上亿的联想扬天“明日巨星计划”。12 月联想宣布从即日起在中国大陆地区实施电脑免费回收服务，提供免费回收服务的电脑产品包括 Lenovo 品牌的笔记本电脑、台式电脑、服务器、ThinkPad 笔记本电脑及 Think Centre 台式电脑。

2007 年 2 月联想签约成为 AT&T 威廉姆斯车队顶级赞助商，联想个人计算机技术全面支持整个车队从赛车点火到比赛再到库存管理的全部系统。与此同时，联想标识出现在威廉姆斯赛车以及全球各站赛场的显著位置。4 月北京奥组委和国际奥委会联合宣布联想集团成为北京 2008 奥运会火炬接力全球合作伙伴。同时，由联想设计的北京奥运会火炬“祥云”方案，历经北京奥组委三轮遴选，在全球 388 个竞标方案中脱颖而出。联想成为奥林匹克运动历史上第一家源自中国的奥运会火炬接力合作伙伴。8 月联想发布“新农村战略”，在未来三年把信息科技产品带进中国 10 万个行政村，影响和带动 30 万个行政村，让 300 万以上的农户能够用得起，用得好信息产品。

2008 年 1 月联想集团宣布首次在全球推出 ideapad 笔记本和 Idea Centre 台式电脑系列产品，并宣布进军全球消费 PC 市场。3 月联想在北京发布了 13 英寸全功能超轻薄的笔记本 ThinkPad X300，作为全球同类产品中最轻盈，功能最齐全的产品，联想在 ThinkPad X300 上集成了数十项业界最先进的技术，其最薄之处仅为 18.6 毫米，最轻重量仅为 1.33 千克。英国《金融时报》在北京发布了“第二届‘FT 中国十大世界级品牌’调查结果”，联想荣登榜首，国际化成果再次获得外界高度评价。5 月联想为地震灾区捐款 1 000 万元，600 余名员工自发献血，全球员工自发捐款 500 万元。

2009 年 2 月联想集团董事会宣布调整公司管理层，以加强公司实现长期全球战略的能力。柳传志重新担任公司董事局主席，杨元庆重新担任首席执行官。2009 年 9 月联想公司发布了 Windows & Reg;7 联想“EE”认证。“EE” 认证是联想与微软之间在技术设计和产品研发方面密切合作的成果，旨在为用户打造集软硬件于一体的技术应用优化平台。11月联想向由弘毅投资为首的一些投资者收购联想移动通信技术有限公司（简称“联想移动”）的所有权益。此次收购标志着联想将全面进军高速增长的中国移动互联网市场。

2010年1月联想在美国拉斯维加斯正式发布移动互联网战略，并推出其第一代移动互联网终端产品：智能本 Skylight、智能手机乐 Phone 和全新创意的双模笔记本电脑 ideapad U1。其中联想 ideapad U1 双模笔记本电脑荣获 CNET 颁发的电脑和硬件类“CES 最佳产品奖”。4月联想在北京举行了移动互联战略暨新品发布会，宣布在中国正式启动移动互联战略，并推出乐 Phone、Skylight、ideapad U160 等移动互联终端。5月联想集团和中国联通在北京举行主题为“精彩在沃，乐自由我”的战略合作暨乐 Phone 上市启动仪式。9月28日，中国电信与联想集团在北京联合举办了主题为“‘翼’起3G，乐自由我”的战略合作暨新一代天翼乐 Phone 上市启动仪式。11月联想集团以“移动互联”“一体台式机”和“云计算”三大主题产品和技术，亮相第十二届高新技术成果交易会。

附录2　背景信息

目前，联想的总部设在纽约的 Purchase，并在日本大和，中国北京、上海、深圳及美国北卡罗莱纳州的罗利设有主要研发中心。通过联想自己的销售机构、联想业务合作伙伴以及与 IBM 的联盟，新联想的销售网络遍及全世界，市场份额达到全球10%左右。

截至2011年2月全球员工人数为25 842名；普通股总数10 025 343 897股，市值为633亿港元（约81亿美元）；其中公众持股占56.99%，联想控股持股42.27%，董事持股0.74%。主要的运营中心在北京、巴黎、罗利和新加坡，主要的研发中心在日本大和，中国北京、上海、深圳及美国北卡罗莱纳州罗利，生产基地和组装设施主要分布在中国的北京、上海、惠阳及深圳，印度的庞帝其利（Pondicherry），墨西哥的蒙特雷（Monterrey），美国的格林斯博罗（Greensboro）。

此外，联想在全球采用合同制造和 OEM 制造，设立约3 200名销售代表，还拥有覆盖全球的渠道伙伴和网络全球电话呼叫中心，在世界各地以超过25种语言提供产品支援服务，拥有助力全球服务供应链，在18个服务交付中心共有超过2 500名技术支持人员，约有25 000个现场技术员每月同步提供上百万次的实时服务，并同时专注于提升客户服务体验和降低成本。

4.2　吉利收购沃尔沃——高攀的跨国姻缘

案例说明：案例4.1.2是个组合模块案例，它以公司层战略模块为主，以宏观环境分析、行业环境分析和内部环境分析为辅。

摘要：本案例从吉利总经理安聪慧的角度直视引起业内巨大地震的吉利收购沃尔沃事件。文中讲述了吉利控股公司并购沃尔沃的背景、实施收购的过程以及吉利在成功收购沃尔沃之后面临的整合问题。同时本案例也对并购成功至今一段时间内吉利的运营状况做了进一步阐述，为企业提供一个海外并购的成功样本的同时，也为海外并购的教学实践提供了充实的教学素材。

关键词：海外并购，企业整合，战略管理

4.2.0　引言

2011年3月27日，瑞典哥德堡，Hotel Riverton 正对泰晤士河的一个房间中，吉利总经理安聪慧静静地坐着，面前堆积成山的文件告诉了人们这个男人肩膀上压着多么沉重的担

子,而他轻轻翘起的嘴角却显示着内心的愉悦,刚冲的绿茶云雾氤氲,往事一幕幕浮现安聪慧的眼前。

4.2.1 全球产业重组,机会来临

1. 吉利垂涎已久,六年等待终结果

应该是2008年吧,当时是年终,公司每年最繁忙的时候,每个人都显得那么匆忙,财务人事等等各种繁杂的事情一时间出现在了人们面前,让人措手不及。福特公开出售沃尔沃的消息就赶在这么个时候来添乱了,最起码很多职员都是这么想的,这意味着今年的春节又要加班了。

依然记得李书福当时很激动,召集我们开会的时候声音大了许多,神采飞扬的眼神告诉了在场的所有同事他对收购沃尔沃的势在必得,也难怪,李总2002年就预测福特会出问题,一直就想吃下沃尔沃这块肥肉,不过当时公司发展刚刚踏上正轨,每个人都只当笑话听听,都没想到收购的契机来得这么快,这么突然。

李总一直对汽车情有独钟,吉利从刚开始做摩托车,到自力更生做出自己的汽车,从低端廉价的经济型轿车到各项测试标准都达到国际标准水平的主流轿车,一路风风雨雨,在最艰难的时候李总也没有放弃过做"造老百姓买得起的好车"的梦想。吉利一步步地走到了今天,成为了名副其实的"中国第一"民营汽车品牌,李总也成为了中国汽车业内的风云人物。镜头前李总最多的话是"让吉利汽车走遍全世界"。如何让吉利成为世界品牌,成了李总不断思考的问题。

我们都知道,要将企业做大做强,一方面要自主研发,要在关键技术上不落人后,另一方面就是进行海外并购,借梯上树。加入WTO后,中国车企按照常规的企业成长方式迅速形成竞争力是不太现实的。在这种情况下,李总带着我们研究如何才能在较短的时间内提高技术、服务、品质和管理的附加值,最终形成竞争力,得出的结论就是:要走一条超常规的发展道路。我们通过自身的努力,有可能把产品的使用价值提高到世界先进水平,但是品牌要做到世界先进水平难度则非常大。因此,在国际上并购一个有影响力的汽车公司,以解决品牌瓶颈问题和技术瓶颈问题,是我们从2002年开始就一直所追求的道路。

2. 福特无奈放手,十年经营无起色

福特公司是在1999年收购的沃尔沃,当时的福特汽车被看作全球最具有盈利能力的公司,在1999年《财富》的全球车企排行榜中位居榜首。在当时汽车工业并购做强的浪潮下,福特接连收购了捷豹、阿斯顿马丁、路虎、林肯等豪车品牌。这一系列大手笔的收购与当时的福特掌舵人纳赛尔所坚持的战略也有着很深的关系。他走马上任时福特正值壮年,财大气粗,整个福特的主旋律就是扩张。纳赛尔考虑到自己设定的百万销量目标和沃尔沃在汽车安全领域所取得的成就,他顶着福特家族的压力在收购了多家品牌后又斥巨资将沃尔沃收入囊中。

但是事与愿违,沃尔沃并没有像纳赛尔所期望的那样给福特带来巨大的收益。在福特经营的10年时间里,在竞争对手积极开拓新兴市场的时候,沃尔沃却在经营战略上受到福特整体战略的主导和束缚,出现了市场推广和产品开发方向受限、市场布局与品牌定位冲突、成本结构居高不下、动力研发与平台共享矛盾等一系列问题。那段时间里,沃尔沃汽车销量不但没有上升,反而呈现下降趋势。2008年沃尔沃公司税前利润为-14.65亿美元,原因是汇兑损失、资产分离成本和裁员成本。

金融危机后,福特公司进行了大规模的战略调整,由战略扩张改为战略收缩,专注于其自有核心品牌,确定了“One Ford”即“一个福特”计划,加之沃尔沃公司连年亏损,出售沃尔沃公司成为了“一个福特”计划的重要内容。

4.2.2 双方正式谈判,硝烟弥漫

1. 团队低调出征,重临旧地多感慨

收到福特公司出售沃尔沃品牌的通知后,公司迅速组建了收购团队,由副总张芃和首席财务官尹大庆领衔与福特开始收购事宜的联系,当时回到哥德堡真有种物是人非的感觉,年初李总带着我们一些同事来这里的沃尔沃总部时,福特狮子大开口用60亿美金的入场价把我们逼了回去,首席财长勒克莱尔那趾高气扬的动作现在想起来都让人十分恼火,现在时过境迁,福特却主动请我们回来谈并购,真是意想不到。

虽然在2006年公司成功收购了英国最大的出租车制造企业锰铜公司,让自己的经济型轿车进入了欧洲,2009年又收购全球第二大自动变速器公司澳大利亚DSI公司,已经积累了一些海外收购的经验,但是这次收购的是沃尔沃轿车公司100%的股权,其中包括沃尔沃研发团队、生产基地、营销渠道、企业负债以及近2万名员工的安置问题,工程浩大,谈判的艰苦和漫长,堪比一场战役,在这个过程中,收购团体的同事们也感觉到了经验的缺乏。我们请老朋友洛希尔投资银行出面牵头,邀请全球顶尖的律师事务所富尔德、国际“四大”的会计师事务所德勤、著名汽车咨询公司罗兰贝格以及著名企业并购公关公司博然思维合作,组建了多达几百人的团队,对沃尔沃进行全面的评估,以尽可能快地击退竞争对手,以取得双方的互信并推动谈判的进程。

到了2009年的4月份,国内的兄弟企业纷纷入场,要分一杯羹。北汽、奇瑞和长安都表示出了很大的兴趣,不过奇瑞很快便退出了竞购,随后,北汽和长安也都没有了下一步动作,吉利公司成了收购的最大可能,慢慢地占据了谈判的主动,最起码桌子对面的洋佬不会再说爱要不要之类的话了。谈判向着我们所预期的方向缓慢地推进。转眼便到了当年的8月份,我们终于和福特达成了初步意向。团队里的同事们那一天都很高兴,而李总则在酒店中沉思半夜,我明白他的担忧,并购后裁员问题、市场布局问题、技术转让问题等等都是搁在谈判双方之间的需要攻克的壁垒,现在只是万里长征踏出了第一步,任务依然艰巨。之后的日子平淡如水,只有累积如山的资料如实地反映着谈判的旷日持久。

由于谈判保密协议的限制,公司一直保持低调的形象,一直到当年的10月28号福特宣布我们成为了首席竞购商,大家才舒了一口气。当天深夜,我睡得天昏地暗的时候被一阵敲门声弄醒,开门的时候看见的是兴奋的李总和一帮子睡眼惺忪的同事。“为了庆祝收购的阶段性胜利,来陪我打篮球。”李总如是说。后来的事我选择性忘记了,只记得第二天早上困顿欲死。

2. 谈判重归起点,四面楚歌临绝境

有句老话叫“好事多磨”,真是一点都没错,当我们以为前途一片光明的时候,突然发生了好多事,让我们措手不及,狼狈不堪。

先是沃尔沃工会对我们收购后人事安排、福利待遇等方面提出质疑,西方国家对现代中国一直怀有偏见,最起码很多西方人是这样,我们正式上交了收购标书后应邀去参观沃尔沃的工厂,当时就有工会的领导人表示对我们收购后在人权保障方面的不信任,中西方文化的差异以及某些国家在人权问题上对中国的恶意中伤使得我们的解释很乏力。同时,他们也

怀疑我们是否能够懂得沃尔沃文化,知道沃尔沃品牌的价值所在。

而在收购期间访问中国的瑞典国务秘书哈格隆在了解收购沃尔沃一事后也放出了消极信号,公开表示“积极信号被放大,双方还未达成一致”,事后我们与福特公司就此事进行联系,他们在技术转让问题上有了反复,要求保留部分关键沃尔沃专利,这与我们的收购目标相差甚远,谈判瞬间陷入僵局。

与此同时,福特也对我们收购的资金来源产生疑问,1999 年福特收购沃尔沃的时候花费 64.5 亿美金,本次出售沃尔沃开始报价在 45 亿美元左右,福特公司要求我们公开是否筹集到收购所需资金,甚至要求了解这笔交易背后的其他策划者和投资者。的确,公司虽然在近些年来发展迅速,在国外也有一系列收购动作,但一直名声不显,不像各大老牌的跨国汽车巨头一样被人关注,让人信服。当时,公司一边是奋勇地收购沃尔沃,另一边的确还有着百亿的欠债。这一次收购行为着实让很多人跌破了眼镜,同时也有很多人对公司的实力提出了质疑。

更令人头疼的是突然冒出两家财团伏击我们,一家是沃尔沃的高管及瑞典汽车工会领导人组织,另一家是美国 CROWN 基金组织,是由前福特汽车管理人员丁曼和前福特汽车及克莱斯勒管理人员拉什文牵头,据说福特公司一直鼓励该基金,希望他们能够找到收购用的资金,替代我们收购沃尔沃。当时听了这些消息,不管真假,心里都像吃了一只苍蝇。

3. 努力必有回报,柳暗花明大丰收

事情开始发生转机时已经是寒冬腊月了,那天雪下得很大,夜深的城市依然明亮,会议室里每个人都兴奋地听着李总宣布的各项事情:“吉利收购沃尔沃计划已经获得商务部对外贸易司批准,商务部公开申明将助力吉利收购沃尔沃”“国家发改委已批准吉利收购沃尔沃计划,在政策上会予以帮助”“中国银行,中国建设银行,中国进出口银行初步表示同意贷款”“高盛出资 3.3 亿美金入股吉利”“收购所需资金大部分都已到位”(收购及发展沃尔沃的 27 亿美元资金组成如图 4-28 所示)

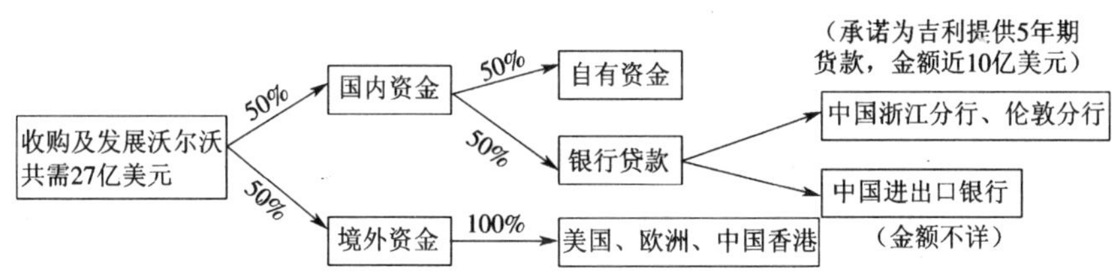

图 4-28　收购及发展沃尔沃的资金组成

在场的同事们脸上的阴霾一扫而光,都在大笑着释放这几个月来胸中的郁闷之气。

几天后,我们再次同福特汽车公司高管共同飞赴瑞典哥德堡沃尔沃汽车总部同沃尔沃工会代表对话,沃尔沃工会成员当即就给我们出了一道难题,问我们能不能用三个词来说明为什么吉利是最合适的竞购沃尔沃的公司。就在福特公司代表陷入尴尬时,李总主动请缨:“我想说的三个词就是 I love you! 我爱你们,我也爱沃尔沃这个品牌,能够运营好沃尔沃品牌以及爱护沃尔沃的员工、保障沃尔沃员工的利益是吉利的责任和义务!”全场掌声雷动。

我们一方面在不裁员和保障沃尔沃员工利益方面做出书面承诺,另一方面邀请瑞典媒体和沃尔沃工会代表到中国访问吉利总部,亲自为工会代表和媒体解答问题。沃尔沃工会代表团访问我们公司,并在许多关键问题上得到了我们的满意答复。瑞典沃尔沃轿车工会当即也发出联合声明表示接受吉利集团成为沃尔沃股东。

而那两家基金组织，高调出世低调消失，想起来没有他们给予的压力，我们也不会这么快地成长。

自从2010年10月28日福特公司正式宣布我们是沃尔沃的首席竞购方，而且是唯一的竞购方之后，一切都在掌握之中了。

中央电视台新闻联播："北京时间2011年3月28日晚，吉利汽车在瑞典哥德堡与福特汽车正式签约，以18亿美元成功收购沃尔沃汽车100%的股权及相关资产。这是中国汽车业最大规模的海外收购，也是中国车企第一次全资收购海外车企，还是中国自主品牌企业首次收购高端品牌车企。"

4.2.3 小子迎娶新娘，中西融合

从那天起，吉利公司成功收购沃尔沃成为了年度国内外最热门的话题，一时间世界瞩目东方，无论是一直预言收购失败的专家，抑或是冷眼旁观等着看笑话的西方政客，还是热心出谋划策的朋友，都在媒体平台上争执不休。不过这一切李总都不关心，也没有时间关心，收购后能否成功整合的问题已然摆在我们面前，并购成功与否，二分收购成功在手，八分整合前途未卜。吉利这个农村小子在成功迎娶到"北欧新娘"沃尔沃之后能否成功应对各种水土不服带来的问题，人们都在拭目以待。

1. 新娘情系中国，世纪姻缘早注定

1999年，处于盛世的福特巨资从沃尔沃集团手中收购了沃尔沃轿车，但是此后福特却没有经营好这一豪车品牌。根据波卡尔信息咨询公司的数据，从2005年至今，沃尔沃汽车在豪华车市场的份额从10%下滑到了8%，其中欧洲和北美市场份额都下降了10%左右，北美地区下滑最为严重。就在沃尔沃全球市场全面下滑甚至于亏损的同时，亚太地区市场份额则从原来的6%上升至10%。中国市场更是连续5年保持在50%以上的增长。

全球车市的落寞，凸显了沃尔沃在中国市场的美丽。2009年，中国成为了世界第一大汽车市场。在豪华车市场中，沃尔沃汽车的表现令人瞩目，销量达22 405辆，实现全年销量劲增80%的优异业绩，见表4-6。

表4-6　2001—2009年沃尔沃汽车销量

年份	2001	2002	2003	2004	2005	2006	2007	2008	2009
销量/辆	2 000	2 000	2 800	2 700	5 000	7 000	12 500	12 000	22 405

2009年是中国年，不仅中国的车市一枝独秀，坐上了世界第一的宝座，中国经济也在金融危机的浪潮中"风景这边独好"，大连达沃斯论坛的与会者也都认为中国将为世界经济的发展贡献更大的力量，世界的目光渐渐聚焦到了古老的东方。这不仅增加了中国企业海外收购的信心，也让昔日的国际巨头被中国市场的魅力深深吸引，相信来到中国将是一次重生的机会。

吉利与福特签订协议，成为了沃尔沃轿车的新东家。吉利决定还原沃尔沃管理的独立性，回复沃尔沃往日的竞争力，继续巩固和推动沃尔沃在安全和环保技术领域的全球领先地位，巩固欧美传统市场，开发包括中国在内的新兴市场，拉长和拓宽产品线，满足多层次用户对安全、环保型汽车的需求，重新打造沃尔沃曾经有过的全面领先地位。

10年前沃尔沃结盟福特,慢慢枯萎,10年后,沃尔沃花落吉利,希望能够变成一场涅槃重生。

2. 东西车企相融,整合事宜面面观

李书福说过"扛着别人的旗帜登上珠穆朗玛峰是愚蠢的",吉利从投身汽车领域的第一天开始就把创造中国汽车自主品牌当作最高的追求。在自主品牌的平台上,既积极引进先进技术,又勇于购买海外先进企业,实现跨越式发展。2009年闪电收购DSI变速器公司使其变速器技术达到了世界先进水平,自己的品牌也得到了极大的提升。

吉利并购沃尔沃,其最终落脚点依然是提升品牌形象。沃尔沃在安全和环保方面取得的成果在业内有口皆碑,不仅拥有世界上最先进的汽车碰撞测试中心,还在最近开发出了一系列预防式安全技术。沃尔沃还拥有分布在全球100多个国家2 500多家经销商以及稳定的供应商关系,这些都是吉利将品牌推向世界所急需的。而吉利所拥有的中国本土优势和其卓越的成本控制能力也正是沃尔沃的短板。将二者的优势进行整合,会使资源发挥出最好的效益,这是件双赢的事情。

想法付诸实践,往往会遇到很多很现实的问题。整合沃尔沃,这件被业内称为"蛇吞象"的任务,想要顺利达成,面临很多方面的问题。其中最主要的是二者完全不同的市场定位以及相差甚远的企业文化的整合。

从本质上来说,任何并购要获得成功,必须要有协同性,如果协同性做不好,过程再美好,结局也必然是悲惨的。一般来说,两大车企的并购,其协同性来自于三个方面:一是研发,现在汽车的生产模式是研发汽车平台,同一个汽车平台又可以演变成不同的车系和品牌;第二个协同性来自于零部件的采购,如果同一个平台可以演变出不同的品牌,而内部的零部件又大同小异,那么多个品牌就可以共用一个采购体系,大大降低零部件成本,而零部件成本占整车成本的70%左右;第三个协同性就是市场渠道的协同性,通过并购,一个品牌可以在另外一个国家打开局面,扩大销售。

回头考虑吉利收购沃尔沃,吉利的品牌目前属于整个中国汽车产业的中低端,而沃尔沃却是高端品牌。同时二者的采购体系也完全不匹配,不能相互采用。现在双方唯一可能达到协同的就是沃尔沃变成一个以中国投资者为主要股东的公司后,可以大规模地扩大其在中国的市场份额,同时降低成本。现在李书福所做的,就是为了让这一个唯一潜在的协同效应能够极大化。

除了考虑协同性问题,还存在以下几个方面的整合问题。

首先是经营战略、管理方式的融合。吉利收购沃尔沃本身是属于以弱收强的反向收购,必然会导致经营战略和管理上的巨大差异,整合这种差异,避免出现重大分歧则十分必要。

其次是文化背景的融合。吉利是标准的草根出身,在长期的发展中形成了自己独有的企业文化,从各方面来看都与国际化的沃尔沃有所区别,只有做好各方面的文化融合准备,才能加大企业的凝聚力,促进企业的整体发展。

最后就是技术融合。沃尔沃是一个世界品牌,在技术方面尤其是在汽车安全技术方面世界领先。收购之后沃尔沃技术与吉利产品的融合问题便极为关键,亟须解决。

吉利收购沃尔沃已经开出了美丽的鲜花,璀璨夺目,让世界的目光聚焦东方,然而如何能够通过辛勤运作,使其结出可口的果实,则是如今摆在李书福面前的人生考题。

4.2.4 小结

在金融危机硝烟还没有完全褪尽的世界汽车市场上，中国的农村小伙终于追到了瑞典高傲的公主，可以说，吉利达到了“高攀”的目标，成就了一个美满的跨国姻缘。但是，鉴于二人的品牌差距，大家都会担心这个跨国姻缘能幸福和长久吗？吉利能管理好、保护好沃尔沃的DNA以及其原本的价值与它的品牌吗？2011年10月23日，沃尔沃的国际化董事会团队全班人马做客中央电视台《对话》栏目，当主持人陈伟鸿问到沃尔沃被并购后战略以及运营情况时，李总回答说：“我们充分尊重沃尔沃的独立性，继续秉承民主、沟通、合作的团队精神以及企业社会责任的文化担当，继续推动沃尔沃在全球的安全和环保的地位。”“经过一年多的磨合，我们相处得非常融洽。去年沃尔沃全年盈利3.2亿美元，销售营业收入超过180亿美元，今年上半年，沃尔沃全球销量超过230 746辆，同比增长20%。在中国市场，过去6个月保持60%增长速度，9月份甚至达到113%的增长。”国际知名的市场资讯公司J.D. Power近期针对德国市场的客户满意度调研中，沃尔沃的美誉度超过了奔驰与宝马以及日本制造商，成为2011年排名第一的公司。这些数据和事实使大家对这桩跨国姻缘的幸福和长久越来越充满信心。但是，《对话》中李书福也坦言在磨合过程中仍然存在着不少问题，例如：车型的确定、发展速度的确定以及市场的确定等等。吉利能否在以后的日子里仍然与这位公主相敬如宾，能否顺利地完成这段跨国姻缘的磨合期，同时在世界汽车市场上能持续地再现沃尔沃品牌的风采，没有人能做出定论，只有时间和行动来考验了，大家都将翘首以待……

[**启发思考题**]

1. 吉利并购沃尔沃的动因是什么？福特公司为什么采取剥离战略？
2. 吉利选择沃尔沃作为并购目标的关键要素有哪些？
3. 吉利并购沃尔沃业务后整合的难点是什么？
4. 吉利并购沃尔沃整合采取了怎样的策略？
5. 吉利并购沃尔沃对我国企业海外并购有怎样的启示？

[相关附录]

附录1 浙江吉利控股集团大事记

浙江吉利控股集团有限公司是一家以汽车及汽车零部件生产经营为主要产业的大型民营企业集团，建于1986年，由台州民营企业家李书福创办，经过18年的建设和发展，在汽车、摩托车、汽车发动机、变速箱、汽车零部件、高等教育、装潢材料制造、旅游和房地产等方面都取得了辉煌业绩，资产总额已经超过200亿元；特别是1997年进入汽车制造领域以来，凭借灵活的经营机制和不断的观念创新，快速成长为中国经济型轿车的主力品牌，2003年企业经营规模列全国500强第331位，列“浙江省百强企业”第25位，被评为“中国汽车工业50年发展速度最快、成长最好”的企业之一，跻身中国国内汽车制造企业“3+6”主流格局。

浙江吉利控股集团总部设在杭州，在浙江临海、宁波、路桥和上海、兰州、湘潭、济南等地建有汽车整车和动力总成制造基地，在澳大利亚拥有DSI自动变速器研发中心和生产厂，已形成年产60万辆整车、60万台发动机、60万台变速器的生产能力。

浙江吉利控股集团现有帝豪、全球鹰、英伦等三大品牌30多款整车产品，拥有1.0L～1.8L全系列发动机及相匹配的手动/自动变速器。

浙江吉利控股集团有限公司建有面对国内、国际两个市场的营销网络，在全国共有109个4S汽车专卖店、489家品牌经销商、569家服务站；在海外建有10余家销售服务网点经营吉利、美人豹、华普三大品牌系列轿车的销售和售后服务；2004年吉利轿车在国内销售达到101 611辆，市场占有率达到4.5%，在国内轿车市场排名由2003年的第十位跃居到第七位。浙江吉利控股集团有限公司现有员工近6 000人，其中不乏从国内外聘请的享受政府津贴的专家和自己培养的大批优秀技术人才；目前集团已经拥有整车、发动机、变速箱和模具的设计、制造能力，先后成立的吉利汽车研究院和吉利发动机研究所每年可推出2～3款全新车型和机型，被喻为"中国第一跑"的都市休闲跑车"美人豹"获得了"中国工业设计创新特别奖"，成为永久收藏在国家博物馆中的中国自主设计开发的第一辆跑车；华普系列轿车被评为"性价出众产品"；吉利系列轿车被评为"消费者喜爱的自主汽车品牌"；自行研制的MR479Q系列发动机处国内同类机型的先进水平；自主研发的自动变速箱成为国内第一款拥有自主产权的自动变速箱；吉利集团的自主研发能力和创新能力在中国轿车界处领先地位。

下面是吉利控股集团的大事记。

1986年11月6日，李书福以冰箱配件为起点开始了吉利创业历程。

1989年，转产高档装潢材料，研制出第一张中国造镁铝曲板。

1994年4月，进入摩托车行业。

1994年6月，中国第一辆豪华型踏板式摩托车诞生。

1996年5月，成立吉利集团有限公司，走上了规模化发展的道路。

1997年，进入了汽车行业。

1998年8月8日，第一辆吉利汽车(豪情)在浙江省临海市下线。

2001年11月9日和12月26日，JL6360、HQ6360、MR6360、MR7130四款车登上了国家经贸委发布的中国汽车生产企业产品公告，使集团成为中国首家获得轿车生产资格的民营企业。

2003年5月25日，浙江省财政厅原党组成员、地税局总会计师徐刚出任集团首席执行官，标志着吉利集团开始从家族制产业向现在股份制企业的转型。

2002年12月，分别与韩国大宇国际株式会社、意大利汽车项目集团签约联合开发CK-1与CI-1轿车。

2002年，进入全国"3+6"主流轿车制造厂家行列。又排入全国企业500强，名列浙江省百强企业28位。

2003年3月，吉利轿车顺利通过"3c"认证。

2003年4月，吉利第十万辆轿车在宁波基地下线。

2003年8月，首批吉利轿车出口海外，实现吉利轿车出口"零的突破"。

2003年3—11月，吉利先后被评为"中国汽车质量放心用户满意十佳诚信企业""浙江省首届市民最喜爱的轿车""浙江省百强企业""中国汽车工业50周年发展速度最快的企业""2003年中国机械企业500强""2003年中国企业信息化500强"。

2004 年,在全国轿车销量排名前十位的企业中,吉利首次入围,成为当时国内十大汽车厂家中唯一的民营企业。

2004 年 6 月 6 日,在中国国际汽车周上,吉利轿车获得"消费者喜爱的自主汽车品牌",美人豹都市跑车获得"外形设计独特车型"大奖,当选"年度节能车型",总裁徐刚出席了颁奖仪式。

2005 年 5 月,吉利在香港成功上市。

2005 年 5 月 30 日,在马来西亚吉隆坡国会大厦,吉利汽车控股集团和马来西亚 IGC 集团就整车项目及 CKD 项目正式签约。

2005 年 8 月 15 日,世界品牌实验室向全世界发布了"中国 500 最具价值品牌"榜单,吉利以品牌价值 55.37 亿跻身百强。

2005 年 8 月 23 日,"中国吉利方程式国际公开赛"协议书签字仪式在宁波公司会议室隆重举行。

2005 年 9 月 12 日,第六十一届德国法兰克福车展上,浙江吉利控股集团的吉利轿车向世界各国参观者第一次正式亮相,实现了近百年来中国汽车自主品牌参加世界顶级车展的历史性突破。

2005 年 10 月 14 日,宁波公司举行自由舰第 10 000 辆下线仪式,自由舰荣获"汽车科技典范奖""2005 年度国民车"等 7 个奖项。

2006 年 1 月 8 日,2006 北美国际车展在底特律隆重举行,吉利汽车再次代表中国自主品牌被邀请参加,实现了北美车展 98 年来首次有中国汽车参展的历史性突破。数十万人次参观吉利展台,引起了强烈的反响。

2006 年,吉利与英国锰铜控股公司正式签署合资生产 TX4 出租车的协议。吉利成为了这家英国古老的出租车生产公司的第一大股东。

2006 年 8 月 29 日,"吉利金钢全国上市仪式"在北京隆重举行。

2007 年,吉利已具备年产 30 万辆整车,30 万台发动机和 30 万台变速器的生产能力。

2007 年 4 月 20 日,第十二届上海国际汽车博览会开幕,吉利集团两大品牌十六款新车参展。

2007 年 5 月 16 日,吉利 CK—1CKD 组装项目正式落户印尼。

2007 年 5 月 18 日,吉利远景全球同步上市仪式在宁波基地隆重举行,来自海内外的吉利远景经销商联合发表《宁波宣言》。

2007 年 5 月 27 日,吉利集团荣获"中国最具生命力百强企业"的称号。

2008 年,吉利全年实现利税近 18 亿元,连续六年被评为中国企业 500 强。

2009 年 3 月 27 日,吉利汽车收购全球第二大自动变速器公司澳大利亚 DSI 公司。

2009 年 9 月 23 日,高盛资本合伙人宣布,将通过认购可转债以及认股权证投资吉利约 3.3 亿美金。

2009 年 10 月 28 日,福特公司宣布,吉利控股集团为沃尔沃汽车公司的首选竞购方。

2010 年 3 月 28 日,吉利汽车在瑞典哥德堡与福特汽车正式签约,以 18 亿美元成功收购沃尔沃汽车 100% 的股权及相关资产。

吉利汽车2001—2010年的销售量如图4-29所示。

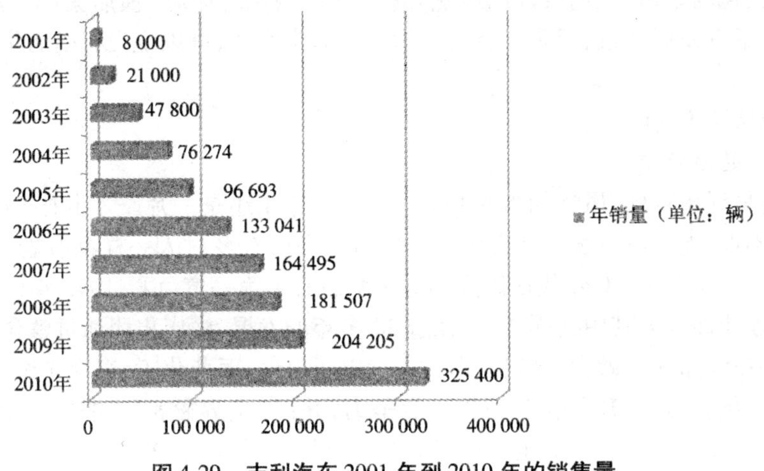

图4-29 吉利汽车2001年到2010年的销售量

附录2

浙江吉利控股集团2006年至2010年财务状况表见表4-7。

表4-7 浙江吉利控股集团2006年至2010年财务状况表

单位:千元

	2010年	2009年	2008年	2007年	2006年
营业收入	20 099 388	14 069 225	16 728 263	11 350 367	6 588 845
毛利	3 699 704	2 540 736	1 623 216	1 416 306	1 030 461
税前溢利	1 900 323	1 550 460	1 119 948	784 179	236 455
纯利	1 549 711	1 319 028	1 064 722	757 839	522 617
流动资产	15 684 333	12 219 411	5 110 552	4 786 570	4 037 203
非流动资产	8 619 266	6 582 778	5 040 417	4 231 535	2 912 365
流动负债	11 813 288	8 907 789	5 273 470	4 653 902	3 299 191
非流动负债	3 412 634	2 797 880	95 018	241 812	70,569
所有者权益	9 077 677	7 096 520	4 782 481	2 547 070	1 049 926[2]
销售毛利率	18.41%	18.06%	9.70%	12.48%	15.64%
销售净利率	7.71%	9.38%	6.36%	6.68%	7.93%
资产负债率	62.65%	62.26%	52.89%	54.29%	48.49%

4.3 横行天下(A):横店集团的“造梦”之旅

摘要:本案例介绍了横店集团不同时期采取的不同战略方针,主要从横店集团的创立、不同时期的战略管理、应对金融危机的措施等方面详细讲解了横店集团的发展之路。该案例为一个比较成功的战略管理实例,可以为教学实践提供一些相关教学材料。

关键词:横店集团,战略管理,多元化

4.3.0 引言

2013年1月22日、23日,CCTV9播出了一部纪录片——《横漂》,该片聚焦横店影视城

演员公会特约演员、群众演员为了实现影视表演艺术梦想而奋斗的经历。片中的横店是一座实现了城镇化的小镇，人们或许已经熟知横店这个名字，却对“横店集团”这个称号比较陌生，更不了解其发展轨迹，但是二者之间的关系非常密切，可以说没有横店集团，就没有现在的横店。

4.3.1 梦想从这里起航

1. 小乡村的城镇梦

横店，这里绿水青山，风景相当的秀丽，40 年前这儿还是一片毫不起眼的小山村，距离城市中心也不近，地理位置没有什么优势。横店人和所有乡村人一样都有着一个美丽的梦想——城镇化。20 世纪 70 年代横店人的这个梦想有了第一道色彩，1975 年横店集团成立，横店人都积极地加入了其中共同奋斗，经过 30 多年的发展，横店集团通过整合资源和优势，凭借诚信、科技和品牌在做大中做强，形成了以电子电气、医药化工、影视旅游三大产业为主导产业的多元化公司，提升了企业的核心竞争力，并以“世界磁都”“中国好莱坞”“江南药谷”饮誉。横店这座美丽的小城也实现了城镇化，横店人的城镇梦终于五彩缤纷。

2. 两代领导人的追日梦

1975 年，40 岁的徐文荣怀揣梦想，在横店办起了缫丝厂，有着“出门看见八面山，薄粥三餐度饥寒”形容的横店自此进入了历史转折期。20 世纪 80 年代，在政府着力发展工业的时期，充满着无数激情与梦想以及创造力的徐文荣在横店搞起了第三产业——旅游。在很多人质疑缺乏旅游资源的横店根本无法发展旅游业时，徐文荣凭借其过人的胆魄和想象力将自己的想法变成了现实：他人工建造出美丽的景色，通过治理南江、建设宾馆住宅等先后建起了所谓的“五个村”，即文化村、娱乐村、天堂村、民俗村以及度假村，五个村各具特色，引人入胜。徐文荣开启了横店的“造梦”之旅，并如夸父追日般永不停歇。

2001 年 8 月，徐文荣“退位”，继任者是其长子徐永安。徐永安沿着其父亲的路线将横店梦继续进行下去，他曾对《环球企业家》说过：“我父亲遇到的问题是影视城建设初期内部统一，我遇到的问题是怎样把影视城快速完善。”作为父亲亲任的继承者，徐永安入主横店十年受到普遍赞誉，横店人都认为是他将横店带入鼎盛期，他收购了南华期货，参股浙商银行，控股西藏证券，还实现了横店东磁在深交所的上市，打造了资本市场的“横店系”。对于父亲徐文荣的造梦之旅，徐永安最佩服他的是其决策力，“任何事情他能透过现象看到趋势。小到电视机，大到影视城，这种思维是父亲对我最大的影响，对企业家来说，一定要有这种能力去展望 30 年后的事情”，徐永安开启的“追梦”之旅将延续其父亲的梦想，打造属于横店人的横店梦。

4.3.2 插上梦想的翅膀

1. 不同时期不同战略

横店集团的迅速发展离不开与时俱进的战略决策，这也是其成功的关键。20 世纪 70 年代到 80 年代，横店集团施行“第一次创业”，即兴办工业。1975 年，徐文荣带领横店村民走出土地，兴办了缫丝厂，也就是横店集团的母厂，是一次历史性的突破。正如“母鸡下蛋孵小鸡”一样，之后徐文荣又办起了第二个、第三个……工厂，等集团具备了一定的实力后，徐文荣提出“靠科技，养大鸡”的方针，将工厂的范围拓展到磁性材料、电气电子、医药化工等行业。在 1989 年，横店集团提出“高科技、外向型、多元化、集团化”战略，高科技可以算是横店集团项目投资的“纲领性”方针，横店集团强调这里的高科技是获得更高收入、更高利润的应用技术，必须对应一个大市场。这一年横店集团进入医药化工行业，主要生产的是医药中间体、原料药等产品，力求发展成为一家多元化企业。

20世纪90年代，徐文荣开始了第二次创业，组建了横店集团，创建了社团经济，带领横店人民率先实现了小康。在此期间，徐文荣针对轻纺行业和工业低端产品的竞争提出了“非高科技不上”的战略，这个战略正是针对1989年的“高科技、外向型、多元化、集团化”战略而提出的。整个90年代，一大批高新技术企业落户横店，横店摇身成为了“世界磁都”，成为浙中高科技走廊的重要区域。1996年，横店集团开启了一批大规模的影视拍摄景区建设，如著名的广州街，这为横店文化产业的发展奠定了坚实的基础。

2001年，横店集团实现了投资者和经营者的分离，徐文荣根据这一现实提出“第三次创业”，目标是打造国际化的横店，以“用天下人、聚天下资、谋天下利”的理念指导企业的经营发展。横店集团在新世纪初始进入了产业大整合、大提升、国际化的阶段，这是一个新的创业阶段，而横店集团也具备了一些条件，首先企业形成了一定的规模，产业结构和行业结构都更加复杂，其次企业所面临的外部环境发生了很大的变化，最后新一代企业领导人肩负着新的历史使命。这些都说明横店集团必须进行一次新的创业。为了实现国际化的目标，横店集团进一步推进了传统产业高新化，高新技术产业产业化步伐；进一步加大对文化产业的投资，通过引进国外尖端技术、出口优秀产品、与世界知名企业合作等方式形成横店强大的国际化产业链；横店以博大的胸襟接纳来自世界各地的先进技术和优秀人才，拓展了国际市场，实现人才与国际接轨、科技与国际接轨、经营与国际接轨、文化与世界交流。这些措施促进了横店集团获得了更好更快的发展。

有赴日留学背景的横店集团第二代领导人徐永安，从父亲手中接手横店集团后便继续其父亲的“第三次创业”，突出了电子电气、医药化工、影视娱乐三大主导产业。在工业制造业及相关产业，横店集团不仅要面对国外进入的竞争者和一些发展壮大起来的民营企业的竞争，还要承受国有企业的竞争压力，因此徐永安提出“第四次创业”的战略。2009年徐永安接受采访时说道：“横店现有的产业分为三大板块：电气电子，医药化工，影视娱乐。未来5年，横店集团除了继续加大这三大板块的投资外，还将在新材料、新光源、新型服务业和绿色科技主导的先进制造业等方面有所作为。”在徐永安的规划里，到2015年，横店集团销售额将达到380亿元，其具体分配如图4-30所示。

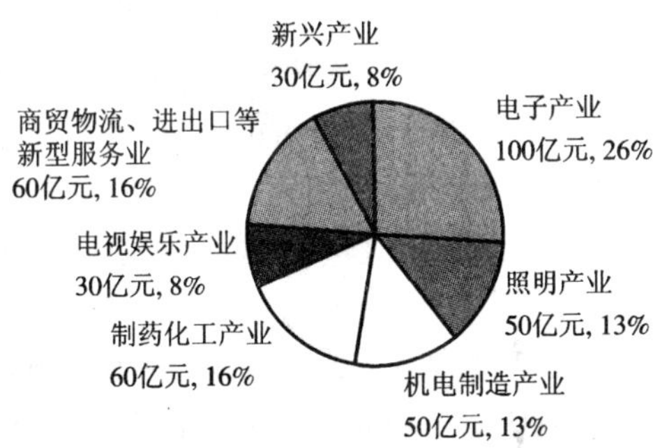

图4-30　2015年横店集团销售额规划

2012年，横店集团进一步明确了大力发展电气电子、医药化学、影视文化、现代综合服务业等产业的战略思路，形成了四大产业迅猛发展的新格局。为推进战略布局，横店集团在着力打造总部基地的基础上，成立了北京总部，逐步将集团职能向北京转移，进一步加强战略纵深。在人才资源管理方面，横店集团坚持两个原则，一是加快引才速度，强化引才意识，坚持从国外引进高端人才，尤其是管理人才和创新团队；二是树立育才理念，集团要注重培养具有战略思维和全局观念以及市场竞争能力和管理经验的复合型人才队伍。

2.“老”中有“新”的路

2009年，徐永安入主横店集团已有8年，在这8年间，徐永安走出了一条“老”中有“新”、承前启后的路。产业上，徐永安巩固了以电子电气、医药化工、影视娱乐三大产业为主导产业的布局；而在发展模式上却与之前有所不同，徐永安提出要实现产品、经营和投资模式的三个转型。

第一个转型是“中间”产品向“高端”和“终端”两端延伸，实现以“高端”增加产品附加值，以“终端”面向广阔的消费品市场。徐永安意识到横店集团的产品主要为工业品，要实现快的增长，必须从产品上着手，他举了两个产业的努力方向：一是电子产业要重点向下游发展，逐步实现从中间产品到终端产品的转移，还必须发挥已有科研优势，加速在新材料领域的高端开发；二是医药化工产业要实现从医药中间体产品和原材料向高端原料药和制剂的转型。

第二个转型是模式转型，即从重资产投资转向轻资产、模式化经营。徐永安强调在尝试类似金风科技这样的商业模式外，还要在投资上完善产业链，做大现有的支柱产业以及投资国家支持的产业或有发展前景的支柱产业。

第三个转型是资本转型，即产业资本转向金融资本。徐永安要求突破过去“一切靠自己干”的传统观念，要充分利用股份制等多种经济模式，要选择具有比较优势的合作方，在技术、市场、人才等方面进行形式多样、内容广泛的合作，当然也要在资本层面上展开合作，真正从国际化、全球化的视野出发壮大横店集团的实力。

3.产业多元化优势

横店集团在徐文荣和徐永安两代集团领导人将近40年的打拼下形成了以电气电子产业、医药化工产业和影视娱乐产业三大产业为支柱的多元化产业发展趋势。近几年来，逐步形成了电气电子产业、医药化工产业、影视娱乐产业以及能源环保产业四大产业优势。

1）电气电子产业

横店集团电气电子产业拥有“东磁”和“联宜”两大知名品牌和中国驰名商标，其业务范围包括磁性材料、照明电子、电子陶瓷基板、微特电机以及铝箔材料和电声器材等。横店集团电气电子产业优势明显：永磁铁氧体等三大产品产量居世界第一，软磁铁氧体等两大产品产量全国第一。横店集团凭借多年来的产品制造技术和经验的积累，电气电子产业在微特电机、电子陶瓷基板、照明电子等各个细分领域都持续保持了较强的竞争优势。

2）医药化工产业

医药化工产业产品的技艺和产量都位居中国前茅，涉及领域广泛，包括原药料、制剂、中间体、生物制药和兽药等，该产业旗下多家企业拥有美国FDA认证，并有几十种产品在国际注册，业务遍及海内外，与美国沙龙公司、辉瑞公司、GSK公司等世界500强企业建立了战略伙伴关系。

3）影视娱乐产业

影视娱乐产业拥有相对完整的产业链，主要包括影视剧的拍摄、制作和院线发行等，且拉动了横店旅游业的发展。通过对影视实景基地和主题公园等的规模化建设和对旅游产品的深度开发，横店影视娱乐产业实现了迅猛发展，在业务领域扩展的同时，业务收入也大幅提升，并成为国内第一个影视产业实验区，被誉为“中国好莱坞”。

4）能源环保产业

能源环保产业是为响应国家“节能减排、低碳经济”的号召而发展并壮大起来的。鉴于认识到能源短缺、工业“三废”污染和温室效应的危害，横店集团实现了经济产业转型升级，并投入100亿元进行合同能源管理业务，包括路灯节能、工业节能、照明节能、建筑节能和光伏电站建设等一系列节能业务。另外，横店集团深刻贯彻产学研结合的方针，与浙江大学、中国计量学院、浙大网新公司、通用电气等高校、企业和科研机构建立合作关系。并在浙江杭州建立研发中心，对重大技术问题如路灯远程监控技术、节能技术等进行深入探讨并解决，取得比较大的成就。2012年2月成为国家发改委批准的第四批合同能源管理节能服务备案企业，是东阳市唯一一家备案节能企业。

横店集团在与国际成功接轨的同时，始终坚持科学发展观，走科学发展道路，不仅创造了人与自然和谐发展的发展环境，而且具备了产业上的比较优势，横店也成了20多个国家级示范和实验区，其中包括“国家社会综合发展实验区”等。

4.3.3 噩梦来临，横店的“加减法”

1.横店集团落后了

“历史上的每一次经济危机都能成就伟大的公司：1929年的全球经济危机成就了IBM，上世纪70年代的石油危机成就了丰田，1997年的亚洲金融危机成就了三星……”徐永安的这番话清楚地表明他迫切希望借由这次的金融危机来实现横店集团的进步。2008年，全球金融危机爆发，很多企业都受到了重创，而横店集团却逆势而上：先是进军军工业，与中核苏阀科技有限公司合作，目前产品已打开国内高端阀门市场；继而由横店集团得邦电子有限公司与飞利浦照明共同投资的东阳得邦照明有限公司正式营业。然而徐永安却并不因此而开心，因为横店集团落后了。徐永安从纵向和横向两方面比较了横店集团的发展，纵向上横店集团过去7年的年均增长率达到了18.76%，说明集团经营持续增长的速度，而横向上，横店集团在“中国企业500强”上的排名从2005年的第173名逐年下降到了2008年的274名，2009年的排行榜上因故遗漏了横店集团，但对比年度数据后，集团180多亿的销售额只能排在290名之后，从这两个方向上可以看出横店集团的发展速度滞后了。

2.做好“加减法”战略

“金融危机的最坏时期已经过去。如果我们不去抓住机遇，意味着我们就在后退。”徐永安说。为应对国际金融危机和横店集团“落后”的事实，徐永安提出“加减法”战略。第一，大力发展第三产业，加大对影视文化和服务业的投入，降低低产出、高耗能产业的投资，使第三产业成为横店集团新的经济增长点。2009年，横店集团投资10亿元发展主题公园、影视基地和摄影棚等文化设施，加大投资力度，增加旅游资源的观赏性和持久性，一系列措施保证了横店690万人次的中外游客和106个影视剧组的到访。第二，转变影视服务业职能，拉长产业链。横店集团将影视基地拍摄的要素服务转变为拍摄制作和院线建设等的产业链延伸，逐步建立了影视剧的产、供、销渠道，并实现了电影制作的国际合作。第三，加大对资本市场、期货市场的操作力度以增强横店集团的投资实力。2009年，横店集团成功发展了一大批项目：下属公司南华期货被誉为“中国期货市场最佳期货公司”，年净利润同比增长200%以上；普洛股份通过增发募集资金保障了麻黄碱项目的实施；东磁公司加快了技改项目的实施。

2010年横店集团实现30亿元的投资金额，在重视产业链完善的同时也注重发展市场广泛、科技含量高的新兴产业，并在独立自主进行规模化投资的基础上坚持利用现有产业竞争优势实现外向合作。

管理机制上，横店集团在原有基础上完善了激励机制，以培养高素质、强能力、善经营的接触职业经理人为目标，建立了畅销的管理团队激励和风险分担机制。在刚刚过去的2012年，欧债危机持续升温，国内外经济持续遭受打击，企业的经营环境也逐步恶化，横店集团在“调整结构，平稳发展”工作思路的指导下，实现了集团经营目标和业务质量的提高。整个2012年，横店集团产值425亿元，同比增长19%，实现利税47.71亿元，同比增长37.8%，上缴税费同比增长58%，横店集团继续发挥领头羊作用，带动了横店工、商业和服务业的发展。

横店集团在落后时刻采取的战略决策使其具有充足的人才、管理技术上的准备，保证了投资方向的重大突破和投资效益爆发式的增长。

4.3.4 梦想成真，机遇无限

2012年，是横店集团蓬勃发展的一年，企业实现销售总额425亿元，总资产达到500多亿元，并成功跻身“中国企业500强”“中国企业集团竞争力500强”“全球华商500强”和福布斯“中国顶尖企业榜”，四大支柱型产业也牢牢抓住了机遇，实现了全面发展。

电气电子产业规范管理，开拓创新。英洛华电气成功实施文化强企战略，提升公司以文化软实力为核心的竞争力；东磁公司开展技术创新，节能减排，发展低碳经济，实现企业转型升级，呈现稳健的发展态势；得邦照明进一步延伸照明产业链，开发新产品，促进了照明产业的迅速发展。

医药化学产业资源整合，效率提高。普洛康裕构建大面积制剂园区，以实现国内一流、国际先进的目标；普洛家园为提升资产经营效率、资金经营效率和人工经营效率，结合实际调整了经营策略，改善了组织机构，成功实施了产业转型第一步；普洛股份通过资产重组方案，实现了集团医药产业结构的优化，提高了资源配置效率和抗风险能力。

影视文化产业继2004年获批设立浙江横店影视产业试验区后迎来了又一次飞跃。2012年，横店集团在省委、省政府的充分肯定和大力支持下，获得批准设立浙江横店影视文化产业实验区，推动影视产业文化方向的发展。第一届横店影视节的盛大开幕，吸引了很多人的关注，赚足眼球；横店影视产业核心区通过相关部门认证并开始实施建工；横店影视城荣获“全国旅游标准化示范企业”称号，全年游客数达到1 200万人次，接待影视拍摄剧组149个。影视文化产业链延伸的效果显著：2012年横店影视基地投资15亿元启动“梦上海”项目，壮大了影视基地；横店影视制作已具有一定基础，“横店影视”品牌得到广泛宣传，国际化水平得到进一步提升；横店院线发展迅速，增加影城数量的同时也注重质量的提高，横店旗下多家影城进入全国百强影院行列，是全国院线十强之一。

新型综合服务业发展迅速，机遇良多。横店集团新型服务业主要包括通用航空、国际商贸和金融投资等业务，是新的经济增长点。2012年，横店机场建设循序渐进，配套设施齐全；横店进出口贸易遍及欧亚、北美地区，国际市场上具有良好的口碑；金牛信贷以“服务三农、服务中小企业”为宗旨，赢得了良好的经济效益和社会效益；南江壹号工程一期全部封顶，预约量纪录也频频刷新。

4.3.5 梦想仍在继续

横店集团的发展实现了横店人和徐文荣父子多年的梦想，尽管成绩喜人，然而他们的“造梦”之旅并不会就此结束。面对纷繁变化的国际和国内经济局势，横店集团要面对的难题只会增多，不会减少，徐永安将带领横店人克服种种难关，抓住机遇，迎接挑战，将横店集团的发展推向高潮，他们的梦想也会乘着风飞向更远。

[相关附录]

附录1

横店能源环保产业项目如表4-8所示。

表4-8 横店能源环保产业项目

2011年	横店工业园区得邦道路太阳能路灯改3造工程
	横店工业园区厂房屋顶1 MW“金太阳”光伏发电站示范项目工程
	嘉善国际木雕城1.2 MW“金太阳”光伏发电站示范项目
2012年	横店光伏产业园区屋顶20.7 MW“金太阳”光伏发电站示范项目工程
	甘肃张掖20 MW地面光伏发电站示范项目工程

附录2

横店东磁2012年上半年财务状况如表4-9所示。

表4-9 横店东磁2012年上半年财务状况

项目	本报告期	上年同期	增减变动幅度(%)
营业总收入	1 607 465 004.91	1 958 980 725.09	-17.94
营业利润	80 883 634.69	117 588 743.11	-31.21
利润总额	85 069 666.07	125 898 033.01	-32.43
归属于上市公司股东的净利润	66 277 295.45	93 404 167.30	-29.04
基本每股收益(元)	0.16	0.22	-27.27
加权平均净资产收益率	2.21	3.21	-31.15
期末合计	本报告期末	本报告期初	增减变动幅度(%)
总资产	4 494 283 154.53	4 128 161 604.75	8.87
归属于上市公司股东的所有者权益	2 956 474 198.21	3 031 098 309.52	-2.46
股本	410 900 000.00	425 900 000.00	-3.52
归属于上市公司股东的每股净资产	7.20	7.12	1.12

[启发思考题]

1. 企业制定战略应考虑哪些因素的影响？
2. 光伏产业进入寒冬，横店东磁怎样渡过光伏产业的冬天？

3. 面对2008年爆发的全球金融危机和2012年持续升温的欧债危机的不利影响，企业应制定怎样的战略，并实现产业的转型升级？

4. 如何实现从第一产业和第二产业向第三产业的转变，发展新型综合服务业应注意哪些？

4.4 横行天下(B)：中国梦，横店梦

摘要：20世纪90年代，徐文荣创立了横店影视城，其后通过管理体系的不断创新，横店逐渐发展壮大，直至全球规模最大也是中国拍摄影视剧最多的影视基地。横店快速且成功的发展经验是很多人都在研究和借鉴的。本案例从横店影视城的创立、发展过程以及其在管理体制上创新之举等方面详细介绍了横店影视城，并为教学提供了材料。

关键词：横店影视城，战略，创新

4.4.0 引言

如果非要找出当下最火爆影视剧《鸿门宴》《宫》《步步惊心》《美人天下》《倾世皇妃》等共同之处，恐怕只有一个，即其拍摄地——横店。在国内众多影视剧拍摄基地运作都不是很成功的背景下，横店影视产业能发展得如此迅速，很大一部分要归功于横店集团创始人徐文荣，他在2013年新年致辞上曾说："一个人不能没有梦想，对梦想的不懈追求是我们实现目标的动力之源。"并阐述了其新年愿景，即新横店梦。

4.4.1 造梦人

从一个交通不便且自然景观匮乏的半山区，到如今拥有28个大型实景基地和11座大型室内摄影棚，成为全球规模最大的影视拍摄基地，这都得归功于横店集团创始人徐文荣的"无心插柳柳成荫"。横店集团是从工业起家，最早要追溯到1975年创办的缫丝厂，其后乡镇企业的发展促进了横店集团的发展壮大。20世纪90年代，徐文荣突发奇想，认为横店地理位置偏僻，工业、农业、商业一时很难实现，所以只能搞文化。最初徐文荣小打小闹地做了几个民俗村，反响不大，1995年是一个转折点，那一年徐文荣巧遇正为《鸦片战争》的拍摄基地苦恼的导演谢晋，经过商讨，徐文荣决定建造"十九世纪广州街市"拍摄基地，全力支持谢晋导演拍摄这部爱国主义教育影片，正是这一无心之举使得小镇横店声名大噪，既吸引了大量的参观群众，又吸引了剧组和导演的目光。

4.4.2 梦之初

1996年是横店影视城的分界线，谢晋导演带着《鸦片战争》来到了横店，要求在3个月内完成电影的布景工程，徐文荣一口气拉进120个工程队同时施工，而为了追求旧时代的效果，徐文荣买下了从坟墓拆迁下的旧石板铺路，并找了工厂义木柴来烧制旧瓦，这样日夜赶工，终于在三个月到期时交出了令人满意的答卷，19世纪的广州街拔地而起。1998年，横店集团又为陈凯歌导演拍摄《荆轲刺秦王》无偿投资兴建秦王宫，通过炸山填滩，开辟荒地，徐文荣先后兴建了清明上河园（见图4-31），明清宫苑，梦幻谷等影视拍摄基地，至此横店影视城初具规模，之后徐文荣逐渐将影视产业缔造成一个不断扩张的帝国。1999年建成江南水乡景区，被美国影视界最权威的专业杂志《好莱坞报导》誉为"中国好莱坞"，并在同年承办首届"中国农民旅游节"。

4.4.3 梦之花

横店影视城经过17年的发展，搭建了多个影视拍摄基地，并设立了影视管理服务公司、制景公司和旅游商品公司等子公司，资本总额达到50多亿元。横店旅游产业也发展得红红

图 4-31　清明上河图

火火，目前已有超过 1 000 万人次的游客来此参观。横店影视城犹如古代城池，这里有秦朝王宫、明朝清明上河园、清朝紫禁城等 28 个按实景比例建造的建筑群，身临其境恍若穿越古今，除此之外还有 120 座婉约的江南水乡民居。横店影视城承办了中国三分之一的古装影视剧和海内外共 500 多部电影，这里曾一天接纳 36 个剧组同时拍戏。横店影视城的成功并不表示影视城的运作十分简单，目前国内已经立项通过审批的影视基地有 110 多家，其中正常运作的仅有 15 家左右，80% 的影视基地处于亏损状态，只有 5% 可以实现盈利，剩下的 15% 只能维持盈亏平衡。如今横店已成为全国首家影视产业实验区，第一批 AAAA 级国家旅游区和青少年红色之旅经典景区，俨然成为中国乡镇之星（见图 4-32）。

图 4-32　横店影视城

横店影视城现已成为中国最大影视基地，并拥有众多"中国之最"。第一，江南第一镇。横店因影视城的闻名而被誉为"江南第一镇"，被誉为"东方好莱坞"。横店影视城是目前国内拍摄场景最多，配套设施最齐全，历史跨度最大的影视基地，也是亚洲最大的影视拍摄基地，在影视界影响力颇大。第二，建设规模最大。横店影视城总占地面积 5 万余亩，建筑面积达 50 万平方米，共拥有 12 个影视拍摄基地，其中秦王宫、清明上河园和明清宫苑影视基地的建设规模均居全国同类拍摄基地第一，建设规模称得上是亚洲第一。第三，室内最高佛像。横店影视城拥有的大智禅寺主殿大雄宝殿经过修复后高度达 45. 05 米，殿内的释迦牟尼佛像高约 28. 88 米，堪称国内室内佛像高度第一。第四，影视拍摄最多。1996 年《鸦片战争》是横店影视城拍摄的第一部电影，至今已接待 1 000 多个剧组，拍摄影视剧数量位居全国第一。第五，群众演员最多。仅 2011 年一年，横店影视城就使用群众演员 25 万人次，其中特约演员有 3 万人次，在国内影视城里居第一位。第六，最大规模室内摄影棚。横店影视城的两座高科技摄影棚之一高 23 米，面积有 1 944 平方米，是目前国内最大的室内摄影棚。

4.4.4 梦之魂

横店影视城的快速发展离不开它的差异化战略的制定和执行。从徐文荣到徐永安，横店影视城都坚持走差异化的道路，主要内容包括横店影视城的准确定位、组织创新、“一城一策”战略和完善全产业链，打造影视品牌等。

1. 准确定位

徐文荣最初的设想是将拍摄基地建在丘陵地带，土少沙多既不宜农田灌溉也不宜植树，与竞争者花费千万的土地征用费用相比，横店土地征用费用相对便宜，建设成本也可大幅降低。然而由于位置偏僻，起初来横店取景的剧组很少，当时的横店只是一座空城，最多时经营亏损达到 5 000 多万。鉴于此，徐文荣另辟蹊径将横店影视城定位为旅游区——除了接纳剧组之外，还通过借助影视剧及电影的知名程度来吸引游客前来参观。2001 年起，徐文荣做出一个大胆的决定：将拍摄基地免费提供给剧组使用，并通过提供设备，服装租赁和经营酒店餐厅等来获取利润。当时很多人觉得这个决定不可行，因为仅外景建筑的年修复费用就高达数千万。但是经过时间和实践的检验，这项“失之东隅，收之桑榆”的政策是一个明智之举。横店影视城影视旅游杂志社总编曾毓琳表示，影视拍摄并非横店的生存之道。“如果单靠影视拍摄的相关收入的话，根本活不下去。横店影视店的收入体现在剧组的消费上。”横店影视城除提供拍摄基地外，还为剧组提供各种类型的影视道具制作租赁交易、一大批具有高素质的群众演员和场景的搭建以及剧组人员的饮食住宿等配套服务，这些都构成横店的影视收入。作为国家的 4A 级旅游区，横店目前正在从影视拍摄基地向影视旅游主题公园转变，如今，在梦幻谷景区的全球最大火山实景演出《梦幻太极》吸进了不少人的眼光，随着演出场次的增多，拉动了梦幻谷周边的商业消费，加上过夜住宿及各种休闲娱乐，给横店当地带来了拉动消费的效应。对剧组而言，其杀手锏有两个：一则免费拍摄，二则是提供一站式服务。横店可提供集场景提供、道具制作、群众演员与特约演员输送等服务；人造实景缩短了剧组布景时间，且场景类型集中，从秦汉到民国均能在横店移步换景，剧组无须东奔西走；横店集中了全国最齐全的道具、灯光公司；此外，横店所属的东阳市素有“百工之乡”之称，能工巧匠云集在此——上海迪士尼亦曾专门派人到横店求助。徐文荣的横店相较于其他影视基地还有一个差异化的竞争优势，其开设了横店影视职业学院，可以提供演员、摄制人员等。除了专业的演艺人员，横店影视城还建立了工厂专门为剧组制作戏服、提供发电车，甚至协助剧组进行影视剧的后期制作。广电总局在横店设立了审片部门，横店影视城的一条龙服务又增加了一条：为剧组完成审片，真可谓做到了让导演带着剧本和演员来就可以带走一部剧的境界。

2012 年横店影视城共接待影视拍摄剧组 150 个，接待游客 1 177 万人次，同比增长 9%，营业收入同比增长 26%，被国家旅游局评定为“全国旅游标准化示范单位”，并跻身于“长三角 100 个不得不去的地方”和“东阳市十大幸福企业”行列，顺利摘得“浙江名牌”的头衔。目前，横店已吸引包括华谊兄弟、光线传媒等国内外 440 家知名影视机构入驻，甚至设立了招商、财务、工商等代理服务，拍摄企业只要证件齐全即可拥有一套完整的服务代理机构，力争做到让剧组带着本子来，带着片子走，甚至是带着票子走。

2. 组织创新

群众演员与剧组的矛盾一向尖锐，以往的群众演员是按片划分势力范围，例如一个群众演员在故宫拍摄，再到秦王宫拍摄就会被排挤，这种现象导致剧组到陌生环境不得不"拜码头"，以防止断电、打砸毁物等阻挠活动；演员时不时发生的坐地抬价令剧组大为光火。另一方面，有些不讲信誉的剧组常常一夜之间人间蒸发也让群众演员工资无望。这种情况愈演愈烈的结果就是剧组和群众演员的关系更加紧张，直至一天夜里，一个剧组在准备悄然撤下时被一群演员拦下，双方大打出手。这件事情引起了横店高层的重视，徐文荣意识到成立一个兼顾双方利益的组织非常必要，"散兵游勇，必须组织起来"。2002 年，横店成立了演员工会，徐文荣规定凡进入横店景区拍戏的群众演员必须是会员。剧组若需要群众演员须由演员工会指派，演员的工资也由演员工会发放。在管理体制上，群众演员需要接受基础培训，演员工会则为每个剧组指派一个协拍经理，协调与剧组相关的事务；演员工会也将给剧组设定收费明细，淋浴、剃头、挨冻、超时等全都明码标价，一旦演员违规哄抬价格即会被立刻请走，终身无法在横店拍戏。

经过演员工会的整顿，哄抬价格、拖欠工资等恶行不再出现，此前垄断景区的"群派"格局亦被打破。横店对外宣传"横店没有潜规则，只有厚厚一大本合同"，如此剧组纷至沓来。

处理好了剧组与演员之间的关系后又出现了另两个问题，即如何调度场景协调剧组间的拍摄时间及协调游客与剧组间的冲突。为了处理这两个难题，徐文荣完善了横店的管理体系。对于调度场景协调剧组间的拍摄时间，以往很多的时候曾有 16 个剧组同时拍摄，横店管理人员每日召集剧组召开调度会议。之后改进的做法是将管理前置，提前掌握剧组拍戏内容，所用场所和占用时段等便于提前公示，并增加信息披露，以公示每个剧组登记的占用场景时间。这样即使横店同时接受 30 个以上的剧组，管理依然井井有条。

关于游客与剧组间的冲突，横店的做法是首先在淡旺季、周末等不同时段提前划定旅游景点的拍戏时间。其次，对热门景点实行分流，例如秦王宫拍戏的频率较高即远离游览地另造一处。再次，对封闭景观做出公示说明，并在丰富演出安排上提高游客满意度。

3."一城一策"战略

2003 年横店出台"一城一策，统分结合"政策来发展影视旅游业，"一城一策"即对应每一个市场、每一座城市制定与当地市场情况相结合的具体方案，运用多重力量整合的策略发展横店影视旅游。2009 年下半年，由于当地有与横店类型接近的主题公园的影响，横店影视旅游在无锡、常州等市场上的宣传和拓展无法顺利展开，横店影视城针对这一现象进行了深入分析，并根据当地城市市场的不同情况，具体问题具体分析，制定了个性化的推广方案，并运用当地主流媒体和互联网的宣传作用，在上海、南京沿线一带的几大城市刮起了一股"横店风"。

横店善于抓住机遇，并结合国内外政治经济形势得出市场的准确分析和预测，并据此制定相对应的方针政策来发展壮大横店旅游产业。在上海世博会开幕之前，全国人民都处于无限期待的喜悦之中，而这时的横店管理决策层已经意识到这次机遇对于处在与大都市相对地理位置较远的横店景区并不能产生多大的效益，反而会受到其他景区搭"顺风车"的不利影响。于是决策层制定了"二级市场顺势而为，实施'搭车''引流'；一级市场避'世博'高峰，先发制人"的策略，该策略的实施使横店影视城 2010 年 1 月至 6 月的中外游客接待量同期增长 48%，达到 375 万人次。2012 年党的十八大强调发展文化产业，横店影视城围绕这一主题，大力发展横店文化，并始终坚持"影视为表、旅游为里、文化为魂"的企业发展战略，突出文化产业发展的重要性。

4. 完善产业链，打造影视品牌

2002 年至今，横店影视城在提供制景、道具、服装、设备租赁、群众演员等配套服务的同时，加大了引进吸收国内外先进影视文化产业的发展理念和先进技术的力度，并加强影视后期制作能力，为从传统的拍摄基地转变为高科技影视制作打下坚实的基础，进一步开发终端工程，以逐步实现横店文化产业的升级转型。横店影视城意识到完善产业链是壮大影视产业的必经之路，也是实现文化产业转型升级的重要途径。近几年，横店影视开始在产业链上寻求突破，先后完善了影视拍摄、影视制作和发行等完整产业链，加大投资建设“影视制作”“影视娱乐”和“影视院线”三管齐发的产业链。2008 年成立了横店影视制作有限公司，先后拍摄了《投名状》《农民代表》《暗哨》等近 20 部电影电视剧，并与澳大利亚 AMPCO 电影公司合作拍摄了《寻龙夺宝》，虽然成绩并不是非常好，但其为横店影视制作迈出了坚实的一步。由于拍摄基地的产业链很短，盈利的范围不大，横店影视城将产业链延伸至院线的建设，2009 年 1 月是一个开始，之后横店影视城相继投入 3 亿多元在长沙、武汉、南京、太原和郑州等城市投资建设了 20 余家五星级影城，成绩最好的长沙和南京影院的票房位居两省首位。发展了国内一线城市之后，横店逐步实现向二三线经济发达城市的扩张，为“横店电影院线”品牌进行了良好的宣传，实现了横店影视公司的经济效益和社会效益。

为挖掘产业链，横店创办了影视职业学院，为接纳的剧组提供演员、摄像人员等服务。2008 年，横店影视职业学员被国家教育部纳入全国普通高校序列，并面向全国进行招生，成为浙江省以“影视”为教学特色、以培养高质量专业性影视人才为目标的高职院校第一家，并获得“中国民办十大知名品牌学校”的称号。

横店集团总裁徐永安提出未来 5 ~ 10 年横店影视城的发展目标：5 ~ 10 年内投资 30 亿 ~ 60 亿元在影视产业，其中包括建设 300 ~ 500 家高档影院，实现全国院线前三强的目标，并将横店影视产业实验区打造为“规模最宏大、要素最集聚、技术最先进、成本最低廉”的全球知名影视产业发展基地。

上述四个方面可以说是横店影视城差异化战略的体现，通过这四个别具一格的策略的实施，横店影视城相较于国内其他的影视城就具有了差异化竞争优势，形成了影视产业中独特的竞争力。

4.4.5 追梦人

2001 年 8 月，徐文荣“退位”，继任者是其长子徐永安，但徐文荣坚决反对将横店集团定义为家族企业。最初，徐文荣曾邀请东磁集团董事长何时金继任，但被婉拒。随后，他又提出了 5 个条件——大学毕业、基层出身、曾连续 3 年实现 2 000 万元的利润、善于处理关系、与国际接轨，遵守“四共”原则，最终满足这些条件、能够胜任掌控这个包括数十家公司、领域错综复杂的庞然大物需要的人选，唯徐永安最为合适。他协助徐永安扫清了上任之后的其他障碍，通过不同方式，让其他子女和创业元老离开了徐文荣的横店。徐文荣卸任后一手创立了“共创、共有、共富、共享委员会”，它并非政府部门，却在一定程度上扮演着政府职能，比如每个月为符合条件的老人补贴 300 元。

徐永安并非纨绔子弟，他也当过普通工厂员工，创办过仅有 9 间简陋平房和 20 万元启动资金的工厂，也管理过横店旗下的高科技产业，早已千锤百炼。徐永安沿着其父亲的路线将横店梦继续进行下去，他曾对《环球企业家》说过：“我父亲遇到的问题是影视城建设初期内部统一，我遇到的问题是怎样把影视城快速完善。”作为父亲亲任的继承者，徐永安入主横店十年受到普遍赞誉，横店人都认为是他将横店带入鼎盛期，对于父亲徐文荣的造梦之旅，徐永安最佩服他的是其决策力：任何事情他能透过现象看到趋势。小到电视机，大到影视城，这种思维是父亲对我最大的影响，对企业家来说，一定要有这种能力去展望30年后的事情。徐永安开启的追梦之旅将延续其父亲的“奇幻漂流”，打造属于横店人的中国梦、横店梦。

4.4.6 小结

2013年，横店影视城在回顾2012年的成绩的同时也提出了新年的愿景：大力发展影视文化产业和服务业，争取在2012年的基础上，实现接待游客次数达1 300万人次，接待剧组数量不降，在营业收入总额和利润上实现突破，提高横店影视城旅游产业的档次和地位。由于近几年影视文化的发展，影视基地的建设和影视院线的投资成为一种潮流，在这股洪流中，横店影视城如何保持住自己的成绩和地位是一个重要的问题。

[相关附录]

附录1　横店影视城文脉再造示意

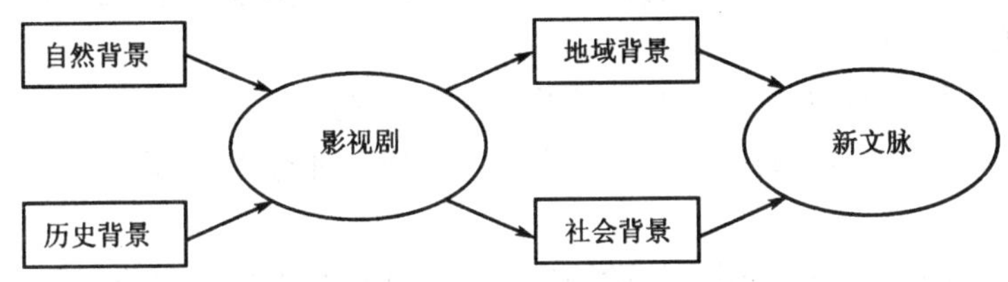

图4-33　横店影视城文脉再造示意图

附录2　横店影视主题公园主题深化示意

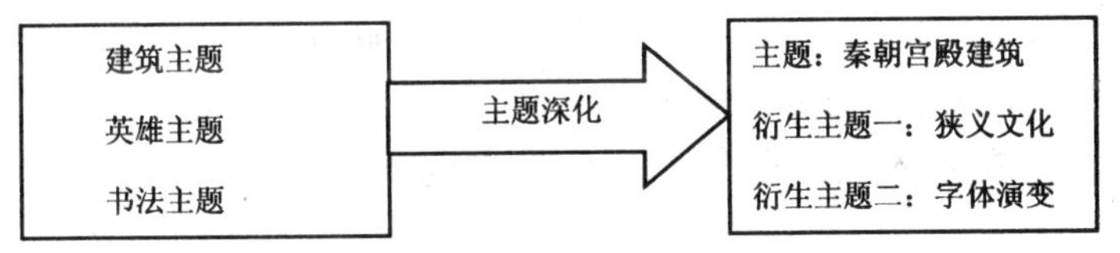

图4-34　横店影视主题公园主题深化示意图

附录3　横店影视城发展大事记

1996年为拍摄献礼巨片《鸦片战争》建造了第一个影视拍摄基地——广州街景区。

1997年为拍摄历史巨片《荆轲刺秦王》建造秦王宫景区。

1998年建成香港街、清明上河园、明清宫苑景区。

1999年建成江南水乡景区，被美国影视界最权威的专业杂志《好莱坞报导》称誉为“中国好莱坞”，承办首届“中国农民旅游节”。

2000年为吸引更多的海内外剧组前来横店影视城拍摄，横店影视城所有场景对影视拍摄免收场租，国家旅游局创建优秀旅游城市检查团来到横店，国家旅游局局长为横店题词“中国农民旅游城”，相继建成两座超大型的现代化摄影棚，横店影视城被国家旅游局授予首批国家 AAAA 级旅游区称号。

2001 年整合横店集团属下所有影视拍摄基地、星级宾馆和影视拍摄、旅游接待服务相关的 20 余家企业为横店集团浙江影视旅业有限公司。是年横店影视旅游初见成效，游客量较上年翻一番，张艺谋的电影《英雄》在秦王宫景区拍摄。成立影视管理中心，统一管理运营制景、道具、服装、化妆、车辆、设备租赁、演员队伍等配套服务，成为国内影视拍摄基地中管理和服务最规范者之一。整合各景区营销队伍，成立统一的旅游营销公司，此举为业内首创，营销体制的创新为游客量的大幅上升准备了条件。

2002 年相继建成了 12 个影视拍摄基地，开发了浦江神丽峡等三个自然风景区。

2003 年被评选为“浙江省十佳最具吸引力的旅游景区”，横店集团浙江影视旅业有限公司正式更名为浙江横店影视城有限公司，演员公会成立，为业余演员提供大量演出机会。注册演员达数千名，当年出镜群众演员和特约演员即达近 70 000 人次。

2004 年横店被国家广电总局批准为中国唯一的国家级影视产业发展基地——浙江横店影视产业实验区正式挂牌，并举办“第八届中国国际儿童电影节”和“2004 年中国横店影视博览会”。

2004 年陈凯歌的电影《无极》在秦王宫景区盛大开机拍摄。

2005 年，从 1996 年至 2005 年共接待剧组 300 多个，共拍摄影视剧近万部(集)，全年接待游客超过 300 万人次。

2006 年，横店影视城被评为“中国十大影视拍摄基地”。

2007 年 6 月，横店影视城被第 10 届上海国际电影节评选为“中国最具特色影视拍摄基地”。

2007 年 4 月，国家人事部、国家旅游局授予浙江横店影视城有限公司“全国旅游系统先进集体”光荣称号，是浙江省获此殊荣的唯一民营企业。

2009 年 2 月，横店影视城被省文化厅确定为浙江省文化产业示范基地。

2010 年 3 月，浙江名牌战略推进委员会正式认定“横店影视城”为浙江名牌。

2010 年 4 月 18 日，国家旅游局正式授予横店影视城为国家 5A 级旅游景区称号；2010 年 6 月，横店影视城被国家旅游局确定为全国旅游标准化试点企业。

2010 年，横店影视城入驻目前华北地区最大的购物品牌渠道——山西同至人购物中心。

2011 年 6 月 28 日，中国旅游行业第一份“中国旅游百强景区”发布，横店影视城以 2010 年旅游接待 841 万人次的成绩高居“中国旅游百强景区”排行榜第四位。

2011 年 9 月 7 日由中外旅游文化协会主办的“中国最具国际影响力的十大旅游演出”评选结果：横店影视城艺术团演出的全球最大火山实景演出《梦幻太极》名列其中。

2012 年 6 月底，投资 3 500 多万元的大型全息多媒体真人秀节目《游龙戏凤》，在横店清明上河图景区亮相。

2012 年 7 月 21 日，经过精心策划的第六版《梦幻太极》推出。

2012 年 8 月 28 日浙江省邮票局、浙江省电影家协会、横店影视城联合推出了《中国电影诞生一百周年》个性化纪念邮票。横店影视城个性化纪念邮票小版票以及横店影视城邮资明信片、首日纪念封等，以其鲜明的艺术特征受到集邮专家及各界人士的好评和欢迎。

横店影视城个性化纪念邮票小版票每版 8 枚，横店影视城邮资明信片每套 12 张。小版票与邮资明信片图案均选取了横店影视城富有代表性的景点为内容，既有观赏性，又有收藏价值，能够满足广大集邮爱好者和影迷、“驴友”的集藏需求。

[**启发思考题**]

1. 横店影视城发展旅游业的优势和劣势是什么？

2. 横店影视城成功的因素是什么？

3. 从哪些方面入手可以完善影视城的产业链，如何看待影视院线投资逐渐成为一种潮流？

4. 横店影视城如何在与其他影视城的竞争中建立自己的比较优势，并将此优势保持下去？

5. 影视城发展为何成功的较少，怎样运作才能保证一个影视城的成功？

4.5 美的品牌：原来生活可以更美的

摘要：21 世纪以来，美的集团年均增长速度超过 30%，2010 年 2 月，在国际权威品牌价值评估机构英国品牌顾问公司（Brand Finance）公布的“全球最有价值 500 品牌排行榜”中，美的集团作为唯一的中国家电企业入选。美的集团的发展壮大与其 2003 年开始的并购活动密切相关，然而，美的集团并购荣事达和小天鹅之后，在洗衣机行业出现了多品牌整合定位的问题。本案例主要再现了美的在横向并购荣事达和小天鹅后的品牌整合过程，为其他企业的品牌整合提供了很好的典范。

关键词：横向并购，品牌整合，战略规划

4.5.0 引言

“横向并购后的多种品牌，是进是退应该如何抉择？”时任美的集团董事长何享健坐在办公室里，看着窗外多云的天气，面对美的集团旗下的美的、荣事达和小天鹅三大品牌的战略规划方案书眉头紧皱。回想 1968 年，自己带领 23 位北窖人集资5 000元创办了生产塑料瓶盖的“北街办塑料生产组”，悠悠三十载，美的集团实现“百亿”跨越。在接下来的不到 10 年时间里，美的集团又轻松越过千亿元大关，即将收获创纪录的 1 100 亿元销售规模。“善弈者谋势，不善弈者谋子”，40 年来，美的的每一步都顺风顺水，然而作为善弈者的何享健，在这一个十字路口还能否做出正确的选择呢？他当初又是为什么会选择站在这样一个十字路口上呢？

4.5.1 并购的驱动因素——美的并购的初衷

1. 美的自身战略布局的需要

“全面进入冰箱、空调、洗衣机等白家电领域”是美的既定的战略方向，“进入国内三甲、冲刺全球白电五强”是美的明确的战略目标，但是美的洗衣机业务的增长相对于起家业务冰箱、空调而言显得有些缓慢。美的电器 2006 年的中报显示，其洗衣机业务今年上半年销售收入只有 6.55 亿元，与海尔洗衣机 50 亿元的销售收入无法相提并论。很显然，单靠美的自身的投入与积累是无法在短期内实现既定战略目标的，同时既有品牌的行业影响力也制约着美的洗衣机的成长，采取资本并购的方式来实现快速扩张是很现实的方式。在洗衣机行业，海尔的整体市场占有率达到 23% 以上，位居行业第一（洗衣机业务目前是海尔集团旗下市场占有率最高的业务），紧随其后的是小天鹅、LG、松下与荣事达（市场占有率均不足 10%）。

“如果美的并购了位居行业第二的小天鹅，不仅可以消除一个强有力的竞争者，还可以

补齐洗衣机业务的短板，一举跃升至国内洗衣机行业的前两位”，何享健这样想着。

2. 协同效应——达到双赢的境界

随着消费者购买力的提升，消费者的生活方式、价值主张与取向都会发生相应的改变，体现在消费上就表现为我们通常所说的消费升级换代、产业升级；洗衣机业正从波轮洗衣机向节水、防磨的滚筒洗衣机逐步过渡。属于高端产品的滚筒洗衣机，产品毛利率一般都在40%左右；滚筒洗衣机市场目前还主要是外资品牌占据优势，即使是综合占有率第一的海尔也落后于外资品牌。

滚筒洗衣机代表行业发展方向，美的电器在研发和制造上发展滞后，而小天鹅在为 GE 和西门子代工滚筒洗衣机的过程中积累了很强的制造和研发技术，是国内为数不多的能同时制造自动波轮、滚筒、搅拌等全品类洗衣机的企业。美的通过并购，可以充分利用小天鹅原有的生产、研发、品牌等优势，充分把握产业升级换代所带来的机会。此外，美的电器具有完善的物流配送和技术支持系统，分销网点遍布国内、国外主要下游用户区域，小天鹅和荣事达可以通过美的电器的物流配送系统和营销渠道，利用美的电器在采购、仓储、运输中的优势，获取上游生产原料和销售产成品，以降低生产成本、运输成本和服务成本。

3. 行业环境变化创造了新的契机

2003 年中国家电市场经历了不寻常的一年。从市场层面来看，主要家电产品普及率高达60%以上，冰箱、洗衣机和电视机的普及率超过 90%，并且发达国家在家电行业的产能向中国市场转移是大势所趋。而相对于家电其他领域，洗衣机市场的竞争格局还是有机可乘的：其一，除海尔、美的之外，其他的家电巨头如长虹等虽有一些动作但并没有大规模进入；其二，外资品牌目前只有西门子、松下、三星等有一定竞争力，而且主要集中在高端领域。这样的竞争格局就为美的通过并购实现跨越式发展、一举奠定江湖地位创造了可能。

另外，由于洗衣机市场并未达到饱和，洗衣机行业的毛利率超过 20%，这一点是家电领域其他行业无法比拟的。高毛利率必然会吸引新的投资者进入。美的通过并购可以在洗衣机市场中占领一席之地，在未来更残酷的竞争挑战中抢占先机。

4.5.2 横向并购，水到渠成

1. 并购荣事达，切入洗衣机业

基于上述背景的考虑，于 2004 年 11 月，美的集团借道美国美泰克公司收购了荣事达中美合资公司 50.5% 的股权。2005 年 7 月，美的集团又增持荣事达集团持有的合资公司 24.5% 的股权，由此合计共持有合资公司 75% 的股权，对“荣事达”品牌实现了绝对控制。

2006 年 11 月 24 日，美的首次推出了 18 款“美的”牌洗衣机新品，这些洗衣机全部由设在合肥的美的荣事达合资公司制造，包括 8 款滚筒洗衣机、8 款波轮洗衣机和 2 款干洗机。同时，宣布了美的的品牌战略，在品牌的市场定位上，“美的”偏重一二级高端市场，“荣事达”侧重三四级低端市场。原有美的荣事达在全国 25 个核心销售中心，超过 3 000 个顾客服务网点和 5 000 多个零售网点，将全面为美的洗衣机开放。

2008 年 12 月 6 日，美的电器发布公告，拟通过全资子公司美的电器 BVI 以 6 816.26 万元受让美的集团控股子公司 MAYTAGI 持有的合肥荣事达洗衣机设备制造有限公司 25% 的股权，交易完成后，美的将拥有荣事达 100% 的股权。

2. 并购小天鹅，改写洗衣机竞争格局

2008 年 2 月 26 日，美的电器发布公告称，以 16.8 亿元受让小天鹅控股股东无锡国联全部24.01%的股份,自此备受关注的"小天鹅出嫁"尘埃落定。

无锡国联对并购者的资格要求相当苛刻;拟受让方最近三年连续盈利,注册资本金不低于人民币10亿元,2006年底经审计的账面净资产不低于人民币30亿元,具备与小天鹅主营业务所属白色家电行业相同的行业背景。

数次并购后,2008年美的洗衣机合肥生产基地产能将达到1 000万台,小天鹅和荣事达两个品牌本身位居中国洗衣机市场的前列,至此美的拥有美的、荣事达和小天鹅等多个品牌,实行有序的多品牌梯次运营,可是,在波诡云谲的家电行业里,何享健深知,事情远远没有结束……

4.5.3 十字路口的抉择——品牌如何整合

1. 抉择背景

美的集团并购荣事达之后,只有5年的品牌使用权,而并购小天鹅时,美的公司则拥有其品牌所有权,因此为了避免荣事达品牌使用权到期带来的负面影响,美的集团就决定要依靠小天鹅品牌来化解其缺失荣事达品牌所有权而带来的各种风险和成本。这表明,美的集团从长期战略的角度对品牌整合给予了充分的重视。

另外,在荣事达和小天鹅这两个品牌上,当地政府分别给予了明确的政策导向,要求美的集团必须保留被并购品牌并继续使用,这使得美的集团不得不在实践中考虑这项因素。

从品牌管理成本上来看,多品牌运作自然会导致品牌管理成本的上升。美的并购荣事达之后,由于自主品牌美的在洗衣机领域不具有竞争力,因此通过借助荣事达品牌的影响力占领市场可以减少自身的进入壁垒,但是当并购小天鹅之后,由于小天鹅品牌具有技术优势和强大的品牌竞争力,美的如果采取逐渐边缘化荣事达品牌的战略,可以将主要资源用于培育主导品牌,利用品牌之间的协调作用达到降低多品牌管理成本的目的。

包容性是企业文化的特征之一,用来描述一个企业承认、尊重和吸纳其他文化的能力。如果被并购企业的文化与原有企业文化之间存在较大的冲突,那么选择暂时保留被并购企业的品牌就成为比较明智的选择;如果并购企业的文化具有较强的包容性,那么它更倾向于保留被并购品牌。美的企业文化突出一个"变"字,这个字很好地体现了美的文化的包容性。美的在并购荣事达和小天鹅之后,虽然都出现过员工闹事等波动来抵抗美的进驻,但美的最终还是决定包容这两个品牌。

2. 品牌整合策略——十字路口上的起航

通常企业在横向并购其他品牌之后需要进行两方面的决策:一是品牌数量决策,即保留还是淘汰被并购品牌;二是品牌定位决策,即如果保留被并购品牌,那么在同种或同类产品多品牌的情况下,是否需要对不同品牌进行重新定位。以何享健为代表的领导班子结合当时所处的背景和自身的经验,逐渐在品牌整合的十字路口上摸索出了一条合理的道路。

首先,在品牌数量决策上,美的并购小天鹅之后,决定保留小天鹅品牌名称,并且美的将充分尊重小天鹅的独立经营自主权。时任美的电器股份有限公司总裁、小天鹅董事长方洪波在股权转让仪式上表示:"成功受让小天鹅股权后,对小天鹅品牌坚持'使用、发展、提升'的原则,进一步巩固和提升小天鹅品牌形象和市场地位。"

其次,在品牌定位决策上,并购后的美的将洗衣机业务作为小天鹅未来发展的重点,并且对旗下美的、荣事达和小天鹅品牌进行了重新定位。重新定位大致分为两个阶段。

第一阶段是基本维持各个品牌的原有定位,而首先对组织结构和人力资源进行整合,同时充分依托小天鹅品牌的技术优势,加大对研发的投入。美的对旗下洗衣机品牌的最初构想是:荣事达覆盖三、四级市场,小天鹅定位中高端,美的品牌专攻高端。具体来说,由于小天鹅品牌本身具有强大的技术和品牌竞争力,并且在并购之前处于市场领军地位,因此美的暂时维持其原有定位;在荣事达品牌上也采取了同样的定位策略,即暂时保持其低端定位;美的试图依托小天鹅强大的技术优势使美的品牌真正跻身高端市场。总之,暂时保持三个品牌的原有定位不变。

第二阶段是在第一阶段完成的基础上,根据每个品牌的自身优势,进一步明确品牌之间的关系,即小天鹅以技术为依托,定位高端;美的以小天鹅的技术和自身渠道为依托,定位普及市场;而对荣事达品牌则采取逐步边缘化的战略。2009 年 11 月,美的集团成立了中国营销总部。2010 年,美的集团对美的、小天鹅品牌进行了重新定位。美的分别围绕"小天鹅""美的"两大洗衣机品牌,从高端市场和普及市场两个维度,全面释放了美的欲通过"多品牌、立体市场、集中发力"策略掀起国内洗衣机市场重新洗牌的强烈信号。2010 年 3 月 24 日,小天鹅在"'心有大未来'2010 年小天鹅高端新品发布暨滚筒战略启动会"上发布了 2010 年三大系列高端滚筒新品:"ZEN 纯臻"系列、"变频洗、干一体"系列和"智能投放"系列,价格都在 6 000 元甚至10 000元以上。同时,从 2010 年 3 月底开始,美的品牌滚筒洗衣机主流机型降价 30%,其中 5.2 公斤容量(市场同类产品的均价为 3 000 元)和 7 公斤容量(市场同类产品的均价为 4 500 元)的两款主流滚筒洗衣机更以半价出售,逼近中端波轮洗衣机的价格区间。同时,对荣事达品牌采取逐步边缘化的战略。这种边缘化战略具体表现为:

(1)降低甚至取消荣事达品牌营销资源的投入,如不进行广告推广、不进行促销等;

(2)逐步将荣事达品牌的产品从国美、苏宁等大型渠道中撤出。

4.5.4 品牌整合绩效分析

并购荣事达和小天鹅之后,美的、荣事达和小天鹅三个品牌共同构成了美的系洗衣机品牌的主要支柱。中怡康零售数据显示,2010 年第一季度,小天鹅品牌的洗衣机销量为 110 万台,同比增长 22%;以美的和荣事达品牌出售的产品,前三个月合计销售 119 万台,同比增长 94%。从美的企业角度来看,并购小天鹅之后的品牌整合取得了比较满意的结果。从市场竞争的角度看,美的集团的品牌整合也取得了不错的成绩,三个品牌对美的集团在中国白电市场的竞争起了重要的作用(如图 4-35 所示,两条虚线用以区分美的集团的两次并购事件)。

在洗衣机市场,海尔历来是美的强有力的竞争对手。整体上看,海尔洗衣机的市场份额呈上升趋势,2008 年 1 月的市场份额高达 32.64%。虽然曲线显示其 2010 年第一季度的市场占有率较之有所下降,为 28.60%,但是与行业第二的美的系品牌相比,仍具有很大的优势。

荣事达被美的并购之后,洗衣机市场占有率出现了小幅度上升,2008 年 11 月达到 10.33%;但是到了 2010 年,其第一季度的市场份额仅为 3.60%。小天鹅在并购之前的市场占有率一直处于下降趋势,而被并购近一年半后,市场份额下降为 10.96%;2010 年 1 季度的市场份额出现了小幅上升,达到 12.10%,但是与海尔品牌相比,仍有很大的差距。另一方面,美的自主品牌的美的洗衣机的市场表现不容乐观,其市场占有率虽然呈现上升趋势,但是比例非常小,2010 年 1 季度的市场占有率仅为 1.90%。

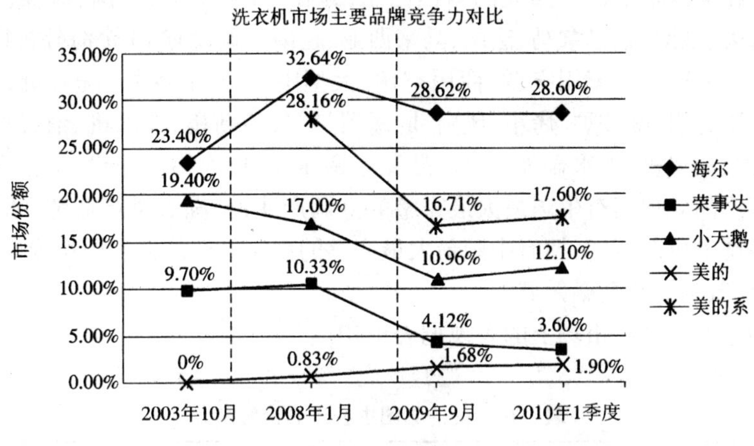

图4-35　美的系品牌与海尔品牌市场份额

美的在并购两大白电企业之后,美的系洗衣机品牌整体的市场占有率仍与海尔品牌存在较大差距,尤其是2010年1季度,海尔品牌市场占有率比美的系高出11个百分点。但是仍可以看出,荣事达和小天鹅两个品牌为美的参与白电市场的竞争提供了很大的支持。如果单纯依靠美的品牌自身的实力,是远远不能达到现在的效果的。整体上看,美的集团并购后的品牌整合取得了比较好的绩效。

4.5.5 小结

正所谓"万事开头难",一路走来,一路艰辛却一路高歌。何享健亲眼目睹了美的这几年来取得的成绩,脸上浮出了少见的微笑。目前,美的集团是国内名副其实的"白色家电全能者",旗下拥有美的电器、威灵控股(香港)、小天鹅3家上市公司,全球员工15万人,构建起了完整的空调、冰箱、洗衣机、洗碗机、微波炉、小家电等产业链群,包括空调、风扇、电饭煲、微波炉在内的逾20多个家电品类产销量居行业前茅。一系列的数据显示出美的品牌的辉煌:在2010年中国最有价值品牌排行榜上,美的品牌价值达到497.86亿,位列全国第六名;2010年评选的中国500强企业,美的排第67位;广东省500强企业,美的排第4位;广东省"百强民营企业",美的排名第一位;"十一五"期间,美的集团纳税160亿元,投资210亿元,其中2010年纳税50亿元,投资90亿元。这一切不能不归功于"善弈者"何享健当时并购荣事达和小天鹅的长远战略眼光和正确的品牌整合策略,未来的道路还很长,但是终究会"甲光向日金鳞开",让我们拭目以待,共同见证这一"美的传奇"……

[相关附录]

附录1　美的集团简介

美的集团建于1968年,是一家以家电业为主,涉足房产、物流等领域的大型综合性现代化企业集团,是中国最具规模的家电生产基地和出口基地之一。美的集团员工近8万人,拥有美的、威灵等十余个品牌。除顺德总部外,美的集团还在国内的广东广州、广东中山、安徽芜湖、湖北武汉、江苏淮安、云南昆明、湖南长沙、安徽合肥、重庆、江苏苏州等地建有生产基地;在国外的越南平阳基地已建成投产,美的集团工业基地占地总面积超过700万平方米。

美的集团在全国各地设有强大的营销网络,并在美国、德国、英国、迪拜、日本、中国香港、韩国、加拿大、俄罗斯、巴拿马、法国、马来西亚、越南等地设有13个海外机构。

美的集团主要产品有家用空调、商用空调、大型中央空调、冰箱、洗衣机、饮水机、电饭煲、电磁炉、电压力锅、微波炉、烤箱、风扇、取暖器、空气清新机、洗碗机、消毒柜、抽油烟机、热水器、吸尘器、豆浆机、电水壶等家电产品和空调压缩机、冰箱压缩机、电机、磁控管、变压器等家电配件产品。现拥有中国最大最完整的空调产业链、洗衣机产业链、冰箱产业链、微波炉产业链和洗碗机产业链,拥有中国最大最完整的小家电产品群和厨房家电产品群,同时产业拓展至房产、物流及金融领域。

美的集团主要产品在市场上的表现见表4-10。

表4-10　美的集团主要产品销售统计

产品名称	2010年销量/万台	其中出口/万台	2010年销售额/亿元	其中出口/亿美元	市场地位
空调器	2 551	810	421	19.9	国内第二
空调压缩机	2 942	236	170	0.7	国内第一
微电机	15 374	2 306	75.8	7.56	国内第一
微波炉	2 451	1 838	63.7	31.4	全球第二
磁控管	3 096	1 902	12.0	1.1	全球第一
风扇	3 561	1 780	27.9	2.6	全球第一
电饭煲	2 259	904	23.1	2.5	国内第一
电磁炉	1 128	50	19.9	0.3	国内第一
饮水机	491	71	11.8	0.4	国内第一
电暖器	723	489	8.95	0.9	国内第一
洗碗机	247	247	24.9	3.8	国内第一
冰箱	827	248	88.2	3.4	国内第二
洗衣机	1 244	373	100	3.8	国内第一

美的集团共拥有中国驰名商标2个(美的、小天鹅)、著名商标1个(威灵),上市公司3家(美的电器,000527,深圳;小天鹅,000418,深圳;威灵控股,00382,香港),国家高新技术企业22家,中国名牌产品12个,省名牌产品9个。在“2010中国最有价值品牌”的评定中,美的品牌价值达到497.86亿元,名列全国最有价值品牌第6位。美的品牌价值增长如图4-36所示。

附录2　美的集团的悠悠成长路

1.初创期(1968—1980年)

1968年何享健先生带领23人集资5 000元在北窖创业,以生产塑料盖、药用玻璃瓶、皮球等为主。1975年以生产塑料、五金制品为主,1976年成为专一的汽车配件厂。

2.迅速发展期(1980—1992年)

1980年开始生产电风扇,进入家电行业,并从1981年正式注册使用“美的商标”。1985年成立空调设备厂,正式进入空调行业,提出“不与国内同行争天下,走出国门闯市场”的口

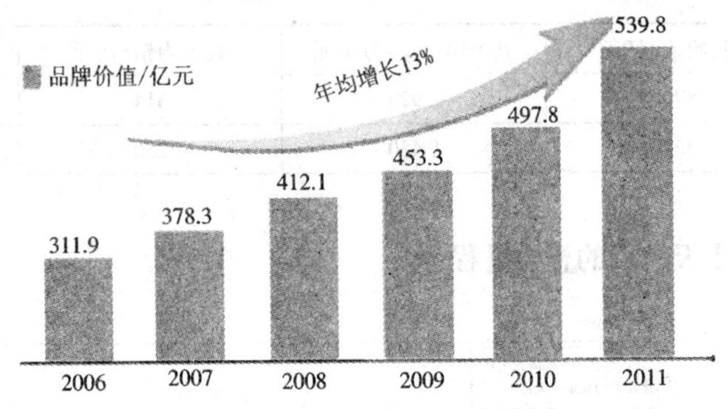

图4-36 美的品牌价值增长图

号。荣获“国家二级企业”称号，同时美的电风扇厂综合实力名列“全国乡镇企业”第三。

3. 腾飞期(1992—2008 年)

1993 年成立美的集团并进行内部股份制改造，逐步建立现代企业制度，成立电机公司和电饭煲公司。

1997 年进行事业部制改造，形成“集权有道、分权有序、授权有章、用权有度”的内部授权模式。

1998 成立芜湖制冷公司、工业设计公司，收购东芝万家乐，进入空调压缩机领域，1999 年成立信息技术公司、物流公司、电工材料公司。

2000 年事业部制公司化改造，管理层融资购法人股(MBO)和中高层骨干持流通股。

2001 新项目 MDV、微波炉、饮水机、洗碗机、燃气具等相继投产；完成产权改革，成立广东美的企业集团；成立磁控管公司、变压器公司，形成微波炉产业链。

2002 年成立冰箱公司。

2003—2004 年在坚持以家电业为主的同时，追求适度多元化。相继收购云南、湖南客车企业，正式进军汽车业。与东芝开利签署合作协议，先后收购江苏清江电机、合肥荣事达、重庆通用、广州华凌、江苏春花，同时兴建云南、武汉基地，形成了包括基地在内的十二大生产基地的布局。

2008 年 4 月收购江苏小天鹅，并与荣事达进行全面整合，建立完善的洗衣机产业链。

纵观美的集团的发展，它一直保持着健康、稳定、快速的增长。20 世纪 80 年代美的的平均增长速度为 60%，90 年代平均增长速度为 50%。21 世纪以来，年均增长速度超过 30%。2010 年，美的集团共拥有总资产 820 亿元，整体实现销售收入达 1 038 亿元，其中出口额 50.8 亿美元。

美的集团有限公司历年来经营情况见表 4-11。

表4-11 美的集团历年经营情况统计

时间	销售收入/亿元	其中出口/百万美元	其中内销/亿元	其中利税/亿元
2010 年	1 038	5 080	700	120
2009 年	690	3 420	450	84.6
2008 年	640	3 462	380	56.4

续表

时间	销售收入/亿元	其中出口/百万美元	其中内销/亿元	其中利税/亿元
2007 年	470	1 929	314	51.5
2006 年	368	1 450	250	35.3

附录 3　美的并购小天鹅后的整合过程

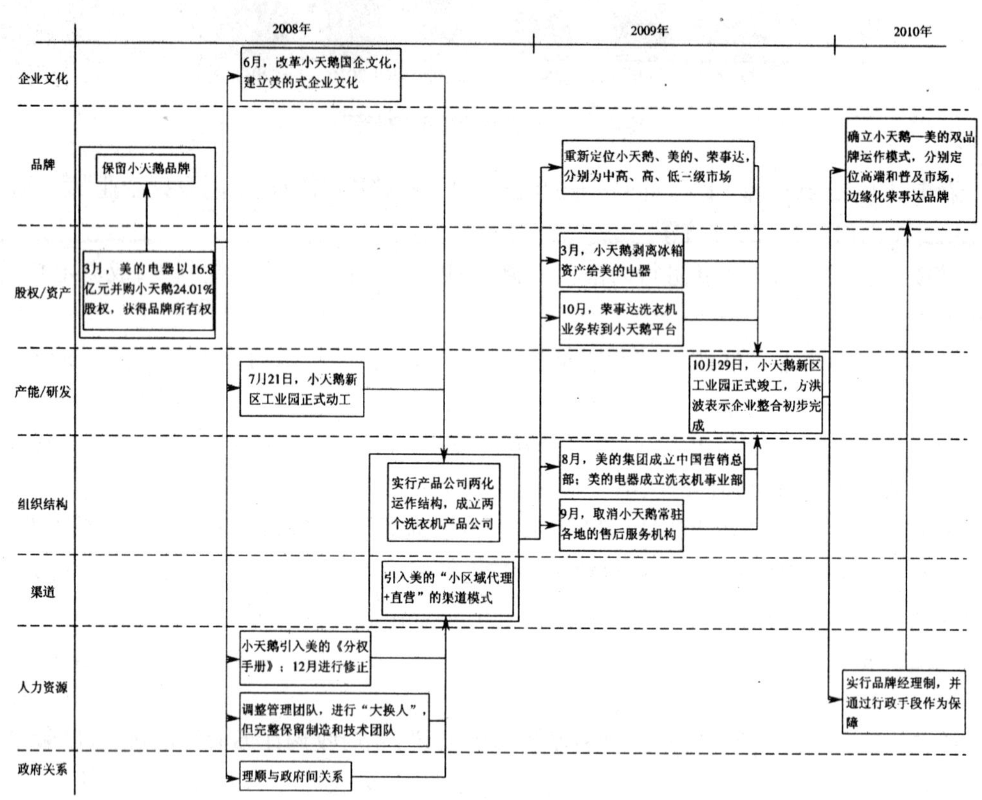

图 4-37　美的并购小天鹅后的整合过程

4.6　蒙牛——中粮的“陷阱”还是“馅饼”?

案例说明:本案例侧重介绍了中粮的并购战略。在并购动因中,蒙牛考虑的是行业的因素和自身的因素,另外政府的行政意志表明了宏观环境中的政治因素,不可忽视。4.1.6.6 侧重阐述了并购后的整合问题——中粮从质量管理到品牌建设全产链整合和中粮对蒙牛内部组织架构的调整。

摘要:本案例主要描述了 2009 年中粮集团并购蒙牛乳业这一事件。文中客观地反映了中粮集团并购蒙牛乳业的背景、实施并购的动因、并购的过程及交易结构、并购后蒙牛给中粮带来的问题以及中粮的应对措施。本案例为企业提供一个相关产业并购样本的同时,也为并购战略的教学实践提供了很好的教学材料。

关键词:公司并购,整合,战略

4.6.0 引言

2009年7月8日，在中粮并购蒙牛签署协议会上，宁高宁和牛根生难以掩饰内心激动的心情。在签字落成仪式上，宁高宁说："蒙牛作为乳业巨头之一具有强有力的品牌地位和市场占有率，通过入主蒙牛能够完善中粮产业链中的乳业领域；其次，民企具有较强的创新能力和发展活力，这将给中粮未来的发展增强竞争力。我和牛总初次见面的时候就已经有了框架了，再见面有了细节，再见面就签字了。"在宁高宁心里，蒙牛毫无疑问地成为了中粮从天而降的"馅饼"。

蓝图固然是美好的，然而现实却是残酷的。事实上，中粮与蒙牛联姻这三年来，4起重大食品安全事故不仅让蒙牛口碑每况愈下，也让中粮自己感到尴尬。接手三年的蒙牛备受诟病，这不禁让宁高宁怀疑，当初的那块"馅饼"是不是已经沦为了"陷阱"。

4.6.1 并购主体——中粮集团

1. 中粮集团概况

中粮集团公司成立于1949年，前身是中国食品出口公司、中国油脂出口公司、中国粮谷出口公司。1961年正式合并为中国粮油食品进出口公司，1965年更名为中国粮油食品进出口总公司，1999年更名为中国粮油食品进出口(集团)有限公司，2004年更名为中国粮油食品(集团)有限公司，2007年4月10日更为现名。公司是国务院国有资产监督管理委员会履行出资人职责的国有独资公司，具有独立的企业法人资格，自主经营，独立核算，自负盈亏。

作为投资控股企业，中粮旗下拥有中国食品(00506HK)、中粮控股(00606HK)、蒙牛乳业(02319HK)、中粮包装(00906HK)四家香港上市公司以及中粮屯河(600737SH)、中粮地产(000031SZ)和中粮生化(000930SZ)三家内地上市公司。

通过日益完善的产业链条，中粮形成了诸多品牌产品与服务组合：福临门食用油、长城葡萄酒、金帝巧克力、屯河番茄制品、家佳康肉制品、香雪面粉、五谷道场方便面、悦活果汁、蒙牛乳制品、大悦城 Shopping Mall、亚龙湾度假区、雪莲羊绒、中茶茶叶、金融保险等，这些品牌与服务铸就了中粮高品质、高品位的市场声誉，使得公司发展成为中国领先的农产品、食品领域多元化产品和服务供应商，致力于打造从田间到餐桌的全产业链粮油食品企业。

2. 中粮集团时间轴

公司从成立至今的50多年里，经历了以下几个主要发展阶段。

1952—1987年，公司履行了国家赋予的专业化经营和行业性管理的双重职责。35年间不仅打开了中国粮油食品产品通往国际市场的通道，而且为我国社会主义建设积累了大量外汇资金，有力地支持了我国国民经济的发展。

1988—1991年，公司经历了历史上重要的转型、调整期。1988年，我国深化外贸体制改革，外贸经营权逐步放开，公司适应新形势，从经营结构到经营方式，从商品结构到管理架构，都进行了较大幅度调整，逐步由管理主体向经营主体转型，为1992年以后公司的变革和发展，从观念到物质上进行了准备。

1992—2004年，公司遵照国家关于建立社会主义市场经济体制、进一步深化国有企业改革的方针，努力建立现代企业制度，加快改革管理体制和转换运行机制，不断培育公司核心竞争力。公司基本完成了由单一的外贸代理公司向产业化经营的转型，创新能力和核心竞争力逐步显现。1999年，公司顺应经济全球化发展趋势，在公司内部建立全球视野的资源配置体系、管理架构和运行机制，并将绝大部分资产划转至香港，在香港分批成功上市。通过重组、改制，集团进一步强化了核心业务和核心竞争力。

2005 年开始，为适应新的形势，解决集团发展中的问题，寻找引领公司新的进步的动力，公司开展了加快改革发展的系统思考。根据客观环境和自身基础，寻找最适合的措施和方法，力求既快又稳地发展。公司改革发展的原则是：统一思想，清晰战略，发展为主，专业管理。在发展中逐步优化机构、业务、人员，在优化中不断发展。2007 年 10 月，经国务院国有资产监督管理委员会国资改革 1169 号文件批复，公司注册资本由 31 223 万元变更为 123 529.80 万元。

经过十几年来的不断变革，公司从传统外贸公司成功地转型为以产业链为基础的全新的大型企业集团。公司不仅在传统的农产品贸易上继续保持优势，而且在新建的几大核心业务上，已发展成为全国最大的食用油企业、最大的葡萄酒企业、最大的面粉企业、最大的啤酒麦芽企业。公司整体竞争实力显著增强。

4.6.2 并购助手——厚朴基金

厚朴基金酝酿于 2003 年，2007 年水到渠成。这家在海外设立、专注于中国的私人股权投资基金，管理厚朴基金投资团全数接手，资金规模为 25 亿美元，完全以国际标准的合伙制模式打造，其投资者全部为世界排名前三位的机构投资者，包括主权财富基金、新加坡淡马锡投资。据悉，厚朴投资的制度设计、后台管理、投资策略都是在淡马锡的帮助下建立起来的。

作为一家初创企业，厚朴基金管理公司对于市场的影响力主要来自其三位创始合伙人：高盛高华证券公司董事长方风雷、原毕马威会计师事务所中国内地及香港业务主席何潮辉和原高盛亚洲投资银行部联席主管王忠信。

“我们要做国际水准的 PE。”厚朴基金管理公司创始合伙人之一何潮辉以前曾称，该基金的投资方向均与中国概念相关，一是直接投资中国企业，二是协助中国企业海外投资，三是协助海外企业投资中国。“不分行业、不分地域，我们最关心的是企业本身。”

4.6.3 并购目标——蒙牛乳业

内蒙古蒙牛乳业(集团)股份有限公司始建于 1999 年 8 月，总部设在内蒙古和林格尔县盛乐经济园区，注册于开曼群岛，公司董事长、总裁牛根生担任中国奶业协会副理事长。作为国家农业产业化重点龙头企业，肩负着“百年蒙牛、强乳兴农”的使命，借西部大开发的春风取得了长足发展。截至 2011 年底，蒙牛集团在全国 20 多个省、市、自治区建立生产基地 30 多个 总资产超 200 亿元，年产能超 700 万吨，累计创造产值 1 834 亿元，向国家上缴税金 90.9 亿元，累计收购鲜奶 2 462 万吨，为农牧民发放奶款 683 亿元，被社会形象地誉为西部大开发以来“最大的造饭碗企业”。现今，蒙牛乳制品已出口到美国、加拿大、蒙古、东南亚及中国港澳等多个国家和地区。2012 年 9 月 21 日起，蒙牛实行大规模换装，在全国商家新包装产品。

据 2006 年 9 月国家统计局发布的“中国大企业集团首届竞争力 500 强”，蒙牛乳业集团位居第 11 位，名列全区和全国同行业之首；在 2006 年首届“亚洲品牌 500 强排行榜”中，蒙牛乳业集团位居亚洲乳制品企业第 3 位(前两名为日本企业)。另据最新公布的 2008 年全国大企业集团 500 强，蒙牛乳业集团跻身第 225 位，居全国同行业之首。蒙牛股票被国际著名金融服务公司摩根士丹利评选为至 2012 年全球 50 只最优质股票之一。

4.6.4 并购动因

1. 蒙牛的危机

1)防止被恶意收购

收购之前,蒙牛股权极为分散。2004 年牛根生捐出全部个人股份设立“老牛专项基金”,其时持股 10% 左右的股东几乎没有,股东上千人,人均持股远低于 1%,这些“散股”每年都有部分以变现的形式退出,此种局面持续了 4 年。2008 年 10 月之后,牛根生等人的股份已经降至 26.27%,按照国际惯例,25% 是被恶意收购的警戒线,而每年的 8 月左右,又是股东卖股的时候。至此,蒙牛的处境相当微妙。2008 年下半年,牛根生曾向商务部报批,从而得以将部分境内股转到香港,以保证牛根生等人股权不低于 25%。

2008 年三聚氰胺事件后,蒙牛股价连续暴跌,此前抵押给美国投行摩根士丹利 4.5% 的股权价格缩水,存在被外资大鳄获取的可能,另外也担心外资大鳄故意打压蒙牛股价,进而逢低买入蒙牛股票。牛根生说:“能不能及时补足保证金,关系到企业话语权的存亡。”作为民族乳制品企业的蒙牛,到了最危险的时候。因此牛根生表示,在这种背景下,需要选择一家能够长期进行战略合作的伙伴,不进行买卖股,保持民族品牌的原有本色。

2)蒙牛资金链的紧张

根据蒙牛乳业年报,蒙牛计划建设 20 家万头以上奶牛场,每家奶牛场投资需 2 亿 ~3 亿元,截止到 2009 年才建 2 ~3 家,按照计划来看,蒙牛乳业在奶源建设方面资金缺口不下 30 亿元。牛根生一直追求速度,追求速度需要高投入,而蒙牛在营销方面投入缺口至少也需要数亿元。2008 年蒙牛的销售额超过了 200 亿元,但其中广告费就要超过 20 亿元,此外还要支付奶款等等,35 亿元并不能弥补亏空,虽然此次蒙牛宣称自己有 35 亿元的现金,但这对于一个从事快销产品的企业来说远远不够。金融危机、三聚氰胺事件和特仑苏事件的冲击,造成蒙牛资金链紧张,尽管牛根生表示向中粮卖股并不是因为差钱,但蒙牛 2008 年度的财报却显示其负债财务状况并不乐观。

3)蒙牛的战略意图

时任蒙牛董事长牛根生表示:“中粮参股蒙牛,将推动蒙牛‘三化进程’,即原料市场(田间到餐桌)趋一体化、食品安全更趋国际化和战略资源配置更趋全球化。”对于蒙牛而言,中粮集团是食品行业最大的企业,两家的合作可以实现强强联手、优势互补。中粮集团在国内和国外都有广泛的销售渠道,这有助于蒙牛扩充现有业务,或把握上游行业整顿和奶制品行业的发展而出现的合适的投资机会或其他机遇。当然这也是蒙牛的原股东实现资金套利的一个绝佳机会,不仅不必承担后期风险还能在股票市场获得超额收益。

2. 中粮的全产业链欲望

中粮集团带有国资背景,是中国最大的粮油食品企业,堪称国内食品行业中的旗舰,而且还在不断完善其产业链。除了传统粮油食品,也涉足了房地产、饮料等行业。综观中粮的全产业链计划,独独缺了乳业一环。中粮曾向蒙牛、伊利、光明、三元和新希望等乳品巨头递出过橄榄枝。可是三聚氰胺事件之前的中国乳业一直高速增长,谁都不愿“分钱给中粮”。即便寻找合作对象,他们也更倾向于国外乳品巨头和投行。

中粮集团董事长宁高宁表示,选择入股蒙牛,是看中了蒙牛的生产运营能力与多年累积的营销经验,是中粮集团“高起点进入乳制品行业的良好契机,有助于中粮集团发挥全产业链优势,实现价值链前移带来的更大成长空间”。通过收购蒙牛,宁高宁完成了中粮的食品产业帝国在乳业的最重要一块拼图。

3. 厚朴的获利意图

厚朴基金的负责人方风雷跟中国政府关系密切,此前曾帮助中粮完成中粮集团的改制、重组和上市。厚朴之前的投资大都在金融界,本次收购在某种意义上说,厚朴成为了中粮的一个杠杆,帮助它用不到第一大股东的粮草打下了第一大股东的江山,当然反过来中粮也为厚朴提供了一个退出机制。可以预期的是,中粮将从股权上实现对蒙牛的完全控制,而厚朴作为财务投资者,将收获蒙牛重组后高速成长的利润。

曾经在2009年1月,厚朴接盘英国皇家苏格兰银行配售中国银行H股中30%份额。5月美银抛售建行135亿股,以厚朴为首的投资团再度出手,仅这两笔交易,厚朴基金就已赚得了90亿。而蒙牛,理应同样不会让方风雷失望。在中粮、厚朴入股蒙牛的消息宣布后,第二天,蒙牛股价最高已达21.45港元,相比厚朴入股蒙牛17.6港元/股的价格,收益率达到21.88%。以其18亿港元的出资额计算,厚朴的最大账面收益已达3.94亿港元。

4. 政府的行政意志

在这个交易中,引起争议的是中粮的“央企”身份,中粮收购蒙牛,因而被视为又一起“国进民退”的逆市场化典型案例。自从三聚氰胺事件以后,国家开始从大局上对奶业进行调控,从贸易和整个产业的控制开始着力。决策层意识到,中国奶业再也丢不起人了。而对奶业的控制,管住行业老大就行。2009年6月底工信部出台的《乳制品工业产业政策修订》已经将决策层“实施企业兼并重组”的意志变成了具体文字。国家已明确表示要加强政府对奶业的管控能力,并已经让农业部牵头商务部和工信部等部委制定《奶业发展规划》。

从产业整合的主导权而言,中粮收购蒙牛,事实上是将中国食品行业未来的整合权掌握在中国企业的手中。目前,中国食品行业的集中度非常低,而国际食品行业未来发展趋势就是打造具有全产业链概念的龙头企业。长期以来,中国很多行业整合的主导权沦于外资之手,尽管外资的进入未必就意味着产业安全问题,但不可否认,如果国内企业不重视产业整合的主导权,让绝大多数的产业整合借助外资的并购之手,肯定会产生产业安全问题。未来中国各个产业整合的任务很重,需要中粮这样的企业来带动和主导。

由此可见,中粮、厚朴、蒙牛和政府在这个过程中都达到了自己的目的,天时地利人和,促成了这次“多赢”的大型收购。

4.6.5 并购的过程及交易结构

蒙牛的股权极为分散,没有持股10%以上的单一大股东,公众持股达79%,所以中粮集团想要控股蒙牛乳业只要拿到20%股份即可。但是以认购价17.60港元认购3.43亿股,资金总额将达到61亿,也是一笔巨大的投资。于是,2009年7月6日,蒙牛乳业发布《蒙牛乳业新股认购、现有股份买卖及复牌》公告,在公告中指出,中粮集团联合著名的私募股权投资基金厚朴基金以7:3的比例注册一个新的特殊目的公司(SPV),由该公司来实现对蒙牛的收购。实际上,中粮通过控制特殊目的公司,以42.7亿港元的代价,控制了蒙牛20.03%的股份,成为蒙牛的第一大实际持股人。

此次的交易方式采取纯粹的现金支付。采用现金支付有以下几点好处。对于并购公司中粮集团而言:①由于其估价简单,可以减少公司的决策时间,抄底正处于低价的蒙牛,避免错过了最佳时机;②可确保并购公司控制权固化;③可使并购公司迅速直接到达并购目的;④采取现金交易的方式可以使并购公司获得的税收优惠最大,能够很好地发挥财务协同效应。

对于目标公司蒙牛乳业的股东来说,所获取的支付价值是确定的,股东们也不必承受因证券支付而带来的收益不确定性,通常很快达成协议。

厚朴基金拿出18.3亿港元的资金,将持有蒙牛约6%的股权,在厚朴基金三年的锁定期内,既有助于中粮规避风险,又能拥有一个缓冲的机会。扮演财务投资人的厚朴基金最终必然是以退出收场,在三年锁定期后,如果厚朴基金将所有股权转让给中粮集团,中粮集团将坐稳蒙牛乳业一大股东的位置。那时厚朴基金作为中粮的杠杆,将发挥真正关键性的作用。中粮集团则顺利由战略投资蜕变为产业投资(如图4-38所示)。

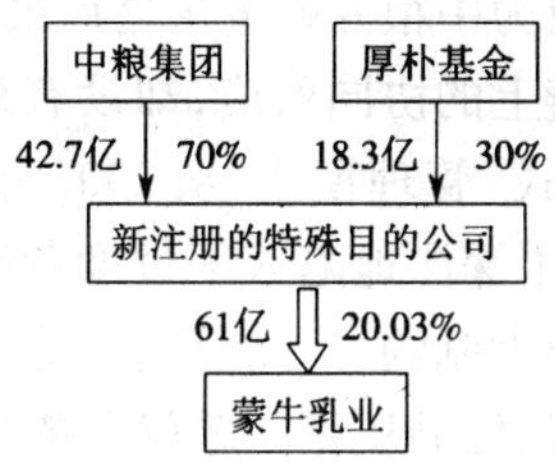

图4-38　中粮通过SPV方式入股蒙牛乳业

另外,公告中提到,根据"禁售承诺"条款,中粮和厚朴基金认购的股份,在认购完成后有三年的禁售期,期间不得抵押、出售认购股份。期满后,在未经蒙牛事先书面同意下,也不得向任何在中国乳业与蒙牛或其附属公司有竞争的公司出售、转让或以其他方式处置禁售股份。蒙牛并购前后的股权结构如图4-39所示。

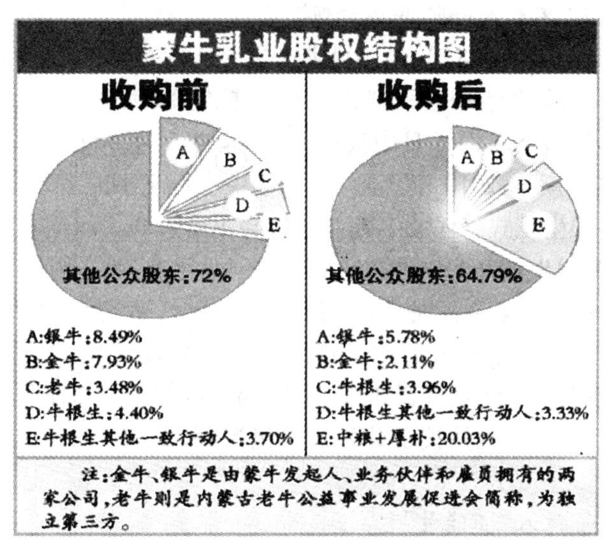

图4-39　蒙牛乳业并购前后股权结构图

4.6.6　并购后的曲折整合

1. 并购后的问题——一波未平一波又起

2011年,蒙牛的销售业绩全线飘红。据2011年报显示,蒙牛集团年收入稳定增长23.5%达373.878亿元,实现毛利较去年增长23.2%达95.922亿元,归属于上市公司股东的净利润增长达人民币15.893亿元。单看销售业绩,风景这边独好,但是过度追逐业绩增长的背后,蒙牛已经形成"重营销,轻奶源"的惯性认知。大草原的野性使蒙牛不讲市场规则,不按常理出牌,"跑出比火箭更快"的速度曾经令蒙牛名利双收。

显然,蒙牛原有的企业文化非常强势。中粮与蒙牛从一开始就是基因和性格截然不同的两家企业。如果把中粮比作一头大象,蒙牛则更像一头野牛。作风稳健的大国企和市场嗅觉灵敏的战斗型民企,截然不同又根深蒂固的行事风格筑成了一道无形的墙。由此导致中粮对这头牛的管教似乎有心无力,似有"水泼不进"的嫌疑,且一次次令中粮自己的声誉受损。

这两者水火不容的企业文化成为中粮并购蒙牛之后最大的难题。宁高宁和牛根生在计划并购时侧重考虑了两者在产业链上的协同效应,却没有重视由企业文化衍生出来的不同的管理模式。蒙牛是典型的"营销式"管理模式,从2007年15.35亿到2011年28.41亿居高不下的广告宣传费用,已经让蒙牛深深地陷入了过度营销的怪圈里恶性循环,难以自拔。这不仅让其上游奶源质量上受到很大制约,产品研发也受到拖累。

奶源质量无法保证,自然下游的奶品质量问题就会持续不断。据统计,自中粮入主蒙牛后,后者在3年内却已出现4起涉及食品安全的重大事件。分别为:2010年4月陕西周至县马召镇18名学生饮用蒙牛核桃奶后出现食物中毒症状;2011年4月陕西榆林市鱼河镇中心小学200多名学生饮用蒙牛纯牛奶后出现中毒症状;2011年11月,蒙牛"随变"榛子巧克力雪糕被检测出菌群总数、大肠菌群超标;2011年12月蒙牛四川眉山一批纯牛奶被检出可致癌的黄曲霉素M1超标140%。不断曝出的食品安全事件,让蒙牛成为众矢之的,也让中粮全产业链的宏大梦想在乳业这一板块的发展上逐渐落空。

2. 整合伊始——从"不介入"到"积极管理"

2012年4月12日晚18时38分,蒙牛乳业于港交所发布公告,杨文俊不再兼任总裁一职,由原中粮地产(集团)股份有限公司副总经理、中粮集团(西南)大区总经理孙伊萍接任。任命即日起生效。自2009年7月6日中粮集团入主蒙牛后,2009年8月5日,蒙牛资深元老孙玉斌辞任公司执行董事,2010年3月1日,蒙牛执行董事兼首席财务官姚同山辞职,2011年6月11日,牛根生正式辞任蒙牛乳业董事会主席一职。而随着"最后的留守者"杨文俊的"退位",跟随牛根生创办蒙牛乳业的10位"创业元老"无一例外,已全部退出。

这似乎是中粮要加大对蒙牛管理力度的最明显的信号,事实上,在2009年入主蒙牛时,中粮曾明确对外承诺:不会染指公司日常运营经管,不扭转现有的运营团队的延续性和执着性,也不篡改目前策略方向。然而事到如今,这"三不"政策却并未降低蒙牛产品的质量问题被曝光的次数。中粮深知,既然接了蒙牛这个包袱,那么前方的道路如何曲折也得走下去……

3. 驯服猛"牛"——注入"正能量"

刚上任的工作没有孙伊萍想象得那么简单,"2012年4月份,当我刚刚成为一个蒙牛人时,我经常听到的一句话是:蒙牛的压力主要来自外部。"孙伊萍说道,"事实上,影响蒙牛发展最根本的阻碍不在于外部,而恰恰在于蒙牛自身。"孙伊萍将之称为:"问题一层层地结成了一个巨大的茧子。"

那么蒙牛如何"破茧成蝶"呢?蒙牛的新高层管理者们又怎样驯服这头"牛"呢?

1)全产业链整合——放缓脚步

全产业链是中粮集团提出来的一种发展模式。在上游,中粮集团从选种、选地,到种植、养殖等环节严格把控,宏观调控产品结构;在加工环节,中粮集团将实现对产品品质的全程控制,确保食品安全;在下游,中粮集团将通过技术研发和创新,向消费者提供更多的健康、营养的食品。以消费者为导向,通过对原料获取、物流加工、产品营销等关键环节的有效管控,实现"从田间到餐桌"的全产业链贯通。如今,中粮也将这种模式在蒙牛身上付诸实施,从"奶源"再到"餐桌上",蒙牛期待以丰富的种类和优良的品质带来更多美好。蒙牛的全产业链模式如图4-40所示。

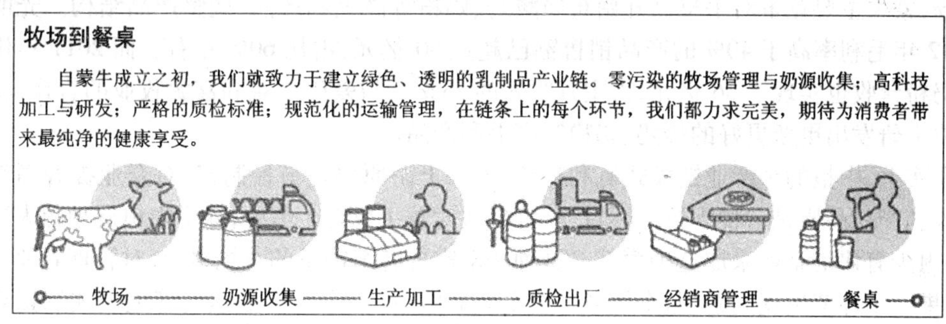

图4-40　蒙牛的全产业链模式

从2009年7月中粮并购蒙牛3年来,蒙牛的奶源基地建设完全是只打雷不下雨。蒙牛现有奶源基地大多在现代牧业旗下,而中粮仅持有5%的股份。合作到期后,如果终止合作,意味着蒙牛的上游建设仍十分薄弱。只要奶源的质量问题未得到解决,那么食品安全问题也将得不到彻底改善。以蒙牛在马鞍山的工厂为例,该厂一天就需要奶源500吨,这是约8万头优质奶牛一天的产奶量,也相当于4个大型牧场一天的产能。因此,在源头上保证奶源品质,成为减少食品安全问题的重要一环。

为了保证奶源品质,蒙牛做了不少努力。蒙牛在2011年关闭了20多个代工厂,通过自己的投资设备补充它们的产能。同时,孙伊萍砍掉了1.5吨以下的小奶站,关停了300家代工厂,并且对所有原辅料供应商做评估,对它们的准入机制和质量进行评审,如果供应商不合格就立即取缔。

2012年6月15日,蒙牛又引入了一位新股东——欧洲最大的乳品企业爱氏晨曦(Arla Foods)。在中国和丹麦两国政府多位领导人的共同见证下,蒙牛与爱氏晨曦在哥本哈根签署了战略合作协议,后者以22亿港元入股蒙牛,持股约5.9%,成为继中粮之后的第二大战略股东。中粮对百年历史、拥有成熟经验的爱氏晨曦将给蒙牛带来的新基因寄予了厚望。爱氏晨曦副总裁Lillie Li Valeur曾表示,会将其150年经验之精华"Arla花园"质量管理体系全面教给蒙牛,使其奶源质量得到保障。

与此同时,自建牧场"富源牧业"的投资也在推进。目前,其已建成和在建的牧场有8个,4个在继续规划中,到年底预计形成2万头奶牛、100多吨的产奶规模。2013年5月8日,蒙牛耗资32亿港元增持中国最大奶源商现代牧业的股权到28%,这家供应商约占蒙牛奶量的10%。按照蒙牛的发展目标,未来5年蒙牛将投入30亿~35亿元自建牧场,到2015年实现奶源全部来自大型规模化牧场。

2012年9月20日晚，蒙牛集团品牌新形象发布会在北京举行。蒙牛总裁孙伊萍宣布，从9月21日起，蒙牛将在全国100余万个销售网点逐步上架新包装牛奶，首批更换新包装的产品包括纯牛奶与基础功能奶两大品类。这是蒙牛集团成立13年来首次大规模形象切换。

另外，蒙牛在2012年一改此前全面铺货的思路，集中发展权重产品。蒙牛目前有400多个单品，其中100个对公司贡献了84%的收入，其他非核心单品都将被淘汰。同时，蒙牛也开始改变以低利润常温奶为绝对主力的现状。蒙牛2011年报显示，液态奶业务收入占蒙牛总收入的90.1%，而包括奶粉在内的其他乳制品业务仅占蒙牛主营收入的1.2%。在乳业市场，蒙牛主要竞争对手早已开始布局酸奶、奶粉等高毛利产品，调整产品结构。光明乳业2012年毛利率高于40%的产品销售额已超过80亿元，占比60%左右。而2011年伊利股份奶粉营收也实现了56亿元，占主营收入的15%。与爱氏晨曦和富源牧业的合作，将有利于蒙牛研发出更新更好的酸奶、奶粉等高毛利产品。

事实上，中粮的全产业链模式有利有弊，如果上游原奶环节控制好，对企业提升高端品牌形象和产品品质是一种支持。不过，这种模式对蒙牛也是个考验，除了中粮这种超大型企业，国内少有快消企业采取这种模式。这种变动需要各个链条的有机组合，对管理者要求更高，如果一个环节出现问题，整个链条都会受到影响，将一个尚未成熟的管理模式嫁接到内忧外患的蒙牛身上是否可行有待时间来考证。

2）企业文化调整——阳光、沟通

“不在高速中成长，就在高速中毁灭”，这是蒙牛创始人牛根生的一句名言。蒙牛追求高速的企业文化一方面会在产品质量上留下很多病根，另一方面不容于中粮的文化会为将来的整合带来更多的问题。正因如此，孙伊萍上任之时并没有急于在媒体以及公众面前亮相，而是寻找蒙牛新的企业价值观。此后，蒙牛启动以重建价值观、提升质量、树立信心、重塑形象为核心的“阳光行动”，在对内凝聚共识、鼓舞士气的同时，与外界进行广泛的沟通与交流，“高尚、阳光、透明、创新”的新蒙牛价值观也逐渐形成。

怎样一层一层剥开这个“问题茧子”，找到每一处问题所在是企业当前面临的主要问题。那么企业沟通在找到问题出现的节点上将起到较大的作用，从下到上与从上到下相结合易于高层们了解基层容易出问题的地方，也易于基层更好地执行高层们的指令。针对这一情况，孙伊萍计划启动一个全新的企业文化建设活动，名字就叫作“倾听”。“摆脱官僚、重心下移、用心沟通、解决问题”，是她对新蒙牛沟通文化的设想。“我们要让让每一个员工都能针对公司的情况和未来发出自己的声音，让公司的领导层，尤其是集团高管能够把倾听员工心声当作自己工作中最重要的一部分。”她说。

3）组织架构调整——由“做大”变为“做强”

在孙伊萍的推动下，蒙牛的组织结构优化改革也在近期迈出关键一步。通过公开、公平的竞聘，产生了蒙牛在全国20个销售大区、10个生产大区的新的负责人。一位刚上任的生产大区经理说：“以前蒙牛强调严格的执行力，这在‘做大’的过程中无疑是重要的，但现在面临如何‘做强’，因此新蒙牛强调各个部门之间的沟通协作，鼓励把内部的问题反映出来。”

随后，孙伊萍开始着手调整蒙牛的组织架构，将蒙牛此前按照产品品类划分的常温、低温冰淇淋三大事业部合并。原先每个大区都分别设有大区经理，每个大区经理下边又都有副经理、省区经理,然后还有普通业务人员,现在合并成一个部门,意味着以前常温、低温、冰淇淋、PET(指乳酸饮料等)业务需要四个区域经理而现在只需要一个,减少了四分之三的岗位,仅大区经理就从原来的30~40人缩减至20人。

"通过组织架构调整,我们进一步把财权、事权和人事权定得非常清晰。举个例子,以前我们是粗放式授权体系,因为权责范围的界定不够清楚,所以有很多报告需要报到总裁办,再批复处理。而在我们新的权责体系中,会把公司、大区做的业务事项非常明确地罗列,把我们的审批金额、参与的部门写得非常清楚,谁是负责的,谁需要去咨询,谁是需要审批的,谁是需要告知的,这样系统规划整个组织,有条不紊地对大区进行放权。"孙伊萍信心十足地说。

然而,常温奶、冰淇淋和低温奶从来不是一家人,渠道和客户都不一样。调整后的结果是,从2012年12月份的数据来看,冰淇淋的业绩变差了。这很容易理解,因为以后的考核是大部门整体考核,蒙牛牛奶可以做到300亿~400亿元,冰淇淋是30亿~40亿元,合并到一个部门,精力、研发等专项工作不可能如单独运作一样精力充沛。被合并后,冰淇淋就会越来越被压缩,下面的冰淇淋的人渐渐会减少。这对蒙牛的产品组合并没有好处。

4.6.7 结论——"陷阱"还是"馅饼"

秋末冬初的北京寒意渐浓,但是孙伊萍却热血沸腾,在最近的分销商年会上透露了公司的5年规划,"2013—2014年为公司转型阶段,2015—2017年蒙牛将重回产业领先地位。我坚信,当每一个蒙牛人解放出所有的'正能量'之时,经历严寒洗礼的蒙牛,必将迎来更加明媚而璀璨的春天!"

尽管中粮对蒙牛采取相应的改良措施,但是中粮整合蒙牛后能不能实现最佳协同效应,蒙牛的质量管理体系是否会实现实质性提升,蒙牛对于中粮而言到底是"陷阱"还是"馅饼",现在还不好讲,还得让后世市为我们揭晓答案……

[相关附录]

附录1 蒙牛集团的核心价值体系

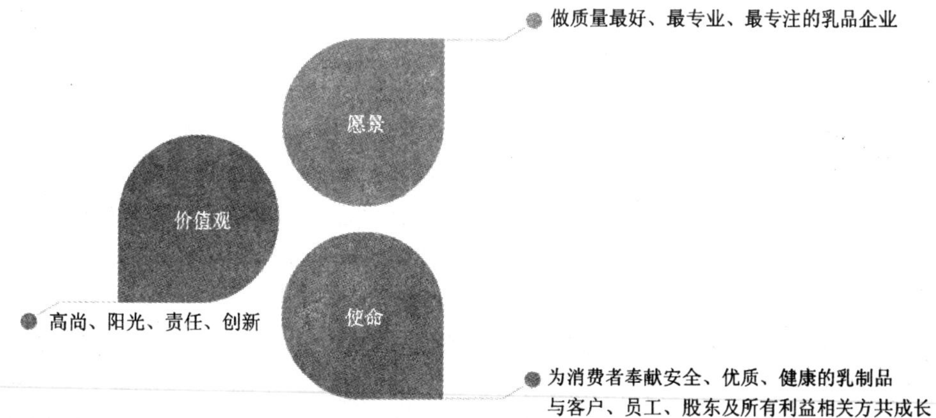

图4-41 核心价值体系

附录2 蒙牛集团的愿景、使命、价值观

1. 蒙牛集团的愿景

“做质量最好、最专业、最专注的乳制品企业”。

愿景是企业的追求目标和理想，是组织成员所共同持有的意象或景象。“做质量最好、最专业、最专注的乳品企业”从三个层面阐释了蒙牛集团的最高理想与精神追求。一是突出产品特征，作为一家生产型企业，生产质量最好的产品，不断精益求精，既是一切工作的出发点，又是蒙牛承担更多社会责任，实现“强乳兴农、产业报国”理想的具体体现。二是突出企业特点，做致力于人类健康事业的专业牛奶制造服务商，是我们过去事业取得成功的主要经验，也是蒙牛核心竞争力的具体体现。在新的历史条件下，继续专注于奶业发展，从品质到管理接轨国际最高水平，致力于建设专业的、高品质的奶源基地，乳产品研发、生产、质量管控和服务体系，是蒙牛集团打造“百年老店”、进军世界乳业十强的重要依托，是我们事业成功的根本保障。三是突出我们的工作态度，乳品行业关系消费者的健康，任何的麻痹大意、投机取巧，为追求短期收益而忽视长期战略目标的行为都有可能对消费者健康构成损害，进而危害企业的社会声誉，因此，坚持专注于乳品行业、专注于乳品品质与技术的不断改善，是我们每个蒙牛人所必须遵循的操守和基本指导思想。

2. 蒙牛集团的使命

“为消费者奉献安全、优质、健康的乳制品，与客户、员工、股东及所有利益相关方共成长”。

企业使命是企业生产经营的哲学定位和经营观念，也是企业社会责任的具体体现。蒙牛的使命包含两个方面的含义。一是突出蒙牛产品的“安全、优质、健康”三个要素。从我们所从事的行业特点看，我们从事的是健康事业；从消费者的关注点来看，食品安全最为重要；从蒙牛企业的愿景来看，我们要生产质量最好的乳制品。“安全、优质、健康”把行业特点、企业追求与消费者关注紧密结合起来，三者互相促进、相辅相成。二是突出蒙牛与利益相关方的互利互惠、相互依存的关系，“股东投资求回报，银行注入图利息，员工奋斗为发展，合作伙伴需赚钱，父老乡亲盼税收”，蒙牛的发展绝不能以牺牲客户、股东和员工等与蒙牛命运息息相关的各方利益为代价，而是力求做到各方和谐共赢、共同成长，形成大蒙牛事业的利益共同体和命运共同体。

3. 蒙牛集团的价值观

“高尚、阳光、责任、创新”。

高尚。首先我们从事的是高尚的事业，中粮集团为全国提供了15%的食品，全国液体奶、酸奶有近三分之一是蒙牛提供的，可以说我们为人类健康事业做出了贡献；其次我们应当努力成为高尚的企业，我们要把自身价值同消费者的健康、营养与社会大众的美好生活紧密结合起来，和奶农、消费者、所有合作伙伴水乳交融，生产安全、优质、健康的产品；最后，所有蒙牛人应当具备高尚的情操，“小胜凭智，大胜靠德”，在任何情况下，我们都要提倡诚信、感恩、敬业、廉洁等优秀的做人品质和职业素养。

阳光包含四个方面的含义：一是倡导简单透明、坦率真诚、自然本色、快乐自信的做人准则；二是倡导处以公心、与人为善、充满活力、善于沟通的处事原则；三是构建和完善蒙牛与消费者、媒体以及社会公众公开、平等、友善、透明的沟通平台；四是塑造蒙牛集团诚信、友好、时尚、负责的企业公民的良好社会形象。

责任。积极承担社会责任是蒙牛作为企业公民应尽的义务。一方面,我们应当按照企业使命的要求,承担企业基本的社会责任,实现企业、消费者、员工、客户及所有利益相关方的共同发展;另一方面,蒙牛积极倡导感恩、共赢、善待自然、回馈社会等普世价值观,尽企业最大的努力,推动自然与社会的和谐、美好与共荣。

创新。蒙牛集团的产生是创新的结果,创新精神是蒙牛集团不断发展、由胜利走向新的胜利的动力和源泉。我们应当致力于产品创新,研发新技术、新工艺、新产品,以创新提升核心竞争力;鼓励管理理念与管理方法创新,不断挑战现状,不断改进工作业绩和效果,注重商业模式创新,把握差异化经营,做到人无我有、人有我强、人强我新;提倡和弘扬创新精神,创造阳光、公平的工作氛围,容许失败,从失败中学习和成长。

4.7 屈臣氏——美妆零售红海中的不倒旗帜

摘要:本案例用语言描述把一代化妆品和药品零售业的标杆——屈臣氏个人护理用品连锁店活灵活现地展示在读者面前。文章中首先以市场定位为基础,接着确定了屈臣氏的目标消费体,然后再根据营销组合的4Ps原理,即渠道策略(Place)、产品策略(Product)、价格策略(Price)和促销策略(Promotion)四个方面来揭开屈臣氏这一百年旗帜在零售连锁业逆风飘扬的神秘原因。本案例在为美妆零售连锁业提供一个样本的同时,也为美妆零售营销的教学实践提供了很好的教学材料。

关键词:零售连锁,市场定位,营销组合,自有品牌

4.7.0 引言

柔和的灯光,红色的地毯,李嘉诚精神抖擞地走向2010年长江集团周年晚宴的演讲台上,当谈及长江集团的两间主要公司的概况时,李嘉诚泰然自若:“虽然由2008年金融风暴余波所造成经济环境之险恶,是全球过去百年以来所罕见的,但是和记黄埔(以下称“和黄”)现况是在继续投入发展资金使业务不断增长之时,仍可无须增加债务,这是非常理想的企业经营境界,我可以告诉大家,我们有信心达到这个目标,未来发展无限,我对和黄发展充满信心。”伴随着热烈的掌声和钦佩的目光,李嘉诚若有所思地走回观众席,他明白在这胸有成竹背后的原因……

在2008年金融危机肆虐全球的时候,李嘉诚曾组织和记黄埔高层开会讨论,提出了将和黄旗下子公司屈臣氏自有品牌产品销售额由25%提升到30%的经营计划,并且能够在金融危机中看到中国大陆潜在的购买力,做出了大力开发二、三线城市的市场战略。2008年屈臣氏的销售收入近1 200港元,2009年上半年销售收入534亿港元,占整个和记黄埔总收入的40%以上,可以说,这头一直默默潜伏于和黄背后的“雄狮”,在金融危机期间终于吼出了自己震撼天地的声音,并协助和黄在危难时刻冲出了一条光明之路。

《孙子兵法》中说:“善弈者谋势,不善弈者谋子。”李嘉诚深知,屈臣氏能够取得今天这样的成绩,与高层们的战略眼光和屈臣氏品牌的百年沉淀是分不开的。

4.7.1 屈臣氏的“前生今世”

1. 国内发展历程

大约在1828年,有一位叫A. S. Waston的英国人在广州开了一家西药房,取名“广东大药房”,他自己可能也没有想到,一百多年后这家当初并不起眼的药房会发展成为享誉全球

的零售帝国。1841 年,广东大药房南下中国香港,并易名为“香港药房”,从此这家药房就在中国香港扎下了根。1871 年,药房老板用广东方言将公司名译为“屈臣氏大药房”(A. S Wastons & Company),这就是屈臣氏的名称的由来。

1886 年,屈臣氏公司进行改组,成为公众性股份有限公司。到了 20 世纪初,屈臣氏已经在中国香港、中国内地与菲律宾等地奠定了雄厚的业务根基,旗下有 100 多家零售店与药房。这时的“屈臣氏”已被认为是远东最大的药房,其中又以上海分号的营业额最大。

在 20 世纪 50 年代,第二次世界大战胜利结束,屈臣氏得到迅速发展,逐渐恢复了在中国香港以及东南亚等地的优势,经营的业务范围也得到了很大的拓展。

1978 年,屈臣氏收购百佳超级市场,进一步提升了自己在零售业上的优势。其后的几年,屈臣氏陆续购买土地和并购工厂,因而逐渐成为中国香港财力惊人的企业集团。

自 1981 年屈臣氏成为李嘉诚旗下和记黄埔有限公司全资拥有的子公司以后,中国内地市场的巨大潜力引起了李嘉诚的关注。终于在 1989 年,中国内地第一家屈臣氏个人用品商店在北京开业。自进军中国内地市场以来,屈臣氏一直是稳步发展。1992 年屈臣氏进驻上海,1994 年广州首家店开业。屈臣氏进入中国内地市场的这 15 年间(1989—2004 年)并不急于开店扩张,更强调的是店铺流程管理的系统导入。截至 2011 年 12 月,屈臣氏已在中国内地的 150 个城市开设了 1 000 家个人护理用品店,成为中国目前最大规模的保健及美容产品零售连锁店。

2. 国外扩张历程

屈臣氏在国内的发展可谓是“如鱼得水”,同样屈臣氏在海外的发展也是“春风得意”。屈臣氏采用收购或者合作的方式大规模地拓展海外业务。

2000 年,屈臣氏收购英国保健及美容产品连锁店 Savers,将业务范围扩大到欧洲地区。

2002 年,屈臣氏耗资 13 亿欧元收购荷兰的保健美容化妆品连锁店集团 Kruidvat。过去屈臣氏网络集中于亚洲,这次收购正好弥补了屈臣氏的不足,令集团覆盖的国家和地区由 9 个增至 12 个。这使得本身已拥有 930 家个人护理商店的屈臣氏集团,跃居为全球第三大保健及美容产品零售商。

2004 成功收购拉脱维亚著名 Rota 公司旗下大型零售连锁企业——Drogas 公司。Drogas 是在拉脱维亚及立陶宛等国具领导地位的个人护理用品、美容、护肤系列产品零售连锁企业。屈臣氏集团成功收购 Drogas 公司,标志着屈臣氏进军波罗的海国家市场并初战告捷,此举将进一步加强屈臣氏在欧洲市场的业务扩展和竞争力,提升其国际实力。

2005 年还收购了英国 Merchant Retail 香水连锁店,同年斥巨资近 55 亿港元收购法国最大香水零售商 Marionnaud 的控股权,屈臣氏收购玛利奥诺,看中的是它在高档化妆品和香水市场上的地位及其在南欧的生产、经销网络和经验。屈臣氏集团的英籍总经理韦德坦言,这一并购将把屈臣氏真正提升为“世界第一大香水和化妆品商”,一跃成为全球保健及美容产品零售领域的龙头老大。

2005 年 10 月,屈臣氏收购了总部设于圣彼得堡的保健及美容产品连锁店 Spektr Group。这项收购让屈臣氏集团的全球业务伸展至俄罗斯,进一步巩固了其作为全球最大个人护理品、美容、护肤商业业态零售商的地位。

到目前为止，专注于“个人立体养护和护理用品”领域的屈臣氏，不仅聚集了众多世界顶级品牌，而且还自己开发生产了1 500余种自有品牌产品。屈臣氏目前在亚洲以及欧洲的36个市场、1 800个城市共拥有19个零售品牌，超过8 400个零售店铺，每星期在为全球超过2 500万人提供着个人护理用品服务。

可以说，相比较而言，中国内地市场的超过16.5万家化妆品专营店整体生存质量都不高，它们面对生存的困局一直徘徊不前，虽然零售业早就已经从蓝海变为了红海，但是大部分商家并没有抓住机会的尾巴，它们一直在呐喊“怎样提高单店销售额？怎样做大做强品牌？”等类似的问题。而从1981年李嘉诚名下的和记黄埔将屈臣氏收购到2006年屈臣氏突然发力，在风雨飘摇中浴火重生的屈臣氏，为什么在蛰伏多年后突然凤凰涅槃，找到了快速前进的方向？

有人说，十年磨一剑，虽然屈臣氏的发展经历不只是十年，但是它仍然有许多值得其他美妆零售连锁业借鉴的地方。

4.7.2 屈臣氏零售战略的基础——寻找目标消费群体

屈臣氏这一百年品牌在中国内地22年的发展、22年的沉淀告诉我们，零售连锁业不再只是价格战争，而是要在专业化和个性化上下工夫。而不论是零售企业创造品牌，还是零售营销组合拳的打出，两者的前提都应该是寻找符合本企业的目标消费群体。如果你进入一家美容及保健零售连锁店并且发现进入这家店铺的消费者只有为数不多的男性及年龄较大的女性，而大部分都是18～35岁的年轻女性，那么你极有可能进入的就是屈臣氏个人护理用品商店，这一现象正是对屈臣氏市场定位的最有力的诠释。

改革开放以后，随着经济的迅猛发展和知识水平的提高，社会物质产品和精神产品极大丰富，消费者的消费活动开始由生存型消费向享受型消费转变，健康与时尚的生活品质自然而然成为消费者的共性追求。另外，越来越多的女性积极地参与到各行各业中，凭借自己的智慧和能力成为各行业的骨干力量。随着女性的社会地位不断提高，在消费者结构中的作用不可小觑。有关调查显示，女性控制着国内消费60%的营业额，决定着74%的家庭购买力。

而在女性消费群体当中，18～35岁这一部分是最富有挑战精神的——有着共同的消费理念与消费习惯：喜欢用中高品质的产品，喜欢尝试新鲜产品，受朋友圈的信息渗透的影响比较大，虚荣效应和攀比效应兼有，需求的价格弹性可变化范围较大，能够受到促销等活动的影响，越逛越想逛，越买越想买等等。而之所以更关注40岁以下的消费者，主要是因为年龄更长的一些女性早已经有了自己固定的品牌与生活方式。因此，李嘉诚对市场敏锐的洞察力告诉他，谁能牢牢地抓住这一部分女性群体，谁就能获得消费频率高、消费贡献率高和对品牌的忠诚度高的长久优势。

总结了这些方面的原因，在90年代末李嘉诚以“探索”为主题，提出了“健康、美态、快乐”（Health，Good，Fun）三大理念，协助热爱生活、注重品质的人们塑造自己内在美与外在美的统一。在倡导以“健康、美态、欢乐”为经营理念的基础上，锁定18～35岁的年轻女性消费群，专注于个人护理与保健品的经营，并以其新颖独特的产品组合及高质量的产品深受消费者的青睐。在实际行动中，又将这个年龄段的消费者再次划分为两个阶段：对于19～

26岁的年轻消费群体,屈臣氏不但随着时代的发展与新技术的产品不断向消费者传递最新的个人护理理念,而且更看重产品的更新换代,用新产品吸引年轻顾客;对于27~35岁的成熟消费群体,屈臣氏则更注重产品的品质,用品质与服务来提高消费者的满意度,从而长期建立消费者的忠诚度。表4-12表明了屈臣氏目标消费者的具体标准。

表4-12 屈臣氏目标消费者的标准

<table>
<tr><td rowspan="8">外表</td><td colspan="3">18~35岁女性</td></tr>
<tr><td colspan="3">高中以上学历</td></tr>
<tr><td rowspan="3">职业</td><td colspan="2">25%学生</td></tr>
<tr><td colspan="2">47%工作</td></tr>
<tr><td colspan="2">28%其他</td></tr>
<tr><td rowspan="2">中高收入</td><td>个人</td><td>>2 500元/月</td></tr>
<tr><td>家庭</td><td>>5 000元/月</td></tr>
<tr><td colspan="3">在个人护理和健康保健品消费470元/月</td></tr>
<tr><td rowspan="4">心理</td><td colspan="3">乐意试用新产品</td></tr>
<tr><td colspan="3">乐意使用个性化产品</td></tr>
<tr><td colspan="3">寻找相关的新产品信息,以便更好地了解产品</td></tr>
<tr><td colspan="3">关注与个人护理</td></tr>
</table>

而事实上,遍地开花的屈臣氏和一张一张的屈臣氏会员卡告诉我们,屈臣氏集团已经凭借其准确的市场定位,使其"个人护理专家"的身份深入人心,不仅让那些去过屈臣氏的人真切地享受到了它舒适的购物氛围,甚至也让没去过的人在听到其"个人护理专家"的大名时也如雷贯耳。

诚如屈臣氏集团原中国区总经理谭丽娴所说的那样:"这与我们原本所想的定位非常符合。"

4.7.3 渠道策略——零售营销组合的承上启下

"营销渠道到底是采取直营模式还是特许加盟模式?终端门店的选址地点在哪里才能贴近消费者,提升企业品牌渗透力?"这是屈臣氏在最初进军内地时,高层管理者们最重视的问题,因为这两个问题的解决对今后屈臣氏规模的扩大,管理效率的提高,品牌忠诚度的提升都起着关键作用。

1. 迈出第一步——直营还是特许加盟

所谓直营模式是指总公司直接经营连锁店这种模式,即由公司总部直接经营、投资、管理各个零售点的经营形态。公司总部可以透过经营渠道的拓展从消费者手中获取利润。而特许加盟是指特许者将自己所拥有的商标、商号、产品、专利和专有技术、经营模式等以特许经营合同的形式授予被特许者使用,被特许者按合同规定,在特许者统一的业务模式下从事经营活动,并向特许者支付相应的费用。

李嘉诚思忖着直营和特许的定义,经过商海多年的比拼,他深深懂得,如果采取直营的模式,那么具有直接控制权,便于统一管理的终端门店将会使"个人护理专家"这样的形象更加深入人心;另外,与消费者近距离地接触,将有利于企业获取最有效的市场信息,在竞争中抢占先机,制定出完美体现公司行销理念的战略战术。但是直营这种模式却要求企业具有雄厚的资金、成熟的管理经验和专业的高层管理者,相比之下特许加盟对企业资金和管理的要求较少,能够较快获得收益。

适合自己的才是最好的。屈臣氏背后有和黄集团这样坚强的后盾,因此资金和管理的要求并不是李嘉诚最担心的问题,屈臣氏企业品牌的创建才是重中之重。基于这样的考虑,直营模式理所应当地成为最适合屈臣氏的发展模式。

2.屈臣氏的门店选址

"桃李不言,下自成蹊"。在短短7年间(2004—2011年),屈臣氏目前在亚洲以及欧洲的36个市场、1 800个城市共拥有20个零售品牌,超过8 800家零售店铺,每星期在为全球超过2 500万人提供着个人护理用品服务。这种呈现网络型的店铺扩张路径没有一个合理的门店选址是不可能实现的。

如果说市场定位是零售企业制定营销组合方案的前提,那么门店选址的好坏反过来又会对目标市场的选择起到促进或阻碍作用。因为终端卖场是经营者根据商品向消费者提供服务的市场或位置。目的是确定企业在消费者心目中的形象或地位——向消费者传达企业有关产品、价格、服务、经营服务理念、经营方式、整体形象等方面的营销信息。

毋庸置疑,选址问题将会涉及多领域跨学科的问题,即选址问题不仅主要取决于门店选址的地形特点及其周围的人口状况、城市设施状况,而且交通条件、地租成本和竞争环境也会产生不同程度的影响,因此为了使每一个城市的选址问题都有章可循,屈臣氏也制定了适合自身市场定位的选址标准,见表4-13。

表4-13 屈臣氏选址标准

1	人流汇集点,即店铺区域的流动人口量在4 000~8 000人次/天
2	临交通主动线,可视性好,一般要求在50米以外易见,有较好的招牌广告位,且无进店障碍
3	繁华的区域型、社区型的商业街上,商业、商务密集,商圈成熟区域以及市商业中心或区域商业中心
4	使用面积200~300平方米,地上一层布局方正为佳,有独立的进出口,净高不低于3.2米,形象展示好
5	租赁年限一般在10年以上,具备清晰的产权证明等相关法律文件

屈臣氏在进行选址分析时,除了进行商圈调查外,更是以目标消费者的利益最大化为首要原则。所以,屈臣氏在选址时将首先考虑与其目标消费者较为相似品牌,并观察其他入住商场的商家。通常,像GUCCI或LV这种定向消费的奢侈品与屈臣氏的定位格格不入,因此这类商家并不在屈臣氏的考虑范围内,而像VERO MODA、ESPRIT这类服装品牌入住的商场,屈臣氏会做重点考虑。当然,有大量客流的街道、机场、车站或是白领集中的写字楼等最为繁华的一类商圈也是屈臣氏的考虑对象。只有从节省消费者的购物时间、购买精力、购买费用的角度出发,最大限度地满足消费者的需要,才能获得消费者更多的支持与信赖。

4.7.4 产品策略——零售企业的最终呈现

1.独特的产品组合

产品是零售商向顾客提供价值的载体,是零售商获取成功的关键因素。零售商要考虑的一个重要问题就是如何使产品的组合最佳,以便能够为顾客提供最大化价值。首先要考虑商品线的组合，即商品的大类，如家电、食品、服装等；其次要考虑每条商品线下的深度和宽度，即每一种商品线下提供哪些品牌的商品，在每一品牌下又提供哪些品种的产品等。

屈臣氏商店以其新颖独特的产品组合以及高质量的产品深受消费者的青睐。其经营的产品大类可谓包罗万象，来自二十多个国家包括化妆品、个人护理用品、时款饰物、药物、保健品、糖果、心意卡及礼品等两万五千多种产品，这些商品"贵精不贵多"，极有针对性地满足目标顾客追求高生活品质的较高层次的消费需求。

屈臣氏的产品线也不太深，只选择销售少数的高档次、高质量、品牌响的商品。同样是洗发用品，屈臣氏只经营飘柔、潘婷、诗芬、资生堂等几个品牌，而舍弃了面对中低收入消费者的蜂花、碧影等品牌。这种商品组合策略既符合屈臣氏的定位原则，也与其店铺面积小、租金高，必须获得较高的利润率有密切关系。

2. 自有品牌——屈臣氏的金字招牌

据2011年最新的数据资料显示：在屈臣氏销售的产品中，自有品牌的商品数量已经超过了2 000种。而且在业内，关于屈臣氏在自有品牌方面的市场策略以及终端表现，已经在零售商品牌系统中起到统领的作用，而其自有品牌必须从企业品牌的定位出发，反映企业品牌的内涵和"健康、美态、欢乐"三大理念，推出产品本身的价值主张，协助企业品牌创造价值，形成品牌合力，进而强化企业品牌的形象，获取竞争优势，形成顾客忠诚。

1)"健康"——"MJ"果汁先生品牌

广东地区因其独特的潮湿闷热气候特征，消费者对清热温补十分关注，素有喝"凉茶"的习惯。随着生活节奏的加快，以往由家庭煎煮或在街头凉茶铺购买才可以喝到的清凉类饮料，能否通过包装成品备在身旁随时饮用呢？就是在这种市场需求的背景下，屈臣氏从"为顾客提供健康的产品"这一理念出发，潜心研制，2003年开始在市场上推出自有的新品牌MJ（果汁先生"Mr. Juicy"的缩写）甘蔗汁，并于2004年再度上市新产品MJ酸梅汁，全面打造具有岭南特色的清润饮料市场。

MJ果汁先生品牌是屈臣氏在秉承健康理念的基础上，从区域消费者的角度开发的具有针对性的自有品牌产品，避开了产品同质化竞争，实现了品牌的差异化突围，不仅完善和扩充了自身的产品线，更为重要的是，在成功塑造自有品牌价值的同时丰富了企业品牌的内涵。

2)"美态"——护肤品、化妆品

屈臣氏个人护理店"美态"的经营理念集中体现在把主要目标顾客锁定在18～35岁的女性上，该类消费群体追求个性，注重个人魅力，追求舒适的购物环境。

针对女性消费者的需求，屈臣氏设计出大量的护肤品、洗涤用品以及各种女性化妆用品等，实惠、精致、时尚而有品位，受到女性顾客的青睐。根据日前屈臣氏对近600名女性顾客有关个人生活理念的调查显示：有超过85%的被访者认为屈臣氏产品品种，尤其是女性护肤品和化妆品的丰富和精致是吸引她们来屈臣氏购物的首要因素，她们对屈臣氏店内所售商品品质的信赖使她们成为屈臣氏的忠实顾客。

3)"欢乐"——玩具、新奇士橙汁

走进屈臣氏任何一家门店，迎接顾客的首先是欢乐的音乐，还有摆放在商店里独有的可爱的公仔、糖果等，一些可爱的标志例如"心""嘴唇""笑脸"等都会出现在公司的货架上、收银台和购物袋上，这一切都给消费者欢乐、温馨、有趣的感觉，向消费者传递着乐观的生活态度。

为更好地诠释屈臣氏“欢乐”的品牌内涵，2004 年 6 月，屈臣氏多年前开发的新奇士果汁自有品牌，与美国迪士尼公司合作在深圳上演“迪士尼 100 周年奇幻冰上巡演”项目，从娱乐角度切入，让人们感到轻松有趣之余，使屈臣氏“欢乐”主题淋漓尽致地体现出来，拉近了与消费者的距离。

屈臣氏中国区区域董事总经理艾华顿很是自豪地表示：“通过自有品牌，我们时刻都在直接与消费者打交道，能及时、准确地了解消费者对商品的各种需求信息，又能及时分析掌握各类商品的销售状况。在实施自有品牌策略的过程中，由零售商提出新产品的开发设计要求，与制造商相比，具有产品项目开发周期短、产销不易脱节等特征，降低风险的同时降低了产品开发成本。”屈臣氏正是通过自有品牌这一平台，巧妙地把低价和差异化结合起来，在差异化的基础上实现低价，给顾客提供各种丰富的高质低价的商品，用最高的性价比满足顾客的需要，使顾客形成对产品和企业的双重忠诚，成为别的企业不可复制的核心竞争力，从而在中国内地市场上所向披靡，无往而不胜。

4.7.5 价格策略——“低价”并不等于“廉价”

1. 心理定价

美国前总统里根说过：“经济的一半是心理。”屈臣氏在制定价格时很好地利用了影响消费者心理的因素来提高销售收入。以部分屈臣氏自有品牌产品为例，屈臣氏可爱、梦幻少女玫瑰 BB 霜在 2010 年全新上市时，市场部采取零头定价策略确定其价格为 59.9 元/件，虽然 59.9 元与 60 元之间仅仅相差 1 角钱，但是消费者会感觉便宜了不少。

另外，消费者心理上对价格的较小差异较不敏感，而对大的差异则很敏感，因此在策略实施方面，屈臣氏会根据不同的消费者需求对价格不断进行调整。屈臣氏认为，18 ~ 35 岁的女性群体的职业及其收入有所不同，即使是收入超过 2 500 元的时尚女性，也会有不同的产品需求。因此，屈臣氏在定价时也会突出考虑商品的档次，不同品牌的产品和同一品牌的不同等级的产品的价格都会有所分别，以适应不同层次的需要。

2. 产品组合定价

从 2004 年开始，屈臣氏在内地市场执行了明确的低价策略。屈臣氏为了保证低价策略，创新了很多促销方式，让低价策略不仅仅表现在表面的降低上，而是通过“加 1 元多 1 件”或者“换购”等多种方式吸引消费者。2007 年开始，更是推出了屈臣氏的会员卡，增加了核价的频率，简化了差额双倍返还的细则，还推出以礼品赠送鼓励消费者进行返还的措施来加强让利的长期性，从而保证低价策略的执行。以 2010 年 8 月份的促销活动为例，在屈臣氏每购物满 50 元，即可以 15 元换购屈臣氏骨胶原亮白去角质啫喱 100 克（全国共 10 万份）；屈臣氏骨胶原保湿滋养面膜 6 片，原价 59.9 克/件，现价加 1 元多一件；屈臣氏男士激爽畅快、动感能量、热情活力沐浴露 400 毫升，原价 29.9 克/件，现价加 1 元送屈臣氏男士毛孔清洁黑鼻贴 10 片装（全国 1.5 万份）等等。

3. 新产品定价

屈臣氏在自有品牌的全新呈现之时采取的是“渗透定价策略”，这种定价策略与“撇脂定价”相反。屈臣氏市场部把新产品价格定得较低，使新产品迅速被顾客接受，以迅速打开美妆零售市场并提高市场占有率。渗透法着眼于企业的长期利益与发展，但价低利微，需长时间收回投资，所以要求企业要有雄厚的实力，而这一点恰好是屈臣氏较其他美妆零售企业略胜一筹的砝码。

4.7.6 促销策略——激起购物欲望

促销的作用在于向消费者传播信息,包括企业定位、企业品牌、商品组合状况、价格、服务等。通过这些信息的整合传播,促使消费者产生来店购物的冲动,这就是促销的本质目的。

目前,零售企业的促销手段可谓琳琅满目,千奇百怪,而屈臣氏的促销管理讲究的是一个"实效性"以及"标准化"。

1. 抓住心理需求——促销策略的基础

促销面对的是消费者,是作用于消费者心理从而影响其消费行为及方式的销售活动。而屈臣氏的市场定位在18~35岁的女性消费群体,她们刚刚告别学生时代接触社会,正处于由物质需求向精神享受过渡时期。因此屈臣氏的营销经理会在制定促销策略的最初阶段顺应市场变化,捕捉这一目标消费群体的微妙心理细节,在第一时间制定出一个既具有"实效性"又可以提高"诚信度"的促销计划,要求能够给予消费者更多的感官或利益刺激,使她们往往陶醉于某种获得小利后成功的喜悦,同时在精神上得到满足。

2. 促销方式的选择——促销的"实效性"

1)会员卡促销

屈臣氏提出"为了使更多的消费者享受屈臣氏卡带来的全新购物体验和会员尊享优惠",2009年2月,全新屈臣氏卡在全国范围内推出,广告语为:"您的微笑! 我的满分!"据屈臣氏公司内部最新统计,全国申领人数已经超过1 000万。在屈臣氏全国各门店,仅需支付10元申请费,即可申办全新"屈臣氏卡"。屈臣氏为持卡会员提供诸如"生日月双倍积分""积分抵扣现金""兑换指定礼品""合作商户持卡及持券优惠"以及"店内持券优惠多重优惠"等等。屈臣氏会员卡的积分规则和换购规则为:会员每10元积一分,每20分可以在消费时抵扣一元。新屈臣氏卡在功能上的最大创新在于其推出的"个性化消费定制服务",即根据不同会员的消费记录,对不同消费习惯进行系统的分析,并在此基础上为不同的人群量身定制个性化的产品信息和优惠资讯,帮助会员在第一时间掌握最适合其个人的服务内容。除此之外,屈臣氏会定期更新会员优惠,新品上市等信息,并会在第一时间发给会员,让所有会员尽快地了解潮流资讯,新加入会员优惠活动。

以屈臣氏第36期优惠为例,会员每购买满50元即可换购以下一款产品一件:骨胶原保湿紧致眼部走珠精华液会员价25元,非会员价59.9元;玫瑰梦幻/可爱少女BB霜30克会员价30元,非会员价59.9元;玫瑰润白柔肤水160毫升会员价35元(全国共9万份),非会员价78元;露得清细白修复面膜会员价25元(全国共5万份),非会员价30元。会员周年庆购物抽奖活动2011年3月3日至3月23日,凭会员卡在店内消费,填写个人信息即可获得参与会员卡2周年庆抽奖活动,全国共200份,2 000元屈臣氏提货券。

2)屈臣氏优惠券促销

屈臣氏作为中国最大的保健及美容产品零售连锁店,各种优惠券的发放成为其促销的主要方式。屈臣氏优惠券促销的特点有如下方面。

首先,优惠券的发放渠道广泛,主要包括:屈臣氏官方网站可以免费下载优惠券,各个门店门口的宣传栏上摆放事先印制好的本期流行优惠资讯宣传册,公司通过会员留下的邮箱将每期的电子宣传定期准时地发送给会员,合作商户的宣传单上常常有屈臣氏的优惠券,柜台上货架上也会摆放已经剪好的相关商品的优惠券。这些优惠券的发放基本可以确保消费者及时了解公司每一阶段的促销资讯,而且在购买时很容易找到需要使用的相关商品的优惠券,这样极大地方便了顾客。

其次,优惠券的优惠方式多样,包括:价格折扣、双倍积分、买赠活动、满额度抵扣以及满额度可以以低价换购商品。比如"凭券购买美即面膜立减5元""每购物满50元即可以以90元的优惠价格换购玉兰油防晒霜""凭券买吉利锋隐刀架一个赠送吉利锋隐刀片四个"等等。

再次,屈臣氏的优惠券以图片为主,限期很短,通常为20天到1个月,有效期短可以激励消费者尽快购买的欲望。又由于屈臣氏的顾客群体多为追求时尚和潮流的都市丽人,所以公司的活动通常也是每月一个主题,而且优惠券的发行通常紧扣本期促销活动的主题。

最后,优惠券除了涉及自有品牌、公司代理的品牌,还包括了合作客户的优惠信息。合作商户主要涉及服饰、餐饮等商户。比如3月3日到3月23日之间,购买联合利华产品获得双倍积分,满50元赠送总值达50元的现金抵用券(全国共8万份);再比如凭券购买味千拉面串烧盛合一份立减5元;购买蒙自源秀才过桥米线立减4元而且奶茶买一送一;购买西堤牛排118元套餐以上免费获赠缤纷鸡尾酒一组;麦包包网全场正价购买150元立减20元并赠送手机挂饰一份等等。

3)屈臣氏的捆绑促销

企业在制定捆绑促销策略时首先应该考虑到进行捆绑的产品之间应该具有一定的关联性,比如产品之间在消费对象、销售渠道、品牌影响力等方面相近;此外,捆绑定价产品要有相似的市场定位,如奢侈品与劣等品便不能进行捆绑销售。

屈臣氏的捆绑促销策略便是对以上前提条件的诠释,具体包括:同品牌相关互补品的捆绑,比如巴黎欧莱雅卷烫修复套装(包括洗发露、护发素和精华)优惠价74元,买沙宣套装(洗发露和护发素)优惠价68元;相关品牌商品的捆绑,比如买全线面膜100元可以获得100积分(包括屈臣氏自有的滋养燕窝面膜,美即活氧冰爽面膜和相宜本草的草本面膜)等。

3. 实施促销的流程——促销的"标准化"

屈臣氏每一期的促销策划活动不仅能够为消费者带来实实在在的利益,其标准化的流程也是屈臣氏提高管理效率的重要步骤。

第一步,由总部采购部提前给各分店发送促销手册(如图4-42所示),告诉店铺:下期促销的主题、促销时间、促销的内容,有哪些促销工具、物料,发送时间,促销规则、注意事项,怎样布置卖场、陈列商品,怎样做好配货、定制促销物料的工作。新式的促销活动还要陈列样板店,组织分店管理人员参观、讲解注意事项,以保证促销活动能按要求执行到位。

第二步,店铺的所有员工仔细阅读促销手册,特别是管理人员,按照上面的指引做好订货等促销准备,在促销活动开始前一天晚上,员工要对店铺进行全面调整,陈列促销商品、赠品、更换促销宣传画、POP、更换价格牌。由于屈臣氏的促销活动都有非常特别的要求,这些流程需要非常熟悉的员工才能操作。

第三步,仓库管理员按照《促销手册》给各分店配送商品,要求及时、全面。

第四步,各店铺管理人员检查商品、赠品、物料的到货情况,如果已经全部到齐,便可以开始促销活动。反之,要及时通知采购部门。

图 4-42　促销手册

4.7.7　小结

让我们细数一下 2011 年 12 月屈臣氏的精彩。

首先，2011 年 12 月 9 日，注定将永远镌刻在屈臣氏中国大事记上，因为在这一天，屈臣氏上海浦东嘉里城新店的开业，标志着其千店扩张战略目标的达成。截止到 2011 年 12 月，屈臣氏在中国内地已经进入了超过 150 个城市，门店总数达到了 1 000 家。根据分布，屈臣氏目前在中国内地北区与东区网店分别超过 300 家，南区超过 250 家，西区则超过 100 家。

其次，2011 年 12 月 16 日，屈臣氏正式宣布进驻淘宝商城。屈臣氏淘宝商城旗舰店成为了其在中国内地的第 1 001 家店。屈臣氏的触网上线，预示着其正式步入线上和线下渠道融合的时代。

最后，2011 年 12 月，屈臣氏中国区总经理罗敬仁借助媒体渠道正式对外宣布，屈臣氏要在 2016 年前将中国内地的门店总数增加到 3 000 家。

随着屈臣氏作为个人护理用品零售连锁业的领先者开疆辟土之时，类似于这样标准化的零售连锁店的模仿者也遍地开花，但是我们从未看到过第二个屈臣氏的诞生。齐白石曾经对自己的学生说过一句振聋发聩的话：学我者生，似我者亡。这句话同样适用在屈臣氏及其追随者身上。我们向屈臣氏学习，我们学习什么？是其引领潮流的眼光，还是先进的商业运营模式，抑或是其完善的组织管理？这些答案都没有错但都不完全正确。学习屈臣氏，我们更要忘记屈臣氏。一味地模仿只能存活、停留在他人的影子里，只有坚持学以致用、因地制宜的自主创新精神，才是逐鹿市场的突围之道。

[相关附录]

附录1 屈臣氏集团的理念

表4-14 屈臣氏集团的理念

我们的愿景	成为富有创意、带动潮流的零售业翘楚
我们的使命	所到之处,以满足甚至超越当地顾客的期望为目标,并推出多元化零售概念与消费品
我们的目标	凭借集团协同效益及伙伴关系的优势,提供一个让所有雇员感到满足并能尽展所长的环境
我们的价值	与内外人员忠诚合作,为集团缔造卓越业绩。在追求个人目标的同时,也看重团队目标和团队合作
我们的责任	一言一行皆以公司利益为重,力求自己多走一步,以满怀热诚和干劲去超越目标与期望,全力以赴去面对种种提高企业效益的挑战
我们的灵魂	尊重彼此的差异,重视不同的观点。信赖与你共事的人,以获得同等的尊重
我们的任务	以热诚拼劲为顾客提供称心如意的服务,不断学习改进,精益求精;以合理、务实的方针去实践业务策略,避免"当断不断,反受其乱"

附录2 屈臣氏自有品牌形象的塑造

表4-15 屈臣氏自有品牌形象的塑造

	形式	目的
吸引	在每季度主推的自有品牌组合中,选择最有代表性产品及使用效果最好的产品,推出试用装,在店外免费派发	吸引店铺以外的顾客对自有品牌有直观了解,引导直接购买
甜头	赠送女性日常贴身物品,将自有品牌产品引入物品中,逐渐成为独特的自有品牌的礼品系统(如小记事本等),在记事本里除插入产品介绍,还有产品每月一张的优惠赠券	详细了解自有品牌产品,同时达到长时间保留产品介绍的目的,优惠券可促进顾客消费的冲动
购买	凡购买当季主推的自有品牌产品套装,赠送时令性时尚或套装产品配合使用的屈臣氏独有礼品(如时尚套装包、时尚仿真首饰等)	吸引购买,时尚赠品令顾客产生独特、限量的优越感
回头	每次购买自有产品,必赠送其他产品优惠券	重复购买,尝试购买其他产品

附录3 屈臣氏自有品牌的推广策略

表4-16 屈臣氏自有品牌的推广策略

策略	内容
新品上市推广	有新品上市,屈臣氏都会安排较大篇幅的版面进行宣传,并较大规模地发送试用赠品,安排所有店铺进行大型推广活动
宣传专刊	屈臣氏优质生活手册是专门针对自有品牌进行宣传的专刊,一年两期,免费发送顾客,专门介绍自有产品的功能特性,并邀请知名专业人士与消费者分享健与美心得

续表

策略	内容
店铺陈列	在屈臣氏的店铺中，都会安排几米货架陈列自有品牌商品，长期推广，并有醒目的标识
推广促销方法	“自有品牌全线八折”“免费加量33%”“一加一更优惠”“任意搭配更优惠”“购买某系列送赠品”等方式都是屈臣氏对自有品牌产品常用的促销方式，由于自有品牌具有利润空间较大、包装灵活等优势，所以促销幅度都非常大，效果非常明显

附录5　屈臣氏部分自有品牌的促销活动

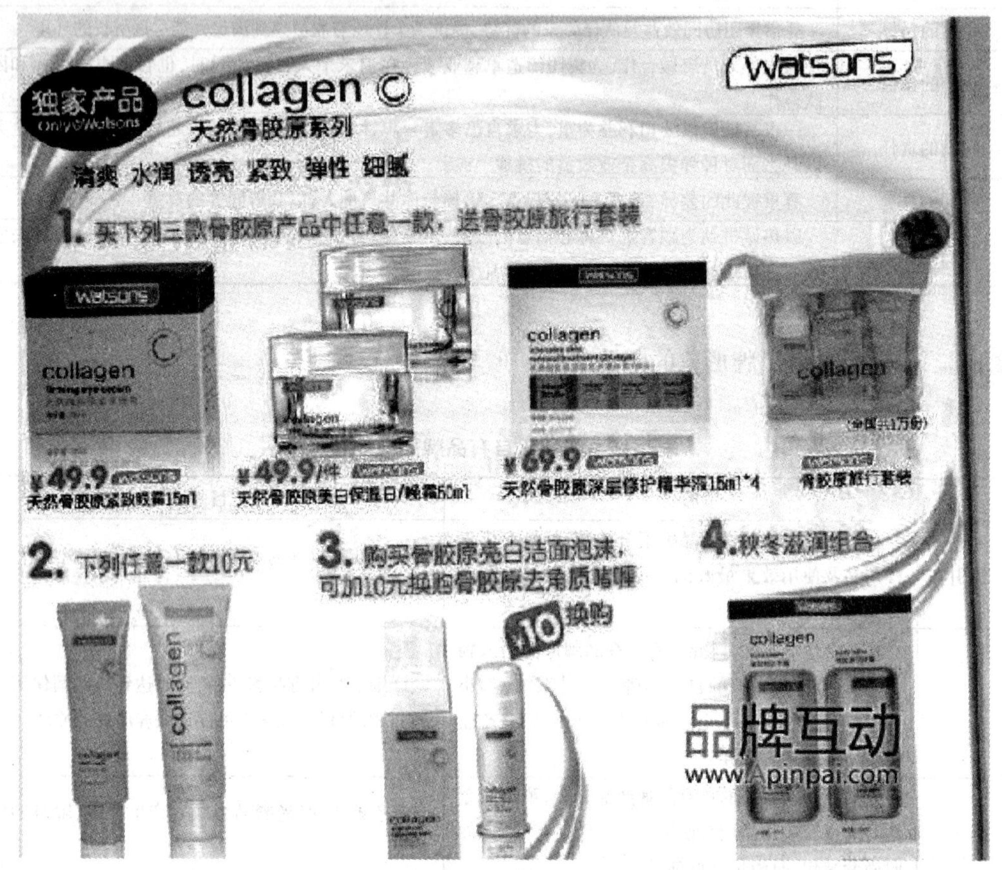

图4-43　屈臣氏部分自有品牌的促销活动

4.8　美的十年蝶变写就千亿传奇——在技术创新道路上前行

摘要：如今，美的用了不到十年的时间，就实现了从年销售100亿元到1 000亿元的跨越。2010年美的集团整体销售额达到1 100亿，海外销售50亿美元，综合实力全球白电前五强。在家电制造业整体竞争环境动荡、产业亟待提升的时期，率先掌握产业链核心技术，进行自主创新，使美的能够在激烈的市场竞争中始终保持优势地位。本案例侧重阐述了美的集团的技术创新这一职能战略，在为各个家电企业提供技术创新战略的借鉴样本的同时，也为职能战略的教学提供了很好的案例材料。

关键词：战略管理，SWOT分析，技术创新

4.8.0 引言

2012 年 8 月份,70 岁的何享健心情是复杂的,因为他即将卸任美的集团董事长,作为美的集团的创始人兼领军人物,他深知"用人不疑,疑人不用"这个道理,但是对于自己一手带大的企业,他心中还是有万般的不舍难以放下。

8 月 25 日,由美的电器董事长方洪波接任美的集团董事长这一职务。坐在办公桌前,他的心情也是无比复杂的。就在一年前,美的电器 2011 年一季度的财务报表上赫然显示,当季主要营业收入同比增长 96.13%,这对美的电器全体员工来说本应该是振奋人心的消息。但是作为高管,他必须要看出这斐然成绩背后的隐患:相对于主营收入来说,净利润同比只增长 12.65%。与之形成鲜明对比的是,作为美的主要竞争对手的两家上市公司青岛海尔和格力电器,2011 年一季度主要营业收入同比增长分别为 23.77% 和 68.31%,净利润同比增长却为 48.65% 和 46.27%。从中可以看出,与美的电器相比,虽然青岛海尔和格力电器的营业收入增长率都不及美的,但净利润增长率却远远超过了美的。何享健最担心的事情还是降临了,美的陷入了扩张战略的悖论——高增长并未带来高收益。

而高增长未必带来高收益的原因可能是企业已经达到了扩张的边界,也就是说,企业由于扩张所带来的内部管理费用的增加已经超过了外部交易成本的节约。考虑到这些,何享健和方洪波商量决定放缓脚步,调整美的的扩张战略,走技术创新道路。于是,实施技术创新战略的前因后果在两人的脑海中渐渐清晰起来……

4.8.1 技术创新的 SWOT 分析——知己知彼

"知己知彼,方能百战百胜",若想带领美的人走出一条适合自己的技术创新道路,就必须把自己置身于全球竞合这样一个大环境中,不仅要考虑到自身的优势劣势,也要看清外界环境的机会威胁。

1. 优势(S)——美的的实力

1)充足的研发资源投入

2010 年,美的集团在研发领域投资达到 53 亿元用于提高科研能力,比 2009 年增长了 35 %。而且美的集团计划今后每年以不低于销售额 5% 的指标进行科技的投入,以确保其在科研方面的实力。

2)优秀的研发人才队伍

美的集团一直坚持"以人为本,人才是美的第一资源"的管理理念,奉行"人力资本增值大于其他资本增值"的人才战略,"宁可放弃 100 万元利润的生意,也不放弃一个对企业发展有用的人才",是美的人力资源管理的核心指导思想,美的引进了大量的各个层次、综合素质高的人才。1999 年,美的集团建立了国家级的企业技术中心和博士后工作站,建成了"以其为龙头、事业部为核心、经营单位为主体"的三级技术研发体系,目前属下共有 19 个专门研究机构单位,另在海外拥有 3 家研发机构,拥有国家高新技术企业 22 家,拥有省级重点工程中心 2 家,拥有一支 15 000 名高素质人才的技术队伍,其中有博士 68 名、硕士 1 410 名、外籍技术专家 210 名。

3)力量强大的技术创新组织

集团现有国家认定的企业技术中心、博士后科研工作站、广东省重点工程中心以及国家高新技术企业 22 家。在此基础上,构建了多层次技术创新体系,在一级企业集团、二级产业集团、三级产品经营单位等层面形成了涵盖前瞻技术、共性技术、关键技术、产品技术、工艺制造、测试评价的多层级创新体系,如图 4-44 所示。

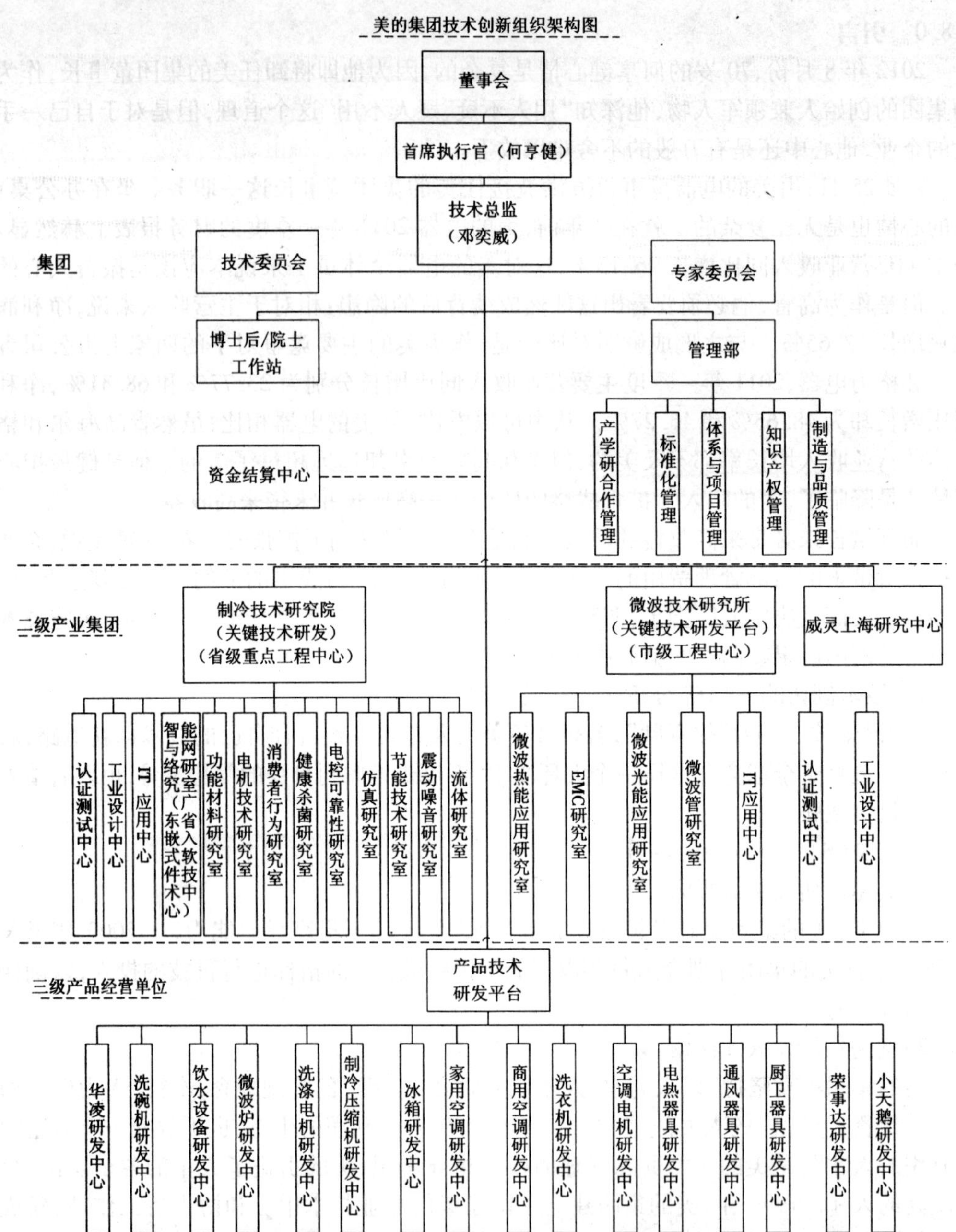

图 4-44 美的集团的多层级创新体系

4）强大的设计经营能力

2010 年 11 月，第十二届中国专利奖颁奖大会在北京举行，美的（MY-CS20）电压力锅获得中国外观设计专利金奖，是家电行业中唯一获得该奖项的设计专利。美的不断加强设计领域的实力，每年举办的“全国大学生工业设计大赛”为美的提供了优秀的设计方案，吸引了众多的优秀设计人才到美的工作。

5）特色的科研成果效益分享机制

美的对科技人员的额外奖励主要有两种途径：人才科技月与科技创新奖励基金。人才科技月——将每年9月份确定为人才科技月，各层级组织包括科技奖励评比等丰富多彩的各种活动。通过美的报、科技专刊等宣传手段，大力营造“尊重科技、尊重人才、勇于创新、积极协作”的文化氛围。2010年奖励总额1 415万元。项目和个人的最高奖励记录分别达到169万元和100万元。科技创新奖励基金——用于奖励该集团范围内科技创新方面做出突出贡献的人员。该基金首期资金额度为1 000万元，以后通过逐年增加提升到3 000万元的额度。该基金奖项已设置杰出科技项目奖、杰出科技发明奖、杰出科技个人奖等奖项，其中个人奖励资金达到百万元。

2. 劣势(W)——补“短”先明“短”

1)发明专利量相对较少

近年来，集团的专利申请数量上有大幅增长，含金量也有大幅提升(主要表现为发明和实用新型专利授权量增长更快)，2010年发明和实用新型专利申请量为655项，授权审批514项，分别是2005年相应申请量和审批量的4倍和13.5倍。截至2011年，共申请专利7 494项，其中发明专利797项，实用新型专利2 799项，外观设计专利3 898项(专利构成如图4-45所示)，但相对于LG、三星、松下、海尔等企业，发明专利量仍较低(见表4-17)。

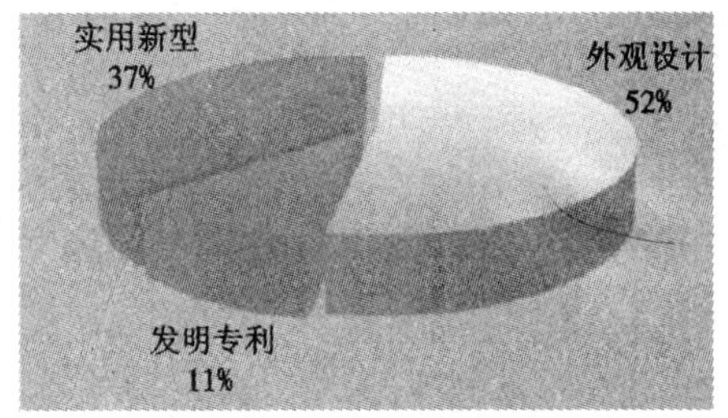

图4-45 美的集团专利构成

表4-17 各公司的发明专利量

项

企业名称	空调	冰箱	洗衣机	微波炉	合计
LG电子株式会社	723	452	445	153	1 773
乐金电子(天津)电器有限公司	665	276	308	356	1 605
三星电子株式会社	506	358	264	282	1 410
大金工业株式会社	425	—	—	—	415
三洋电机株式会社	296	—	—	17	312
松下电器产业株式会社	264	—	190	—	454
海尔集团公司	253	194	282	20	749
珠海格力电器股份有限公司	209	—	—	—	209
美的集团	172	230	57	41	548

2)核心产品的缺乏

美的集团一直以来都坚持多元化的经营战略，几乎涉足家电领域的所有产品，比如提到格力，人们马上会想到格力空调，但是如果提到美的，人们想到的是家电，没有什么特色和侧重点，这就影响了美的集团的经营灵活性和核心竞争力。图4-46和图4-47是美的和格力的产品体系。

大家电	小家电		厨卫家电	个人护理		其它产品
家用空调	微波炉	电磁炉	吸油烟机	挂烫机	剃须刀	照明
中央空调/空气能中央热水	电饭煲	电压力锅	燃气灶	电吹风	电烫斗	商用电磁灶
冰箱	煎烤机	净水桶	消毒柜			美的地产
冷柜	风扇	饮水机	洗碗机			家用电器电机、变压器
美的洗衣机	纯蒸炉	取暖器	热水器			工业电机
小天鹅冰箱	净水设备	空气净化器	太阳能热水器			空气压缩机
小天鹅洗衣机	电热水壶	吸尘器	浴霸			磁控管、养护设备
小天鹅冷柜	加湿器	果蔬净化机	整体厨房			空调压缩机
华凌空调	烤箱	果汁机				铸件产品
华凌冰箱	豆浆机	电火锅				环境系统通风及五金
	炊具	面包机				炉霸
	净饮机					

图4-46 美的的产品体系

家用空调		中央空调		空气能热水器		其他产品	
精品空调	巅峰巨作	家用中央空调	环境舒适	家用热水器	省电75%	净水机	全能净化
卧室空调	卧室首选	商用中央空调	节能高效	商用热水器	安全高效	空气净化器	环境卫士
变频空调	舒适节能	创新技术	行业先锋			抽湿机	急速除湿
节能空调	超值实用	解决方案	完美表现				
特种空调	多种用途	经典工程	行业案例				
		GIMS智能管理系统	智能科技				

图4-47 格力的产品体系

从美的和格力的产品体系比较，我们可以看出，并没有一个核心产品能够代言美的。虽然美的的多元化可以将风险分摊给各个不同的产品系列，但是这样做的弊端就是公司形象并不能深入人心。

3. 机会(O)——“再造一个美的”的有利形势

1)政策扶持及导向作用

家电产业的政策指导行业转型升级：工业和信息化部《关于加快我国家用电器行业转型升级的指导意见》(2009年12月15日)以及中国家用电器协会《中国家用电器工业“十二五”发展规划的建议》中都对家电行业转型升级提出了要求及建议：以节能减排和资源综合利用为主线，通过产品结构、产业结构、市场结构调整，产业合理布局，引导家电行业向内涵型方向发展，实现结构调整、产业转型升级和发展方式转变。

2)国内市场需求强劲

(1)农村市场有广阔的增量需求：农村家庭家电拥有率还很低，随着农民收入提高和政府的政策激励，农村消费者对家电的需求将大大增加，预计“十二五”期间，农村市场冰箱年均需求量为1 200万~1 400万台，洗衣机年均需求量1 000万~1 200万台，空调年均需求量800万台左右。

(2)城镇市场仍有可观的上升空间：现有城镇家庭家电已基本普及，“十二五”期间，冰箱、洗衣机、空调等家电产品将进入大批量更新期，节能、环保、健康、高端家电产品的需求将迅速增长。此外，城镇化率将会进一步提高，而住房刚性需求和保障性住房供给是家电产品新增需求的驱动力。

3)研发全球化的发展

经济全球化促进了研发的全球化,各大家电企业纷纷在全球发展潜力较大的国家和27个地区建立起自己的研发中心。

2006年,海尔集团投入研发经费达67亿元,占全球营业收入的比例为6.2%,大大高于国内同行平均水平,其中,海外研发的总投入已经占到了总投入的70%。迄今海尔集团已在海外设立了7个设计研发中心:欧洲4个,美国2个,以色列1个,同时建立了15个海外信息中心。

仅2009年,格力电器在技术研发上的投入就超过20亿元。今年,公司对技术的投入再创新高,现已超过30亿元,是空调行业科研投入最多的企业之一。据悉,格力电器目前拥有全球规模最大的专业空调研发中心,先后成立了制冷技术研究院、机电技术研究院和家电技术研究院3个基础性研究院,建成300多个实验室。中国制冷行业唯一国家工程技术研究中心——"国家节能环保制冷设备工程技术研究中心"也于去年落户格力。

各家电企业在研发中心的聚集地,学习、交流和合作也越来越频繁,缓解了研发资金不足的状况。

4)知识产权的加强保护

在目前的法律体系下,盗用他人创新成果的行为更是会受到法律的严惩,这不但排除了美的集团的后顾之忧,而且使自主创新为美的带来了更大的利益。

4.威胁(T)——降为最低

1)市场竞争持续加剧

国内家电行业中竞争相当激烈,在中低端市场上,产品技术水平较低,存在着同质化竞争,而且普遍采取价格战,获取利润途径较少;在高端市场上,日韩产品竞争力强,抢占高端客户。美的集团产品种类丰富,涵盖低、中、高端市场,但仍然受到激烈竞争压力的威胁,不仅受到二、三线品牌低价竞争压力影响,还面临国内品牌(海尔、格力、海信、长虹等)和国外品牌(三星、LG、西门子、东芝等)的直接压力。

2)原材料和劳动力成本上涨

家电行业对钢、铜、铝等原材料需求量大,当前这些原材料价格普遍上涨。上海期货市场数据显示,铜价比2010年末同比涨幅达32%;而家电用钢的价格仍处于涨势,在2011年上半年价格涨幅有20%~30%。包括冰箱、洗衣机、空调等在内的白色家电产品面临成本压力,家电业资深人士表示,钢材价格每上涨10%,将带动空调、冰箱、洗衣机产品的成本分别上涨3.87%、3.05%和0.80%左右。加之近年来珠三角及长三角地区因务工人员的大量缩减,势必持续影响到家电制造业人力成本。

3)出口产品遭遇技术贸易壁垒

随着我国家电出口规模扩大,与贸易对象国的摩擦也增多,针对我国家电产品的技术贸易壁垒增多,据全国家用电器标准化技术委员会的最新统计显示,我国有多达60%的家电出口企业遭遇过国外技术壁垒。由于国际标准对产品的安全、节能、环保方面的要求高,而我国家电产品达到发达国家的标准有一定困难。为了不断跟上国际标准,则需要投入大量资金购买设备及进行技术研发,改造生产线、设计和研发成本很高,生产成本一般要高出20%~30%,加上低碳环保产品检验标准缺失,大批家电产品被拦在发达国家的大门之外。

4)人民币升值带来出口压力

自2010年6月份人民币汇率形成机制改革以来,人民币不断升值。2011年6月21人民币对美元中间价为 6.453 6 元,比上年同期已累计升值达 5.79%。人民币升值使得家电行业出口产品的价格竞争力降低:如果企业实行降价以保持原有价格竞争力的方式,那么利润率必然下降;如果降价幅度低于人民币升值幅度,成本优势将在一定程度上削弱;即使家电产品提升价格,保持原有利润率,也可能面临因出口量减少而降低产品市场份额和利润总额的风险。可见人民币升值对家电企业的出口有不利影响,尤其对主要依靠价格优势的出口产品产生较大的冲击。

4.8.2 技术创新战略目标——技术创新的灯塔

2004 年,胡锦涛同志亲临美的视察,鼓励美的要"放眼全球,走向世界"。胡锦涛同志的殷切寄语让美的人始终牢记于心,思之奋进。

美的集团不负众望,"十一五"期间,其海外业务年均增长近 30%。进入 2010 年,美的的国际化战略更是提速发力,并且迅速通过完成了全球化生产制造销售的产业布局。10 月 11 日,美的宣布收购埃及 Miraco 公司股权项目完成,至此,美的的海外生产基地,已经延伸至越南、埃及、白俄罗斯等地,而美的集团正在规划推动在印度、巴西等国设立生产基地。

在这些成果的基础上,方洪波在美的集团调整会议上再次强调了美的集团的近期目标:"未来 5 年美的将以结构调整和转变发展方式为主线,务实稳健、小步快跑地开拓具美的特色的国际化发展道路。"

从长远来说,美的集团确立了由提升水平、国际拓展到全球先进的"三步走"跨越式发展战略,如图 4-48 所示。

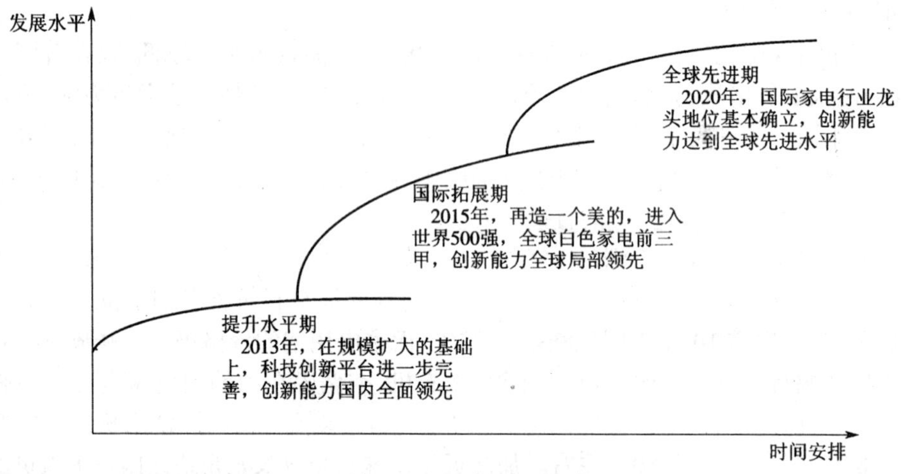

图 4-48 美的集团"三步走"跨越式发展战略框图

第一步,提升水平期。到 2013 年,在规模扩大的基础上,管理水平、盈利能力、科技研发能力进一步提升,品牌影响力进一步扩大,科技创新平台进一步完善,技术创新能力在国内全面领先,为后续发展奠定坚实基础。

第二步,国际拓展期。到 2015 年,全面落实集团董事局"再造一个美的"的宏伟战略目标,在坚持规模领先的基础上,积极推进集团结构调整、产业转型升级,以实现企业增长方式转变及可持续稳健发展,技术创新能力在全球局部领先,跨入世界 500 强,并成为全球白色家电前三位的国际化企业集团。

第三步,全球先进期。立足中国,放眼全球,面对全球化和国际化带来的机遇与挑战,广泛开展国际合作，逐步实施科研、生产、投资“走出去”的国际化发展战略，到2020 年，国际家电行业龙头的地位基本确立，创新能力全球先进，成为创新能力最强、创新水平最高、创新成果最多的世界级家电制造企业之一。

4.8.3 技术创新战略的选择

目前美的正处于战略转型升级的关键时期，集团战略已将原来的规模增长第一转变为规模与利润同步发展，美的集团需要推进集团结构调整、产业转型升级，转变规模导向的发展战略，平衡规模与盈利、短期与长期、局部与整体利益，实现从注重数量增长向注重质量增长转型、从低附加值向高附加值转型和从粗放式管理向精益化管理转型。从美的集团的技术创新状况及资源来看，采用技术领先战略对美的集团来说是一个明智的选择。

另外，因家电产品当前同质化严重，结合了美的自身在设计上的优势，要想在家电行业独树一帜，必须采用差异化的策略（外观设计差异化、功能设计差异化和功能差异化），因此在今后的一段时间内，方洪波认为美的集团应该采用差异化的技术领先战略，构建全面创新生态系统，引领家电行业创新方向，提升盈利水平，形成良性循环，获得可持续发展能力，从而形成企业盈利模式由大规模低成本制造向基于技术领先的差异化、高盈利模式转变。在集团 SWOT 单项因素分析的基础上，技术创新的组合因素分析结果见表 4-18。

表 4-18 美的集团技术创新的 SWOT 分析

外部条件 / 内部因素	优势 S	劣势 W
	充足的研发资源投入 优秀的研发人才队伍 力量强大的技术创新组织 强大的设计经营能力 特色的科研成果效益分享机制	发明专利量少 核新产品缺乏
机会 O	SO	WO
政策扶持的导向作用 国内市场需求强劲 研发全球化发展 加强保护知识产品	借着政策扶持的“东风”，完善技术创新机制 市场和研发相结合，使得需求和高科技相结合，切实落实“差异化技术” 赶上研发全球化的潮流，在与产品相关的多领域和高校、科研所或其他公司展开技术合作	在知识产权政策的保护下，加大科研投入，提高发明和实用性专利量 在公司的多元化战略中研发具有差异化的核心产品，在灵活性中增强针对性
威胁 T	ST	WT
市场竞争持续加剧 原材料和劳动力成本上涨 出口产品遭遇技术贸易壁垒 人民币升值带来出口压力	加大科研投入，核心技术在市场中找准自己的位置，立于不败之地 研发新兴能源和材料，并且以其代替人力，提高生产率，降低原材料和劳动力成本 以自主创新打造核心创造力，减少对出口国家的依赖性	加强与上游原材料供应商的战略合作，节约原材料的交易成本 兼并收购国外具有核心技术的中小企业，降低技术壁垒和人民升值对公司的影响，有利于公司获取核心技术

4.8.4 技术创新的政策与保障措施——必要的战术工作

在深刻认识和领会技术创新战略思想的基础上，按照“创新科技，做世界的美的”的愿景，以方洪波为代表的领导班子带领全体员工大力参与，有步骤、分阶段地推进集团的技术创新战略实施工作。

1. 加强组织领导

1）成立战略实施领导小组

战略实施领导小组以董事长为顾问，集团分管总经理为组长，技术创新总监为副组长，各研究开发院、研究所、技术中心负责人为小组成员，领导创新战略的实施工作。

2）成立战略实施专项小组

战略实施专项小组由集团及下属企业职能部门负责人组成，由美的集团办公室统筹，具体负责战略的专项实施工作。

3）成立监督战略实施小组

监督战略实施小组具体负责监督战略的实施、战略的评估、战略的控制，定期形成监督报告上报战略实施领导小组。

2. 统一思想认识，推动观念创新和意识创新

在美的集团二十多年来，经历了由计划经济到市场经济的蜕变，方洪波和很多领导、员工经常认为：不创新，企业不一定死亡。这种观念和意识严重阻碍了美的集团的技术创新。事实上，大家往往为现有的繁荣所迷惑，不愿意打破现有的稳定局面，缺乏创新动力。因此要想在企业中顺利推动技术创新，方洪波必须带头在企业中大力宣传技术创新的观念，要切实分析企业目前所处的形势，更新经营思想和经营观念，把技术创新放到战略的高度来认识，只有把观念和意识转变过来，才能积极推动技术创新战略的顺利实施。

3. 重视企业的基础管理

要实现企业技术创新战略，必须注重企业的基础管理，积极推进集成产品开发模式，合理把握信息化与工业化融合的机会，确保重大项目有序进行。

(1)积极推进集成产品开发模式(IPD)，提升自主创新能力与市场竞争力。主要实施部门是战略部门、行政部门、IT 管理部门、技术管理部门、市场部门。市场部门在对市场信息准确把握的基础上，以需求变动、环境变化以及竞争对手情况为主要依据，与技术部门、IT部门进行协同并行工作方式，加强产品开发项目考核，并借助 IT 技术提升项目的管控力度，从而确定美的集团未来产品开发任务。充分发挥各种资源的协同效应，优化集团的整体运作，达到提升效率、降低成本的目的。

(2)把握信息化与工业化融合的机会，推进信息化建设。继续完善以 PDM/PLM 为核心的数字化协同设计平台(包含 CAD、CAE)和以 ERP/SCM 为核心的数字化管理平台，从而方便集团实现协同管理。通过建立完整的信息流，实现技术创新对市场信息和制造过程信息的快速响应。实现全方位信息化，覆盖产品研发、采购、制造、销售、服务等一系列环节。

(3)强化项目管理，控制好重大项目建设。集团要从战略高度，规划好区域布局，推动落实重点投资项目，实现投资项目责任制，从而合理把握投资节奏，平衡好项目投入、产出、资源、能力等各方面的关系，确保项目回报。同时要重视现有产能的发挥，合理部署未来规

划，要审慎进入新产业、新产品领域。

4. 完善机制建设

为了确保集团的技术创新战略顺利执行，集团要充分利用并整合资源，强化协同共享，提升管理效率，各层级要继续完善组织、制度、运行机制建设，加强人才机制、激励机制、风险机制建设，从而充分挖掘集团经营潜力，激发集团经营活力。

（1）加强人才机制建设，切实进行人才培养、人才引进。人才是推动科技进步和创新的根本保证。美的集团需要积极构建人才培训发展体系，建立健全不同单位间人力资源共享与轮换机制，为集团培养具有创新意识的复合型人才，建立一整套的人才培养、使用、考核、晋升和不合格人员的退出机制。同时，加大对高端科技人才的引进与培育力度，尤其是创新型、技术型的高端人才、外籍专家。强力打造创新型技术人才队伍，着力培植自主创新的土壤，全面实施人才公开竞聘机制，从而形成了“人尽其才、才尽其用、人才辈出”的良好局面。

（2）注重激励机制建设，实现多种激励形式相结合。激励机制是调动广大科技人员积极性的重要手段，为了鼓励科技人员的工作积极性和创造性，公司应该采取一系列的制度和办法作为激励机制，比如可以是实行“宽带薪资制”、课题津贴、绩效薪资等，使得科研人员的平均收入达到集团员工平均年收入水平的3倍以上。当科研项目结题后，则组织有关专家对课题成果进行鉴定评价，并以此为依据对科研人员进行一次性奖励。对不同类型的科研成果给予不同的奖励，对新产品成果，按销售收入的一定比例给予科研人员进行奖励（前三年，分别按照销售收入额的5%、4%、3%进行提取）；对于新工艺、新技术成果，根据成果应用于生产实际产生或者节约的经济价值，按比例进行一次性奖励。对于有前瞻性、风险型创新课题，公司则按市场化的原则给予比本企业一般员工高2～3倍的高绩效奖励。对取得创新型的重大成果，公司则给予重奖。

（3）重视风险控制机制，及时进行立项检查、过程控制以及执行监督。为进一步规避创新风险，将创新风险最小化，美的集团技术创新战略要从事前防范、事中控制和事后评价三个维度不断健全风险控制机制。健全财务风险预警管理机制，重点关注经营风险、资产风险、资金风险和税务风险，完善预警管理和资金管理信息系统，积极筹建财务公司。同时加强内审协同，充分发挥外部审计作用，完善风险监控体系。最终实现双重立项检查、双重过程控制以及双重检查执行。

4.8.5 小结

经过将近一周的整理讨论，较为完整的技术创新战略新鲜出炉，方洪波看着整理好的战略方案雏形思忖着这个方案的执行。“滴……滴……滴……”几声电话铃声让他想起下午和南方日报记者约好的换届专访。专访如约进行着，当记者问到在未来5年时间里，美的要完成过去40年才达成的业绩，这是否是一个不可能完成的任务时，方洪波胸有成竹地向记者表示，美的将通过自主创新获得快速发展的原动力，以科技实力赢得国际国内市场竞争的底气，一定会实现“再造一个美的”的目标。方洪波的预言能否实现，让我们拭目以待……

[相关附录]

附录1　美的公司简介

美的集团建于1968年,是一家以家电业为主,涉足房产、物流等领域的大型综合性现代化企业集团,是中国最具规模的家电生产基地和出口基地之一。美的集团员工近8万人,拥有美的、威灵等十余个品牌。除顺德总部外,美的集团还在国内的广东广州、广东中山、安徽芜湖、湖北武汉、江苏淮安、云南昆明、湖南长沙、安徽合肥、重庆、江苏苏州等地建有生产基地;在国外的越南平阳基地已建成投产,美的集团工业基地占地总面积超过700万平方米。

美的集团在全国各地设有强大的营销网络,并在美国、德国、英国、迪拜、日本、韩国、加拿大、俄罗斯、巴拿马、法国、马来西亚、越南等地设有12个海外机构。

美的集团主要产品有家用空调、商用空调、大型中央空调、冰箱、洗衣机、饮水机、电饭煲、电磁炉、电压力锅、微波炉、烤箱、风扇、取暖器、空气清新机、洗碗机、消毒柜、抽油烟机、热水器、吸尘器、豆浆机、电水壶等家电产品和空调压缩机、冰箱压缩机、电机、磁控管、变压器等家电配件产品。现拥有中国最大最完整的空调产业链、洗衣机产业链、冰箱产业链、微波炉产业链和洗碗机产业链,拥有中国最大最完整的小家电产品群和厨房家电产品群,同时产业拓展至房产、物流及金融领域。

美的集团主要产品在市场上的表现见表4-19。

表4-19　美的集团产品销售情况

产品名称	2010年销量/万台	其中出口/万台	2010年销售额/亿元	其中出口/亿美元	市场地位
空调器	2 551	810	421	19.9	国内第二
空调压缩机	2 942	236	170	0.7	国内第一
微电机	15 374	2 306	75.8	7.56	国内第一
微波炉	2 451	1 838	63.7	31.4	全球第二
磁控管	3 096	1 902	12.0	1.1	全球第一
风扇	3 561	1 780	27.9	2.6	全球第一
电饭煲	2 259	904	23.1	2.5	国内第一
电磁炉	1 128	50	19.9	0.3	国内第一
饮水机	491	71	11.8	0.4	国内第一
电暖器	723	489	8.95	0.9	国内第一
洗碗机	247	247	24.9	3.8	国内第一
冰箱	827	248	88.2	3.4	国内第二
洗衣机	1 244	373	100	3.8	国内第一

美的集团共拥有中国驰名商标2个(美的、小天鹅)、著名商标1个(威灵),上市公司3家(美的电器,000527,深圳;小天鹅,000418,深圳;威灵控股,00382,香港),国家高新技术企业22家,中国名牌产品12个,省名牌产品9个。在“2010中国最有价值品牌”的评定

中,美的品牌价值达到497.86亿元,名列全国最有价值品牌第6位。美的品牌价值增长如图4-49所示。

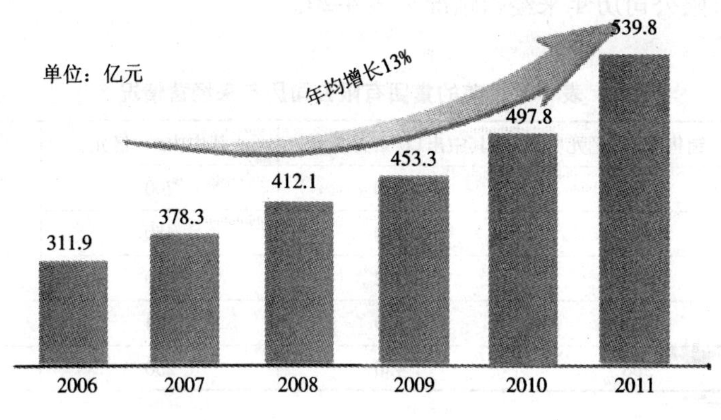

图4-49 美的品牌价值

附录2 美的公司发展历程

1. 初创期(1968年—1980年)

1968年何享健先生带领23人集资5 000元在北窖创业,以生产塑料盖、药用玻璃瓶、皮球等为主。1975年以生产塑料、五金制品为主。1976年成为专一的汽车配件厂。

2. 迅速发展期(1980年—1992年)

1980年开始生产电风扇,进入家电行业,并从1981年正式注册使用"美的"商标。1985年成立空调设备厂,正式进入空调行业,提出"不与国内同行争天下,走出国门闯市场"的口号。荣获"国家二级企业"称号,同时美的电风扇厂综合实力名列"全国乡镇企业"第三。

3. 腾飞期(1992年—2008年)

1993年成立美的集团并进行内部股份制改造,逐步建立现代企业制度,成立电机公司和电饭煲公司。1997年进行事业部制改造,形成"集权有道、分权有序、授权有章、用权有度"的内部授权模式。

1998成立芜湖制冷公司、工业设计公司,收购压东芝万家乐,进入空调压缩机领域,1999年成立信息技术公司、物流公司、电工材料公司。

2000年事业部制公司化改造,管理层融资购法人股(MBO)和中高层骨干持流通股。

2001新项目MDV、微波炉、饮水机、洗碗机、燃气具等相继投产;完成产权改革,成立广东美的企业集团;成立磁控管公司、变压器公司,形成微波炉产业链。

2002年成立冰箱公司。

2003年—2004年在坚持以家电业为主的同时,追求适度多元化。相继收购云南、湖南客车企业,正式进军汽车业。与东芝开利签署合作协议,先后收购江苏清江电机、合肥荣事达、重庆通用、广州华凌、江苏春花,同时兴建云南、武汉基地,形成了包括基地在内的十二大生产基地的布局。

2008年4月收购江苏小天鹅,并与荣事达进行全面整合,建立完善的洗衣机产业链。

纵观美的集团的发展,它一直保持着健康、稳定、快速的增长。上世纪80年代美的的平均增长速度为60%,90年代平均增长速度为50%。21世纪以来,年均增长速度超过

30%。2010 年,美的集团共拥有总资产 820 亿元,整体实现销售收入达 1 038 亿元,其中出口额 50.8 亿美元。

美的集团有限公司历年来经营情况见表 4-20。

表 4-20 美的集团有限公司历年来经营情况

时间	销售收入/亿元	其中出口/百万美元	其中内销/亿元	其中利税/亿元
2010 年	1 038	5 080	700	120
2009 年	690	3 420	450	84.6
2008 年	640	3 462	380	56.4
2007 年	470	1 929	314	51.5
2006 年	368	1 450	250	35.3

附录 3 近几年出台的家电行业相关政策法规及其影响

表 4-21 近几年出台的家电行业相关政策法规及其影响

增强自主创新能力成为战略新兴产业的核心	2010 年国务院下发《关于加快培育和发展战略性新兴产业的决定》,指出增强自主创新能力是培育和发展战略性新兴产业的中心环节,必须完善以企业为主体,市场为导向,产学研相结合的技术创新体系,发挥国家科技重大专项的核心引领作用,结合实施产业发展规划,突破关键核心技术,加强创新成果产业化,提升产业核心竞争力
国家政策促进家电产业升级,企业应对行业洗牌	国家政策的改变,往往酝酿着行业的新一轮竞争。2011 年 6 月,空调惠民补贴政策刚结束,各个家电企业把重点市场转向变频空调,而这其中,掌握变频空调核心技术和重要零部件的企业相对拥有更大的话语权和控制权,空调业洗牌之战已打响。取消政策扶持对有技术、有品牌、有渠道的企业是一个利好消息,因为市场竞争会更充分
节能惠民工程促进节能减排	“节能惠民工程”是指采取财政补贴方式,对能效等级 2 以上的空调、冰箱、电机等 10 类高效节能产品形成有效的激励机制,进行推广应用。政策通过财政补贴,调动消费者购买高效节能产品的积极性,有效拉动国内节能型产品的消费需求,扩大高效节能产品市场份额,不公鼓励家电产品不断提高用能产品的能源使用效率,也使消费者享受到高效节能产品带来的省电实惠
“意见”指导家电行业转型升级	《关于加快我国家用电器行业转型升级的指导意见》(2009 年 12 月 15 日)实施,主要目标为:到 2015 年,行业平均研发在销售入中的比重达到 3%;拥有 20 个以上的国家认定企业集团;2020 年耗损臭氧的氢氟烃类物质(HCFC)在家电行业中的使用量减少 35%。为各级政府制定政策,促进行业和企业转型指明了方向。家电企业要通过建设创新型企业,加快品牌建设、增强营销服务能力、提升经营管理水平,构建内涵型集约化发展模式,加大新技术研发的投入力度,加强技术改造,大力开发具有自主知识产权的核心技术,充分发挥“产科学”相结合的优势,增加以企业为主体的创新能力

续表

国家标准提高产品要求	《房间空气调节器能效限定值及能效等级》(2010 年 6 月 1 日起)强制性国家标准的实施,其中的前 3 级能效水平相当于现行标准的 2 级能效,2 级能效等级相当于现行的最高能效等级,而新的 1 级能效标准则基本上达到了定频空调能效比的极限值,而低于现行标准 2 级能效的定频空调产品则面临退市的命运 《国家和类似用途微波炉能效限定值及能效限定等级》(2010 年 12 月 1 日)及《家用和类似用途微波炉能源效率标识实施规则》(2011 年的 3 月 1 日起)实施,将能效等级划分为 5 个等级,中国市场上销售的微波炉需要强制张贴能效标识。该政策的实施意味着技术含量低、能耗高的微波炉将被淘汰,预计将在中国市场淘汰大约 20% 在节能技术方面相对不成熟的低能效产品 《废弃电器电子产品回收处理管理条例》2011 年 1 月 1 日起正式实行,电器产品生产者需对冰箱、洗衣机等 5 类产品支付 0.5% 的废弃电子产品处理基金 《家用和类似用途电器售后服务通用要求》内容涵盖家电待业售后服务的通用要求和冰箱、空调、热水器等 8 个产品类的特殊要求,如售后服务企业必须设立有效的售后服务电话,同时有专人进行接收和记录,以随时满足用户需求;对于超过保修范围需要收费的维修服务必须提前告知收费项目,上门后出示收费标准并进行报价等 当前家电市场上有一大部分产品都是非节能型的,家电行业关于空调、微波炉等能耗标准、售后服务要求等政策的实施,将对整个产业的转型升级、促进行业技术进步,产品生产和售后服务规范化起到重要作用

5 战略实施模块案例

5.1 是战略与领导案例,5.2 是战略与人力资源案例,5.3 是战略与组织结构设计案例,5.4 是战略与公司文化案例,5.5 是战略与品牌案例,5.6 与 5.7 是战略与物流案例。

5.1 星巴克领导战略分析——我为何欣赏星巴克

摘要:星巴克公司是一个拥有几十亿美金的大公司,它也是众多创业型公司走向成熟的案例。星巴克最成功的地方是高度重视人才,人才是企业经营的灵魂。本案例通过分析星巴克公司的高管团队,说明星巴克的成功不能够只看到某个人的贡献,它是一个团队的贡献。正如星巴克舒尔茨认为,首席执行官应该“雇佣比自己更聪明的人,应该让他们走自己的路”。如果企业里充满的都是无能之辈,那么企业休想生存与发展。用优秀的人才,并且放手让这些人才去管理与经营企业,才是企业经久不衰成功的法宝。

关键词:星巴克,发展战略,领导力

5.1.0 引言

“霍华德·舒尔茨把咖啡磨成了金子!”美国《财富》杂志曾如此评价这位星巴克咖啡公司的全球董事长。舒尔茨的老母亲或许没看过《财富》的报道。一次,她由儿子陪着参观西雅图星巴克中心。颤颤巍巍地走过许多部门和工作室后,她把儿子拉到身边,小声问道:“谁给这些人开工资?”因为,这个中心的规模完全超乎她的想象。

如果这位老母亲知道她儿子的事业有多大,很可能会被“吓”坏了——舒尔茨自担任星巴克首席执行总裁至今,已把这家原来只有 6 个店铺不到 100 名员工的连索店,发展成了拥有 13 000 家店铺 145 000 名员工的世界顶级公司,成为 20 年来美国发展最快的企业。梦想

有多大,目标就有多大,希望和快乐也就有多大。舒尔茨领导星巴克咖啡公司怀着梦想一路向前。

5.1.1 星巴克咖啡公司简介

星巴克咖啡公司成立于1971年,是世界领先的特种咖啡的零售商、烘焙者和品牌拥有者。旗下零售产品包括30多款全球顶级的咖啡豆、手工制作的浓缩咖啡和多款咖啡冷热饮料、新鲜美味的各式糕点食品以及丰富多样的咖啡机、咖啡杯等商品。此外,公司通过与合资伙伴生产和销售瓶装星冰乐咖啡饮料、冰摇双份浓缩咖啡和冰淇淋,通过营销和分销协议在零售店以外的便利场所生产和销售星巴克咖啡和奶油利口酒,并不断拓展泰舒茶、星巴克音乐光盘等新的产品和品牌。

1987年,现任董事长霍华德·舒尔茨先生收购星巴克,从此带领公司跨越了数座业务发展的里程碑。1992年6月,星巴克作为第一家专业咖啡公司成功上市,迅速推动了公司业务增长和品牌发展。目前公司已在北美,拉丁美洲、欧洲、中东和太平洋沿岸37个国家拥有超过13 000多家咖啡店,拥有员工超过145 000人。长期以来,公司一直致力于向顾客提供最优质的咖啡和服务,营造独特的“星巴克体验”,让全球各地的星巴克店成为人们除了工作场所和生活居所之外温馨舒适的“第三生活空间”。与此同时,公司不断地通过各种体现企业社会责任的活动回馈社会,改善环境,回报合作伙伴和咖啡产区农民。鉴于星巴克独特的企业文化和理念,公司连续多年被美国《财富》杂志评为“最受尊敬的企业”。

如果想要知道全球到底有多少家星巴克咖啡店是一件困难的事,因为全球每天都有新的咖啡店开张。星巴克的许多管理者有着多年的管理经验,他们来自诸如汉堡王公司、塔寇、拜尔公司、温迪快餐和巨响公司。舒尔茨认为,首席执行官应该“雇佣比自己更聪明的人,应该让他们走自己的路”。对星巴克成功同样至关重要的是被称为“baristas”的咖啡调味师。星巴克从大学和社区组织中招聘工人,并对其进行24小时的咖啡制作和专门知识培训,这对公司的形象和质量是至关重要的。为了保持质量控制,星巴克出售的所有咖啡均在室内烘烤。公司还拒绝了如特许经营和超市配送等其他有利的销售方式。

计算机网络联系着飞速发展的星巴克王国。舒尔茨从麦当劳聘来一名高级信息技术专家设计了一套一站式销售系统,以便于经理人监控业务。每晚,计算机从400多个分销店向西雅图总部传来各种信息,使公司的高层立即准确地把握销售动态。

对舒尔茨来讲,他已经改变了美国人喝咖啡的习惯,他所面临的风险只不过是一些新的挑战而已。

5.1.2 星巴克经营发展战略

1. 用“薪”对待员工

星巴克总是把员工放在首位,并乐意对员工进行大量的投资,这一切全出自于其董事长舒尔兹的价值观和信念。舒尔兹的管理作风与他贫寒的家境有关,他从小就理解和同情生活在社会底层的人们。他的人生经历与磨炼直接影响了星巴克的股权结构和企业文化,反过来,这种股权结构和企业文化又对星巴克在商业上的成功起了不可或缺的促进作用。他坚信把员工利益放在第一位,尊重他们所做出的贡献,将会带来一流的顾客服务水平,自然会取得良好的投资回报。

星巴克通过员工激励体制来加强其文化和价值观,并且成为不靠广告而建立品牌的企业之一。与同行业的其他公司相比,星巴克雇员的工资和福利都是十分优厚的。星巴克每年都会在同业间做一个薪资调查,经过比较分析后,每年会有固定的调薪。在许多企业,免费加班是家常便饭,但在星巴克,加班被认为是件快乐的事情。因为那些每周工作超过20小时的员工可以享受公司提供的卫生、员工扶助方案及伤残保险等额外福利措施,这在同行业中极为罕见。这种独特的福利计划使星巴克尽可能地照顾到员工的家庭,对员工家人在不同状况下都有不同的补贴办法。虽然钱不是很多,但会让员工感到公司对他们非常关心。那些享受福利的员工对此心存感激,对顾客的服务就会更加周到。

星巴克的员工除了可以享受优厚的工资福利外,还可以按照规定低价购买公司的股票期权。早在1991年,星巴克就设立了股票投资方案,允许员工以折扣价购买股票。这样,所有员工都有机会成为公司的主人。星巴克公司股票的价格持续飙升,员工的期权价值与自豪感不断上涨。另外,星巴克还比较重视员工的思想教育,使得员工建立起自已就是公司的股东的理念。在星巴克公司,员工不叫员工,而叫"合作伙伴"。即使星巴克公司的总部,也被命名为星巴克支持中心(Starbucks Support Center),这说明其职能是向员工提供信息和支持而不是向员工发号施令。

星巴克的薪酬激励机制不但提高了员工的收入,而且提升了公司的文化和价值观,降低了员工的流失率。据调查,星巴克员工的流失率约为同业水平的三分之一,员工非常喜欢为星巴克工作。正如舒尔茨所说:实行有效激励机制、尊重员工使我们挣了很多钱,使公司更具竞争力,我们何乐而不为呢?

2. 让员工贡献主意

任何建议,无论有多微不足道,都会对公司起到或大或小的改进作用。在星巴克,为鼓励员工献计献策,公司对每位员工的建议都认真对待。星巴克公司经常在公司范围内进行民意调查,员工可以通过电话调查系统或者填写评论卡对问题畅所欲言,相关的管理人员会在两周时间内对员工的主意做出回应。星巴克公司还在内部设立公开论坛,探讨员工对工作的忧虑,告诉员工公司最近发生的大事,解释财务运行状况,允许员工向高级管理层提问。在星巴克看来,员工反映问题可以给管理层带来新的信息、好的思路,从不同角度提供解决问题的方法,值得公司收集研究。此外,公司还定期出版员工来信,这些来信通常是有关公司发展的问题。

员工提出的建议可以使公司对细节尤为关注。有时候,那些看似不起眼的建议往往会使公司的业绩跨上一个大的台阶。而公司掌握了细节的高超本领,会使企业更能有效地应对错综复杂的问题,使他们能为竞争对手之所不能为。善于倾听来自员工的小点子使星巴克决策变得更加灵活,反应更快捷,也更有应变力,同时改善了团队内部信任、尊重与沟通氛围,提高了员工的主人翁意识。

3. 出售体验文化

有人把公司分为三类:一类公司出售的是文化,一类公司出售的是服务,一类公司出售的是质量。星巴克公司出售的不仅仅是优质的咖啡、完美服务,更重要的是顾客对咖啡的体验文化。

在星巴克看来,人们的滞留空间分为家庭、办公室和除此以外的其他场所。麦当劳努力营造家的气氛,力求与人们的第一滞留空间——家庭保持尽量持久的暧昧关系;而作为一家咖啡店,星巴克致力于抢占人们的第三滞留空间,把赚钱的目光紧紧盯住人们的滞留空间。现场精湛的钢琴演奏、欧美经典的音乐背景、流行时尚的报纸杂志、精美的欧式饰品等配套设施，力求给消费者营造高贵、时尚、浪漫、文化的感觉氛围。让喝咖啡变成一种生活体验，让喝咖啡的人感觉到自己享受咖啡时，不仅在消遣休闲而且还能体验时尚与文化。

如果三四个人一起去喝咖啡，星巴克就会为这几个人专门配备一名咖啡师。顾客一旦对咖啡豆的选择、冲泡、烘焙等有任何问题，咖啡师会耐心细致地向他讲解，使顾客在找到最适合自己口味的咖啡的同时，体味到星巴克所宣扬的咖啡文化。文化给其较高的价格一个存在的充分理由，不但顾客可以获得心理上的莫大满足，而且星巴克还可以获取高额的利润。

星巴克从不做广告。星巴克认为咖啡不像汉堡，咖啡有其独特的文化性，赞助文化活动，对星巴克形象推广很重要。比如上海举行的 APEC 会议，星巴克就是主要的赞助商。

尽管雀巢、麦斯威尔等国际咖啡公司都在中国设厂开店，但它们的速溶咖啡并没有尝到太多的甜头，甚至为星巴克的煮咖啡当开路先锋。星巴克一经把咖啡的消费贴上了文化的标签，就使利润倍增，获取了高额的投资回报。

星巴克认为他们的产品不单是咖啡，而且是咖啡店的体验文化。星巴克一个主要的竞争战略就是在咖啡店中同顾客进行交流，特别重要的是咖啡生同新顾客之间的沟通。每一个咖啡生都要接受不少于 24 小时的岗前培训，包括客户服务、基本销售技巧、咖啡基本知识、咖啡的制作技巧等。咖啡生必须能够预感客户的需求，在耐心解释咖啡的不同口感、香味的时候，大胆地进行眼神接触。

星巴克公司以心对待员工，员工以心对待客人，客人在星巴克享受的不仅是咖啡，而是一种全情参与活动的体验文化。一杯价值仅 3 美分的咖啡为什么在星巴克会卖到 3 美元？星巴克为什么既能为顾客带来期望的价值，又能让企业获得更可观的利润？一个重要的原因就是，星巴克始终坚持"尊重员工，从顾客出发，与员工及客户多赢"的经营理念。

星巴克战略发展方法包括内部发展、经营发展、战略联盟、联合发展和多元化发展，而星巴克的领导战略正是战略发展方法中的内部发展。星巴克战略发展方法如图 4-50 所示。

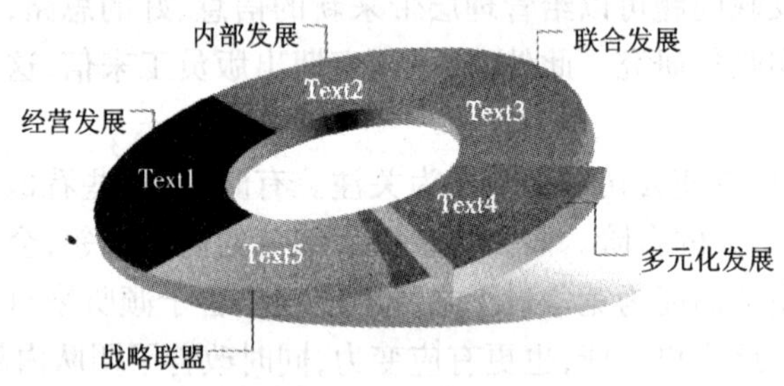

图 4-50　星巴克战略发展方法

5.1.3　星巴克领导战略

1. 霍华德·舒尔茨，星巴克的"转折点"

1987 年，现任董事长霍华德·舒尔茨先生收购星巴克，于 1989 年担任其高级主管，这一年，星巴克只有 28 家分店。他历任星巴克销售部、运营部的执行副总裁，国际部总裁以及星巴克北美总裁。而现在，星巴克连锁店达到了一万多家。可以说，他为星巴克的发展做出了不可磨灭的贡献。

1)“海盗”船长

“我现在主要的工作,就是到全世界的星巴克店去看望我的伙伴。”一边说着,舒尔茨一边扭头去观察旁边年轻的中国员工。在他看来,“伙伴”一词,更能够让人觉得他是一家咖啡店的老板。在提问的间隙,这个地道的美国人会慢慢地喝上一口面前纸杯里的矿泉水,从眼神里可以看出他像是在抱怨:为什么不是咖啡?

52岁的星巴克咖啡公司董事长霍华德·舒尔茨,人高马大,一头蓬松的金发,让人联想起电影中的西西里海盗。这位出身贫寒的孩子曾说:“我从小就不敢正视水晶球。”多年后,作为星巴克的总裁的舒尔茨却愿意相信:“每个人都有能耐实现水晶球里所见的美景。”熟悉星巴克的人都明白他所说的美景是“把咖啡豆磨成金沙”。

舒尔茨称自己绝对是一个忠实的咖啡迷,一天5杯的咖啡量让人们惊叹不已。就是这种对咖啡的钟情让舒尔茨曾被人认为是一个疯子。

20世纪70年代初,在星巴克发源地西雅图,正是一片萧条:当地最大的雇主波音航空公司大裁员,三年里从十万雇员裁到不足四万,这使国会山一带美丽的社区全搬空了,许多人因为失业只好远走他乡,西雅图飞机场附近的广告牌还有心思拿它倒霉的居民们开玩笑:“最后一个离开西雅图的人,请关上灯!”——人人都说这不是做生意的好时机,而做一门新的生意更像是发疯。

但当时,舒尔茨的确是“疯了”。虽然人们认为一个在布鲁克林卡西纳贫民区长大的孩子是没有“资格”疯狂的,但舒尔茨把这些经济萧条的景象当成了一个巨大的机会。“只有经济衰退了,人们才有心思坐下来喝杯咖啡,发展一下邻里情谊。”他说。

事实上,在20世纪70年代初由3个酷爱咖啡的大学生创立的星巴克,在近十年的时间里只开出了四家店。1982年舒尔茨加入后,担任运营与市场总监,由于他坚持激进扩张的主张,与星巴克元老意见相背,被迫离开星巴克。但这怎么能让他甘心?1987年,这个野心勃勃的青年人竟召集一批投资者趁机买下处于财务困境的星巴克,把原先的老板炒了鱿鱼,从此将星巴克驶上了快车道。

在舒尔茨眼里,喝星巴克的咖啡,更像是一种工作方式或者说是一种生活方式。从1971年星巴克在美国西雅图开设了第一家分店,到1996年在东京首次开设第一家海外分店,如今,星巴克已经在北美、拉丁美洲、中东和太平洋沿岸拥有超过9 500家连锁店。“在亚洲,确切地说在中国,将成为除美国之外的最大市场,这个市场有着巨大的商机。”舒尔茨说,1999年星巴克在北京打造了中国第一家星巴克分店,目前在中国已经拥有了140多家店。

今天,人们可以在中国的很多地方看到星巴克,里面的人或许是在和朋友聊天,抑或在工作。在舒尔茨看来,中国市场已不再陌生,这可能促使星巴克采取更为激进的扩张。长期以来,星巴克在北美及海外保持着每天新开一家店的速度,被其本土的竞争对手称为“掠夺式”扩张。然而,就在全球巴克店接近10 000家时,舒尔茨不仅没有收手,反而迫不及待地撕破“大副”的制服,吹响“海盗”的号角:“在未来的12个月内,星巴克的目标是新增1 800家店,也就是每天开5家。”当被问及“中国开店计划”时,舒尔茨微微一笑,两手一摊:“这是一个秘密。”

2)熬制“星巴克”

舒尔茨认为,星巴克之所以能够走到今天,得益于专注品质和注重员工福利。在星巴克总部,每天上午7点30分,星巴克咖啡教育专家就会走进八楼的气味实验室,穿上他们专用的黑色围裙。不到20平方米的空间放了三张长桌子,摆满盛装不同咖啡的杯子。

用汤匙舀起一勺咖啡,凑近鼻子仔细闻,"咻"一声将咖啡吸入口腔,不到两秒就把口中咖啡吐进一个金属制的沙漏状容器。接着,再尝另一杯咖啡,啜吸、漱咖啡、吐掉,重复同样的动作。"这是星巴克每天的例行工作,因为早上的嗅觉与味觉较灵敏,必须掌握宝贵时间。"舒尔茨说,就像品酒师一样,星巴克气味实验室的6个杯评师一杯又一杯地啜吸着不同来源地、不同烘焙时间的咖啡,将近3个小时的工作时间里,要测试6~8种咖啡。最高纪录,一个上午测完200种咖啡,测试结果将作为星巴克咖啡采购或烘焙的重要依据。确认咖啡豆之后,先取四分之一磅,在气味实验室一台样品烘焙机进行少量烘焙。

舒尔茨非常重视气味实验室的功能,每天经过实验室看灯亮着就敲门跑进去,把专心测试的杯评师们吓一跳。有时候,他甚至亲自上阵,跟杯评师一起测试咖啡。星巴克最引以为傲的不只有产品,星巴克的员工福利也在美国引起热烈讨论。

去年,《财富》杂志评选美国最受尊崇企业,星巴克排名第三,原因之一,就是员工福利做得好。把员工摆在第一位,甚至以"伙伴"取代"员工"的称呼,是因为舒尔茨坚信,唯有公司把员工服务得好,员工才能够以愉悦热忱的心去服务客人,成为星巴克最好的宣传者。

星巴克的员工福利制度,从保险及股票两方向着手。每个新进员工报到第一天,就领到一本的员工薪酬福利手册,符合资格的正职与时薪人员,都有资格享有综合性的全套福利制度,包括配股计划、医疗保险等。

2. 霍华德·舒尔茨提出了成功的商业领袖所必备的五个条件

1)一个优秀的领袖应该对自己企业的未来有一个图景

领导者需要学会将心中对于未来发展的图景告诉那些希望与你共事的人,越具体越吸引人。当你工作时,公司未来发展的图景应该每天都在你的脑海里,而且随着时间的变换和发展,一个优秀的领导者会时时更新这个图景。这样,职员们才会感觉到他们与企业的未来休戚与共。

2)一个优秀的领导者必须有足够的热情

凡是给人深刻印象的领导者,都是有激情有魄力的。热情能够帮助你点燃职员们的积极性,从而使他们感觉到自己与领导者所憧憬的公司未来之间息息相关,公司的未来中有自己,这样的融入感有助于建设起一支卓越的管理团队。热情是具有感染力的,当你讲述企业前景时,让你的激情自然流露,别人会感受到它并且想要跟你同舟共济,这是优秀领导者增添其个人魅力的重要途径。领导者要善于"亲和",平易近人,要使下属觉得自己易于接近,敢于接近,心理上永远存有一种"暖"的感觉。同时,亲和力也有利于领导者与下属的沟通,使领导者及时调整自己的管理策略,从而达到真正的成功。

3)一个优秀的商业领袖必须是一个好的决策者

一个领导者如何制定决策,是否有步骤地制定,制定决策之前是否与管理团队商议,这些都将影响到一个决策的最终效果。有些人会计算代价,有些则会制定出执行一项战略的一系列时间进程。一些领导者有固定的一个决策制定的过程,也有一些领导者喜欢比较随意的方式。但是肯定没有人希望一个领导者在做决定之前,没有咨询过任何一个人的意见,第二天就公布决定的结果,随后因为没有人响应而沮丧。所以,还是固定的步骤能确保决策的推行。优秀的领导者在做决定时迅速但不草率,坚定但不固执。

4)一个优秀的领袖同时也是一个优秀的团队建设者

作为一个领导,你不可能孤军奋战,建设一支强大的队伍是必需的。优秀的领袖懂得将责任下放给他的团队,让团队来处理。无须指手画脚或者在背后操控,好的领导会静候在一旁,在问题出现时现身,将自己制定决策的经验教授给他们,给他们充分的自由来做他们的决定。当团队的计划没有及时得到施行,或者将要在时间上落后时,一个优秀的领导者不会在这时开始指责他的职员。这个时刻是需要领导者应付自如并且激发出员工的自信的时刻。优秀的领导者会让他们知道自己支持他们而且准备帮助他们。他做好了改变计划、制定新策略的准备。有一些领导者还会用幽默来化解紧张的气氛,帮助团队提高士气、渡过危机。当紧急情况发生时,好的领导者会被员工们视为力量的源泉和坚实的依靠。

5)你必须有个性

如果没有鲜明的个性,那么上述的都是空谈。因为在领导的风格上,内在的性格和局限都会起到关键的作用,并且表露无遗。在个性张扬的年代,具有个性才会被员工们崇敬。

3. 霍华德·舒尔茨“战略”成功带领星巴克走向巅峰

1)霍华德·舒尔茨主张“员工是宝贵的资产”

星巴克总是把员工放在首位,这一切全出自于其董事长舒尔兹的价值观和信念。舒尔兹的管理作风与他贫寒的家境有关,他从小就理解和同情生活在社会底层的人们。他的人生经历与磨炼直接影响了星巴克的股权结构和企业文化,反过来,这种股权结构和企业文化又对星巴克在商业上的成功起了不可或缺的促进作用。他坚信把员工利益放在第一位,尊重他们所做出的贡献,将会带来一流的顾客服务水平,自然会取得良好的投资回报。

星巴克雇员的工资和福利都是十分优厚的。星巴克每年都会在同业间做一个薪资调查,经过比较分析后,每年会有固定的调薪。在星巴克,加班可以享受公司提供的卫生、员工扶助方案及伤残保险等额外福利措施。

星巴克的员工除了可以享受优厚的工资福利外,还可以按照规定低价购买公司的股票期权。所有员工都有机会成为公司的主人。在星巴克,员工不叫员工,而叫“合作伙伴 ”。

星巴克的薪酬激励机制不但提高了员工的收入,而且提升了公司的文化和价值观,降低了员工的流失率。据调查,星巴克员工的流失率约为同业水平的三分之一,员工非常喜欢为星巴克工作。正如霍华德·舒尔茨所说:实行有效激励机制、尊重员工使我们挣了很多钱,使公司更具竞争力,我们何乐而不为呢?

2)霍华德·舒尔茨坚持以直营经营为主

30多年来,星巴克宣称:坚持走公司直营店,在全世界都不要加盟店。星巴克之所以采取直营方式的理由是:品牌背后是人在经营,星巴克严格要求自己的经营者认同公司的理念,认同品牌,强调动作、纪律、品质的一致性;而加盟者都是投资客,他们只把加盟品牌看作赚钱的途径,可以说,他们唯一的目的就是为了赚钱而非经营品牌。因此,为了不让品牌受到不必要的干扰,星巴克决定不开放加盟权。

3)霍华德·舒尔茨从不花一分钱做广告

星巴克认为,在服务业,最重要的行销管道是分店本身,而不是广告。如果店里的产品与服务不够好,做再多的广告吸引客人来,也只是让他们看到负面的形象。星巴克不愿花费庞大的资金做广告与促销,但坚持每一位员工都拥有最专业的知识与服务热忱。“我们的员工犹如‘咖啡通’一般,可以对顾客详细解说每一种咖啡产品的特性。通过一对一服务的方式,赢得信任与口碑。这是既经济又实惠的做法,也是星巴克的独到之处!"

同时,霍华德·舒尔茨意识到员工在品牌传播中的重要性,他另辟蹊径开创了自己的品牌管理方法,将本来用于广告的支出用于员工的福利和培训。这对星巴克的品牌效应起到了重要的宣传。

4)霍华德·舒尔茨说场所所注重的是"体验"

霍华德·舒尔茨一个主要的竞争战略就是在咖啡店中同客户进行交流,特别重视同客户之间的沟通。每一个服务员都要接受一系列培训,如基本销售技巧、咖啡基本知识、咖啡的制作技巧等。要求每一位服务员都能够预感客户的需求。在星巴克看来,人们的滞留空间分为家庭、办公室和除此以外的其他场所。麦当劳努力营造家的气氛,力求与人们的第一空间——家庭保持尽量持久的和睦关系;而作为一家咖啡店,星巴克致力于抢占人们的第三滞留空间,现场钢琴演奏、欧美经典音乐背景、流行时尚报纸杂志、精美欧式饰品等配套相结合,力求给消费者带去更多的"文化"感觉。让喝咖啡变成一种生活体验,让喝咖啡的人自觉很时尚、很文化。注重"当下体验"的观念,强调在工作、生活及休闲娱乐中,用心经营"当下"这一次的生活体验。星巴克还极力强调美国式的消费文化,顾客可以随意谈笑,甚至挪动桌椅,随意组合。这也是星巴克营销风格的一部分。

5)霍华德·舒尔茨认为设计要表现特色

据了解,在星巴克的美国总部,有一个专门的设计室,拥有一批专业的设计师和艺术家,专门设计全世界的星巴克店铺。他们在设计每个门市的时候,都会依据当地的商业圈的特色,去思考如何把星巴克融入其中。所以,星巴克的每一家店,在品牌统一的基础上,又尽量发挥了个性特色。这与麦当劳等连锁品牌强调所有门店的视觉设计高度统一截然不同。在设计上,星巴克强调每栋建筑物都有自己的风格,应让星巴克的风格融合到原来的建筑物中去,而不是破坏建筑物原来的设计。每增加一家新店,他们就用数码相机把店址内景和周围环境拍下来,照片传到美国总部,请总部帮助设计,再发回去找施工队。这样下来,星巴克始终保持着原汁原味。

6)霍华德·舒尔茨的品牌联盟战略

Barnes 和 Nobile 书店是同星巴克合作最为成功的公司之一。Barnes 和 Nobile 曾经发起一项活动,即把书店发展成为人们社会生活的中心,这与星巴克"第三生活空间"的概念不谋而合,1993 年 Barnes 和 Nobile 开始与星巴克合作,让星巴克在书店里开设自己的零售业务,星巴克可吸引人流小憩而不是急于购书,而书店的人流则增加了咖啡店的销售额。1996 年,星巴克和百事可乐公司结盟为"北美咖啡伙伴",致力于开发咖啡新饮品,行销各地。星巴克借用了百事可乐 100 多万个零售网点,而百事可乐则利用了星巴克在咖啡界的商誉,提高了产品形象。

5.1.4 星巴克领导战略与发展经营的匹配

某种意义上,顾客进入星巴克消费就是基于其"可期性"——星巴克的服务是可以期待的,你能知道你将品尝到什么样的产品、享受到什么服务。"可期性"的实现也是顾客"自我确认"的过程。

事实上,这种要求星巴克在 20 年多年前就做到了。按照星巴克的要求,无论在哪里,每一家门店都要和其他 1.7 万家门店一样,提供统一口味的咖啡,热情的微笑,并拥有共同的价值观。甚至任何一家地级市的星巴克门店与西雅图派克市场店的咖啡品质和服务保持一致,依靠的是强大的组织能力——基于星巴克的价值观和管理制度,使产品品质、服务标准进入每个星巴克人的心里。

连锁零售和服务业的最大挑战,就是对不断扩张的门店进行有效管控和支持,保持品质和服务的一致性,中国大多数连锁商业失败案例的症结都在于此。星巴克是怎样做到的呢?

1.360 度店长

中国星巴克店长,都是星巴克在中国华东的合资企业统一星巴克的雇员。尽管雇主不同,但还是保持了星巴克文化的一致性,唯一的差别是,统一星巴克的员工没有享受到星巴克直营店员工的"豆股份",但总体待遇并不低于直营店。

星巴克一直强调其企业是基于关系的,因此我们以店长为核心,展开其360度的关系网络,以了解星巴克的价值观、文化、制度、产品品质、服务标准是如何从西雅图一路延伸到门店,最终通过吧员传递给顾客的。这个路径同样可以用在俄罗斯、南美或者西亚某一家门店。

2.店长的"关系网"

(1)伙伴。星巴克所有员工互称伙伴,门店的伙伴包括咖啡师(Barista)、值班经理(Shift Supervisor)、店副理(Assistant Manager),其中店长、值班经理和店副理又组成门店的管理组。管理组每周开会2次,对运营中的问题进行沟通。店长80%的工作时间负责和伙伴们沟通,以组织门店运营。

(2)区经理。区经理管理6~8家门店,每天的工作就是不断巡店和稽核,了解门店经营状况,对物料使用、财务进行稽核。店长20%的时间是和区经理沟通。对门店遇到的问题,区经理会和店长分析原因,制订行动计划,追踪改善的成果。比如,如果牛奶使用过多,则意味着门店可能产生浪费;如果使用量低于平均水平,则可能店员偷工减料。区经理必须对门店出现的诸如此类的问题提出改正意见。如果门店出现紧急事态,店长首先求助的对象也是区经理。区经理从资深店长提拔而来,是店长的导师。

(3)区域经理。星巴克一位区域经理管理10位左右区经理,管理门店多达80~100家,区域经理的上级主管就是中国区营运总监,区域经理大概一年时间能把所有门店巡视一遍。

(4)公司营运部门。财务、稽核、人力资源等部门都会巡店,主要对具体业务进行沟通和了解,营运部门也会召集店长会议。

(5)开放论坛。星巴克总部的高管来中国,或者星巴克中国的高管到内地城市,巡店之外的工作之一就是组织开放论坛(Open Forum),类似于中国企业的"座谈会"。开放论坛可以是邀请制,也可以由员工申请,店长往往是被邀请的重点。

(6)帮助热线。热线是店长和公司支持系统沟通的重要途径。店长反映管理问题,不一定通过区经理逐层向上汇报。比如,最近有顾客向王成雪抱怨说星巴克出售的水果块过硬,口感很差,星巴克上海当天就对该产品做出了下架处理。

在管理链条之外,店长们还必须和外部产生联系,如下所述。

(1)顾客。徐丽娟每个月要完成至少3个白班、3个晚班的吧台工作,因此有足够的时间去倾听顾客的声音。店长也会经常和熟客聊天,倾听他们的意见。

(2)外包供应商。包括物流、设备维修等业务,星巴克选择了服务外包,蛋糕甜品的供应也使用本地供应商,门店和供应商之间互动密切,但结算则由支持部门负责。

3. 仆人式沟通和互动

沟通文化是星巴克门店的润滑剂。在星巴克的管理链条上，店长处于整个零售系统管理链条的中间。并且，由于区经理和区域经理并没有独立的管理团队，也没有经理助理，中间环节被大大压缩了，避免了官僚主义。同时，除了新开辟市场的店长外，绝大部分店长都从店副理提升，区经理从资深店长提升，区域经理又从优秀的区经理提升，管理阶层之间有共同经历，能够积极地沟通。

另一方面，星巴克提倡仆人式的领导，要求管理者对伙伴态度和蔼可亲，能够支持和体验他们的工作，和伙伴保持畅通的沟通。如果管理者不是实践"仆人式领导"而是"命令式领导"，其他的伙伴可以向区经理或者区域经理反馈。

星巴克上海曾经有一位非常强势的店长，因为店面位置好，业绩突出，忽视了和员工的沟通，更强调通过命令方式管理门店，其结果是被伙伴投诉给上级经理。幸运的是，这位店长仍然获得了改正机会，正在努力学习沟通和管理技巧。

除了管理者，星巴克亦不断提升员工的沟通能力。星巴克对新进员工的培训，除了公司文化之外，提倡的是人际关系训练，这被称为星巴克的"星星技巧(Star Skill)"，主要强调三种思维方式：①维持并增进伙伴的自尊心；②要会聆听、赞赏并表示了解；③要会寻求别人的协助。

星巴克为员工提供一种感谢卡，在收到帮助和支持时，员工可以通过发送小纸片来表达。在星巴克中国的办公室，我们看到很多员工把这些卡片贴在办公桌上，既是一种鼓励，也是一种骄傲。看似小巧的沟通工具，为羞于表达的中国员工提供了沟通的媒介。

4. 让价值观到达门店

1988 年，舒尔茨的父亲去世。舒尔茨在他的第一本著作《将心注入》中说，父亲一生勤奋却一无所成，并且得不到雇主的尊重。因此，舒尔茨一直希望当自己能够决定局势时，创建一家让员工感到尊重和信任的企业。

当然，更重要的是舒尔茨认为，只有当企业有良好价值观，秉持"员工第一、顾客第二、股东第三"的信念，才能通过员工的服务为顾客创造一流的消费体验，最终为股东赚钱。幸运的是，他的想法得到了董事会的支持。

在此动机之下，星巴克确定了自己的价值观，被归纳为"使命宣言"。

巴克咖啡的口味掌握在员工的手里，"绿色美人鱼"LOGO 绽放的微笑要写在员工的脸上，就连公司赚的每一分钱，也必须经过员工的手，才能从门店进入老板的口袋——对于连锁服务业来说，当门店迅速扩张时，服务标准和激情必须有新的驱动力来完成，这并非简单的奖惩措施所能做到。

尽管星巴克产品品质可以标准化，但世界上最温情的那些东西恰恰是不能量化的。比如，应该给新来的顾客一个怎样的笑脸？是机械地喊出"欢迎光临"，还是像奥运礼仪小姐一样咬着筷子练微笑，抑或从心中微笑？

把价值观贯彻到企业行动中，尤其是向遍及全球的 1.7 万家门店传输价值观，这大概是人类商业史上最艰难的挑战之一。没有比改变人更难的事情了。

员工第一价值观很容易被企业写在墙上，却很难体现在领导者的行动上，更难进入每个员工的心里。"员工第一"是星巴克的首要价值观。星巴克大中华区人力资源副总裁余华举了一个例子：2010 年年底，星巴克中国的支持部门高管以下的员工一直没有下发绩效奖金。当时公司已经做出预算准备发放,但同时发现,这一年物价飞涨,服务业的薪资水平随之飙升,星巴克的门店薪水已经缺乏竞争力,于是公司决定把这笔预算优先用于给一线员工加薪。

星巴克最有名的员工福利还包括:1992年,星巴克为包括兼职员工在内的所有员工购买了健康保险,这在美国是首次。美国前总统克林顿也因此邀请舒尔茨到白宫讨论此事;1991年,星巴克为所有员工提供“豆股票”,每位员工可获得相当于其年薪14%的星巴克股票,分享公司成功的果实;2006年,星巴克中国获得中国国家外汇管理部门的许可,开始为中国境内直营店的员工发放“豆股票”。

一位台湾学者在调研时发现,在星巴克内部,如果一位伙伴打翻了牛奶,不但其他伙伴要帮忙清理,还要安慰他说没关系自己也出过这种状况,以此来体现公司对员工的尊重。而国内许多餐饮业的员工遇到此类情况,恐怕会担心要被扣掉工资了。

“我们的伙伴,很多家庭条件都不错,他们很多人是因为喜欢咖啡,或者喜欢这里的工作环境而工作。对他们来说,星巴克的工作是因为尊重和信任,是一份有尊严的工作,而不仅仅是赚钱。”热情服务是星巴克的价值观之一,有些门店营业到深夜12点,而星巴克年轻的店员们却精神饱满。

5.1.5 小结

玛格丽特·米德说:“一切都与人有关——与所有人有关。永远不要怀疑一小部分尽心尽职的人能改变这个世界。”星巴克北美地区的客户服务经理詹妮弗·阿梅丝·卡勒曼(Jennifer Ames Karreman)说:“我所提倡的领导之道同样是我自己体悟来的,因为它们,我给人们留下了讲信用、思路清晰的好印象。”

二十多年来,星巴克以其“童话”般的奇迹让全球瞩目。1996年,星巴克开始向全球扩张,第一家海外店开在东京。从西雅图一条小小的“美人鱼”进化到今天遍布全球30多个国家和地区,现在星巴克仍以每8个小时就会新开一家新店的速度增长着。当然,今天星巴克的成功跟霍华德·舒尔茨的战略管理密不可分,也是星巴克的奇迹证明了一个优秀的企业领导者对企业是起着尤为大的作用。

[**启发思考题**]

1. 你认为星巴克的取得成功的最关键因素是什么,为什么?

2. 星巴克对人的激励是从几方面进行的?你认为其中最为有效的方式是什么?结合你所掌握的激励理论谈谈你的理由。

3. 常用的激励手段和方法有哪些?结合星巴克的案例你认为如何提高激励的有效性?

[相关附录]

附录1 星巴克使命宣言

1. 我们的星巴克使命

激发并孕育人文精神——每人,每杯,每个社区。

2. 我们每天实践的理念原则

1)我们的咖啡

我们一直追求卓越品质,并将永远如此。

我们致力于通过以道德采购的方式购买高品质的咖啡豆，精心烘焙，并提高种植者的生活水平。我们积极地关心着这一切；我们的工作还任重而道远。

2）我们的伙伴

我们称彼此为伙伴，因为这不仅是一份工作，而是我们的激情所在。我们拥抱多元化，一起创造一个可以自由工作、发挥所长的场所。我们永远相互尊重，维护对方的尊严。我们将始终以此作为彼此相待的标准。

3）我们的顾客

我们全身心地投入，我们和顾客真诚沟通，分享快乐，并提供振奋人心的生活体验哪怕只是片刻时光。当然，这一切都是从承诺制作一杯完美的饮品开始，但我们的工作远不止于此。我们工作的真正核心是联结彼此。

4）我们的门店

当我们的顾客感受到一种归属感时，我们的门店就成了他们的港湾，一个远离外界纷扰的空间，一个与朋友相聚的处所。它使人们得以享受不同生活节奏带来的快乐——时而悠闲自得，时而步履匆匆，任何时候都充满了人文气息。

5）我们的社区

每家门店都是所在社区的一部分，我们认真承担邻里之间的应尽责任。无论我们在何处营业，都希望受到社区的欢迎。我们可以成为积极行动、带来正面影响的一股力量汇合我们的伙伴、顾客和社区共同创造出美好的时光。我们明白自己的责任 ——我们向更好的方向前进的潜能——我们能变得更为强大。世界再次把目光投向星巴克，期待我们树立新的标准。我们一定不负众望，领导前行。

6）我们的股东

我们知道，随着我们实践上述这些承诺，我们也享受着成功回馈我们的股东所带来的喜悦。我们能够做好工作的每个环节，我们完全值得信赖。让星巴克以及和星巴克相关的每一个人，都能深受裨益，大展所长。

附录2　星巴克全球：事实和数据

1971 年，星巴克在西雅图派克市场成立第一家店，开始经营咖啡豆业务。

1982 年，霍华德·舒尔兹先生加入星巴克，担任市场和零售营运总监。

1987 年，舒尔兹先生收购星巴克，并开出了第一家销售滴滤咖啡和浓缩咖啡饮料的门店。

1992 年，星巴克在纽约纳斯达克成功上市，从此进入了一个新的发展阶段。

目前，星巴克在全世界 62 个国家拥有超过 18 000 家门店，200 000 多名伙伴（员工）。

附录3　星巴克中国大事记

1999 年 1 月，星巴克在北京中国国际贸易中心开设了第一家门店，开启中国大陆市场。

2000 年 5 月，星巴克正式进入上海市场。

2002 年 10 月，星巴克在深圳开设了第一家门店。星巴克咖啡推出本地创新产品 ——抹茶星冰乐，在本地市场取得巨大成功，随后在亚太地区和北美市场受到了同样热烈的欢迎。

2003 年 8 月，星巴克进入广州市场。随后，公司宣布进入南京和宁波。

2004 年 4 月，星巴克在苏州开设了第一家门店。

2004年5月，星巴克在无锡开设了第一家门店。

2004年11月，星巴克在常州开设了第一家门店。

2005年4月，星巴克进入青岛市场。

2005年7月，星巴克在大连开设了第一家门店。同月，星巴克咖啡国际与咖啡概念有限公司达成合资协议，在成都开设了第一家门店，首次进军西部地区。

2005年12月，星巴克进入沈阳市场。

2006年1月，星巴克进入重庆市场，中国市场扩展到了19座城市。

2006年11月，星巴克在西安开设了第一家门店。

2008年2月，星巴克进入武汉市场，将中国市场扩展到26座城市。

2009年1月，星巴克庆祝进入中国大陆市场十周年，推出第一款含有中国咖啡豆的综合咖啡——星巴克凤舞祥云综合咖啡。

2009年12月，星巴克正式在中国市场启动“共爱地球”全球责任平台。

2010年3月，星巴克在中国正式推出9款“星巴克茶”饮料，其中包括3款中式茶，将星巴克体验进一步延伸到中国消费者所喜爱的茶饮领域。

2010年11月，星巴克与云南省农业科学院和云南省普洱市人民政府签署合作谅解备忘录，将在云南投资并运营咖啡种植者支持中心和咖啡初加工工厂，旨在推动云南咖啡产业发展。

2010年，星巴克正式进入珠海、长沙、福州、济南市场。

2011年1月，中国面积最大的星巴克门店——厦门鹭江道店开业，星巴克正式进入厦门市场。

2011年3月，星巴克庆祝全球四十年咖啡历程，宣布正式启用更加突出美人鱼标志的全新品牌标识。作为全球四家门店之一——北京蓝色港湾店与巴黎歌剧院店、伦敦布兰普顿路店以及纽约的时代广场店同步揭幕全新的品牌标识。

2011年4月，星巴克将随时随地享受高品质咖啡的理念带入中国。中国的所有门店开始销售两种口味的星巴克 VIATM 免煮咖啡：哥伦比亚和意式烘焙。

2011年4月，星巴克启动了一项名为“全球服务月”的社区服务活动。

2011年10月，星巴克在北京庆祝在中国的第500家门店开业。

在2011年，星巴克正式入驻14个新市场，其中包括昆明、合肥、石家庄、郑州、哈尔滨等省会城市。

2012年2月，作为进一步助力提升云南咖啡产业的重要举措，星巴克宣布与云南最具实力的农业及咖啡经营企业之一爱伲集团正式签约，在云南成立合资公司，将从云南购买并出口优质的阿拉比卡咖啡豆，同时还将在当地运营咖啡初加工厂。

2012年4月，星巴克首次在中国推出其轻度烘焙咖啡系列——星巴克黄金烘焙咖啡，进一步完善其咖啡豆系列及烘焙类型。

2012年4月，星巴克公布了一系列凸显最佳雇主优势的全新计划：在北京和上海首次举办星巴克伙伴及家属论坛，进一步强调公司对员工（伙伴）及其家庭和运营所在社区的承诺；星巴克中国大学成立，旨在帮助提升伙伴现有的学习与发展需求；公司还将额外拨款一百万元人民币投入星巴克中国的星基金（the CUP Fund）。

2012年11月，星巴克首家咖啡大师门店在北京开业。

2012 年 12 月，星巴克亚洲首个咖啡种植者支持中心在云南普洱正式落成。

在 2012 年，星巴克正式入驻 6 个新市场，分别是保定、南昌、南宁、泉州、淮安以及三亚。门店总数超过 700 家。

附录 4　星巴克中国荣誉奖项

中国食品健康七星奖。

中国食品行业最受消费者信赖品牌。

深圳连锁经营 50 强。

《商业价值》全媒体营销十佳案例。

怡安翰威特“2013 中国最佳雇主奖”。

前程无忧最佳人力资源典范企业。

连锁经营协会员工最喜爱公司。

广州日报中国最佳雇主。

广州日报关注员工培训发展——标杆企业。

中国企业社会责任创新百强企业。

中国最具公众影响力企业社会责任事件。

中国杰出公益团队。

上海美国商会/Make a Difference Alliance 企业志愿奖项。

5.2　日本松下公司的用人之道——松下公司的“人事革命”

摘要：松下电器几乎是家用电器的代名词，其产品品种多、市场范围广、成长速度快和经营效率高令世人所惊叹。松下所以取得如此巨大的成就，除了它的多元化经营战略和特定的社会历史环境外，它的经营思想的精华——人才思想——也为其成功奠定了重要基础。本文通过介绍松下公司的经营理念和用人理念，能使我们认识到一个企业的人力资源管理制度，不仅仅受到一个企业所在国家或地区的社会、经济、文化环境的影响，而更重要的是要始终围绕着企业经营战略的实施来考虑和设计。

关键字：人才观；战略人力资源；激励员工

5.2.0　引言

日本著名跨国公司“松下电器”的创始人幸之助，被人称为“经营之神”。“事业部”“终身雇佣制”“年功序列”等日本企业的管理制度都由他首创。

“事业的成败取决于人”“没有人就没有企业”，松下公司既是“制造电器用品”的公司，又是“造就人才”的公司。幸之助所创立的松下电器，在实业界具有巨大影响。松下幸之助在人本理念上结合日本的实际，有着创造性的发展。在松下那里，管理固然是科学，然而更多的是艺术。对企业的思考，使他最终发展到对人类前景的关注。不明究竟者往往只看到松下的社歌和团队，而松下的真正精神在于人性的发掘。能够获利的企业家如过江之鲫，而能够像松下幸之助那样思考的企业家则屈指可数。斗转星移，松下的具体做法可能会过时，但他的精神已经载入管理思想史册。许多人问：松下长久不衰的原因何在？

5.2.1　松下的经营战略

1. 自来水哲学

松下电气器具制作所创立于 1918 年 3 月 7 日，但是，幸之助却把公司的创业纪念日确定在 1932 年的 5 月 5 日。原因无他，就是因为这一天他提出了“自来水哲学”。在幸之助看来,企业的形体远远没有企业的精神重要。尽管之前松下电器已经运行了十几年,但是,在"自来水哲学"诞生前,它不过是一个与其他企业一般无二的制造商而已。直到这一天,在幸之助脑海中长期盘旋、苦苦思索的问题终于有了答案——他明白了企业的使命。所以,这一天才是松下的创业开端。

所谓"自来水哲学",是松下幸之助对企业使命的比喻。对于这一使命,最简单的表述就是消除世界贫困,使人类走向繁荣和富裕。幸之助自己说:"企业的使命究竟是什么?一连几天我思考这个问题直至深夜,终于有了答案。简单来说,就是消除世界贫困。比方说,水管里面的水固然有其价值,然而喝路边的自来水不用付费也不会受到责备,因为水资源相对丰富。企业的责任不正是让世界物资丰富以消除一切不方便吗?""经营的最终目的不是利益,而只是将寄托在我们肩上的大众的希望通过数字表现出来,完成我们对社会的义务。企业的责任是把大众需要的东西,变得像自来水一样便宜。"用幸之助的话来表达经营就是从"无"当中制造"有",通过生产活动给所有人类带来富足丰裕的生活。

从本质来看,自来水哲学就是通过工业生产手段,把原来只能供少数人享受的奢侈品变成普通大众都能享受的普及品。企业经营者眼睛要盯住人们追求生活进步的欲望,而不是盯住顾客的钱袋。市场是靠价廉物美的产品创造出来的,而不是靠对经销商回扣打折算计出来的,更不是靠坑蒙拐骗欺哄顾客推销出来的。由此,奠定了松下经营的基本方针:质量必须优先,价格必须低廉,服务必须周到。正是这种经营方针,使松下得到顾客的信赖,渡过了一个又一个难关,逐步走上壮大之路。

自来水哲学的诞生,本身就是松下公司此前经营经验的积累和升华。早在1927年,松下首次成立电热部,计划生产电熨斗。当时全日本电熨斗每年销量不超过10万个,每个价格在4~5元。幸之助则认为:"这么方便的东西,但因为价钱贵,很多想用的人都买不起。因此,只要降低价钱,就会有许多人去买。如果很多人要买,乍看起来月产一万个似乎多,但实际上是能够卖出去的;先决条件是降低成本以降低价格,使大家都能买得起。"于是松下决定,以大量生产来降低价格,每月生产1万个,销售价格3.2元,结果大获成功。这一案例,几乎就是美国福特T型车的日本翻版。所以,美国的媒体报道将松下幸之助和亨利·福特相提并论。对此,幸之助自己总结说:"生产大众化的产品时,不但要推出更优良的品质,售价也要便宜至少三成以上。"

自来水哲学在幸之助的年代具有巨大的威力,它势必会把松下公司带到规模化经营的道路上。家用电器在日本乃至在全世界的迅速普及,松下公司功不可没。美国的穷人也能开汽车,归功于当年的福特;当今的乞丐也能看电视,则归功于当年的幸之助。

这种自来水哲学,使松下公司的经营特别注重顾客导向,关注大众需求。松下在产品开发上以模仿为主,走短平快路线。一旦发现某个有前景的新产品,松下就会拿过来,做出比别人甚至比原发明者质量更高、价格更低的"新产品"。"模仿中的创新"使松下取得了经营上的成功。它的产品一般都具有批量大、成本低、质量高、服务好这四个特征,能够赢得较高的市场份额。但是,在真正的原创上就略逊一筹。引领产业先锋的原创型创新,会受到自来水哲学局限性的影响。松下公司研制计算机的例子,就是一个很好的说明。在计算机刚刚兴起时,松下也致力于计算机研发。到1964年,松下已经在计算机工业上投入了十几个亿,包括松下在内的七个计算机公司出资两亿,成立了日本电子工业振兴会,共同进行计算机开发。但是,美国的大通曼哈顿银行副总裁在同幸之助聊天时说道,世界各国的计算机制造商都经营不善，美国也只有 IBM 一家在继续，连 GE 都力不从心，日本有七家厂商是不是太多了。幸之助果断决定，顶住舆论压力，放弃计算机工业。在幸之助眼里，果断舍弃成本过高的项目，是经营的明智之举，然而，这种舍弃有可能把未来的前景也一并放弃掉。进入 21 世纪后松下公司在经营上出现的种种问题，甚至一直不能摘掉"仿制大王"的帽子，与这种自来水哲学密切相关。

但是，要说自来水哲学已经过时，似乎还为时过早。尽管现在的松下公司已经有限度地改变了幸之助当年的经营策略，然而，自来水哲学中蕴含的服务思想、顾客至上观念、推动社会走向繁荣和富裕的愿望并不过时。继承松下创立的理念，改变松下过去的策略，这二者并不矛盾。我们要思考的，恰恰是理念和策略之间的关系。自来水哲学的深层价值，在于把企业使命最终定位于社会责任上。正是这一逻辑，使自来水哲学得到了包括德鲁克在内的许多学者的赞扬。

2. 堤坝式经营

堤坝式经营是自来水哲学在企业运作上的逻辑展开。1965 年 2 月，幸之助在关西商界讨论会上提出了这一概念，做了题为《堤坝经营和适正经营》的演讲。他说："关于行之有效的经营方法，我想在这里提倡'堤坝经营'的方法。为什么要修堤坝呢？是为了不让河水不创造任何价值地白白流走。如果河流的水量剧增就会变成洪水，带来巨大灾害；而如果遇上干旱天气就会造成水量减少。因此，要在河流的适当位置修建堤坝，一来调整水流，二来利用水力发电。修建堤坝的目的就是珍惜老天赐予的每一滴水，并加以有效利用。这样既能够保证安全，又能够创造价值。经营公司的道理不是一样的吗？经营也需要堤坝。""我说的堤坝经营，从一开始就应该具有后备设备，有多少是多少。这样的话，即使经济发生一些变化或者需求有变化，还能保证商品供应，不会导致涨价，因为这时只要运转后备设备即可。相反，如果商品过多，就可以让设备暂停运转。这个道理就和根据需要来调整堤坝里的蓄水量一样。资金、库存和人才也同样需要'堤坝'。""正确认识堤坝经营的意义，就能使经营变得更加稳健，获得高额利润。堤坝经营能够为社会带来真正的安定和繁荣。"

堤坝式经营的实质，是避免经营过程中的周期性震荡，减少不确定性对企业的冲击。企业家在经营中所建造的堤坝不止一种，市场如同河流，经营如同堤坝。堤坝的功能有多种多样，蓄水、防洪、供水、发电等等都少不了堤坝。对于企业来说，需要建立的堤坝主要有如下几种。

(1)设备堤坝。不能使设备百分之百投入运转，那种"满负荷"的设想，有可能会使企业运行的"弓弦"绷得太紧，环境稍有风吹草动，就会拉断弓弦。一般来说，一个企业只有在设备运行八九成的情况下依然有利可图，才能保持正常运转。产能维持一二成的剩余能力，是企业应变的基本条件。

(2)库存堤坝。产品库存要适量，这些库存有两个作用方向，对内作为生产线出问题时的缓冲，对外作为对市场波动时的缓冲。就好像中国古代建立的"常平仓"，丰收则籴，歉收则粜，维持市场供应的大致平衡，使物价保持稳定。幸之助"堤坝式经营"的想法，本身就是来自于美国联合碳化物公司(Union Carbide Corporation)的电池价格启发。它的电池 30 年前卖 15 美分，现在还是卖 15 美分。幸之助联想到，30 年之间，原料、技术、市场肯定有着巨大变化，而这种产品能够 30 年保持价格不变，甚至不受通货膨胀率的影响，无疑是在经营机制中有着坚实的"堤坝"。

(3)资金堤坝。新的建设项目上马,同样需要有缓冲堤坝。一个十亿元的项目,需要有十一二亿的资金准备才能动工,否则,就很有可能造成"烂尾",不但投资者受窘,而且前期投资也很有可能打水漂。

(4)产品堤坝。在一个产品如日中天时,就要推出下一个新产品,这就要求在一个产品投入生产时甚至在投入生产前,后续新产品的研制就要着手展开。

(5)心理堤坝。经济有涨有落,任何一个企业,经营过程绝不可能一帆风顺。所以,从董事长、总经理到基层员工,都要对环境变化有足够的心理准备,在心理上以不变应万变,在行动上以变制变,实现经营的自主性。

堤坝式经营的道理很简单,无非就是把经营中的刚性变为弹性,预留出适应环境变化的余地。但是,现实中的经营者却往往做不好这个。按照幸之助的说法,日本的企业一直靠贷款运行,没有走上堤坝式经营的道路。要建立各种堤坝,首先需要不再靠贷款经营,这一点松下已经做到了。但是,建坝不易,护理堤坝更难。幸之助认为,护理堤坝实际上仍然是一个观念问题。首先要考虑如何运用堤坝,如果不能随机应变,即便建立了堤坝,也不会根据水量的变化进行适时调节。其次要明确堤坝的用途,堤坝是为消费者服务的,不是为企业自身服务的,偏离了顾客导向,堤坝的作用就会适得其反。另外还要密切注意各种信息,如果水源枯竭却毫不知情,或者溢水管涌却视而不见,堤坝就失去了意义。

3. 玻璃式经营

玻璃式经营的要旨是公开和透明。这种公开和透明,建立在对员工信任的基础之上。所有的经营状况,都像玻璃一般清澈可见,不加掩饰。

玻璃式经营不是松下幸之助深思熟虑的产物,也不是学究式逻辑推理的结果,而是经营实践中的"不得已"。在幸之助的经营思想中,玻璃式经营是诞生最早的。当松下还是仅有几个人的小作坊时,生产与销售混同一起,发明、研制与制造无法区分,甚至生产与生活也融合为一体。这种情况下,白手起家的幸之助,没有那种老板与雇工之间的界限,所有人可以说都是合伙人,所以,幸之助要随时把经营情况通报给其他人。由此,形成了幸之助的"玻璃式"习惯。他的开诚布公,力求信息对称,是他早期创业时赖以生存的基本方式。随着业务的扩大,人员的增加,尽管老板和雇工之间的界限开始明朗化,原来亲密无间的熟人关系也开始等级化,但公开透明的"玻璃状态"却没有退隐,一直被保持下来。

这种"玻璃状态"能够持续发展,并形成一种经营思想,同幸之助自身的经营体验密不可分。最初是天天算账,当经营略有扩大、开始规范化时,幸之助把它变成每个月都结算盈亏,向所有员工公布。在松下,这是习惯和常态,而同当时的其他企业相比,则是一种特立独行。幸之助很快发现,这种做法具有明显的经营优势,因为其他企业都不这样做,有的老板本人也糊里糊涂,一旦家大业大就不清楚整体的经营状况,不具备公开透明的基础。幸之助不一样,他对经营状况滚瓜烂熟,公开盈亏,同时总结各人的贡献情况轻而易举。这一举措,正面效应十分明显。相对于其他企业的员工,松下的员工都能清楚地看到自己的努力成果,同时也能感受到老板的诚恳和信任,由此而催生出员工的主人翁意识,提高员工的士气。

玻璃式经营法的实质是雇主与员工坦诚相待,互相信任。可贵的是,松下在快速增长后,这种做法被一直保持了下来。小型作坊采用玻璃式经营比较简单,而对于中型企业就已经有了难度,大型公司则更是难上加难。松下能够一直坚持玻璃式经营,在很大程度上,得益于松下的发展是一种自然的增长,是顺应企业需要的发展,没有揠苗助长地人为扩大规模。松下的发展有点像中国的民营企业大午公司的做法,增长的欲望和劲头不是来自于上层的压力,而是来自于下层的自觉。幸之助自己也在实践中感受到这种做法能够有效地激励士气,能够保证上下一心,能够深切检讨经营得失并化解冲突,还能够培养出高度自主的中层经理和工作骨干。即便不采用别的措施,也能很好地防范阿吉里斯指出的那种“习惯性防卫”。

随着企业的扩展,幸之助把玻璃式经营规范化。例如定期对员工公开企业的财务状况,定期向员工说明企业的规划目标,经营者和工会组织保持有效沟通和协商等等。对此,幸之助把它上升到经营理念。幸之助说:“企业的经营者应该采取民主作风,不可以让部下存在依赖上司的心理而盲目服从。每个人都应以自主的精神,在负责的前提下独立地工作。所以,企业家更有义务让公司职员了解经营上的所有实况。总之,我相信一个现代的经营者必须做到宁可让每个人都知道,不可让任何人心存依赖的认识,才能在同事之间激起一股蓬勃的朝气,推动整个业务的发展。”

玻璃式经营会使领导者的关注重心向员工倾斜。企业大了,玻璃式经营的上下一心、协调一致就会面临困难。对此,幸之助用“精神灯塔”来指引员工的方向,增进企业的凝聚力。我们现在经常关注的企业文化,在松下公司的做法是同玻璃式经营紧密结合的。为了使员工真正融入企业,和公开透明的经营思想相配合,松下在扩张中形成了一整套对员工的“教育”方式。通过确定公司精神的信条(即松下七精神),唱《松下社歌》、奏《松下进行曲》等方式,使员工以近乎“洗脑”的虔诚、真正地融入公司。所以,松下从员工进厂开始,就郑重其事地进行入社教育,朗读、背诵《松下精神》,熟唱《松下社歌》,学习“幸之助语录”,参观公司创业史展览。正式工作后,每天早晨在工作前集体背诵《松下精神》和歌唱社歌,每个月要在所属部门进行一次关于公司精神和公司社会责任的公开演讲,每年组织一次隆重的送产品(由工厂送到经销商)仪式,每个松下人都要不断地回答“我真正想做的是什么?”“我需要学习什么?”“我有什么缺点?”等问题。通过这些方式,使员工的自主性和凝聚力得以增强。有人曾经对这种做法产生疑问,幸之助回答道:“朝会、唱社歌、朗诵七大精神,是松下电器的传统,必须遵照执行,贯彻到底。事情一旦决定之后,必须坚持到底,不得自己迷失方向,或被他人言行迷惑,否则不会成功。做生意也是一样,必须贯彻志向。”

5.2.2 松下人力资源管理战略

在松下电器公司,被称为经营基本方针的经营理念不仅仅是企业展开经营活动的指向标,也是企业发展的精神支柱。更是每个员工对待工作的基本出发点,是公司的酿成企业文化的关键。

松下将1932年5月5日定为创业纪念日,称这一天为“命知元年”。所谓“命知”就是懂得经营的真正使命的意思,这一天是松下创始人松下幸之助向所有员工宣布自己感悟到了经营使命的日子。从此以后,在松下,经营理念成为所有活动的出发点。松下的经营理念将“贯彻产业人的职责,力图改善和提高社会的生活水平,努力为世界文化的发展贡献力量”作为其纲领。为了将这个纲领贯穿于每一个工作中,还制定了基本的“信条”以及更具体的“松下电器应遵循的精神”。

其中,“信条”是:“没有每个员工的和谐互助,公司就不能向上发展,各个员工必须诚心诚意、团结一致为公司服务。”“松下电器应遵循的精神”是:①产业报国的精神;②光明正大的精神;③和谐一致的精神;④力争向上的精神;⑤礼节谦让的精神;⑥顺应同化的精神;⑦

感谢报恩的精神。

松下的人力资源管理也是从这个经营理念出发,公司的人事方针、长期的人才培养方针、与工会组织签订的劳动协议的序文中都将这个纲领写到上面。经营理念的渗透,不仅仅从新进公司员工的教育开始,即使在工作中,上级对下级的指导中也可以看到。每天的早会,员工们都要背诵"松下电器应遵循的精神"。而且,对员工所做贡献多少的评价是在对松下电器的理念的基础上展开的,是管理人员能否晋升的一个重要的评价内容。

松下幸之助对重视人的信念是这样认为的:松下电器是造人的企业,也是造电器产品的企业、即使有物资、有资金,但仅仅是一些不能将这些东西和资金充分利用的人,那么什么都做不了;人是一切的中心,不把育人、用人作为第一位来考虑,怎么能谈松下电器的发展呢?这样的重视人才的基本态度是从创业者的经营哲学和人生观中产生的。在松下幸之助以后的经营者也是遵循这一理念,继承了培育人才、重视人才的基本思想。

1.20 世纪 80 年代的人力资源管理的基本特征

1)岗位工资制度

松下电器在 20 世纪 60 年代导入了岗位工资制度,这个制度的基本原则是员工的工资与员工的工作年限、年龄无关,由员工从事什么等级的工作来决定。因此,从事同样工作的员工享受同样的工资待遇。这个制度虽然进行了几次改革,但是,到 20 世纪 80 年代初,随着时代的变化,以前的岗位工资制度仍出现了一些问题。

(1)由于员工结构的高龄化,与高学历化,使得原来的薪酬上升曲线难以从工资总额上得到保证,尤其是高学历员工的岗位等级比较高,使得工资总额提高了很多。

(2)随着生产过程的机械化、自动化程度的提高,工作的性质发生了质的变化,产生了许多介于技能岗位、行政岗位以及技术岗位之间的中间岗位。随着机械化、自动化带来的工作方式的质的变化,员工原来掌握的知识、技能以及技术也趋于陈旧,员工中出现了不安的情绪。

(3)经济增长的钝化带来的薪酬增长的平缓化。20 世纪 70 年代初的石油危机之后,薪酬的上升率在不断下降,导致了工资增加只能集中在一部分员工身上,从而影响了大多数员工的工作积极性。

鉴于以上几个原因,松下为了适应环境变化,在 20 世纪 80 年代初期,对企业的人力资源管理做了大的改革,进行了扩大工作岗位的范围,修改职务记号以及改定工作岗位等级基准等一系列改革。在这里,我们先了解一下这次改革后松下电器的人力资源管理的特征。

非管理层的员工共分为两大类 7 个等级,具体见图 4-51 最左列。在图 4-48 中的 G 类岗位包括技能岗位、行政技术岗位以及特殊工作岗位,H 类岗位包括管理监督岗位、专业技术岗位、专业技能岗位等。其中 G 类中的技能岗位是指掌握相关的业务知识、技能或一定程度的专业技术,从事组装、设备运转保全、零部件加工、试生产等的生产一线业务或从事与以上业务相关的质量管理、生产管理、材料库存管理等的生产管理方面业务的岗位,其中包括制造组装系列、制造设备运转系列、制造技能系列以及制造管理系列等四个系列;行政技术岗位是指运用社会科学、自然科学知识以及相关的业务知识,从事管理、销售、技术、系统等领域中的计划、调查、研究、协调等的行政性或技术性业务的工作岗位,其中包括管理系列、销售系列、技术系列和系统系列;特殊岗位主要是指从事保安或公司汽车驾驶工作的岗位。而 H 类中的管理监督岗位主要指作为一个部门负责人在统管其部门工作的同时,还从

岗位等级		特称	岗位职务		
			管理监督岗位	专业技术岗位	专业技能岗位
非工会成员		理事	职务事业部长	主席技术监督*	理事
		副理事		技术监督*	副理事
		参事	职务部长	主干研究员 主干技师 主干技能师 主干讲师	参事
		副参事	职务课长	主席研究员 主席技师 主席技能师 主席讲师	副参事
H3		主事		主任研究员 主任技师 主任技能师 主任讲师	主事
H2		主任	职务系长	研究员 技师 技能师 讲师	主任
H1	G5	担任	职务班长	助理技能师	担任
G4 G3 G2 G1		◆技能岗位：G1~G5 ◆行政技术岗位：G1~G5 ◆特殊岗位：G3、G4			

*这两个岗位等级是20世纪90年代在强化专业技术岗位时，新设置的岗位等级，在此以前，专技术岗位最高为“主干”级岗位。

图 4-51 岗位等级与特称制度体系

事辅佐上级，指导、培养下级的工作岗位，或者从事一定范围内的直接生产作业以及辅助性业务，在听从上级的指示下，对下级进行指导和监督的工作岗位。专业技术岗位是指，在原则上能独立地发挥被社会公认的专业知识、技能等，从事专业技术工作的岗位；专业技能岗位是指，运用在公司内外掌握的知识、经验以及技能，从事专门的技能工作的岗位。

岗位等级就是通过对工作的复杂程度和困难程度进行分析评价，将业务群划分为几个等级；划分岗位等级的标准具体为以下几个方面。

(1)技能岗位的等级按照技能岗位的等级基准划分为 5 个等级。G1 等级岗位的员工要求能够按照规定的作业顺序从事一定范围内的单纯的重复性工作。G2 等级岗位的员工要求能够运用基本的知识，按照规定的作业顺序或标准，从事比较简单的在规定范围内需要一定判断能力的工作。G3 等级岗位的员工要求能够运用相关的普通知识，按照规定的作业顺序或标准，根据自己的判断从事比较广的范围内的较复杂的工作；而且，在生产过程中或质量上发生问题时，能够根据以前的事例独立地处理简单的问题，或者在上级的指导下能够解决复杂问题。G4 等级岗位的员工要求能够运用相关的较高水平的专业知识与技能以及自己的实际经验，独立地或指导下级从事复杂工作；而且，在生产过程中或质量上发生复杂的问题时，能协调公司内外的有关部门，处理好其问题。G5 等级岗位的员工要求能够运用相关的高度的专业知识与技能以及相当的实际经验，独立地或指导下级从事复杂且困难的工作；而且，在生产过程中或质量上发生相当复杂重大的问题时，能协调公司内外的有关部门，处理好其问题，并在此基础上提出合理的改善意见，解决其问题。松下在以上的各个等级的定义框架下，对各个岗位系列的各个等级又做了更详细的评价标准，在此不做具体的描述，仅就各个岗位系列的G5等级的标准做一个简单的说明。制造组装系列的G5等级要求员工必须具有相关的国家一级资格证书所要求的知识与技能，能独立地或指导下级从事复杂且困难的工作。制造设备运转系列的G5等级要求员工具有相关的国家一级资格证书所要求的知识与技能，能独立地或指导下级从事高度的自动设备、冲压设备、注塑成形设备等复杂的设备的运转和管理以及进行复杂困难的调试、修理以及改进等的工作岗位。制造技能系列的G5等级要求员工具有相关的国家一级资格证书所要求的知识与技能，能独立地或指导下级从事高度技能性业务的工作岗位。制造管理系列的G5等级要求员工运用自己的实际经验或高度的专业知识，独立地或指导下级从事复杂且困难的制造管理业务，即使在发生很重大的问题时，能通过协调各个有关部门，顺利地推进生产工作的展开，并能提出自己的改进方案，力图从根本上解决问题。

(2)行政技术岗位的等级也分为5个等级，但规定的基本标准与技能岗位不同。比如，行政技术岗位最高的G5等级的基本要求为员工必须运用高度的专业知识或丰富的实际业务经验，在复杂的工作条件下，在不断进行创意或决策的同时，对困难业务进行筹划、立案、推行、调整，并对高度的专业性技术项目进行调查、研究、开发、设计；而且还能独立地或指导下级与公司内外有关的单位、客户开展交涉、协商等的业务工作。而且松下对每个具体的岗位系列又有更具体的工作要求描述，比如对从事开发研究的技术系列岗位，要求员工作为一个研究小组的主要成员，运用高度的科学知识，对选定的研究课题进行文献资料的调查、对竞争对手企业有关产品进行调查分析以及与相关部门进行协调，并从长期的角度对产品开发进行预测，筹划开发计划的同时进行开发、实验、分析和评价开发结果。在探求基本原理的基础上，从长远的角度对产品的实用化的基础性或应用性展开研究。

(3)特殊服务岗位的等级被划分为G3、G4两个等级，并对其工作要求做了具体的要求。

(4)对管理监督岗位、专业技术岗位以及专业技能岗位，按照工作性质，分别划分为3个等级，而且也做了明确的工作要求。

2)“特称”制度与职务

“特称”制度是1978年松下在原来的职能资格制度的基础上导入的一个宽幅的职能资格等级制度，它是为了能让有能力的年轻员工担任重要岗位，加大人事上的弹性而导入的。所谓“特称”，实际上就是职能资格等级制度中的资格，它自上而下分为理事、副理事、参事、副参事、主事、副主事、主任、副主任、担任、一般等10个等级，副参事以上为管理层(参见图4-51)。

“特称”制度中的晋升，并没有“从哪年进公司的人中晋升几位”的规定，而是根据公司的基本方针，事先确定了各个特称等级需要晋升的百分比，然后按比例进行相对的评价比较来进行的。大多数情况下，等级的晋升是通过人事考核和面试决定的，但根据事业部的不同，也有采用晋升考试或人事测评的方法的部门。通常，大学学历的员工，最短可以在8年内晋升为主任，13年内晋升为主事。

特称是一个被任命为管理监督岗位、专业技术岗位或专业职能岗位中的任意一个岗位担任以上资格等级。

3)薪酬体系

松下公司的薪酬体系和主要项目如图4-52所示。在标准内工资中，基本工资是月工资，基本工资大约占员工工资收入的60%～70%，其中又分为基础工资和岗位工资，各占基本工资的30%和70%,而岗位工资又分为岗位基础工资和岗位个人工资。基础工资是一个考虑了员工生涯所需费用的逐渐上升的曲线工资标准;岗位基础工资包括按照岗位工作的难易程度和质量来评定的部分和按照员工工作的熟练程度来决定的部分,每个岗位等级又细分为8个级别;而岗位个人工资则是员工工作能力考核结果的反映,工资标准规定了每个等级的最高金额和最低金额。职务工资以员工在聘用时的工资为基础,考虑其学历、工作经验、年龄、职务、技能等综合因素来决定的。职责加薪是指给被升为特称等级的员工发放的工资,每个等级中又分为6个级别;所谓业务加薪是在从事特殊工作的情况下,按照工作加薪支付标准的工资部分;而出勤加薪是为从事产品展销工作、轮班制工作或监视控制等工作的员工,在公休日或其他法定休息日出勤时发放的工资部分。抚养加薪是为员工抚养配偶或其他家属发放的工资。图4-53描述了随着员工年龄的增长,各种主要工资的增长趋势以及工资结构的基本变化。

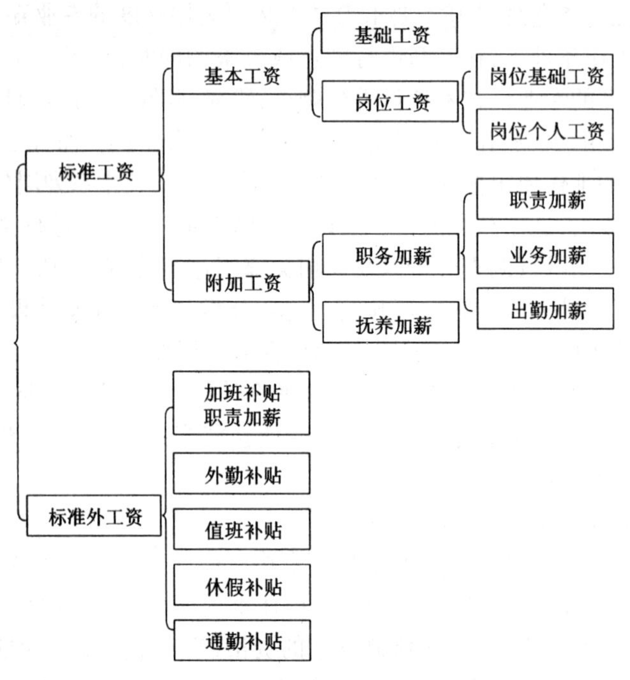

图4-52 松下公司的薪酬构成图

4)不拘一格的人才观

在获取人才方面,松下认为吸引人才来求职的手段,不是靠高薪,而是靠企业所树立的经营形象。松下公司是这样说的,也是这样做的。多年来,他们总结了许多人才提拔和雇用的经验之道。如果碰到有想要从事新的工作的人,只要这个新人人品好,就可以让他去学习,不必非要用有经验的人。

人员的雇用以适应公司工作的文化程度为好,文化程度过高不见得一定有用,只要人品好、肯苦干,技术和经验是可以学习的,即所谓:劳动成果 = 能力 × 热忱。

提拔年轻人时,不可只提升他的职位,还应该给予其他辅助,帮他建立威信。

不过,提拔人才时最重要的一点是,绝不可有私心,必须完全以这个人是否适合那份工作为依据。松下认为,树立了这种提拔风气,有利于青年的成长,会带动整个公司各个方面

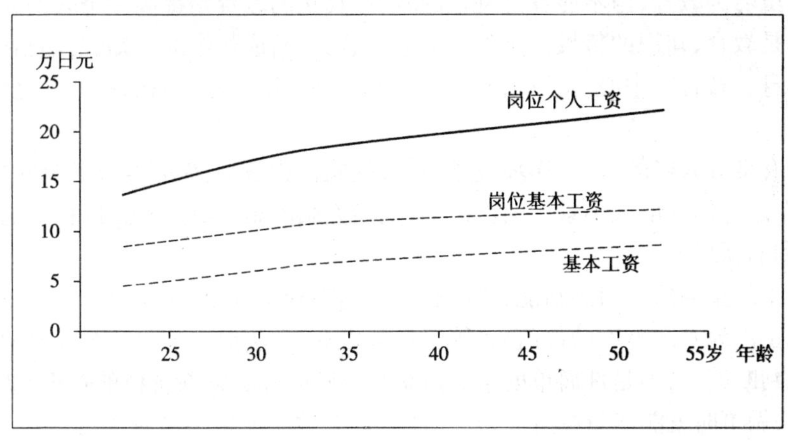

图4-53 薪酬体系的示意图(G4资格等级的标准工资)

的进步。

松下先生要年轻的职员这样回答顾客提出的问题——“松下电器公司是制造什么的”——“松下电器公司是制造人才的地方,兼而制造电气器具”。松下的心愿是这样的:事业是人为的,而人才则是可遇而不可求的,培养人才就是当务之急,如果不培养人才,事业成功也就没有希望。日本顾客这样评价:“别家公司输给松下电器公司,是输在人才的运用”。

对于人才的标准,松下这样认为:不念初衷而虚心好学的人,不墨守成规而常有新观念的人,爱护公司和公司成为一体的人,不自私而能为团体着想的人,有自主经营能力的人,能忠于职守的人,有气概担当公司重任的人都是人才。

5)把人才的培养放在首位

松下的职工教育是从加入公司开始抓起的。凡新招收的职工,都要进行8个月的实习培训,才能分配到工作岗位上。

为了适应事业的发展,松下公司人事部门还规定了下列4个辅助办法。

(1)自己申请制度:干部工作一段时间后,可以自己主动向人事部门申请,要求调动和升迁,经考核合格,可以被提拔使用。

(2)社内招聘制度:在职位有空缺时,人事部门可以向公司内部招聘适当人选,不一定非在原来单位中论资排辈依次提拔干部。

(3)社内留学制度:技术人员可以自己申请,经公司批准到公司内办的学术或教育训练中心去学习专业知识。公司则根据事业发展需要,优先批准急需专业的人才去学习。

(4)海外留学制度:定期选派技术人员、管理人员到国外学习,除了向欧美和国派遣留学生外,也向中国派遣留学生,北京大学、复旦大学都有松下公司派来的留学生。

由于松下公司把人才培养放在首位,有一套培养人才、团结人、使用人的方法,所以在松下体制确立以来,培养了一支企业家、专家队伍。事业部长一级干部中,多数是有较高学历的,熟悉经营管理的,不少人会一门或几门外语,经常出国考察,知识面广、年纪轻、比较精干,而且雄心勃勃,渴望占领世界市场,有在激烈竞争中获胜的志向,这是松下公司能够实现高效率管理的前提。

6)注重员工的人格培养

松下强调真正的教育是培养一个人的人格,知识的传授只是教育的第二意义。他认为现在的教育虽名为教育,但不能算是真正的教育,真正的教育是提高一个人的人格。仅传授知识不能算是教育,知识的传授只是教育的第二意义,给成长中的人知识,是给他们兵器,绝不是教育本身。教育的中心,是以培养一个人的人格为第一,至于知识、技术之类,可以说是附属的教育。

一个具有良好人格的人,工作环境条件好,就能自我激励,做到今天胜过昨天,明天胜过今天,即使在恶劣的环境或不景气的情况下,也能克服困难,承担压力,以积极的态度渡过难关,开辟胜利的新局面。

培养员工的正确的价值判断能力,没有足够的专业知识,不能满足工作上的需要,但如果员工不能正确地判断事物的价值,也等于乌合之众,无法促进公司乃至社会的繁荣。培养员工正确的判断能力,不是件简单的事。但是只要随时养成判断价值的意识,就会有准确的判断。这样,做事时就能尽量减少失误。所以,在平常应该多参考别人的意见,和自己的想法做比较,而想出更好的方式,做最妥善的决定。所以,应该鼓励员工不断地努力,相互学习,研究如何才是正确的价值判断。

7)用人善于组合搭配

聚集智慧相等的人,不一定能使工作顺利进行,往往只有分工合作,才会有辉煌的成果。

在用人时,必须考虑员工之间的相互配合,如此才能发挥个人的聪明才智,这也是人事管理上的金科玉律。一般所说的因才适用,就是把一个人适当地安排在最合适的位置,使他能完全发挥自己的才能。然而,更进一层地分析,每个人都有长处和短处,所以若要能取长补短,就要在分工合作时,考虑双方的优点及缺点,切磋鼓励,同心协力地谋求事情的发展。

怎样才能达成人事协调呢?松下认为不一定每个职位都要选择精明能干的人来担任。或许这个观点很难理解,可是,可以想象,如果把十个自认一流的优秀人才集中在一起做事,每个人都有他坚定的主张,那么十个人就有十种主张,根本无法决断,计划也就无法推动。可是,如果十个人中只有一两个特别杰出,其余的才识平凡,这些人就会心悦诚服地遵从那一两位有才智的领导者,事情反可顺利进行。

一加一等于二,这是人人都知道的算术。可是用在人与人的组合调配上,如果编组恰当,一加一可等于三,等于四,甚至等于五,万一调配不当,一加一可能会等于零,还有可能是个负数。所以,经营用人,不仅是考虑他的才智和能力,更要注意人事上的编组和调配。

8)任用人必须信任人

松下说:“用他,就要信任他;不信任他,就不要用他,这样才能让下属全力以赴。”用人固然有技巧,而最重要的,就是信任和大胆地委派工作。通常一个受上司信任、能放手做事的人,都会有较高的责任感,所以无论上司交代什么事,他都会全力以赴。相反地,如果上司不信任下属,经常指使下属,就会使下属觉得自己只不过是奉命行事的机器而已,事情成败与自己能力高低无关,如此对于交代的任务也不会全力以赴了。

因此对待要用之人,首先就要信赖,并且要抱着宁愿让对方辜负我,我也不愿意怀疑他的诚意,如此可能会赢得别人更多的效劳。

现代社会最大的缺点,就是人与人之间普遍缺乏互信互敬的胸怀,因此导致许多意识上的对立,甚至行为上的争执,造成社会秩序的混乱。领导者如果能培养起信任别人的度量,不但可以提高办事效率,还可以为这个冷漠僵冻的人间,增添许多光明与和谐。

9)任用强过自己的人

松下主张任用强过自己的人,认为员工某方面的能力强过自己,领导者才有成功的希望。

即使一个才智出众的人,也无法胜任所有的事情,所以唯有知人善用的领导者,才可完成超过自己能力的伟大事业。然而一般人最容易犯的错误,就是高估自己的能力,而不肯接受他人的忠告,领导者最应留意这点。

10)适时地提升员工

适时地提升员工,最能激励士气,也将带动其他同人的努力。

提升员工职位,应以员工的才能高低作为职位选定的主要标准,年资和考绩应列为辅助材料。一家公司想求得发展的最好方法,莫过于使制造的产品日益精良。因此,在工作上必须造就更优秀的人才,应采取"因才适用"的提升制度来配合作业。这种制度并不受年龄、性别的限制,完全依才干、品德、经验来衡量是否可以胜任另一新的职务。

11)物质与精神双管齐下激励员工

松下电器公司采取精神和物质双管齐下的办法激励员工。在精神方面,公司提倡"全员经营",宣传搞好经营是"员工自己的事",员工是松下电器公司的主人翁。

集思广益,全员经营,是松下电器公司一贯遵循的原则。在松下公司,每个人都把公司的事情当作自己的事来干。全公司没有上下的区别,谁想到了好主意,就提出来,共同经营松下公司。松下说:"如果职工无拘无束地向科长提出各种建议,那就等于科长完成了自己工作的一半,或者是一大半,反之,如果造成唯命是从的局面,那就有可能使公司走向衰败的道路。"对于职工提出的合理化建议,公司都认真对待,按成效分成1~9个等级,有的表扬,有的奖励,贡献大的给予重奖。总之,每一项建议,都会得到满意的答复。

在物质方面,推行周休二日制,改变过去依工龄和学历付酬的旧工资制,采用按照工作能力确定报酬的新工资制,并不断提高职工的工资收入;推行规定35岁能够住自己的房子的新的职工拥有住房制度;设立由松下幸之助赠给职工的私人财产两亿日元为基金的松下董事长颂德福会;实行支付给死亡职工家属年金的遗族育英制度等等。

公司采取的上述这些措施,对引导职工把公司的事业看成是"自己的事业",从而燃烧起自己的热情,把首创精神用于工作,"产生着无法想象的伟大力量"。

正是由于松下重视人才的培育和任用,并把人才的培育和任用与促进企业发展有机地结合起来,极大地提高了工作效率,改善了产品及工作质量,为企业创造了较好的效益。松下大目标的实现,正是建立在无数个人目标实现的基础上。

5.2.3 20世纪90年代的人力资源管理改革

随着经济成长的钝化,国际竞争越来越激烈,日本社会的高龄化以及人们的劳动意识等的社会、经济、人文环境的变化,企业的人力资源管理也在不断地发生变化,松下电器从1994年开始,为了适应外部社会、经济环境的变化,重新设定了企业的经营战略,改革了企业的组织结构,并对人力资源管理体制也进行了一系列的改革。到20世纪90年代末期,逐渐形成了一个新的人力资源管理体制。

松下公司在20世纪90年代将成为"顾客第一的企业""创造价值的企业""国际性企业""自我实现的企业"作为新的企业目标。新的人力资源管理体制是以这四个企业目标作为基本出发点的,其目标是建立一个能让每一个自立的员工对企业追求的"满足顾客"的理念产生共鸣，通过员工发挥各自的创造力，实现对社会的贡献和自己的理想的体系。也就是说，新的管理体制不仅仅是一个对过去制度的变革，而且是通过改革创造新的企业文化，将企业改造成一个能适应21世纪的崭新企业过程。

为此，松下公司对已有的人力资源管理进行了反思后，认为人力资源管理的改革必须在不改变以下的几个原则的前提下进行。

(1)尊重员工的原则，“人”是企业创造附加价值的源泉，尊重员工的理念不能改变。但是，要改变过去鼓励员工一生为松下集团贡献自己的力量的做法，应该鼓励员工在更广泛的意义上来考虑自己的职业生涯。

(2) 重视实力的原则，站在公平、公正的立场上，贯彻“实力主义”一直是公司重要的原则，人力资源管理制度的改革不能改变这个原则。但是，过去是在对能力与成果进行综合评价后，决定员工的等级或待遇的，今后要在评价中更加重视成果。

(3)自主自立的原则，在松下电器有一个“始终贯彻员工自身的职业形成”的精神，是指在每个岗位的员工要时刻将自己作为主人公，保持自主自立的精神。这个精神是不能改变的，但是，迄今为止是在以长期雇用为前提的培养体系的基础上，要求员工的自立精神，今后应该鼓励员工以自己为主体来考虑自身的职业生涯的形成。

在确认了以上原则以后，松下于1994年开始对企业的人力资源管理体制进行了一系列的改革。松下试图将以下的几个基本思想注入到新的人力资源管理体系中：①尊重员工的挑战精神；②增加薪酬制度的激励强度；③酿造鼓励“出头椽子”的企业文化；④确立公开、透明的体系和运作方式；⑤雇用体系的多样化。

1. 新的人力资源管理的主要内容

新的人力资源管理的具体制度与体系有以下一些主要内容(如图4-54所示)。

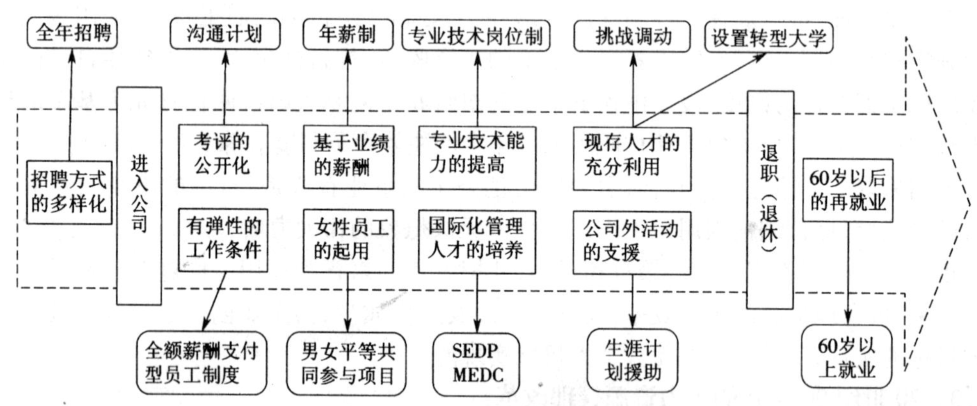

图4-54 松下电器的新人力资源管理体系

1)专业技术岗位制度

以前的人事制度的中心总是围绕着管理岗位，以至于给员工造成了技术岗位的能力比较低，其地位与待遇也就比较低的印象，员工的注意力也就集中到了管理岗位上。新的人事制度的一个很大的目的就是提高技术岗位的地位，至少达到与管理岗位同等的水平和地位。为此，首先在公司内做了大量的宣传活动，在公司内部发行的报纸上向全体员工提出了“努力争当真正的专家”“在本职工作中努力成为公司第一流的专家”“努力掌握公司外部也可通用的技术"等等的口号。

松下的特称制度,就是日本比较典型的职能资格等级制度的一个具体化,它的主要特征是一个复线式的制度,包括有三个岗位群,管理监督岗位群、专业技能岗位群以及专业技术岗位群,过去管理监督岗位群的员工人数是三个岗位群中最多的一个岗位群。但是从1994年,松下开始将专业技术岗位群的范围扩大到行政岗位,将其中专业性比较强的岗位作为专业技术岗位来认定,扩大了专业技术岗位的范围,同时,过去专业技术岗位的等级最高只到参事一级,在新制度中产生了相当于副理事级和理事级的技术监督等级和主席技术监督等级。在20世纪90年代后期,专业技术岗位的专门人才达到了所有员工的20%。松下还制定了全公司统一的专业技术岗位的职务标准,明确了专业技术岗位在公司各项业务中的作用以及所要求的知识、技术水平和经验能力。对专业技术人员的能力考核也一改过去对所有员工采用统一的标准,考核员工的管理能力,而是按照专业技术岗位的要求进行评价。

另外,为了提高专业技术人员的专业能力设定了许多培训项目,比如信息管理培训项目、产业营销培训项目以及设备管理培训项目等来提高各个部门的专业技术人员的专业水平。

2)沟通计划

这个措施是将过去只有考核人员掌握的考核信息反馈给被考核人员,将评价考核变得更加公开化,以达到在人事考核过程中,让被考核的本人与上级之间有更好的沟通,从而让员工感受到工作的价值以及自己的成长,并且能充分发挥他们的创造力。

3)全额薪酬支付型员工制度

这个制度是遵循追求人才的自立、充分发挥员工的创造力的基本思想,尽可能地获得各种才能的人才而导入的制度,在长期雇用作为主要特征的日本企业,当松下工资导入了这一制度后,引起了国内各方面的高度反响,成为了向日本企业的"长期雇用"和"退休金制度"提出挑战的象征。这个制度将退休金分成3个类型,由新进公司的员工自己选择。一类是以前延续下来的日本很多企业采用的方式,就是在员工退休时,将退休金发放给员工;第二类是将员工退休时的退休金与福利津贴加在每月的工资里发给员工的"退休金福利津贴的现金支付方式";第三类是将员工退休时的退休金加在每月的工资里发给员工的"退休金现金支付方式"。尤其是第二类,因为这个做法让员工不会因为将来高额的退休金而影响自己现在的选择而来去自由,松下公司试图通过这个制度,吸引更多地在专业技术、设计、信息系统开发、法律等领域的高水平的人才。

4)年薪制

过去,松下的管理干部的月薪由基础工资(75%)和干部职务加薪(25%)构成,而基础工资是根据每年的人事考核的结果累积得到的,具有较强的年功性。管理干部的奖金的大部分是根据基础工资决定的,也具有年功色彩。为此,从1994年开始,管理干部的工资的一部分由业绩来决定,业绩通过目标管理的方式由上级进行评价考核,然后在此基础上,通过各个部门的管理干部的讨论,用相对比较评价的方法,按照事先确定的奖金分布比例,决定其奖励的等级,最后按等级决定具体的金额。到1999年,松下针对管理层员工,进一步贯彻了重视业绩评价的思想,导入了年薪制度,对管理干部实行基本年薪(基本工资+干部职务加薪)加业绩年薪(奖金)的薪酬决定方式,每年3月对每个管理层员工的经营贡献度进行考评,决定年薪金额。这是一个不考虑其年龄等个人因素,完全按管理层的等级和业绩来决定年薪的体系。

5)转型大学

转型大学是为了适应松下的经营事业的结构与利润结构的变化,培养新的事业领域中的人才而实施的一项公司内的培养计划,主要目的是将现有的人才转移到新领域的专业中去,但还有一个目的就是改变每个员工满足现状的意识,培养员工的挑战精神。这个项目是从 1995 年开始实施的。

转型大学的学科设置是根据公司各个事业部门的需求和全公司战略上的需要,由公司人事部门来认定的。培训对象是从各个部门内通过募集或推荐选拔的,在选拔过程中,员工的挑战意识是一个决定性的因素。员工从入学开始就要脱离原岗位转到新的岗位,短期为一个月,而长期会为两年时间,培训期间完全脱离工作岗位。

6)MEDC 和 SEDP

MEDC 的全称为松下高级管理人员能力开发项目(Matsushita Executive Development Course),是以年轻的事业部门管理干部为对象,从他们中培养出能展开国际化企业经营的高级管理人员而实施的一个项目。而 SEDP 的全称为高级管理干部能力开发计划(Senior Executive Development Program),其目的是以在近一到两年内可能担任松下的海外企业管理工作的高级管理人员为对象,培养海外企业管理干部的一项措施。

5.2.4 小结

松下公司的管理人才培养目标是努力使每一位管理者都成为贯通松下经营战略和企业文化的松下式管理行家。“既将职能资格等级制度的优势得到发挥,又能明确地对各个岗位的员工的能力进行明确的评价”就成了松下人事制度改革的核心。

“人心齐,泰山移”,集体的力量是巨大的,日本的松下公司是深谙此道的行家里手,他们把人才的培养放在首位,自称“松下公司是制造人才的地方,兼而制造电气器具”。松下培养人才不仅仅限于专业知识和业务技能,而是更注意于培养员工的人格及其正确的价值判断能力。松下强调“真正的教育是培养一个人的人格”。

松下在人才的运用上更是有独到的建树:用人注重人品;对于人才标准不拘一格,重视对员工的提升和激励,用人善于组合搭配;任用谁就信任谁;主张任用强过自己的人等等。这就使松下公司与员工之间建立起可靠的信任关系,使员工自觉地把自己看成是公司的主人,产生为公司做贡献的责任感,焕发出了员工高涨的积极性和创造性,形成了极大的亲和力、凝聚力和战斗力,使松下不但从一个小作坊发展成世界上最大的家用电器公司,而且成为电子信息产业的大型跨国公司,其产品品种之多,市场范围之广,成长速度之快和经营效率之高都令人惊叹!无怪乎世人这样评价:“别的公司输给松下电器公司,是输在人才运用上。”松下的用人之道在竞争日趋激烈的今天更显得尤为重要,让我们拭目以待松下人的下一个辉煌。

[**启发思考题**]

1. 经营就是从“无”当中制造“有”,通过此案例简述日本松下公司的经营理念。

2. 日本松下公司总经理松下幸之助的领导方法与传统领导与雇工有何不同之处?

3. 结合实际工作,谈谈在战略人力资源对企业战略的影响。

[相关附录]

附录1

今后 Panasonic 追求的目标姿态是,与各个行业合作伙伴们一起"Engineering a better world for you"为人们缔造更美好生活,即在继承贴近顾客生活的"家电 DNA"的同时,从住宅、社会、商务、旅行、汽车等多个空间、领域扩展顾客的美好生活(如图4-55所示)。

图4-55 Panasonic 追求的目标姿态表改为"××年,×××。"格式,不制表

这些空间都与各大产业密切相关,松下将同这些产业合作伙伴一起开展事业,力争实现为更大的顾客做贡献。

附录二 松下公司全球发展历程

1918年,创业人松下幸之助在大阪创办了松下电气器具制作所。

1923年,研制并销售自行车用的弹头型灯具。

1929年,制定了纲领和信条。

1932年,举办首次创业纪念典礼。

1933年,在门真市建立总部,采用事业部制度。

1935年,成立松下电器贸易株式会社。

1952年,与荷兰的飞利浦公司进行技术合作。

1953年,成立中央研究所。

1959年,成立美国松下电器公司。

1961年,松下正治就任社长。

1971年,在纽约证券交易所上市。

1977年,山下俊彦就任社长。

1986年,谷井昭雄就任社长。

1988年,合并松下电器产业株式会社和松下电器贸易株式会社。

1989年,创始人松下幸之助逝世(享年94岁)。

1993年,森下洋一就任社长,与飞利浦解除合作关系。

2000 年,中村邦夫就任社长。

2003 年,经事业重组,按事业领域进行经营管理,品牌统一为"Panasonic"。

2006 年,大坪文雄就任社长。

2008 年,公司名称变更为"Panasonic Corporation"。

2011 年,与松下电工株式会社、三洋电机株式会社合并。

2012 年,津贺一宏就任社长。

5.3 华为基于战略导向的组织结构设计

摘要:全球经济环境变化多端,科学技术日新月异,中国企业国际化不断面临新挑战。本案例运用组织理论深入分析了华为的组织环境、组织战略、组织结构,介绍了华为面临高度不确定的外部环境,在国际化战略导向下,通过组织结构变革形成了完善的矩阵式结构,使华为能够有效应对外部环境的不确定性,继续推进国际化发展战略。华为在国际化过程中的成功经验对中国企业国际化具有重要指导意义。

关键词:华为,国际化,组织环境,组织战略,组织结构

5.3.0 引言

经济一体化是世界经济发展的必然趋势,随着改革开放的深入,越来越多国外企业进驻中国市场,中国企业也逐渐在国际经济舞台上崭露头角。但由于全球经济环境变化多端,科学技术日新月异,中国企业国际化不断面临新挑战。

用"多事之秋"形容中兴和华为目前在海外的拓展之路是再合适不过了,继 2013 年 5 月底欧盟宣布计划对华为、中兴发起新一轮反倾销调查后,日前,美国众议院情报委员会、联邦调查局也宣布即将展开对中兴和华为的调查,以确认两个企业是否从事威胁美国国家安全的活动。这些不确定性事件使人们对华为的好奇心再一次被激发,华为成功的国际化战略能经受住考验吗? 华为的组织机构还能与国际化战略相互匹配吗?

5.3.1 华为面临的组织环境问题

1. 组织环境特征

组织环境是指存在组织之外,能对组织整体或者某一部分具有潜在影响的因素。基于通信设备行业的特点及华为公司国际化进程的现状,此案例详细分析了产业、原材料、市场、经济与国际环境等子环境对华为发展的影响。

1)产业环境

目前通信设备行业的竞争主要集中在爱立信、华为、西门子、阿尔法特和中兴五家设备商之间。中国企业华为和中兴占据了成本上的相对竞争优势,但是随着兼并重组、服务外包等,国际通信设备企业成本不断减低,其成本优势正在逐渐消失。而且发达国家的通信设备商在品牌管理、规模经营和技术研发方面要优于国内企业,尤其在欧美等发达国家市场,华为还处于劣势地位。

2)市场环境

传统通信设备市场几乎饱和,短期内市场规模不会扩大,甚至处于停滞状态,华为在传统市场的发展受到限制。移动话联网、云技术的出现给华为带来巨大发展空间。智能手机的推广与普及带来移动互联网的增长,这将促进移动宽带业务进入良性可持续发展。IT 技术与 CT 技术的深度融合以及从"购买产品"向"购买服务"的商业模式转变使通信市场面临新的发展机遇。

3)原材料环境

半导体、钢铁、电力等是通信设备制造的主要原材料,其市场状况在很大程度上决定了通信设备行业的成本高低。我国钢铁需要大量进口,由于下游需求加大、上游成本增加以及人民币升值等因素,全球钢材价格不断攀升;加上近几年国内电价不断上涨,电力供应紧张,很多地区出现“电荒”,大大增加了通信设备制造企业的生产成本。

4)经济与国际环境

受金融危机的冲击,全球通信设备市场疲软,尤其是欧美市场受到巨大冲击,部分国际运营商投资减少,使整个通信设备市场利润降低。而且近来自然灾害频发、部分国家政局动荡、人民币升值等问题交织,使华为的海外市场面临巨大的不确定性影响。

此外,很多国家出于保护本国企业的目的阻止华为的进入,竭力打压华为在本土市场的发展空间。

2. 环境不确定性分析

动态性是指环境变化速度及其不可预测性。在全球经济一体化和快速的技术进步背景下,华为面临的外部环境很难保持长时间的稳定,而且环境变化的方向和幅度很难进行预测,外部的动荡性增加了信息的不确定性,使华为在进行战略抉择和生产运营时面临巨大风险。

复杂性指环境组成要素的差异性及竞争的激烈程度。华为受到产业链上下游供应商、客户、竞争对手、合作者等众多因素的协同作用,各影响因素差异较大,产业链各环节的竞争越来越激烈,多方的信息冲击使华为面临复杂的信息处理过程。

敌对性指环境对组织生存和发展的支持程度。在中等发达国家市场上,华为打下了很好的基础,与俄罗斯等有良好的合作关系,敌对性程度相对较低;但是在发达国家市场,华为面临竞争对手及强大政府的阻挠,敌对性程度较高。

从以上的分析可知,华为面临高度不确定的外部环境,环境的动态性、复杂性和敌对性程度都较高。

5.3.2 华为的国际化战略选择

1. 战略转型:全球战略到跨国战略

1)全球战略

华为自国际化以来,在公司层战略上一直实行全球化战略,即在不同国家市场销售标准化产品并由总部确定竞争战略。全球化战略的实行可以获得规模经济效应和经验曲线效应。

一方面,通信设备行业属于技术、资本密集型行业,固定成本投入高,可变成本低,随着生产规模扩大,单位产品成品降低,存在强烈的规模经济效应。另一方面,全球销售标准统一的产品使专业化分工成为可能,员工重复工作能够提高熟练程度,而且大规模生产可以促进技术革新,从而利用经验曲线效应降低成本。

2)跨国战略

全球化战略对本地市场缺乏辨别力,对各个国家市场反应迟钝,可能忽略当地市场的发展机遇。华为目前正有针对性地开发各地市场,呈现向跨国战略转变的趋势。在人才战略上,华为在海外设立了31个区域培训中心,为当地培养人才,推进研发、销售、管理人员本地化。

在产品战略上，华为在美国、印度、俄罗斯及中国等地设有12个研究所，根据各地市场进行研发，促进产品本土化。

在管理战略上，华为重新调整组织结构，将中国作为一个业务区进行管理，从管理上向跨国公司发展。

2. 经营战略：低成本战略与差异化战略结合

1）低成本战略

华为的低成本战略主要在研发和生产环节。在研发环节，华为以市场为导向，购买核心技术，根据客户需求进行改进，降低了基础研发环节的投入。在生产环节，国内市场上，华为可以利用原料、工人价格低的优势，找到满足技术、工艺要求而价格较低的供应商；在国外市场上，华为可以充分利用发展中国家低廉的劳动力。低成本战略使华为获得了相对于竞争对手的价格优势，减弱了华为进入新市场的壁垒。

2）差异化战略

华为的差异化优势主要是贴近客户的服务机制。华为强调从客户服务到客户满意的转变，快速响应客户需求。目前华为建立了包括服务解决方案和应急响应中心的服务产品线。华为在全球建立了29所培训中心为客户提供量身定制的培训服务，760多名PMP在内的项目管理精英团队为客户提供端到端服务。根据电信运营商对系统可靠性要求高的特点，华为组建了“24×7×365快速反应紧急服务”队伍，快速响应客户需求。

5.3.3 华为的组织结构

1. 华为愿景及核心价值观

华为的愿景是丰富人们的沟通和生活，华为的使命是聚焦客户关注的挑战和压力，提供有竞争力的通信与信息解决方案和服务，持续为客户创造最大价值华为的核心价值观如图4-56所示。

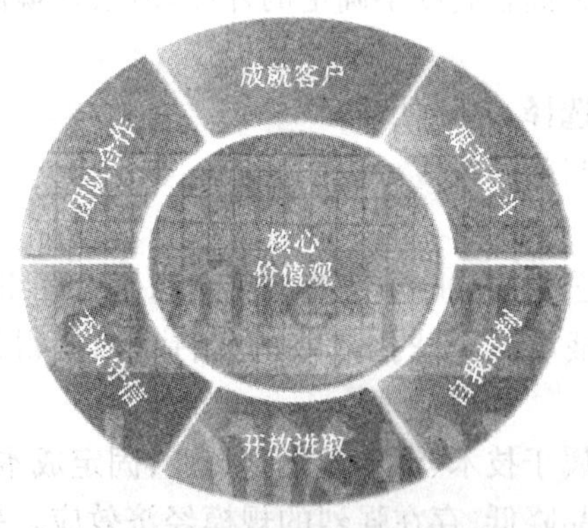

图4-56 华为的核心价值观

2. 华为的组织结构变革

美国学者钱得勒提出了“目标决定企业战略，战略决定组织结构”的著名论断。华为的组织结构变革大致可以以2002年为界分为两个阶段。2002年前，华为以本土市场为核心，将本土开发的产品销售到世界各地，在这个时期，业务员在公司员工中占据了很大比例，如图4-57所示。而在国际化的初期，职能式组织结构有利于统一领导，此时的组织结构以集权为主要特征，专业化、规范化程度高。如图4-58所示。但随着华为海外市场的扩大，职能式组织结构的弊端逐渐显现,各部门间协调性差,难以应对高度不确定的国际环境。

为此华为开始引进国际化的管理模式,开始了多次组织变革。2003年,华为对组织结构进行了重大调整,由以往集权式结构向产品线结构转变,以应对快速变化的市场如图4-59所示。2007年华为再次进行变革,将地区部升级为片区总部,成立七大片区,各大片区拆分成20多个地区部,使指挥作战中心进一步向一线转移。2010年华为重新梳理业务部门,原来按照业务类型划分为设备、终端、软件服务等,现在按照客户类型划分为面向企业、运营商、消费者及其他业务。经过不断变革,华为现已形成比较完善的矩阵式结构,实现了全方位信息沟通如图4-60所示。横向是按照职能专业化原则设立的区域组织,为业务单位提供支持、服务和监管,使各业务运营中心在区域平台上以客户为中心开展各自的经营活动。

纵向是按照业务专业化原则设立的四大业务运营中心,并分别设置经营管理团队(EMT),按照其对应客户需求的规律来确定相应的目标、考核与管理运作机制。

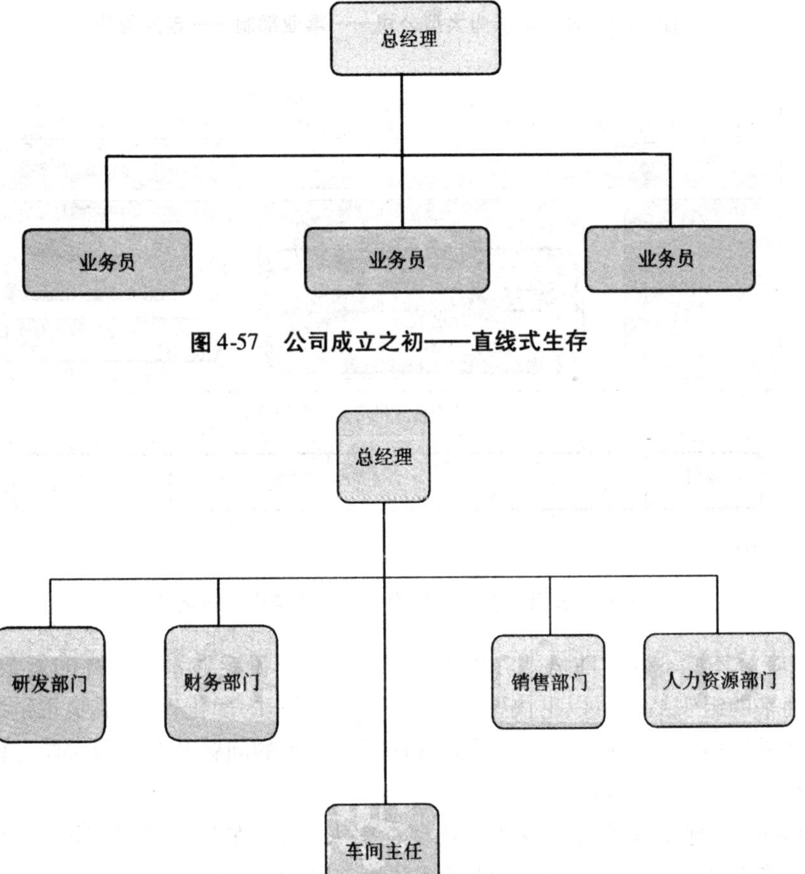

图4-57 公司成立之初——直线式生存

图4-58 公司发展中期——国内市场——直线职能制

3. 矩阵式结构的优势

公司组织结构是矩阵式架构,由战略与Marketing、研发、业务单元组织(Business Units, BUs)、市场单元组织(Market Units, MUs)、交付支撑平台和支撑性功能组织(Function Units, FUs)等组织构成,以支持公司经营管理团队运作。

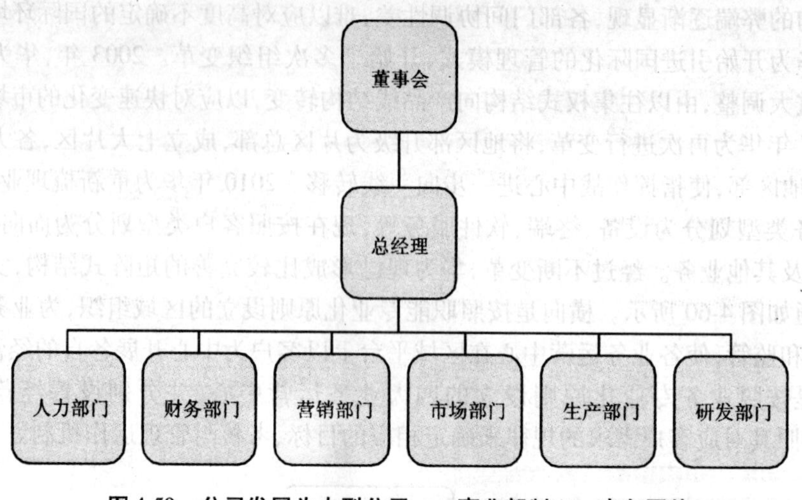

图 4-59　公司发展为大型公司——事业部制——走向国外

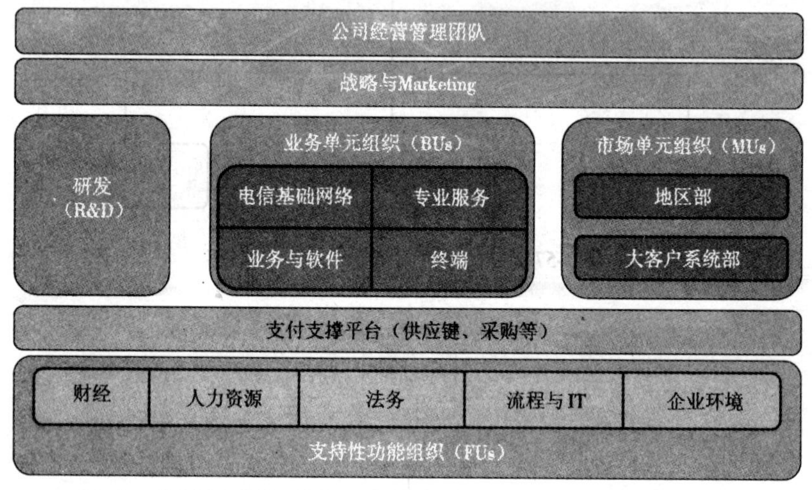

图 4-60　公司现在组织结构——矩阵结构——全球战略

(1)从应对环境不确定性角度。华为组织环境的不确定性来自较高的复杂性、动态性、敌对性。扁平的组织结构可以更快感知到各种环境因素的变化;由于其决策链缩短,华为可以及时对外界环境的变化做出反应,对运营管理中出现的问题及时进行调整,降低环境高度不确定性给华为造成的威胁。

(2)从响应本地市场角度。各地市场存在很大差异,尤其是发展中国家和发达国家之间。由于客户对产品的需求不同,各地经济环境、政府政策上的差异,一视同仁地看待全球市场会忽视本土市场的发展机遇,错失市场机会。华为横向的区域组织正逐步向一线转移,有利于加强对当地市场的组织和管理,及时捕捉到本地市场信息,快速响应本地市场的需求。

(3)从促进产品差异化角度。华为的组织结构是面向市场设计的,根据不同的客户对业务部门进行了细分,具有强烈的市场导向意识。四大业务运营中心针对不同的细分市场,可以根据不同客户的需求研发新的产品,推进产品多元化发展。而且矩阵式结构具有良好的前瞻性和扩展性，当华为进入新的产品或者竞争领域时，可以根据需要增加新的利润中心。

5.3.4 战略导向下的组织结构调整

对于处于任何发展阶段的任何企业来说，总是存在战略的前导性、动态性与组织结构的潜后性、静态性之间的矛盾。对于华为也是如此，因此企业需要根据战略的变化及时调整组织结构，以促进企业持续有效发展。

华为的组织并不是一成不变的，从公司成立到2010年，华为的组织结构从集权化结构到了现在的矩阵式结构，充分反映了华为在战略发展中对组织结构的适时调整。同时最新一次的调整是在2011年1月15日上午，华为投资控股有限公司在华为深圳总部召开了股东大会，会议选举产生了华为投资控股有限公司第四届董事会、监事会。董事会成员与之前一届一方面是成员大幅增加，另一方面是人员组成也有较大差异。

这样的变革在一定程度上反映了华为的战略定位。有关人士表示，在相当长的一段时间里，华为公司的董事会和经营管理团队的成员是有部分重合的，这是华为在探索现代企业制度的道路上不够成熟和完善的地方，现在对董事会的改组和任命正是华为为了建立清晰而全面的公司治理架构采取的重要步骤。通过明确和强化董事会的权力，也在一定程度上减轻了华为对个人的依赖，有利于华为的分权，使得公司内部权力得到制约平衡，缓解内部管理成员间的矛盾。同时，吸取新成员进入董事会，进入管理层，也有利于华为的创新和持续发展。因为随着华为的持续成功，华为的管理者当中势必有一些人心态发生了不利于未来发展的变化：一部分趋向保守，不再寻求创新和突破，遇到问题只是互相推诿和明哲保身；还有一部分人则是自我感觉过好，认为华为什么都是最优秀的，不愿意吸收外部的优秀思想和人才，而像此次的组织变革也给一直安于现状的管理者一个警示，进一步提高了管理团队的有效性。

5.3.5 小结

作为民営企业龙头的华为，虽然就目前而言发展很好，而且市场等各方面都比较稳定。但是如果安于现状，不思进取的话，也是非常危险的。尤其是华为这样以董事会和总经理直接管辖的情况，虽然组织结构一直在变化，但还是遗留着集权制的痕迹，可能会对华为的创新型发展造成不利影响。因此，华为应该继续加大对战略管理层面的监督完善，降低组织结构的滞后性，在战略发生变化后及时调整组织结构，以达到企业内部人力资源、物质资源等的优化配置，促进企业的科学持续发展。

[**启发思考题**]

1. 以华为公司为例简述战略—流程—组织结构三者之间的相互关系。

2. 以华为公司的组织结构变革为例，来分析研究华为公司的组织结构特点，重点探讨直线式到矩阵式组织结构利与弊，揭示华为公司变革的必要性。

3. 结合自身公司组织结构现状，是否能从本案例得到什么启示？

[相关附录]

附录1 华为公司的简介

华为是全球领先的信息与通信解决方案供应商。华为围绕客户的需求持续创新，与合作伙伴开放合作,在电信网络、终端和云计算等领域构筑了端到端的解决方案优势;致力于为电信运营商、企业和消费者等提供有竞争力的综合解决方案和服务,持续提升客户体验,为客户创造最大价值。目前,华为的产品和解决方案已经应用于140多个国家,服务全球1/3的人口。

我们以丰富人们的沟通和生活为愿景,运用信息与通信领域专业经验,消除数字鸿沟,让人人享有宽带。为应对全球气候变化挑战,华为通过领先的绿色解决方案,帮助客户及其他行业降低能源消耗和二氧化碳排放,创造最佳的社会、经济和环境效益。

附录2 发展历程

2012年,持续推进全球本地化经营,加强了在欧洲的投资,重点加大了对英国的投资,在芬兰新建研发中心,并在法国和英国成立了本地董事会和咨询委员会,在3GPP LTE核心标准中贡献了全球通过提案总数的20%,发布业界首个400 G DWDM光传送系统,在IP领域发布业界容量最大的480 G线路板和全球33个国家的客户开展云计算合作,并建设了7万人规模的全球最大的桌面云推出的Ascend P1、Ascend D1四核、荣耀等中高端旗舰产品在发达国家热销。

2011年,发布GigaSite解决方案和泛在超宽带网络架构U2Net。建设了20个云计算数据中心。智能手机销售量达到2 000万部。以5.3亿美元收购华赛。

整合成立了"2012实验室"。发布HUAWEI SmartCare解决方案。在全球范围内囊括6大LTE顶级奖项。

2010年,全球部署超过80个SingleRAN商用网络,其中28个已商用发布或即将发布LTE/EPC业务。在英国成立安全认证中心。与中国工业和信息化部签署节能自愿协议。加入联合国世界宽带委员会。获英国《经济学人》杂志2010年度公司创新大奖。

2009年,无线接入市场份额跻身全球第二。成功交付全球首个LTE/EPC商用网络,获得的LTE商用合同数居全球首位。率先发布从路由器到传输系统的端到端100 G解决方案。获得IEEE标准组织2009年度杰出公司贡献奖。获英国《金融时报》颁发的"业务新锐奖",并入选美国Fast Company杂志评选的最具创新力公司前五强。

主要产品都实现资源消耗同比降低20%以上,在全球部署了3 000多个新能源供电解决方案站点。

2008年,被《商业周刊》评为全球十大最有影响力的公司。根据Informa的咨询报告,华为在移动设备市场领域排名全球第三。首次在北美大规模商用UMTS/HSPA网络,为加拿大运营商Telus和Bell建设下一代无线网络。移动宽带产品全球累计发货量超过2 000万部,根据ABI的数据,市场份额位列全球第一。全年共递交1737件PCT专利申请,据世界知识产权组织统计,在2008年专利申请公司(人)排名榜上排名第一,LTE专利数占全球10%以上。

2007年,与赛门铁克合作成立合资公司,开发存储和安全产品与解决方案。与Global Marine合作成立合资公司,提供海缆端到端网络解决方案。在2007年底成为欧洲所有顶级运营商的合作伙伴。被沃达丰授予"2007杰出表现奖",是唯一获此奖项的电信网络解决方案供应商。推出基于全IP网络的移动固定融合(FMC)解决方案战略,帮助电信运营商节省运作总成本,减少能源消耗。

2006年,以8.8亿美元的价格出售H3C公司49%的股份。与摩托罗拉合作在上海成立联合研发中心，开发 UMTS 技术。推出新的企业标志，新标志充分体现了我们聚焦客户、创新、稳健增长及和谐的精神。

2005 年，海外合同销售额首次超过国内合同销售额。与沃达丰签署《全球框架协议》，正式成为沃达丰优选通信设备供应商。成为英国电信（简称 BT）首选的 21 世纪网络供应商，为 BT21 世纪网络提供多业务网络接入（MSAN）部件和传输设备。

2004 年，与西门子合作成立合资公司，开发 TD－SCDMA 解决方案。获得荷兰运营商 Telfort 价值超过 2 500 万美元的合同，首次实现在欧洲的重大突破。

2003 年，与 3Com 合作成立合资公司，专注于企业数据网络解决方案的研究。

2002 年，海外市场销售额达 5.52 亿美元。

2001 年，以 7.5 亿美元的价格将非核心子公司 Avansys 卖给爱默生。在美国设立 4 个研发中心。加入国际电信联盟（ITU）。

2000 年，在瑞典首都斯德哥尔摩设立研发中心。海外市场销售额达 1 亿美元。

1999 年，在印度班加罗尔设立研发中心。该研发中心分别于 2001 年和 2003 年获得 CMM4 级认证、CMM5 级认证。

1997 年，推出无线 GSM 解决方案。于 1998 年将市场拓展到中国主要城市。

1995 年，销售额达 15 亿人民币，主要来自中国农村市场。

1992 年，开始研发并推出农村数字交换解决方案。

1990 年，开始自主研发面向酒店与小企业的 PBX 技术并进行商用。

1987 年，创立于深圳，成为一家生产用户交换机（PBX）的香港公司的销售代理。

附录 3　品牌承诺与品牌特质

我们持久的品牌承诺丰富人们的沟通和生活，提升工作效率。

1）我们的品牌特质以客户为中心

我们坚持以客户为先，深刻理解客户需求并积极匹配客户战略，主动承担责任，不断提升客户体验和满意度，成就客户，实现与客户的长期合作与共赢。

2）奋斗进取

我们积极进取、集体奋斗、高效执行，以批判思维持续改进和完善，富于激情地实践对客户的承诺，全力以赴致力于客户的成功。

3）创新

我们洞察和把握行业趋势，围绕客户需求持续创新，构筑起强大的技术实力，以领先的产品和服务为客户持续创造价值。

4）全球化

我们在全球范围内进行本地化的运作和经营，积极融入当地社区和文化，发展当地人才和商业合作伙伴，为当地客户提供最佳的产品与服务。

5）开放合作

我们用心聆听内外部建议，主动分享知识和观点，通过广泛合作，构建和谐的产业环境，与整个产业和利益相关人共同创造和分享价值。

6）值得信赖

我们信守对客户、合作伙伴和社会的承诺，尊重公平公正的商业行为准则，保障网络稳定安全运行，积极承担企业社会责任，赢得客户和公众的信赖。

5.4 “东风日产”企业文化重塑的策略——超越文化，融合文化

摘要：企业文化是影响管理创新的重要因素，当企业文化理念滞后于企业发展时，必须进行企业文化变革。“求木之长者，必固其根本；欲流之远者，必浚其源泉；谋事之成者，必强本厚基。”大凡志存高远者，必定熟谙此古今不易之道。本案例介绍了东风日产通过创制实施《共同行动纲领》来促进文化融合，这在中外合资企业中尚属首创，它为企业并购重组与合资合作中的文化融合提供了一个典型范例，是一个“超越文化，融合文化、创新文化”的过程，只有建立了和谐统一的企业文化，才能在思想上和行动上凝聚双方力量，说明了企业文化对企业战略的影响。

关键词：东风日产，企业文化，组织环境，组织战略，组织结构

5.4.0 引言

一个曾经并不被看好的企业，如今已经成为集团的栋梁。

在中国车市，在某种程度上看东风日产是个异类，它的成功似乎也是个异数。与多数日系乃至欧美系的合资公司都不一样的是，东风日产的文化表现出包容和开放的特征。

东风日产为什么会取得成功？这是一个见仁见智的问题。有人将其归结为中日双方的齐心，有人将其归结为任勇的个人能力，有人认为是超强的学习能力和营销创新能力使其获得成功。也许还不止这些原因，一个企业的成功在偶然性背后也会有必然的因素。

在市场竞争中，只有胜利者，或者失败者。或许是对这种企业生存法则的理解，东风日产的文化里没有妥协和逃避，只有前进和创新。而在经过2005年的低谷和2008年的成功之后，东风日产已经看淡一时的得失，眼光也放到更为长远的时间段和更为广袤的全球市场版图。

2003年成立的东风日产在不经意之间已经走过了十年。十年以来，东风日产发生了无法想象的变化：累计产销量突破450万辆；年产值从80亿元上升到近千亿元；行业排名前五位……这些枯燥的数字后面，还有企业更深刻的内部变化。

在东风有限公司副总裁兼东风日产副总经理任勇看来，东风日产早已不是那个偏安于华南一隅的风神汽车，他的眼光已经投向全球：“十年来，东风日产已经成为一个根植本土的国际化公司，未来是要走向全球，要为汽车业做出自己的贡献，这个就是后十年的目标。”扎根本土的全球化企业，这是任勇对于东风日产的目标定位。如果有一天东风日产真的做到了国际化，在开发车型、生产制造、市场营销、品牌管理方面，就会成为世界标杆，不仅输出商品，更可以输出技术、品牌和管理理念。

东风日产为什么成功？一言以蔽之，独到的企业文化使然。

5.4.1 东风日产发展战略纲领——《东风日产行动纲领》

1.《东风日产行动纲领》创制之前的问题

《东风日产行动纲领》创制之前，为了找出现实存在的文化问题，东风日产组织了专门班子，并与华夏基石咨询团队合作，采用问卷和访谈的方式进行调查，共搜集到210个具体问题，而后筛选归纳出以下几个方面。

1）缺乏共同目标追求和价值立场

合资企业生存和发展的一个基本前提条件是，双方要有共同的目标追求及达成共识的处理内外矛盾关系的基本价值立场。应该说，东风日产在成立之初，双方具有共同目标界定和共同利益追求，如合资经营合同上就明确规定，“合资公司的目的是以先进的技术和管理

方法开发、生产、销售高质量、全系列的商用车和乘用车,满足各种消费需求,并对股东投资回报,成为具有全球竞争力的汽车制造商”。这些理念是被双方所认可的,但在实际运行中,各自价值立场与目标追求产生差异,如东风试图通过合资,了解和掌握日产生产技术优势;日产则试图通过合资尽快切入中国市场。结果,在双方管理权限分配上,本来东风在市场营销上有优势,却让东风一方的总经理去管生产;日产在研发、生产上有优势,却让日产一方的总经理去管营销。另外,东风比较关注国产化问题,而日产注重的是单车收益及短期利润率增长。更重要的是,东风日产没有确定共同的使命和愿景,因此双方员工都缺乏对企业的归属感,都缺乏相互的认同感,基本上还是站在“各自利益”的立场上思考问题。

2)未能形成双方文化的优势互补

文化差异是合资企业所面临的一个客观现实,关键在于合资双方能否正视差异、理解差异、尊重差异并超越差异,在求同存异基础上实现优势互补。文化融合往往以强势企业的文化为主导,但东风和日产都有自己独具特色的强势文化,因此融合的难度就更大。

先看东风。东风旗下的风神汽车,曾创造出三年实现跳跃式发展的奇迹,资产从1.3亿元发展到70亿元,累计利润超过40亿元。风神汽车的文化特性及成功经验包括:高度认同的企业理念——对事业成功的梦想、对“不甘平庸、追求卓越”的呼唤,激发了员工的创业激情;对“人·车·生活”的成功演绎获得了市场与客户的认可;“共创价值,共谋福祉”拉近了企业与员工的距离,构建了牢固的心理契约,形成了有机的命运共同体。正确清晰的发展战略——瞄准细分市场,整合社会资源,迅速形成了产销一体的盈利能力,奠定了行业优势地位。精简高效的运作体系——强调顾客、竞争和变化,强调决策的高效性和组织的执行力,运用清晰的责任体系实现目标的有效传递。持续坚定的创新精神——以敏锐的嗅觉把握机会、控制风险,在企业管理机制、制度、流程、技术方面勇于创新、善于创新,以创新获取超额的机会、超额的发展、超额的价值。

再看日产。1999年,日产与雷诺结成战略联盟,成为世界第四大汽车制造商。2003年,雷诺日产实现全球产量300万台,营业利润率达11.1%以上。日产的成功经验主要包括:战略视野与目标牵引——以具有深度和广度的战略视野观察环境,思考问题,做出决策;把企业战略以目标计划形式确定下来,以坚定执著的态度推进每一目标的实现。倡导跨部门与跨文化管理——以跨职能团队(CFT)方式打破部门壁垒,推动跨部门合作;在跨文化团队管理中,时刻把对方看作伙伴,牢记相互尊重原则。充分发挥技术优势——日产先进的生产方式与制造技术确立了质量、成本、交货期上的领先优势,在研发系统方面的经验与能力确保其可向客户提供宽广的产品线和丰富的产品类型。关注盈利——提升成本控制水平,注重产品盈利能力,使日产在业务规模发展的同时利润率稳步上升,得以在竞争中保持持续发展动力。

毫无疑问,东风和日产的文化融合从一开始就面临着两种强势文化的冲撞。调查发现,合资双方对对方的成功模式和文化差异都没有充分地理解和尊重。公司成立时,主要推进日产的管理模式,而未能将强调严密计划和执行力的日产文化同强调快速、灵活、创新的东风文化很好地融合起来,从而导致了管理效果不佳。比如,按照日产管理模式,全年营销计划一经制定,营销部门就必须严格执行,一旦需要修改计划,就必须经过一个比较耗时的决策程序,这就很难适应复杂多变的中国市场。

3)员工沟通不畅,未能实现信息与知识共享

沟通是文化融合的生命线。调查中发现,中日员工的思想观念和行为方式存在很多差别,比如,日方计划性很强,决策很讲究程序;中方强调速度,决策方式灵活。日方层级观念较强,一级管一级;中方更注重管理艺术,多给下级以指导。日方有意见喜欢在会上说,中方有意见愿意单独交谈。由于语言上的障碍,中日员工交往较少。所有这些,都反映了双方沟通不够顺畅,直接影响了文化融合,更难形成跨团队、跨职能的协同与合作。

4)尚未建立起基于客户价值导向的组织和流程

调查发现,东风日产在组织和流程管理上采用了日产的模式,组织机构庞杂,层级较多,指挥系统链条较长。中日双方50比50的股权结构,又使得双方决策权、管理权与话语权均等,中方主管的部门与日方主管的部门各自为政。岗位责任不清晰,没有相应的责任权利手册,缺乏分权和授权,缺乏配套的考评和问责制度,激励机制普遍匮乏。工作流程不是基于客户价值导向,而是基于双方的控制和权力,有的流程缺失,有的流程冗长,研产销之间难以协同配合,导致企业整体运行速度缓慢。

5)领导体制机制有待完善

调查中发现,东风日产在领导力建设方面存在以下问题:一是从总经理到各部门都是“双长官”模式,经营团队没有形成一个整体,一些管理者思考问题的出发点不是东风日产利益最大化,而是各自母公司的利益最大化;二是高层经营团队间缺乏健全畅通的沟通机制,领导干部的培养缺乏组织系统的支持;三是东风日产没有得到双方母公司的充分授权,这也在一定程度上影响了决策效率和市场反应速度。

2.《东风日产行动纲领》思路与举措

市场的不景气加上决策的失误,销量下滑,品牌影响力也受到影响,当时企业内部士气低落,人心浮动。怎么办?必须改变。首先就是企业内部文化,核心就是中日双方的博弈机制。如何才能快速有效地运营企业,产生良好的市场效果,这个就是行动纲领制定的核心基准。在研发、采购、生产、销售、市场等各个环节都由中外分治的管理已经无法适应当时的形势,这种“排座位吃果果”的职位平分机制在其他合资企业已经遇到很大的问题。

不仅仅在公司架构和决策机制方面,中日双方由于文化差异在相处过程中也摩擦不断,包括烧断保险丝的解决机制之类的小问题双方也各执一端,互不买账。对于中外双方的主要矛盾,东风日产自己总结了一下,中方对日方的意见包括:管理流程长,决策效率偏低,对中国市场理解不深,灵活性差,而机遇不等人等。日方对中方的抱怨集中在、学习意识不够,做提案时数据和事实的支持不够等。

受到市场冷遇的东风日产的中日双方终于坐到一起,认真检讨双方的问题,研判解决的办法。在数月的头脑风暴和相互扯皮之后,整个经营团队都认识到:合资企业成功只能依靠共同的价值观,所谓同心同德,风雨同舟。中国人和日本人都意识到自己已经坐在了“东风日产”这条船上,而不是东风汽车或者日产汽车。

为了解决由于企业文化价值观冲突所导致的中日双方员工站在各自母公司立场思考的问题,统一合资双方的目标追求和价值立场,规范企业全体员工的行为,2005年11月,东风日产“宪法”——《东风日产行动纲领》颁布。这个纲领是东风日产的文化宣言,甚至接触到了SOUL的层面。这给东风日产注入了强大的竞争力和推动力。至此,中外双方在经营的各个环节的沟通变得非常通畅,决策速度和市场反馈都较之前大为迅猛。之后,东风日产便

形成了一个团队、一个信念、一种声音,不和谐的杂音少有出现。

1)创制纲领,确立共同使命、愿景和核心价值观

基本纲领或企业法典是企业管理理念体系和企业文化的综合体,它能够统一合资企业的文化理念,使得相关表述更加准确和精练,并深入人心;基本纲领是对未来战略目标、策略目标的整体规划;是企业治理结构、经营管理等关键问题的系统、全面、切合实际的阐述;是企业提升组织内部传播效率的有效途径。基本纲领能够统一合资双方的工作原则、操作思路和工作方法,将企业的理念、文化和行为准则传递给员工。

东风与日产都是文化背景很深的企业,都拥有优秀的企业文化,包括核心价值观,成功的经营管理方法。《东风日产行动纲领》的创制过程是一个"正视问题—研讨问题—达成共识—记录共识"的过程,是对企业文化理念进行系统整合的过程。

《东风日产行动纲领》不仅统一企业的价值观和企业愿景,还确定了价值链环节系统的做事原则,从合资企业普遍存在的文化背景、思维方式、工作习惯和方法的差异入手,着力融合双方企业文化。纲领明确规定在企业经营管理中引入日产的跨职能团队建设和精益生产模式、品牌理念、日产销售服务方式;保留东风汽车公司的党委和工会组织,供应链管理方法;学习风神汽车"创新、灵活"的营销管理流程等。《东风日产行动纲领》使新员工更全面地了解东风日产的企业价值观,使中日双方员工站在同一立场,形成统一的做事原则和行为规范。同时,行动纲领作为公司制定规章制度及管理流程的基准,在经营战略、商品规划、研发、采购、生产制造、营销、组织政策、人力资源管理、管理控制等各方面规定了相应的目标、原则和行动策略,建立了解决问题的方法论,为合资企业如何和谐发展提供了一个新思路,成为合资企业跨文化管理的一个典范。

2)变革组织结构,调整权力分配

组织结构是企业资源和权利分配的载体,企业内外一切的信息传递和业务流动都要遵循组织的基本架构,因此,组织结构处于企业的基础地位和关键地位。东风日产认识到要变革企业文化首先就要改变组织结构,使其顺应内外环境的变化。

合资初期,企业组织部门庞杂不协调和错误的人事任命,降低了企业对外部环境的敏感性以及组织本身的运转速度,引发了营销决策失误,导致销量下降。

为了提高组织内部信息传递的效率,改善合资初期机构设置庞杂、过分细化所造成的组织效率低下、逃避管理和多层管理的问题,2005年,东风日产从职能划分上把原来国企的"权力"部门和"管理部门"向"专业"部门和"服务"部门转变。东风日产通过常态化的"跨职能团队"(Cross Function Team)组织方式,打破部门壁垒,打破大公司组织僵化倾向,使组织结构层保持良性的动态平衡。跨职能的组织方式增进了部门之间的沟通和交流,

提高了组织内部信息交流的速度。跨职能团队管理模式是日产在全球最成功的管理模式。跨职能团队是指由来自不同职能部门的人员、为了完成共同的使命和目标而集合在一起的临时团队组织,是一种超越传统组织界限的、以工作为导向的综合管理组织。跨职能部门的组建契合了跨文化工作组有效传播理论"整合资源,提高传播效率"的理念。据了解,跨职能团队成员的专业知识、经验、技能要具有互补性,跨职能团队中,负责人、协调人、团队成员各自具有相应的职责和权限。通过跨职能团队的有效协作,团队管理者在兼顾成员原所在部门工作任务的基础上,最大限度地发挥成员的贡献,确保团队目标的实现,提高了跨部门工作的效率。

除此之外,中日双方调整了权力分配,调整熟悉市场的中方总经理主管市场,日方总经理转而负责生产与研发,充分发挥了各方优势。部门人事安排也从过渡时期的双长制衡向一长负责制转变,部门副手的职责由监督、制衡向参谋、辅助过渡。通过组织结构的变革和权利分配、人事调整,东风日产构建了精简高效的组织架构,降低人力资源成本,使各部门之间能够有效地进行信息的联动,能够快速适应环境,进行分权决策,缩短决策流程,最大限度地提高企业运转速度。

3)建立开放的双向沟通渠道

文化是沟通的基础,文化差异越大,沟通的障碍就越大。实际上,企业全部的管理活动都可以归结为人与人之间的相互沟通与信息交换,合资企业中,不同文化背景的员工需要相互理解才能进行有效沟通,才能使双方在工作中更好地共事。因此,合资企业必须采取有效措施来促进员工之间的相互了解和沟通。

东风汽车是有着40多年历史的大型国有企业,"党组织"在企业的改革和发展中起到了非常关键的作用。东风日产融合了东风汽车"集体主义、奉献精神"的党群文化,将党建工作的"两公开、两纳入"写入合资公司备忘录中,即"党组织机构公开设立,党的活动公开进行;经费纳入预算,人员纳入编制",为党组织在合资企业正常开展工作奠定了基础,使得党建工作在合资企业不仅没有削减,反而得到了加强,这为合资公司党建的开展提供了一个可以借鉴和推广的模板。保留党群工作有利于加强员工之间的团结,充分发挥合资企业的政治核心和中方团队的领导核心作用,并通过把先进管理理念、工具和方法融入民主生活会规程之中,加强了中方员工的向心力和凝聚力。

为了缓解合资双方的跨文化沟通方面的冲突,促进中日员工之间进行高质、高效的跨文化交流,东风日产通过建立开放的"双向沟通渠道"增进了中日双方员工的跨文化交流和沟通,使企业内部形成有效的信息共享。

首先,东风日产开设"高管论坛"。高管论坛是企业上下员工共同参与,发现问题,中日双方高管探讨问题和解决问题的过程。高管论坛过程一般分为三步,第一步,通过全员参与的群众运动发现问题,在这个过程中,公司上下开展全员问卷调查,收集来自一线的声音,对收集到的问题进行蹄选、归类与汇总,形成调查结果分析,在高层研讨会上报告。第二步,通过全体高管的积极参与探讨问题,在这一过程中,组织召开中日高层(部长及以上领导)专项主题讨论会,结合当前形势、公司现状、调查报告等内容开展头脑风暴,讨论解决问题的方法,谋求达成共识,确定下一步工作方向和行动方案。第三步,通过公司核心层强力推动解决问题,在各部门、各组织实施改善,最后做到信息的资源共享。

高管论坛的设立使得中方员工有了更多的话语权,打破了以往组织内部自上而下的单向沟通方式,使员工自发地参与到发现问题的过程中,有效传发出自己的声音。使高层更快地了解一线和基层的工作问题,高管论坛使中日双方高层围绕具体问题,展开激烈的讨论,在讨论的过程中增进了双方的了解,促进了工作信息的有效沟通。

其次,东风日产开设"高管讲堂"。中日双方高管担纲讲师,大到企业战略,小到日常沟通方式,旨在向全体员工传达企业的精神,了解企业的发展,使中日双方互相学习,共同进步。通过开设高管论坛和高管讲堂促进了员工与管理者的沟通和交流,加深了中外高层之间的相互了解和信任。可以说,高管论坛和高管讲堂是管理改善的推进器,是企业内部学习和交流的重要渠道。

最后，为了更好地贴近和了解员工，公司每年还会定期举办中日方高层与员工代表见面交流会、形势报告会、中日文化交流晚会和大型年度新春晚会等。通过这些非正式的沟通增进了中日双方员工的了解，培养了同事之间的感情，促进了中日文化的交流。并且丰富多彩的文娱活动也成为东风日产企业文化的一部分，向企业内外传达出东风日产“积极向上、团结共进”的文化氛围。另外，东风日产设立了中日高层之间的定期高层沟通、通气会议制度，还建立了紧急事件链商机制等。

4）建立有效的人才引进、培养机制

人力资源开发是企业文化的重要组成部分，而企业文化又为人力资源开发创造了良好的开发环境。企业文化引导员工的思想和行为，同时，企业文化也需要人才的传承和发扬。企业文化和人力资源管理齐头并进，东风日产只有建立了良好的人才引进和培养机制才能引进和培养认同企业文化的员工，加深老员工的满意度和归属感，使新老员工为企业发展贡献力量。

针对合资初期，文化冲突造成的员工归属感下降和满意度下降等问题，东风日产开展了针对不同员工的培养计划。传承了风神汽车公司建立“学习型组织”的人力资源开发理念，通过培训营造“学习型组织”氛围。公司认为，培训也是福利，通过有效的培训，有助于提高员工的素质和专业技能，帮助员工更好地投入工作，引导他们进行职业规划，从而加强员工的使命感和归属感，增强企业竞争力。

在培训方式上，东风日产建立 E-learning 培训体系，通过现代化信息技术打造具有全新沟通机制和丰富资源的学习环境，创新学习方式。弥补了传统培训对时间和地点的限制，加快了学习内容的更新，提高了学习信息传递的共享速度。在培训内容上，东风日产根据员工不同的岗位特点，开展包括企业文化、专业技术和管理经验等全面综合的培训。针对高级管理人才，2011 年，东风日产启动了“海豚 PRA 育才计划”，以期培养“高技能、高水准、高艺术”的关键人才，着力打造一支由技术领军人才、高技能现场改善人才和富有领导力人才组成的关键人才团队。针对技能员，东风日产开展技能员培训体系，通过专家讲解、实际操作使他们了解和学习与产品研发、生产、装配、维修等相关的国内外先进的知识。针对应届生，东风日产制订了应届生绿色成长计划。该计划包括学习和培训、薪酬和福利，职场发展等方面。此外，针对人才流失问题，一方面，东风日产采取本地化招聘原则，开展校园和社会招聘。2011 年为了快速高效地完成 77.2 万辆的年度销售目标和 80 万辆的挑战目标，东风日产开通了社会招聘和校园招聘两个渠道吸纳人才 700 人，为新的事业计划的持续稳定的发展注入动力。东风日产本着“招到人、用好人、留住人”的方针，不断完善招聘流程和标准，以多种创新方式，针对社会招聘和校园招聘的不同特点，完善员工培养计划。

另一方面，东风日产完善薪酬和福利体系建设，为员工提供发挥才干，快乐成长的舞台，帮助他们实现人生价值。东风日产提倡“做事文化”和“快乐文化”。同时，日产公司也加强了对华派驻员的选派要求，不仅需要根据资历、技术、经验，还需要具有一定的跨文化交流和管理能力。东风日产对中日方的高管和员工一视同仁，设置培训学时这一 KPI，直接影响所有员工的绩效考核。

通过以上的人才引入和培养策略的实施，增强了员工的归属感和满意度，降低了人才流失率并为中期事业的发展引入了新的血液和动力。东风日产成功地将这不同行业、不同文化背景的人员稳定下来，保证了关键员工年离职率低于 1%。东风日产高效的人才战略凝聚了优秀的技能人才，培养了专业的技术和服务人员，为企业搭建了通畅的人才引入机制，提高了员工的满意度和工作士气，为企业完成事业计划奠定了强劲的动力和激情。

5.4.2 《东风日产行动纲领》现实意义

1. 东风日产发展顺风顺水

东风日产总经理松元史明曾经说过："每一位日方员工加入东风日产的第一天，我都会告诉他，这里没有东风、没有日产，只有东风日产。在合资公司容易发生国籍之间的壁垒，但在东风日产没有这样的问题。"《东风日产行动纲领》公布执行之后的数年，东风日产的发展可谓顺风顺水。

正是因为中外双方在摩擦之后形成了统一的共识，企业才避免了无谓的内耗，取得了更快的效率和市场反馈速度直至正确的决策；营销的创新乃至产品研发、制造、水平事业开拓等方面让企业拥有了强大的执行力和竞争力，形成了卓越的体系竞争力和全价值链；而对于植根本土的全球化企业的重新定位，也让企业的视野不仅局限于本土市场的代工厂，而把眼光放到更为高远的发展战略领域。

2005 年之后，东风日产在销售和市场板块的变化最为明显，创新不断。究其原因，不拘一格的人才延揽机制是最为重要的。

水平事业部部长陈玮、市场部部长郑爱国、营销总监葆旭东、市场销售总部副总部长杨嵩、数字营销部部长郭伟，这些职业经理人来自日化、家电、IT、房产等行业，属于"三无"人员，即：第一无日产背景，第二无商务背景，第三无汽车背景。从这几年的情况来看，这些"三无"人员不但迅速适应了东风日产的企业文化，而且思维开放，把其他行业的成熟经验运用到汽车行业。像杨嵩，这位来自宝洁中国的营销牛人，在市场部时编撰了新天籁的《营销圣经》；在销售部部长任上，就在南极考察的那十几天，他还研制出一个叫作"扫描仪"的管理软件，公司内部可以利用这个工具来分析车型销售数据、区域特点、专营店状况等信息。这种能力不仅与个人的教育背景和从业经历有关，也和杨嵩极强的学习能力有关。应该说，学习能力是东风日产管理层最基本的素养。

2006 年，东风日产在中央电视台生活频道《绝对挑战》栏目启动大型系列节目《绝对挑战——巅峰营销》，招聘一名年薪高达百万元的营销总监。全国 5 000 多名白领积极报名参与，迎接他们职业生涯中的一次空前激烈的"绝对挑战"，一时间，全国营销人才"孔雀东南飞"，花都成了当时不少职业经理人梦寐以求的职业归属。这次百万营销的活动，不仅延揽到了若干人才，更向世人展示了东风日产任人唯贤、求贤若渴的企业文化，产生了长远的影响，不失为一次成功的企业营销案例。

人才的不断引入让东风日产日渐发生了内生性的变化，形成了覆盖全产业链的体系竞争力。可以说，东风日产一直以创新的战略布局和极具洞察力的营销方式引领行业潮流。不仅仅是销售，通过超过 1 400 家遍布全国的服务网络，东风日产在汽车金融、保险、租赁、二手车服务等方面都收获不小。以水平事业部为例，据最新资料显示，东风日产水平事业部的金融渗透率已经超过 15%。在保险方面，东风日产"保险管家"的新车参保率达 70%，续保率接近 60%；而二手车方面，其置换率也达到 9.2%。在汽车租赁方面，截至 2013 年 5 月，"易租车"在全国 60 座城市里，已经拥有 127 个网点可以提供东风日产原厂汽车租赁的服务。

2. 东风日产全球化战略的发展——从衍生品牌启辰开始

十年里，东风日产的企业规模不断壮大，集乘用车研发、采购、制造、销售、服务于一体，成为国内为数不多的具备全价值链强大体系力的汽车生产企业。日产品牌已经做得足够强大，接下来，东风日产开始考虑自由品牌以及资源的输出、海外市场的建构。

也许，启辰的初衷只是弥补日产品牌留下来的空间，帮助东风日产抢占三四五线市场。但这只是第一步，今后启辰及其他衍生品牌的目标，应该不仅局限于中国市场。

本地化研发能力的培育只是启辰的第一步，接下来，它将成为东风日产全球化技术的一次练兵。任勇表示："启辰对体系力是一个很大的挑战。无论是市场企划还是研发，启辰的诞生使得东风日产不再只是大研发的一个部分而是本身就是完整的价值链。第一、第二款车可能为了市场，原创性不够，但启辰未来后续车型肯定不是这样。所有这些，对东风日产乃至中国的价值链都将是一个非常大的提升。"

而中村公泰则表示："东风日产很期待在不久的将来，在中国研发生产的产品能够卖到全世界。"假若东风日产真的将旗下产品卖到全球各地，那么，它将在开发车型、生产制造、市场营销、品牌管理等方面成为世界汽车的新标杆。

5.4.3 "东风日产"企业文化塑造与战略

作为一家内生性成长驱动的企业，东风日产认为，要让自己的产品更有价值，就必须勇于承担社会责任，从战略的高度定义品牌的内涵和价值，把参与公益事业变成自己的内生性企业文化行为，回报社会，赢得尊重。

那么，东风日产如何言行如一地释放正能量，赢得社会尊重？

1. 绿色产业链——人、车、环境的和谐统一

任何一家企业，如果没有相应的战略规划，其经营行为势必呈现很大的随意性，其轨迹为蛙跳式的，散乱而不规则。如果企业一开始就有着清晰的战略规划，其经营轨迹则是一条上行的曲线，连贯而完整。

从2003年6月成立，到2005年8月全系列产品通过国家环境标志产品认证，东风日产仅仅用了两年时间。正是基于清晰的战略规划，东风日产从成立之日起，就将"人、车、环境的和谐统一"作为自己战略的有机组成部分，融化为自己的内生性企业文化行为，进行全价值链环境管理。因此，东风日产频繁进驻《中国环境标志产品政府采购清单》。

事实上，仅从组织架构上，就可以看出东风日产全价值链环境管理是如何运作的：成立以中日高层为领导，技术中心、生产制造、工厂管理部门、采购、营销系统及一般管理等部门领导组成的NECG事务局、"清洁生产领导小组"和"循环经济试点工作领导小组"等多层次、多主题的环境保护工作机构，从产品规划、研发、采购、生产、销售、服务等全价值链的角度制定环境战略和实施环保措施，将环保成绩作为对各个部门KPI考核体系中的重点指标。

在产业链上游，对于零部件和材料选择，2003年东风日产在成立之初就与国家相关部门合作，推动相关法律规范及标准的制定与实施。东风日产要求所有的零部件供应商，除了满足制造技术标准要求，还必须以环保标准进行约束，确保零部件进入生产环节之前、之中、之后都符合环保要求。任何零部件和材料都严格遵守日产NES标准及国家标准(GB)，不满足其中任何一种标准，绝不允许进入东风日产的大门。对于环境负荷物质，比如铅Pb、汞Hg、镉Cd、六价铬Cr^{6+}等四类重金属，石棉以及PBDE和OBDE两类可致癌的溴素阻燃剂，东风日产采取严格限制使用和逐步淘汰或禁止使用措施。

在产品技术研发方面,东风日产坚持绿色环保理念,引入日产和雷诺共同开发新一代发动机,并搭配CVT无极变速箱,与传统自动变速器相比,降低油耗15%左右。这不仅意味着更高的燃油经济性,也意味着更干净的尾气排放。与此相对应的是,东风日产的车载诊断系统(OBD)可以实时监控汽车尾气排放。而东风日产推出的国内第一个环境测试舱,多项标准优于国家标准。

在生产环节,东风日产坚持"清洁生产、过程控制"理念,采用先进的工艺、设备和材料,提高生产技术水平和环境保护控制能力,采取措施节约能源,减少污染物排放,提高原材料回收利用率及汽车燃油效率,将资源、能源利用最优化、污染物排放最少化、经济效益最大化。比如,东风日产污水处理站处理的废水达到《水污染物排放限值》一级标准,国际先进的高速旋杯静电喷漆工艺的采用,也使废气净化率达到99%以上。

在售后服务环节,2006年东风日产引入日产全球标准的绿色专营店(Green Shop)项目,营造了一个环境友好型的销售服务网络,是中国汽车行业第一个将绿色环保措施引进销售网络的企业。

针对电动汽车的发展趋势,2009年东风日产制定电动汽车发展战略,启动"绿色城市计划",从全价值链角度实施环保战略,开发、生产"环境友好型"产品。与中央及地方政府合作,东风日产开展了一系列电动汽车试乘试驾、技术说明、校园体验等新能源启蒙活动,并在一些试点城市投放纯电动汽车进行示范运营,积累EV批量投放应用经验,探索未来整个产业链多方共赢、可持续推广的商务模式。

2. 共谋福祉——共创价值的可持续成长

正如宝洁前董事长兼首席执行官约翰·斯梅尔所说:"一个公司,能在行业中生存下来并且盈利,是远远不够的。我们认为,公司有责任利用自己的资源,包括财力、人力和精力来回报社会。这不仅仅是为了社会的长远利益,也是为了公司的长远利益。"

对于东风日产而言,虽说履行社会责任可以让企业赢得更高的公信力和知名度,然而最重要的是企业发展与社会责任相辅相成,形成良性循环,将履行社会责任与企业战略、企业文化、企业价值观和企业经营制度有机融合,最终使履行社会责任成为自己的内生性经营行为,对内形成凝聚力,对外发挥影响力。

因此,从成立之初,东风日产就确定了"共创价值、共谋福祉"的企业使命,以此作为企业发展战略的指导原则。

针对全球变暖和汽车尾气等环境问题,2006年东风日产启动"天籁绿洲"计划,以森林公园、城市绿地、生态防护林、自然保护区等为养护和建设对象,至今已在北京、上海、广州、武汉、重庆、内蒙古、贵州等地种植、认养绿地超过5 000亩。

2009年7月9日,东风日产在广州发布《东风日产企业公民战略报告》,指出东风日产不是一个单纯的利益主体或盈利机器,而是一个与顾客、环境、员工、合作伙伴、股东、社会(社区)6个利益相关方形成的利益共享、权力和责任对等的经营机构。相对于很早就进入中国市场的众多合资汽车企业,东风日产是一个后来者,但却是中国合资汽车企业中第一个系统发布企业公民战略的企业。

企业的日常运营涉及广泛的利益相关方,在履行企业社会责任时,企业如果主动发挥作用,将利益相关方聚集到一个企业社会责任平台上,不仅可以将公益活动的效果最大化,还可以从更高的层面将公益理念传播出去,影响更多的利益相关方参与。

2006年东风日产发起"纯正精品·爱心联盟"活动,东风日产组织自己的专营店、供应商和用户,参与到这项长期扶贫助学项目中,回报社会。据初步统计,仅参与该项目的东风日产车主就超过了100万人。

2008年6月,东风日产设立"阳光关爱基金",是国内汽车行业第一个设立专业基金履行企业公民责任的合资企业。依托"阳光关爱基金"平台,从教育扶贫到慈善捐助,从志愿者服务到项目资助,东风日产加大了资金投入和执行力度,持续开展助贫、助困、助学等一系列活动。

2011年8月,东风日产在中国汽车行业首次倡导"汽车公民"理念,并由此形成了一部从信念追求到行为规范的公约——《东风日产汽车公民员工公约》。截至2011年年底,共有320多万人加入"汽车公民"行列,而从网络上获取"汽车公民"理念和实践信息的网民更是超过了2.2亿人次。

正如世界营销大师菲利普·科特勒所指出的,"企业社会责任应该支持企业目标",寻找能为企业和社会创造共享价值的机会。

东风日产开展社会环保公益活动,非常注重针对汽车行业的特点和自己的品牌调性,进行高契合度的项目设计及资源配置,使利益相关方真正受益。例如,从2008年开始,东风日产先后投入资金1亿多元,与广东、天津、浙江等地的近50所职业院校、技工院校开展校企合作,培养汽车人才1万多人。东风日产对以往校企联合办学进行总结与提升,2012年6月18日,在国家人力资源和社会保障部的支持下,与20所职业、技工院校签订校企联合办学协议书,在一个新的起点上,启动"阳光职业·金色未来"校企联合办学项目。

《中国汽车人才发展战略研究》报告指出,2015年中国汽车行业需求技术人才为500万人,2020年需求技术人才为776万人。东风日产开展校企合作项目,不仅弥补了自己对汽车人才需求的缺口,也为中国汽车行业培养了新生力量,促进中国汽车行业可持续发展。

东风日产十年如一日的环保实践,以其前瞻的环保战略、高效的环保机制、持续的环保实践、丰硕的环保成果,得到了政府和社会各界认可和赞誉,先后荣获"广东省清洁生产企业""国家环境友好企业""生态英雄""中国环境标志优秀企业""中国低碳典范企业"等20多项环保荣誉。

如果一家企业只关注利润,它将成为一个营销驱动的企业。如果一家企业把履行社会责任作为自己的内生性行为,"共创价值、共谋福祉",那么它势必是一个价值驱动的企业,以内生性的方式成长,赢得尊重。

5.4.4 小结

数据显示,2008—2011年,东风日产销量分别同比增长30%、48%、27.4%和22.3%,2011年销量已达80.9万辆,名列合资车企第四位。尤其值得一提的是,东风日产完成第一个100万辆用了5年零3个月;完成第二个100万辆用了24个月;完成第三个100万辆用了13个月;完成第四个100万辆,东风日产仅用了12个月。

2009—2010年,有关执掌东风日产8年的任勇即将被调离的新闻频频传出。然而,在2010年,任勇却在北京发布了东风日产自主品牌"启辰"。据称,东风日产对"启辰"的期望是,到2015年,实现年销售30万辆,而整个东风日产的销售目标达到130万辆。根据东风集团的"乾"D300计划,东风汽车有限公司旗下商用车将贡献100万辆的业绩,以实现日产品牌在华10%的市场占有率,跻身于大众、通用把持的第一阵营之列。

除此之外，在渠道布局上，到2013年年底，启辰4S店将从现在的120家增加至150家左右，同时还将通过"1家4S店多家2级网点"的配合，实现对市场的全面覆盖，至2013年10月份将实现千家网点的构建。

目前，东风日产已经在广州、襄阳、郑州、大连四地设厂，拥有日产和启辰两个品牌。未来，高端品牌英菲尼迪将会在东风日产生产，并且随着东风雷诺项目推进，也将会与东风日产互动。2013年，尽管有说法称东风日产将会再战百万辆，但东风日产方面却不愿提及销量目标，只是表示将以品牌和客户满意度提升为重点。目前东风日产的目标依旧是2015年130万辆，意味着每年提升10%，这对东风日产并不是很有挑战性的目标，东风日产的目标不仅是规模，还有品质和商品力的提升。

"一个只会卖车的企业，从来不是我们的奋斗目标。东风日产希望成为的，是一个始终为客户和社会创造价值的企业。"任勇说，"东风日产成功经验证明，只有战略与文化相匹配，公司战略才能取得成功。"

[**启发思考题**]

1. 虚是企业文化，实是行为准则，"东风日产基本法"在管理上最大的创新是什么？

2. 对于合资企业，经营文化的融合是企业文化建设的关键，简述东风日产在面临文化冲突时采取怎样的应对措施。

3. 结合案例根据自身实际情况分析公司的企业文化如何与发展战略相结合，促进企业的发展。

[相关附录]

附录1　东风日产企业文化

一、愿景："人·车·生活"。

涵义：以最有价值的汽车产品和服务为顾客提供丰富的人性化的移动生活体验。

二、使命：共创价值、共谋福祉。

公司致力于创造富于个性化、创新性的汽车与服务，将可见的卓越的价值提供给所有相关者。"共创价值、共谋福祉"是东风日产存在的根本。

对于顾客，东风日产致力于为顾客提供最具价值的品牌、充满魅力的产品与超越期待的服务，不断提升顾客的生活品质。对于员工，东风日产致力于为员工营造和谐向上的工作氛围、丰富精彩的职业人生和基于价值贡献的个人回报。

对于股东，东风日产将通过高效、透明、稳健的经营为股东的价值最大化和整体目标实现提供持续、稳定的回报。

对于关联伙伴，东风日产将在公正、公平的基础上为关联伙伴提供合作双赢、共同发展的机会。

对于社会，东风日产致力于成为一个负责任的模范企业，通过创造和提供卓越价值，与不断走向和谐社会的中国一起成长。

三、行为价值观：顾客至上、创新进取、公正透明、沟通协作、成本效益、学习奉献。

"顾客至上"是东风日产考虑一切问题的出发点和基本点，满足顾客的需要是企业生存发展、参与竞争、赢得竞争的必要条件，只有顾客的利益得到了最大的关注、最好的满足，企业的利益才能得到根本的保证。

"创新进取"反映了东风日产基本的发展观,企业在一个相当长的阶段的发展策略是"强势增长",这就要求员工具有积极进取的意识、心态和行为,要敢于创新,敢为天下先,以多种形式的创新制造差异,形成比较优势。

"公正透明"体现了东风日产的政策环境和行事风格,也是东风有限管理要求。公正是公司对待员工、供应商、客户的态度,将相关政策和制度透明化,是对公正的保障,鼓励员工和供应商放下包袱,全力以赴共同创造价值。

"沟通协作"是东风日产对于人与人之间、部门与部门之间、单位与单位之间融洽合作的期望,包括:通过了解和沟通,打破文化壁垒,实现跨文化的融合;通过"跨职能团队(CFT)"的方式,打破组织壁垒,实现跨部门的高效协作。

"成本效益"是东风日产的重要关注点,持续盈利性增长是公司基本经营策略。项目没有成本核算,就失去了根基,干部没有成本意识,就会脱离目标,公司经营没有成本把控,最终将为发展付出代价,故应基于成本投入,根据效益发展。

"学习奉献"是东风日产向全体员工提出的倡导,公司创造各种学习发展的机会,员工应该以发展的眼光、多种学习方式督促自己不断提高。对待工作有热情和理想,有强烈的事业心,注重公司与客户利益,不计较个人得失。

5.5 花旗银行:文化制胜

摘要:企业的文化和战略之间有着十分密切的关系,在实施战略管理过程中,常常受到企业文化的影响。企业文化不仅对战略管理有着促进作用,也有着阻碍作用,要处理好二者之间的关系,才能保证企业文化对战略管理发挥有效的作用,提高企业战略管理能力。人为本是花旗银行企业文化的核心,客户至上是花旗银行企业文化的命脉,推陈出新是花旗银行企业文化的灵魂。本案例介绍了花旗之所以会取得长盛不衰的奇迹,除了它始终奉行开拓创新的发展战略外,最关键的一点应归功于它卓越的文化生产力。

关键词: 企业文化,花旗银行,启示

5.5.0 引言

花旗银行之所以不断发展壮大,成为全球最具有经营竞争力、价值创造力的大银行,这得益于花旗银行独特的企业文化建设。

1. 花旗银行企业文化的核心——以人为本

花旗银行自创业初始就确立了"以人为本"的战略,它的人力资源政策主要是注重对人才的培养与使用。不断创造出"事业留人、待遇留人、感情留人"的亲情化企业氛围,让员工与企业同步成长,让员工在花旗有成就感、家园感。

2. 花旗银行企业文化的灵魂——客户至上

花旗银行企业文化的最优之处就是把提高服务质量和以客户为中心作为银行的长期战略,并充分认识到实施这一战略的关键是要有吸引客户的品牌。经过潜心探索,花旗获得了成功。在客户眼里,"花旗"两字代表了一种世界级的金融服务标准。

3. 花旗银行企业文化的升华——寻求创新

在花旗银行大至发展战略,小到服务、形式都在不断进行创新。企业突破性发展的关键在于转变性与大胆性的决策,企业必须永无止境、永不间断地进行创新。

5.5.1 花旗的发展战略

自从1998年花旗银行与旅行者集团组成花旗集团以来，花旗的一举一动便备受世人注目，作为全球最大的金融机构，花旗重新部署和调整了它的发展战略。

1. 金融航母

花旗集团是全球首屈一指的金融航母、金融帝国，连续多年雄踞全球银行第一把交椅，其他金融机构大多只能望其项背。首先是它的规模庞大。根据英国《银行家》杂志2004年7月公布的资料，2003至2004年度花旗集团核心一级资本668.71亿美元，列世界第一，资产12 640.32亿美元，列世界第二。其次是它的利润丰厚，盈利能力强。2003年度税前利润263.33亿美元，居全球之首，平均资本利润率38.8%，资产收益率2.08%，在世界银行1 000强中，美国的上榜银行以22%的资本和15%的资产，产出了37%的利润，花旗便是绝对主力，以零售银行为首的九大业务，项项盈利，反映了它极强的盈利能力。再次，资本充足、质量优良。2003年度，花旗的资本充足率为12%，大大超过巴塞尔协议的资本充足率要求，不良贷款率仅2.69%，且长期维持在非常低的水平。最后，品牌声誉高。凭借近200年的悠久历史及在全球100多个国家不同程度的金融渗透，服务于全球10多亿客户，其品牌几乎尽人皆知。加上标准普尔、穆迪、惠誉等权威评级机构及《福布斯》《财富》《欧洲货币》、*Global Finance* 等强力传媒每年的高等级评分，花旗的品牌价值不可估量。

花旗无疑是当今全球最优秀的金融机构之一。优秀的银行需要有有效的发展战略。就像花旗当年的高级研究人员戴维斯在《优秀银行把握变革》一书中做出的结论：虽然优秀银行的战略不一定相同，但缺乏发展战略的“旅鼠式”行为不可能造就优秀银行。

2. 购并战略

研究花旗的战略问题，首先应该从它的购并战略开始，因为这是它的最引人注目、最令人眼花缭乱的战略，同时购并也是其实现全球化战略的重要措施，是其再造战略的重要实现方式。

花银银行的购并历史很长，如1918年完成的对国际银行公司（IBC）的收购，1929年兼并农业贷款信托公司、1955年兼并摩根财团的第二大银行——纽约第一国民银行，1984年收购美国好几个州的储贷协会，均属大手笔。但过去一直受制于美国有关法律，购并的频率和规模都很有限。真正引起人们普遍关注的是1998年花旗银行与旅行者集团的合并，这一合并不仅创造了美国历史上的最大购并纪录，最主要的是直接催生了一家全新的金融航母——以在右上角撑着一把红雨伞的“Citi Group”为商标的花旗集团。此后，花旗集团并没有满足于全球第一而放慢它购并的步伐。2000年，它收购了全球排名174的夏洛德（Schroders）及美国最大的上市财务公司——第一联合资产公司，2002年收购了全球排名178、墨西哥排名第二的Banamex，2003年再收购西尔斯集团的信用卡和金融业务，2004年，再收购韩国第二大商业银行韩美银行。通过购并战略的实施，花旗集团完成了集商业银行、投资银行、保险、信托、共同基金、理财顾问等金融业务于一身的全能型金融机构的构建过程，且各项业务的规模都能名列全球前茅。

购并战略使花旗集团获得了强大的规模优势，尽管英国汇丰控股、德国德意志银行、日本瑞穗及UFJ、法国的巴黎国民银行、美国本土的摩根大通及美洲银行等在其后紧追不舍，但一直没有动摇花旗龙头老大的地位。通过购并，花旗还获得了巨大的规模效益与协同效益，增加了利润增长点，提高了风险防范与化解能力。

在全球新一轮银行购并浪潮中,花旗的购并不像其他金融机构的购并,而是有着突出的特点。首先,它不像汇丰控股及德意志银行的购并。汇丰控股及德意志银行的购并大多发生在海外,而花旗似乎从一开始就意识到美国这个全球最大的金融市场对它的重要性,因此购并的重心一直放在美国本土。其次,它也不像日本几家银行的合并。日本银行的合并大多是被债务所逼而出于无奈,花旗的购并显得更具理性和层次感。

3. 全能化战略

全能化战略是花旗近几年发展战略的核心,其他战略均服从于这一战略。

全能银行一直是花旗的梦想,1918 年通过收购国际金融公司,花旗建立了业务广阔的海外银行网络,1931 年通过对农业贷款信托公司的收购,花旗进入信托领域,1984 年通过对储贷协会的收购,花旗进入抵押贷款领域。但苦于有关法律的约束,一直是商业银行业务占90% 以上的绝大比重,其他业务几乎无足轻重。虽然也能算得上拥有全能银行的业务,但绝对称不上真正的全能银行。早在 20 世纪 50 年代,花旗就向政府提出过建立控股公司的申请,遭到政府的否决。此后,虽然一度有第一花旗公司作为控股公司的便利,花旗也通过不同的途径,获得了一定的其他业务,但离全能银行的目标仍有距离。

转机出现在美国政府 1998 年《金融服务现代化法》颁布实施前后,新法案几乎解除了所有对金融业设置的藩篱,给花旗全能化战略的实施扫除了障碍。短短的几年,就造就了一个崭新的花旗。现在的花旗,不仅零售银行和批发银行业务规模独占鳌头,在 IPO、证券交易、兼并顾问等所有投资银行业务上也举足轻重,在共同基金、信托、保险等其他金融业务上同样也居全球一流。

下面列出的是现在花旗家族的主要成员,从中可以看出其全能化战略的基本情况。花旗的旗舰银行为花旗银行(CitiBank),花旗的旗舰保险是旅行者生命与年金(Travelers Life & Annuity),花旗的旗舰投行是所罗门美邦(Saloman Smith Barney,由原属旅行者集团旗下的 Saloman Brothers 与 Smith Barney 合并而成),另外还包括 Schroder,EAB,Banamex,Bank Handlowy,Global Equity 等。在花旗的商标下,还有:CitiCards,CitiFinancial,CitiMortgage,Primerica,Dinner's Club,Citigroup Asset Management,The Citigroup Private Bank,CitiCapital。

目前,花旗的业务涉及九大领域,且项项业务全球领先。九大业务分别是:①信用卡(Cards),花旗是全球最大的发卡行;②消费金融(Consumer Finance),花旗是全球消费金融的领导者,产品开发能力极强;③零售银行(Retail Banking),零售银行是花旗传统的、最具全球竞争力的业务核心,也是其最重要的利润来源,历史上,花旗银行便是以全球最大的零售银行著称;④全球交易服务(Global Transaction Service),花旗是全球最大的外汇交易商和最重要的一级报价行;⑤寿险与年金管理(Life Management & Aqnnuities),是原旅行者集团的最大业务;⑥资本管理及投资银行(Capital Management & Banking),由所罗门美邦领衔,是全球最大的投资银行之一;⑦私人银行(Private Banking),花旗银行以私人银行业务闻名于世,在全球超过 2 亿花旗客户中,绝大多数是私人客户;⑧资产管理(Asset Management),主要负责花旗的货币市场业务,是行业的领导者;⑨私人委托服务(Private Client Service),负责调查、资信、计划、顾问、理财等业务,也处于全球领先地位。

4. 全球化战略

全球化是花旗始终不渝的目标,不管组织架构怎样变化,花旗的全球化战略从来没有改变过。花旗银行从一开始就具有国际化雏形,真正的全球化可追溯到 1918 年收购美国国际金融公司，在全球许多大城市建立经营网点开始，此后花旗一直是作为全球化程度最高的大银行立足世界。在美国国内金融管制严格、限制重重的20世纪30年代至90年代，花旗将拓展全球业务作为规避管制的重要措施，因此海外业务一直得到较快发展。到1998年与旅行者合并前，花旗银行已在全球100多个国家或地区拥有分支机构，在伦敦、苏黎世、法兰克福、巴黎、东京、新加坡、香港等国际金融中心，花旗银行都是重要成员，举足轻重。没有花旗的存在就构不成国际金融中心，这话也许有些过分，但没有没有花旗的国际金融中心，却肯定是事实。

花旗的全球化战略部署，从其机构设置中，我们可窥探端倪。花旗将其旗下的四大集团全部明确以全球(Global)或国际(International)为名称：①花旗全球消费服务集团(Citigroup Global Consumer Group)；②全球公司及投资银行集团(Global Corporate and Investment Banking Group)；③花旗全球投资管理(Citigroup Global Investment Management)；④花旗国际(Citigroup International)。

花旗根据自身的业务发展状况，将全球分成6大区域：①北美(不包墨西哥)；②墨西哥；③欧洲、中东及非洲；④日本；⑤亚洲及太平洋；⑥拉丁美洲。

尽管保持全球金融行业领导者的地位是其始终如一的目标，但不同时期的发展重心却会有所变化。近一段时期，花旗的全球化战略主要完成了两大部署：一是利用原花旗银行遍布全球的客户资源和网点资源，交叉销售原旅行者集团基本只限于美国国内的保险和投资银行产品，轻而易举地打开了全球的保险和投行市场；二是巩固花旗的“后院”——南北美洲市场，特别是同属北美自由贸易区、金融产业又相对滞后的墨西哥市场，事实上，不到几年时间，墨西哥已成为花旗集团的重要利润来源。

有趣的是，花旗集团成立后，国际化程度似乎有所降低、全球化步伐有所放缓。英国《银行家》(*The Banker*)杂志每年都要列出银行全球化状况的调查资料，将海外利润占利润总额的比率作为银行的全球化比率，并将全球化比率在25%以上的银行称作全球化银行(Global Bank)。根据调查资料，按这一比率的高低排序并定期公布，它们发现，传统上全球化程度一直很高的花旗正在下降，至少比花旗银行时代下降很多。这确实是事实。虽然花旗的全球业务仍然在快速发展，但近期合并或收购的机构如旅行者集团、夏洛德等集团原来的业务主要在美国国内，全球业务并没有萎缩但国内业务却是膨胀性增长，这一比率的减低当然不可避免。好在它并没有影响花旗的国际形象，花旗仍然是国际金融巨鳄。一贯把全球化视为生命线的花旗当然也已经注意到了这一变化，在稳住美国国内市场以后，必然重启其全球化进程。近期花旗集团已成功收购韩国韩美银行，应该是花旗启动全球购并的序幕，实际上，花旗对海外特别是日本、韩国的银行及其他金融机构虎视眈眈已久，原花旗总裁维尔就曾亲自到过这些地方“探路”，当然，中国的金融市场是一块大蛋糕，花旗不仅在我国设立独资分公司，也已试探性地参股上海浦发，还正在紧锣密鼓地筹建合资保险公司。有理由相信，花旗的下一轮海外购并，重心不会离开东亚。

早几年，有花旗银行欲与汇丰或巴克莱联姻的传闻，近期又有花旗集团与德意志银行合并谈判的消息，均被媒体炒得沸沸扬扬。也许在不太久的将来的某一天，世界上出现一家叫作花旗汇丰或花旗瑞穗或花旗××的庞然大物统治全球金融市场，那可能仍然只是花旗全球化战略的一部分。

5. 再造战略

银行再造是当代欧美银行开展的一场轰轰烈烈的变革运动,花旗也不例外。现在的花旗集团与过去的花旗银行的经营模式、经营理念等有着根本性的区别,与五年前刚组建的花旗集团也有不同。这完全是花旗近几年大刀阔斧再造的结果。

像其他金融机构的再造一样,花旗的再造也包括流程再造与业务外包两部分。就花旗银行而言,其再造工程于20世纪80年代末90年代初已基本完成,花旗集团成立后的再造主要集中在下列几方面。

(1)权力重构。集团成立之初,为了平衡两大机构高层管理人员的利益,同时也为了新机构的平稳过渡,集团采用了共同执政的方式,由原花旗银行的CEO里德与原旅行者集团的CEO维尔作为共同的董事长和共同的CEO,24名董事会成员几乎平均分配给两个公司的董事会,其他高管也做了相应的配置。这显然容易造成机构臃肿与矛盾冲突,只能是一种权宜之计。经过一段时间的权力解构与重构,以里德的退休、维尔独掌大权为标志,花旗集团基本完成了适应未来发展需要的权力重构。

(2)业务重组。花旗与旅行者合并的重要动机是实现规模效应与协同效应,要实现这一目标,银行、证券、保险、基金、信托等业务必须实行有效的组合,传统的独立的业务流程必须重组。花旗的品牌为旅行者的投行和保险产品提供了销售平台,以实现产品的交叉销售为目标的业务重组使旅行者保险产品和所罗门·美邦投行产品迅速走出美国国门,占领全球市场份额,成为全球行业的领导者。

(3)重心调整。花旗的一个重要战略,是将在美国的发展模式向外输出,这需要循序渐进,涉及花旗的市场重新定位。

拉丁美洲作为美国的近邻,对花旗而言有近水楼台之便,嘴边的食物花旗当然不愿放过。由于与英国、法国、西班牙、葡萄牙等欧洲列强的历史渊源,欧洲各大银行在拉丁美洲也有雄厚的竞争实力。花旗银行在拉丁美洲本来已有良好的市场基础,但保险和投行业务几乎还是空白。因此,花旗与其他金融列强的市场争夺首先在拉丁美洲开始。花旗集团成立之初,重点发展了阿根廷、巴西、智利等南美国家的保险和证券市场。墨西哥是拉丁美洲最大的金融市场,加入北美自由贸易区后,原本相对薄弱和封闭的金融市场几乎完全对美国开放,给花旗在该国的业务拓展带来了难得的机遇,花旗的第一个大动作就是以最快的速度收购了墨西哥的第二大商业银行Banamex,一举奠定了在墨西哥金融市场中的领导地位。

以中国为代表的新兴市场,是当代全球经济中最活跃的成分,发展潜力巨大,是全球大银行争夺的重点。尽管花旗与其他银行相比在新兴市场的市场份额具有比较优势,但随着其他银行大举进军新兴市场,花旗的既有优势有下降之虞。在稳定了拉丁美洲"后院"之后,花旗的重心便锁定了新兴市场。花旗高层多次造访中国等新兴市场国家,与政府高层会晤,与业界领袖谈判,兴办独资或合资企业,商谈收购与兼并事宜,取得了巨大的实质性进展。如对韩美银行的收购,巩固了韩国市场,参股我国浦东发展银行、成立合资保险公司、加入QFⅡ、收购不良债权,全面打开了我国金融市场。花旗当然也没有忽略南亚和东南亚国家,在印度、印尼、马来西亚、菲律宾、泰国,花旗都建立了广泛的业务领域。

花旗对日本的金融市场垂涎已久。但苦于日本的银行过于庞大无从下手。不过,花旗对日本的保险市场和证券市场已开始了全线出击。花旗已在2002年4月进军日本金融市场,并且与日本三井海上火灾保险公司及住友海上火灾保险公司共同组建了由花旗控股

49%的 Citeinsurance International Holding。在证券方面，花旗收购了日本第三大证券公司日兴证券旗下的信托银行，成立 NikkoCiti Trust and Banking。在信用卡业务上，花旗接收了原属富士银行的 DINERS CLUB 60% 的股份。

尽管花旗在欧洲大陆每个国家都有分支机构，也收购了荷兰银行（ABN Amro）旗下的 European American Bank（EAB），但市场占有率一直偏低，这是花旗的一块心病。巨大的西欧市场和亟待开发的东欧市场对花旗有着无限的吸引力。目前花旗对欧洲金融市场的渗透主要是通过分支机构实现的，但纯粹通过这种方式要达到花旗的目标将是一个缓慢而漫长的时间，当然难以满足花旗的胃口。虽然花旗希望通过与汇丰控股或巴克莱银行的联姻或通过与德意志银行的合并来拓展这一市场的企图均是无果而终，但花旗不可能也绝不会放弃欧洲这块兵家必争之地，花旗与欧洲大银行在欧洲的直接对垒也许过几年就会爆发。

5.5.2 花旗银行的企业文化

1. 以人为本：花旗银行企业文化的核心

花旗始终认为人永远是第一位的要素，人才是保证企业领先的关键。为此，把选择、使用、留住优秀人才作为一贯的基本政策。

1）网罗人才穷追不舍

网罗人才并为我所用一直是花旗银行锲而不舍的追求。但精英人才并不是凭一纸招聘广告就能轻易得到的，必须要用真心去物色，用诚意去聘请。对于杰出人才，三顾茅庐是必需的。董事长瑞斯顿把银行神童约翰·里德网进花旗银行就是典型的一例。1965 年的某一天，正在办公的瑞斯顿，接到了波士顿一位教授打来的电话，该教授称，有个叫约翰·里德的小伙子现在开办了一家咨询公司，在为麻省理工学院服务，如果你有头脑的话，应该雇佣他。瑞斯顿接完电话后立即叫来人事主管，限他半天之内摸清约翰·里德的基本情况。3 个小时后，瑞斯顿拿到了约翰·里德的简历情况，并从中嗅出了点什么，他抓起电话，约里德到纽约来和他面谈，并暗示要给他一个机会。里德说他必须考虑一下再回答。就在这时，波士顿伯拉明第一国民银行向里德发出了要他担任董事长助理的邀请，因为里德在麻省理工学院读书时，曾经利用周末时间为该行开发过信息管理项目。于是，里德致电瑞斯顿，说他不准备去纽约了。不管怎样，你也得来一趟纽约，我们只吃一顿午饭。这是瑞斯顿的回答。在他们见面之后，瑞斯顿使出了浑身解数，企图说服里德。此后，瑞斯顿又多次用各种诱惑劝说里德，里德终于答应和花旗签约。此外，为了吸引顶级大学的毕业生到花旗银行工作，花旗的董事长要去哈佛大学做演讲，向毕业生们宣传花旗的现在与未来，向他们描述在花旗的发展空间。

2）使用员工人尽其才

主要表现在两个方面。①建立了部门人才输送考核机制。因传统的长幼尊卑制度和某些人害怕其下属超过自己的人性固有的弱点，有些层次的经理往往不会放开手脚让其发挥才干和有充分的表现机会；有些经理则为了本部门本团体的小私利，也不会让他手下最优秀的人显山露水，以免失去他们。为此，花旗银行制定了一种特别监督手段，将高级经理们所主管的部门能够为董事会输送人才的数量作为衡量其经营业绩的一个重要标准。②建立了与众不同的董事长密室人才库。花旗银行董事长办公室有一间密室，密室内有上千个牌板，每个牌板上贴着花旗银行高级管理人员后备人选的姓名和照片，它是专供高层领导人选人时使用的。瑞斯顿在执掌花旗银行大印长达 17 年的时间里，形成了一个固定的制度，每个季度一定要抽出一天时间，把他的高级同僚们集中到这间房子，讨论牌板上的人的升迁和移位，讨论哪些职位出现了空缺，哪些人能填补这些空缺，哪些人的位置需要挪动一下。这么做的目的就是为了挑出最合适的人选，并把他们安排到最合适的岗位，以最大限度地发挥其才能，为花旗创造出最大的价值。

3）储备人才处心积虑

在人才吸引上，花旗银行有一个理念：引进人才不仅仅是解燃眉之急，还要有后备。一个大银行，特别是一个走向世界的大银行，必须储备一些人才，花旗银行甚至认为，只要是真正的人才，只要有身怀绝技的本领，哪怕是聘用了超出实际需要一倍的人员也是值得的。因为银行是不断发展壮大的，机构是不断增多的，今天用不上的人才，也许明天就能派上大用场。“问渠哪得清如许，为有源头活水来”这句话可以说是花旗银行人本文化的真实写照。知人善用的瑞斯顿在 1983 年的一次演讲中说道：“发现人才、培养人才以及充分地使用人才是我们实现目标的唯一途径。所有的组织机构都是按照普通人的要求来设计建立的，否则，所有的组织都会崩溃。因为我们绝大多数的人都是普通人。然而，如果一个机构能够像我们的银行一样，拥有一大批杰出的人才，那它就一定能够以 150% 的效率运作，而这种效率正是我们实现目标的必要前提。”

2. 客户至上：花旗银行企业文化的命脉

花旗银行企业文化的最优秀之处就是把提高服务质量和以客户为中心作为银行的长期策略，并充分认识到实施这一战略的关键是要有吸引客户的品牌。1993 年初，花旗银行在全球有效地实施了“以客户为重点”的管理计划，了解客户的需求，改善银行的服务，将客户至上作为超越制度的文化，深入至全球的花旗机构和员工的意识之中，真正感受到花旗银行“ 以客户为中心”的企业文化。

1）提供差别化和个性化服务

花旗银行的口号是：代替统一服务的是那种能满足每一个单独客户需求的服务。花旗银行有多年的客户关系管理经验，非常重视“精选客户”。通过客户信息管理系统对客户产生的效益进行分析、鉴别客户的价值，对不同的客户依据收入、消费习惯的不同分为不同的客户类别，确定重点服务的客户群体，对优质客户尽可能地给予价格优惠并用尽招数挽留他们，实行差别化的服务战略。如花旗银行对中高收入阶层提供支票账户、周转卡、优先服务花旗金卡等。凡持金卡者，无论何时何地在任何一个花旗银行分行都无须排队等候服务，随到随办。

2）方便快捷地为客户服务

花旗银行提出：不仅是客户需要什么，我们就有什么，而且是客户可能需要什么，我们就推出什么。花旗银行客户服务中心将大部分的查询、答疑等服务从专业部门中独立出来，成为银行与客户之间的一个友好沟通渠道，客户可查询各项汇款、追踪每笔交易、咨询每项产品、提出任何质疑。只要有疑问，在任何地点、任何时候都可以与客户服务中心联系，客户服务中心在规定的时间内将负责向各专业部门查询、核实每笔交易，集中花旗银行专家的智慧和意见为客户提供金融信息和投资理财建议。花旗银行还充分利用现代电子手段为客户提供全天候、全方位、自助式服务。普遍应用先进的电子和网络技术，大量采用电脑设备和自助终端，实现了全天候、全方位的金融服务，能使客户不再局限于银行网点，在不同的时间不同的地点都可以得到全面的个人金融服务，如 24 小时保管箱、ATM 机、存款机、电话银行、网上银行、无人银行、一人银行等，自助式服务占了银行服务很大比例。

3）实行客户经理制

客户经理作为银行与客户的重要桥梁，为客户提供全方位的服务，客户对银行的各种金融产品需求不必再找银行的各个产品部门，而是通过客户经理就可以全部得到办理，银行通过客户经理也可以对客户进行整体的把握，实行统一的客户战略。客户经理的一般任务是：联系银行与客户之间的各种关系；协调和争取银行的各种资源；及时解决客户的问题，了解竞争银行的客户策略，及时提出对策建议；通过管理服务客户为银行赚取合理的回报。花旗银行还为特大户设立了私人银行部，以为其做出最好的服务。花旗银行建立的客户档案，能主动联系和告知其个人财务上的一些最新数据，让客户感到放心和满意。

3. 推陈出新：花旗银行企业文化的灵魂

1）独特的员工哲学

花旗的企业精神是“不断创新，因为开心”。花旗相信没有快乐的员工，就不会有高度满意的员工，就无法提供令客户满意的服务。把员工看成上帝，员工才会把顾客视为上帝。如果员工客观上出现了业务差错，花旗银行不是考虑如何处理当事人，而是主要从制度规程、系统中寻找解决问题的方法。这样的员工哲学和员工管理制度，无疑将培育出不满于现状的创新精神和世界一流的服务水平。

2）独特的创新理念

在花旗银行，大至发展战略、小到服务形式都在不断地进行创新。它相信，转变性与大胆性的决策是企业突破性发展的关键，并且如果你能预见未来，你就拥有未来。它还认识到企业最大的问题是如何突破常规的方式，因为常规弥漫在我们整个银行业，而常规智慧几乎总是错的，这就是说，企业必须永无止境、永不间断地进行创新。创新是金融业的主题，创新是金融企业文化的灵魂。花旗银行在世界各地一直以技术与创新闻名遐迩，称雄于金融界，这是因为花旗在科技网络的发展上投入了大量的人力和巨额的资金的缘故。在20世纪70年代初期，花旗银行已建立了第二全球金融网络（Marty），但随着金融对网络多功能要求的增强，花旗银行在80年代末以“2000计划”（Project）取代了“Marty”网络。90年代中期，又着手实施一项名为“Project Enterprise”的计划——关于全球范围内的桌面LAN。近期花旗银行又在积极开发两项热门的前沿技术：目标导向的规划（Object Oriented Programming，用于全球融资）和数字式媒体（Digit media，用于零售支付），这两项技术将广泛运用于网络和电子银行业务方面。花旗的科技平台遥遥领先于全球同业，这正是它创造金融神话的最大保障所在。

3）独特的经营哲学

在全球激烈的金融竞争中，花旗银行逐渐形成了“对银行来说，有时最好的经营策略就是明白自己不该做什么”的经营哲学，因而提出了自己独特的战略：“以网络为依托，以信用卡业务、外汇业务为重心，大力发展零售性和消费性金融业务，抓住优势企业和20%的高收入阶层。”这种战略说明了为什么花旗银行的信用卡和外汇业务势力雄厚，而在美国国内及全球的投资银行业务以及欧洲各国资本市场上则很少见到花旗银行身影的原因。因此，全球金融界将花旗银行列为充分发挥自身优势、精于几种强项业务的典范加以推崇。

5.5.3 花旗银行的管理文化与发展战略

花旗银行是一家有着近190年历史的国际性银行，在长期的发展过程中逐渐形成了自己独特的经营模式和发展战略。

1)根据不断变化的环境制定、实施正确的战略与计划

花旗银行的管理政策强调:“让我们了解银行发生了什么样的变化,我们的业务正走向何方。然后,让我们用最好的方法来为这些变化做准备。”新兴市场的负责人马丁指出:“如果你能预见未来,你就能够拥有未来。”风险管理和新兴市场客户关系负责人罗兹也认为:“你必须做两件事情,一是彻底发现即将发生什么;二是在事情损及你之前迅速采取措施。”传统的批发业务一直是花旗银行最大的利润来源,但花旗银行很早就预见到随着批发业务的逐渐成熟和国际化程度的提高,其竞争将日趋激烈,而零售业务将成为今后银行发展的重点。于是花旗银行在70年代就开始调整传统业务结构,积极开拓零售市场。目前花旗银行比以往更加明确了今后的重点发展方向和重点介入领域,不再一味地强调在所有的地方,把自己都办成世界最大的。花旗银行的下一步计划是加强两个重点业务:一是世界范围内的消费者银行业务;一是新兴市场批发业务。并且,主要是集中于部分利润丰厚的产品及部分客户名单,并为这些客户扩展海外业务(尤其是新兴市场业务)而服务。

2)把技术创新和大胆决策作为提高银行竞争力的重要手段

花旗银行在世界各地一直以其技术和创新而闻名于银行界。在产品创新和技术更新上,花旗银行长期处于世界领先地位,他们相信只有不断地转变观念和大胆地决策,才能立于不败之地。正如他们的财务主管们内兹斯所说:“最大的问题是如何突破常规的方式,它弥漫在我们整个银行业,我们像旅鼠一般在世界行走,常规智慧总是错误的,它倾向于降低利差和增加风险。瓦尔特·里斯顿(曾任花旗银行董事长)把赌注下在零售业务上,结果成功了。而在10年前这是不存在的。”

3)把提高服务质量和以客户为中心作为银行长期决策

从传统上看,花旗银行注重的是发展而不是服务。但随着银行业竞争的日益激烈,花旗银行转而把服务于客户作为银行的中心战略。并且把消费品营销的原则应用于银行营销,试图在全世界建立高效、方便和高质量的卓越品牌形象。为此,花旗银行对组织结构进行了调整,把传统的以地区和产品为中心的组织结构改组为以客户为中心的组织结构。

4)始终坚持银行经营国际化发展战略

花旗银行成立之初,主要从事与拉丁美洲贸易有关的金融业务,在20世纪初,又开始积极向海外发展,1902年在伦敦开设了第一家国外分行。而后,通过不断的努力,银行网络迅速扩展,至1919年花旗银行已有海外分支机构100家,在两位董事长里斯顿和里德的领导下,花旗银行的国际分支网络取得了更大规模的发展。目前,花旗银行已在世界100多个国家拥有3 500家以上的分支机构。

5)把建立有效的风险管理体系作为银行安全经营的基础

银行业是高风险行业,风险管理尤为重要。花旗银行的风险管理体系中,各部门、各成员公司责任明确,所有重大的业务都置于严格的风险管理控制之下。在流动性风险管理方面,主要依靠资产的证券化以及严格的资金管理程序,以保证银行资金具有充足的流动性。花旗银行的资金管理主要包括规定流动性界限,制定全球和本国资金计划及保持一个分散的资金结构等。在资产证券化与销售贷款方面,花旗银行一直处于领先地位,通过资产证券化,子公司对母公司的资产依赖不断减弱,银行的流动性得到了加强。在市场价格风险管理方面,花旗银行也建立了一套价格风险管理程序,基本原则是分散化。作为价格风险管理的

工具,花旗银行财务委员会对其风险收益加以限制,规定其不得超过预期年收益的一定百分率。如1991年花旗银行风险收益占全年预期收益为7%~13%,1992年为2%~10%。

6)把聘用留住最优秀人才作为银行一贯的基本的政策

花旗银行认识到技术、风险管理和人才是保持领先地位的关键。为此,花旗银行一方面花大量费用对员工进行各类培训;另一方面也积极从大学毕业生(特别是MBA)中、其他银行和公司聘用所需要的人员。

5.5.4 小结

美国花旗银行迄今已有近200年的历史。进入新世纪,花旗集团的资产规模已达9 022亿美元,一级资本545亿美元,被誉为金融界的至尊。时至今日,花旗银行已在世界100多个国家和地区建立了4 000多个分支机构,在非洲、中东,花旗银行更是外资银行的先锋。花旗的骄人业绩无不得益于以顾客服务为核心的企业文化战略的实施。建立客户至上的核心价值观,引入内部营销理念,是花旗文化的精髓。花旗银行企业文化的共同价值观和行为准则,尽管不具有像硬件那样的"不可塑性",却具有一种无形的力量让人感到有一种柔性压力感。花旗银行企业文化的创立和发展是一个漫长的过程,是经过190多年的培育逐渐形成的,通过各种形式,"无孔不入"地渗透到职工的思想中去,像无声的命令促使员工朝着同一目标前进。花旗银行的企业文化将如何历经世代相传,绵延发展,并在实践中得到不断丰富让我们拭目以待。

[**启发思考题**]

1. 什么是花旗银行企业文化?
2. 分析美国花旗银行企业文化建设的成功做法,我们从中可以得到什么启迪?

[相关附录]

附录1 银行历史

1812年6月16日,纽约州特许设立花旗银行,其英文名称为"City Bank of New York"。9月14日,花旗银行在华尔街52号开业,为纽约的一些商户提供服务。银行总裁是塞缪尔·奥斯古德上校,他曾在独立战争中与乔治·华盛顿并肩作战。

1822年农业火险及贷款公司成立,这是美国第一家股份制信托公司。1835年,该公司改名为农业贷款及信托公司,1929年与花旗银行合并。其后,花旗银行的英文名称改为"National City Bank"。

1865年,花旗银行加入新组建的美国国民银行系统,英文名称改为"The National City Bank of New York"。

1893年,花旗银行就其存款及资产而言,名列纽约市各银行之首。

1897年,花旗银行在美国银行业率先设立外汇部,开始从事外汇买卖业务。

1902年,在伦敦、上海、香港、横滨、马尼拉、新加坡及旧金山开设分行,成为1918年收购的International Banking Corporation的国际业务网络的核心。

1904年,花旗银行推出旅行支票。

1921年12月,花旗银行成为美国首家按复利计算储蓄账户利息的银行。

1928年5月3日,花旗银行又向储户推出另一具有创意的业务——无担保个人放款。

1936 年,花旗银行在纽约市率先开办无须最低存款要求的支票账户业务。

1955 年,花旗银行英文名称更改为"The First National City Bank of New York"。

1961 年,花旗银行创立可转让定期存单。新成立的花旗银行海外投资公司成为该银行境外分支机构的控股公司。

1968 年,花旗银行成立了针对一家银行的控股公司,使其可以扩展并提供新的金融服务。其他银行纷纷效仿。

1974 年,为更好地适应其全球性业务,该控股公司更名为花旗集团。同年,花旗集团将浮动利率债券引入美国金融市场。

1977 年,花旗银行设立花旗卡业务中心,通过便捷而多功能的自动柜员机和花旗卡,使其颇受欢迎的"花旗提供 24 小时服务"广告宣传成为现实,一举改变了美国消费者银行业务的面貌。

1980 年,花旗银行注重发展消费者银行业务。

1992 年,花旗银行成为美国最大的银行。

时至今日,它已发展成为美国最大的国际性银行之一,也是世界上开展个人金融业务规模最大的银行。全球十大银行排名,花旗资产名列榜首。

附录 2　全球十大银行排名(2003《**全球金融杂志**》)

全球十大银行排名如表 4-22 所示。

表 4-22　全球十大银行排名

排名	银行	资产规模(10 亿美元)
1	美国花旗集团	1 097. 19
2	日本瑞穗集团	1 029. 69
3	瑞士银行	851. 69
4	日本三井住友银行	826. 60
5	德意志银行	795. 74
6	日本东京三菱银行	784. 52
7	美国摩根大通	758. 80
8	荷兰 ING 集团	751. 78
9	英国汇丰银行	748. 89
10	法国巴黎银行	745. 41

5.6　娃哈哈品牌成功的五大支柱

摘要:娃哈哈是在中国饮料市场这样一个群雄争霸、潮起潮落的竞争环境中,从无到有、从小到大,成长为一个深受广大消费者喜欢的全国著名品牌的。本案例讲述了娃哈哈集团在几十年的发展历程中,凭借其品牌优势,成功地实现了品牌的延伸与推广,走上了一条求大求强的扩张之路。所谓大浪淘沙,适者生存;沧海横流,方显真英雄本色。而最终能够独步天下,并走向一种境界,却并非是所谓的独家秘籍及所谓的一招一式可以达到的。在中国古典的哲学思想中讲究"无为而至",所谓"大足无音"、"大音希声",真正的高手常常"无招致胜”。

关键词:品牌,市场定位,广告宣传,市场竞争

5.6.0 引言

莎士比亚说过,玫瑰不管取什么名字都是香的。实际上并不尽然。有人提出创名牌从起名开始,这一说法有其道理。娃哈哈集团的品牌中,“娃哈哈”“非常”都很有创意,在品牌名称上,似乎就已胜出。“娃哈哈”名称启迪于那首知名歌曲:“我们的祖国是花园,花园里花朵真鲜艳……娃哈哈,娃哈哈,每个人脸上笑开颜。”当时还引起一场知识产权风波。“娃哈哈”这一名称容易传播,大众化,极具亲和力。大众、亲和、健康、欢乐是其内涵。当然,也有不少人从品牌视觉(名称、吉祥物)联想角度出发,认为娃哈哈是一个儿童专属品牌,不宜向成人产品延伸。品牌是什么?抽象来看,品牌只是一个符号;但对娃哈哈来说,“品牌就是产品,就是企业,就是人,就是娃哈哈与广大消费者共同拥有的一切……”那么,“娃哈哈”是怎样在中国这样一个群雄争霸、潮起潮落的市场竞争环境中,从无到有、从小到大,成长为一个深受广大消费者喜欢的全国著名品牌的呢?

5.6.1 娃哈哈公司发展历程

1. 艰苦创业

1987 年,娃哈哈前身——杭州市上城区校办企业经销部成立,娃哈哈创始人宗庆后带领两名退休老师,靠着 14 万元借款,靠代销人家的汽水、棒冰及文具纸张赚一分一厘钱起家,开始了创业历程;第二年为别人加工口服液,第三年成立杭州娃哈哈营养食品厂,开发生产以中医食疗“药食同源”理论为指导思想、解决小孩子不愿吃饭问题的娃哈哈儿童营养口服液,依靠确切的效果,依靠“喝了娃哈哈,吃饭就是香”的广告,产品一炮打响,走红全国。1990 年,创业只有三年的娃哈哈产值已突破亿元大关,完成了初步原始积累,发生在小学校园里的经济奇迹开始引起社会和各级政府的广泛关注,娃哈哈从此进入了历史性的转折。

1991 年在杭州市政府的支持下,仅有 100 多名员工但却有着 6 000 多万元银行存款的娃哈哈营养食品厂,毅然以 8 000 万元的代价有偿兼并了有 6 万多平方米厂房、2 000 多名员工,并已资不抵债的全国罐头生产骨干企业之一的杭州罐头食品厂,组建成立了杭州娃哈哈集团公司。从此娃哈哈逐步开始步入规模经营之路。

2. 西部之光

1994 年,娃哈哈投身对口支援三峡库区移民建设,兼并涪陵三家特困企业,组建了娃哈哈涪陵分公司,以成熟的产品、成熟的技术、成熟的市场,辅以雄厚的资金实力及娃哈哈固有的品牌优势,使涪陵公司一举打开了局面,产值利税连年快速增长,成为三峡库区最大的对口支援企业之一,跻身重庆市工业企业 50 强。

1997 年以来,在西进涪陵的成功基础上,娃哈哈再接再厉,在三峡坝区湖北宜昌、国家级贫困区湖北红安、四川广元、吉林靖宇及沈阳、长沙、天津、河北高碑店、安徽巢湖等 22 省市建立了 40 余家控股子公司,均取得了较好的经济效益,外地分公司的产值占到整个集团公司的近一半,不仅成为带动当地经济发展的“火车头”,同时也使娃哈哈实现了销地产,发展成为中国最大、最强的饮料企业,取得了“双赢”,达到了互惠互利的目的。

娃哈哈的对口支援、对口扶贫工作受到党中央、国务院的肯定和赞赏,江泽民、李鹏、吴邦国、温家宝、邹家华等领导同志先后莅临视察。

3. 战略合作

1996年，公司以部分固定资产做投入与世界500强、位居世界食品饮料业第六位的法国达能集团等外方合资成立五家公司，并坚持合资不合品牌，由中方全权经营管理，一次性引进外资4 500万美元，先后从德国、美国、意大利、日本、加拿大等国家引进大量具有20世纪90年代世界先进水平的生产流水线，通过引进资金技术，发展民族品牌，娃哈哈再次步入了高速发展的快车道。

4. 挑战两乐

1998年，娃哈哈经过十多年的历练，感到自己羽翼已丰，已具备了与世界大品牌进行竞争的条件，经过两年多的精心研制，推出"中国人自己的可乐——娃哈哈非常可乐"，在饮料界主动扛起了向国际大品牌挑战的民族工业大旗。自1998年5月投产以来，非常可乐异军突起，现年产销量已超60万吨，与可口可乐、百事可乐形成三足鼎立之势，打破了非常可乐推出市场时一些人的"非常可乐，非死不可"，"非常可乐，非常可笑"的预言，也打破了可口可乐不可战胜的神话，鼓舞了广大民族品牌参与国际竞争的勇气和信心。

非常可乐的开发、推广成功进一步稳固了娃哈哈的发展基石，提高了娃哈哈的知名度和美誉度，为娃哈哈的新世纪发展开辟了崭新的领域。

5. 多元发展

2002年，娃哈哈继续秉承为广大中国少年儿童带去健康和欢乐的企业宗旨，选择了与孩子们生活、成长紧密相关的童装业作为跨行业发展的起点。引进欧美的设计人才，以一流的设备，一流的设计，一流的面料，高起点进入童装业，按国际"环保标准"组织生产，并采取零加盟费的方式吸引全国客商加盟，在全国首批开立了800家童装专卖店，一举成为中国最大的童装品牌之一，初步显示了娃哈哈跨行业经营的信心和决心，为开创企业发展新支点，进一步向多元化企业进军奠定了基础。

6. 今日娃哈哈

杭州娃哈哈集团有限公司是目前中国最大的食品饮料生产企业，在全国27个省市建有70余家合资控股、参股公司，在全国除台湾外的所有省、自治区、直辖市均建立了销售分支机构，拥有员工近2万名，总资产达76亿元，至今尚未有银行贷款。公司拥有世界一流的自动化生产线以及先进的食品饮料研发检测仪器和加工工艺，主要从事食品饮料的开发、生产和销售，已形成年产饮料600万吨的生产能力及与之相配套的制罐、制瓶、制盖等辅助生产能力，主要生产含乳饮料、瓶装水、碳酸饮料、茶饮料、果汁饮料、罐头食品、医药保健品、休闲食品等八大类60多个品种的产品，其中瓶装水、含乳饮料、八宝粥罐头多年来产销量一直位居全国第一。2003年，公司营业收入突破100亿元大关，成为全球第五大饮料生产企业，仅次于可口可乐、百事可乐、吉百利、柯特这4家跨国公司。自1998年以来，娃哈哈在资产规模、产量、销售收入、利润、利税等指标上一直位居中国饮料行业首位，成为非但是中国最大亦是效益最好的食品饮料企业。

娃哈哈秉承"健康你我他，欢乐千万家"的经营理念，始终以领先变革首创的精神和行业领跑者的行事风范，锐意进取，不断创新，在打造中国饮料第一品牌的事业中取得了令人瞩目的成绩。17年来，娃哈哈累计向国家上交税金33亿元，资助教育和各类社会公益事业1.8亿元。公司董事长兼总经理宗庆后因其卓越的领导才能和经营能力，荣获全国劳动模范、"五一"劳动奖章、全国优秀企业家、2002 CCTV 中国经济年度人物、优秀中国特色社会主义事业建设者等称号,并光荣当选十届全国人大代表。

“娃哈哈”已作为知名品牌深入人心。其成功运作主要受益于五个方面的把握和控制:即经营理念符合大众心理是品牌成功的核心;准确的产品市场定位是建立品牌的根本;成功的广告宣传是确立品牌的基础;一流的产品质量是品牌的保证;强势的销售网路是品牌成功的关键。

5.6.2 娃哈哈品牌战略实施分析——五大支柱

1. 符合消费者心理是品牌成功的核心

品牌说到底就是消费者内心对你的认可程度。中国有句老话:“得民心者得天下。”

“什么产品是中国老百姓最需要的?什么样的产品老百姓买得起(乐得买)?什么口味老百姓最喜欢?怎样才能使老百姓最满意?”这始终是娃哈哈关注的问题。

最终娃哈哈把经营理念锁定为:“千家万户笑哈哈,幸福快乐你我他!”

这一经营理念的本质内涵是:生产真正有使用价值的产品;做大众化品牌;代表健康、快乐的形象。

“喝了娃哈哈,吃饭就是香。”这句十多年前娃哈哈营养液的广告语,可能不少人至今还会有点印象,它曾被人们视为广告的经典。20 世纪 80 年代末,娃哈哈就是凭借这句人人皆知的广告语及其体现出的可感知的价值理念,使娃哈哈儿童营养液获得了举世瞩目的成功。20 世纪末的中国儿童和他们的父母们,几乎无人不知无人不晓。

应该说,娃哈哈儿童营养液的成功,不仅仅是一句生动的广告词的成功,更为重要的是娃哈哈经营理念的成功!1988 年是娃哈哈的初创期,当时社会上营养保健品有上千种,但大多生产中老年营养品,而且功能上也大都是“全管”,却反而给人以“全不管”的感觉。而中国有 3 亿儿童,儿童代表着希望与未来,在广大的中国,孩子对于家长的意义更是不言而喻。而当时的家长们普遍存在着这样一个揪心的难题:让孩子吃饭难。据调查当时有 44.4% 的儿童存在厌食、营养不良的情况。而想让儿童健康成长关键要抓住“能吃能长、滋补不如食补”的理念,因为这一理念早已深入普及到家长们的心中。而且当时儿童营养品还是一个空白的市场。娃哈哈不失时机地瞄准“儿童开胃”这个潜力巨大的市场,立即全力以赴、义无反顾地为之进行奋斗!不出所料,娃哈哈儿童营养液一炮打响,而且连续火爆了 6 年,先后荣获 30 余项国内外的大奖。

“娃哈哈”之所以能够成为深受广大消费者喜爱的大众品牌,正是因为它恰如其分地体现出了“大众”的确切含义——它与消费者贴得很近很近,真正做到了“想消费者之所想,急消费者之所急”。这,也正是娃哈哈取得成功的核心所在!

一个具有市场号召力的产品是不需要娃哈哈过多地为营销手段殚精竭虑的,它本身就具有了市场牵引力与带动力。

2. 准确的产品市场定位是建树品牌的根本

只有将产品进行准确的市场定位才能更符合市场需求,产品也才能适销对路;而只有把产品做大、做好了,也才能产生品牌效应。

关于这方面的经营理论和创意策划书籍可谓汗牛充栋,有关介绍不无详全,关键是在何时、何地、如何运用的问题。所谓:“理论是月亮的光辉,事实是太阳的光辉。”

至今为止,娃哈哈的掌门人宗庆后本人一直坚持花三分之一以上的时间跑市场一线,用敏锐的市场感觉去把握千变万化的市场动态。有人把老总跑一线市场称为“酷营销”的要素之一。

爱因斯坦说过一句话："真正可贵的因素是直觉。"宗庆后一直是"跟着感觉走的"，因此有人说宗庆后是"感觉派""无招胜有招""大道无行"等。不管怎样说，抓住市场的真正需求，让产品卖得好、卖得火这才是关键！

娃哈哈品牌的发展历程也正说明了这一点。

1992年，当娃哈哈的儿童营养液已供不应求，"娃哈哈"的名字已家喻户晓，"娃哈哈"品牌已誉满全国的时候，娃哈哈又适时地推出了果奶，并坚持用"娃哈哈"这个品牌名称。虽然当时广东一带同类产品很多，但是娃哈哈吃准了市场的需求、凭借娃哈哈营养液的影响、利用销售渠道和规模生产的优势，加强质量、口感和广告攻势。"甜甜的，酸酸的，有营养味道好"这首广告歌唱遍了大江南北，新产品一上市就产生了轰动效应，很快风靡全国，迅速被广大消费者接受、喜爱。10年来，娃哈哈从娃哈哈果奶到一代、二代AD钙奶、维E钙奶、铁锌钙奶、乐酸乳等十几个品种规格的含乳饮料，根据市场的发展和需求在不变中求变化，适时契合并领先市场，稳健经营。至今娃哈哈含乳饮料占全国乳饮料市场销量的71.8%，"娃哈哈AD钙奶"几乎成了所有乳饮料的代名词。

1993年娃哈哈又成功地推出了娃哈哈营养八宝粥，上市至今一直高居全国八宝粥质量第一、销量第一。

所谓的市场是动态的市场，必须适时矫正品牌的定位。因为消费者的需求偏好随时可能发生变化。所以娃哈哈后来又不失时机地相继推出了娃哈哈纯净水、非常可乐、娃哈哈纯牛奶、娃哈哈茶饮料、娃哈哈果汁等六大类三十几个产品品种，以满足各种消费者的不同需求，并陆续获得成功，进一步扩大了娃哈哈的市场份额，稳固了娃哈哈作为中国饮料行业龙头老大的地位。

在15年的企业、品牌成长的征战中，在激烈的市场竞争中，虽然娃哈哈也难免经历残酷的搏杀和惊心动魄的场面，所庆幸的是娃哈哈一直是在以较快的速度顺利发展，娃哈哈称之为"小步快跑"，这也正是娃哈哈一贯秉持的市场决策原则。

3. 成功的广告宣传是确立品牌的基础

市场营销是品牌建设的基础，广告传播的拉力与渠道通路的推力，并称为市场营销的动力双翼，其作用不言而喻。

娃哈哈一贯注重广告的投入，但同时坚持明确的广告策略：经济有效、树立品牌的个性。

所谓有效是指对消费者有效，"叫好不叫卖"、华而不实的广告娃哈哈坚决不采用；而个性是品牌存在的根本，是其生命力的张扬与体现，如激情浪漫——轩尼诗；浓烈甘醇——威士卡；豪放狂野——伏尔加；健康快乐——娃哈哈。健康快乐，正是娃哈哈孜孜以求、努力塑造的品牌个性。

娃哈哈纯净水是公认的全国第一品牌，之所以能够在短期内独占鳌头，与娃哈哈成功地运用明星歌曲广告策略分不开。

1996年4月娃哈哈纯净水面市时，在当时众多瓶装水纷纷以纯净、健康、卫生为诉求点的情况下，独辟蹊径，开拓出了一条情感诉求路线，以青春、时尚为基调，以"明星歌曲策略"为重要特色。先是以青春偶像、当红歌星景岗山做产品形象代言人，并连续5个月在22个省级城市进行纯净水与磁带连环签售活动。伴随着那首青春浪漫、脍炙人口的流行歌曲——也就是娃哈哈的广告语"我的眼里只有你"，娃哈哈的产品——娃哈哈纯净水也深入到娃哈哈的目标消费群——广大青少年心中，产生了巨大而持久的广告效应。

至1998年，是娃哈哈纯净水进入市场的第三年头，娃哈哈制定的销售目标是1996年的10倍。为完成这一目标，娃哈哈选定新的形象代言人、同样广受欢迎、与景岗山有着不同风格的歌手——毛宁。广告语上升为："心中只有你。"新的合作效果同样惊喜！

1999年，台湾歌星王力宏接着成了"娃哈哈纯净水"新的广告代言人。随着大范围的现场推广、广播电视报纸广告大密度传播以及媒介对歌星的跟踪采访、歌迷的歌曲点播，一时间，王力宏这首"爱你等于爱自己"娃哈哈广告歌曲，优美动听的旋律传遍了大街小巷。忽如一夜春风来，令人耳目一新。

"明星歌曲策略"贵在轰动，更贵在坚持。在娃哈哈纯净水代言人这一表象的变化背后有一脉相传的东西，所以6年中在竞争对手不断变换广告策略、也纷纷起用名人的情势下，娃哈哈所一贯坚持的"健康、青春、活力、纯净"这一品牌核心内涵却日益凸显出来，这一在消费者心中区别于众多品牌的、鲜明而清晰的品牌概念无疑成了娃哈哈宝贵的品牌财富。

娃哈哈一直在努力加强与消费者的情感沟通：不论是"我的眼里只有你"的娃哈哈纯净水，还是"有喜事当然非常可乐"的非常可乐都体现了娃哈哈产品极富亲和力的情感诉求。

娃哈哈纯净水广告策略变与不变的典型意义不仅在于它显著的广告效果，更为重要的是体现在娃哈哈广告创意和广告战略上的整合性、流行性、延续性。这是产品生命力不断增强并得以延续的基础。

4. 一流的产品质量是维护品牌的保证

品质是品牌的灵魂。

娃哈哈之所以能够深得消费者的信赖，成为中国食品饮料中的第一品牌，产销量全国第一，同样与娃哈哈一直坚持"走质量兴企的道路，打造一流产品质量"的方向分不开。

娃哈哈主要从四个方面着手提高产品质量。一是从硬件着手，娃哈哈陆续在生产流水线上的投入已超过了20多亿元，仅2000年公司就投资4.2亿元，引进了19条世界最先进的生产线。先进的设备是优质标准化生产的保证。二是强化管理，完善质量检验体系，加强在线检测能力，实行全员全过程的质量管理体制。三是原料严格把关，每项产品从原材料到配料严格把关，坚决做到真材实料，绝不掺假。四是良好的售后服务体系。

2001年7月，娃哈哈作为2000年度全国质量效益型先进企业在京受到表彰，这是公司继1998年、1999年之后第三次获此荣誉。并因此被授予"全国质量效益型先进企业特别奖"，此项奖是中国质量管理协会对连续三年获得质量效益型先进企业称号的8家企业做出的特别表彰。除此之外，娃哈哈还获得了全国消费者心中的理想品牌、中国优质产品、全国用户满意企业等荣誉称号。

如果你爱护自己的品牌，那么就千万不要忽视质量。否则，再好的产品包装和广告形象，也只能是无本之木，难以持久。

5. 强势的销售网络是品牌成功的关键

中国幅员辽阔，东西纵横几千里，南北温差达50度，人口是美国的4倍，法国的20倍。在这个辽阔的疆域、巨大的市场，如何才能营造全国知名的品牌？怎样能让全中国数以60万个城乡小店的柜台上一周之内都摆上你的产品？

如果现在，你同时派人去东北的长白山天池，西北的阿尔泰山山麓，东南的海南岛丛林，西南的青藏高原，你随便走进一间小杂货店，然后把所有的商品目录都抄下来，你会发现，重复出现的品牌不会超过三种,而恰巧娃哈哈就可能是其中的一个;在过去的15年,让每个中国人都掏钱买过的品牌不会超过三种,而娃哈哈也可能是其中的一个。这种"恰巧"却绝非巧合、偶然。娃哈哈产品几乎覆盖了中国的每一个乡镇。这是娃哈哈无与伦比的、独有的绝对优势。

在激烈的市场竞争中,与娃哈哈交过手的品牌有无数个,其一一溃败的原因并非因为娃哈哈有多强大,而正是因为娃哈哈这遍布全国城乡、无以匹敌的强势销售网络。可以说为消费者提供便利是娃哈哈品牌竞争制胜的关键之所在。

可口可乐中国的总裁曾感叹道:"其他均可与娃哈哈比,但进入市场的速度无法与娃哈哈比。"

娃哈哈销售网络建设的成功经验有以下几点。

1)建立厂商双赢的联销体

品牌企业与经销商结成利益共同体的支撑点是什么?怎样完成"最后一公里"的销售?

娃哈哈的体会是:利益的有序分配,让经销商有利可图,只有双赢他才会帮你用力吆喝,必须先解决好谁来卖的问题,才能解决谁来买的问题。

为此,1996年始,娃哈哈第一次进行销售网络改造,即从国营批发渠道转到独具娃哈哈特色的联合销售体系上来。娃哈哈在全国31个省市选择了1 000多家具有先进理念、较强经济实力、有较高忠诚度、能控制一方的经销商,组成了能够覆盖几乎中国的每一个乡镇的厂商联合销售体系,形成了强大的销售网络。

娃哈哈制定了保证金制度,每年开始,经销商根据各自经销额的大小先打一笔预付款给公司,然后每次提货前,结清上一次的货款。年终付给其高于银行存款利率的利息,并根据公司的效益给经销商一定比例的奖励,实现了厂商双方利益高度统一,使经销商全心全意地销售娃哈哈产品。

联销体的成功构建不仅有效杜绝了坏账、呆账的产生,使娃哈哈的资产结构更加合理、流动性更强,而且大大激发了经销商的积极性,变一家企业在市场上单打独斗,为上千家企业合力与对手竞争,大大提高了娃哈哈系列产品的市场竞争力,使得娃哈哈的市场蛋糕越做越大。

2)构建稳定有序的共用销售网络

要想把市场做深做透,把娃哈哈的销售触角延伸到每一个角落,单靠一级经销商网络是远远不够的,虽然以往娃哈哈在经销商下也设有大量的二批商,但没有规范的体系来管理二批商,整个市场并没有做深做透,所以娃哈哈又开始了第二次网络改造,建立了特约二批商营销网络。

从经销商—特约二级批发商—二级批发商—三级批发商—零售终端。逐步编织了以封闭式蜘蛛网态的营销体系,不仅加强了公司产品的快速渗透力,同时也提高了经销商对市场的控制力。从而达到了:布局合理、深度分销、加强送货能力、提高服务意识、顺价销售、控制了窜货。

通过两次网络调整,娃哈哈实行了严格的价格体系和有序的网络秩序。娃哈哈公司的营销网络得到了广泛延伸,网络平台更加稳健而完善。目前娃哈哈的忠诚客户已遍布全国31个省市自治区,由他们为主体而搭建的销售网络更是渗透到城乡的每一个角落,现在娃哈哈的营销网络可以保证新产品在出厂后一周内迅速铺进全国各地60万家零售店,同时与大江南北、沿海内陆广大消费者见面。

这是娃哈哈与经销商共用的网络资源体系。

3)与经销商共创品牌

娃哈哈今年的销售目标是80亿元,而娃哈哈在全国各地的销售人员只有一千多人,很多人对此难以想象。据称,三株公司鼎盛时,完成了80亿的销售额,它在全国所有大城市、省会城市和绝大部分地级市注册了600个子公司,在县、乡、镇有2 000个办事处,各级行销人员总数超过了15万人。可口可乐、康师傅等企业在全国各地级城市以上均设了营业所,销售人员超过5万人。娃哈哈靠的是联销体政策,是政策促成了上万的大小经销商与娃哈哈共创品牌的决心与行动。

娃哈哈在联销体和特约二级网络的基础上实行了销售区域责任制。本着与经销商精诚合作、互惠互利的原则,娃哈哈对原有经销商队伍进行考核、筛选,吸收部分有经营理念的新客户,并对所有经销商合理布局、划分责任销售区域,消灭了销售盲区。娃哈哈保证经销商在所划分区域内独家销售娃哈哈产品的权利,避免因经销商销售区域交叉导致无谓的内耗式竞争。明确了经销商的权利和义务。娃哈哈把一个市场分给一个经销商经营管理,也就是说这个市场就是一家经销商的自留地,只要你好好耕耘就会有好收成。

经销商变被动为主动,积极配合企业共同做品牌的长远战略规划,大大提高了对公司忠诚度和对产品的认同感,而且自觉地加强了责任感,提高了经营管理能力和市场开拓能力。因为娃哈哈的厂商双赢政策让他们意识到:市场是大家的,品牌是厂商共有的,利益是共同的。经销商有责任在市场上进行娃哈哈系列产品的开拓与维护,不断提高娃哈哈产品的市场份额,不断提升娃哈哈的品牌形象。

5.6.3 娃哈哈公司的品牌战略分析

1.精确的品牌定位

娃哈哈公司在推出产品前经过细致的市场调研发现,当时市场上300多种营养保健品中唯独没有专供儿童饮用的产品。随后他们又对杭州市上城区属各学校的4 006名小学生的身体状况进行调查,发现营养不良症患者竟高达44.4%。于是,娃哈哈公司捕捉到了一个拥有3亿多潜在消费者的儿童营养饮品的巨大市场商机。在品牌设计方面,“娃哈哈”作为一种儿童营养饮品的品牌,它以极为个性化的魅力吸引了广大少年儿童。从生理上说,娃哈哈3个字的韵母都是a,而a是婴儿最易发、最易模仿的音;从心理上讲,“哈哈”是笑声,能立即引起孩子们的好感,尤其是许多孩子乃至他们的父母,都会唱一只旋律动听的儿童歌曲:“我们的祖国是花园,花园的花朵真鲜艳,和暖的阳光照耀着我们,每个人脸上都笑开颜。娃哈哈,娃哈哈,每个人脸上笑开颜。”“娃哈哈”充满了浓郁的民族气息,同时配合可爱的娃娃形象,得到了广大少年儿童的喜爱。因此,“娃哈哈”一出现,作为以儿童为目标市场受众的品牌就立即与孩子们的心灵沟通了,这使该产品很快热遍大江南北。

2.适当的品牌延伸与推广

娃哈哈的品牌延伸阶段:①从液态奶到果奶;②突入纯净水;③进入软饮市场,挑战“两乐”;④拓展童装市场。从娃哈哈的成长和发展的进程看,娃哈哈走出了一条适合自身的品牌延伸之路。所谓的品牌延伸就是借助原有品牌建立起来的质量或形象声誉,将原有品牌的名称用于产品线的扩张或推出的新的产品,它是企业在推出新产品时通常采用的策略,也是企业品牌资产利用的重要手段。品牌延伸在推动企业进行新产品开发和增强企业品牌的影响力发挥着重要的作用。

1)从营养液到果奶:巩固形象

“娃哈哈”品牌诞生于1989年。宗庆后在当时发展迅速的保健品市场上发现了一个市场空白——儿童市场,遂开发出以“给小孩子开胃”为诉求的儿童营养液产品,并起名为“娃哈哈”。1992年,娃哈哈又开发出第二个产品——果奶。虽然当时市场上已存在不少同类产品,但凭借娃哈哈营养液的品牌影响力,再加上两年来建立的销售渠道和规模生产的优势,果奶上市并没遇到什么困难,一度占据市场的半壁江山。显然,这次品牌延伸,由于目标市场没有变,新产品的核心诉求“有营养,味道好”和营养液切合度非常高,得到大部分业内人士和第三方咨询专家的认同。

品牌包含两个层面的利益,基于核心产品价值的产品利益和基于产品延伸价值的形象利益。在儿童营养液时代,娃哈哈品牌的产品利益就是“营养饮品”,其形象利益就是“给小孩子开胃”。而延伸出的果奶产品,在产品利益上和“营养饮品”是一致的,只是其形象利益更突出“有营养”和“好味道”,和“给小孩子开胃”基本属于一类诉求点,更是对后者在内涵上的丰富。所以,从理论上看,这次品牌延伸不存在和原来品牌利益的冲突,是成功的。而且,目标市场仍聚焦于儿童群体,是稳健的“New Product, Old Market(新产品原市场)”策略。从市场结果看,虽然当时市场上已有不少同类产品品牌,但娃哈哈果奶仍然取得了成功,占据了一半以上的市场。除了在销售渠道和生产能力上得益于在儿童营养液上的积累,娃哈哈品牌的力量在这次新品上市战中得到了最充分的发挥。

而这次品牌延伸更重要的意义是突破了娃哈哈品牌单一产品的状况,并巩固了娃哈哈作为一个强势儿童营养饮品品牌的地位,使品牌形象更为丰满。自此,“儿童的”“营养、健康”真正成为娃哈哈品牌的核心价值。而且,从娃哈哈后期的发展来看,此时的娃哈哈作为一个儿童营养饮品或者说一个儿童产品品牌的形象是最清晰和最强大的。

2. 突入纯净水:价值转型

经过两年多立足“营养液”和“果奶”的发展,羽翼渐丰的娃哈哈的扩张欲望变得更加强烈。在扩张道路上,娃哈哈有两个最清晰的发展方向:一是向儿童产业的其他产品发展;二是向其他饮料产品发展。但显然,娃哈哈在发展战略路径的选择上更多的是基于硬件资源上的考虑,比如生产线、技术积累、现有渠道等。正如宗庆后所说:“不管是生产线、研发力量,还是销售网络,当时我们的实力都更适合于向关联度更高的饮料行业突破。”这是娃哈哈进入纯净水领域的根本原因,和当时中国企业大多受制于实物资源的状况是相一致的。在品牌等软资源上,娃哈哈显然考虑不多。当娃哈哈决定进入成人饮料市场,并延用“娃哈哈”品牌生产纯净水时,受到了几乎一边倒的非议。一个儿童品牌如何能打动成人的心,是娃哈哈面临的最大挑战。针对这个垂直性的品牌转型,很多人认为此举并不能利用娃哈哈原有的品牌优势,只会让品牌个性变得模糊,建议娃哈哈应该采取多品牌战略。但考虑到创造新品牌所涉及的巨额推广费用(估计每年要在1~2亿元)以及娃哈哈当时的资金情况,宗庆后毅然坚持了品牌延伸之路。相应的,在广告宣传上,娃哈哈纯净水淡化了原先的儿童概念,采用了“我的眼里只有你”“爱你等于爱自己”等宣扬年轻、活力、纯净的时尚感觉,寻找在成人特别是年轻人心中的品牌认同。

先不论这次的延伸是非对错,可以说,此次品牌延伸的得与失是最为复杂,而难以衡量的。娃哈哈依托纯净水使企业规模和实力都完成了一次飞跃。基于当时娃哈哈的规模和实力,支撑两个全国性品牌无疑在资源上无法保证。所以,宗庆后的决策无可厚非,是一种虽和品牌发展理论相背,但务实的道路。企业实力的飞升自不用说:纯净水项目为娃哈哈积累了数十亿的资产,并形成了强大的生产能力和销售网络。从品牌角度来看,借助于纯净水的成功,娃哈哈作为一个全国性强势品牌的地位最终确立下来,其影响力今非昔比——这就是最大之得。另外,娃哈哈成功实现了品牌核心价值的改变,从"健康、营养"的儿童营养饮料品牌转变成"时尚、浓情"的成人饮料品牌。从品牌内涵和可扩展性来看,娃哈哈无疑有海阔天空之感。但从时尚来看,品牌冲突严重,品牌核心几乎推倒重来,品牌价值流失巨大。

首先,娃哈哈的产品利益完全改变了。虽然从广意上说娃哈哈产品仍然在饮料领域,但这个范围定义得过于宽泛。娃哈哈赖以起家和立身的"营养液"和新产品"纯净水"毕竟是两种差别极大的饮品。而且,在中国人心目中,"营养液"更贴近于保健品的概念,而不是饮料。幸亏中间有"果奶"过渡,才使产品利益冲突略有缓冲。

其次,形象利益也在矛盾重重中面目全非。在纯净水推广的前期,娃哈哈果奶的广告同样也在热播。当"有营养,好味道"和"我的眼中只有你""爱你等于爱自己"同台亮相,当一群闹哄哄的小孩子和景岗山等明星相遇时,娃哈哈的品牌形象混乱不堪。一方面,产品功能诉求发生了迁移。纯净水虽然勉强和"健康"挂上钩,却完全抛弃了"营养"的价值理念。这是对娃哈哈五年多建立起来的品牌功能形象的放弃。另一方面,目标消费群的改变从根本上改变了娃哈哈的品牌形象,最终造成品牌核心价值的完全改变。娃哈哈从一个儿童品牌变成一个成人品牌,品牌形象也从"活泼可爱"向"时尚""情感"转变。这一转变是最令人痛心的损失,娃哈哈品牌的儿童性开始了不断淡化的过程,其两年多建立起来的品牌价值在迅速流失。可以说,纯净水的成功是以娃哈哈原来巨大的品牌价值流失为代价的。

总之,娃哈哈抓住了1995年纯净水市场的大发展时期,在市场竞争尚不激烈且不存在强势品牌时顺势而起,在品牌大洗牌中最终崛起。虽然这一成功付出了巨大的代价:娃哈哈品牌的儿童概念受到了纯净水时尚形象的有力打击,娃哈哈的童趣形象除了品牌本身的名称外,所剩无几。但"发展是硬道理",以品牌的再造(或者说局部污染)换来企业的大发展,解决了企业发展中的主要矛盾和问题(生存和资源的问题),显然是企业家明智的选择。也许,告别"童年"应该是娃哈哈义无反顾走下去的不归路。

3)挑战"两乐":隐性延伸

经过在纯净水上的胜利转型,娃哈哈的成长欲望并没有得到满足。1998年,娃哈哈毅然杀入碳酸饮料领域,推出了"非常可乐"。娃哈哈使用了"娃哈哈·非常可乐"的联合品牌,在宗庆后看来,是品牌延伸和多品牌战略的相互渗透,能同时提升两个品牌的影响力。在品牌专家眼中,这是品牌延伸中较为稳妥的方法之一,即隐性品牌(Hidden Brand)战略,类似于丰田在高档车上推出"凌志"品牌,其实是一种准多品牌战略。

如果从品牌战略上考虑,杀入碳酸饮料业务,娃哈哈完全可以采用单纯的品牌延伸策略,何必用信心不足的"隐性品牌延伸"。因为,从产品利益上来看,纯净水和可乐天然属于典型的饮料产品,产品利益非常接近;同时,在形象利益上,娃哈哈品牌经过在纯净水产品上多年的推广,已经开始建立起"时尚、健康"的形象,这和可乐产品的一般形象利益是切合的,只不过在"运动性"上有所不足。显然,娃哈哈失去了三年前的勇气,拿"娃哈哈"品牌冒险毕竟不是件轻松的事,成功在有的时候确是一种负担。除了勇气之外,更重要的是,娃哈哈已是一个有数十亿资产的大企业,积累了大量的现金和资源,和1995年时不可同日而语。

资源的保障使得娃哈哈完全有能力建立一个新的全国品牌,以分担风险。另一个重要的潜在原因是宗庆后当时就有重新发掘娃哈哈品牌儿童概念的想法,而不愿意再进一步淡化其童趣意味。

总的来说,“非常可乐”在挑战“两乐”战役中的小胜是娃哈哈营销战略上的胜利,与品牌战略关系不大。但如果从品牌战略上来细析这次操作,宗庆后实际上丧失了一次进一步提高“娃哈哈”品牌影响力的机会,该延伸时却手软了。唯一可以自慰的是,娃哈哈得到了一个侧翼的“非常”品牌,其旗下除“非常可乐”外,还拥有“非常柠檬”“非常甜橙”“非常茶饮料”等补充品牌。在“时尚、健康”之外用“非常”品牌开拓新的品牌内涵也是一个可以接受的选择。

4)拓展童装:“回头草”不存

2002 年 8 月,娃哈哈开始向童装领域进军,显然“好马要吃回头草”。但在质疑声中成长起来的娃哈哈显然没有经受起这次考验——800 个专卖店的建立、两亿元的销售额和巨大的投入不相匹配。

显然,宗庆后忽视一个重要事实:经过了七八年来的发展,娃哈哈已经不是 1995 年的那个雄霸一方的儿童品牌,而是一个时尚的饮料品牌,其儿童性基本上荡然无存了,虽然其一直没有放弃果奶等儿童产品。另外,从“饮料”到“服装”,品牌的产品利益也不切合。也就是说,娃哈哈品牌无论是产品利益(饮料),还是形象利益(时尚),都已无法和童装相切合。也许有人会谈到百事同时在可乐和服装上品牌延伸,但“运动、时尚”是连接两者的有力纽带。虽然娃哈哈也在童装上强调“健康”,但此“健康”非彼“健康”,无法实现与原品牌形象的嫁接。而且,在服装上使用“健康”概念多少有点牵强,且这一被泛用的概念也缺乏核心的号召力。

另外,从“营养液、果奶”到“纯净水”的成功,不但不能成为从“纯净水”到“童装”的成功案例,反而更加说明后者的失误和大意。最重要的是市场发展阶段不同了。所谓“时势造英雄”,娃哈哈 1995 年能顺利切入纯净水市场是和当时的“时势”相关的——竞争不足又无强势品牌,市场正处于大发展时期,消费心理不成熟且狂热。2002 年,市场环境大为改变,市场竞争极度烈化,消费者心理成熟而难以把握,价格敏感度高。虽然童装市场依然没有一呼天下应的主导品牌,但现存竞争者多年比拼已建立起相当的进入壁垒,特别是潜在的无形壁垒,如市场运作知识的积累。

另一方面,当初娃哈哈生产纯净水时,现有资源的可利用度很高。而童装产品很难利用娃哈哈多年积累的资源优势,最明显的,让纯净水的经销商卖童装就是一个错误。

而最为关键的是,推出童装简直是对旧品牌价值的复辟,是对现有娃哈哈品牌核心价值的颠覆。这对于娃哈哈品牌的伤害无法估量。纯净水和童装之间很可能是一种此消彼长的关系。此时对娃哈哈的建议是:忘记自己的“童年神话”,在“成人”的道路上义无反顾地走下去。

战略就是选择。选择的意思就是要得到一些东西,必须丢弃另一些东西。品牌延伸战略就是对品牌专注的舍弃,是对品牌规模效应的追求。并且,品牌战略只是企业战略的一部分,是企业众多难为问题之一,任何涉及品牌的决策都不能单纯从品牌的角度来推断。目前娃哈哈也在尝试进入其他市场,并已经开始启用新的品牌,例如娃哈哈的大厨艺方便面正式在杭州、上海、徐州等地开始试点销售。

5.6.4 小结

娃哈哈这个中国饮料界的航空母舰战斗力已愈益强大,“娃哈哈”已经成功地创建了一个深受中国消费者喜欢的著名品牌。

“什么产品是中国老百姓最需要的？什么样的产品老百姓买得起？什么口味老百姓最喜欢？怎样才能使老百姓最满意？”始终是娃哈哈开发产品时最关注的问题。宗庆后认为,要生产真正有使用价值的产品,做大众化品牌;确立起娃哈哈代表健康、快乐的形象,让娃哈哈产品遍布全国各地,消费者在什么地方都能看得见、买得到而且消费得起,真正做到“想消费者之所想,急消费者之所急”。

随着品牌知名度越来越高,以儿童饮料起家的娃哈哈踏上了近乎“疯狂”的品牌延伸之路,于是便有了娃哈哈儿童营养液、娃哈哈饮用水、娃哈哈罐头,甚至出现了娃哈哈童装。如果说娃哈哈早期的品牌延伸因市场竞争不太激烈表现还算良好的话,那么后来的品牌延伸就不太理想了,比如娃哈哈童装就出师不利,最终退出了市场。娃哈哈在食品饮料行业还有漫长的路要走,在前进的路上,行业竞争,行业危机是摆在宗庆后带领的娃哈哈人面前的考验,怎样充分发挥自身的品牌优势,发掘传统产业的新价值,我们对娃哈哈拭目以待。

[**启发思考题**]

1. 品牌延伸之路怎么走,有关品牌专家认为,不是品牌能不能延伸的问题,而是如何延伸的问题。娃哈哈品牌延伸战略的成功之处是什么?

2. 娃哈哈的发展精髓是什么？随着时间、地点、人等消费环境的改变,娃哈哈的经营管理怎样不断创新?

3. 结合自身情况举例说明如何爱护自己的品牌。

[相关附录]

附录1　娃哈哈品牌产品

娃哈哈品牌产品如图4-61所示。

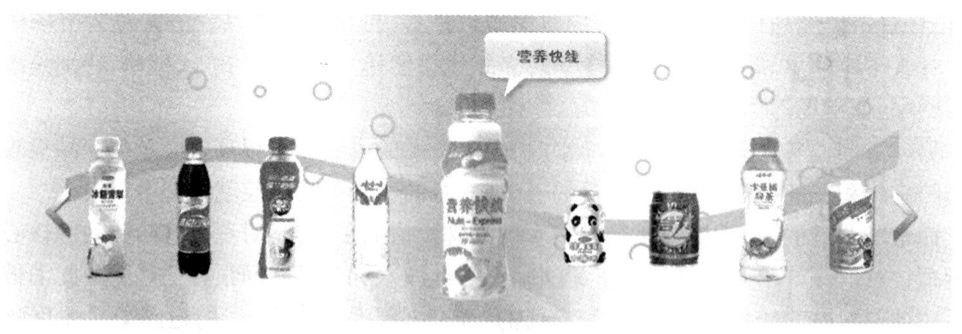

图4-61　娃哈哈品牌产品

附录2　娃哈哈社会责任

娃哈哈社会责任如图4-62所示。

社会责任

娃哈哈从校办企业起家，24年来一直来对社会公益事业倾尽全力。在以宗庆后为核心的高层领导的带动下，始终弘扬由集团公司使命和愿景延生而来的“产业报国、泽被社会，让爱无所不在”公司理念，积极投身各类社会公益事业。

产业报国

食品安全

科技创新

家文化

图4-62 娃哈哈社会责任

5.7 宜家在中国——宜家支持企业战略的物流模式

摘要:IKEA(宜家)是20世纪中少数几个令人炫目的商业奇迹之一,自1943年初创,从一点“可怜”的文具邮购业务开始,经过不到60年的时间就发展到在全球共有298家连锁商店,分布在26个国家或地区,雇佣了13.9万名员工的“庞然大物”。本案例认为,宜家,这个来自瑞典的家具商曾经成为影响中国人家居生活的重要符号,它在零售方面的成功得益于背后供应链物流系统的巨大支持。宜家在中国市场的价格是全球最便宜的,但最便宜的销售价格必须以较低的物流成本为基础。

关键字:管理,物流,品牌

5.7.0 引言

2004年4月5日,瑞典媒体报道了一条惊人的财经新闻——雄霸世界富豪榜榜首10年的比尔·盖茨已经被一个瑞典人超过了,这个瑞典人就是家具制造商宜家公司创始人英瓦尔·坎普拉德。自此,英瓦尔·坎普拉德和宜家吸引了世界人民的眼球,大家对这个不太熟悉的名字充满好奇。

宜家家居1943年创建于瑞典,“为大多数人创造更加美好的日常生活”是宜家公司自创立以来一直努力的方向。宜家家居品牌始终和提高人们的生活质量联系在一起,并秉承“为尽可能多的顾客提供他们能够负担,设计精良,功能齐全,价格低廉的家居用品”的经营宗旨。

在提供种类繁多、美观实用、老百姓买得起的家居用品的同时，宜家努力创造以客户和社会利益为中心的经营方式，致力于承担环保及社会责任。今天，瑞典宜家集团已成为全球最大的家具家居用品商家，销售主要包括座椅/沙发系列、办公用品、卧室系列、厨房系列、照明系列、纺织品、炊具系列、房屋储藏系列、儿童产品系列等的约 10 000 个产品。

5.7.1 宜家公司的经营战略分析

1. 宜家公司的核心战略层面的分析

宜家公司核心战略主要探讨公司选择进入哪些领域，在这些既定领域内如何参与竞争，即在何处以及不在何处竞争的问题。

1）宜家公司经营宗旨

“为大多数人创造更加美好的日常生活”是宜家公司的努力方向。“为尽可能多的顾客提供他们能够负担，设计精良，功能齐全，价格低廉的家居用品”是宜家的经营宗旨。宜家品牌始终坚持以提高人们生活质量为已任。

2）产品/市场

宜家公司在全球范围内为那些年轻的中等收入家庭服务，其产品定位于“低价格、精美、耐用”的家居用品，强调产品的“简约、自然、清新、设计精良”等独特风格，其产品系列包括办公、卧室、厨房、照明、储藏等 10 000 多种。为与市场匹配，宜家以欧美发达国家为主导市场，逐渐辐射、渗透到发展中国家的一线城市。

3）差异化基础

宜家公司奉行总成本领先与差异化战略并举，不断提高性价比和价值创新水平，以低价格传递独特价值；宜家公司运用“逆向思维”率先实施“模块导向”设计与生产，家具大规模生产和物流得以实现；宜家公司开创了“体验式、开放式营销”样板间展示产品的现场效果。

2. 宜家公司的战略资源分析

战略资源主要识别制定战略和实施战略的内部条件，是企业构建和维系竞争优势的基础，是企业间绩效差异的主要来源。宜家公司战略资源层面的分析如下。

1）核心竞争力

宜家公司的核心竞争力由高效的成本控制、卓越的研发设计和协调的支持体系共同构成。成本控制是宜家的核心优势之一，是宜家强化供应链管理的目标，宜家重视供应商选择与评价、引导顾客自助服务与参与；设计能力是宜家的核心技术，是宜家整合产业链的关键，宜家坚持产品自主设计和专利保护；内部体系是宜家的价值创造基础，规范化的管理模式、高效的组织设计与协调以及专业的活动服务支持平台，有力提升了成本控制和研发设计能力。

2）战略资产

宜家拥有独特的渠道资产，包括众多供应商和自己专有或授权销售店，宜家在渠道中控制权较强。宜家拥有优质的人力资产，这些价值观一致、技能丰富的众多国际化人才，是宜家创意和发展的不竭动力。宜家拥有大量的专利资产，基于资本和积累的专利及专有知识，构成了研发的优势。宜家拥有无与伦比的品牌资产，作为全球最大的家具产品运营商，其公司形象和品牌价值较难复制。

3）核心流程

宜家的产品设计制造流程是根据市场价格倒推产品设计，产品开发团队由设计师、产品开发员及采购人员组成，一起讨论产品设计、所用材料、供应商选择，确保以最快的时间、最低的价格、最高的质量供应产品。

4）宜家的物流配送运输流程

宜家对世界各地的供应商发出订单之后，“平板包装”产品由物流公司运送到中央仓库，然后经由配送中心有序地发派到各门店，最终由顾客自行装运、自行组装，在IT技术支持下物流链运转极为顺畅。

5）自我选购销售流程

宜家没有亦步亦趋的服务人员推销产品，顾客根据目录册、价签、说明等自行挑选，以免费的纸张和笔记录中意的产品，然后到仓库自己取货、搬运回家。整个销售过程让顾客轻松自在，充分体会到DIY的乐趣。

著名管理学大师彼得·德鲁克认为：“当今企业之间已经不是产品竞争，而是经营模式的竞争。”创建并运行符合战略逻辑的经营模式，已经成为现代企业划分市场区隔、构造资源体系、走出竞争困境并最终获得成功的重中之重。图4-63具体描述了宜家公司经营模式整合图。

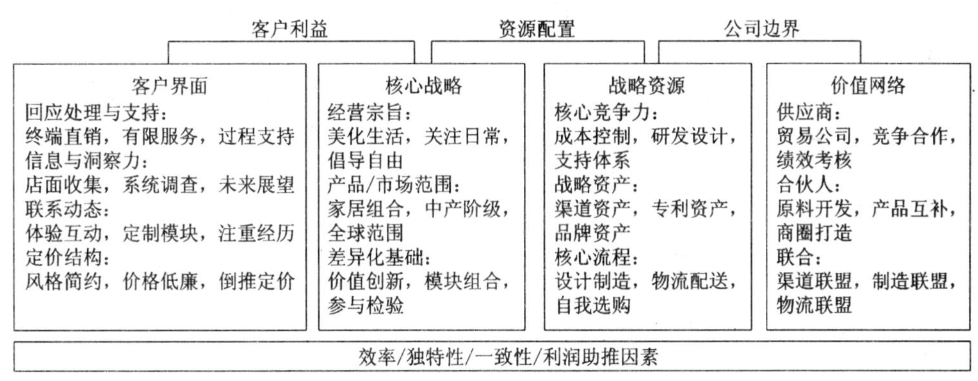

图4-63 宜家公司经营模式整合图

5.7.2 宜家的物流配送战略分析

将“物流与企业的战略相对应”的思想称为“战略性物流”，明确物流的战略性地位的是美国的马丁·克里斯托弗（Martin Christopher）。克里斯托弗在他的著作《战略性物流管理》中对这一问题进行了全面的论述。他对物流的评价分为战略性标准和战术性标准。所谓战略性标准是指“物流系统对企业战略的适应程度”。所谓战术性标准就是作业标准，是指对设施、运输、仓储、保管、装卸等活动和计划、成本费用、改善对策等方面的管理。物流在企业总体中，首先是决定它的方向性，然后提出物流的方式选择，再按成本费用和系统两个方面进行选择，这就是物流战略，物流战略是指为寻求物流的可持续发展，就物流发展目标以及达到目标的途径与手段而制定的长远性、全局性的规划与谋略。图4-64描述了物流战略与企业战略计划之间的关系。

1.宜家产品供应链结构

宜家家居用品零售业巨人的正常的运转和飞速扩张，是靠着庞大而高效的供应链来维系和支撑的。宜家的供应链管理致力于在一个供应商、制造商、销售商和顾客组成的网络结构中进行高效集成和有序的控制。因此一条复杂、敏捷而高效供应链，几乎可以被视为是宜

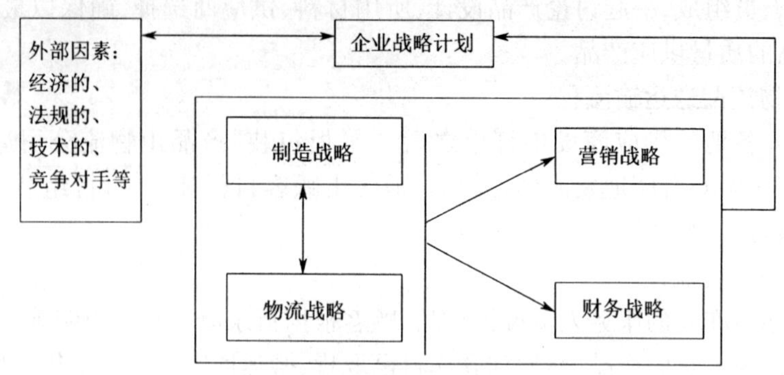

图 4-64　影响企业战略的因素

家的生命线(如图 6-65 所示)。事实上这也是每一家成功企业不可复制的共性。

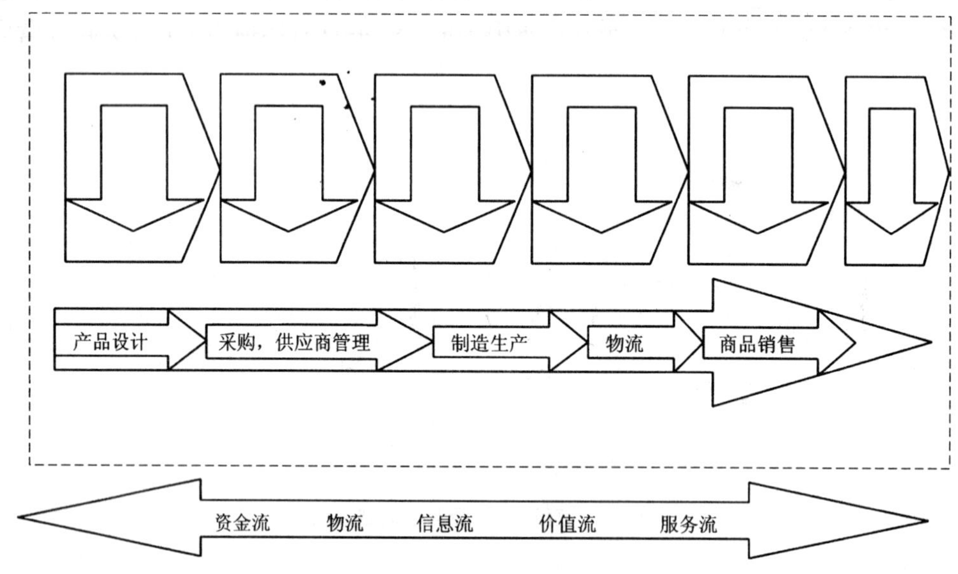

图 4-65　宜家供应链运行结构

2. 物流配送中心的中枢——信息系统

宜家 DC008 有一套完善的信息系统,它是整个宜家配送中心运作的核心。这套系统是宜家和软件供应商一起开发的,比较符合宜家的特点。需要订货的商店通过自动订货系统进行订货。如果订单被确认,系统会把相应的信息传递到仓库的数据管理系统,仓库的电脑控制系统就会自动按订单完成取货,整个订货过程不需要人工参与。

完善的仓库作业安全管理系统能够在作业过程中出现差错时发出警告,以确保现场高效准确的运作。仓库管理系统的另一个重要作用就是可以进行良好的库存面积管理。系统将仓库的每一个位置进行编号,以便通过电脑迅速而准确地找到指定位置。为了保证适当的周转速度,系统会留出 15% 的空位。此外,系统还会依据不同的编号对货物进行分区库存管理,由于货物的性质以及客户的需求不尽相同,系统会根据相关的数据信息和系统算法,确定货物出库的先后顺序,找出最合适的货物存放位置。

3. 物流配送中心的员工管理

宜家实行员工终身雇佣制度，每个员工都必须经过固定的培训，在两年内要有在仓库所有岗位工作过的经历。所以在宜家工作的员工平均每两周就更换一次工作岗位。同时，宜家公司每3个月对全体员工进行体检，以保证员工的身体健康。

此外，宜家还为员工提供了很多发展机会，鼓励员工不断学习，让他们参与到物流配送中心的管理中来，使表现突出的员工可以通过网络申请高一级的工作。

4. 宜家的采购模式

宜家的采购模式是全球化的采购模式。宜家的产品是从各贸易区域(Trading Area)采购后运抵全球26个分销中心再送货至宜家在全球的商场。宜家的采购理念及对供应商的评估主要包括4个方面：持续的价格改进，严格的供货表现、服务水平，质量好且健康的产品，环保及社会责任。

宜家贸易代表处的工作人员根据宜家的最佳采购理念评估供应商，在总部及供应商之间进行协调，实施产品采购计划，监控产品质量，关注供应商的环境保护，社会保障体系和安全工作条件。如今，宜家在全球53个国家有大约1 084个供应商。2008年12月30日，世界权威的品牌价值研究机构——世界品牌价值实验室举办的“2008世界品牌价值实验室年度大奖”评选活动中，宜家凭借良好的品牌印象和品牌活力，荣登“中国最具竞争力品牌榜单”大奖，赢得广大消费者普遍赞誉。

周密的管理体系更重要的作用是让宜家拥有了高效率、低成本运转的供应链，这是宜家可以像沃尔玛那样在零售领域出色的特征之一。

为了自己可以控制产品的成本、取得最初定价权，并且控制产业链的上游，宜家一直坚持自己设计所有产品并拥有专利，所有的100多名设计师在设计新产品的时候激烈竞争，竞争集中在同样价格的产品“谁的设计成本更低”，这甚至包括是否多用了一颗螺丝钉、麻绳或者更经济地利用一块塑料板等等。

所有的产品设计确定之后，设计研发机构将和宜家贸易代表处共同确定哪些供应商可以在成本最低而又保证质量的情况下，生产这些产品。所有的供应商会展开激烈竞争，得分高的供应商将得到“大订单”的鼓励。通常，宜家为更大量地销售某种产品，会降低价格，这必然会进一步降低生产成本，许多供应商当然也会被迫提高生产效率，压低生产成本。所以，劳动力成本更加低廉的供应商会大量出现在宜家的名单上，中国就是其中之一，它是宜家最大的采购国(占采购总量的15%)。

所有的供应商接到宜家贸易机构下达的订单之后，都会努力工作并保证按时交货。实际上宜家为其所有的供应商设定了不同标准和等级，并且时常去考核它们。

宜家严格地控制着物流的每一个环节，以保证最低成本。1956年开始推行至今的“平板包装”就是为了降低运输成本和提高效率，而且节省了大笔产品组装的成本。为了进一步降低运输成本，公司还不断在产品上做文章，这包括适合货盘大量运输的杯子，或者抽掉空气的枕头。宜家把全球近20家配送中心和一些中央仓库大多集中在海陆空的交通要道，以便节省时间。

这些商品被运送到全球各地的中央仓库和分销中心，通过科学的计算，决定哪些产品在本地制造销售，哪些出口到海外的商店。每家“宜家商店”根据自己的需要向宜家的贸易公司购买这些产品，通过与这些贸易公司的交易，宜家可以顺利地把所有商店的利润吸收到国外低税收甚至是免税收的国家和地区。

因此,整个供应链的运转,从每家商店提供的实时销售记录开始,反馈到产品设计研发机构,再到贸易机构、代工生产商、物流公司、仓储中心,直至转回到商店。当然这套供应链的运转,是在宜家服务集团的支持下才能完全奏效的。例如服务机构下面的物流部门才能清楚地知道商店的货物状态(何时缺货或者何时补货等等)。"新加坡的亚太区 IT 中心,保证了整个地区的系统稳定。"宜家中国公司公关经理许立德说。

供应链的高效率和低成本成为明显的优势,这直接决定了宜家可以在必要的情况下降低价格,促进销量。

5.7.3 宜家在物流成本管理上与企业战略相匹配

销售物流是指生产者至用户或消费者之间的物流。包括生产成品的库存管理、仓储、发货运输、订货处理与客户服务等活动。以前,生产企业主要把精力放在产品制造、开发和销售上,对产品流通中的物流较为淡漠。批发业者在接受零售商的订货后,再实施备货、装卸、配送等物流机能。因此,生产企业必须直接建立企业到零售商的物流系统以减少中间环节,提高终端市场上的竞争力。

流通过程中介太多,过于复杂,将不利于厂商正确把握商品在库或在途情况,从而形成非效率的物流系统。相反,直接建立企业到零售商的物流系统,能使厂商迅速把握产品销售状况的同时,确切了解商品的在库情况。

高效的销售物流系统应做到:

(1)在适当的交货期,准确地向客户发送商品;

(2)对于顾客的订单,尽量减少商品脱货;

(3)合理设置仓库和发货中心,保持合理的商品库存;

(4)使运输、装卸、保管和包装等操作省力化;

(5)维持合理的物流费用;

(6)使订单到发货的情报流动畅通无阻;

(7)将销售额情报迅速提供给采购部门、生产部门和销售部门。

企业在产品制造完成后,需要及时组织销售物流,使产品能够及时、准确、完好地送达客户指定的地点。物流成本主要由物流运作成本、物流相关成本、存货保有成本和反向物流成本构成(如图 4-66 所示)。现今阶段,家具行业物流成本结构的不合理主要表现在:重复建设造成物流成本增加、不合理库存引发物流成本增加。家具企业都在朝着做大做强的方向发展,多品种、小批次生产成为家具企业为迎合市场的必然选择,采用规模采购以降低成本。家具市场明显淡旺季,给采购、制造、库存、运输带来重重困难,给企业造成很大的资金流通压力。家具行业的物流成本占国内综合行业物流成本的比重较大,目前,是家具行业物流面临的重要问题。

宜家家居具有鲜明的产品物流特色,如全面采用平板包装和组装分开计价等。宜家家居在降低物流成本方面采用新的物流理念,可以分为以下三个方面。

1)减少仓储设备

宜家家居要求供货厂商把大多数的货物直接送到自选商场,省略中间的仓储存放和搬运工作,针对必须转运的货物,宜家也做了许多改善之处。比如,减少货物转运次数,目前 1 立方米的货物,处理次数可以达到 8 次,目标是降低到 2.5 次。同时,宜家家居还加大力度

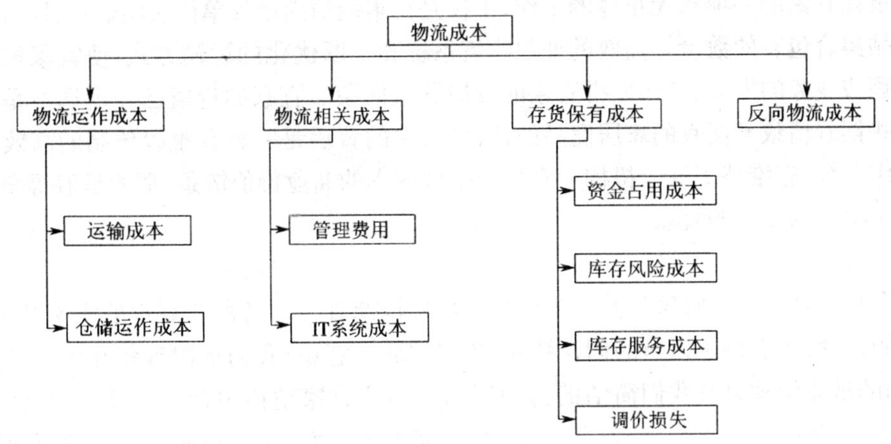

图4-66 物流成本的各部分构成

提高家居超市的面积,降低仓储面积。

2)采用密集运输以降低成本

宜家平均每年的货物运输量达2 100万立方米,船舶运输占20%,铁路运输占20%,公路运输占60%。宜家经过考察后发现改变送货方式可以降低物流成本。以德国境内的宜家为例,它的大部分供应商分布在远东、北美、北欧和东欧,这些供应商将货物直接送到Werne和Erfurt的集中仓库,其余100个供应商把货物直接送到展销中心。按照货物的体积计算,约有50%的货物是由供应商送到集中仓储中心,从那里每星期再分送到展销中心,另外50%的货物由供应商直接送到展销中心,例如大型床垫,或者是长木条等体积较大的货物。

主要的送货方式有三种。

(1)快速反应。根据展销中心的需要,直接在计算机上向供应商下订单,货物会在一至两周内由集中仓储中心送到展销场地。

(2)卖方管理存货。供应商每天收到其所生产的货物的存货情况,决定补货时间、种类和数量。

(3)直接通过计算机网络向国外的供应商订货,用40fT的集装箱集中海运到汉堡,然后由码头运输到各展销中心。

宜家所有产品都采用平板包装,可以最大限度地降低货运量,增加装货能力。目前,宜家不仅关注货品的单位包装数量,同时竭力多采用船舶和火车作为货运方式。因此,所有宜家仓库现在已连接于直通铁路网或货运港口。

3)降低整体运作成本

宜家家居针对特殊订单,成立地方性的服务中心。货物集中到离顾客最近的服务中心,然后再送到顾客手中。宜家没有自己的车队,其运输全部由外包负责,由外部承运代理负责运输。所有宜家承运代理必须遵从环境标准和多项检查,如环境政策与行动计划、机动车尾气排放安全指数等,必须达到最低标准要求。为了减少公路运输尾气成分二氧化碳的排放,宜家设法增加了产品的单位包装数量,并采用二氧化碳排放量少的货运方式。

目前,宜家已建立铁路公司,以确保铁路承运能力,提高铁路货运比例。增加产品单位包装数量是宜家的一项永无止境的工作,不仅是在集装箱内增加单位装箱数量,同时要考虑提高产品集合包装的数量。高效的外包物流系统和不断优化的运输方式,使宜家家居的物流能够顺应业务的发展,从而使得宜家的发展欣欣向荣。宜家的价值已经远远不是表面看到的那些摆着精致又便宜的家居商品的连锁店,它的背后是一整套难以仿制的高效精良的商业运作系统,它维持了这个机构一直高效率低成本的商业价值链条,那才是值得全球连锁零售公司学习的真实的宜家。

5.7.4 小结

宜家精神是什么?宜家创始人英格瓦·坎普拉德有一句名言:“真正的宜家精神,是依据我们的热忱,我们持之以恒的创新精神,我们的成本意识,我们承担责任和乐于助人的愿望,我们的敬业精神以及我们简洁的行为所构成的。”宜家精神包含在产品开发、销售点滴之中,类似武林高手的暗器,是宜家最神秘的市场利器,使你无法逃避。宜家的成功秘诀你是否还在探寻,宜家会得到我们更多的期待。

[**启发思考题**]

1. 宜家公司在中国的企业远景、使命及战略目标是什么?宜家集团在中国是如何实施物流配送的?

2. 宜家在西方国家发展起来的战略,搬到中国来行得通吗?宜家在中国的运营过程中面临哪些问题?为什么?

3. 结合本案例谈谈在实际工作中怎样做到供应链的高效率和低成本。

[相关附录]

附录1 宜家的中国发展历程

1973 年在中国采购商品销往欧洲市场。

1993 年在中国设立采购办公室(贸易公司 IKEA TRADING CO. LTD),大量采购中国内地商品,并销往世界。

1997 年在北京设立宜家中国零售办公室,宜家产品开始小范围在中国内地市场销售。

1998 年中国内地第一家宜家家居商店在上海开业,营业面积为 8 000 平方米。

1999 年北京第一家宜家家居商店开业。

2000 年宜家创始人英格瓦·坎普拉德首次来华考察,决定增加在华投资,2010 年之前再开设 12 家宜家分店。

2002 年中国首家宜家家居标准店在上海开始筹备。

2003 年中国首家宜家家居标准店(标准店面积为 28 000 ~ 35 000 平方米)在上海开业。

2005 年 10 月 12 日,宜家在广州的新店开业,这是宜家在上海、北京之后的第三个新店。

2007 年,宜家在北京建四家标准商场,在上海建第二座宜家商场。

2008 年上半年宜家家居深圳店开业。

2009 年 2 月 19 日,全球最大的家居用品零售商——宜家家居,继上海、北京、广州、成都、深圳、南京商场之后国内开设的第七家商场在大连开业。

附录2 宜家的中国官网定位

宜家中国官网定位如图4-67所示。

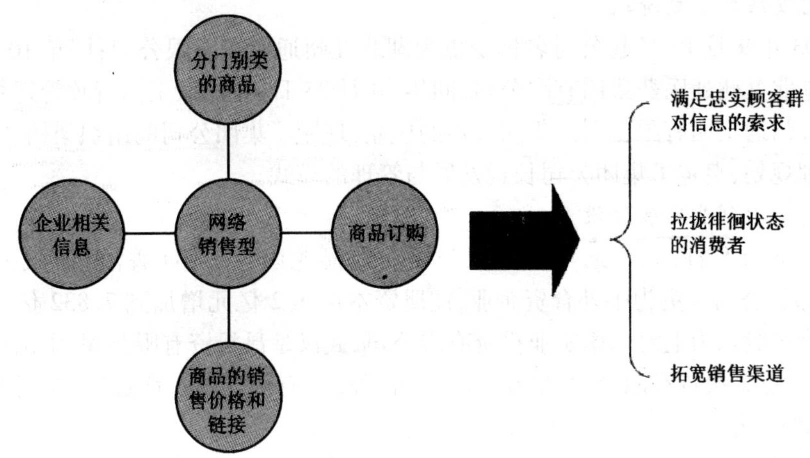

图4-67 IKEA中国官网定位

5.8 九州通医药集团股份有限公司——高效的物流战略

摘要:本案例主要描写了九州通医药集团股份有限公司的高效的物流管理实践,高效的物流管理来源于对物流中心的系统优化改进、对货物的调整以及优秀的管理措施和物流措施。本案例分析九州通公司高效的运营、良好的业绩是集团正确的发展战略指引的结果,清晰的信息化战略则是不可或缺的重要支撑因素。

关键词:医药流通,服务与市场,物流服务

5.8.0 引言

“做医药物流的同时,建立行业技术的生态系统,是医药物流行业发展的重要趋势。”九州通医药集团股份有限公司技术总裁谷春光说。所谓医药物流行业技术的生态系统,就是指不仅仅为上下游客户提供良好的物流服务,还要提供相关技术服务,比如为生产企业建造物流中心,提供物流中心的运营诊断与优化、搬家等方案,为医院提供良好的内部物流服务等等。谷春光说,我国有5 600家药品生产企业、1.3万家流通企业、38万家药店、40万家医疗机构。在2010年,我国有价值接近6千亿元的药品被送到全国的医院和药店。

如何把这些药品安全、及时、准确地送达客户,是医药流通企业最重要的职责之一。“关键是要有先进的物流技术和解决方案。”谷春光说,九州通2003年的营业额是15亿元,今年有望达到300亿元。10年增长了20倍,除了低成本高效率的业务模式之外,还有一个很重要的原因,就是关注现代的物流技术以及相关服务质量的提高。创始人刘宝林先生说,九州通医药集团股份有限公司已连续多年位列中国医药商业企业前列、中国民营医药商业企业第一位,入围“中国企业500强”。作为一家1999年才进入医药流通领域的企业,九州通医药集团股份有限公司如何能有今天的成就呢?

5.8.1 九州通发展背景

九州通医药集团股份有限公司的发展历程,大致分为四个阶段。

1.公司发展的探索阶段

从1999年3月9日成立武汉均大储运有限公司,1999年6月3日公司更名为武汉均

大实业有限公司，到2003年9月。这个阶段是公司发展的初创阶段，着重是为公司发展打基础的准备阶段，找准发展方向阶段。

2. 公司发展的规划阶段

从2003年9月19日起公司名称变更为湖北九州通实业有限公司；同年10月8日，公司更名为湖北九州通医药集团有限公司；同年10月23日，经国家工商行政管理总局核准名称变更为九州通集团有限公司。集团公司的成立，理顺了集团公司的组织架构、完成了集团公司的管理规划，奠定了集团公司长远发展与管理的模式。

3. 公司二次创业发展阶段

2007年8月8日，九州通集团有限公司获得狮龙国际集团（香港）有限公司投资的6 000万美元，公司变更为中外合资企业，注册资本由3.2亿元增加到7.832亿元。本次增资完成后公司股东为上海弘康实业投资有限公司、武汉楚昌投资有限公司、中山广银投资有限公司、北京点金投资有限公司、狮龙国际集团（香港）有限公司。增资后，九州通集团的发展大提速，2007年，全集团实现销售收入158亿元。

此时，九州通集团已初步形成以医药批发、医药物流、医药电子商务、医药零售连锁为核心业务的大型企业集团，集中体现出业务高度集中、医药物流发达、技术信息前卫、营销网络健全的竞争优势，连续三年入围中国企业500强；连续五年排名中国医药商业第三位；湖北民营企业第一位。

4. 股份改造与上市发展阶段

2008年九州通集团股份制改制，成立了公司股改与上市项目组，确定人员，组织分工，调动方方面面的资源，多次召开股改工作研讨会，对股改的可行性和必要性进行系统论证，并与中介机构通力合作，广泛交流与沟通，全面推进股份制改制的前期准备工作，包括名称核准、资产评估、财务审计、法律规范和股改方案设计等等。经过近半年艰苦、细致、紧张地筹备，公司股份制改造于2008年11月5日获得了湖北省商务厅的正式批准，标志着集团公司整体改制方案成功。

2010年11月2日上午九州医药集团正式在上交所挂牌上市，成为湖北省2004年至2010年，近6年来第一家登陆主板的上市公司。上市当日，省委常委、常务副省长李宪生等领导和嘉宾与九州通医药集团股份有限公司董事长刘宝林，副董事长刘树林、刘兆年，总经理陈应军等公司高层领导一同出席了九州通首次公开发行股票上市仪式，共同见证了这一历史性的时刻。目前，九州通已经形成以药品、医疗器械等产品批发、零售连锁、药品生产与研发及有关增值服务为核心业务的全国最大的医药商业流通企业之一，同时也是医药商业领域仅有的具有全国性网络的企业之一。九州通已连续多年位列中国医药商业企业前列、中国民营医药商业企业第一位，入围“中国企业500强”。截至2011年12月31日，九州通医药集团拥有总资产118.39亿元，注册资金14.2亿元，员工10 513人，下属公司70余家，直营和加盟的零售连锁药店776家。2011年，九州通医药集团实现营业收入248.39亿元，税费总额4亿余元。

5.8.2 九州通战略布局

1. 愿景与使命

九州通坚持“做中国医药健康产业最佳服务商”的企业愿景，九州通的愿景表明，公司在今后的发展过程中，将以中国为主要的发展区域，专注于医药健康产业的现代化和规范化，同时推动行业的合作和可持续发展；围绕主业，向经营规范、管理科学、业绩突出、股东回报率高、品牌形象领先的优质服务商不断努力。

九州通企业使命是“为医药健康产业提供高性价比服务”。医药健康产业是九州通的服务对象，高性价比是公司一直努力和追求的方向，公司将通过快速扩张网络覆盖面、利用现代技术和服务理念，降低流通成本、提高运营效率等，为上、下游客户提供高性价比的服务；将通过努力降低药价、规范企业运营环境、保证老百姓的用药安全等，最终让老百姓享受到高性价比的服务。

2. 物流发展战略

九州通继续专注于医药流通主业，致力于做强医药分销核心业务，精耕细作，精益求精，提高核心业务质量；做大医院纯销、中药材、医疗器械、零售连锁等战略业务，抢占市场、扩大规模，让战略业务成为公司经营突破点和利润增长点；积极推进物流技术营销、电子商务、国际贸易、原料药等新兴业务，明确发展方向和业务模式，合理利用资源，为公司业务发展和利润获得提供有力的支持。通过战略发展方式的创新，九州通在主营业务保持稳健发展的同时，也实现了战略业务和新兴业务的较快增长，从而拓宽了企业经济发展方式，为企业的可持续发展奠定了坚实的基础。

2001—2003 年物流技术探索阶段。成立专门的物流管理组织，规划、设计湖北、上海自动化仓库，建设湖北、上海自动化立体仓库。

2004—2006 年物流技术起步阶段。自主规划福建现代化物流中心，并成功实施，与冈村合作建设河南现代化物流中心，LMIS3.0 研发成功并实施，广东扩建并实施上线。

2007—2009 年物流技术飞跃阶段。湖北现代化物流中心改造完成，江苏现代化物流中心项目成功实施，新疆、重庆物流中心项目成功实施，大北京项目（北京、山东、沈阳）规划、建设并成功实施，LMIS4.0、LMIS5.0、WCS、TMS 研发成功，LMIS6.0 项目研发成功，并在山东公司成功上线。

3. 主要业务

1）核心业务

2000 年，九州通在国内开创的“低成本、高效率”的医药商业模式被中国医药界誉为“九州通模式”，并成为中国医药物流发展的主流模式，铸就了享誉中国医药行业的九州通品牌。

经过十多年的发展，目前九州通已拥有了完善的品种结构和丰富的客户资源，经营品种达 14 000 多个，上游供货商近 5 600 余家，下游客户 70 900 余家，取得了国内 240 多种药品的全国或区域总经销、总代理资格。至今为止，九州通已在全国 21 个省会城市设立了 21 家省级子公司（大型医药物流中心），在 27 个地级市设立了 27 家地市级分公司（地区医药物流配送中心）及近 400 个终端配送点，形成了覆盖全国大部分县级行政区域的物流配送网络。

为顺应中国医药市场的变革，九州通医药集团采取多方措施促进核心业务的增长，2011 年公司核心业务西药、中成药继续保持稳定增长，全年实现销售收入 225.07 亿元，较上年同期增长 16.06%。

2010 年以来，为顺应中国医药市场的变革，九州通医药集团确立了以医药分销为核心业务，以医院纯销、中药及中药材、医疗器械、零售连锁为战略业务，以物流技术营销、电子商务、制药、原料药、国际贸易等为新兴业务的业务组合战略；持续扩大和完善医药营销网络布局，不断为医药健康产业提供高性价比服务，努力将九州通打造成为中国医药健康产业最佳服务商。

2）战略业务

（1）医院纯销。2010 年公司成功上市后，九州通调整发展战略，将医院业务作为集团首要战略业务摆在极其重要地位，将其定位为集团寻求战略转型、提升行业竞争力的突破口。为更好的拓宽营销渠道、服务医院终端，九州通按照医院市场药品营销规则，将医院纯销与医药分销进行业务细分，在各分公司成立了医院事业部，对医院业务实行独立运营和规划，探索实施多种营销模式并行的营销策略，目前已初步完成了对全国医疗市场的布局。

（2）医疗器械。九州通医疗器械业务依托集团医药平台的优势，在各分公司建立有独立的医疗器械事业部，全面负责九州通医药集团医疗器械事业的运营与管理。截至目前全集团拥有专业的医疗器械运营人员 500 余人，下游客户 3 万多家，经营产品涵盖医疗耗材、家庭保健、计生用品、医疗设备四大类产品。

（3）中药及中药材。从 2000 年 7 月九州通成立中药业务部门至今，现已经发展成为由湖北九州通中药产业发展有限公司、湖北金贵中药饮片有限公司、罗田九州茯苓中药材有限公司、麻城九州通中药发展有限公司、恩施九州通中药发展有限公司、安国中药材有限公司、新疆和济中药饮片有限公司、湖北香莲药业公司、湖北九州通药用植物工程研究中心以及全国各省市分公司中药部等组成的庞大中药业务系统，并已覆盖中药材种植、科研、生产、销售等多个领域，逐渐形成了全产业链运作的模式。

（4）零售连锁。九州通医药集团零售连锁业务始于 2003 年 12 月。2010 年，为打造独特的零售连锁品牌，创新业务发展方式，九州通创立了“好药师”零售连锁品牌，并成立好药师大药房连锁有限公司。

3）新兴业务

（1）物流技术营销。凭借九州通一流的研发实力的技术团队和丰富的物流与供应链管理经验，公司面向医药健康行业先后开发了物流管理系统、医院管理系统、医疗机构管理平台、ERP 系统、集中采购管理平台等 20 余个软件产品，全部取得了自主知识产权，并形成了独具特色的物流管理、供应链管理、医院管理三大产品线，能广泛覆盖医药行业客户的信息化需求。

（2）电子商务。激烈的市场竞争，瞬息万变的客户需求以及行业管理的不断规范化，要求医药产业供应链中所有的参与者通过电子商务的形式更紧密地协同合作，挖掘价值，服务市场。九州通早在 2000 年就开展了医药电子商务业务，并创办了九州通医药网，并在同行当中率先获得《互联网药品交易服务资格证书》（B2B）。2009 年，北京九州通医药有限公司又顺利通过电子商务 B2C 的认证。

5.8.3 九州通物流战略规划

九州通医药集团已成为以西药、中药和医疗器械批发、物流配送、零售连锁以及电子商务为核心业务的股份制企业。

2003 年年底，刘宝林引入现代企业制度正式成立九州通集团，开始建立规范的法人治理和完善的组织结构，并适时提出了九州通第二次创业的战略定位，即以医药分销（批发）为主业，以医药物流配送、医药电子商务、医药零售连锁为主要经营模式，并为上下游客户提供差异化服务，辅以支持医药商业的相关产业。随后，立足武汉，先后在华南、华北、华东、西北等地成立10家医药经营公司，构成了以医药批发为经营核心，贯穿整个医药流通供应链的企业体系。刘宝林将眼光瞄向缺医少药的边远地区，通过乡镇卫生所、民营医院、单体药店、九州通大药房等终端销售网络，整合上下游客户资源，实行网络营销。目前，九州通集团已在全国建立了东北到大兴安岭、西北到帕米尔高原、南到天涯海角的100多个二级分销点，500多个药品零售終端，拥有上游客户1万多家，下游客户5万多家。营销网络涵盖了全国70%的行政区域，市场份额逐年扩大。

对如何降低成本，促进企业盈利，加快物流速度，实现中间环节的最低消耗等问题，刘宝林推行的是低毛利率批发的经营策略，在购进低成本的基础上实现销售低供价。齐全的品种不仅能适应各种类型客户的采购需要，对单一客户而言，同样能实现“一站式”购买，同时免去了客户东奔西跑的配货之苦；齐全的客户又为经营品种广开销路。低毛利率经营策略为现款现货交易模式奠定了基础，从不做遗留应收账款的假销售，这又使得九州通的资金利用率极高，降低了企业的财务成本。

九州通营建了三张网：上游供应网，下游分销网，自身的营销网，然后通过集团公司自主开发的电子商务模式将这三张网进行了有效的整合。为了打造中国医药物流第一品牌，不断提高企业应对市场的能力，刘宝林对世界一流的物流企业进行了实地考察之后，投入巨资在中国华中、华北、华东、华南、西北等地先后建设起大型现代化医药物流配送中心。几百万的药品订单，从客户接待、区域对应、开票付款、出库提货、托运配送整个过程，仅需1~2小时。对于这种快进、快批、快配的大市场、大网络、大物流、大循环的营销方式，业内人士称为“九州通现象”。

从2003年到2007年的五年时间里，刘宝林在确保企业生存的前提下，小心翼翼地实施着自己的扩张野心。截至2010年6月30日，九州通直接客户包括2.4万家二级及以下医疗机构或诊所、8 614家分销商、3.68万家零售药店及其他客户。九州通大药房采用加盟和直营两种方式。上述零售连锁企业共拥有744家药店，其中直营店80家、加盟药店664家。刘宝林用了不到5年时间就将九州通做到百亿市场。

公司的快速发展，意味着其快速扩张将需要大量的资金支持。其实早在2004年，九州通集团便开始与境外投资者进行了接触、谈判。2004年10月，九州通集团与香港惠发基金有了初步接触，经过层层深入了解，与惠发基金签订了协议。据悉，九州通能吸引战略投资者，也正是由于投资者看中了其在国内庞大的销售网络，希望日后能借力这一渠道。“此次引资也不仅仅是为了寻求资金合作，而是希望能借助国外成熟企业的经验来对集团进行全面诊断和介入指导，使企业得到更快速的成长。”刘宝林说。

之前九州通的私募股权基金的投资者主要是惠发基金、荷兰发展银行和德国发展银行。投资者以增资方式向九州通投资，并占合资后企业的29.63%股权。总募集资金6 000万美元。融资获得的6 000万美元，对于九州通集团壮大规模和上市的顺利完成无疑是一股强大的助推力。从2008年至2010年，九州通集团计划在全国范围内逐渐建立15家子公司、100家二级配送中心、5 000家连锁零售店，占领全国10%的市场份额，实现年销售收入过300亿元，而这些计划单靠九州通集团自有的资本运作显然是难以完成的。融资除了有资金的合作之外，九州通还希望通过此次融资和投资者有经营层面的合作，借助外资成熟的渠道，打开企业在海外的影响。

从商业运作模式来看，九州通基本脱离了传统的医药商业运作模式，其做法就是控制供应链的两头。一方面，通过大量采购以及与国内大型制药企业的长期合作，实现优惠进货。因为，就同一价格相同品种而言，单次购买量增大使得单位货物的成本降低，而购进量加大本身还会使价格下降。依据医药行业的惯例，针对不同年销售额的商业公司，厂家的药价折扣率会有所不同，大多是销售量递增折扣率递减。九州通强大的分销能力，使其赢得了很低的进货折扣率。此外，借助于良好的管理制度和信息平台实现了较强的价格谈判力。九州通医药批发网是国家首批批准的可以从事网上医药信息服务的公司，是服务于医药物流的专业网站。目前，全国有上千家药品生产企业给他们直接供货，采购的中间环节得到了有效的控制。同时，通过九州通医药批发网，能够有效地整合其所属的 7 家公司的上游的供应商信息、下游的分销客户信息，供应商、分销客户也能够通过网站及时了解九州通的相关动态信息。另一方面，从供应链的下游，从目标市场看，九州通对客户的定位也是十分独到，其主要的目标市场以其他药批和药店为核心，这样做的原因在于在目前医药体制尚未完善的条件下，医院特别是三甲医院拥有十分强大的价格谈判力，往往药品交易成本很高，而且由于流通秩序混乱，导致对医院的药品经销中，费用成本耗费很大，这不仅使医药分销企业难以形成大规模的经销能力，并且也不利于企业控制各种直接和间接成本。这反映在如今大多数经销企业虽然拥有十几个点的毛利，但是真正的纯利不到 1%，与此相对应，九州通虽然毛利只有 3% ~5%，但是却有 2% 以上的纯利，所以，九州通医药物流最大的特点之一在于牢牢抓住了供应链的两端，实现了采购和分销物流的创新。

九州通注重流程管理，其业务流程的整合能力非常强，这表现在从进货、核查、入库、仓储控制到出货，形成了顺畅的业务流程，客户到九州通任何一家公司都可享受到二楼开票、一楼提货的一站式服务。100 万元的药品，可能只需要 2 个小时，这样就避免了传统流程在时空管理上的低效率，为客户极大地降低了时间成本。

5.8.4 九州通物流战略创新及改进

1. 九州通的九大创新

九州通自主研发的 WCS(设备控制)系统也已成功实施，标志着九州通已经掌握了电子标签、分拣机、堆垛机、输送线等物流设备控制的核心技术。2009 年，集团物流总部已完成九州通最先进、支持业务最广泛、接口最完备的物流系统 LMIS6.0 的研发。

1)全面提前拣选

为实现拣货的同步性，在系统中实现了提前拣选的设计，保证了拣选的连续性。

2)无线台车系统

收货作业设计了无线移动台车系统，利用无线传输技术实现数据实时传递，减少作业动线。

3)自动化立库拣选

整货拣选、补货直接从立体库拣选到输送线，降低了搬运工作量，提高了整箱拣选、补货的效率。

4)PDA 支援拣选

零货拣选峰值时采用了 PDA 支援拣选，实现了在一个拆零区同时开展多个订单的拣选，提高了峰值时的订单处理效率。

5)笼车管理系统

笼车货位集结采用了系统自动控制的方式,提高了月台存储率与机动性,便于寻找,提高了配送装车的效率。

6)自动补货系统

系统自动下达补货命令,输送设备将药品送至对应的拆零补货区,作业人员扫描上架。

7)条码复核系统

零货复核采用了条码扫描系统,通过扫描药品条码实现品种识别,提高了复核效率,减少对熟练员工的依赖。

8)PDA复核

通过PDA复核系统,实时获得订单复核信息,快速准确地完成药箱复核,提高了复核的准确率和效率。

9)复核分拣系统

实现了拆零周转箱的自动合流,确保同一订单的周转箱合流及时复核。

2. 九州通的物流改进措施

线路最优化:结合GPS技术,车辆定位及时给予司机最佳路线提高效率。

仓储:药品批号管理,温湿度控制,环境卫生问题。

运输配送:供应链思想指导下满足客户需求,及时供应。医药物流配送中心,首先以自身配送为主,面对医院、零售药店和其他商业;二是吸引主要供应商并与他们建立网络伙伴关系,使物流中心成为其他药品的配送中心或中转仓库,扩大物流中心的功能;三是从配送药品扩大到医院、药店需要的相关产品的储存、配送。

第三方物流:利用与合作。

采购:快批模式的改进,企业合作。

信息化:加强条形码、GSP的管理和电子数据交换、管理信息系统以及射频技术、企业资源计划、全球定位系统和供应链管理等物流技术在医药现代物流企业中的应用,从而全面提高企业的信息化管理水平。

网络直销:利用网络,利用淘宝等网络平台销售药品,发展医药电子商务建立和完善营销网络和物流配送网络。

5.8.5 小结

目前,九州通医药集团已成功闯关国内资本市场。中投顾问医药行业研究员郭凡礼认为,目前,国家鼓励民营资本进入医药流通领域,备受瞩目的《2010—2015全国医药流通行业发展规划》草案已经完成。而从规划草案的内容来看,鼓励药品流通企业兼并重组,鼓励零售连锁业态的发展,培育国家级、地市级龙头航母企业,将成为“十二五”期间医药流通领域的工作重点,这必然给九州通带来发展机遇时,也让我们在今后从事物流分析得到了很大的启发。

[**启发思考题**]

1.“九州通”营建了三张网:上游供应网,下游分销网,自身的营销网。这样做的优势是什么?

2.在健全的营销网络和现代医药物流中心的支撑下,在成本控制和效率提升方面,九州通远远领先于国内同行,“低成本、高效率”的模式被中国医药界誉为“九州通模式”,简述什么是“九州通模式”。

3. 结合自身举例说明如何建立一个高效的物流中心。

[相关附录]

附录1　九州通医药集团股份有限公司简介

九州通医药集团股份有限公司是一家以药品、医疗器械、生物制品、保健品等产品批发、零售连锁、药品生产与研发及有关增值服务为核心业务的大型企业集团，是中国医药商业领域具有全国性网络的两家企业之一；已连续多年位列中国医药商业企业前列，中国民营医药商业企业第1位，入围中国企业500强；并于2010年11月2日在上海证券交易所挂牌上市（股票简称：“九州通”，证券代码：600998），是在中国医药商业行业处于领先地位的上市公司。

截至2012年12月31日，九州通医药集团拥有总资产148.04亿元，员工9 148人，下属公司80余家，直营和加盟的零售连锁药店875家。2012年，九州通医药集团实现营业收入295.08亿元，上缴税收近5亿元。

九州通医药集团拥有完善的品种结构和丰富的客户资源，经营品种达160 000多个，上游供货商5 600家，下游客户70 000多家，取得了国内131种药品的全国或区域总经销或总代理资格。至今为止，九州通医药集团已在全国22个省会城市设立了22家省级子公司（大型医药物流中心）、在29个地级市设立了29家地级公司（地区医药物流配送中心）及400多个终端配送点，形成了覆盖全国大部分县级行政区域的物流配送网络。

为打造企业核心竞争力，九州通医药集团秉持“技术让服务更卓越”的理念，致力于现代物流技术和信息技术的开发和应用。目前，九州通医药集团是国内唯一具备独立整合物流规划、物流实施、系统集成能力的医药分销企业，并取得了20多项自主知识产权，在现代物流技术和信息技术方面处于国内领先、国际一流的地位，是国内医药行业唯一获得“中国物流改革开放30年旗帜企业”称号的企业。

九州通医药集团具备向上下游客户提供需求解决方案及增值服务的能力，并逐渐将技术增值服务延伸到了上下游产业链，形成了独具特色的物流管理、供应链管理、医院管理三大产品线，可以满足客户对技术的最高要求。

近年来，九州通医药集团曾获得“国家5A级物流企业”“湖北省最具影响力民营企业”“湖北省守合同重信用企业”“中国社会责任感优秀企业”“全国非公有制企业双强百佳党组织”等多项荣誉。

未来，九州通医药集团将顺应医药市场变革，继续坚持以医药分销为核心业务，以医院纯销、中药材、医疗器械、零售连锁为战略业务，以物流技术营销、电子商务、国际贸易、原料药等为新兴业务的业务组合战略；扩大和完善医药营销网络布局，不断为医药健康产业提供高性价比服务，努力将九州通打造成为中国医药健康产业最佳服务商。

附录2　大事记

2000年5月，湖北九州通医药有限公司正式营业（2000年1月28日注册成立）。

2001年2月，河南九州通医药有限公司（原河南华北制药销售有限公司）正式营业（2000年1月16日注册成立）。

2001 年 3 月,北京九州通医药有限公司注册成立并正式营业。

2001 年 8 月,九州通医药网(www.jzteyao.com.cn)正式开通。

2002 年 3 月,北京京丰制药有限公司注册成立。

2002 年 11 月,湖北九州通医药有限公司通过国家 GSP 认证。

2002 年 11 月,上海九州通医药有限公司注册成立并正式营业。

2003 年 3 月,广东九州通医药有限公司正式营业(2002 年 11 月 25 日注册成立)。

2003 年 3 月,河南九州通医药有限公司通过国家 GSP 认证。

2003 年 5 月,湖北九州通与北京丰科城向社会捐赠价值 400 多万元的抗“非典”药品。

2004 年 3 月,国家药监局副局长任德权等领导莅临上海九州通指导工作。

2004 年 4 月,新疆九州通大药房连锁有限公司正式成立。

2004 年 6 月,上海九州通大药房连锁有限公司正式成立。

2005 年 2 月,九州通集团自主研发物流信息管理系统 Lims 在福建九州通上线。

2005 年 4 月,福建九州通医药有限公司通过国家 GSP 认证。

2005 年 5 月,福建九州通医药有限公司正式营业(2004 年 1 月 13 日注册成立)。

2006 年 1 月,湖北九州通医药新物流中心正式上线运营。

2006 年 1 月,九州通集团 MI 企业理念体系正式形成。

2006 年 2 月,山东九州通大药房连锁有限公司正式成立。

2007 年 1 月,温州九州通医药有限公司正式开业并通过国家 GSP 认证,整体划归福建九州通医药有限公司管理。

2007 年 1 月,九州通集团以第一名的综合成绩当选为“2006 CCTV 中国年度最佳雇主”(武汉赛区)。

2007 年 1 月,九州通集团首次高管轮岗正式实施。

2008 年 1 月,武汉市长阮成发一行考察九州通,鼓励九州通做大做强,为武汉经济建设做出新贡献。

2008 年 1 月,集团董事局主席刘宝林当选为湖北省十届政协常委。

2008 年 1 月,重庆九州通医药有限公司一次性通过 GSP 认证现场检查。

2009 年 1 月,河南九州通医药有限公司被河南省工商业联合会评为“河南省和谐企业创建先进单位”和“河南民营企业百强”。

2009 年 1 月,九州通医药集团董事长刘宝林荣获“改革开放三十年武汉十大创业功勋奖”。

2010 年 8 月,九州通医药集团被授予“国家 5A 级物流企业”资质,成为华中及全国首家 5A 级医药物流企业,达到物流企业国家标准的最高等级。

2010 年 8 月,九州通医药集团获评“2010 中国民营企业 500 强”。

2011 年 4 月,九州通成功蝉联“武汉地区物流企业十强”称号,并荣任“武汉物流协会常务副会长单位”。

2011 年 6 月,商务部在京召开实施医药物流服务延伸示范工程现场会,九州通成为商务部首批医药物流延伸示范工程之一。

2012 年 1 月,河南九州通荣获“郑州市电子商务重点示范企业”称号,并将得到政府的重点扶持和奖励。同月底,九州通医药集团在武汉隆重召开 2012 年年会。年会以九州通企业核心价值观“责任心、危机感、执行力、融合度”为主题，集团主要领导及各公司、事业部、准事业部管理人员等近160人参加了此次会议。

附录3 组织结构

九州通医药集团有限公司组织结构图如图4-68所示。

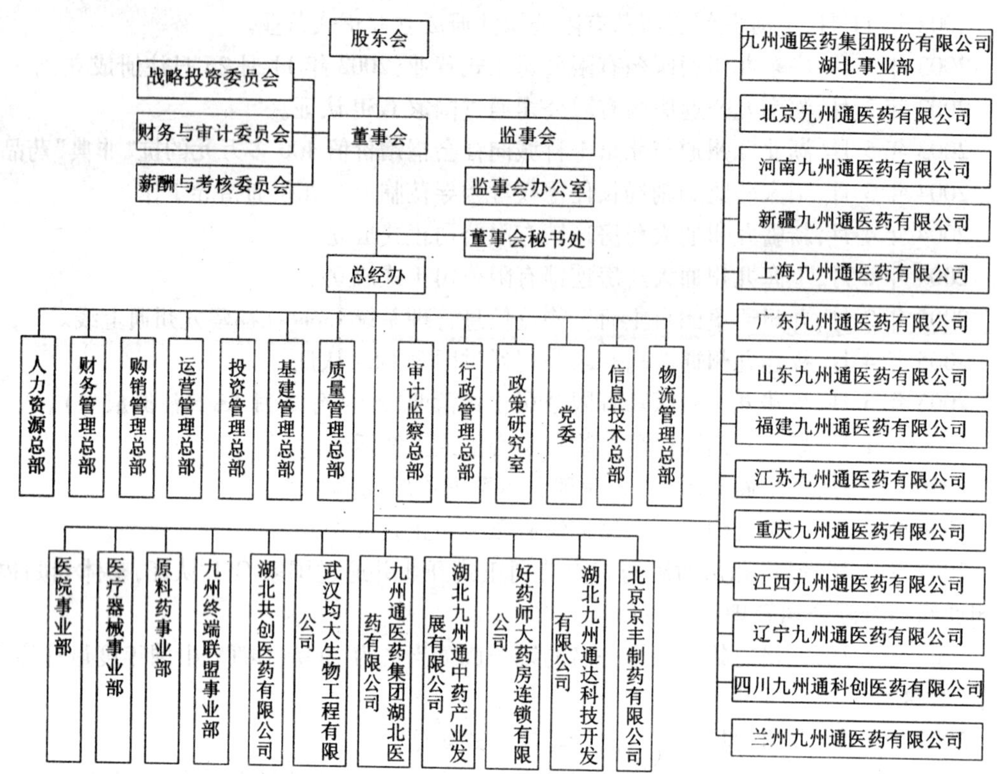

图4-68 九州通医药集团有限公司组织结构图

附录4 2013年上半年报主要财务数据

(1)主要会计数据如表4-23所示。

表4-23 2013年上半年主要会计数据

单位:元 币种:人民币

主要会计数据	本报告期(1—6月)	上年同期	本报告期比上年同期增减(%)
营业收入	16 161 768 528.43	14 573 487 544.41	10.90
归属于上市公司股东的净利润	177 688 310.59	148 434 237.10	19.71
归属于上市公司股东的扣除非经常性损益的净利润	144 523 719.68	133 468 801.47	8.28
经营活动产生的现金流量净额	-864 755 870.45	-798 678 393.65	不适用
	本报告期末	上年度末	本报告期末比上年度末增减(%)
归属于上市公司股东的净资产	4 776 400 960.24	4 586 616 649.65	4.14
总资产	16 675 013 156.31	14 803 969 305.02	12.64

(2)主要财务指标如表4-24所示。

表4-24 2013年上半年主要财务指标 单位:元 币种:人民币

主要财务指标	本报告期(1—6月)	上年同期	本报告期比上年同期增减(%)
基本每股收益(元/股)	0.125 1	0.104 5	19.71
稀释每股收益(元/股)	0.125 1	0.104 5	19.71
扣除非经常性损益后的基本每股收益(元/股)	0.101 74	0.093 96	8.28
加权平均净资产收益率(%)	3.80	3.55	增加0.25个百分点
扣除非经常性损益后的加权平均净资产收益率(%)	3.10	3.19	减少0.09个百分点

6 战略控制和评估模块案例

6.1 青岛啤酒战略变革成功秘籍——平衡计分卡

摘要:本案例介绍了青岛啤酒股份有限公司的战略调整以及如何对调整后的战略进行评估和控制,青岛啤酒主要以平衡计分卡为工具对战略执行力进行了分析,通过这一工具,青岛啤酒战略变革得以成功。该案例旨在为企业利用平衡计分卡进行战略评估和控制提供经验。

关键词:青岛啤酒,战略,平衡计分卡

6.1.0 引言

青岛啤酒远销美国、日本、德国、法国、英国、意大利、加拿大、巴西、墨西哥等世界70多个国家和地区。全球啤酒行业权威报告Barth Report依据产量排名,青岛啤酒为世界第六大啤酒厂商。青岛啤酒分别在1998年、2002年和2007年进行了三次大的战略调整,其中在2002年的战略变革中,青岛啤酒引进了平衡计分卡对战略进行评估和控制(如图4-69所示)。

6.1.1 公司简介

青岛啤酒股份有限公司(以下简称"青岛啤酒")的前身是1903年8月由德国商人和英国商人合资在青岛创建的日耳曼啤酒公司青岛股份公司,它是中国历史悠久的啤酒制造厂商,以"成为拥有全球影响力品牌的国际化大公司"为愿景,将不断创新,"用青岛啤酒的激情,酿造全球消费者喜好的啤酒,为生活创造快乐"!

青岛啤酒20世纪90年代后期,运用兼并重组、破产收购、合资建厂等多种资本运作方式,在中国19个省、市、自治区拥有50多家啤酒生产基地,基本完成了全国性的战略布局。青岛啤酒公司2010年累计完成啤酒销量635万吨,同比增长7.4%,实现主营业务收入人民币196.1亿元,同比增长10.4%;实现净利润人民币15.2亿元,同比增长21.6%。继续保持利润增长大于销售收入增长,销售收入增长大于销量增长的良好发展态势。

6.1.2 实施平衡计分卡背景

青岛啤酒是1993年国内第一批股份制试点企业,在香港H股市场和上海A股市场上

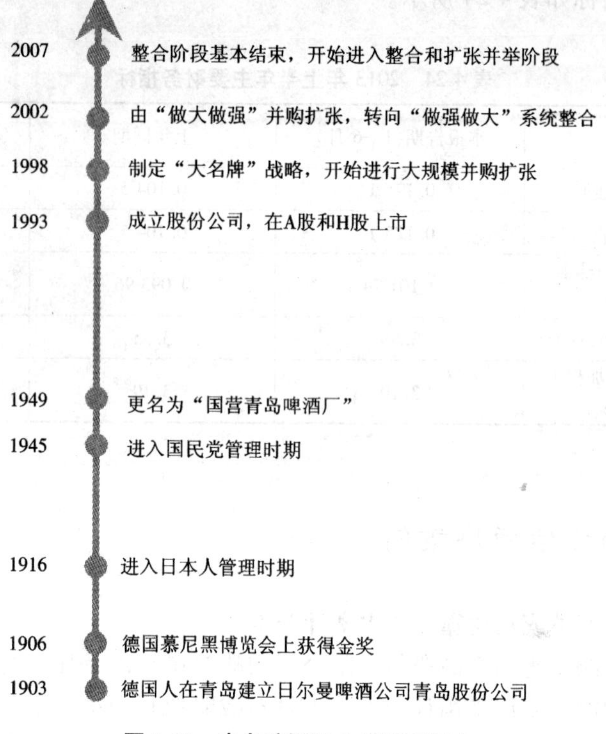

图 4-69 青岛啤酒重大战略时间点

市后,青岛啤酒在两个市场上融得了大部分的资金。关于这些钱怎么花的问题就出现了,企业高层认为这也是一个战略的问题。

从外部环境看,中国的啤酒行业非常分散,而且企业规模都非常小,大部分企业处于亏损状态,杂牌多、名牌少,行业开始出现两极分化,行业重组步伐加快,外资大规模地进入。大家知道啤酒行业是个一开始就比较开放的行业,很少有国家的保护,是开放最早的行业。啤酒行业的重组和外资的进入有很大的关系,所以说啤酒行业的重组在中国其他行业中起到一个率先的作用。当时青岛啤酒仅有 20 万吨的生产规模,青岛啤酒有一句话叫作“帆大船小”。青岛啤酒的品牌力非常大,全球出口 50 多年,销往 60 多个国家和地区,品牌影响非常大。但是当时只有 20 万吨的规模,是非常小的,所以青岛啤酒的市场定位受到了挑战,导致了品牌优势也开始淡化。为了应对这一系列的挑战,青岛啤酒储备了大量的人才。

青岛啤酒在 1998 年制定了“大名牌战略”,战略主题是高起点发展、低成本扩张。青岛啤酒当时以资本换规模、换市场、换时间,以并购的方式扩张,赢得先机。当时青岛啤酒考虑到中国加入 WTO 以后,市场整个的开放,青岛啤酒分析跨国公司无论从资本、技术力量、管理水平、市场网络上,都大大的强于青岛啤酒。青岛啤酒的资本和国际公司相比只不到十分之一,盈利能力和国际跨国公司相比不到 1%。青岛啤酒当时考虑,市场一旦开放,中国加入 WTO 之后壁垒全部清除掉了之后,中国市场就是全球市场的一个组成部分,几乎和全球市场没有什么两样。青岛啤酒考虑的问题是能不能生存,一百年的老企业,中国的民族品牌,在开放的市场中靠什么生存,这个问题非常的严峻。青岛啤酒的管理层进行了深刻的思考,只有品牌的影响力,没有一定的规模难以抵御外资的竞争。所以说通过“大名牌战略”,

也起到了"做大做强"和"做强做大"双重的作用,到2002年,经过四年大规模的扩张和兼并,青岛啤酒由原来的青岛区域性公司成为了全国性的公司,规模扩大到50多家企业,产能不断地增加,并购增加的产能达到了264万吨,这几年总的产量也是以两位数在增长,2001年就达到了247万吨的销售量,如图4-70所示。

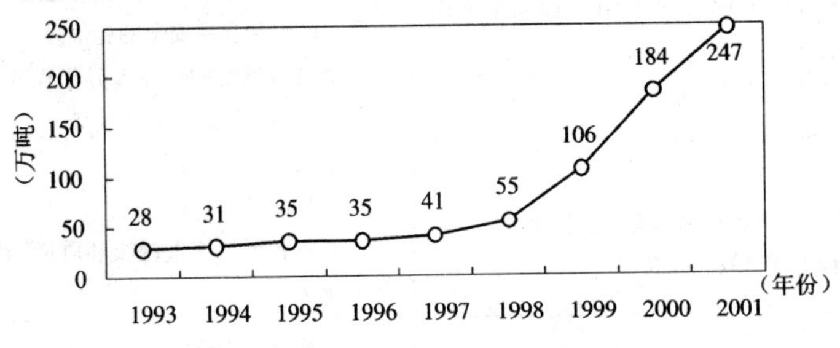

图4-70　青岛啤酒扩张前后销售量情况

在市场大规模的扩张的同时,青岛啤酒感觉到企业的扩张和企业的管理、资金、业绩都存在很大的矛盾,青岛啤酒的利润还是在逐渐地下滑,急需得到解决。企业利润下降很多的问题还不只是由于扩张引起的。青岛啤酒必须反思,扩张之后的困境如何解决。因为扩张以后青岛啤酒的盈利能力连续下降,财务风险十分突出,品牌品种数太多,每一家企业都有几个品牌,都占有一定的市场份额,这些品牌怎么办?这对未来的整合提出了非常紧迫的需求。整合的成本,组织管理的跨度,都突然膨胀,导致管理有失控的危险。从财务方面来看(见表4-25),资产负债率也是从1996年的33.60%上升到了2001年的55.80%,提高的幅度很大。

表4-25　青岛啤酒扩张前后财务状况

指标	1996	1997	1998	1999	2000	2001
销售净利率(%)	4.63	6.68	5.75	3.66	2.43	1.95
ROE(%)	3.35	4.65	4.40	3.98	4.16	3.47
资产负债率(%)	33.60	41.89	40.96	51.10	61.03	55.8
每股净收益(%)	0.08	0.11	0.11	0.10	0.10	0.10
流动比率(%)	1.67	1.25	1.25	0.70	0.64	0.51
速动比率(%)	1.28	1.00	0.99	0.52	0.43	0.27

鉴于以上问题,青岛啤酒结合自己目前所面临的机遇、挑战等状况(见表4-26)。2001年下半年开始,青岛啤酒审时度势,及时调整,从"扩张"到"整合",进入战略"整合期",力求把青岛啤酒变成一个啤酒公司,而不是由数十家啤酒公司组合起来的松散公司,同时实现从生产型企业到市场型企业的战略"转型"。因此青岛啤酒于2002年开始把"做大做强"的"大名牌战略"调整为"做强做大"的整合战略,也就是在调整过程中青岛啤酒重点以整合为主。

表 4-26 青岛啤酒 SWOT 分析

	内部	外部	
优势	1. 与国内竞争对手相比,综合竞争力处于领先地位 2. 有品牌优势。与同行相比,在产品质量方面处于领先地位 3. 有工厂管理的优势 4. 与 AB 公司的最佳实践交流,整体提高公司的技术和管理水平 5. 中、高档产品市场布局具有一定优势 6. 在总规模方面具有一定优势	1. 国民经济持续稳定增长,人均啤酒消费量不断提高 2. 利用对食品安全的关注,通过 HACCP 论证,提升对环保和食品安全的竞争力 3. 消费者感受的产品差异化程度逐步提高,品牌经营有利于打造差异化优势 4. 区域市场相对垄断 5. 行业利润率不断提高 6. 消费者更加注重健康和质量,消费者的需求趋于理性	机会
劣势	1. 产能利用率低 2. 单厂生产规模小,生产基地分散 3. 营业费用高,盈利水平低 4. 人力资源激励机制有待于进一步完善 5. 缺乏营销人才 6. 品牌、品种杂乱 7. 在新产品研发方面没有领先于主要竞争对手 8. 除西安和青岛,其他区域未形成基地市场垄断优势	1. 台海局势紧张,对台湾市场产生威胁 2. 中国的食品安全信任危机,对出口带来不利影响 3. 外资品牌大举进入中国市场,加剧了市场的竞争 4. 中国啤酒行业产能过剩,加剧了市场竞争 5. 已经被竞争对手垄断的区域市场,发展难度加大 6. 越来越多的竞争对手欲进入青岛啤酒的基地市场 7. 原材料涨价,造成生产成本的增加 8. 分销商的讨价还价能力增强 9. "打着健康牌"的饮料行业的发展	威胁

2002 年实施战略整合之后又面临很大的困惑,企业扩张所并购的其他企业应该如何管理,如何让它在自己手里比别人管理的价值更大,更能升值?用什么方法把战略转型落实到每一个业务单元?要解决这些问题,需要一个工具。在战略整合过程中,青岛啤酒经过了多方的选择,发现了平衡计分卡这个战略执行最有力的工具,于是引入这个工具作为公司进行整合的主要管理系统。平衡计分卡切合实际、易操作。青岛啤酒从公司战略目标出发,然后按照财务、客户、内部流程和学习成长四个维度来分解,做到每一个人,每一个组织,每一个部门都有一个平衡计分卡。

6.1.3 平衡计分卡的实施

为有效促进青岛啤酒战略规划的实施,青岛啤酒聘请了博意门为公司设计了一套战略评估与控制模板,运用平衡计分卡的思路与方法,结合本公司的愿景、使命和目标,并借助战略图的形式来体现公司需要特别关注的战略要素,并用因果关系连线来体现各战略要素之间的因果关系构筑了战略发展规划框架,如图 4-71、4-72 所示。

战略图的开发是基于公司的整体战略规划与青岛啤酒高层管理人员访谈信息的整合与分析,最终将战略规划的核心内容浓缩于一个企业发展规划框架中,并按平衡计分卡的方法论将此框架转化为公司层面的战略图,从财务、客户、内部流程和学习成长角度体现公司的战略体系,并反映各战略要素间的逻辑关系。

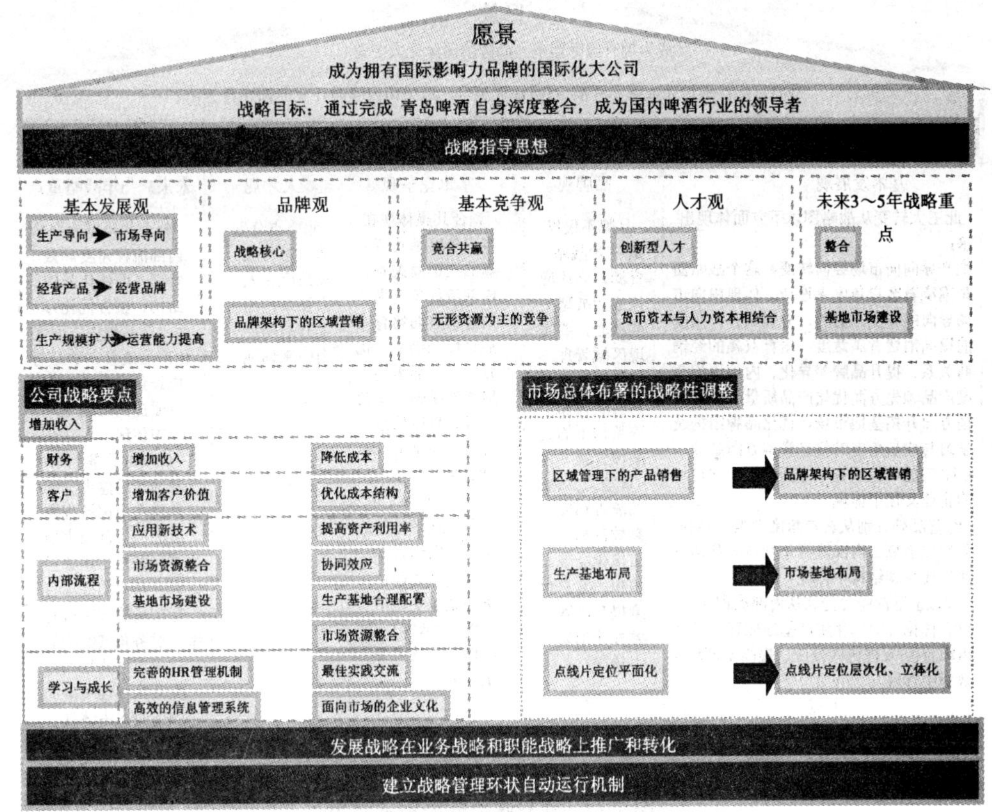

图 4-71　青岛啤酒发展规划框架

公司的发展需要关注方方面面，但公司层面的战略图以非常直观的方式突出了公司的战略重点与重点间的因果关系，并借助后期开发的平衡计分卡衡量指标，对这些战略重点的执行情况进行有效的跟踪与评估，为公司战略的有效执行提供了一个理想的管理框架。

青岛啤酒认识到平衡计分卡是提升集团战略执行力和组织协同力的有效方法，并建立了平衡计分卡体系。该公司实施平衡计分卡的流程如下。

1）公司领导高度重视战略执行体系的建设

集团总裁将平衡计分卡列为集团级十项重点工作之一，并进行组织实施。

2）将战略转化为可操作的行动

集团借助平衡计分卡（如图 4-73 所示）的工具对战略进行了全面梳理，并首先开发出公司层面战略图和计分卡，确定出集团核心的战略目标、衡量指标以及关键战略举措，见表 4-27。

愿景

成为拥有国际影响力品牌的国际化大公司

战略目标：通过完成青岛啤酒 自身深度整合，成为国内啤酒行业的领导者

战略指导思想

基本发展观	品牌观	基本竞争观	人才观	未来3～5年战略重点
此三大转变从战略图以下方面体现出来： 生产导向向市场导向转变。这个战略图是围绕着客户角度来设计，体现出向市场导向的转变。另外，分别从客户角度的提高消费者满意度、培育双赢的经销商关系、提升品牌差异化、内部流程角度产品领先方面优化产品质量、高效营销方面开拓基地市场、优化品牌结构及学习与成长角度的信息资本方面延伸ERP实施、组织资本方面建立面向市场的企业文化中体现 经营品牌分别从客户角度中提升品牌差异化形象、内部流程角度高效营销方面优化品牌结构中体现 着力于运营能力提高从内部流程角度整合优化方面优化生产基地配置、整合组织资源/发挥协同效应、提高生产运营效率中体现	品牌不仅仅是一种战略资源，它还应该成为战略的核心，要实现区域管理下的产品销售转变为品牌架构下的区域营销 此要点从内部流程角度高效营销方面优化品牌结构、客户角度提升品牌差异化形象中体现	竞合共赢体现在客户角度培育双赢的经销商关系、内部流程角度高效营销方面培育战略性经销商、优异运营方面采用战略性采购、学习与成长角度信息资本方面延伸ERP实施 无形资源为主的竞争，从学习与成长角度组织资本方面建立面向市场的企业文化中体现，并从客户角度提升品牌差异化形象	此要点分别从学习与成长角度在人力资本方面提升战略能力中来体现	整合此要点分别从内部流程角度高效营销方面优化品牌结构、整合优化方面，产品领先方面优化产品质量、学习与成长角度人力资本方面提高劳动生产力中体现 成功的关键因素：基地市场建设分别体现在内部流程角度的高效营销主题开拓基地市场建设、客户角度的提高目标市场的市场占有率、财务角度的增加目标市场的收入与提高区域性主导品牌的收入中体现

图 4-72　青岛啤酒战略指导思想

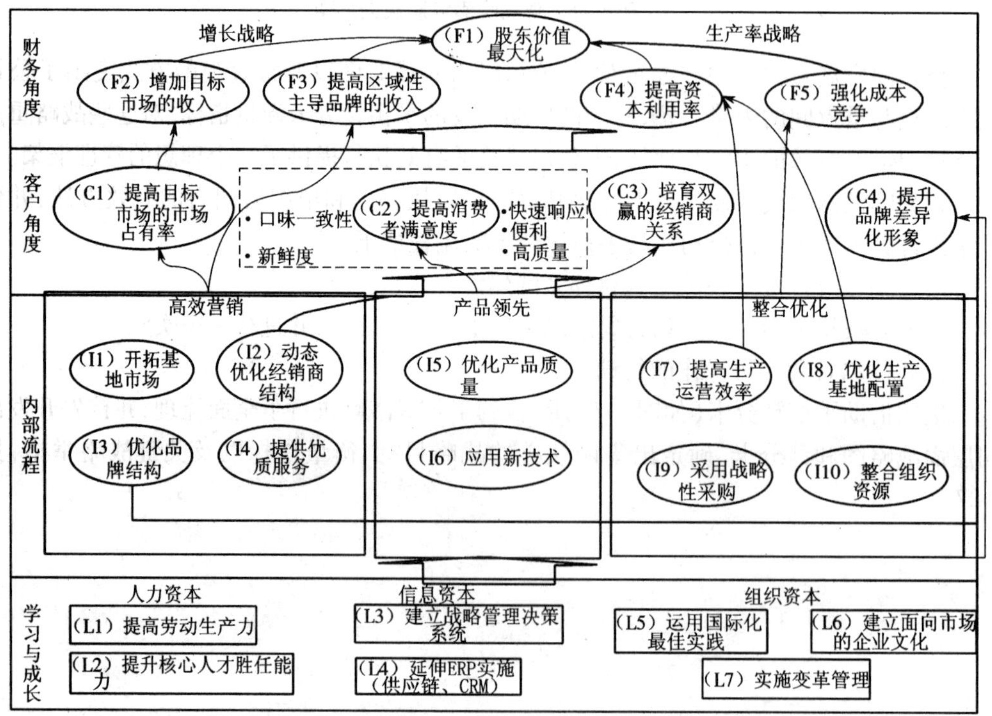

图 4-73　平衡计分卡流程

表 4-27　青岛啤酒战略目标、衡量指标以及关键战略举措

角度	主题	战略要素	编号	衡量指标	2005 年目标值	2006 年目标值	责任人	编号	战略举措
财务角度	财务	(F1)股东价值最大化	F1.1	净资产收益率	6.4%	7.6%	金志国		
			F1.3	利润总额	5.2 亿元	6.6 亿元	金志国		
		(F2)增加公司的总收入	F2.1	销售收入	95 亿元	116 亿元	杨华江		
		(F3)提高主品牌的收入	F3.2	主品牌销售收入					
		(F4)提高资本利用率	F5.1	总资产周转率	0.96	1.16	孙玉国		
		(F5)强化成本竞争力	F4.1	成本费用利润率	5.8%	6.2%	孙玉国		
			F4.2	净利率	3.23%	3.30%	孙玉国		
客户角度	客户	(C1)提高目标市场的市场占有率	C1.1	主品牌的市场占有率					
		(C2)提高消费者满意度		消费者满意度					
		(C3)培育双赢的经销商关系	C3.1	专营的经销商店占总经销商的比例					
		(C4)提升品牌差异化形象	C4.1	品牌无提示第一提及度				K1	有效实施品牌建设方案
内部流程	高效营销	(I1)开拓基地市场	I1.1	基地市场数				K2	有效实施开拓基地市场计划
		(I2)动态优化经销商结构		战略性经销商比例					
		(I3)优化品牌结构	I3.1	前六大品牌占总销量的比例	64%	65%	杨华江	K1	有效实施品牌建设方案
		(I4)提供优质服务	I4.1	投诉处结率	90%	95%	董建军		
	产品领先	(I5)优化产品质量	I5.1	青岛啤酒 A+1档酒的比率	83%	88%	董建军	K3	完善品评管理体系
			I5.2	啤酒的新鲜度				K4	保证运行的一致性
		(I6)应用新技术	I6.1	应用新技术降本增效				K5	加强与 AB 的合作
	运营管理	(I7)提高生产运营效率	I7.1	产能利用率					
			I7.2	库存周转率					
		(I8)优化生产基地配置	I8.1	平均单厂产能				K6	实施战略性的技能改、扩建
		(I9)采用战略性采购	I9.1	集中采购量占总采购量比率				K7	完善供应商综合评价管理体系
	环境与社会	(I10)推行 EHS	I10.1	千升酒综合能耗					
		(I11)诚信经营	I11.1	审计偏差率					

续表

角度	主题	战略要素	编号	衡量指标	2005 年目标值	2006 年目标值	责任人	编号	战略举措
学习与成长	人力资本	(L1)提高劳动生产率	L1.1	人均利润(利润总额/员工总数)					
		(L2)提升核心人才胜任能力	L2.1	核心人才胜任率	80%	82%	汪岩	K8	建立能力发展计划
	信息资	(L3)延伸 ERP 实施	L4.1	ERP 实施覆盖率				K9	延伸 ERP 实施(供应链、CRM)
	组织资本	(L4)运用国际化最佳实践						K10	有效实施最佳实践交流项目
		(L5)建立面向市场的企业文化	L6.1	知识共享数量				K11	建立并实施知识管理系统
		(L6)加强变革管理						K8	实施组织结构整合计划

3)以战略为中心整合组织

在明确了集团的战略图与计分卡后,遵循战略分解的原则逐级开发和建立了各事业部以及职能部门的平衡计分卡。

4)使战略成为每个人的工作

集团各部门平衡计分卡的应用基本顺畅后,进一步将平衡计分卡与岗位员工绩效管理实现了关联,从而使员工绩效目标与公司战略目标保持了一致。

5)使战略变成持续的流程

集团强化了战略管理的组织,使其从过去侧重于战略规划转变为同时必须监控和评价战略的执行过程,并建立了基于平衡计分卡的战略执行回顾报告及会议制度,将对战略的动态管理作为一个流程固化下来。如图 4-74 所示。

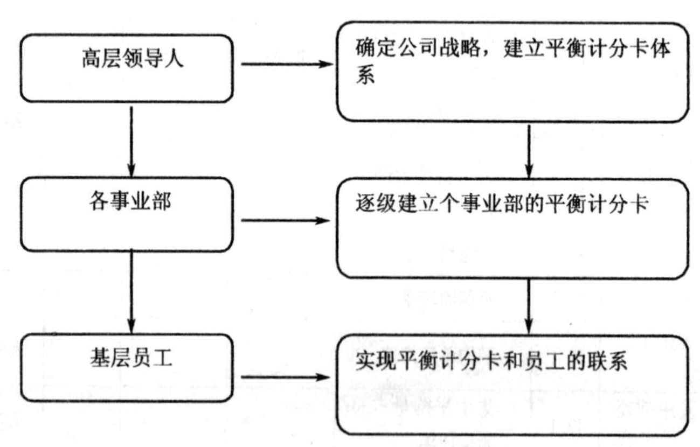

图 4-74 战略动态管理流程

通过平衡计分卡的实施,青岛啤酒建立了战略执行体系,青岛啤酒的战略结果都是原则性的东西,如满足股东、满足客户,高效的流程、有动力的团队。通过一系列的步骤,青岛啤酒达到了对战略的共识,把战略和运营有效对接起来,还建立了一个双循环的控制体系。青岛啤酒制定了公司的战略图,把四个维度的战略目标清晰地画出来,同时也为工厂的业务单元和职能部门建立了战略图。通过战略图,大家明晰了公司的整体目标是做什么的,青岛啤酒每年要达到什么样的目标。围绕这个目标,公司的各个业务单元,包括职能部门,乃至于每一个员工要做什么,都实现了战略的清晰和目标的明确。另外青岛啤酒还运用平衡计分卡落实了考核,对考核的目标进行量化,同时战略回顾和资源分配也都是按照平衡计分卡进行落实的。

青岛啤酒的双循环控制体系,一个是基于平衡计分卡的战略制定流程,一个是基于平衡计分卡的战略执行、分析和调整流程。青岛啤酒可以及时发现公司在哪些方面存在不足,就像一个闭环系统,如图4-75所示,青岛啤酒按照目标线基本都能达标。通过平衡计分卡每月的回顾和控制,如果发现问题可以及时分析,并及时采取措施。

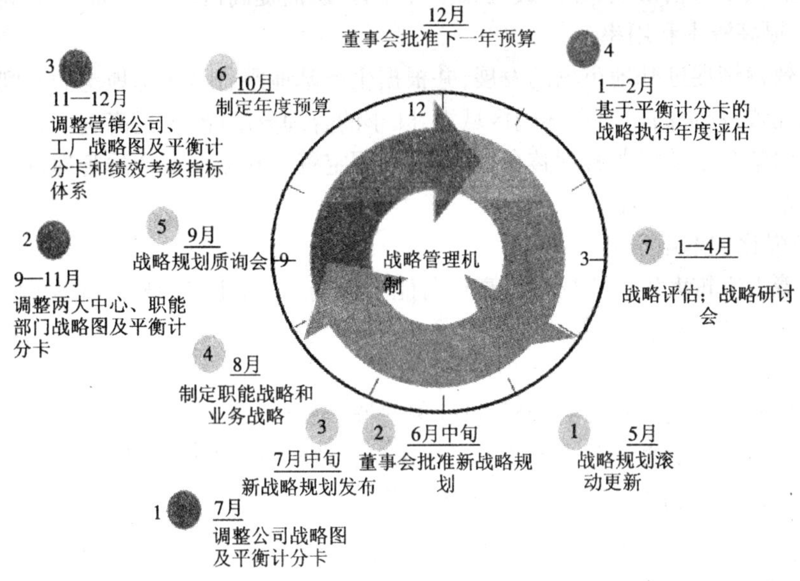

图4-75 青岛啤酒的双循环控制体系

同时,青岛啤酒把平衡计分卡的结果和激励考核机制结合起来。青岛啤酒对每一个业务单元进行绩效考核,考核的结果和管理者的年薪挂钩。对于每一个员工的绩效,其平衡计分卡占70%,另外结合员工能力素质的开发,最后决定员工的奖金。公司所有的业务单元、职能部门都承担着为公司创造价值的使命,平衡计分卡让员工知道公司需要自己创造什么价值和怎样衡量自己创造的价值,而不是按照每个人的想象随意地去创造"价值"。这样,就实现了价值导向、资源聚焦的公司价值链的协同。下面叙述的是青岛啤酒平衡计分卡的完整的流程,主要从四个角度即财务、客户、内部流程和学习与成长来对公司战略进行评估和控制。

1. 财务角度

在追求股东价值最大化,实现股东价值的持续增长的战略方向下,有四个战略目标,分别从增长和生产率的角度给予"实现股东价值的持续增长"以支持 。

1)(F1)股东价值最大化

股东价值最大化是公司的根本价值取向,也是每一个战略需追求的结果。股东价值最大化要求青啤股份合理运用有限资产获取(长期)利润最大化。采用增长战略和生产率战略来驱动该目标的达成。

2)(F2)增加目标市场的收入

基地市场(目标市场)建设是公司获取目标市场的关键手段,也是未来3~5年的关键成功因素。

通过提高消费者满意度、建立双赢的经销商关系,从而提高目标市场占有率,达到销量的增长。

通过差异化品牌形象,主攻中高档市场,从而维持较高价格,获得较高收益。

3)(F3)提高区域性主导品牌的收入

主要通过主品牌青岛啤酒开发全国中高档市场。同时通过崂山、汉斯、山水等第二品牌开发事业部区域中低档市场,并形成区域强势品牌,从而提高区域性目标市场的收入。

4)(F4)提高资本利用率

通过高效营销促进基地市场的发展,并根据生产基地跟着市场基地走的原则,带动生产基地的优化配置,并提高产能在不同区域淡、旺季的合理分配能力,提高资产利用率。

通过组织整合带动财务管理整合,加强公司固定资产和流动资产的管理,提高企业的总资产周转效率。

5)(F5)强化成本竞争力

通过从着力于扩大生产规模向提高运营能力转变,整合生产、技术、采购、物流系统,降低运营成本,还可以通过应用新技术降低成本提高运营效率。

2. 客户角度

青啤股份通过聚焦目标市场、聚焦目标消费群、聚焦主导品牌形成清晰的市场定位和价值定位。BSC客户角度通常考虑市场表现与客户满意度两个方面,市场表现方面,我们关注的是目标市场的市场占有率和品牌差异化形象;而在客户满意度方面,我们通过口味一致性, 新鲜度高的高质产品以及快速响应与提供便利的服务来提高客户满意度。

1)(C1)提高目标市场的市场占有率

实现由生产基地布局向市场基地布局调整,集中资源扶持市场基地的成长,逐步提高市场占有率。

通过品牌结构优化,形成以主导品牌为核心的市场拉动力,借助培育战略性经销商,优化销售渠道的管理,提升目标市场占有率。

根据各目标市场的细分原则,并结合学习AB公司成功运作经验,不断提高目标市场占有率。

2)(C2)提高消费者满意度

持续提高产品口味一致性,保证产品的高质量和新鲜度。

通过深度分销,做好终端的覆盖、维护与管理工作,给消费提供便利。

通过对采购、研发、生产、物流、营销、分销、终端等多个企业价值链管理环节的优化,提高快速响应能力,不断满足消费者需求,提高消费者满意度。

3)(C3)培育双赢的经销商关系

根据中国市场的特点,结合各个区域市场的要求,发展适合公司市场需要的经销商。

通过对经销商进行分级管理和档案管理,并提供服务、支持、培训,以实现与经销商的双赢。

4)(C4)提升品牌差异化形象

战略的重要思想是突出差异化,而品牌差异化是其中的核心。

通过传承青岛啤酒质量好、可靠、可信的传统形象,同时从时尚的角度(比如与体育、音乐等相对时尚、具有渲染力的活动联系起来)对品牌文化要素进行提升,构筑品牌差异化优势。

3. 内部流程角度

青啤股份新一轮战略包含四大战略主题:高效营销、产品领先、整合优化三方面。

1)内部流程角度(1)——高效营销

高效营销中的开拓基地市场、优化品牌结构与提高目标市场的市场占有率直接相关,且支撑提高目标市场的市场占有率和提高消费者满意度的实现。

提供优质服务、培育战略性经销商与客户层面培育双赢的经销商关系相关且支撑其实现。

(1)(I1)开拓基地市场。

公司当前除了青岛和西安,其他区域没有明显的竞争优势,由此,必须加强基地市场的开发。

通过开发基地市场,形成区域领导地位,会在产品销售增长、利润增长、产能利用等方面实现较大的突破,这也是实现企业战略目标的关键性成功因素。

(2)(I2)动态优化经销商结构。

根据中国市场特点及公司对市场的掌控能力,未来较长时期内,我们将结合各区域市场特点,以发展适合于公司发展需要的经销商为原则,并与其形成紧密合作伙伴关系。

(3)(I3)优化品牌结构。

优化品牌结构是对实现品牌架构下区域营销的重要手段。

通过集中资源重点培育5~6个主导品牌,并通过品牌的优化推动公司从前期的广度整合向深度整合发展。

(4)(I4)提供优质服务。

优质的服务能使我们为顾客、消费者提供更大的顾客让渡价值,提高消费者满意度。通过优质服务,锁定经销商,并影响经销商将这种理念向后延伸,至销售终端、消费者,从而形成具有服务优势的营销价值链,支持我们的差异化战略。

2)内部流程角度(2)——产品领先

产品领先战略主题中所包括的应用新技术、优化产品质量二项战略要素息息相关,为提高消费者满意度提供重要保证。应用新技术还为企业充分挖掘产能,提高资产利用率提供支持。

(1)(I5)优化产品质量。

通过建立消费者信息反馈体系并利用新技术不断优化产品质量;保证产品口味一致性、提高新鲜度,使产品质量方面领先于竞争对手,获得竞争优势。

(2)(I6)应用新技术。

通过与国际巨头AB公司合作,更好、更快地学习先进的技术和经验,减少时间成本和资金成本。通过应用新技术提供口味一致、新鲜度高的产品给消费者,以持续获得消费者满意。积极开发并应用新技术,降低运作成本,提高运作效率。

3)内部流程角度(3)——整合优化

整合优化主题即通过提高生产运营效率、采用战略性采购、优化生产基地配置、整合组织资源,发挥协同效应,这是对财务角度强化成本竞争力和提高资本利用率的重要战略性支撑。优化生产基地与整合组织资源,发挥协同效应,从生产的角度、企业内部价值链的协调一致方面提高了资本利用率,为实现股东价值最大化提供了基础。

(1)(I7)提高生产运营效率。

通过从着力于扩大生产规模向提高运营能力转变,整合生产、技术、采购、物流系统,降低运营成本。通过与AB公司交流,充分发挥自身技术、质量优势,保证产品质量的前提下通过技术、工艺的创新与改进,充分提高单厂产能。

(2)(I8)优化生产基地配置。

通过对各厂进行战略性投资收益分析,对没有价值的工厂予以关闭,提高投资决策质量。根据市场基地部署原则,对具有战略意义的地区新建厂或购并,巩固并提升区域市场地位。通过对区域市场营销规划和产能状况的匹配,保证每年技改、扩建、设备等项目的有效执行。

(3)(I9)采用战略性采购。

实行战略性采购是保证产品质量、保证产品口味一致性、强化成本竞争力的重要保证。

目前采购过于分散,效率低,成本相对高,需要加强整合。首先通过对质量方面影响大的原材料先统一采购,从某些事业部、某些主要品牌开始,逐步进行推广,最终实现统一采购。对供应商进行相关业务培训,培育与企业有紧密合作关系的战略性供应商。

(4)(I10)整合组织资源。

整合组织资源是支撑公司从外延式扩张向内涵式增长转变的重要手段。通过向AB公司的标杆学习活动、ERP等管理信息系统的实施以及平衡计分卡的导入等机会推动公司变革,实现公司资源的整合。

4. 学习与成长

学习与成长角度关注驱动长期业绩的关键技能、文化和知识、信息技术系统,聚焦于整个公司都需要关注提升战略性能力、提高劳动生产率、面向市场的企业文化等目标。

1)学习与成长角度(1)——人力资本

人力资本主题下包括两项战略目标:提升战略性能力(营销、管理、复合型人才)和提高劳动生产率(岗位优化、人员整合),对内部流程中的所有战略要素进行有效支撑。

(1)(L1)提高劳动生产率。

通过组织架构与内部价值链各流程的整合,实行人力资源的整合。通过人力资源市场化,建立淘汰机制。根据公司发展需要,针对性进行各级员工的素质教育与培养,提高各岗位执行效率。完善用人与激励机制,建立稳定的人才队伍。

(2)(L2)提升核心人才胜任能力。

提升核心人才(如营销、管理、国际化人才、复合型人才等)的比例与能力是强化战略执行力的根本保障。

通过建立与完善人力资源胜任能力管理系统(包括模型建立、选、育、用、留),提升战略性岗位需要的战略性能力,并建立长效激励和多方位激励机制保持战略性人才的稳定与发展。

2)学习与成长角度(2)——信息资本

信息资本是实现企业管理与经营的数字化运作,是支撑公司内部深度整合的前提条件,持续保持信息化水平达到国际先进、国内领先水平,是推动企业走新型工业化道路的重要保证。

(1)(L3)建立战略管理决策系统。

建立、健全战略组织体系,形成包含战略制定、战略实施、战略评价、战略激励的闭环运行机制。

快速与正确的战略判断首先来自于快速获取具有辅助决策意义的数据与资料,而实施BSC、CPM(企业绩效评估系统)软件,可使决策者随时对企业战略执行状况进行有效的跟踪和检测,为企业战略制定、实施、评价提供保障。

(2)(L4)延伸ERP实施(供应链、CRM)。

ERP、SCM、CRM系统是提升组织效率的技术保障。目前财务软件已有28个单位应用,2005年将延伸ERP至供应链和客户关系管理。

3)学习与成长角度(3)——组织资本

建立面向市场的企业文化,通过机制引导和体制保障,营造创新、知识共享和持续改进的工作氛围;调整组织结构,提高效率、精度和价值理念,提高学习、沟通、响应和变革管理能力。

(1)(L5)运用国际化最佳实践。

公司按照交流对象、层面分重点推进的原则,将与AB公司的最佳实践交流分为三级,分级持续推进,同时将扩展到与AB公司外的优秀企业的交流与合作,逐步提高公司的国际化竞争能力。

通过运用国际化最佳实践,从战略、人力资源、营销、财务、采购、生产等方面全方位提高公司的组织能力。

(2)(L6)建立面向市场的企业文化。

面向市场的企业文化最终表现为全体员工积极参与市场的意识,跨部门面对市场的一体化程度。现代企业的竞争首先表现为企业学习能力的竞争,通过建立知识共享机制,逐步形成学习型组织。通过建立学习型组织,提高学习、沟通、响应和改进能力,培育不断创新的文化,并实现从严密的层级管理向跨职能的团队转变。

(3)(L7)实施变革管理。

企业的持续发展对应着持续的变革行为,变革管理能力是企业的核心能力之一。

变革成功的关键在于与全体员工的有效沟通,变革的推动者必须不断地就变革主题与合适的人、在合适的时间、合适的地点做出恰当的沟通,让所有涉及人员清楚地认识到变革的方向、目前的状态,同时积极听取参与者的反馈,随时做出修正,才可能实现变革的成功。

5. 战略执行回顾

通过实施平衡计分卡四年多的时间,青岛啤酒认为平衡计分卡必须在实现价值链的管理思想上,必须是下游评价上游,才能真正地落实到负责的部门。平衡计分卡必须要有权威性,必须有一把手支持这个部门,才会有利于公司战略的沟通和理解,避免战略讲一套,实际工作是另一套。青岛啤酒对2005至2007年实行平衡计分卡之后的战略执行进行了跟踪,具体情况如图4-76所示,从图中可以看出青岛啤酒人力资源部门战略执行力较强,目标也顺利完成。

（指标编号）	A+1档比例		计算单位	%		完成状态		更新频率	月度	责任人	陈燕菊	部门	HR		填写日期	每月10日
	一月	二月	三月	一季度	四月	五月	六月	半年	七月	八月	九月	三季度	十月	十一月	十二月	年度
2005年																
2006年	0	100	100	67	100	100	100	93	100	100	95	95	100	50	0	89
2007年实际	50	100	100	83	100	100	100	91.67								
2007年目标	92	92	92	92	92	92	92	92	92	92	92	92	92	92	92	92
控制线数值	87	87	87	87	87	87	87	87	87	87	87	87	87	87	87	87
控制线比例%	5.0%	5.0%	5.0%	5.0%	5.0%	5.0%	5.0%	5.0%	5.0%	5.0%	5.0%	5.0%	5.0%	5.0%	5.0%	5.0%

图 4-76　平衡计分卡跟踪表

6.1.4　成功启示

青岛啤酒运用平衡计分卡帮助公司实现整合与转型，到 2007 年基本整合结束，拥有一百多年历史的青岛啤酒得到了很多的荣誉，青岛啤酒在全球的排名上升到了第八位，并且登上了“2007 中国战略执行明星组织奖”的领奖台，成为中国战略执行明星组织的第一批获奖企业，也是中国啤酒行业唯一一家获奖企业。

“整体看来，青岛啤酒在持续扩张之后能够恰逢其时地引入平衡计分卡，使企业既保持高速扩张又实现健康稳定的管理。而且在自行运作的条件下将战略逐层分解到组织的各个层级，确实称得上是惊人的飞跃。”评委会如此评价。

青岛啤酒股份有限公司总裁孙明波在介绍平衡计分卡成功经验时谈道：平衡计分卡实施以后公司开会一切围绕着数据说话，避免了公司政治，大公司都有政治，提拔干部、年薪，都是根据平衡计分卡实实在在的数字说话。总体来说，青岛啤酒施行平衡计分卡之后具备了几大优势。

(1)推动了思想的转变。BSC 的基本思想已经在青岛啤酒公司形成，主要包括以客户为导向、无形资产驱动、化战略为行动、基于衡量的管理等，并逐步贯彻到了员工的日常行动中。

(2)建立了一套科学的战略管理体系，包括战略沟通机制、责任落实机制、跟踪回顾机制、纠偏机制等。使公司各战略要素形成了 PDCA 的循环，提高了战略执行的一致性，保证了战略的实现。

(3)聚焦了资源。通过明晰公司的战略目标，公司的资源投向更加聚焦，提高了资源的效率。青岛啤酒扩张了以后，大家感到有很多的事情要做，但是要做什么没有一个中心思想和主题，通过平衡计分卡最大的好处是资源的使用效率得到了大大的提升，不管做得好与坏,起码青岛啤酒朝一个方向走,所以这样提高了资源的使用效率。

(4)提高了组织的协同能力。总部职能部门、营销公司和工厂之间基于共同的公司战略目标而实现了更好的协同,并打造了一个专业化的团队,公司业绩也得到大幅提升。

公司战略目标确定后,如何实现战略执行的一致性,平衡计分卡已被证明是十分有效的工具,青啤公司这几年来的应用证明了这一点。公司所有的业务单元、职能部门都承担着为公司创造价值的使命,平衡计分卡让大家知道公司需要你创造什么价值和怎样衡量你创造的价值,而不是按照每个人的想象随意地去创造"价值"。这样,就实现了价值导向、资源聚焦的公司价值链的协同。

[**启发思考题**]

1. 青岛啤酒为何要进行战略调整,主要因素是什么?
2. 平衡计分卡的优点和缺点各是什么?在应用该战略管理工具时应注意哪些问题?
3. 青岛啤酒战略调整成功给我们带来哪些启示?

6.2 平衡计分卡——L公司战略变革的良药

摘要:平衡计分卡是从财务、客户、内部运营、学习与成长四个角度,将组织的战略落实为可操作的衡量指标和目标值的一种新型绩效管理体系。设计平衡计分卡的目的就是要建立实现战略规划的绩效管理系统,从而保证企业战略得到有效的执行。L公司是一家知名的食品饮料公司,2008年底开始实行低成本战略和产品领先战略,并引进平衡计分卡对公司战略的执行进行评估和控制,但不到一年,L公司的战略便宣告流产,平衡计分卡也停止了应用。

关键词:L公司,战略,平衡计分卡

6.2.0 引言

L公司成立以来,集团发展迅猛,产、销、利税连年翻番,相比1989年创业时,产销和利税均增长了500多倍,集团现有员工4 000多人,其中大中专以上的管理技术人才近千人。公司已建成为生产五大系列优质产品、掌握覆盖全国城乡的市场网络、拥有知名度极高的驰名商标、云集来自五湖四海的精英人才的现代化大型企业。L公司的战略也一直随着外部环境和内部环境的变化而不断地进行调整。

6.2.1 公司介绍

L公司创办于1989年,在1999年已成为一个中型现代化企业集团,并将管理中心从中山迁到广州。L公司现有保健品系列、瓶装饮用水系列、功能性饮料等多个系列的优质产品,可满足不同年龄及层面的消费者的需求。商标于1999年初被国家商标局认定为中国驰名商标。在很多城市和地区,"L公司"家喻户晓,成为健康、美味和营养的象征。

L公司致力于生产、经营健康饮料产品,在全国各大城市设有29个分公司或办事处,市场网络覆盖全国城乡,同时管理着中山、武汉、丰润、重庆、成都、西安、沈阳等10个大型生产基地。

6.2.2 平衡计分卡应用背景

李总是L公司的重要骨干,他毕业于国内知名商学院,在刚进入L公司的时候董事长对他寄予了很大的希望,如今,李总进入公司已经两年了,这段期间公司的发展止步不前,李总面临着一系列的困境亟待解决。

L公司内部划分了很多部门，李总负责的主要是两个部门：保健品事业部和饮料事业部，其中保健品事业部经营公司比较成熟的保健品产品，目前在市场上具备一定的市场份额，而饮料事业部则是根据市场的发展趋势以及公司的战略规划刚成立的，经营目前市场上前景很好的饮料产品。李总面临的情况如下。

保健品事业部：90年代中期，L公司依靠率先模仿国外公司的产品设计，在国内慢慢打开市场，在保健品产品行业建立起自己的市场领地，但是公司面临的挑战非常大，不仅有来自跨国保健品公司日益加剧的竞争，中国本地的竞争对手也发展迅速。国内本土竞争对手日益发展，他们不但对L公司的产品进行模仿，而且对国外产品的模仿速度也很快，价格又低，逐渐蚕食了L公司的市场，国际竞争对手通过在国内合资或建立分销渠道逐渐渗透国内中高端市场。

L公司两面受敌，只能通过降价、折扣以及付款条件的让步来维持市场份额，结果公司的应收账款状况日益下滑。

饮料事业部：由于预见到在饮料市场的前景非常广阔，因此L公司决定利用现有的资源，加大投入进入这个行业，与目前国内的饮料巨头展开激烈竞争。饮料市场发展非常迅速，市场上各个竞争者发展得都很快，L公司也不例外，饮料事业部的财务报表也很是喜人。但李总希望了解目前的这种状况有没有可能再继续提高，公司还有没有足够的实力去与对手竞争，可惜从公司的财务报表中李总不能获悉这些情况。

李总当初为保健品事业部设定的绩效指标项目如图4-77所示。

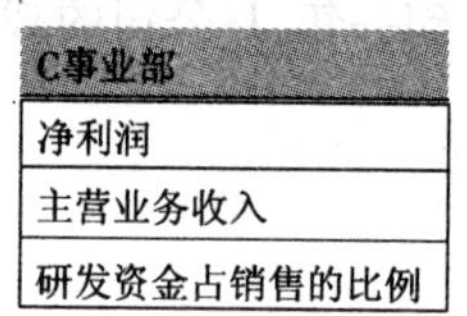

研发部门
研发费用控制
新产品的研发周期
新产品研发数量

销售部门
销售收入
销售单价高于竞争对手的比例
应收账款逾期比率

图4-77 保健品事业部绩效指标

在上面这张业绩指标图上，通过“研发资金占销售的比例”这个指标，可以体现出保健品事业部对于研发的关注程度，但是这里并没有体现新产品开发后给公司带来的结果指标。而且由于保健品事业部层面的指标没有体现出这个战略的方向，各部门也就没有体现如何落实这样的战略。

研发部门不关心其所研发产品的销量，而且这种销售业绩与他们部门的业绩评价没有什么关系，因此他们对新产品在市场上的反映结果不关心也就不足为奇。

在销售部门，由于对新产品的销售需要投入更多的市场促销费用以及需要花费更多的精力来教育经销商和消费者，因此他们对新产品的推广热情自然不会很高。而且由于业绩评价的压力，他们更乐意去销售目前公司比较成熟的成品。可以发现，这两个部门都没有体现和落实公司的战略，即通过“产品创新”来领先对手，在日常的工作里不去关注，公司战略又如何可以实施成功？

这样的发现在L公司还有很多，“我们年初制定的好多思路和想法，再到年底做总结报告时，发现这些思路和想法仍然只是纸面的，从来没有人去跟踪落实是否实施，实施怎么样，要不要调整和改进。”李总说。打开L公司近几年来的年度经营计划报告，可以发现一个很有趣的现象，有一件在5年前提出要关注的工作重点在每年的总结报告里均提到“……做得不足”，然后再下一年度要改进的领域里仍然发现“我们要大力改进……”，也就表明，这项工作在近几年的时间里一直没有得到很好的实施。

李总在一次财务报告会上表示：“我现在急需了解为什么会出现这样的情况。我需要一个系统来全面了解我们的运营情况，财务报表告诉不了我背后的故事。”类似L公司发生的情况其实在很多公司都有发生，L公司比其他公司更早地意识到这一点，因此他们也比其他竞争对手更早地进入解决轨道。

L公司决定加强本身的技术和产品研发，通过产品的领先来甩开竞争对手。L公司决定通过未来几年与国内科研机构和高校的合作，建立起研发基地，并具备在新产品设计方面的能力。李总认为必须采取一个行之有效的措施来对L公司这次的战略选择进行评估和控制，以确定该战略变革能否发挥积极作用。

2008年李总去美国参加培训，在培训期间他详细地了解了平衡计分卡的使用和作用，认为它将是解决L公司战略执行能力最有效的工具。从美国回来后，李总立即将在国外的学习情况向领导汇报，并着重介绍了平衡计分卡的先进理念，力主在企业内全面予以实施。

6.2.3 平衡计分卡实行过程

通过对公司状况的分析，一方面，李总意识到销售自己的核心产品对公司保持成功很重要，公司需要降低报价以保持市场竞争力，同时需要降低运作成本以保证利润率。另一方面，管理层也清醒地知道打价格战并不能使公司取得长期成功，关键是要有新产品，通过本地队伍的创新或把海外的技术转化为本地所用，生产出竞争对手不能提供的产品。

至此，管理层心中已经有了一个比较清晰的战略：

(1)公司需要实现优异运作以降低运营成本，从而能够是现有产品的价格具备市场竞争力；

(2)需要实施产品领先战略，继续开发满足顾客需求的新产品。

在确定了L公司未来几年的战略之后，李总决定在L公司开发以平衡计分卡为中心的战略执行平台。2008年底，在公司行政的强力推动下，李总先后多次组织召开各二级单位、部门负责人会议，大力宣讲平衡计分卡在企业应用的好处，主要包括三点：①平衡计分卡帮助公司将战略通过合理的执行体系落实到公司主要业务和职能部门，使所有事业部和支持部门围绕公司战略进行工作；②通过对事业部战略图和平衡计分卡的开发，总部不但可以了解下属事业部的财务运行结果，而且能够通过其他三个角度的运作结果掌握他们的运营情况以及他们在持续发展的道路上所做的努力；③在开发平衡计分卡的过程中，公司可以辨析目前最需要改进的重点流程，并对这些影响公司战略目标达成的流程投入相应的资金和人员，这样企业就可以将公司有限的资源（包括物力和人力）用于组织最需要改进的领域，从而提高资源配置的有效性。同时组织保健品事业部和饮料事业部全体员工，深入二级单位和各部门调研、协商、沟通，加班加点忙活了几个月，终于初步达成共识，制定了较为完整的四大考核指标——财务指标、客户指标、业务流程指标和员工学习与发展指标。保健品和饮料事业部还为此制作了大量表格下发到各单位,并对相关人员进行了培训。

李总和他的领导团队在2009年初着手开发公司和两个事业部的战略图和平衡计分卡,战略图的开发让大家对公司未来几年的发展有了统一的认识和理解。

表4-28为L公司保健品事业部开发的平衡计分卡。

表4-28 保健品事业部平衡计分卡

关键业绩指标	指标排序	比重(%)	指标定义	数据来源	跟踪频率
产品平均利润率	1	30%	产品税前营业总利润/产品净销售总额	财务总部	每月
产品净销售总额	2	20%	产品的不含税销售总额减去销售减项	财务总部	每月
部门预算费用	8	5%	部门实际费用金额/预算费用金额	事业部或市场拓展部	每月
新产品的销售	3	10%	新规格、新品种产品的净销售总额/产品线的净销售额	事业部或市场拓展部	每季度
重点地区的销售	4	10%	重点地区的实际销售额/重点地区的目标销售额	事业部或市场拓展部	每月
消费者调查指数	6	10%	终端消费者调查结果对购买率、知名度、广告效果等的总体评价数据	事业部或市场拓展部	每季度
产品投诉率	7	5%	消费者投诉的次数/产品总产量	技术总部全质料	每月
生产计划的完成率	6	5%	实际按时交付量/经事业部确认后的订单	销售总部	每月

在开发保健品事业部层面的平衡计分卡时,L公司发现:保健品事业部每年开发新产品的数量其实并不少,但销售部总抱怨说“研发部研发的产品市场上消费者不接受,根本卖不出去……”,而研发部则认为“销售部的人根本没有花大力气去推广新产品,因为这会影响他们总的销量……”。而事实如何?看一看保健品事业部研发流程图(如图4-78所示)。

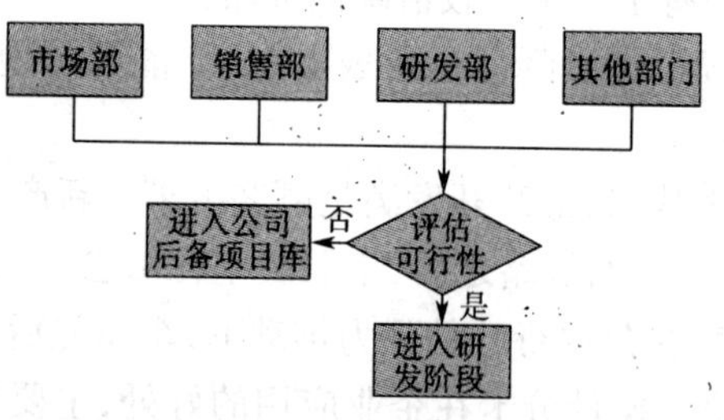

图4-78 保健品事业部研发流程图

从图4-85可以看出,在这个流程中,研发部门决定这个产品是否进入立项阶段,受绩效指标影响,研发部门会选择那些他们喜好而且有能力进行研发的产品进行立项,这样公司的研发与市场就脱节了。看上去好像市场与研发部结合得很紧密,但实际上没有。在发现这个问题后,他们随即改进了研发流程。

在平衡计分卡的开发过程中,这样的事情还有很多。同时李总还说:“通过平衡计分卡开发一来发现了我们在现实运营中出现的问题,二来也沟通了公司的战略。”比如,当初公司为了加强应收账款的回收,重新调整了对经销商的货款政策,公司应收账款的流程也做了相应的调整,结果事业部销售人员的理解各不相同,有人认为这是正确的,也有人认为这些政策不可能长久,因为这一定程度影响了公司的销售业绩。在实施平衡计分卡之后,大家对此取得了一致的理解,在执行过程中更多了一些主动性和积极性。

6.2.4 平衡计分卡跟踪

平衡计分卡开发后半年过去了,李总和他的管理团队要开始对公司半年来的运营做总结。由于李总半年来一直倡导平衡计分卡,因此在这样的工作会议上他要求大家必须使用平衡计分卡框架进行总结和分析。为了统一大家的沟通语言,李总甚至提供了统一的分析模板,要求与会者采用一致的格式来进行汇总。李总后来总结说:“在平衡计分卡初步实施阶段,作为领导一定要亲力亲为去倡导,如果一有懈怠,下面就会出现问题。”

饮料事业部金总在会议前的一次非正式工作汇报中,面带喜色对李总说,今年的销售计划有望实现。李总自然也很高兴,同时他问了一句:“你们的平衡计分卡的结果怎么样?”“这个……”,金总讲:“我回去看看,让他们整理一下”。

在半年度的经营分析会上,金总呈现了饮料事业部的平衡计分卡,表4-29为其平衡计分卡。

表4-29 饮料事业部平衡计分卡

角度	战略目标	指标	目标值	实际值
财务	提高股东回报	净利润	4 000万元	5 500万元
	快速成长	销售增长率 销售收入 产品销量	 50% 50%	40% 25%
客户	塑造品牌形象	品牌认知度	50%	无法估计
	提高客户满意度	客户满意度	80%	60%
内部流程	提高订单处理效率	订单传递速度	90%的订单时间不超过一周	没有统计,估计在14天左右
	加大铺市力度	重点市场(一级/二级市场)铺市率	85%	70%
	发展代理商	经销商培训人均时数	16小时/季度	尚未举办
学习与成长	引进关键岗位员工	引进关键员工的数量	5名	2名
	建立客户信息管理系统	系统计划完成率	100%	尚未开放

李总发现虽然饮料事业部的利润指标和销售收入均达到了初定的目标值,但是仔细分析后,他质疑了这种繁荣的可持续性,因为其销售收入的增长并不是通过销量的增长而产生的。通过分析“销售增长率”这个指标就会发现饮料事业部的销售收入的增长是一种非自然的增长,因为销量的增长率只达到了25%,而销售收入的增长达到了40%,这中间的差距,是因为目前饮料事业部产品整个市场的价格在本年度有所攀升,而销量的增长其实并没有达到相应的目标。

事业部在客户角度做得也很不理想,一来“客户满意度”指标只达到了60%,分析后,发现在饮料事业部中，由于产品供不应求，产品的质量就不像以往抓得那么紧，次品率和返工的产品日益增多。

对内部流程角度的"提高订单处理效率"可以发现，饮料事业部在订单处理速度上也没能达到预定的目标，这就自然而然影响到对经销商的及时交付，从而影响了饮料事业部产品在市场上的覆盖范围。

分析饮料事业部"重点市场铺市率"以及"发展代理商"可以发现，饮料事业部在市场的推广和代理商的培育和发展上还没能达到公司规定的要求，而且学习和成长角度的一些目标也没有及时去完成。总之，饮料事业部在基础工作方面做得乏善可陈，很多内部管理的工作做得均不到位。这样一分析，虽然饮料事业部从财务角度看去很美，但并不是公司期望看到的发展趋势。持久下去，饮料事业部未来几年的发展前景岌岌可危。

L公司经过平衡计分卡的开发和管理，已经初步在组织内建立了这样一个战略执行平台，而且，在执行这个话题上，整个组织有了一个共同的语言"平衡计分卡"，然而战略执行的结果并不尽如人意，2010年，李总率先提出终止低成本战略和产品领先战略，并停止了平衡计分卡的应用。

6.2.5 存在问题

L公司的平衡计分卡计划进行了一年之后，由于一系列原因而停止了。从L公司的经历可以看出，平衡计分卡可以帮助公司建立一套战略执行和运营控制系统。通过平衡计分卡的开发和管理，可以实现：战略图可以有效地帮助组织内员工理解和沟通公司战略。战略大师迈克尔·波特在中央电视台《对话》节目中曾经提到，战略执行失败的原因主要有两点：战略没有得到公司高层的统一和认可；战略没有在组织中得到有效的宣传和沟通。而战略图可以有效地帮助公司在组织内进行战略的传达和沟通。

在L公司施行平衡计分卡的过程中存在几个问题。

L公司的通过强化研发、提高产品技术含量以领先对手的竞争战略难以实现，原因很多，首先是L公司未将此竞争思路提高到战略层面并予以有效规划，通过构建一个战略执行平台来实现它。它更多的只是管理层的一种想法或思路，而不是战略，因此也就无法使得公司全员达成共识朝这个共同目标努力。

其次，L公司改变后的研发流程本身依然不严谨。市场部、销售部等部门的参与力度没有大幅度提高，可以说仍然很弱，甚至是根本未参与，这导致研发只是简单地开发产品，至于其市场反映效果则不得而知。

再次是指标设计也有问题。针对研发部门和销售部门"公说公有理，婆说婆有理"的情况，建立一个跨部门指标（如"产品运作成功率"）让两个部门一起来背。比如可要求从某个时点开始，当月要有两款产品销量之和必须达到规定的数额。否则，研发部门和销售部门的当月业绩都要受影响。

最后是饮料事业部的平衡计分卡只反映了均衡论的观点（即平衡计分卡的财务、客户、内部流程及员工学习与成长能力四个维度的指标都有），但忽视了重点论的观点。也就是由于各事业部的发展阶段、产品性质及总部对其战略安排侧重点不同，各事业部对于总部业绩的贡献角度也应该有所区别。考虑到饮料事业部作为总部种子业务或成长业务的实际状况，可以给不同的考核指标设计一个权重以体现当期工作的侧重点（如财务50%、客户10%、内部流程30%、学习与成长10%等）。在此基础上，还可以对每一个维度的细分指标进一步细化(如财务指标中的净利润占20%、销售增长率占30%等)。

6.2.6 失败原因

L公司公司于2008年12月开始正式使用平衡计分卡,并作为考核标准每月进行业绩回顾与行动改进。但持续执行了一年后,由于各方面的原因而无法进行下去,耗资100多万的平衡计分卡项目结束,公司重新采用了目标管理考核体系。

L公司平衡计分卡应用的失败也是其两个主要战略:低成本战略和产品领先战略的失败,此次战略变革失败的原因可以从企业所面临的外部环境和内部环境来分析。

就外部环境来看,2009年中国饮料市场增长迅猛但同时行业内非常动荡,呈现以下特点:①整体大幅度增长,行业格局重新洗牌;②终端竞争加剧,不再依赖传统渠道网络;③新企业大量进入。

在竞争对手迅速崛起占领市场,市场竞争白热化的情况下,而且从2008年开始由于销售渠道的渗透与终端的反映欠佳,销售已经下滑的情况下,制定远高于市场增长率的目标很是冒险。

从企业内部环境来分析,①企业制定的指标来看更偏重于短期的销售业绩增长。②内部架构调整,各事业部孤身作战,缺失协同效应。③把平衡计分卡这一"战略工具"仅用于"员工绩效考核"。④员工的知识结构与能力欠缺成为平衡计分卡实施的障碍。

平衡计分卡指标数据难以收集。L公司的失败体现了中国企业构建绩效(尤其是平衡计分卡)评估体系之所以会失败的三个主要方面原因:①缺乏清晰的战略方向和战略规划,这将导致绩效评估体系指标所引导的企业具体运营行为无法落实企业战略方向,有时甚至与企业战略目标背道而驰;②流程机制设计不严谨,流程节点不清晰,岗位责、权、利不明确,致使企业难以应用平衡计分卡将战略规划成功地通过财务、客户、内部流程和学习与成长四个维度进行分解并有效实施;③平衡计分卡四个维度的指标设计不够科学有效。当然平衡计分卡的成功实施还同企业的信息化程度、员工素质的高低、推行的方式方法乃至企业文化等因素都有关。

[**启发思考题**]

1. 常用的绩效管理工具有哪些?相比于这些工具,平衡计分卡具有哪些优势?
2. L公司战略变革失败的原因是什么?
3. 如果你是李总,你将如何解决L公司的问题?